現代世界史
一八七〇年起 後篇

A History of the Modern World

R. R. Palmer／Joel Colton／Lloyd Kramer——著

董正華／陳少衡／牛可——譯

Mc Graw Hill Education

五南文化事業機構
WU-NAN CULTURE ENTERPRISE

Contents
目錄

第十五章

歐洲文明，一八七一至一九一四年：社會與文化

「進步的信仰」自十七世紀科學革命以來已成爲現代思想的核心。雖然有一些浪漫詩人、保守分子和社會主義者對現代技術和工業的後果進行過質疑，但十九世紀大多數人都持有一種觀點，即進步既是必然的，也是有利的。對現代生活所有主要領域的進步發展，如科學知識、技術發明、經濟擴張、憲政和基本人權的保護，自由主義者尤爲樂觀，但絕非單是自由主義者將十九世紀後期歐洲人的優勢地位視爲人類進步的歷史性證據。

然而也還有許多歐洲人認爲，尚有一些人未能享受到現代文明的好處，工人在現代財富的分配中沒有獲得應得的份額，婦女沒有在現代政治生活中占有恰當的一席之地。故而，在這數十年裡出現的大眾新政治運動使人深信，它們是站在進步的一邊，而事實上，它們也往往能夠爲它們所代表的集團爭取到新的權利和利益。

與此同時，科學本身在對自然理論的理解方面，以及在改造現代社會的技術發明方面都繼續取得進展。不過也正是在這時，形形色色的思想家開始對科學知識的必然性表示懷疑，強調人類理性存在限制，由此，他們向許多支撐大眾對人類進步的信念之文化假設提出挑戰。一九一四年前出現在歐洲知識界的這些新動向，開始侵蝕人們（至少是某些哲學家和藝術家）對人類歷史進步發展的信心，並動搖了古典自由主義的樂觀情緒。進步思想仍舊是所有現代文化的一大主題，但到了二十世紀初期，進步的限制和後果成爲歷史反思、藝術表現和文化爭論的物件。

民主的進步：社會主義、工會和女權運動

手工藝者和勞動階級從未用很欣賞的眼光看待資本主義或「資產階級」自由主義的崛起，他們總是懷疑自由競爭、無控制的私人企業、曼徹斯特學派、自由貿易、供求法則、貨物和勞務的自由市場，以及那種經濟不受國家和政府支配的思想。這些都是中產階級自由主義者的思想，而不是激進民主黨人的思想。在一七九三年法國大革命中，民眾領袖曾反對過它們，英國憲章派也曾直言不諱地攻擊過這些在資本主義環境裡存在的思想；同時，社會主義思想在歐洲大陸上四處傳播，到處擴大其影響。一八四八年，工人階級隊伍中有一個要求「社會」共和國的強大運動；儘管社會革命在當時失敗了，它的威力卻足以使統治階級怵目驚心，並且形成卡爾・馬克思的哲學思想。隨著選舉權的到來，工人階級迫切要求實現社會立法，並利用他們的政治力量去贏得更大的實現社會民主的措施。

　　但除此之外，在獲得選舉權前後，工人為了改善他們的狀況，曾求助於其他方法。欲反對那些控制著就業機會的資本占有者，只有兩種主要的行動方式：一種是消滅資本家，另一種是與他們討價還價。前者導致激進形式的社會主義，而後者導致工會的形成。社會主義在邏輯上意味著消滅私人雇主及諸如此類的人物，或至少瓦解資本主義大型企業。工聯主義在邏輯上則意味著工人有無數理由維持他的雇主在經營上興旺發達，以便在與他打交道時可以產生更好的經濟效果。工人階級運動就這樣包含了一個從未圓滿解決過的內部矛盾。

　　從事於工人事業的中產階級和受過教育的人，即那種運動的「智囊們」，如卡爾・馬克思、佛烈德里希・恩格斯、路易・布朗、費迪南・拉薩爾，以及數以千計不那麼出名的人，都更傾向於社會主義，而不是工聯主義。他們把社會當做一個整體來加以考慮，把這種經濟體制看成一種複雜的社會制度。他們從長遠時間來思考未來，他們的時間計法慷慨地允許整個歷史時代的變動。事實上，那些小小年紀就參加工作的、幾乎未受過教育的工人們，由於他們的成年生活中除睡覺之外全被消耗在某種體力的勞動裡，因而比較願意把自己的注意力放在工聯主義而不是社會主義上面。每個星期都上個星期多賺一個先令，能夠使連續不斷地暴露在毫無保護裝置的機器面前所產生的神經緊張和肉體危機有所減輕，每天能多十五分鐘吃午飯，比起重建社會這樣一個宏偉但卻遙遙無期的計畫，似乎是更加明確和重要的。工人把知識分子看做局外人，然而卻歡迎他們；知識分子把工人看做是目光短淺和缺乏自信力的人，但又迫切需要他們的幫助。

　　在一八四八年遭到失敗以後，社會主義運動和工聯運動的分歧持續了整整一個世代的時間。十九世紀的五〇年代與饑餓的四〇年代相比，是一個充分就業、工資提高和各個階級都日趨繁榮的時代。工人著手組織工會，社會主義思想家正在完善他們的學說。

工聯運動和英國工人的崛起

　　支薪工人的組織，或者說現代意義上的工會（以別於中世紀的手工業行會），長期以來就保持著一種既模糊不清又零星分散的存在狀態。但畢竟它們未經法律批准，因而受到政府的刁難或實際上的禁止。法國革命者一七九一年的《列霞白利法》、英國托利黨人一七九九年的《聯合法》，都是禁止工人實行聯合的對策。正是「資產階級」自由主義的出現（在大多數情況下，工人都是非常不敏感的），才首先給予工會以合法的自由。英國工會於一八二五年得到自由主義托利黨人默認後，直到一八七一年才從格拉斯通的自由黨內閣那兒

得到確認。法國工會在一八六四年被拿破崙三世承認，後來又因「公社」而起的反作用受到限制，直到一八八四年才取得完全合法的地位。在德國，俾斯麥與勞工領袖談判，是為了從中取得支持，來反對那些妨礙他行事的既得利益集團。

十九世紀五○年代的繁榮有利於工會形成，因為當雇主最需要工人的服務時，工人總是能夠很快地組織起來。同業協會（即同行業技術工人協會），比如說木工工會，在最初時期是代表性組織。一八五一年，在工程師（即機械師）的聯合引導下，一種「新型的」工聯主義在英格蘭得到最充分的發展。「新型的」工會官員們採取的方針是：帶領工會脫離政治，忘掉憲章派的半社會主義，拋棄羅伯特‧歐文的全體工人都屬於「一個大工會」的堂皇宏偉的理想，集中力量為各個分散行業謀求利益。這些新領導建議與雇主講道理，避免罷工，儲蓄工會基金，逐步增加他們的會員。他們在這方面做得非常成功，工會也打下了牢固的基礎；這些工人階級代言人出乎意料的溫和，使英國兩大政黨大感放心，遂於一八六七年聯合給予城市工人選舉權。

在十九世紀八○年代，特別是因為導致倫敦港口自法國大革命以來第一次陷於癱瘓狀態的一八八九年倫敦碼頭工人大罷工，非技術工人工會開始形成。行業的工會主義，也就是說某種行業的全體工人都參加同一工會，如煤炭業或運輸業（不考慮工人個人的技術或工作）也在這時開始形成。在某些情況下，那些從前的技術工會會員與在他們身邊工作的非技術工人聯合在一起。到一九○○年，大不列顛大約有兩百萬工會會員，而德國僅有八十五萬人，法國才二十五萬人。

大半是因為英國工人在工聯主義方面取得前所未有的進展，當集體與他們的雇主談判時，相當成功地施加壓力，以至於他們在形成一個工人的政黨方面，比他們的大陸同行要緩慢得多。直到十九世紀八○年代，在公認的社會主義者已經進入法國、比利時和德國的議會以後，英國才僅有一小部分相應的人，即被稱為「自由主義勞動者」的男性工人被列入自由黨候選人的名單之中。在工聯官員和中產階級知識分子的共同努力下，英國工黨在十九世紀和二十世紀之交得以建立起來。大陸的工會往往受社會主義政黨領導，甚至由這類政黨所創辦。在英國，則是工會使工黨產生，並隨後加以領導。英國工會的影響使得工黨比大陸上那些工人階級的政黨少了一些社會主義的味道。它的產生和壯大，在很大程度上應歸於把工會當做業已確立並且是受人尊敬的制度來加以保護的那樣一種願望。

但在一九○一年，英國法庭的一項裁決，使工會受到生死存亡的威脅，這

項「塔佛維爾裁決」裁定：工會要爲雇主在罷工期間所蒙受的經濟損失承擔金融責任。這樣的話，哪怕是一次時間最短和最有秩序的罷工，都將耗盡工會的基金而毀滅工會。對「塔佛維爾裁決」的反對，將工會和所有其他現存的勞工組織及社會主義組織統一起來，並加速了現代工黨的形成。在一九〇六年的選舉中，新成立的工黨獲得議會中二十九個席位，議會因此以新立法否決了「塔佛維爾裁決」。沒幾年，主要來自勞動者方面的壓力，自由黨政府促使議會通過了社會法，這在上一章已經講過了。

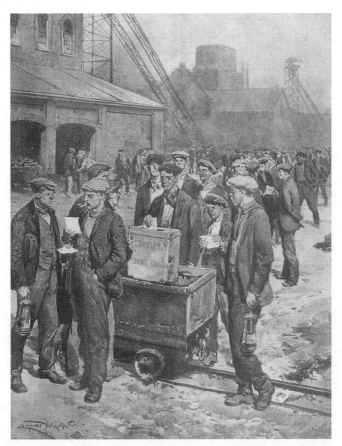

圖15-1　在所有工業化社會裡，工會成員逐漸增加，使政治生活得以改觀。這幅插圖描繪英國礦工就罷工事宜投票，它發表於一家義大利報紙，表現二十世紀初在歐洲多數國家和現代世界其他地方司空見慣的工人行動主義。〔The Art Archive / Domenica del Corriere / Dagli Orti (A)〕

一八五〇年以後的歐洲社會主義

在一八四八年曾經使中產階級和上層階級深感惶恐的社會主義，至十九世紀五〇年代似乎暫且變得悄無聲息了。卡爾‧馬克思於一八四八年與恩格斯共同發表了《共產黨宣言》，並以新聞記者的身分參與指導那年在德國發生的革命之後，來到了英國這個安全的避風港。經過多年的艱苦研究，馬克思於一八六七年出版了《資本論》第一卷，該書後面兩卷在他死後方才發行。這部著作提供形體、內容和論據給《共產黨宣言》早先所宣布的原則。馬克思在倫敦住了三十多年，很少與當時正在建立英國工會的勞工領袖來往，簡直不爲英國人所知；他主要與一些政治流亡者交往，還有就是從各個國家而來的臨時訪問者。《資本論》第一卷直到一八八六年才在英國出版。

國際工人協會第一次代表大會於一八六四年在倫敦召開，它通常以「第一國際」知名於世。在主辦大會的各種性質團體裡面，有英國木工工會祕書羅伯特‧阿普爾加思、日漸衰老的義大利革命者馬志尼，以及卡爾‧馬克思。由於工會官員被工會事務所吸引，協會的領導權逐漸落到馬克思手中，協會遂被他當作一種工具，用來宣傳他在《資本論》中所闡明的思想。隨後在日內瓦、洛桑、布魯塞爾和巴塞爾召開的那幾次年會上，馬克思逐步建立起他的地位。他排斥馬志尼分子，指責德國的拉薩爾分子自願與俾斯麥合作，論證與國家合作不是社會主義者的責任，只有奪取它才是。他與俄國人巴枯寧的鬥爭是其中最尖銳的。鑑於自己在沙皇俄國的經歷，巴枯寧將國家視爲工人苦惱的根源，因此他成了一個「無政府主義者」，認爲國家不但應該受到非難，而且應該取消。對馬克思來說，無政府主義是令人憎惡的；正確的學說認爲，國家——沙皇的或者資產階級的——僅僅是經濟狀況的一種產物，是保衛財產權益的一種手段，因此，革命行動的正確目標絕不是國家本身，而是資本主義經濟體制。一八七二年，馬克思從第一國際驅逐巴枯寧。

與此同時，第一國際的代表們懷著無比激動的心情注視著一八七一年的巴黎公社，他們希望它能變成歐洲工人階級發生巨大變化的開端。第一國際的成員滲入公社，兩者之間因而產生了聯繫，儘管有點偶然，卻成了法國臨時政府使用如此恐怖手段去鎮壓公社的原因之一。但實際上，公社扼殺了第一國際。馬克思讚揚公社有如國際階級鬥爭的一塊里程碑，他甚至從中看到了他所謂的「無產階級專政」的跡象，也因此，他嚇跑了不少潛在的追隨者。毫無疑問，英國的工聯主義者是有理智且穩健的人，與這種做法和這類學說是格格不入的。一八七二年之後，第一國際在生活中逐漸地消失了。

但是在一八七五年的哥達會議上，馬克思派和拉薩爾派社會主義者卻盡力

達成聯合，以建立德國社會民主黨；該黨後來的成長，以及對俾斯麥扼殺它的陰謀所進行的反抗，都在前面講過了。大約在一八八〇年左右，社會主義政黨在很多國家中開始萌芽。高度工業化的比利時在一八七九年出現一個比利時社會主義政黨。在法國一些工業區中，部分工人為朱爾・蓋德所吸引，他是一位自修的工人，前公社社員，現在的死硬派馬克思主義者。他堅持認為，靠任何類型的妥協都是不可能解放工人階級的。另外一些人追隨「可能派」布羅斯博士，他認為，透過議會制度，工人有可能達到社會主義。還有一些人則支持尚・若雷斯，此人雄辯地把社會改革與法國的革命傳統和保衛共和制度結合在一起。直到一九〇五年，法國的社會主義團體才形成一個統一的社會主義黨。一八八一年，H. M. 海因德曼按照德國模式，沿用馬克思主義的綱領，在英國建立一個社會民主同盟，但它從始至終只有一小批成員。一八八三年，有兩名俄國流亡者，新近改信馬克思主義的普列漢諾夫和阿克雪里羅德，在瑞士創建了俄國社會民主黨；正是從這兒生出下個世紀的共產主義。一八八九年，各個社會主義黨聚集在一起，成立了一個國際聯盟，即大家知道的第二國際。爾後，它每三年召開一次會議，一直維持到一九一四年為止。

修正主義的社會主義與革命的社會主義，一八八〇至一九一四年

十九世紀八〇年代新成立的社會主義政黨，全都是由馬克思主義者發起鼓舞作用的。馬克思死於一八八三年。馬克思主義，或者說「科學社會主義」，憑著它在社會分析上的說服力，和四十多年來馬克思的大量著作，以及對與之爭論的社會主義學說所採取的毫不妥協之敵對態度，成了唯一廣泛流傳的系統社會主義。馬克思主義在德國和法國影響最大，相對來說，在義大利和西班牙卻不大成功，不論從哪方面講，那裡的工人階級隊伍中，產業工人都較少，文盲較多，不能夠把自己的希望寄託於選舉，並且習慣於一種加里波底式的頭腦發熱之造反，這些都使得他們更加頻繁地轉向巴枯寧鼓吹的無政府主義。

馬克思主義在英國也不完全成功。工人們站在職業工會那一邊。中產階級的資本主義批評家追隨一八八三年成立的費邊社。費邊分子（名稱出自古代羅馬將軍費比烏斯・庫恩克塔特，即所謂「拖延者」，或運用因循漸進方法的策略家）都是些地道的英國人和不折不扣的非馬克思主義者。喬治・蕭伯納、H. G. 威爾斯、西德尼・韋伯和比阿特利斯・韋伯都是該社的早期成員。對他們來說，社會主義對於政治民主制度，在社會和經濟方面是相似的，它不可避免的結果也是一樣的。他們認為，根本不需要或根本不存在階級鬥爭；逐步的、合理的與促進和解的措施，必然會在適當的時間內帶來社會主義國家，而地方

政府的改善，如自來水和電力照明這類事業歸市政所有，就是完成這個過程的步驟。費邊分子和工會官員一樣，對於微不足道的眼前成就總是感到滿足。他們與工會聯合，成立工黨。同時，由於對經濟現狀進行耐心而又詳盡的研究，他們提供了大量有用的知識，因而一個立法計畫能夠在此基礎上制定出來。

馬克思主義者，即社會民主黨，在大陸上發展得十分迅速。馬克思主義變成一種不那麼革命的「議會社會主義」——實際上除了俄國社會民主黨以外，因為當時俄國尚未有議會政府。社會主義政黨的壯大，意味著除知識分子外，那些真正的工人也正在為社會主義的候選人投票，讓他們能夠進入「國家議會」、「國民議會」，或者冠以其他名稱的議會下議院；此外，也意味著工會在黨內的心理作用和影響越來越大。工人們，還有他們的工會官員，可能早已在理論上認識到，在與資本展開的這場規模巨大的鬥爭中，他們之間已經是同舟共濟，相依為命了；實際上，他們的目的不過是從雇主的經營中為他們自己獲取更多的好處。他們或許會相信符合工人利益的國際主義；但事實是，民族國家議會自始至終只會促成有利於它們本國工人的有秩序法律——社會保險、工廠條例、最低工資或最高工時。

不可否認的是，到本世紀末葉，馬克思的那些預言（最初是以十九世紀四〇年代的情況為依據）並沒有真正實現，至少是還未實現；資產階級正在獲得更多的財富，可是無產階級並未因此更窮。從一八七〇年至一九〇〇年間，在工業國家裡，實際工資，也就是說工資領取者的收入實際上可能有的購買力，即使把由於失業造成的損失也算在內，估計仍增長大約百分之五十。這種增長要歸因於機械化普及後勞動生產率大大地提高，歸因於世界經濟的發展、資本財富的積累、糧食和工人們其他生活必需品，在價格上逐漸地下降。

十九世紀九〇年代，馬克思主義開始經歷一場修正主義運動，在法國領導運動的是國民議會社會主義議員領袖尚·若雷斯；在德國是愛德華·伯恩斯坦，他是社會民主黨國會議員，一八九八年曾出版《進化的社會主義》這本闡述新觀點的小冊子。這些修正主義者認為，階級鬥爭不見得絕對不可避免，資本主義有可能逐漸地為工人謀利益，工人現在不僅有選舉權，而且還有他們自己的政黨，他們通過民主的渠道達到自己的目的，而不需要通過革命和任何形式的無產階級專政。大多數社會主義者，也就是社會民主黨人，是修正主義的追隨者。第二國際不得不反覆卻徒勞無益地告誡屬下的社會主義政黨，不要與資產階級同流合汙。

馬克思主義者之中這種「機會主義」傾向，驅使真正革命的精神轉入一個新方向。就這樣，革命的工團主義產生了。它主要的知識分子代表是法國人喬

治‧索雷爾。「工團主義」只不過是相當於「工聯主義」的法語詞，它設想工會自己可以變成社會的最高權威機構，不僅要取代財產所有權和市場經濟，而且要取代政府本身。達到這個目的的手段，可能是一次規模巨大的總罷工，到那時，所有工廠裡的每一個工人將同時一齊停止工作，以此來癱瘓社會，並迫使它接受他們的願望。工團主義在工會最薄弱的地方取得最大的進展，如義大利、西班牙和法蘭西，因為工會在這些地方並不發達，需要激動人心的學說去吸引新成員。工團主義最強大的據點是一八九五年建立的法國勞工總同盟。

在反對修正主義的鬥爭中，正統的馬克思主義者中也有一個關於馬克思主義基本原則的復興問題。德國的卡爾‧考斯基指責修正主義者像一幫妥協分子，為了小資產階級的目標而背叛馬克思主義。一九〇四年，他和另一些要求嚴格遵循馬克思主義的人，說服第二國際譴責法國社會主義者亞歷山大‧米爾朗在一八九九年接受任職法國內閣中一個大臣職位這種政治越軌行為。第二國際裁決：社會主義者可以把議會當做一個講壇，但社會主義者進入政府本身，無異於投入自己的敵人——資產階級國家——的懷抱，則是不可原諒的。直到第一次世界大戰爆發之前，再沒有社會主義者在任何一個歐洲國家的內閣中任職。俄國社會民主黨的修正主義問題，最初於一九〇三年出現於倫敦舉行的一次黨代表大會上，主要是因為大多數傑出的俄國馬克思主義者為流亡者。當時在列寧領導下的一個集團要求清除修正主義，列寧取得了多數，至少在當時是如此。從此這些不肯妥協的馬克思主義者均被稱為「布爾什維克」（出自俄語「多數派」一詞）；而那些自願與資產階級自由黨人和民主黨人一道工作的修正主義或調和的俄國馬克思主義者，後來即以「孟什維克」或者「少數派」集團聞名於世。但是，在一九〇三年那時，俄國的馬克思主義者被認為是無關緊要者。

一般來講，在歐洲「內部地帶」，至十九世紀和二十世紀之交，大多數自稱是馬克思主義者的人已不再是積極的革命者。就像革命的共和主義在法蘭西第三共和國裡面已經沉靜下來了一樣，革命的馬克思主義似乎也平心靜氣地接受了社會民主主義這種溫和的學說。如果未發生一九一四年的戰爭，將會發生什麼事情不得而知；或許社會革命主義復興是因為從一九〇〇年到一九一四年之間，不僅實際工資未普遍增長，而且，在勞工界當中，令人關注的不耐煩情緒在沸騰，並不時發生大罷工。但在一九一四年，工人階級做為一個整體，已無革命生氣。工人們仍舊在尋求一個社會正義的偉大計畫，然而，社會動亂是那樣可怕，對一八四八年那時所抱的希望已經化為泡影。這似乎有三個主要原因：資本主義已盡力去提高工人的生活水準，使之高於尚存留在他們記憶中

的父輩和祖輩有過的生活水準；工人有了選舉權，因而感到自己在參與國家事務，期待從新的公共政策中獲得利益，而從政府的垮臺卻得不到任何東西；第三，他們已經組建起自己的政黨和勢力日盛的工會來保護他們的利益，並幫助他們從國家收益中獲得更大的份額。

女權運動，一八八○至一九一四年

　　當新興的工人階級政黨在歐洲蔓延發展時，同樣的數十年裡，女權運動也變得更加國際化，更有組織性。在新工業經濟中所完成的工作，女性獲得的報酬比男性更低，在大多數地方，女性仍然面臨許許多多對她們權利——擁有財產、參加政治集會、在選舉中投票和進入大學——的限制。因此，女權運動繼續自十九世紀初期以來女性主義者一直倡導的改革，包括更多受教育的機會和投票權。歐洲大陸上的婦女團體傾向於強調法律改革和社會改革，而不是投票權；英國和美國的女性主義者則更加關注於爭取婦女選舉權的運動。但在所有的工業化社會裡，行動派們日漸被吸引到國家和國際的組織當中，部分原因是這樣的團體組建有益的網絡以傳播消息和政治思想。美國婦女，如蘇珊·安東尼和伊莉莎白·斯坦頓，與歐洲女性主義者一同在一八八八年組建了國際婦女理事會，對婦女權利的要求與日俱增，跨越了所有現代國家的疆界。

　　雖然有些女性主義者致力於讓更多婦女能夠節育或改善女工的狀況，然吸引公眾最多注意力的卻是對選舉權的追求，在美國和英國尤是。像「全美婦女選舉權協會」和英國的「婦女社會與政治聯盟」這樣的新組織，發起要求在地方選舉和國家選舉中獲得同等投票權的請願、群眾集會和抗議等活動。在英國議會對允許婦女投票權的每一項立法建議加以拒絕——自十九世紀六○年代以來，這種官方的反對已經成了英國政治生活中反覆出現的主題——之後，英國的投票權運動變得特別富有戰鬥性。由於受挫於男性政治家的頑固抵制，「婦女社會與政治聯盟」精力充沛的領袖——艾蜜莉·潘克赫斯特，在一九一四年之前的歲月裡領導投票權運動激進派從事暴力抗議運動。潘克赫斯特的支持者和同盟者擾亂會議、砸碎商店櫥窗、搗毀郵箱並破壞政府建築物，以此抗議婦女被排斥在英國的選舉和政治機構外。遭到逮捕後，「主張婦女參政者」進行絕食抗議，對此，警方則報之以痛苦的強制餵食。

　　潘克赫斯特及其他主張婦女參政的婦女遭到英國新聞界和議會廣泛的譏笑，但是在第一次世界大戰（當時武力抗議被擱置）期間，她們的運動贏得了越來越多的支持，正如前面所提到的，年過三十歲的英國婦女在一九一八年終於獲得了投票權。在「一戰」戰後階段的早期，婦女在德國、美國和其他西方

國家也都獲得了投票權。然而，爭取投票權的運動只是現代女權運動的一個部分；增強婦女在經濟、法律體制、家庭和教育等方面權利的運動，在整個二十世紀展現出新的主題和政治策略。

圖15-2　英國爭取婦女投票權的運動往往將婦女動員起來參與街頭遊行、公眾示威，與政府官員進行交涉。在一九一三年的這次遊行中，抗議者們跟在一個婦女的後面，她先前曾在主張婦女有權參政的一次示威活動中被逮捕過。政府對這樣的事件總是密切監視著，員警出現在現場就是明證。（Getty Images）

科學、哲學、藝術和宗教

三個多世紀以來，相信自然科學的力量已經成為現代社會的特點，但是以前任何時候都不像第一次世界大戰之前半個世紀那樣；這種信念為那麼多人所接受，被他們那樣堅定、樂觀地持有，並且懷有那樣少的疑慮和保留態度。科學成了整個工業化運動的基礎。科學在一八七○年之後已經變得絕對流行，即便對科學一無所知的人也將它視為智慧的啟示，這是因為它對於每一個人來說，都在日常生活中不斷地顯現出新的奇蹟。當世界上較文明的地區剛剛領會了鐵路、輪船和電報的好處時，一系列的新發明問世了。在一八七五年之後那三十年裡面，美國的專利數量增加三倍，德國增加四倍，其實，在所有的文明

國家裡都在成倍數增加著。科學和技術的發展就像在這個世界曾看到過的任何一次運動一樣，完全國際化了（儘管主要限於「內部地帶」）。科學發明的突飛猛進，對於建設性的工作和人類的嚴重問題，產生了這樣根本性的作用和助益，這是以前從未有過的事；從這個意義上來說，對人本身的發展也產生了同樣的效果。

大約在一八六〇年或一八七〇年左右，基本的科學思想開始發生更為重要的變化。直到那時，一般的說法是：那些基本概念在差不多兩個世紀以前已經由以撒·牛頓所創立。萬有引力定律毫無疑問占據著統治地位，而歐幾里得的幾何學和基礎力學、物理學也不遑多讓。宇宙萬物的基本性質被認為是不變的、有規律的、可預告的和協調的；它也是永恆的，因此，流逝的歲月並沒有帶來什麼變化和發展。到這個時代結束的時候，即本章所敘述到的一九一四年，那些陳舊的概念已全面讓位於新的概念。

進化論的影響

在對一般思想的影響中，最大的變化來自關於生物學和生命科學的重要新論點。查爾斯·達爾文在一八五九年發表《物種起源》，無疑具有偉大的象徵意義。在達爾文之後，進化論成了熱門學說。進化思想體系認為，了解任何事物的方法是去了解它的發展。而這在一八五九年已經不新鮮了，黑格爾早已把進化論的概念採納在形而上學裡面。他以及馬克思，在他們那些有關人類社會的學說裡也引用過這種思想。這種承繼「啓蒙時代」的進步思想，是一種進化的哲學思想；它在歷史研究中的偉大活力，在浪漫色彩和民族主義的保護下，已經促使人們依據時間進程來思考人類事務。自然世界裡，在一八〇〇年之後興起的地質學為進化思想開闢了道路，生物探險家也已經在推究生命形式的進化發展。達爾文所做的不過是給進化論蓋上一個科學的印記，為它蒐集、整理證據，對它是如何形成的提出解釋。一八七一年，在他的著作《人類起源》中，對人類的產生提出了同樣的假設。

達爾文根據進化論指出，物種是可以改變的，沒有哪一物種產生之後是永遠不變化的。各種各樣有生命的生物體──植物和動物，形體微小的或笨大的，尚存的或絕種的──都從其他那些比它們更早出現的物種不斷發生的細微變化中獲得發展。一個重要的推論是，所有的生命都是相互關聯並從屬於同一自然法則的。另一個推論是，地球上千百萬年來的整個生物史──達爾文時代的科學家普遍認為──是在無一例外的複雜進化過程中不斷展露的一部統一歷史。

　　達爾文認爲，物種的改變並非生物體出於任何有理智和有目的的行動，基本上是由於某種偶然性。個別生物經由遺傳作用，繼承了略爲不同的特點，使它們在獲取食物、爭鬥或交配中較其他個體更加有利；具備最有用之特點的生物得以保存，這樣，它們的特點就傳給了後代，直到整個種類逐漸改變爲止。某些詞句——並非全都由達爾文創造——概括了這種理論。通過「最有利的種屬」的「自然選擇」，一場「生存鬥爭」造成了「適者生存」。這裡所提及的種屬，並非指人類，而是就某個物種內在的素質而言。這種生存鬥爭指出了一個事實：在自然界裡，各個物種繁衍的個體較多，而能活完正常一生的較少。所謂「適者」是指一個物種中的單個代表者，它們具有最有用的特點，如鹿的快捷或老虎的凶殘；「自然」選擇意味著適者的生存對於它們自己或造物主來說，都不是故意的；「有利的種屬」指的是一個物種的素質具備優越的生存能力。

　　達爾文的思想猛然間造成一場大吵大鬧。科學家爭先恐後地保護他，教士則不顧一切地攻擊他。生物學家 T. H. 赫胥黎成了達爾文的首席代言人——「達爾文的鬥犬」。與他爭論過的人當中就有牛津的主教。爲了人從猴子演變而來的說法，達爾文遭到了極不公正的指責。這是因爲有人害怕人類的尊嚴、道德和宗教信仰的基礎會因此瓦解。在這一點上，達爾文本人一直感到自豪。他說，在文明的條件下，社會和協作的效能是有助於生存的有用特徵，正因爲如此，「我們可以希望那優良的習性將會得到加強，或許透過遺傳固定下來」。那些衝著達爾文發出的怒氣抱怨著，絕大多數可以說無甚價值或多少有點淺薄，甚至就是那些攻擊他的人，往往也不留意宗教上

圖15-3　查爾斯・達爾文的《物種起源》提出科學論據來說明，生命有機體存在生物進化過程，這引起了文化爭議，範圍遠超過自然科學家的學術領域。達爾文在這裡被描繪成一個上了年紀、有點超然的科學專家，其祖父般的形象使人很難想到，他透過其研究和著述發起了那場知識革命。（Library of Congress）

的見解；不過他們還沒有錯到一種極度危險的地步。

毫不奇怪，達爾文主義根本不提及上帝、天命或救世主；沒有科學這樣做過。進化論與《創世記》第一章完全不相同，這是使人不安的，但還不是致命的。《舊約》中有很多東西早已被當做某種象徵來對待，至少在某些原教旨主義團體以外是如此，認為人和動物在本質上毫無二致的思想甚至都不是災難性的；而且，神學家對於人類天性中動物性的一面緊盯著不放。但進化生物學新穎而出乎意料的結果，改變了人們對自然的觀念。大自然不再平和協調，它是一個爭鬥的場所，即「牙齒和爪子裡血腥的大自然」。爭鬥和消滅弱者是自然現象，做為朝進化發展的手段，它們甚至是可取的。關於什麼對進化發展而言是高尚的或有益的觀念，向宗教有關道德和美德的傳統思想發起挑戰。沒有固定不變的種類和完美無瑕的結構，只有無止境的改變。變化是永恆的，每樣東西似乎僅僅與時間、地點和環境息息相關。沒有好與壞的標準，優秀的生物是一種能在其他生物不適宜生存的地方存活的生命形式，適應性的變化取代了美德。除此之外，沒有什麼是「正確的」。簡言之，檢驗標準即是成功，「適者」是成功者。在這裡，達爾文主義與新現實主義，即「現實政治」，和因為別的緣由在這個時候出現於歐洲的其他社會學說融合在一起了。

這至少包含這樣的意思：如果一個人從科學得出結論，把科學的成果用之於人類，而科學的威望是如此之高，毫無疑問，這正是許多人想去做的事情。隨著生物進化論的推廣，一個以社會達爾文主義知名的學派，把生存鬥爭和適者生存的思想積極地應用到人類社會中。社會達爾文主義者在歐洲和美國隨處可見。他們的學說被派上各種用場，去證明某些人天生就優越於別的人，諸如白人對黑人、北歐人對拉丁人、德國人對斯拉夫人（或反之亦然）、非猶太人對猶太人；或者那些舒適而又心滿意足的上等階級和中產階級，他們證明自己比那些無計謀生的窮人「更適應」，因而理應享有這些福氣；或者大公司不得不依照事物的自然規律吞併掉較小的企業；或者某些國家，如不列顛帝國或德意志帝國，是理應崛起的；或者就道德而言，戰爭是一件美好的事情，顯示了那些作戰者的男子氣概和生存價值。

遺傳學、人類學和心理學

與此同時，奧地利神父格雷戈爾・孟德爾，在他的奧古斯丁教派修道院裡極有耐心地進行豌豆交叉授粉試驗，對遺傳是如何發生作用的、雜交是怎樣進行的，提供一種解釋。不像達爾文，孟德爾的發現發表於一八六六年，卻一直為人們所忽視，直到一九〇〇年才被人重新發現，並成為遺傳學新理論的基

礎。孟德爾的思想預示了二十世紀下半葉及我們現在生活的時代，在遺傳科學研究和基因物質控制方面出現令人驚異的重大突破。

　　人類學家開始研究人類所有分支在肉體上和文化上的特徵。體質人類學家對好幾個人「種」感到興味十足，他們認爲，它們當中有一些從達爾文學說的觀點來看，可以說是「有利的」，那就是遺傳優勢和較高的生存價值。這一時代的某些歐洲科學家和知識分子辯解，白種人是最有能力的種族，他們當中又以北歐人，或者日耳曼人和盎格魯・撒克遜人最優秀。公衆或多或少誇張了這類觀念，結果是歐洲人比以往任何時候都變得更具種族意識。在另一方面，文化人類學者以科學的無私態度，全面地研究了原始社會和複雜社會所有風俗習慣，有時他們好像在講授一種比較使人洩氣的學說。從科學上來講，彷彿沒有什麼文化或社會比別的文化或社會「更優越」，大家都是在適應這個環境，或者只不過是一個風俗習慣的問題而已。關於其他的方面，正如人們所說，微妙的差別來自「精神方面」。其結果又是一種相對論或懷疑論——一種社會準則的否定；一種信條，即認爲不管對與錯，都是社會習俗、心理上的條件作用、純粹的看法或觀點問題。值得強調的是，這裡我們正加以說明的，並不是科學歷史本身，而是科學在當時對歐洲文明的影響。

　　宗教方面也強烈地感受到了人類學的衝擊。詹姆斯・弗雷澤爵士在他的多卷著作《金枝》中已然論證，基督教裡一些最神聖的慣例、儀式和思想並不是獨一無二的，而是可以在大量前現代社會中找到。此外，在巫術和宗教之間只有一條最模糊不清的界線。人類學，一如達爾文的進化論，大大擾亂了傳統的宗教信念。

　　心理學做爲人類行爲的一門科學，徹底推翻了有關人類自由和理性本性的涵義。它做爲一門自然科學，由發展了各種新實驗技術的德國心理學家威爾海姆・馮特在十九世紀七〇年代開創。俄國人伊凡・巴甫洛夫進行了一系列有名的實驗。他在實驗中讓一些狗在一個時期內養成把餵給牠們的食物與鈴聲聯繫起來的習慣，從而造成狗在鈴響時無意識地過量分泌唾液這樣一種「條件反射」。巴甫洛夫的觀察結果是重要的，它啓示了動物以及人的大部分行爲，能夠在條件反射的基礎上加以解釋。就人來說，這些應該是條件反射：人由於環境和早年教育的緣故，已經養成自動做出某些反應的習慣，而他們做出這些反應並不是透過選擇或是進行自覺推理的。

　　在對人類行爲的研究中，所有進展裡面最有意義的要算是西格蒙德・佛洛伊德和受其影響者的工作。佛洛伊德是維也納的一名內科醫生，他在十九世紀和二十世紀之交創立了「精神分析」學說。他相信，精神紊亂的某些形式，如

歇斯底里，是可以追溯到病人一生中那些已經被遺忘的早期軼事。在最初試用過各種技術以後（例如他很快就放棄了催眠術），他應用了自由聯想，即自由回憶。倘若病人能在指導下把這些被壓抑的經歷帶進自覺的回憶裡，病症往往就會消失。

佛洛伊德和他的追隨者就從這兒開始探索無意識在人類整個行為裡所起的作用，他本人則強調性的驅策力。在他最著名的著作之一《夢的解析》（一九○○年）裡，他強調要把夢當做了解無意識行為的鑰匙。另外，他還把他的發現與宗

圖15-4　西格蒙德‧佛洛伊德對無意識的刻劃重塑了人類心理學的現代觀念，不僅對心理疾病的醫治，而且對藝術、文學和社會理論造成深刻的影響。然而，正如這張照片所展示的，「革命的」佛洛伊德博士也是有著自己的文化背景——二十世紀初維也納職業階層——的典型成員。（Culver Pictures, Inc.）

教、戰爭、教育、藝術及文學聯繫在一起。佛洛伊德和其思想對社會科學和行為科學產生了巨大的影響，大量佛洛伊德學說的辭彙後來被吸收至日常用語和大眾文化中。由於揭示了人類行為中非自覺控制的廣闊領域，心理分析最深刻的意義在於提醒人們：人類在本質上並不是完全有理性的生物。儘管佛洛伊德認同啟蒙運動的科學傳統，對於古典自由主義和啟蒙運動關於明智的、自由的人是如何展現、如何解釋他們的個人利益和信仰，並如何依其行動所做的假設，他的無意識理論還是表示了懷疑。

新物理學

十九世紀生物學的革命與心理學和人類學的發展很快就被物理學所發生的革命趕上和超過了。十九世紀九○年代後期，物理學正處於一個革命性變革的開端。像十七世紀的牛頓力學和十九世紀的達爾文進化論一樣，新物理學代表了歷史上偉大的科學革命之一。沒有任何單獨的工作能夠與牛頓的《自然哲學的數學原理》和達爾文的《物種起源》相比擬，除非是阿爾伯特‧愛因斯坦的《相對論》。由愛因斯坦發表於一九○五年和一九一六年一系列的科學論文所

提出的相對論，可以被認爲與它們同樣偉大。部分是從數學上得出，然後根據日漸豐富的經驗而形成的一系列發現和研究成果，取代了舊有觀念，使人們對物質和能的性質有新的了解。牛頓物理學認爲原子是一切物質的基本單位，希臘人在古時候曾把它想像成一個固體的彈子球，堅硬但無結構，是永恆和不變的。而且，物質和能是互不相干和性質截然不同的。

但從一八九六年起，一連串新發現意義深遠地改變了這種觀點。一八九六年，法國科學家安托萬・亨利・貝克雷爾發現了放射現象，觀察到鈾放射的微粒，即能的輻射線。在緊接著的那些年分裡，從法國科學家皮埃爾・居里和瑪麗・居里、英國科學家 J. J. 湯姆生和盧瑟福勳爵的觀察和發現看來，原子非但不簡單，而且相當複雜。此外，各種放射性原子由於本性不穩定，因而在其衰變過程中釋放出能量。德國物理學家馬克斯・普朗克在一九〇〇年說明，能的釋放和被吸收是以特定和不連續的單位或者稱做束的形式來進行，每一分立的單位叫一個量子；而且，並非像先前所想像的那樣是平衡而連續不斷地釋放，也不像過去曾推測是以物質來加以區別。一九一三年，丹麥物理學家尼爾斯・玻爾假設了一個原子的構成：含有一個原子核，被一些帶電的單位所圍繞，這些單位俗稱電子，每個電子都沿自己的軌道繞著原子核旋轉，就像是一個很小很小的太陽系。

認爲物質可以改變其性質這種備受煉金術士偏愛的觀念，長期以來都被科學家置之不理，時至今日，由於放射性科學家的工作，人們才重新認清它的意義。用一種煉金術士連做夢也想不到的方法，物質就可以變成能。對此，德國出生的猶太科學天才阿爾伯特・愛因斯坦用了一個有名的公式（$E = mc^2$）來表示。他的相對論還形成了影響深遠的革命性概念：時間、空間和運動不是絕對的，而是與觀察者和觀察者本身在空間的運動

圖15-5 一九〇〇年後物理學的新理論改變著早先的牛頓科學，使年輕的阿爾伯特・愛因斯坦贏得國際聲譽。此圖顯示二十世紀二〇年代愛因斯坦站在放著書籍和論文的書架旁，數年後爲躲避納粹德國的壓制和迫害，他遷居到了美國。

（Getty Images）

密切相關。後來在一九二九年和一九五四年，愛因斯坦像牛頓先前所做過的那樣，總結出一個普遍適用的定律：統一場論，一個對萬有引力、電磁和亞原子態的解釋。雖然令人費解，而且至今還是無數科學爭論的主題，它卻大大地修改了自從牛頓以來早已被認為是理所當然的觀念。牛頓世界正在被一個四維世界、一種時空連續統一體所取代。在數學領域裡，非歐幾里得的幾何學發展起來了。

還有，當物體以光速運動時，因果、時空和牛頓的萬有引力定律在亞原子世界裡，統統都沒有多大的意義，實際上在宇宙中也是這樣。德國科學家維爾納·海森堡在不久後的一九二七年，用他那測不準或不確定原理證實，要同時確定單個電子的位置和速度是不可能的。正是在這些於第一次世界大戰以前建立的科學基礎上，人們發展了新的學科——核子物理學，並逐漸對原子能加以開發、利用。人們發現，原子及其亞原子微粒的世界甚至比一九一四年以前所設想的還要複雜得多。

哲學和藝術的傾向

雖然有些作家和藝術家如同早期浪漫主義思想家一樣，抨擊啟蒙思想和現代科學，但這一時期歐洲大多數的知識分子都將科學視做所有知識的典範。他們陶醉於實證主義，相信科學方法為世界提供唯一「確實的」知識。因此，科學不可能知道的任何事物肯定是永遠不可能被知道的——這種學說被稱為「不可知論」，或者叫做對無知的承認。赫伯特·斯賓塞在英國，恩斯特·海克爾在德國，都是得到廣泛回應的不可知論的鼓吹者，兩人都描繪了一幅由達爾文進化論統治的天下萬物景象。斯賓塞特別指出，透過進化學說，能夠把各派哲學統一、組合並協調起來；他不但把這個學說用於所有有生命的東西，還用於社會學、政府和經濟。他覺得社會的進化朝著日益增加個人自由這個方向發展，政府的責任不過是維護自由和公正罷了；它們不應該妨礙社會和經濟的自然進程，也不應溺愛弱者和不適宜者。然而，像達爾文本人一樣，斯賓塞也相信，利他主義、博愛以及良好的意願，作為個人道德上的優點來講，本身是有用的，而且是進化發展的產物，因此是值得讚美的。

後面這些觀點並未被當時另一位德國哲學家弗里德里希·尼采所接受。這位立論嚴肅的著作家也同樣受到進化論極大的影響。但與其說他是科學的哲學家，倒不如說是藝術的哲學家。他博采廣納本世紀為數眾多的知識流派，是一位既不系統又令人費解的思想家。關於他，要給予公道的評價實屬不易。然而有一點是顯而易見的，他瞧不起現代民主社會。他以進化思想為障眼法，發展

某種「超人」思想：「超人」是一種新型的偉人，他創造新的倫理價值和哲學真理，使他能夠支配和迷惑群眾。謙卑的品質、容忍力、兄弟般相助、希望和愛情，簡言之，這些基督教特別強調的美德，被尼采形容得像一個奴隸的德行，是弱者為了解除強者的武裝而編造的藉口。而勇敢的品質、對危險的愛好、優越的智力和美好的個性，他認為要好得多。事實上他辯解說，所有人，甚至哲學家，都是受他們的本能和「權力欲望」驅使的，而不是受理智或合理想法所驅使。他對宗教的批判，使某些形式的古典異端學說得以復活和修訂。與尼采同時代者認為他精神錯亂，甚至認為他瘋了。他們既不理解他，又不敬佩他。不過，他還是毫不退縮，在他對他那個時代的看法裡面，坦率地表達了內容豐富的思想概念。而他對理智與理性的批判，在第一次世界大戰之前及之後的反啟蒙運動思想家當中還是有著廣泛的影響。

　　與科學和哲學一樣，在文學、戲劇和美術等需要有創造性與想像力的工作之中，二十世紀初發生的變化迎來了現今時代。像法國的左拉或斯堪的那維亞的易卜生這些作家，開始致力於描寫社會問題，從而產生了與工業競爭、罷工、賣淫、離婚或精神錯亂有關的現實主義文學。心理學新理論在小說對病態人物和人類荒謬行為的描寫中得以體現。新小說和新劇本往往比舊形式的歐洲文學來得更加逼真。但是，有些文學運動——例如法國象徵派詩人們——正在作品中用語言進行著試驗，使現代寫作與文學對社會現實的表現大為脫節。從某種意義上說，藝術伴隨著時代知識的發展而發展，反映著對相對論、無理性主義、社會宿命論和語言二義性的看法，以及對潛意識的興趣，就像它們今天所做的那樣。另一方面，藝術家和社會從未像這樣遠遠地分開過。畫家高更就是一個極端的例子，他放棄家庭和現代歐洲生活，逃往南太平洋，來到原始的環境，沉溺在富有熱帶色彩的赤裸裸暴力裡（如圖15-6 高更的《參拜馬利亞》）。其他人變得專注於技術細節，或者只不過是反覆無常的自我表現而已。藝術一旦走向它自己極端的邊緣，就會變得莫名其妙，同時還剝奪了一般人覺察、理解和享受周圍世界的手段（這種手段古老得可以追溯到石器時代的洞壁繪畫）。

　　然而，通稱為印象主義的藝術運動並沒有切斷繪畫與外部世界的所有聯繫，在十九世紀末葉的歐洲，印象主義者或許是最有影響力的藝術家。十九世紀七〇年代和八〇年代聲名鵲起的印象派畫家，包括克勞德·莫內、奧古斯特·雷諾瓦、卡米耶·畢沙羅、貝爾特·莫里索和瑪麗·卡薩特等，他們拒絕法國學院派繪畫的傳統樣式，轉而表現日常生活和自然世界中多姿多彩的跳動的光。早先的畫家在畫室裡工作，描繪神話、古典歷史或異域文化中的場景，

而印象派畫家截然相反，他們寧願到戶外去寫生；他們描繪現代法國的街景或建築，描繪普通人的日常活動，抑或描繪現代咖啡館裡的愉悅。雖說莫內尤爲擅長表現不同光影中的同一物體（例如圖15-7《盧昂大教堂》），但所有的印象派畫家都使用光和色彩，而不是古典線條或主題，來傳達他們對現代世界的「印象」。多數印象派畫家是法國人，且是男性，儘管像莫里索和出生於美國的卡薩特這樣的女畫家也屢有創新作品，往往描繪生命不同階段的女性（見圖15-8莫里索的《閱讀中的小女孩》，和圖15-9——雷諾瓦的《紅磨坊的舞會》）。

圖15-6　高更於十九世紀九〇年代初期移居塔希堤島，尋找他在法國所熟悉的文化和藝術之外的非歐洲的不同畫法。他所使用的色彩和他所描繪的塔希堤島人，影響了歐洲先鋒派的藝術家們，但是，高更也繼續吸取西方的（經典的）藝術題材。這幅畫的名字是《參拜馬利亞》，間接提到了《聖經》裡的天使傳報，耶穌將透過馬利亞成胎降生。〔The Metropolitan Museum of Art, Bequest of Sam A. Lewisohn, 1951 (51.112.2) Photograph © 1983 The Metropolitan Museum of Art〕

印象主義逐漸具備了國際性影響力，並成爲被稱作後印象主義者的其他藝術家進行藝術探索的出發點。後印象主義者用新穎而更加抽象的形式，用不可思議的色彩去描繪人物和物體。在表現藝術家對客觀事物各自鮮明的主觀感受方面，後印象主義藝術在印象主義之後可謂青出於藍而勝於藍。保羅·塞尚的作品就是「後印象主義」藝術具有影響力的代表作品。到了二十世紀早期，巴布羅·畢卡索、喬治·布拉克和瓦西里·康定斯基等藝術家創作「立體主義」或「抽象表現主義」的作品，用極度抽象的形體和潑墨式的色彩去表現自然物體和人體，多數作品全然不顧科學家所稱呼的客觀現實（見圖15-10畢卡索的《亞維農少女》，及圖15-11康定斯基的《愛德溫·坎貝爾的評判一號，一九一四年》）。

然而，從第一次世界大戰直到現在，藝術領域裡同樣的主觀主義傾向吸引更加廣泛的觀眾，即使有些人仍舊抱著懷疑的態度。人們閱讀的書籍沒有畫上標點符號，或者使用古怪的標點符號。聽的音樂被稱作無調性的音樂，還故意爲嘈雜和不諧和的效果創作。熱中於研究抽象的或者「非寫實的」繪畫和雕

圖15-8　法國畫家貝爾特・莫里索是最早採取印象派
　　　　藝術的方法和觀點去創作的女性之一。這幅
　　　　畫作《閱讀中的小女孩》（一八八八年），
　　　　可做為例子用來說明印象主義運動的特徵——
　　　　對光與色的格外關注。莫里索對表現女性的經
　　　　歷和記憶情有獨鍾，畫中對少女的描繪就是
　　　　個典型。〔Museum of Fine Arts, St. Petersburg,
　　　　FL. Museum purchase in memory of Margaret
　　　　Acheson Stuart 1981.2; La Lecture (Reading),
　　　　1888 By Berthe Morisot (French, 1841-1895)〕

圖15-7　對光特別著迷，在多數印象派作品裡
　　　　都能體會到，如在克勞德・莫內描繪
　　　　盧昂大教堂的畫作中。這幅風景畫，
　　　　畫的是夜光中的盧昂大教堂，是莫內
　　　　創作於十九世紀九〇年代的系列作品
　　　　之一，當時他致力於刻畫一天之內
　　　　各種光影中物體的不同外貌和色彩。
　　　　〔The Art Archive / Musee d'Orsay
　　　　Paris / Dagli Orti; Rouen Cathedral,
　　　　brown harmony, effect of evening, 1894
　　　　by Claude Monet (1840-1926)〕

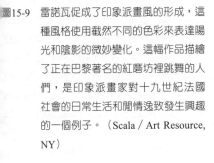

圖15-9　雷諾瓦促成了印象派畫風的形成，這
　　　　種風格使用截然不同的色彩來表達陽
　　　　光和陰影的微妙變化。這幅作品描繪
　　　　了正在巴黎著名的紅磨坊裡跳舞的人
　　　　們，是印象派畫家對十九世紀法國
　　　　社會的日常生活和閒情逸致發生興趣
　　　　的一個例子。（Scala / Art Resource,
　　　　NY）

圖15-10　巴布羅·畢卡索在如《亞維農少女》
　　　　　這樣的畫作裡以極端變形和誇張的手
　　　　　法表現人體，它們成為早期「立體主
　　　　　義」的著名作品。立體主義畫家從多個
　　　　　角度來描寫物體形象，使用抽象形狀
　　　　　和出人意料的色彩來表達藝術家的主
　　　　　觀視覺，而不去再現外部世界的真實
　　　　　圖象。〔Digital Image © The Museum
　　　　　of Modern Art/Licensed by SCALA/Art
　　　　　Resource, NY. © 2007 The Estate of Pablo
　　　　　Picasso/Artists Rights Society (ARS), New
　　　　　York (*Les Demoiselles d'Avignon, 1907 by*
　　　　　Pablo Picasso)〕

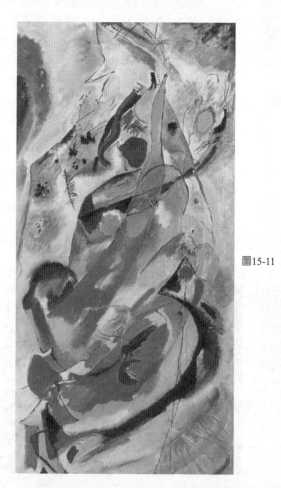

圖15-11　康定斯基是畫純粹抽象作品的第一批藝
　　　　　術家之一。他於一九一四年完成的這幅
　　　　　作品，表達了在不涉及有形物體的情況
　　　　　下使用形狀和色彩的二十世紀早期的藝
　　　　　術願望。現代主義的藝術家們打算用他
　　　　　們的色彩來代表個人的觀感，而不是
　　　　　代表外部的客觀實物。〔The Museum
　　　　　of Modern Art, New York. Mrs. Simon
　　　　　Guggenheim Fund. Photograph © 2001
　　　　　The Museum of Modern Art, New York/ ©
　　　　　2001 Artists Rights Society (ARS), New
　　　　　York/ADAGP, Paris〕

塑，像這類作品，甚至藝術家本人往往也拒絕被安上標題。藝術家們及他們的藝術與現代工業社會漸行漸遠，詮釋著現代世界的專門化。藝術家們不再爲社會代言，不再爲公共的用途或享樂而創作，他們是從事各自手藝的專家，追求著自己所關切的東西。這一點，跟外人常不能理解他們工作的其他專家是一樣的。

教會和現代

　　宗教信仰也免不了被取代的命運。幾乎每一個人都把宗教信仰看做嚮導的時代由來已久，但是在一八六〇年或一八七〇年以後，宗教信仰比以往任何時候都受到更多的威脅，這是因爲在此之前從未有過科學或以科學爲基礎的哲學，是那樣直接地涉及到生命的存在和人的生存。從未有過那麼多傳統宗教信仰的基本前提受到質疑和遭到否定。不但達爾文進化論對上帝創造的這幅傳統圖景提出了挑戰，人類學家也對最神聖的基督教教義的無與倫比提出了疑問。對《聖經》的「高等」批評也進一步開展起來，人們力求把長期以來在世俗文獻裡應用的學術方法引到基督教《聖經》上，力求使考古發現具體化，並且重建合乎自然、以史實爲依據，對古時候宗教時代的敘述。這個至少可以回溯到十七世紀的運動，到如今已經有了一定規模，它不僅被應用於《舊約》，也被應用於《新約》。對《舊約》的文體和語言進行詳盡耐心的研究，結果是對某些預言的有效性產生了懷疑。而《新約》中那幾部福音書資料的前後矛盾之處，也被新一代的學者和評論家加以闡明。德國神學家大衛・佛烈德里希・史特勞斯就是一位精於此道的學者。他是引起廣泛討論的《耶穌之生命》的作者，在這本書裡面，很多不可思議和超自然的事件，做爲「神話」被虔誠但堅定地搪塞過去。敏感的法國史學家和文學家歐尼斯特・勒南用一種有點相似的語氣描寫了基督教的起源和古代以色列人的生活，對最古老的宗教傳奇和宗教信仰給予世俗的解釋。此外，整個時代的趨向，對物質進步的專注，同樣使人們遠離教會，並且在全面的生活方式改變中，這個運動自鄉村到城市，都在不時地打破著宗教的束縛。

　　新教教會和羅馬天主教教會都竭力防止自身的成員受到當時那種分裂傾向的影響，但前者不如後者來得成功。在新教徒中間，參加教堂活動變得越來越漫不經心，布道所闡明的教義似乎與現實越來越無關。新教的俗人一貫相信他們自己私下的判斷，把他們的牧師當做自己的代理人，而不是當做位居他們之上的權威導師。還有，新教徒總是特別強調把《聖經》當做宗教信仰的源泉；雖然他們越來越懷疑《聖經》在敘事文字上的眞實性，但是他們似乎沒有其他

來源可信賴。

新教徒逐漸分裂爲現代主義者和原教旨主義者兩派。原教旨主義者（在美國是如此稱呼）在竭力捍衛基督教《聖經》文字上的純潔性，因而他們往往被迫否定科學上大部分毋庸置疑的成就。現代主義者則非常樂意適應科學，同時當作寓言一樣去解釋《聖經》裡的許多東西，但是要他們能夠挽回對基督教真理的任何精神影響或急切感情，就很困難了。特別是在英國教會內部，儘管有一個「基督教社會主義者」團體在發展，可是大部分新教教堂都是慢慢地面對社會問題，以及由這個經濟制度所產生的大量不公正現象。鑑於教育事業以及照料孤兒、老人、病人和精神失常者這類工作轉到國家手中，新教團體在那些減輕痛苦和培育青年的工作中減少一些。使許多新教徒感到遺憾的是，新教教義被那些心不在焉的人弄成了慣常的儀式，而且這種情況日甚一日。直到第一次世界大戰結束以後，一些像卡爾‧巴特這樣的思想家對基本教義再次做了肯定，以及開展了把各存歧見的新教教區再度聯合起來的運動，一次強大的新教復活才看得出來。

事實證明，羅馬天主教會對時代的潮流反抗得更爲激烈。我們知道，教皇庇護九世在一八四八年被共和主義者逐出羅馬後，終於放棄了他的自由主義傾向。一八六四年，他在《謬論彙編》中列舉了一長串廣泛流傳的思想觀點，把它們統統指責爲荒誕不經，其中就有針對理性主義和對科學的信仰的。庇護九世還振振有詞地否定教會領袖「會同進步、自由主義和現代文明進行和解與合作」。《謬論彙編》對於天主教徒只是一個形式上的警告，而不是一紙他們有義務去信奉的教義條文。在教義裡，聖母瑪利亞聖靈受胎說在一八五四年曾被當做絕對真理予以宣布；一個世紀之後的一九五〇年，瑪利亞想當然的肉體升天一事又被公諸於眾。就這樣，天主教會在一個懷疑的時代裡，面對著天主教內部的現代主義者，一再重申自己超自然的和不可思議的信念。

一八七〇年，庇護九世在梵蒂岡召開了一次全世界範圍的教會會議，這是繼大約三百年前召開特蘭托會議以來的首次這類會議。梵蒂岡會議宣布，教皇的教義是永遠正確的。會議認爲，在教皇命令式地談到信仰和道德問題時，對於他最終的和超自然的權威，天主教徒是不可以提出疑問和加以拒絕的。梵蒂岡會議以及天主教徒對教皇永遠正確的承認，是教會內部數個世紀以來發展的唯一高潮。簡單地講，這個世界越民族化，天主教教義就越國際化。鑑於國家主權和世俗主義不斷地增強，爲了保護天主教免遭異己勢力之殃，天主教教士已日益著眼於羅馬的精神權力。在過去三百年中，大部分時間的經歷造成了天主教徒根本不信任他們自己的政府，或他們周圍那些非天主教徒——十六世紀

的新教和國家教會、十七世紀的詹森教徒運動、十八世紀開明的專制政府所奉行的反教權主義、法國大革命對教會的敵視態度，以及十九世紀自由主義、共和主義和社會主義對教會所顯示的敵意。到一八七〇年，最終結果是天主教徒陷入了羅馬教廷的掌握之中。教皇極權主義，即對教皇轄制權的無條件接受，壓倒了教會內部舊的教皇權力限制主義者和其他民族化傾向。

一八七〇年，當六百名高級教士正在梵蒂岡開會時，新生的義大利國家闖進了羅馬城，合併了這座城市。教皇的世俗權力從此消失殆盡。如今，這種看法獲得了廣泛的認同：由於喪失了地方上的世俗利益，羅馬教廷對全世界的天主教徒在精神上的控制反而加強了。長時間以來，教皇一直拒絕承認失去了羅馬。從一八七〇年至一九二九年，相繼登位的每一位教皇，都採取在梵蒂岡區域內自我禁錮的政策。一九二九年，由於拉特蘭條約，教廷最後承認了義大利國家；義大利則承認在梵蒂岡城所占據的那大約一平方英哩內，梵蒂岡可作為一個完全不受義大利法律管轄的獨立國家存在。教皇統治取得了在國家權力或世俗權力之外的獨立，在天主教徒看來，這在履行它的作用時是必不可少的。

庇護九世的繼承人利奧十三世繼續反擊敵視宗教的行為，並著手復興以湯姆·阿奎那為代表的中世紀哲學。但利奧十三世留在人們腦海中的東西，主要是用公式表達了天主教的社會學說，特別是一八九一年頒布的教皇通諭《新事物》，不但被後來繼位的各位教皇奉若箴言，而且，各種各樣的天主教社會主義運動也應運而生。《新事物》確認，私有財產在合理的範圍內可以認為是一種正當的權利，但它為了饑餓、無保障，甚至為了墮落而挑剔資本主義。正由於這種墮落，許多勞動人民被忽視不顧。它宣稱，社會主義有許多東西原則上也是天主教的，但它卻把社會主義在唯物和反宗教的限度內加以抨擊。教皇因此勸告天主教徒：如果他們希望組成自己的社會主義政黨的話，天主教工人教徒希望組織自己的工會，他們可以在天主教會贊助下進行。

至於猶太教呢？雖然猶太人是極少數，但他們的境況總像是某種晴雨表，全面反映著歐洲（政治）氣候的變化。猶太教在十九世紀的基本趨向是「解放」和「同化」。科學和現世主義對於正統猶太教來說，也和傳統的基督教一樣，有著同樣的瓦解作用。革新派猶太教的進步成長，有如其他信仰裡的「現代主義」的猶太複製品。個別猶太人漸漸放棄了他們與眾不同的古老生活方式。社會上普遍盛行的自由主義，允許他們像普通公民一樣行動，與其他人一樣經營商業或從事專門職業。正是由於這種情況，猶太人掙脫了許多世紀以來強加在他們頭上的那些舊合法歧視。

到這個世紀末葉時，與同化恰好相反，有兩種傾向變得明顯起來。其一是

文化和政治的民族主義，它出現的原因是某些猶太人擔心同化會導致猶太人同一性的完結，或許還會導致猶太教本身的消失。相反的傾向，或者說同化的障礙，是在一九〇〇年那時，不少地區內反猶主義明顯地增強。種族主義者在理論上厭惡猶太競爭者在商業和專門職業上的表現；社會主義者不加掩飾地蔑視猶太資本家，如羅斯契爾德家族；上層階級害怕猶太革命者和馬克思主義者，還有一種方興未艾的人種的民族主義思想。按照這種思想，法國應該是純粹的法國人和拉丁人，德國應該是純粹的德意志人和北歐人，或者俄國應該是純粹的俄國人和斯拉夫人，所有這些湊合在一起，使反猶主義甚囂塵上。俄國確實發生過集體屠殺猶太人的事，即使說是對猶太人的大屠殺也不過分。法國的「德雷福斯案件」，從一八九四年一直拖延到一九〇六年才解決，毋庸置疑，這其中就深刻暴露了反猶主義的狂熱。許多猶太人在這種敵意的壓迫下，開始領悟到一種新的猶太同一性。匈牙利出生的猶太新聞記者希歐多爾·赫茨爾便是其中的一個。像德雷福斯這場動亂居然發生在文明的法國，著實令他震驚。

做為維也納一家報社的記者，他親眼目睹了這個案件的前前後後。一八九七年，在他組織下，於巴塞爾召開第一次國際猶太復國主義者大會，並就此建立了現代的或政治上的猶太復國主義。猶太復國主義者希望在巴勒斯坦建立起一個猶太國家，好讓來自全世界的猶太人可以在這裡找到一個庇護所，儘管從古代起這裡就沒有存在過獨立的猶太國家。

許多原本希望得到城市同化，然而對此已經絕望的猶太人，開始同情猶太民族主義運動，把猶太復國主義和猶太人的復興，看做是維持他們自身尊嚴的一種方式。另一些人堅持認為，猶太教是一種信仰，本身並未表現出民族性；猶太

圖15-12　猶太籍記者希歐多爾·赫茨爾（一八六〇至一九〇四年）。為回應中歐的反猶太思想和法國德雷福斯案件的反猶太主義，他在十九世紀後期的歐洲發起了一次新的猶太復國運動。赫茨爾組織召開第一次國際猶太復國主義者大會，號召在巴勒斯坦建立新的猶太國家。巴勒斯坦當時是鄂圖曼帝國的組成部分，由主要的居民——阿拉伯人占據著。（Zionist Archives and Library）

人和非猶太人在同一個國家內應享有完全一致的國籍、公民權以及政治和社會前途。自由主義者和民主主義者都持有這種看法。不論是啓蒙運動、美國和法國革命、拿破崙一世的帝國，還是十九世紀的自由主義，一貫都贊同把猶太人結合進一個比較寬容的社會裡去。

古典自由主義的衰落

　　前面敘述過的政治、經濟和知識的種種趨勢，最終具有雙重性的效果。從根本上看來，自由主義在很大程度上不斷地向前發展，與此同時，從十七世紀和十八世紀以來，自由主義始終在一個使它衰落的基礎上堅定地生存著。當然，第三種效果或許也被人們注意到了，即使自由主義的實質精華在頑強地堅持著，它的綱領和學說還是有重大修改。自由主義堅持下來了，但是，自由主義的古典形式卻黯然失色了。

　　古典自由主義（自由主義的全盛時期是十九世紀）的歷史至少可以追溯到十七世紀的約翰・洛克和十八世紀的哲學流派，在十九世紀達到高潮，這表現在像約翰・斯圖亞特・彌爾這些人的著作裡，以及像威廉・格拉史東這些人的政治觀點裡。古典自由主義有其最深刻的原則——個人自由。人，或者人類的每一分子，據自由主義者看來，是或者應該成為一個獨立的人。「人」，對他們來講，意味著人類的任何成員；可是實際上除了少數人像彌爾那樣之外，他們想到的「人類」往往都是成年男性。不管怎樣，正由於自由主義最根本的原則是強調個人的自由，從而促進了當時規模仍然很小，然而卻正在增強的女權運動。

　　按照這種觀點，個人並非單純

圖15-13　英國政治作家約翰・斯圖亞特・彌爾（照片拍於十九世紀五○年代）是十九世紀最具影響力的古典自由主義思想家之一。然而，在其事業的後期，彌爾也成了爭取婦女政治權利的運動和與古典自由主義理論中個人主義決裂的社會改革傑出支持者。（Getty Images）

按照人種、階級、教會、民族或國家構成，而是根本獨立於這些之外。個人並沒有太多不同的觀念，因為他們往往屬於多樣的集團，但他們可以自由運用理智，有獨立思考的能力，除非他們受自己的利益、偏見或潛意識的驅使。正因為如此，各個利益集團的人便能夠合情合理而且又有益地探討他們之間的分歧，達成妥協，利用和平協議解決問題。自由黨人支持教育，就是因為他們考慮到每一個人都有可能蘊藏著理性。他們反對任何強加給個人的負擔，從肉體折磨直到精神灌輸都不行。

在宗教信仰方面，自由主義者認為，每一個人，不管男性或女性，應按本人意願選擇接受任何一種信仰或不要信仰；教會和教士在公眾事務中應該僅發揮很小的作用，或者根本不發揮作用。至於在政治方面，他們認為，政府應該是立憲且權力有限的，個人透過他們選擇的代表來管理自己，問題的提出、討論和決定，都要依靠智力的運用，以上這兩種情況都要靠選民在競選運動中和民選代表在議會裡的辯論來實現。一個多數人的，或大多數個人的意志是決定性的；當然還要有這種認識——經由個人看法的改變，少數可以變成多數。最初，由於對民主政治的不信任，擔心對民眾的控制會太過分，以及期望能限制政治權力和限制有產階級擁有的選舉權，因此自由主義者在十九世紀接受了男性普選權這種民主政治原則。在經濟上，自由主義者認為，整個世界滿是做買賣的個人——買和賣、借和貸、雇用和辭退，沒有政府方面的干涉，與宗教和政治無關，因為這兩者都想把表面上的不同強加到人類的根本一致性之上。自由主義的實際結果是信仰自由、立憲主義、商業的自由放任、自由貿易，以及一種國際性的經濟體制。自由主義者相信，不論哪一個民族都會朝著這些目標前進，儘管此時代瀰漫著種族主義和帝國主義的態度，阻礙了自由主義原則實際應用到那些生活在新舊殖民帝國裡歐洲人統治下的非歐民族身上。

從未有過一次，哪怕在一個國家裡也好，是讓全部自由主義思想同時取得勝利的。純粹的自由主義像多數別的文化方面和政治方面的意識形態一樣，除了作為一種學說以外，還沒有實際存在過。自由主義在某條道路上取得了進展，就會在另一條道路上被阻擋或遭到挫折。從整體來看，在一九一四年以前，歐洲顯然是自由主義占據著主導地位。可是大約在一八八〇年，自由主義趨向衰落的跡象開始明顯起來。其中一些，如人類行為概念的改變，已經在前面講過了。

十九世紀自由主義的衰落：經濟趨勢

自由經濟產生了許許多多嚴峻的現實。工人群眾因勞務市場的起伏而顛簸

不定，生產者則因世界商品市場的盛衰而動盪不已，他們同樣吵吵鬧鬧地要求保護性貿易制度，以對付無限制的外來競爭。一八七三年，一場嚴重的蕭條使價格和工資現狀崩潰了，直到一八九三年，經濟都未完全復原。歐洲的農民，不管是法國的小農場主，還是德國東部那些大容克地主，都要求實行關稅保護措施，因爲他們不可能與美國中西部或南俄大平原的農業競爭，而這兩個地區在一八七〇年之後都以低廉的價格向歐洲傾銷穀物。一八八〇年左右，以農業方面的保護貿易爲先聲，保護性關稅的復活和自由貿易的衰落在歐洲已經非常明顯了。工業方面很快也要求得到同樣的好處。在德國，容克地主和正在崛起的萊茵蘭實業家聯合起來，迫使俾斯麥在一八七九年開始對進口徵收關稅。一八九二年，法國採取了高關稅率政策，以安撫本國的製造業界和農業界。正在迅速工業化的美國，比任何國家的行動都快速，早在十九世紀六〇年代就開始實行了保護關稅政策。

　　工業革命如今在其他國家產生的作用比在大不列顛更加明確。對於從英國購買工業品而僅僅以賣原料和食品做爲交換的作法，人們抵制得越來越激烈。到處都在復活德國經濟學家佛烈德里希・李斯特提出的論點。半個世紀以前，他在其著作《政治經濟學的國民體系》（一八四〇年）當中，指責自由貿易這種制度主要有利於英國，並且宣稱，倘若它老是在一個半鄉村式的非製成品供應國的地位上停滯不前，沒有哪個國家會變得強盛、獨立，更不用說變成一個完全文明的社會。由於德國、美國和日本這些國家專門製造出口貨，一場對世界市場的國際爭奪開始了，同時促進對殖民地的爭奪和新帝國主義的產生，這

1859至1920年大事年表	
1859年	查爾斯・達爾文發表《物種起源》；「進化」成爲現代知識生活的一個主題
19世紀80至90年代	克勞德・莫內在印象派畫作中表現光與色彩的細微差別，如《盧昂大教堂》
1889年	歐洲社會主義政黨組建第二國際
1897年	希歐多爾・赫茨爾組織第一次國際猶太復國主義者大會
1900年	西格蒙德・佛洛伊德在《夢的解析》中展現他的無意識論
1905年	阿爾伯特・愛因斯坦提出物理學相對論
1907年	巴布羅・畢卡索開始立體派風格創作，如《亞維農少女》
1918至1920年	婦女在英國、德國和美國獲得投票權

些情況都將在下一章裡詳加敘述。新帝國主義的產生其實也是自由主義衰落的另一症狀，因為自由主義對殖民地非常不感興趣。

在各個方面，由自由主義者假設存在於政治和經濟之間的分界線開始消失了。一種新重商主義的產生，使十七和十八世紀時各國政府想要使經濟活動服從政治目標的企圖得到復活。到一九○○年，一個動聽的名詞──經濟民族主義──變得引人矚目起來。國家依靠關稅、貿易競爭和國內管理，奮力改善自己的境況，而毋需理會對其他國家產生什麼樣的效果。至於單個的工人和商人也是一樣，在純粹的經濟事務裡，他們隸屬什麼國家、受什麼政府支持，以及在什麼法律下過活，如今已經有了一種非同小可的關係。

工人組成工會，無疑可以保護他們自己，以對付當他們是個人時可能遇到的無保障和虐待。商業界開始實行合併，集中成一個個巨大的有限公司，或者形成壟斷組織、托拉斯或卡特爾，同樣是為了在無控制的市場之變幻無常中保護它們自己。出現大規模的經營形式和有組織的勞動者，在理論上和實踐上都損害了古典自由主義戀戀不捨的個人競爭。組織起來的勞動者、社會主義政黨、男性普選權和對社會災難的敏感，這一切都迫使政治領導人日益介入經濟事務之中。工廠制度變得更加詳盡，實施效果也更好。俾斯麥開創的社會保險傳到了其他國家：政府規定食物和藥品的純度標準，社會服務由國家來發展，國家對其國民的社會和經濟福利正在承擔起責任。大衛・勞合・喬治那個時代的英國自由黨人之「新」自由主義，以及美國共和黨總統希歐多爾・羅斯福和民主黨總統伍德羅・威爾遜的「新」自由主義，均認可了政府在社會和經濟事務中擴大作用的作法。不管是羅斯福、威爾遜，還是其他人，無一例外都在尋求用政府行動反對壟斷和托拉斯以復興經濟競爭。一般情況下，新自由主義者比較願意接近工人和一些受壓抑的階級，而不是商人。工人命運的改善必然證實自由主義的舊人道主義與個人尊嚴和價值之間那種關係的正確性。政府作用擴大的福利國家似乎與舊自由主義無關，但是卻被新自由主義引為前進的方向。然而，舊的或古典的自由主義鼓吹者們往往反對日益加強的政府權力和中央集權，都在為個人自由而擔憂。

思想潮流和其他潮流

自由主義，不管是新的或舊的，同樣被思想領域裡新出現的許多發展所侵蝕，如在本章前面講過的達爾文進化論、新心理學、哲學和藝術的各種傾向。看似矛盾的一點是，這個偉大的科學時代發現，人並不是一種理性的動物。達爾文主義理論暗示，人只不過是一種高度進化的生物，其能力僅能適應一種環

境而已。心理學似乎是告訴人們，我們所謂的理性往往只是產生文飾作用，即提出「理由」以證明物質的需求或者情感和無意識的需要是正當的，證明下意識的反應只是支配著人類行爲的一個狹小部分。思想觀念本身被說成是現實環境的產物，有英國的思想，或者盎格魯・撒克遜的思想，再不就是資產階級的、進步的或反動的思想，諸如此類。在政治上，某些人相信，出於利害衝突，政黨之間或國家之間永遠也不可能通情達理地贊同一個適用於兩者的共同綱領，因爲它們都不能超越自身視野的界限。未經進一步的考慮和根本不期待那種考慮能夠克服障礙，就輕率地駁回對手的觀點，這已經變得司空見慣、不足爲奇了。暗中爲害的「反智主義」對自由的原則是有害的。如果因爲優先的條件而不能使任何人改變想法的話，那麼，靠勸說去解決問題就更加希望渺茫、無濟於事了。

人在本質上不是一種有理性的生物，這個見解本身完全出自於爲了對人的行爲得到更充分的了解所做的科學探索。但它與蓄意屛棄理智，強調和助長無理性，著重於意志、直覺、衝動和情緒，以及賦予暴力和戰爭一種新的價值等觀點，也僅僅是一紙之隔而已。一種「現實主義」的哲學，對鬥爭的建設性價值抱有一種不現實的信仰，以及對思想和理想的堅拒惡絕，這些都在四處氾濫著。其實這並不新鮮。自從十九世紀四〇年代以來，馬克思主義已經在教導人們：階級鬥爭無論是潛伏的或公開的都是歷史的推動力。如今，尼采否定了公共美德，讚賞膽量和勇氣；社會達爾文主義者頌揚人類活動的各個方面，那些成功者和優勝者都是在人類永恆的生存鬥爭中的「適者」。其他思想家信奉一種不加掩飾的無理性主義。工聯主義哲學家喬治・索雷爾於一九〇八年在他所著的《論暴力》中宣稱，暴力是有力的形式，而不管其目的是否能達到。工人們應對「將會出現一次總罷工來摧毀資產階級文明」這種神話懷有信念，縱然那被認爲不過是「神話」而已。在這類社會神話哲學裡，思想的功能是保持人們不安和激動，以及隨時準備行動，而不是去實現任何與理性或客觀眞理相一致的目標。這些思想後來轉化爲二十世紀的法西斯主義和其他行動主義運動。

於是乎，在十九世紀末葉，歐洲歷史上最偉大的和平時期裡，充滿了哲學對鬥爭的頌揚聲。一些從未聽見過憤怒槍聲的人，故作莊嚴地宣布，世界歷史是靠暴力和對抗來推動的。他們聲稱，鬥爭不僅存在（這畢竟已經是一個純粹的眞實的供述），而且是確實有把握的可取形式，進步是可能透過它來實現的。「鬥爭」得以天下盡知，不僅應歸因於知識分子，還應部分歸因於實際的歷史事件。人們當然記得，在一八七一年以前，好些重大問題都是靠武力解決的。一八四八年的社會革命運動和一八七一年的巴黎公社都遭到了軍事鎭壓。

還有義大利、德國和美國的統一，誰又能說不是以戰爭來確定的呢？另外，一八七一年後，所有歐洲大陸國家都保持著大量的常備軍，多到從前和平時代從未有過的地步。

圖15-14　一九○六年在法國北部一煤礦罷工的這些礦工，代表二十世紀早期歐洲工會運動的戰鬥性一面。工會要求更高的工資、更好的工作條件並在公眾生活中發揮更大作用，成為這一時代歐洲各主要國家政治文化生活中的一支重要力量。（Roger-Viollet）

　　在經濟和政治方面，就算是作為古典自由主義故鄉的英國，也在一九○○年和一九一四年間出現表明舊的自由主義正在衰敗的種種跡象。約瑟夫·張伯倫領導了一場回歸關稅保護的運動（以撤銷對《穀物法》的廢除），當時這場運動失敗了，但它聲勢也夠強大，在一九○六年把保守黨弄得暈頭轉向。工黨在一九○六年後進行勞工立法的歲月裡，拋棄了其傳統的自由放任政策。新工黨要求其在議會中的成員根據本黨的指示進行投票，由此開創一種黨內團結制度，此制度最終被其他黨仿效，使反對派的路線得到強化，不允許個人自由地改變立場，因而削弱了議會討論的實踐意義。愛爾蘭民族主義者長期以來使用非議會手段。一九一四年，當議會最終通過愛爾蘭地方自治時，反愛爾蘭的保守勢力準備以武力抵制議會。英國主張婦女參政的女士們，對讓男人傾聽她們的理由根本不抱希望，她們訴諸令人驚愕的「非英國的」暴力政治活動，對

此，我們前面已述及。而一九一一年和一九一二年的鐵路和煤礦大罷工，則顯露出組織良好的工會的神奇力量。

縱然如此，在講解一九一四年之前半個世紀的歐洲歷史這兩章將結束之際，值得強調的仍是自由主義的堅守，而不是它的衰落。關稅是存在著，但商品還是在世界貿易中自由地周轉。民族主義得到了加強，但全然沒有像極權主義之類的東西。種族主義思想在到處傳播，但它們在歐洲還談不上有什麼政治意義。反猶主義時有耳聞，然而除俄國政府外，所有政府仍保護猶太人的權利，實際上，從一八四八年到一九一四年還是猶太人融入到一般社會的重要時期。實行自由放任政策的國家正在消失，但社會立法繼續著人道主義傾向，這個傾向一直以來就是自由主義的精華部分。有一些年事已高的革命者在鼓吹社會災變學說，但社會民主黨人和工人占壓倒優勢地成了修正主義者，他們認可議會程序和他們的現狀。教條主義者吹捧戰爭的殘酷美，但所有政府在一九一四年之前都竭力阻止大國間爆發戰爭。再者，雖然有某些激進哲學家、藝術家和知識分子信奉懷疑論，但對進步的信念仍是最流行的。

第十六章

歐洲的世界優勢地位，
一八七一至一九一四年

　　現代歐洲文明的經濟、政治和文化制度及其思想，正如前兩章所論述的，約在一八七〇年之後已經逐步擴展到世界的大部分地區。那些歐洲的大民族國家，如今倚仗科學和工業占壓倒優勢的新力量爲它們自己奪得了跨越全球的帝國。從此，歐洲歷史與亞洲、非洲和美洲歷史連結一起，比以往更加融合到世界歷史之中。

　　有一段時期，帝國性質的民族國家最活躍者都位於歐洲。第一次世界大戰之前那四十年則是歐洲居於世界優勢地位的年代。後來由於美國的崛起，「西方」一詞開始見諸應用，在某種意義上這也意味著歐洲人的擴張。不過，自從日本進入帝國主義階段後，「西方」這個詞的某些涵義就變得不那麼貼切了，往後的一些發展也造成如此結果。因此，到二十世紀中期，它們往往被稱爲這個世界「開發的」部分，其餘部分自然而然被看做是「發展中的」或「未開發的」，最後甚至形成了「第三世界」。這個所謂的「世界」沒有自己特定的地理特徵，但都是指二十世紀後幾十年裡的開發中國家。所有這些詞都與這樣的基本現實有關，即在現代社會與傳統社會之間，在富國與窮國或強國與弱國之間畫出一條界線來。

　　到一九〇〇年，在人類歷史上，第一次提及「世界文明」。儘管所有國家在語言、文化和社會實踐等方面還保持著重要的差異，但都不由自主地被拖入世界經濟和世界市場之中。那些政治和經濟的現代性標誌，如現代科學、現代戰爭武器、機器工業、快速通訊系統和交通系統、工業組織機構、有效率的稅收和執法形式、行之有效的公共衛生體系、衛生設備和醫學等，無論在何處都非常相似。

　　但並非各個民族都能以平等關係參與這場全球性發展，歐洲人（或者說「西方人」）攫取了最大的利益。在其他地方，部落社會及固有的舊文化開始土崩瓦解。科學的思想到處改變著舊的思想方法，就像當年在歐洲發生過的那樣。在印度、中國或非洲，民族工業常常遭到打擊，很多人發現，要將它們維持下去，比以前更困難了，哪怕維持在一個低水準上都不行。例如，中國修建鐵路後，有一些船工、車夫及小客棧老闆失掉了生計。印度靠手工紡棉紗和織布的人，在他們的村子裡都無法跟蘭開夏的機器製品競爭。在非洲部分地方，歷來靠放牧爲生的當地部族，當他們四處遊牧尋找水草肥美的牧場時，發現白人農場主、種植園主或礦業主已經占據了他們的土地，而且常常因爲這些白人制定的法律而被迫放棄自己的遊牧習慣。所有的民族開始爲出口而生產──橡膠、原棉、黃麻、石油、錫和黃金，從此受到世界價格漲落的影響。某種不景氣漸漸變成世界性蕭條，而大家將無一倖免。

　　帝國主義，或者說十九世紀後期的殖民主義，可以簡短地解釋爲一國人民統治著另一國人民。事實證明，歐洲帝國主義不過是曇花一現，第二次世界大戰之後，這樣的形式就削弱並消失了。但是「後殖民」社會獲得政治獨立以後，殖民體系的經濟和文化方面仍繼續影響著它們。帝國主義和建立帝國最初起源於歐洲「內部地帶」的工業文明和科學文明向世界擴展的一個階段。當然，隨著二十世紀歲月的向前推移，已經很清楚地看出，那並不是最後階段。被帝國主義「打開門戶」、命運受西方支配的民族，終於感到他們的國家對現代化和工業化的需要，對西方科學、技術和資本援助的需要，但他們希望驅逐帝國主義者，自己管理自己，自己控制不可避免的現代化和借貸。爲了反對歐洲人的帝國主義統治，未獨立的民族開始維護從歐洲學來的思想——自由民主思想，以及很容易轉變爲社會主義思想的反資本主義思想。他們的這些思想大都取自法國革命和美國革命，或取自馬克思主義，或是乾脆不加選擇地從歐洲照搬而來，但是這些思想在進入其他文明的政治、文化傳統時，會發生改變或遭遇挑戰。

　　本章只是敘述全球性轉變中的帝國主義階段。不過歐洲列強的帝國主義爭奪，雖然說明了歐洲的世界優勢地位，卻也促成了第一次世界大戰這場大災難的發生，更促使歐洲的世界優勢地位崩潰，這也是歷史的嘲弄之一吧！

帝國主義：性質和原因

　　歐洲文明總是顯出一種擴張傾向。中世紀拉丁基督教世界的擴張，就是靠征服和改變宗教信仰，囊括了從西班牙直到芬蘭的整個地區。後來是海外地理發現和建立殖民統治的時代，這方面的鬥爭在十七和十八世紀一直沒有間斷過，美洲國家的歐洲化就是這種鬥爭最深遠的結果。與此同時，歐洲文化也在俄國上流社會之中傳播和擴大影響。拿破崙的失敗，使得舊殖民帝國中只剩下一個國家仍然強大，那就是大英帝國。一八一五年後的六十年裡，沒有重要的殖民地爭奪，當時很多社會集團對海外殖民地區都抱著漠不關心的態度，以爲在自由貿易的原則下，不必在那些商業貿易地區施加政治影響。但實際上，就在這些年裡，法國人進入了阿爾及利亞，英國人加強了對他們占領下印度的控制，荷蘭人加緊了對爪哇島及鄰近島嶼的全面開發，西方列強「打開了」日本並開始向中國滲透。不過那時在歐洲人中間還沒有公開的衝突，也沒有系統的綱領、學說或「主義」。

　　一八七〇年或一八八〇年左右，殖民地問題突然又出現在顯著位置上。短

短二十年時間，即到一九〇〇年，這些先進國家已經瓜分了大半個世界。一九〇〇年的一張世界地圖，要用九至十種顏色來顯示它們所占領的地區。

新帝國主義

新帝國主義無論在經濟方面還是在政治方面，均不同於早期殖民主義。過去那些舊殖民地區多半是沿海的、貿易的。歐洲商人在印度、爪哇或廣州，只是從當地商賈手中收買貨物，而那都是一些用土法生產的產品，他們之間在現金交易的基礎上往來。歐洲各國政府還不曾有過超越保衛貨運通道中繼站和貿易中心的領土野心。就一般情況來說，美洲、菲律賓和澳大利亞是個例外，它們既無歐洲人敬重的當地政府，又無令歐洲人感興趣的本地工業。所以歐洲人在那裡提出了領土要求，並進行投資，帶去了自己的生產方式和管理制度，特別是在當時西印度群島那些盛產蔗糖的島嶼上。

處於新帝國主義階段的歐洲人不再滿足於只購買由當地商賈提供的貨物，他們想要的貨物，無論是種類或數量，都是從前的手工業方式所不能滿足。他們更加徹底地滲入「落後」國家，在那裡投資，建設礦場、農場、船塢、貨倉、工廠、提煉廠、鐵路、內河汽船和銀行。他們又修建辦事處、住宅、旅館、俱樂部和適宜白人在熱帶生活的涼爽山嶺避暑地。同時還接管了該國的生產活動，把當地大部分居民變成了外國雇主的支薪雇員，結果把工業歐洲的階級問題也傳了過去，而這種階級問題因為種族差別變得更為嚴重。或者，他們借錢給當地統治者，如埃及總督、波斯國王或中國皇帝，使他們得以維持搖搖欲墜的寶座，或者只是讓他們能享受本國歲入負擔不了的奢侈豪華生活。如此一來，歐洲人超越了西方文明的範圍，與各國政府在各種經濟事業上建立了重大金融利害關係。

現階段與舊殖民主義時期發生的情況大不相同了，歐洲人為了保護這些投資，以及出於其他原因，現在急欲取得政治和領土的控制權。有些地區成了徹底的「殖民地」，由白人直接進行統治。另有一些成了「保護國」：在這裡，白人支持當地首領、蘇丹、總督或是王公，並保證協助他們平息內部動亂和防止外來征服。這時候，往往有一位歐洲人「駐紮官」或者「專員」，吩咐那些當地統治者該做什麼。在另一些地方，如在中國或波斯，一個單獨的歐洲國家不可能只顧滿足自己的要求而全然不顧其他國家，於是他們畫分「勢力範圍」，每個歐洲國家在自己的「範圍」內有顧問特權，獲得投資和貿易的優先機會。這種「勢力範圍」其實是帝國主義控制的全部形式當中最不顯眼的一種，看起來會以為它並沒有觸及這個國家的獨立。

圖16-1　「新帝國主義」時期，歐洲人經常依靠修建新鐵路而到達殖民的地區，鐵路能將
　　　　人員、貨物運入和運出歐洲殖民地的內陸地區。這幅圖片描繪了一隊大象拖著一
　　　　個火車頭到達印度中部的情景，當時一段新的鐵軌正好到達印多爾地區。（Picture
　　　　Collection, The New York Public Library, Astor, Lenox and Tilden Foundations）

　　一八七五年左右，歐洲國家和非歐洲國家之間的力量對比開始有了巨大差
別。當初，伊莉莎白女王曾懷著真誠敬意與印度次大陸的蒙兀兒大帝相處，至
少部分原因是他在十七世紀早期的收入是英國王室的將近二十倍。就連拿破崙
過去也曾虛情假意地以平等地位對待波斯國王。後來，歐洲發生了工業革命，
有了鋼鐵艦船、重型海軍火炮和更加精良的武器，民主和民族運動產生了巨大
而又團結一致的歐洲各民族，他們齊心協力效忠政府。無窮無盡的財富和現代
的行政管理，允許政府去徵稅、借貸和幾乎是無限制地花錢。現代民族國家赫
然成了史無前例的龐大的力量複合體。非常湊巧，當時所有重要的非歐洲帝
國都處在衰落之中，它們的統治者從自己的臣民那裡只能得到最微不足道的支
持，像十八世紀蒙兀兒帝國的瓦解，使英國人有可能在印度進行接管。同樣，
十九世紀土耳其蘇丹、桑吉巴蘇丹、伊朗國王、中國皇帝和日本幕府的腐敗無
能與昏庸無道，都使得歐洲人的入侵輕易地獲得成功。後來只有日本人能及時
對政府進行改革，防止了帝國主義者的滲透。但即使是日本人，也由於早期簽
訂的條約，直到一九○○年之後方能自由決定關稅政策。

　　在純粹的力量技巧方面的差別是如此巨大，以至於通常歐洲人只是炫耀一

下武力，就能把自己的意志強加於人，例如一支僅有七萬五千人的駐防軍就曾為英國長期占領印度。小型戰爭經常零星地發生，如阿富汗戰爭、緬甸戰爭、祖魯戰爭等，這些戰爭既未引起住在本國的歐洲人注意，也不比美國軍隊在西部平原上對付印第安人的行動更像真正的戰爭。一八九八年的美西戰爭、一八九九年的布林戰爭，都是典型完全不對等的雙方進行之殖民戰爭。這是懲罰性或威懾性炮轟的最佳年代，往往只要炫耀一下海軍力量就足夠了。我們已經知道美國海軍準將佩里在一八五四年是怎樣威脅要炮轟江戶的。一八五六年，英國駐廣州代辦為了懲罰當地人以暴力反對歐洲人的行動，召來駐留本地的英國海軍艦隊司令，炮轟了那座中國城市。另外，一八六三年英國人對薩摩藩的炮轟，一八六四年包括美國人在內的一支聯合艦隊對長州藩的炮轟（這樣一來反而加速了日本革命的爆發），一八八二年對亞歷山大的炮轟，一八九六年對桑吉巴的炮轟，都是這種類似的事件。結果往往是當地統治者被迫簽訂一項條約，改組政府或接受一位歐洲人（通常是英國人）當顧問。

動力和動機

　　一連串的侵略是由多方面的壓力所造成的。歐洲人已不能在歐洲繼續維持他們已經習慣的生活方式，除非將世界其餘地區納入他們的軌道。但是在歐洲有各種不同的需要，也驅使人們深入遙遠又野蠻的地方。天主教和新教團體派出越來越多的傳教士到更為偏遠和荒涼的地區去，他們有時與當地人發生糾紛，有的甚至被殺害。原國公眾輿論透過海底電纜很快就會知道這種消息，有時會要求採取政治行動去鎮壓這種行為。與此相似的是，科學家要求為他們的觀察和發現進行遠征性的科學考察。旅行在當時已經變得如此方便，有錢人去旅遊更多了，他們去獵取老虎和大象，或者只是去看看風景。所有歐洲人在他們可能選擇去的任何地方，都應該享有歐洲政府為在海外帝國旅行或生活的西方人所提供的人身安全和法律保障，在十九世紀末期，這彷彿成了唯一合情合理的事情。

　　在經濟方面，歐洲人在生活上需要的許多東西，只有熱帶地區能夠供應。現在，就連工人階級也每天喝茶和咖啡。美國內戰以後，歐洲的棉花來源日益依靠非洲和東方。橡膠和石油成了需求量很大的主要商品。黃麻僅產於印度，這種不值錢的東西被用來製造粗麻布、細繩、地毯和數以百萬計的商業用麻袋。高大挺拔、氣派十足的椰子樹有數不清的普通用途：有的可吃，有的可以製造袋子、刷子、纜索、繩子、船帆和門簾，有的用來製成椰肉乾和椰油，椰油又可以用來製蠟燭、肥皂、人造奶油和許許多多其他的產品。因此，在荷屬

印尼對椰子進行了密集栽培。

　　工業國家也在想方設法為它們的產品尋找出路，帝國主義分子支持帝國主義的藉口之一，就是急需尋找新的市場。大約一八七〇年之後，德國、美國、日本，以及其他國家的工業化，意味著它們在國際貿易上相互競爭，以及與英國競爭。一八七三年後物價水準的緩慢下降，說明一個商號不得不售出更多商品以換回同樣數目的錢。競爭更加激烈了。先進國家提高關稅，限制他國產品進口。這一切都表明，每個工業國家必須開發依附於自己的殖民地區，一片有相當數目的「保護性市場」的地區。「保護性市場」是英國的說法，指在這個市場裡面，宗主國將供應工業製成品以換回原料。這種想法便是創立一個自給自足的巨大貿易單位，它有各種各樣的氣候和各種類型的資源，如果有必要的話，就用關稅防止外來競爭，它為自己所有的成員國提供一個有保障的市場，使宗主國富裕繁榮。帝國主義的這個階段，通常被稱為「新重商主義」，因為它實質上恢復了十六至十八世紀之間的重商主義（或者說國家經濟體系）。

圖16-2　歐洲的海外殖民地讓歐洲旅行者有了新的地方可以參觀，新形式的「異域」探險在帝國政治體系的社會與法律各階層中風行起來。這裡描繪的英國婦女正要去亞洲的森林中野餐，她們有僕人和護衛相陪。僕人攜帶食物，照料馬匹，護衛帶著大英帝國全盛時期象徵的尖頂頭盔。（Getty Images）

　　純粹的金融考慮也塑造了新帝國主義的特徵。十九世紀末葉，把資金投入「落後」國家，比投入文明國家收回更高的利率，其原因包括：非歐洲地區的廉價勞動力、歐洲人對非歐洲產品大量不足的需求，以及在這些歐洲法律和秩序的概念尚未普遍傳布的半開化地區進行投資，蒙受損失的風險較大等等。到一九○○年，西歐和美國東北部已經有了它們的基本工業設施，並建立了鐵路網和第一批工廠企業。這些國家的投資機會變得穩定，同時，它們自己積累的資本也正在找尋出路。十九世紀中葉，大部分輸出資本爲英國所擁有，到十九世紀末葉，法國、德國、美國、荷蘭、比利時和瑞士等國的投資者增加了在國外的投資和貸款。一八五○年，大多數的輸出資本開始用於建設歐洲、美國、加拿大、澳大利亞或阿根廷這些白人世界，到一九○○年，投向未開發地區的輸出資本漸多。這種資本往往屬於私人小存戶或者大銀行聯合體。這些投資者寧願在亞洲、非洲或拉丁美洲的一些地方，即在他們的鐵路、礦場、種植園、政府貸款或其他投資所在之處實行「文明的」政治管理。由此可見，利潤動機或爲「剩餘」資本找出路的欲望，促進了帝國主義的發展。

　　這種分析在一些評論家的書裡提出過，如英國社會主義者約翰·阿特金森·霍布森，他在一九○三年寫了一本頗有影響且關於帝國主義的書，以及不久後列寧寫於一九一六年的《帝國主義是資本主義的最高階段》。他們把帝國主義主要歸咎於剩餘資本的積累，並站在社會主義者的立場上對它加以指責。霍布森特別指出，國內經濟的某種改變將消除帝國主義的主要動因：倘若將較多的國家收益以工資形式交給工人，而將其中小部分以利息和股息的方式給予資本家；或者，如果向有錢人課取更重的稅，而將稅款用於社會福利，就不會有剩餘資本，更不會有眞正的帝國主義。假如這樣做，工人階級必定會有較大的購買力，那麼沒完沒了地到國外去尋找新市場的需求就會減少到較低程度。但這些關於帝國主義「剩餘資本」的說明，並未完全使人信服。那些投資者和出口商起了促進帝國主義發展的作用固然無可非議，然帝國主義實質上產生於資本家對國外投資的壓力這一說法就大大值得懷疑了。或許更根本的是歐洲對進口的需求，因爲只有依靠極其大量的進口，歐洲才能維持它稠密的人口、複雜的工業和高生活水準。對這些進口貨──從殖民地弄來的棉花、可可、咖啡、銅和乾椰肉──的需求，使得對殖民地的投資很有利。而且，非歐洲人也常常自己要求資本，並不在乎歐洲貸款人所要求的高利率。在一八九○年，這可能僅僅意味著某個國王或者蘇丹想爲自己建造一座新宮殿，但是非歐洲人對西方資本的需要卻是最基本的，在往後的時代，這種需要也不會衰退。最後，一些國家的帝國主義，特別是俄國和義大利，它們本身只擁有很少的資本和少

數現代類型的資本家，則不可能合乎情理地歸因於追求賺錢的國外投資所造成之壓力。

　　無論如何，對英國來講，資本的刺激是非常重要的。我們已經知道，到一九一四年，英國人已經把他們全部財富的四分之一（約二百億美元）投資於大不列顛之外。其中有一半左右（大約一百億美元）投資在英屬殖民地內。法國在殖民地世界的投資，一般說來包括埃及、蘇伊士、南非和亞洲以及法屬殖民地在內，總共占法國國外投資總額的大約五分之一，但法屬殖民地只占十分之一。一九一四年，德國國外投資只有極少部分用於德屬殖民地，其價值簡直微不足道。但它將五分之一的國外投資投入到非洲、亞洲和鄂圖曼帝國。這些數目已足以讓歐洲各國政府感到壓力，促使它們去維護在非洲、土耳其或中國的政治影響。

　　此外，法國投資者（包括小資產階級，甚至富裕農民）在一九一四年與沙俄帝國有了重大利害關係。俄國雖然是毗鄰的巴爾幹國家和亞洲國家關注的一支可怕力量，但它在西歐心目中差不多只等於半殖民地。到一九一七年沙皇政權倒臺之前，它與鄂圖曼蘇丹政權或清政府一樣全靠外國貸款度日，其中主要是法國的貸款。到一九一四年，法國已經借了不下二十億美元給俄國，超過它全部殖民地貸款的總和。就這筆巨大開支的推動力來說，政治因素至少跟經濟因素同樣重要。法國政府經常敦促法國銀行購買俄國公債，目的絕非純粹為銀行家和存戶謀取利潤，主要還是為了建立和保持一個反對德國的軍事同盟。

　　帝國主義擴張的整個過程，政治與經濟是並行不悖的。國家在政治和經濟方面的安全，與私有財產積累有同樣重要的目的。在很多方面，對工人階級的經濟保障與福利日益增長的關心也同樣重要。英國政治家約瑟夫・張伯倫（一八三六至一九一四年）的思想，說明了這些動機是如何進入帝國主義思想裡。

　　這位張伯倫正是在第二次世界大戰前的那些年分裡擔任英國首相的內維爾・張伯倫的父親。三十年前，身為伯明罕的製造商，他可以說是自由貿易商和自由競爭擁護者。現在他卻拋棄了過去時代那種政府對私營工商企業的自由放任主義，進而相信社會應該並且能夠更周到地照料其成員，尤其是英國的社會（即帝國）必能增進英國人的福利。做為伯明罕市市長，他提出了市政社會主義，如公用事業的公有權就是其中的內容之一。一八九五至一九○三年任殖民地大臣期間，他鼓吹在這國際競爭逐步升級的時代裡，「一個巨大而自給自足和自衛的帝國」是合乎英國需要的——那是一個靠英國資本開發而遍布世界的英國貿易區，它將提供可靠的原料和食品來源、出口市場，以及穩定的利

潤、工資和就業水準。

張伯倫不無擔憂地看到加拿大、紐西蘭和澳大利亞聯邦走向獨立的趨勢。他贊成讓這些自治領取得完全自治，但是他希望一旦獲得實質上的獨立，就應重新編織它們相互之間以及和大不列顛之間的聯繫紐帶。他的觀點是：英國和它的自治領應該共用它們的資源，不僅是為了軍事防禦，也是為了經濟興盛。然而這些自治領為了建立本身的製造業和對付英國製品，早已開始徵收關稅。對英國出口商品持偏袒態度的張伯倫，強烈要求自治領對英國貨只收取比從外國進口的同類產品低的關稅。做為回報，他甚至建議英國也採取一種保護性關稅政策，以便用較低的稅率來優待加拿大和澳大利亞的貨物。他計畫用經濟契約來約束帝國內的各成員國，使之成為某種關稅聯盟，也就是某種「帝國特惠制」。因為英國主要從自治領進口肉類和穀物；張伯倫還被迫提出一項關稅稅則──「徵收人民的食物稅」，從而拋棄了英國經濟曾依賴半個世紀之久的自由貿易原則這條方舟。這些建議被拒絕了，張伯倫直到一九一四年去世都未能實現其目標。但是第一次世界大戰後的大英帝國（即英聯邦），卻幾乎是緊緊地遵循著他所提出的方案而行事。

歐洲工人階級在經濟福利和保障方面得到的改善是否有賴於帝國主義，這個問題至今還在爭論不休。然而，西歐的勞動人民從帝國主義身上得到好處，卻是很有可能的。在這種信念上，社會保守的帝國主義者與極左派思想家不謀而合。馬克思本人以及其後的列寧，都認為歐洲工人由於殖民地廉價貨物的湧入而獲得了較高的實際工資。這對馬克思主義者來說是不幸的，因為它使歐洲工人在帝國主義的事業中獲得既得利益，使歐洲無產階級成為「機會主義的」（即不革命的），同時阻礙了一個真正包括世界各民族的國際無產階級的形成。

那時候不時還可以聽到另一種帝國主義論點，認為歐洲國家必須獲得殖民地，以便讓剩餘人口移居過去，而不至於完全離棄其出生地。看來很教人遺憾，比如，許多的德國人或義大利人移居到美國，就脫離了自己的祖國。這個論點純粹似是而非。實際上歐洲家庭大多數不願意移居到在一八七○年後歐洲國家所占領的任何殖民地；到一九一四年為止，雖然仍有數百萬人離開歐洲，但他們始終朝向美洲國家，因為那裡的環境絕非那些歐洲殖民地所能比擬。

歐洲國家制度的競爭性引出另一些幾乎是純然的政治因素。歐洲國家為保衛自身的安全，不得不相互爭鬥。它們也被迫在相互之間保持某種平衡，不論在海外世界還是在歐洲都一樣。因此，像對非洲的爭奪，某個政府常常匆忙地吞併一個區域，只是為了擔心別人會搶先這樣做。再說，殖民地在國家的象徵

和威望方面，還有著一種難以言明卻是極爲重要的價值，即擁有殖民地是評判一個國家是否強大的一般標準，是成爲列強之一的表徵。英國和法國占有殖民地達數個世紀之久，因此，那些在十九世紀六〇年代形成的新列強——德國、義大利、日本，以及在某種意義上的美國——也必須像它們那樣去占有殖民地。

做爲十字軍的帝國主義

帝國主義是由歐洲綜合在一起的商業、工業、金融、科學、政治、報業、知識、宗教和人道主義等的推動力所產生的。它是現代西方文明的突出表現，它的鼓吹者聲稱它給那些尚處在蒙昧狀態下的地方帶來文明和開化的生活。對「現代文明」的信奉已經成了一種宗教替代物，帝國主義則是它的十字軍。

對此，英國人的說法是「白人的責任」，法國人說是他們的「文明的使命」，德國人的說法是「文化的傳播」，美國人則說是「盎格魯・撒克遜保護者的祝福」。社會達爾文主義和流行的人類學教導人們，白人是「更適宜者」，也就是具備著比有色人種更優越的天賦。其他稍微合乎情理的論證說，非歐洲人的落後應歸因於歷史原因，因而是暫時的，但在未來的一個長時間內，文明的白人必須對他們的黑種被保護者維持一種監護人的地位。在帝國主義的心理學當中，有許多東西並非沒有價值。富裕家庭出身的年輕人離開德文郡或者普瓦圖這些適宜的土地，來到酷熱蠻荒的地方，度過漫長而孤寂的歲月，支持他們的是這樣的信念：他們正在推進人類的工作。誠然，制止對奴隸的襲擊、折磨和免除饑餓，爲撲滅墮落的迷信行爲而戰鬥，與因疏忽大意和骯髒的環境所引起的疾病進行抗爭，還有推進法律公正的思想和制度（即使殖民地的法律體系沒有同等對待殖民者和原住民）等，所有這些都是有意義的事情。但是這些成就無論如何眞實，均十分明顯地伴有自私行爲，表現出令人不能容忍的自鳴得意，和對人類大多數民族抱有十足的恩賜態度。正如魯迪亞德・吉卜林在一八九九年寫道（這是他在美國人奪取菲律賓後的訓導）：

擔負起那白人的義務——
把那最優秀的分子派出——
讓孩子們立誓背井離鄉，
為你們的俘虜奔忙；
在沉重的工作裡沉溺，
為焦急的人們，也為野蠻的——

圖16-3 歐洲文明負有文化和宗教使命的信條，因而在亞洲和非洲的許多地方建立起學校、教堂和醫院。照片中的這位英國女士名叫伊莉莎白·莫特，是當時在中國福建省執行傳教任務的新教執事；其身後站著的男人表明了在當時所有歐洲海外機構中，當地工人和助理的存在是很重要的。（Church Mission Society Archives, London）

　　你們新捕獲的慍怒的人，
　　半像惡魔，又半是無知。

美洲國家

　　經過上文的一般性探討後，讓我們再對世界上各個主要區域進行逐一審視。首先就是美洲國家。我們對它的討論必須從本世紀初期，即「新帝國主義」時期之前開始。

　　在十九世紀第一個二十五年，即在拿破崙戰爭進行期間和結束之後，美洲西班牙和葡萄牙殖民帝國的瓦解，留下了從科羅拉多直到合恩角這片廣闊無垠而人煙稀少的地區。那裡大多數居民是印第安人或是他們與白人的混血兒（梅斯蒂索人），以及隨處可見的一群純歐洲血統的人——在十九世紀，他們移居美洲的人數大大增加了。除了難以到達的地點外，西班牙文化和語言占據著支配地位。在巴西，這個前葡萄牙帝國，則是葡萄牙文化占優勢。巴西雖然在一八二二年後就獲得了獨立，卻一直保留著君主政體或者說「帝國」，直到一八八九年成為共和國為止。在前西班牙占領地上，由於王室統治的消失，留下一大批軟弱無能更迭頻繁的共和政府，與鄰國之間長期發生邊界糾紛。幸運的是，對這些共和政府來說，在它們獲得獨立的十九世紀二〇年代，歐洲帝國

主義正處於低潮時期。我們已經知道，在維羅納會議上，曾如何考慮把它們重新歸還西班牙，而又如何遭到英國反對，以及美國後來又如何在一八二三年宣布門羅主義以補充英國的行動。然而正是美國，使新共和國中的一員第一次遭到外來威脅。

美國與墨西哥

從西班牙手中獲得獨立的墨西哥，其領土幾乎延伸到密西西比河和落磯山脈。墨西哥剛獨立，尋求土地的人就從美國一窩蜂地湧到了它的東北部邊界，帶著奴隸來這裡種植棉花，因為工業化的英國是那樣貪得無厭的需要棉花。但墨西哥共和國是禁止蓄奴的國家，這些不速之客就悍然宣布成立自己的共和國，稱之為「德克薩斯」。接著，要求與美國合併的騷動越演越烈，美國不顧墨西哥的竭力反對，於一八四五年吞併了德克薩斯。一場戰爭旋即爆發，在戰爭中，墨西哥不但讓美國奪去了德克薩斯，而且還失去了從德克薩斯到加利福尼亞海濱這整片的地區。不久後，在美國看來，占有這些地區已是理所當然、無可非議，而墨西哥只好忍氣吞聲，創傷多年難以癒合。墨西哥在它獨立後的第一代人手中就丟掉了一半的領土。同時，儘管有一些美國人譴責戰爭，但是大多數美國人都認為吞併大塊的墨西哥領土是正當的，因為他們聲稱他們的國家遠比墨西哥有更好的預備，能發展這個地區的現代經濟和管理。

對墨西哥的下一次威脅來自歐洲。內亂期間，墨西哥的政治領導人以過高的條件簽約，接受了歐洲大量貸款。當自由派領袖華雷斯（一個純血統印第安人，至少是「非歐洲人」）拒付欠款時，歐洲的債券持有人要求他們的政府履行義務。當時的美國被內戰弄得癱瘓了。從未承認門羅主義的英國、法國、西班牙三國於一八六一年派遣一支強大的聯軍開抵維拉克魯斯。英國提議奪取墨西哥港口海關，然後取得海關收入以抵償欠款（這在三年前曾做為權宜之計在中國使用過）；但法國人有更加野心勃勃的打算，然不管是只想收回欠款的英國人，還是夢想在墨西哥建立一個新波旁君主政體的西班牙人，都對法國人的意圖一無所知。法國皇帝拿破崙三世的祕密計畫是，在墨西哥建立一個法蘭西的僕從國，以利於今後法國資本和出口的發展。他策劃建立一個以奧地利大公馬克西米連為傀儡皇帝的墨西哥帝國。反對這樣做的英國人和西班牙人撤走了他們的軍隊，法國軍隊孤軍深入內地，扶持馬克西米連登上非常不穩固的帝國王位。馬克西米連統治墨西哥幾年，拿破崙三世逐漸得出結論：要征服這塊土地，不是不可能，就是耗費太大。一八六五年，形勢進一步明朗化，和歐洲統治階級的設想與希望相反，美國並未徹底崩潰，反而向法國政府提出強烈抗

議。在法國軍隊撤離後,馬克西米連被逮捕並且槍決,華雷斯和墨西哥自由派奪回了政權。

一八七○年之前,美國對墨西哥這個毗鄰的拉美國家,採取掠奪和保護兩手段交替使用。這種相互矛盾的情況,便成了新世界的特徵。隨著美國變成一個強國,門羅主義成了歐洲人領土野心的有效障礙:一方面,拉丁美洲從來就沒有像亞洲和非洲那樣完全地成為帝國主義的屬地;另一方面,美國成了一個為其南方所有國家不寒而慄的帝國主義勢力,一個來自「美國佬」的威脅,一個北方巨人。

十九世紀七○年代由於政治動亂,墨西哥本國居民和外國僑民都被迫借錢給競爭雙方的領袖,華盛頓國務院因此要求墨西哥政府償還美國公民的債務。那些表現出帝國主義特點的雙重標準──即對「文明」國家和「不文明」國家採用不同的標準──淋漓盡致地暴露

圖16-4 本尼托·華雷斯出生在瓦哈卡州一座墨西哥人城市中的一個札波特克族印第安人家庭。他的相片體現了這位自由派改革家的堅毅。他反對天主教廷的傳統權力,領導了民族運動,反抗拿破崙三世強加給墨西哥的傀儡政權,並且在一八六七年政權被推翻後出任墨西哥共和國的總統。
(Getty Images)

在他們之間的換文當中。當時在波菲里奧·迪亞斯總統領導下的墨西哥政府,試圖做出一項規定:「外國僑民在接受居住國人民的生活方式後……不僅應共用居住國之有利形勢,亦應在不幸局面中分憂,外國僑民應與當地人民享有同樣的保證和同等的法律保護,但僅此而已。」墨西哥人還注意到,美國從未承認過在該國內戰時期蒙受損失的外國人要求美國賠償的權利。海斯總統領導下的美國政府則認為,已開發國家公民在較落後的地區工作,應繼續享有具備其本國特點的財產安全保障。當在另一種情況下美國陳兵邊界,墨西哥人表示反對時,美國國務卿就此發表評論道:「這些人具有反覆無常幼稚無知的特性,他們沒有能力平心靜氣並毫無偏見地對待一個普通問題。」墨西哥反駁美國:「無視一切國際法準則和文明國家的習慣作法,對待墨西哥人就像對待野蠻人一樣,就像對待非洲卡菲爾人一樣。」

事實上,這正是十九世紀國際法的一個準則,即文明國家不可以互相干預

對方內部事務，但是有權在「落後」國家進行干預。在一八七七年的爭執當中，美國把墨西哥視爲落後的、「反覆無常、幼稚無知」的國家。墨西哥人所反對的就是把他們當做「野蠻人和卡菲爾人」一樣對待，而不是看做一個文明國家。兩國領導人因此都承認，對「文明的」和「不文明的」國家應適用不同的標準。他們的分歧是，對墨西哥應採用哪一種標準。

十九世紀九○年代的美帝國主義

十九世紀九○年代，歐洲帝國主義和美國帝國主義逐漸趨向高潮。一八九五年，在一份重申門羅主義的聲明中，克利夫蘭總統禁止英國人因委內瑞拉與英屬圭亞那的邊界糾紛，直接與委內瑞拉打交道，英國人被迫接受國際仲裁。然而，當臨近的哥倫比亞面臨一場在巴拿馬海峽發生的革命時，美國不但支持革命者，而且專橫地承認巴拿馬爲一個獨立的共和國。過後，美國向巴拿馬租得一個運河區，加以設防，並在那裡著手修築巴拿馬運河。巴拿馬實際上變成了歐洲人所謂的美國保護國。

在這同時，舊西班牙美洲殖民帝國碩果僅存的古巴和波多黎各，也遭到尋求獨立革命動亂的騷擾。美國國內普遍對革命者表示同情，但整個事件卻淋漓盡致地顯露了新帝國主義的每一個象徵。美國人在古巴有五千萬美元的投資，他們還購買了古巴革命者在紐約發行的公債。生產上受到政治糾紛干擾的古巴糖是聞名天下的美國生活水準必不可少的東西。秩序井然、俯首貼耳的古巴，對於美國人在加勒比海即將修築的運河，以及在太平洋的戰略利益都是至關重要的。而且，人們深惡痛絕西班牙當局的野蠻行徑，認爲這是對現代文明的侮辱。報紙，尤其是新出現的「黃色」報刊，把美國公衆道德上的憤怒情緒和唯我獨尊感煽動到了一個極端狂熱的地步。當一艘美國軍艦「緬因」號神祕地在哈瓦那港口沉沒後，就把整個事件推向了高潮（大多數歷史學家如今認爲該船是因爲機械故障而爆炸的）。

美國輕而易舉地贏得了之後一八九八年與西班牙發生的戰爭。波多黎各被徹底吞併，在世界另一邊的菲律賓群島也落得同樣的命運。菲律賓民族主義者反抗美國的兼併，起義持續血腥的六年，奪去四千多名美國人、兩萬名菲律賓起義者和將近二十萬名平民的生命。但是美國最終設法將菲律賓轉變爲一個新的東亞殖民地。古巴在形式上建立一個獨立共和國，但根據「普拉特修正案」的一系列規定，美國有權監督古巴與外國的交往，有權對古巴人的「生活、財產、個人自由」乃至「古巴的獨立」等事務進行干預。就這樣，美國在加勒比海獲得了另一個保護國。這些對古巴的干涉權在隨後二十年裡使用過好幾次，

直到一九三四年由於古巴民族主義的增長和美帝國主義的消退,才導致「普拉特修正案」的廢除和對古巴獨立的承認。美國只在關塔那摩灣保留了一個海軍基地的永久租借權。一九四六年,第二次世界大戰結束以後,菲律賓正式獲得獨立;一九五二年,波多黎各成了一個自治聯邦。

在希歐多爾‧羅斯福總統(脾氣暴躁的「聖胡安山英雄」)領導下,對美國帝國主義的偉大大肆鼓吹。羅斯福於一九○四年宣稱,弱小和行為不軌,是「由於全面放鬆與文明社會的聯繫而造成,可以……要求某些文明國家進行干預」,而且,門羅主義可能使美國不得不「行使某種國際員警的權力」。翌年,聖多明哥在財政上的極端混亂局面,使歐洲債權人大為震驚。為了阻止歐洲以任何藉口進行干預,美國派遣一位財政管理人員到聖多明哥,一邊改革這個國家的經濟,一邊沒收一半海關稅收以清償它的債務。羅斯福聲稱——後來即以門羅主義的「羅斯福推論」知名——既然美國不允許歐洲國家為清償債務而干涉美洲,那麼它自己就必須承擔起干涉的職責,保護文明世界的投資。如果說門羅主義最初對歐洲還只是一個消極的警告,那麼現在這個新「推論」就成了把全美洲置於美國監督之下的斷然通告。在隨後「金元外交」的二十五年裡,美國用軍事手段或其他手段,在加勒比海和墨西哥多次進行干預。但是由於「羅斯福推論」和「普拉特修正案」一樣給拉丁美洲造成了不可挽回的醜惡印象,華盛頓政府最後不得不放棄了它。

夏威夷群島的經歷像隨便哪一個歐洲殖民帝國歷史上的任何事件一樣,典型地說明了新帝國主義的所做所為。這些斑斑點點的陸地,位於茫茫無際的太平洋中部,長期與世隔絕,最初外界僅知其名為桑威奇群島。然因十九世紀航海術日益發達,到一八四○年,火奴魯魯已經擠滿了海員、捕鯨者、傳教士以及販賣酒類和布料的商販,當地統治者對於新環境深感慌亂和孤立無助,一八四三年差一點就同意成為英國的保護國,卻於一八七五年實際上接受成為美國保護國的地位。美國保證夏威夷的獨立不受任何第三集團的威脅,在該群島獲得貿易特權並取得了珍珠港做為海軍基地。美國資本和管理部門來到島上,建立了完全對美出口、依賴美國投資且規模龐大的製糖業和鳳梨加工業。一八九一年,利留卡拉尼女王登上王位,試圖阻止該群島的西方化和美國化,因她的排外主義政策而被置於險地的美國利益集團遂將她推翻,建立一個獨立的共和國。該共和國不久後即尋求與美國合併,其實這不過是德克薩斯的故技重演。這個問題之所以多年懸而未決,是因為美國感到這種方式太露骨而遲遲不贊同罷了。隨著日本暴露在亞洲的帝國主義企圖,歐洲列強蜂擁進入中國,菲律賓成為美國的殖民地以及開鑿通向太平洋的巴拿馬運河計畫之制定,美國

重新考慮了全球局勢，在太平洋「接受了命運的安排」，一八九八年根據國會聯席決議案吞併了夏威夷群島；一九五九年，夏威夷終於成了美利堅合眾國的一州。

圖16-5 這些美國士兵正在馬尼拉附近的一個戰壕裡。包括他們在內的美國軍隊將西班牙逐出菲律賓，鎮壓菲律賓人的獨立運動，還將菲律賓各島轉變為美國的殖民地。十九世紀九〇年代美國對菲律賓和夏威夷的吞併，使美國成為一個在太平洋和東亞有影響的帝國主義強權。（Getty Images）

鄂圖曼帝國的解體

十九世紀五〇年代的鄂圖曼帝國

　　整個非歐洲世界當中，鄂圖曼帝國或者說土耳其帝國最靠近歐洲。主要歐洲國家與鄂圖曼帝國的關係有著悠久的歷史，這是因為鄂圖曼帝國疆域廣闊，也因為它在東地中海地區的戰略優勢地位。十九世紀，這個帝國仍然從匈牙利和巴爾幹半島一直延伸到南俄羅斯草原，從阿爾及利亞直到波斯灣。它與任何一個歐洲國家完全不同，不僅幅員遼闊而且是各種宗教社會的大雜燴。鄂圖曼帝國大多數的人民是穆斯林，包括正統派穆斯林和諸如德魯茲派和瓦哈比派等改革派；有一部分是一直住在近東的猶太人；還有人數眾多、主要信仰希臘正教的基督教徒。土耳其族是統治階級，伊斯蘭教是主要宗教；只有穆斯林才

能在軍隊裡服役；至於非穆斯林，即通常說的「拉亞」，這些「群眾」或者說「老百姓」，只是繳繳稅而已。屬於不同宗教的人們受到各自宗教集團的法律、法庭和習慣的約束。宗教官員——高級主教、主教、猶太教教士、阿訇、穆斯林學者——為他們下屬的人民向土耳其政府負責，因而他們握有大權。

西歐人有自己的特權。那些主要生活在巴勒斯坦的羅馬天主教教士，在宗教上仰賴羅馬教皇，把法國看成世俗的保護者。西方商人則享有「領事裁判權」，這可追溯到十六世紀大量條約裡得到的鄂圖曼政府特許的權利。根據「領事裁判權條約」，土耳其不能徵收超過進口貨值百分之八的關稅。歐洲人免交大部分賦稅。涉及歐洲人的訴訟案，不論其為民事或刑事訴訟，都可以到一個由歐洲領事掌管的法庭，照歐洲法律來受理。一個歐洲人與一個鄂圖曼臣民之間的糾紛，得由土耳其法庭裁決，但須有一名歐洲觀察員在場。

鄂圖曼帝國，簡單地說，完全缺乏歐洲的民族主義即民族統一的思想，缺乏歐洲的主權思想和一整套對所有民族同等對待的法律，也缺乏世俗國家的觀念，也就是法律、公民權和宗教分開的觀念。而且，從科學、機械、物質、人道主義和行政管理等方面所取得的成就來看，這個帝國都遠遠落後於歐洲。

土耳其是「歐洲病夫」，它長期的衰落形成了「東方問題」。自從一六九九年喪失匈牙利以後，鄂圖曼帝國就陷入了漫長的解體過程之中（見圖16-6）。這個帝國之所以尚能再維持兩個世紀，歸因於歐洲國家的均勢政策。然而到十九世紀五○年代，它已瀕臨險境，岌岌可危了。俄國推進到了克里米亞和高加索；塞爾維亞獲得了自治權；希臘取得了獨立；羅馬尼亞被承認為一個自治公國；法國人占領了阿爾及利亞；一個土生的阿拉伯王朝，瓦哈比改革派的沙特家族統治了大半個阿拉伯；土耳其的前埃及統治者穆罕默德・阿里在尼羅河谷建立了家族世襲的統治。儘管有這些變化，十九世紀五○年代的鄂圖曼帝國仍然是巨大的；它的版圖不僅包括土耳其半島（即安那托利亞半島，其中亞美尼亞和高加索南部也包括在內），還包括有許多斯拉夫人基督教徒居住的，從君士坦丁堡到亞得里亞海海濱的巴爾幹半島中部，北非的的黎波里（利比亞），以及克里特島和塞浦勒斯島。埃及和阿拉伯雖然獲得了自治權，但名義上還保留著蘇丹的宗主權。

一八五四至一八五六年的克里米亞戰爭，不但在歐洲歷史上開創了一個新紀元，在鄂圖曼帝國歷史上也產生了同樣的結果。我們已經知道，在緊接這場戰爭之後，歐洲大民族國家是如何實現統一的，以及美國、加拿大和日本是如何恰好在同一時間內使本國實現統一或現代化的。一八五六年到一八七六年間，土耳其人也曾試圖這樣做。

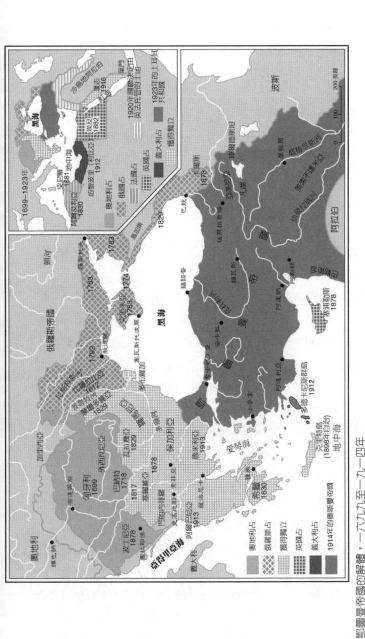

圖16-6 鄂圖曼帝國的解體，一六九九至一九一四年

從一六九九年匈牙利倒向奧地利哈布斯堡王朝開始，鄂圖曼帝國進入了長期的領土瓦解時期。地圖上所示的年分表明領土脫離的時期。大體上，鄂圖曼受自一八一五年之前失去的地區都是被奧地利和俄國直接吞併的。十九世紀失去的歐洲領土則以獨立國家的形式出現，這要歸因於崛起和歐洲列強之間的相互對立。從阿爾及利亞至波斯灣的阿拉伯世界裡，第一次世界大戰前失掉的地區都成為歐洲殖民帝國的構成部分；而在第一次世界大戰末期丟失的領土絕大多數都分配給法國和英國做為任統治，不過第二次世界大戰以後這些地區成為了獨立的阿拉伯國家和以色列共和國。一個土耳其民族主義運動遏制了歐洲一戰後瓜分土耳其的企圖，一九二三年土耳其人建立了土耳其共和國。

土耳其人在克里米亞戰爭中屬於勝利者一方，但這場戰爭對他們的影響和戰敗者俄國人一樣。戰爭暴露了他們在軍事上和政治上的軟弱無力，著重表明組織工作上的必要性。戰爭的結果還證明了英國和法國在政治制度上的優越性，這就是土耳其改革者希望在今後效仿的西方路線。他們並非僅僅是希望在另一場與俄國發生的週期性戰爭中保護自己，還希望能避免定期地讓西方把他們從俄國手裡拯救出來。假如這種過程不斷發生，其結果只會導致英國或法國對土耳其的控制。

改革和復興的嘗試，一八五六至一八七六年

一八五六年，鄂圖曼政府頒布一道「敕令」，這是土耳其在本世紀影響最為深遠的改革敕令。其目的在於為帝國的全體人民創立一個鄂圖曼國家公民權，廢除國內各級宗教領袖的世俗權力，保證在法律面前人人平等，以及不論宗教信仰如何，均有權擔任公職；軍隊同樣為基督教徒和穆斯林敞開，甚至還採取措施使兩教信徒不加隔離地在軍事單位裡共事。敕令宣布改革稅收，保障每一個人的財產權；禁止酷刑，改革獄政；還保證與政府官員的長期弊病，如貪汙、行賄受賄、敲詐勒索等進行抗爭。

足有二十年時間，他們認真努力地使一八五六年的改革敕令付諸實施。那時候，西方的思想、自由的思想暢通無阻，報刊獲准出版。作家們號召一場土耳其民族的復興，他們拋棄文學中陳舊的波斯風格，編寫鄂圖曼歷史，翻譯孟德斯鳩和盧梭的著作。外國貸款流進了這個國家。鐵路把黑海和多瑙河連接在一起。阿卜杜勒·阿齊茲成了第一個到歐洲訪問的蘇丹，他參觀訪問了維也納、倫敦和一八六七年的大巴黎世界博覽會。但是，有權勢的反對派日益猛烈地抵制這根本變革，完成這項工作所需的有技術和有經驗的土耳其人也太少，對於借款也太過於依賴了。一八七四年，不顧後果亂借錢的鄂圖曼政府，拒絕償還它的一半債務。

一位決心更大的新改革派大臣米德哈特帕夏，在反對派的激勵下，順應當時嚴峻的形勢，在一八七六年不顧一切地廢黜了阿卜杜勒·阿齊茲，三個月之後又推翻了後者的姪兒，擁立阿卜杜勒·哈米德二世為蘇丹。最初這位新蘇丹積極參與改革運動，並於一八七六年頒布一部新憲法。憲法宣布，鄂圖曼帝國是不可分割的，還許諾個人自由、信仰自由、教育和出版自由，並答應成立議會政府。一八七七年，土耳其國會召開第一次會議，議員們極其認真地著手進行改革工作。但是，他們並沒弄清楚阿卜杜勒·哈米德的真實意圖為何。一八七七年，他終於暴露了他的真正意圖。他除掉了米德哈特，解散了國會，

並停止了憲法的實施。

一八七六年以後的鎮壓

　　阿卜杜勒・哈米德從一八七六年到一九〇九年共統治土耳其三十三年。在整個統治時期，他生活在恐慌與孤立當中，窮凶極惡地反對他不能理解的那些力量。有一次，一群驚慌失措的土耳其海關官員扣留了一批托運來的發電機，因為說明書宣稱此物每分鐘能「革命」[1] 好幾百次。還有一次，供新美國專科學校使用的化學書被宣布為「煽動性的」書籍，因為書中的化學符號被懷疑是某種密碼。這位蘇丹覺得削弱舊的鄂圖曼方式只會導致毀滅。他畏懼任何抑制他本人胡思亂想或是限制他權力的行動。他感到土耳其改革者和西方化的土耳其人在日益威脅他的統治。他被這些人逼進了一個惶惶不可終日的境況之中。成千上萬被阿卜杜勒・哈米德驅逐出境的青年土耳其黨人，即一八七六年之前改革年代裡的積極分子，或是他們的孩子們和繼承者，在巴黎、倫敦、日內瓦過著流亡生活，他們策劃重返土耳其，向阿卜杜勒報仇。在非土耳其人屬國內部發生的騷亂也使這位蘇丹驚恐不安，亞美尼亞、保加利亞、馬其頓和克里特的民族主義者公然反抗和侮慢鄂圖曼當局，鄂圖曼當局則報以一八七六年的保加利亞大屠殺和一八九四年的亞美尼亞大屠殺。鄂圖曼軍隊對數以千計的農民進行慘無人道的屠殺，震驚了不習慣在他們自己民族國家內部發生這種暴行的歐洲。最後，阿卜杜勒・哈米德不無根據且怯懦地注意到，歐洲帝國主義列強正對這個分崩離析的帝國虎視眈眈。

　　出現一個經過徹底改革的、統一的和現代化的鄂圖曼帝國，並非歐洲政府所願。它們希望在土耳其出現人道主義的改革，希望土耳其政府本身和它在金融上都變得更有效力和更具誠信，甚至

圖16-7　鄂圖曼帝國蘇丹阿卜杜勒・哈米德二世最初與立憲改革運動聯盟而奪取權力，但他很快成為獨裁的統治者，他暴力鎮壓政治對手，屠殺少數民族，抵制所有現代社會生活和文化生活的潮流。這張圖片中的他身穿皇家服飾單獨地坐著，透露著孤寂的氣息，這正是他長期統治的特點。（Bettmann/Corbis）

希望土耳其有一套國會制度。這種願望曾經由英國的格拉斯通這樣的自由主義者義正辭嚴地表達出來，但是沒有人思考土耳其改革者之所想——只有重新生氣勃勃的鄂圖曼帝國，才能夠在政治上與歐洲平等相處。

俄土戰爭，一八七七至一八七八年：柏林會議

自凱薩琳二世以來，俄國曾有多少人做夢都想要把俄國疆域擴張到博斯普魯斯海峽岸邊。他們把君士坦丁堡叫做沙里格萊德，認為正教徒一定要把這座帝國的都市從異教徒手中解放出來。十字軍的動機在一個民族主義和帝國主義的時代裡，以泛斯拉夫主義新形式重新出現，並且成為俄國上層分子所鼓吹的主張。鼓吹者當中包括小說家杜思妥也夫斯基、詩人圖切夫和時事評論家丹尼列夫斯基。丹尼列夫斯基在一八七一年出版了《俄國與歐洲》一書，預言俄國與歐洲之間將爆發一場長期的戰爭，屆時一個威嚴的東方聯邦將應運而生。在這個聯邦裡面，不僅全體斯拉夫人，還有希臘人、匈牙利人和亞洲土耳其的某些部分都將置於俄國控制之下。這種泛斯拉夫主義得到俄國政府的贊同和資助，因為它轉移了國內的注意力和革命者的干擾，而鄂圖曼帝國內的斯拉夫民族也情願利用俄國泛斯拉夫主義做為與土耳其統治者進行鬥爭的一種手段。十九世紀七〇年代中期，在巴爾幹爆發了反土耳其起義。一八七七年俄國再一次向土耳其宣戰，即在一百年內第六次採取行動，反對鄂圖曼帝國。

一八五四年曾為了土耳其而和俄國打仗的英國人，做好了再次交戰的準備。近來國際上發生的許多變化早已加深了他們的憂慮。位於鄂圖曼帝國領土之內的蘇伊士運河已於一八六九年竣工，它恢復了近東古代那種做為一條世界貿易通道的地位。一八七四年，保守黨人兼帝國主義者班傑明·迪斯雷利出任英國首相。翌年，一次偶然的機會使他從幾乎破產的埃及總督手上買下了蘇伊士運河公司百分之四十四的股份。為了證明帝國的顯赫威勢，他在一八七六年為維多利亞女皇取得了印度女皇稱號。英國人在印度和遠東的商業利益及金融利益與日俱增，加上英國政府已經成為蘇伊士運河最主要的股東，以致運河正轉變成帝國的「生命線」。但是，鄂圖曼國家以至整個近東，正在俄國人面前瀕臨解體。俄國軍隊於一八七七年迅速通過巴爾幹，向前推進到君士坦丁堡，並強迫土耳其簽訂了《聖士提法諾條約》。根據該條約，土耳其把高加索山脈南邊的戰略要地割讓給俄國，給予塞爾維亞和羅馬尼亞以完全獨立，許諾在波士尼亞實行改革，應允新的保加利亞國家以自治。保加利亞的國界被十分慷慨地劃定，而且實際上保加利亞願意在俄國統治下生活。面對這種情況，英國舉國上下群情激奮，紛紛要求對俄國人訴諸戰爭。這種大喊大叫在語言學裡創造

了這樣一個詞──「好戰主義」：

> 我們並不需要戰鬥，可是啊，
> 倘若我們好戰，
> 我們就有人，有船，也有錢。

現在看來，土耳其國勢日衰，已無力抵禦侵略者於國界之外，至少一場英俄戰爭已無法避免，也許還會是一場全面的歐洲戰爭。然而戰爭透過外交途徑而得以制止。俾斯麥召集全體歐洲列強到柏林開會。歐洲企圖再一次表現出一致性，集體對付由「東方問題」引起的共同難題，從而把生氣重新注入這個飽受打擊的「歐洲協調」當中。會議實際上已著手瓜分鄂圖曼的領土，它以犧牲土耳其為代價來保持歐洲和平。於是在歐洲的均勢得以保護的同時，肢解了土耳其。

在柏林會議上，俄國人迫於其他與會國的壓力，只得放棄他們強迫土耳其人簽訂的《聖士提法諾條約》，但他們仍然保有獲得高加索山脈下的領土，為塞爾維亞人和羅馬尼亞人贏得了獨立。會議還承認蒙特內哥羅為一獨立國家。與會國在保加利亞問題上達成的妥協方案是：將保加利亞分成三個自治程度不同的區域，同時名義上仍舊全部保留在鄂圖曼帝國內。為了文明的利益和抵消由於俄國人擴大在巴爾幹國家的影響而造成的不平衡，會議授權奧匈帝國對波士尼亞實行「占領和管理」（但不是合併）。英國人獲得土耳其割讓的塞普勒斯，一個離蘇伊士運河不遠的巨大島嶼。法國人被告之，他們可以從阿爾及利亞擴張到突尼斯。而義大利人（他們被認為是最無關緊要的）被相當含糊地暗示說，某個時候借某種手段，他們可以通過亞得里亞海向阿爾巴尼亞擴張。正如俾斯麥所指出，「義大利人有一個這樣大的胃口和一副這樣糟糕的牙齒。」德國沒有拿什麼東西，俾斯麥說他是「誠實的掮客」，除了歐洲和平以外，別無他求。

一八七八年《柏林條約》消除迫在眉睫的戰爭威脅，可是它遺留下眾多問題，滋生了致使三十六年後第一次世界大戰爆發的很多誘因。當時不管是巴爾幹民族主義者還是俄國泛斯拉夫主義者，對此都心懷不滿。至於土耳其人，則不管是反動分子如阿卜杜勒‧哈米德之流，還是過著流亡生活的革命的青年土耳其黨人，都對靠進一步肢解他們的領土來換取和平而感到忿忿不平。土耳其無法掩飾的衰落對有關方面均是一個不斷的誘惑。在一九一四年之前那些年月裡，德國人擴大了他們在土耳其的影響。為了開發利用近東資源，德國人和德

國資本進入土耳其，設計並部分完成了柏林至巴格達的大鐵路。儘管俄國人和法國人，特別是看到這條鐵路直接威脅到印度殖民地區的英國人提出抗議和表示反對，柏林至巴格達的大鐵路仍在一九一四年之前已接近全部完工。

埃及和北非

十九世紀五〇年代和六〇年代，對於在鄂圖曼帝國內部享有法律自治權的埃及來說，是一個改革和經濟發展的時期。那個時候，埃及政府在行政管理、法庭制度和財產法等方面實現了現代化，與法國合作開鑿了蘇伊士運河，鼓勵在紅海發展航運事業，並引進英國和法國資本修築鐵路。一八六一至一八六五年間，美國南方尚未能出口原棉，而埃及每年出口的原棉已從六千萬磅激增至兩億五千萬磅。埃及比土耳其更深地捲入世界市場之中，埃及總督也成為西方化的統治者。總督伊斯邁爾為他本人在開羅建造了一座漂亮的新歌劇院，在蘇伊士運河通航後兩年的一八七一年，威爾第應埃及總督之請而寫的歌劇《阿伊達》，在這裡舉行了有名的首演式。

圖16-8　一八六九年完工的蘇伊士運河很快成為英國通過其亞洲帝國的最重要生命線，也是日益擴展的世界經濟一個繁忙的轉運點。該圖展現的是一八七五年威爾斯王子愛德華親王的船隻正在進入運河，當時王子在前往印度的途中。（Getty Images）

　　埃及政府從英國和法國借來的錢大量消耗在上述改進中，以致財政上很快就陷入困境，只好靠著將運河的股份賣給迪斯雷利才得到暫時解脫。到一八七九年，整個局勢惡化，西方銀行界迫使伊斯邁爾退位，並以杜非克取而代之。然沒多久杜非克就深深陷進債權人的羅網而不能自拔。所有這些事態的發展，招致埃及國內以阿拉比上校為首的民族主義者反對。當時在中國和殖民地世界的許多地方，曾反覆出現過一種民族主義：民族主義者既反對外國人也反對本國政府，指責本國政府的存在不過是做為一個外國利益的掩護物。體現早期阿拉伯民族主義的阿拉比運動，後來造成亞歷山大港的騷亂，當地的歐洲人只得逃到停泊在港口的英法船艦上去。隨後英國艦隊野蠻地炮轟亞歷山大。一八八二年，英國軍隊（法國人雖然被邀，但予以拒絕）在蘇伊士和亞歷山大登陸，擊潰了阿拉比，並將杜非克置於保護之下。英國人聲稱這次軍事干涉將是「暫時的」，但是英國軍隊卻從此長期駐留，經過兩次世界大戰，直到一九五六年才撤退。埃及成了英國的保護國，在英國人保護下，埃及總督擺脫了因國內不滿、鄂圖曼政府提出所有權要求和歐洲其他強國對埃及的垂涎而構成的威脅。

　　英國人在埃及的長期駐留遭到法國人的強烈反對，因為長久以來法國人就是近東最大的投資者；而且那些徹底西方化的近東人——埃及人、敘利亞人和土耳其人，他們當中絕大多數人寧可要法國的語言和文化，而不要英國的語言和文化。對英國人在埃及的意圖深感疑慮的法國人為了與此抗衡，在靠西邊一點的地方建立了他們的北非殖民帝國。他們開發阿爾及利亞，將突尼斯變成保護國，並開始向摩洛哥滲透。英國人，不久後又加上德國人，對法國人取得的這些進展十分不滿。由於列強之間對鄂圖曼帝國利益的爭奪，造成相互之間的敵意，形成了第一次世界大戰以前的戰爭恐慌、擔心害怕和外交鬥爭的肥沃土壤，這些都將在下一章敘述。

　　鄂圖曼帝國的瓦解與一九一四年之前長期存在的國際危機不可分割。現在有充分理由可以這樣說，以鄂圖曼帝國的命運為焦點，阿卜杜勒‧哈米德那些瘋狂的政策終於破了產。青年土耳其黨人於一九○八年控制了鄂圖曼政府，他們強制恢復一八七六年憲法，並提出了許多改革措施。就在整個歐洲都捲入戰爭的一九一四年，俄國再次向土耳其宣戰。土耳其人遂加入德國一方參戰，因為近年來德國人在帝國內穩步地增強了他們的政治和經濟影響。戰爭期間，各阿拉伯地區在英國支援下紛紛脫離土耳其，並最終成為獨立的阿拉伯國家，埃及也結束了與帝國的全部聯繫。土耳其共和國於一九二三年宣布成立，它的疆土只限於君士坦丁堡和安那托利亞半島，這是大部分純血統土耳其人居住的地

方。這個新生的共和國開始去經歷一場徹底的民族主義革命和世俗革命了。

非洲的瓜分

　　地中海以南的非洲土地上綿延著撒哈拉大沙漠，從那兒再往南就是黑色非洲——歐洲人心目中的黑暗大陸了。非洲是如此廣大，僅僅撒哈拉以南的部分就幾乎與整個北美大陸一般大小。多少世紀以來，歐洲人對它的了解僅限於一些沿海地區，如黃金海岸、象牙海岸、奴隸海岸等。從廣袤無際的內陸來到這些海邊者，有一隊隊戴著腳鐐手銬被活捉的奴隸，還有像尼羅河、尼日河和剛果河這樣水勢洶湧的大河，對歐洲人來說，這些河流在茫茫的大陸內部源頭，一直是一個引起人們猜測紛紜、富有浪漫情趣的主題。非洲人民都是黑人，在體格和文化方面都存在著差異，他們說著上千種語言。他們使用鐵器勞動的歷史有兩千多年，熟諳多種藝術，如青銅雕塑、黃金製品、手工織物、編織品，以及帶有突出的象徵性或抽象性圖樣的儀式面具等。北部邊緣地區的一些人皈依了伊斯蘭教，但大部分人仍固守其傳統宗教。

　　他們大多仍居住在部落式共同體的村子裡，從事農業或者遊牧生活。但是，龐大的城市或聚居點已經出現，在北部的廷巴克圖有穿過撒哈拉的古老駱駝商隊，在南部的辛巴威有龐大複雜的建築物（儘管當歐洲人第一次看到時，這些建築物已成為廢墟）。雖然缺乏文字記載，但保存下來的記憶告訴我們，這裡也曾存在過廣闊的王國。這些記憶是經過特殊訓練的口述師代代相傳的。但是，這些王國消失或者衰落了。由於部落間的戰爭，挑撥非洲人矛盾滿足外來者需求的奴隸貿易，以及如今難以追尋的人口學上的原因等，這些王國被削弱了。因此，非洲與鄂圖曼帝國、中國有所類似，當自身抵抗的力量削弱時，又在此時遭受歐洲人的襲擊。十九世紀中葉之前，除少量阿拉伯人自西元七世紀以來在非洲東海岸定居，以及歐洲人在一六五二年進駐好望角以外，撒哈拉南部地區沒有白人永久定居。當一九一○年南非聯邦建立的時候，約一百一十萬白人與約五百萬黑人生活在這個國家裡。

非洲的開放

　　傳教士、探勘家和個人冒險家最先為歐洲打開了這個世界。李文斯頓和史坦利這歷史上著名的一對，以親身經歷令人信服地說明了事情的發展趨勢。史考特・大衛・李文斯頓是一位懂醫術的傳教士，在帝國主義時代很久以前的一八四一年就深入到非洲東南部。他全身心投入到人道和宗教的工作中，僅偶爾進行一些買賣活動，曾進行長途旅行和大量的考察工作，但既沒有政治目

的，也沒有確定的經濟目的。對尙比西河的考察，使他成了第一個看到維多利亞大瀑布的白人。他在非洲內地很舒服，感到安全，與當地人保持友好關係，因此他十分滿意這種孤獨的生活。可是現代文明的病態力量卻要把他找出來。歐洲和美國到處是李文斯頓醫生已經失蹤的流言蜚語。《紐約先驅報》爲了製造新聞報導，派遣四處漫遊的新聞記者亨利・莫頓・史坦利去尋找他。史坦利果然在一八七一年找到了李文斯頓，然深受當地人崇敬的李文斯頓不久即去世。史坦利是新時代的人，他看到非洲有廣闊前景，便到歐洲尋訪他的支持者。他在一八七八年找到一個志同道合的人，此人碰巧是位國王，即當時的比利時國王利奧波德二世。

利奧波德雖然王權在握，卻是個熱心的創業者；中國大陸、臺灣地區、菲律賓和摩洛哥都曾勾起過他的嚮往之情，但他下決心去開發還是中非的剛果盆地，史坦利正是他在尋找的那樣一個人。一八七八年，他們兩人與少數金融家在布魯塞爾建立了「國際剛果協會」。這純粹是個私人舉辦的事業，實際上比利時公民和政府與它毫無相干。人們認爲，從沿海地區到整個非洲內地，與哥倫布時代的美洲一樣，是一塊無主的大陸，沒有政府，也沒有誰提出主權要求，是爲那些可能最先到達的文明人敞開著的。史坦利於一八八二年重新回到剛果，在一兩年內就先後與五百多名當地酋長簽訂了條約；這些人把他們粗糙的標誌畫在那些他們難以理解的文件上，遂接受了協會的藍金兩色會旗，而得到的報酬不過是一點兒不值錢的小裝飾品或幾碼布。

既然人們對這個黑暗大陸的內部疆域一無所知，那麼「協會」靠這些方法到底可以迅速占領多少土地就誰也說不上了。德國探險家卡爾・彼得斯經由桑吉巴進入內地，與東非許多酋長訂立條約。法國人布拉扎從西海岸出發，把法國三色旗分發給他所經過的每一個村莊，對剛果河流域，一塊比法國本土還大的土地提出了主權要求。葡萄牙人想把他們原有的殖民地安哥拉和莫三比克用一個橫斷非洲的帝國連在一起，因而要求在內陸的瓜分中分得慷慨的一份。英國人則表示支持葡萄牙人。儘管如此，歐洲各國政府對捲入非洲未開發地區仍舊是猶豫不決的，但是它們受到少數有組織、熱心於開拓殖民地者的推動，而且它們當時面臨著這樣一種可能：如果延誤時機，將會因爲太遲而一無所得。

俾斯麥個人認爲非洲的殖民化是荒謬的，但他敏銳地感覺到了新的壓力。一八八五年由他在柏林召集一次會議，目的是要使非洲問題接受國際準則的制約。大多數歐洲國家與美國參加了會議。柏林會議試圖做到以下兩件事：首先，在國際贊助和約束下，使「剛果協會」占領的土地處於一種類似「國際化」的地位；其次，起草一份國際公約，對歐洲列強希望獲得非洲土地而要採

取的方式具有控制和調節作用。

一八八五年取代「國際剛果協會」的「剛果自由邦」不僅是個國際產物，而且在原則上還體現了如人們後來知道的第一次世界大戰後的那種「國際託管」，或者說對「落後」民族的國際託管制度。柏林會議明確指出，這個新的「自由邦」應不與任何勢力發生聯繫，包括比利時在內。會議委託利奧波德進行統治。會議爲「剛果自由邦」劃定的邊界，使它幾乎與美國在密西西比以東的領土一樣大。會議還加上了某些專門規定：剛果河國際化，任何民族的人均可在「剛果自由邦」內自由地進行貿易、對進口貨物免徵關稅、禁止奴隸貿易等。一八八九年，利奧波德又召集簽字國在布魯塞爾舉行第二次會議。布魯塞爾會議採取了進一步措施以根除奴隸貿易。由於穆斯林世界比基督教世界晚好幾代才廢除奴隸制，這邪惡的貿易雖然衰落了，但還在頑固地苟延殘喘。會議還保證維護當地人民的權利、糾正某些昭彰的弊病，以及減少酒類和槍枝的買賣。

這個國際主義式的打算落空了，因爲歐洲沒有能使一般協定得到貫徹的國際機構來履行艱苦的日常職責。利奧波德在剛果自行其是，他決心使它在商業上有利可圖，這導致他不知不覺地走向極端。歐洲和美國都需要橡膠，而剛果當時是世界上少數幾個供應來源之一。剛果人屬於非洲最落後的民族之一，而且由於低地赤道氣候的影響，當地人往往體弱多病，全靠不人道的殘暴和強迫手段，才使他們培植出數量夠多的橡膠樹。利奧波德和他的代理人（他們是與利奧波德簽訂租賃土地合約的經理，有一些是非洲人）從當地人中強行徵用勞工，在野蠻的條件之下強迫他們完成不可能的橡膠產量，導致了成千上萬的勞工死亡。由於不考慮橡膠樹的替代更新，致使橡膠樹同時自行毀滅了。

利奧波德靠劫掠剛果的資源和對人民進行事實上的奴役，掠奪了大量收入，積累了巨額的個人財富。然而，他未能使自己的事業自行維持下去，需要資本投入來支撐進一步的發展。因此，他於一八八九年和一八九五年兩次向比利時政府借款，給了比利時政府於一九○一年吞併剛果的權利。比利時議會在一九○一年拒絕了這次機會，但是從一九○四年開始，在歐洲媒體披露了剛果的暴行醜聞後，公眾感到屈辱。一九○八年，一個協調一致的運動強迫比利時政府從利奧波德手中將剛果接管過來，次年利奧波德死了。「剛果自由邦」變成了比屬剛果，成爲比利時的殖民地。在比利時政府治理下，強迫徵用、濫用勞力及其他暴行終結了，不過剛果仍然以致富發財和投資的誘惑之所，吸引著歐洲人和其他外來者。

一八八五年的柏林會議也爲非洲擴張制定了某些競爭規則：一個占有沿

海地區的歐洲國家，在向後面的內地擴張方面有優先權；占領不應光是在文件上以及藉由在地圖上畫線來確立，而必須由管理人員或者軍隊形成「實際占領」；每一個國家，當它認為哪些土地已被占有時，必須給予其他國家以適當的通知。緊跟著一場為了「實際占領」的瘋狂爭奪出現了。僅僅十五年時間，整個大陸就被瓜分殆盡，唯一的例外是衣索比亞，根據法律來看則還有賴比瑞亞。賴比瑞亞原來是做為美國「被解放黑奴」的移居地，建國於一八二二年，從那以後，它事實上成了美國的保護國。

圖16-9　剛果工人被強迫從事這種去除橡膠中的木質和纖維顆粒的工作。豐收的橡膠都向歐洲和美洲出口。這張一九〇九年出版的圖畫既展現了橡膠工業中單調乏味的體力勞動，也反映了歐洲殖民時期西方人對於非洲人的普遍印象。

　　大同小異的做法在每一個地方重複著。首先，在一些未開化的地區出現一小部分白人，他們隨身帶著必不可少的條約（有時候是印好的格式）。為了得到想要的東西，歐洲人通常只得將一些權力委予酋長，而按照部落的慣例，這些權力他本來是沒有的，如出讓主權的權力、出賣土地或應允採礦地使用權的權力。這樣一來，非洲人在一開始就被外國法律概念弄得暈頭轉向了。然後，既然這些歐洲人自己在當地人民之中沒有什麼影響力，那他們就只得給酋長某種地位。這即是流傳甚廣的「間接統治」方式，依照這種方式，殖民當局通過現有的酋長和部落結構形式起作用。有很多事情唯有酋長始能做出安排，如處於隔離狀態下的歐洲人安全問題、勤雜工的服務，以及召集一批批工人去修築公路或鐵路等等。

　　勞動力是個非同小可的問題，因為歐洲人現在極端厭惡純粹的奴隸制，只要能夠，他們就到處廢除它。但是對於非洲人來說，只要他們還生活在傳統的

方式裡，就不會像歐洲商業和經濟中的自由支薪者反應。他幾乎沒有個人獲得收入的預期，也幾乎用不著錢。因此按照歐洲人的標準，他們好像只是偶爾零星地幹活，看不起持續而單調乏味的工作，而這偏偏是歐洲人希望他們去做的。其結果是所有在非洲的歐洲人都求助於強迫勞動方式，如公路修築，這簡直就是大革命前法國人服徭役那種方式的重演。他們或許會要求酋長提供一定名額的壯健男子供使喚一段時間，而他常常是非常樂意地遵命行事，無非是爲了抬高自己在白人眼中的地位。更加間接的統治形式也在使用。殖民政府也許會徵收一種只能用錢幣繳付的棚屋稅或人頭稅，本地居民如果想要獲得繳稅的錢，就不得不去找一份工作來做。或者新政府一旦就職，就把大量土地分給歐洲人做爲私有財產（另一種外國概念），以致那些本地部落不能再待在留給它們的土地上繼續生存下去；要不然就將整個部落遷移到一塊像美國印第安人那樣的「保留地」上去。總之，當婦女們在田裡耕作或是在家裡照料家畜時，男人們爲了得到少得可憐的工資，只得遠離家鄉到白人手下幹活。於是他們住在與家人和部落族人隔絕的「圈地」裡面，變得意志消沉、萎靡不振。給他們工作之前沒有培訓，給他們所做的工作也都是他們不情願的，這在任何發達的工業社會中簡直不能容忍。在這些情況下，每一件事情都從根本上改變著非洲人的生活方式，而沒有什麼事情使他們獲益，或者保護他們在歐洲人到來之前所生活的社會體系不受到損害。

隨著二十世紀的到來，情況有所改善，開明的殖民地管理被建立並保持下來了。殖民地官員甚至會充當本地人反對白人利益的緩衝人物或保護者。總的來說，消滅迷信、疾病和文盲現象，是帝國主義的精神氣質一部分。一個西方化的非洲階級在緩慢地成長著————酋長和他們的兒孫們、天主教教士和新教牧師、貨棧職員和政府雇員。奈及利亞和烏干達的年輕人成爲學生，就讀於牛津大學、巴黎大學或是美國的大學。西方化的非洲人往往都忿恨剝削和家長式統治，和在鄂圖曼帝國及亞洲那些同階層的人一樣，他們也顯明朝向民族主義轉變的跡象。倘若他們想實現西方化，進展速度完全取決於他們自己的決心和承認他們文化傳統價值的方法。隨著二十世紀的進程，非洲的民族主義在挑戰歐洲列強的過程中變得越來越強烈且聲勢浩大。

列強之間的摩擦和競爭

與此同時，從一八八五年至一九〇〇年之間的十五年裡，歐洲人在非洲險些大打出手。葡萄牙人在安哥拉和莫三比克吞併了大片土地；義大利人奪取了義屬索馬利亞和紅海邊上的厄立垂亞這兩塊貧瘠的土地，他們隨後向內陸推

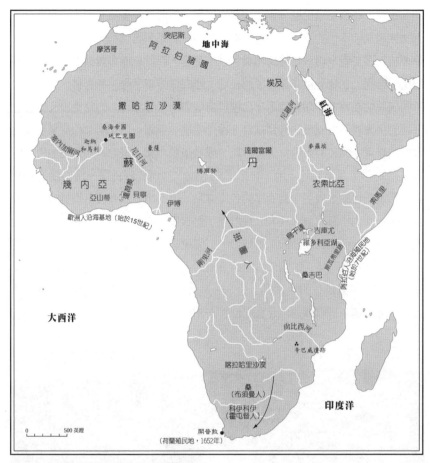

圖16-10　前殖民地時期的非洲：地區與人口

這張地圖展示了歐洲人十九世紀殖民以前的非洲。它並不涉及某個具體的時間或者歐洲人代替的某個王國。楷體標示的是古代或中世紀的中心，比如現代已經不存在的迦納帝國或馬利帝國，甚至連最廣大的非洲王國疆界都是模糊不清或者變動不居的，難以在地圖上標示出來。在「班圖人」這個詞語中使用的「班圖」，是指從剛果河以北到南部非洲海岸的範圍內一個大的語系；其他語系和民族的結合也在地圖中有所顯示。

進，為尋求給人印象更加強烈的殖民地而去征服衣索比亞和尼羅河源頭。然而，大約八萬衣索比亞人在一八九六年的阿杜瓦決戰中擊潰了兩萬義大利人，這是非洲人首次成功地抵禦白人，並阻止義大利人（或其他歐洲人）對衣索比亞的侵略達四十年之久。義大利和葡萄牙，還有剛果自由邦和西班牙（它還保留著以往的少許殘餘），它們之所以能在非洲占有相當多的土地，其原因在於主要競爭者之間的相互疑懼。這些主要競爭者是英國、法國和德國，它們之中隨便一個都寧可讓某個較弱小的國家占有這些土地，而不肯讓自己競爭者當中的任何一個染指它們。

德國人在這場殖民地爭奪賽中姍姍來遲，俾斯麥勉強參與了這種勾當。在十九世紀八〇年代的德國，帝國主義所有的陳詞濫調隨處可聞。不過其中大部分，諸如需要新市場、給移民和資本以出路等，都對赤道非洲很少或者根本不適用。德國人在德屬東非建立了殖民地，西海岸的喀麥隆、多哥和一片沙漠地帶則統稱德屬西南非洲（他們在那裡無情地鎮壓了赫雷羅人的反抗）。德意志帝國的決策者不可能沒注意到這樣一種可能性：有朝一日，剛果和葡屬殖民地會與德屬東非洲和喀麥隆合併在一起，成為橫斷非洲心臟地區的德屬地帶。法國人控制著西非大部分土地，包括從撒哈拉大沙漠和蘇丹那一邊的阿爾及利亞，到這一邊的幾內亞海灣沿岸的各個據點，還占領著紅海邊上的奧博克，並且在一八九六年戰敗義大利人之後增強了對衣索比亞的影響。因而法國決策者們也夢想著一個橫貫非洲的法屬地帶，把從達喀爾到亞丁灣的這一大片土地連在一起。一八九八年，法國政府派遣馬爾尚上尉率領一支小小的分遣隊從查德湖向東前進，到遙遠的尼羅河上游——蘇丹南部——升起三色旗；到當時為止，該地區還未被歐洲強國「實際地」占領過。

圖16-11　非洲人修建了由歐洲人擁有的新礦場，這些礦場開始向全世界輸送有價值的礦藏。十九世紀八〇年代晚期，該圖中的勞工正在南部非洲開掘一處新的黃金礦場。（Getty Images）

德國人和法國人設想的這兩個從東到西的地帶，被一個同樣設想從北到南的地帶切斷了，這就是英國帝國主義的想像力產物：開普—開羅英屬非洲。塞西爾·羅茲從好望角向北推進，占領了羅德西亞。位於大陸中部的肯亞和烏干達早已為英國人占有。埃及在一八八二年成了英國的保護國，英國人開始支持埃及人歷來對尼羅河上游的主權要求。但第一次冒險證明是個大災難，率領埃及軍隊的英國軍官「中國的戈登」【2】，一八八五年在喀土穆被穆斯林起義者

擊斃。隨後有十年時間，英國輿論使帝國主義者變得鄭重其事。接著，另一位英國軍官基欽納將軍（他麾下有位年輕人名叫溫斯頓‧邱吉爾）率軍再次沿尼羅河向南挺進，並於一八九八年在恩圖曼擊潰當地穆斯林。然後，他溯流長驅直入，在一個叫法紹達的地方與馬爾尚相遇。

法紹達危機的發生，把英法兩國帶到了戰爭的邊緣。因為早有摩擦的埃及和摩洛哥兩國政府這時都準備利用法紹達衝突進行攤牌。這是一次實力的考驗，它不僅關係到各自對全非洲的計畫，而且與它們在所有帝國主義者的眼裡和整個國際局勢中的地位息息相關。一開始，雙方都不甘示弱，英國人事實上已威脅要訴諸戰爭。但法國人由於在歐洲與德國敵對，擔心這樣一來會不安全，最後決定不冒這險險。他們從法紹達撤退，並召回了馬爾尚。一股仇恨英國人的浪潮在當時席捲了整個法國。

英國人剛贏得這場「比魯斯式的勝利」[3]，跟著就捲入在非洲大陸另一端發生更令人頭昏腦脹的糾紛之中。一八九〇年塞西爾‧羅茲就任開普殖民地總督，他是「開普—開羅」夢想的主要發起人，但緊鄰的兩個小小獨立共和國德蘭士瓦和奧蘭治自由邦成了他實現這個夢想的障礙。這兩個共和國的國民是一些在非洲出生的荷蘭人後裔，他們最初在十七世紀時於開普定居，後來為了逃避吞併好望角的英國人統治，在一八一五年進行過一次「大遷移」。布林人——這是英國人對他們的稱呼，源出於荷蘭語「農民」一詞——單純、頑強和顯得守舊。他們認為奴隸制並非罪孽深重，並且打心裡討厭那些企業創辦人、追求有錢女子的男人、到處亂跑的冒險家、採礦區居民，和其他那些非南非出生的外國人。

在德蘭士瓦，鑽石和黃金的發現使問題到了緊要關頭。英國人和英國資本蜂擁而至，但德蘭士瓦拒絕透過礦業股份有限公司及其雇員所必需的立法。羅茲企圖促使德蘭士瓦發生革命，遂於一八九五年派遣詹姆森醫生率領一支武裝的非正規部隊越界進入德蘭士瓦。儘管這次「詹姆森襲擊」失敗了，歐洲卻輿論大譁，紛紛譴責英國人恃強欺凌一個無辜的小小共和國。德國皇帝威廉二世發了一份著名的電報給德蘭士瓦總統波爾‧克魯格，祝賀他在驅逐侵略者時「沒有被迫要求友好力量的支援」——不言而喻，友好力量是指德國。三年後，即一八九九年，英帝國向這兩個布林人共和國發動戰爭。南非戰爭（或稱為「布林戰爭」）一直持續到一九〇二年，英國派出了三十萬大軍。為了對抗這個難以捉摸、非同尋常的對手，他們蹂躪了這個國家，剝奪了十二萬名婦女和兒童的自由，將他們送入集中營，最終有兩萬人死在那裡。但是一旦被吞併和帶入英國的體系，還是讓他們保留了自治制度。一九一〇年，德蘭士瓦和奧

蘭治自由邦與開普殖民地一道，組成了南非聯邦，沿襲加拿大自治領方式取得了半獨立地位。

相繼發生的法紹達危機和布林戰爭，暴露了英國人在歐洲不得人心到了何等可怕的地步。不論哪一個歐洲政府和民族都同情布林人；只有當時正在對菲律賓進行一場同樣性質的征服戰爭的美國，才對英國人表示完全同情。在布林戰爭之後，英國人開始重新考慮自己的國際地位，這一點我們很快就會看到。

正如鄂圖曼帝國的情況一樣，列強之間對非洲財富的爭奪，惡化了國際關係，為第一次世界大戰鋪平了道路。儘管義大利人在一九一一年從土耳其

圖16-12 　一八九九至一九〇二年期間，英國針對德蘭士瓦和奧蘭治自由邦的軍事行動遭到了廣泛的譴責，這部分是因為它是向在南非十七世紀的荷蘭定居者的後裔（阿非利卡人或布林人）開戰。這幅英國士兵跨越河流的圖片提示了布林戰爭的規模和花費。當英國將阿非利卡婦女和兒童隔離起來，送入集中營後（數千人在其中被清洗），這場戰爭更加臭名昭著。（Getty Images）

奪得利比亞，但在布林戰爭後，非洲做為一個整體來講，沒有什麼領土變動。德國人於一九一四年從他們短命的殖民帝國被趕了出來。假如德國人贏得第一次世界大戰，非洲地圖或許會被大大改變，但他們失敗了，結果唯一的變化就是在國際託管的名義下，把德國殖民地分給法國和英國代管。除了這種變化以及義大利人在一九三五年對衣索比亞的短暫征服外，非洲版圖始終保持著那瓜分的短暫年代裡所形成的局面，直到第二次世界大戰結束後，這些歐洲殖民帝國才正式宣告完結。

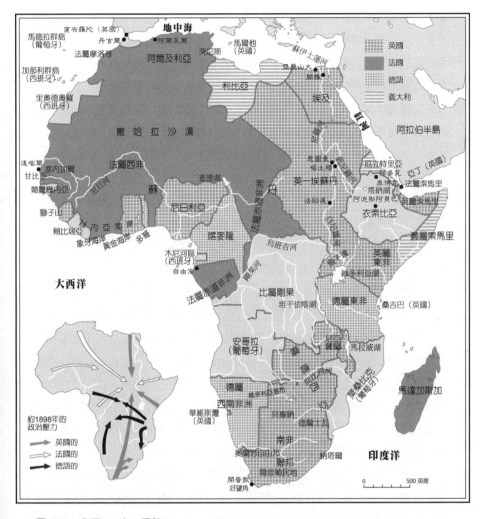

圖16-13 非洲，一九一四年

這幅地圖展現了一九一四年得到公認的列強占領地。左下角小地圖提示的是大約在一八九八年前後政治壓力的方向。這些壓力導致一八九八年的法紹達危機和一八九九年的布林戰爭。英國和德國政府在一八九八年曾舉行祕密會議，討論瓜分葡屬殖民地的可能性。當然，這從未得到實現，因為英國人非常願意讓葡屬殖民地仍然留在葡萄牙人手中。

帝國主義在亞洲：荷蘭人、英國人和俄國人

荷屬印尼和英屬印度

在第一次世界大戰前的半個世紀裡，英屬印度和荷屬印尼堪稱世界殖民地的楷模，它們代表著無論哪一個帝國主義者都夢寐以求的那類殖民地；對它們粗略一看，會看到帝國主義已走向它的目標，創造出它意圖創造的體系。

所有的西歐國家都是入超國，這表明它們從世界其餘地區進口的貨物要超

過它們的出口。與此正好相反，印度和印尼是兩個出超地區，年復一年，十年復十年，它們一如既往地出口著遠比進口爲多的貨物。這種出超是發展中的殖民地區的特點，它緊緊地與世界市場連在一起，與當地人民的低購買力以及依靠外國資本和管理保持發展的情況是一致的。除此之外，兩個地區都是如此廣大，這就意味著有大量國內貿易機會——商業、保險業、銀行業和運輸業，它們從來沒有被歸入國際貿易的統計資料之中，但是它們被歐洲人控制著，以增加無窮無盡的財富。豐富多彩而又屬於熱帶特產的自然資源，使它們從來沒有與歐洲產品競爭，縱然印度還在一九一四年之前就顯出了工業化的傾向。這兩個地區的人民是善於學習和敏慧的，但宗教和語言的隔閡阻礙著他們的團結，因此他們一旦被征服，歐洲人相應地比較容易進行統治。

在第一次世界大戰之前，從任何方面來講，這兩個地區都沒有最高水準的自治。它們各自都由一套行政機構治理著，該機構用自己的標準去判斷是否值得信賴和是否有高尚品格，而最顯赫、最有影響和報酬最高的職位則留給歐洲人。英國和荷蘭上流社會的家庭因此把這兩個殖民地看做是孩子獲得機會的場所，這有點類似從前他們對確立的教會所做的評價。當然，印度和印尼的專制政府多少還是有點仁愛的，至少它們經由遏制戰爭、減少天災和饑荒造成的損害，讓人口在數量上得到了增長。一八一五年爪哇僅有五百萬人口，一九四二年增加到四千八百萬。同一時期內，印度的人口從不到兩億增加到差不多四億。最後，做爲一個理想的殖民地，一個決定性的優點是，沒有外國勢力對英國人在印度或荷蘭人在群島上的地位提出直接的挑戰。

一八一五年，荷蘭人僅占據著爪哇島和另外不多的地盤。在隨後的幾十年裡，英國人進占了新加坡、馬來半島和北婆羅洲，並對蘇門答臘提出了主權要求。十九世紀六〇年代，法國人出現在印度支那。八〇年代，德國人相繼吞併了新幾內亞東部、馬紹爾群島和所羅門群島。這三個國家相互間的猜忌，是荷蘭人的地位得以保留的根本原因。

荷蘭人自己掌握著主動權，爲了阻止其他歐洲國家插手，剿滅當地的海盜和發現世界上需求的原料，他們把統治擴展到整個長達三千英哩的群島上。一連串原來只與買賣有關的貿易站被他們創立的殖民帝國所取代。一八三〇年、一八四九年和一八八八年的起義先後遭到鎮壓，直到二十世紀到來之時才將北蘇門答臘，即西里伯斯內地置於控制之下。數十年來，荷蘭人一直沿用一種強迫勞動方式——耕作制——開發這個龐大的殖民帝國，也就是當局要農民繳納一定數量的收穫物做爲稅收，如糖或咖啡。一八七〇年後才採用一種比較自由的制度。做爲政策上的一個重要內容，荷蘭人樂意用馬來語或爪哇語推行教

育，而不是用荷蘭語。結果從西方化的過程中保存了本地文化，但同時也意味著西方民族主義和民主思想的傳播變得較爲緩慢。

一八五七年，英國人在印度面臨一場形勢險惡的起義，它通常被稱做「印度士兵起義」。印度軍隊主要是由印度人組成，因而是印度人能夠施加集體壓力的唯一組織。軍隊中印度士兵所占比例在一八五七年時相當高（大約占六分之五），原因是英國軍隊已被調去參加克里米亞戰爭和在中國的軍事行動。幾十年來，許多軍隊以外的印度人都是在驚擾中度日──統治者被征服和廢立；地主被剝奪財產所有權，以對英國人比較友好的新地主代之。宗教情緒受到煽動。英國人對印度人的信念表現出過分明顯的厭惡；他們宣布寡婦自焚殉夫爲非法；鎮壓一個由獻身於宗教的暗殺者組成的小小教派「薩格」。一位英國官員甚至宣布政府將在十年內廢除種姓制。許多印度教徒因此視英國人爲他們古老宗教傳統的危險敵人。穆斯林受到瓦哈比派原教旨主義（一個希望能對伊斯蘭宗教實踐加以淨化和保護的大眾改革運動）的煽動。神祕的宣傳在全印度四下散布，並滲透到印度士兵當中。穆斯林士兵被告知，有些新發下來的子彈是用豬油塗抹的，印度教士兵則聽說同樣的子彈是用牛油塗抹的。對印度教徒來說，牛是神物，而穆斯林則認爲接觸豬肉是褻瀆神，因此騷亂到處蔓延。印度兵在恆河河谷發動了譁變；與他們一道起義反對英國人的還有另一些失掉利益者，像早已衰落了的蒙兀兒王朝皇帝和他的朝廷。

英國人鎮壓了這次起義，印度西部和南部未參加起義，實際上幫助了英國人。但這次起義無疑提醒英國人──實行一條全新的政策路線。直到印度殖民帝國在差不多一個世紀之後完結時，這條新路線基本上是得到遵循的。英國東印度公司和蒙兀兒帝國最後被永遠地廢除了。英國人在印度實行直接統治。不過，英國人終於醒悟到，他們對印度的統治，務必與印度人一道並透過印度人自己進行，而不是與之對立。這實際上意味著帝國的力量與印度人上流社會之間的合作形成，英國人開始庇護印度人當中的既得利益者。他們支持印度的地主，變得更加縱容印度人的「迷信行爲」。一八五七年以前，他們在印度征服一個土邦，總是不由分說地取消它並吞併它的領土。起義以後，他們轉而把剩下來的土邦當做保護國一樣保留下來。像海德拉巴和喀什米爾這樣的土邦，在一八五七年時共有兩百多個，直到一九四七年英國統治完結，這些土邦及威勢顯赫的王公大君們全都依然如故。一八七七年維多利亞女皇之所以被宣布爲印度女皇，多半就是由於要爲印度王族的大山配備一個合適的山頂。

圖16-14　印度本土軍隊中一八五七年印度的土兵起義，比十九世紀任何其他事件都更為深刻地動搖了大英帝國。儘管印度兵變（這是英國人對它的稱呼）最終被鎮壓了，但是這幅插圖揭示了為什麼暴力和殘酷給所有人留下了痛苦的回憶，也揭示了為什麼英國很快重建了他們管理印度社會的整個體系。（Getty Images）

　　按工業化以前的標準來衡量，印度當時已經是一個相當重要的生產國。印度商人曾一度大規模地布滿了整個印度洋，一八〇〇年以前就已經向歐洲出口紡織品和其他製成品。但是在得到政治權力撐腰的現代工業體制衝擊下，當地手工業紛紛垮臺。一位英國專家在一八三七年評論道：「印度永遠不可能再成為一個偉大的工業國。不過經由加強與英國的聯繫，它或許會成為世界上最偉大的農業國之一。」自由貿易（它的形成有可能是由於軍事優勢，這一點往往為經濟學者所忽略）使英國變成世界工廠，而印度變成原料供應國。到十九世紀後期，印度的出口日益局限在原棉、茶葉、黃麻、油菜籽、靛青和小麥的範圍之內，英國人則用輪船運來他們的工業製成品做為交換。印度在商業上呈現出一派繁榮景象，它擁有除歐洲和北美以外最密集的鐵路網。然而，做為對待貧窮國家的一種評論來說，值得一提的是，英國在一九一四年與只有六百萬人口的澳大利亞和紐西蘭間的貿易，竟遠遠超過與有三億一千五百萬窮人的印度貿易。

　　英國人與荷蘭人不同，他們在一八三五年決定支持用英語實施教育，而非

本地土語。受委託完成這項工作的委員會中有一位歷史學家麥考利，他汙蔑印度土語像是表達野蠻和不文明的思想的工具，是進步的障礙。印度兵起義以後，英國人允許印度人進入政府部門工作和參加統治者的討論會議，這種情況固然少得可憐，也比荷蘭人在印尼進了一步。有不少印度人也在經商。一個西方化的印度人階級形成了，他們通常在英國受過教育，英語說得很道地，並且要求對國家事務發揮更大的作用。影響極大的印度國民大會黨於一八八五年成立，全印穆斯林聯盟於一九〇六年成立。穆斯林分離主義得到英國人的支援，有時它的出現被歸咎於英國人。其實穆斯林分離主義對印度來說是很自然的事情，並被某些印度領袖所利用。民族主義在到處擴展，而且日益反英；激進民族主義不但反英，還反對印度王公、資本家和商人，把他們看做是帝國主義的幫兇，因而染上了社會主義色彩。在第一次世界大戰期間，迫於民族主義者的壓力，英國人允許印度人擁有更多的發言權，特別是在地方事務中。但是這場自治發展的運動無論如何都不能快，以致一直未能平息印度民族基本的反英情緒。

俄國利益與英國利益的衝突

當英國人在印度的利益未受到外來威脅時，英國政治家就看出，北方天空中那片巨大的烏雲已經清楚地逼近了。從十七世紀以來，俄羅斯帝國就已占領亞洲北部。大約在一八五〇年，俄國人重新開始對亞洲內部施加壓力。俄國的帝國主義典型是，它不要求市場，也不要求原料和資本投資的場所，它不認為這些有多大價值。在這些事情上，它本身就被西方看成是半殖民地。俄國人像西方人一樣，也有一種傳播文化的意識，但是它的擴張明顯在政治上，因為它大部分的主動性都來自政府。俄國是一個「冰封」的帝國，渴望有自己的「溫水港」。而且它是一個內陸帝國，因此無論哪一條路它都要將之變成通向這個或那個海洋的通道。但海洋全在西方人（特別是英國人）的控制之下。

從俄國廣闊的版圖來看，俄國人只能從陸地向鄂圖曼帝國、伊朗、印度和中國推進，可是英國人（和其他人）卻可以從海洋到達這些國家。一八六〇年，俄國人在日本海岸邊建立符拉迪沃斯托克（海參崴），這是所有斯拉夫人城市當中最僻遠的一座，它名字的涵義是「東方之主」。不過在這個世紀中期，他們主要還是在乾旱貧瘠和人跡稀少的西亞地區取得進展。英國人為了在俄國和印度之間保持一個類似無人地帶的阿富汗，已經在那裡打了兩場阿富汗戰爭。一八六四年，俄國人奪取了位於土耳其斯坦的塔什干，但是十年後他們剛一接觸到印度本土，就被一道英俄協定制止了。這一協定使印度人和俄國人

之間被劃定在阿富汗中的一條二十英哩寬的狹長地帶所隔斷。

伊朗長期以來就感受到來自裏海西面的壓力，俄國人在裏海東面，土耳其斯坦取得的進展更增加了這種壓力。裏海西面的城市第比利斯和巴庫，原屬伊朗人，現在已屬於俄國人。既然第比利斯和土耳其斯坦落入俄羅斯帝國手中，那就沒有什麼理由認爲伊朗不會是下一個──除非伊朗有個沿海地區，因而也可能被英國人設法占領。一八六四年，一家英國公司完成了伊朗最早的電報線路，這是從歐洲到印度電報線路的一部分，其他的英國投資和由英國人舉辦的事業也接踵而至。到一九○○年左右，石油開始顯露出它的重要性。爲了支持伊朗政府反對俄國，英國人在一八九○年許諾一筆貸款，同時要求以波斯灣港口關稅做保。俄國政府在一九○○年答應了同樣的優惠條件，給伊朗一筆貸款，要求除波斯灣稅收之外的伊朗全部稅收做擔

圖16-15　這張印度領導人賈瓦哈拉爾‧尼赫魯的照片，表明了一些印度青年在帝國時期接受了英國式的教育。尼赫魯就讀於哈羅公學（這張照片就是一九○五年在那裡拍攝的）和劍橋大學，他在二十世紀二○年代加入了甘地領導的獨立運動。隨後，一九四七年印度獨立後，他出任第一任總理，直到一九六四年逝世。
（Getty Images）

保。伊朗正在明顯地對自身事務失去控制，它落入了大國勢力範圍之內，被瓜分的形勢正在成熟。一九○五年伊朗爆發了民族主義革命，鬥爭鋒芒直指所有外國人和那個奴顏卑膝的國王政府，並導致第一屆議會會議的舉行，然未能解決伊朗的獨立問題。一九○七年，英國人承認俄國人在伊朗北部的「勢力範圍」；俄國人則承認英國人在伊朗南部的「勢力範圍」（見圖16-16）。

英國和俄國之間因爲帝國主義的野心而加深了敵意，圍繞伊朗和印度邊疆地帶發生爭吵，更爲它們在鄂圖曼帝國問題的長期爭執火上加油。我們已經知道，在同一時間，因爲非洲問題引起的糾紛已使英國和法國疏遠，實際上也跟整個歐洲疏遠了。

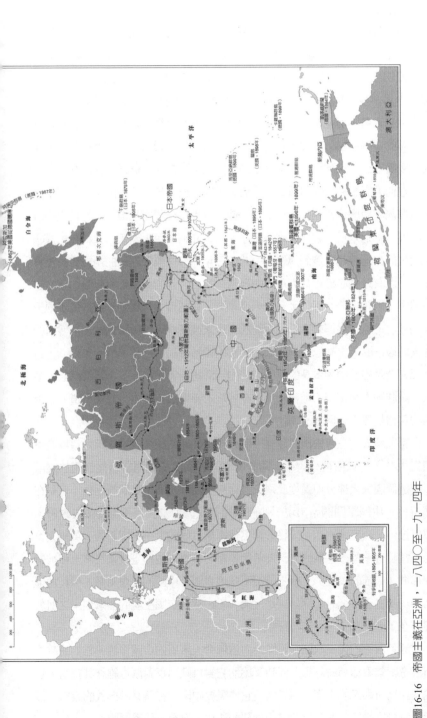

圖16-16　帝國主義在亞洲，一八四○至一九一四年

本地圖展現了至一九一四年爲止的邊界和殖民地。這些年間，英國人和荷蘭人在很久以前即建立的基礎上，根據各自的情況在印度和印尼擴大占領地。長期以來，俄國人就占領著西伯利亞，在中亞向南進逼，並在本世紀末時滲透到中國東北。法國人建立起印度支那殖民帝國；美帝國人爭取取菲律賓；德國人因運到了朝鮮和臺灣島；日本人控制了朝鮮和臺灣島；帝國主義列強均於在中國取得了特別權利和特許權。

帝國主義在亞洲：中國與西方

西方國家滲透前的中國

　　然而，帝國主義者爭奪的最大一塊骨頭還是中國，無論哪個強國對這塊骨頭都想咬上一口。當時這整個都處於中華文化影響下的土地還被封建的清朝（一六四四至一九一二年）統治著，它北起黑龍江出海口（其北方位置與拉布拉多半島緯度一樣），南至緬甸和印度支那（其南方位置與巴拿馬緯度一樣），東起大海，西至蒙古和西藏。從這個國家的舊觀念看來，中國就是世界和天地間的中央王國，歐洲人不過是些稀奇古怪的野蠻人。從中世紀起，斷斷續續有少數歐洲人來到這裡，可是中國人固執地不想與他們進行任何交往。

　　早在西方影響顯出任何重要性之前，中國就已處於一片動亂之中。四千年來，這個國家對歷代王朝那種週期性的興亡過程早已司空見慣。十九世紀的清朝已明顯地臨近末日，它無法維持秩序，對敲詐勒索束手無策。大約在一八〇〇年發生的白蓮教起義遭到鎮壓；一八一三年，一個叫天理教的組織曾企圖奪占北京。所有這些起義中最大規模的還是一八五〇年的太平天國起義，這次起義持續了十多年（一八五〇至一八六四年）。據認為，這場動亂還造成了兩千萬人的死亡。除了從傳教士那兒接受的、後來被某些太平天國領袖加以傳播的一些支離破碎的天主教思想外（太平天國的領袖聲稱自己是耶穌的弟弟），這次起義完全是由於中國本身的原因造成的。清統治者被中原人士視為異族，被饑餓、敲詐勒索、苛刻的地租和那些在外地主弄得民不聊生、怨聲載道。太平天國的目標是建立一個新的朝代。

　　太平天國最初在中國南方建立一個政權。開始時紀律嚴明，但是這場戰爭持續得太久了，以致後來太平天國的領導人和清軍的指揮官居然競相放縱部隊，使這個國家大部分地區從此陷入長期的土匪騷擾和紊亂狀態之中。正是在這個時期，中國軍閥開始出現，他們掌握著武裝力量，拒不服從中央政府。十四年後，清政府盡一切手段終於鎮壓住組織良好的太平天國起義。英國人戈登將軍當時曾率領一些歐洲人幫助清朝鎮壓起義軍，他即是後來在喀土穆被擊斃的那個「中國的戈登」。但是情況清楚地表明，中國的社會動亂、平均地權運動和民族主義（後者一開始只是反清），在歐洲帝國主義的衝擊到來之前就已經存在了。

　　歐洲國家大約從一八四〇年開始向這個令人困惑的中國滲透。它們的政策是向清帝國強索種種特許權，同時又協助它對付國內反對派以維護其統治，正如戈登作為所顯示的那樣。這是因為它們需要中國存在著某種形式的政府，以便能與它訂立條約，使它們要求的權利合法化，直至束縛整個國家。

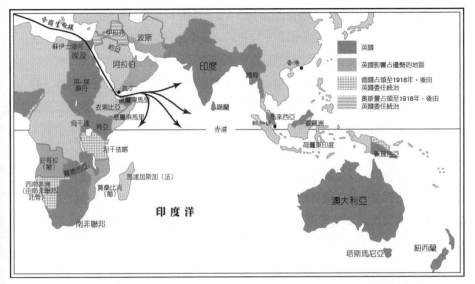

圖16-17　「不列顛湖」，一九一八年

這幅地圖展現了除去加拿大、加勒比海群島和聯合王國本身以外，英帝國最重要的部分。除了法國人控制的馬達加斯加島，政治上乏弱的葡萄牙、義大利和荷蘭的殖民地，還有阿拉伯及波斯的沿途海岸（不過在那裡，英國的影響很強）以外，環印度洋的所有海岸都屬於英國。因此，很容易可以看出為什麼地中海和蘇伊士運河被稱為英帝國的生命線——它們引導歐洲走向了印度洋。

中國向西方的開放

　　中國與西方關係的現代階段不吉祥地開始於一八四一年的鴉片戰爭。我們早已指出，不管歐洲人如何想要中國產品，中國人對購買歐洲產品都毫無興趣，因而貿易往來十分困難。但自從鴉片成了某些中國人瞬刻不離的東西以後，就有了一種適銷商品。數十年來，英國東印度公司用船把種植在印度的鴉片運來，從而解決了如何為歐洲弄到中國茶葉的這個難題。當中國政府打算控制鴉片的流入時，英國政府旋即向中國發動了戰爭。十五年後的一八五六年，英法兩國為了強迫中國接受它們的外交官，與它們的商人貿易，又聯合對中國發動了第二次戰爭。中國繼續加以抵抗，然而一萬七千名英法士兵打進北京後，大肆劫掠並蓄意燒毀了清朝皇帝占地非常廣闊的圓明園。這是駭人聽聞的破壞文物的野蠻行為，這些士兵帶回的掠奪物難以計數——花瓶、掛毯、瓷器、琺瑯、玉器和木雕——就此在歐洲和美洲開啓中國藝術的風氣之先。

　　第一次戰爭產生了《南京條約》（一八四二年），第二次戰爭產生了《天津條約》（一八五八年）。這些條約中的措辭，很快就被複製在中國與其他歐洲強國以及與美國簽訂的條約上。這一連串的協定，總歸起來，不外乎是把某

些限制強加於中國，或是將一定的權利授予外國人，這一切後來以「條約體系」知名於世。中國人在一八四二年把香港島割讓給英國，不久以後還被迫長期租借鄰近的領土給英國。中國向歐洲人開放了一打以上的城市做爲「條約口岸」，其中包括上海和廣州。歐洲人獲准在這些城市建立他們自己的租界，在租界內不受任何中國法律的管轄。旅居中華帝國的歐洲人仍舊只受他們本國政府的管轄，歐洲國家和美國的軍艦開始在長江遊弋。儘管中國本身受戰爭禍害最大，卻照樣要支付巨額的戰爭賠款，並被迫同意只徵收不超過百分之五的進口稅，從而變成了歐洲產品的一個自由貿易市場。一個由歐洲專家組成的顧問機構被安插進來，以便管理和徵集關稅。隨著進口貨的大量湧入，用行之有效的新方法徵集關稅得到的錢，部分做爲賠款流入英國人和法國人手中，部分留給清朝政府——正如我們提到過的，歐洲人並不想顛覆這個政府。

吞併和租借地

當時的中國，中間被歐洲人的治外法權和各種有害的特權滲透著，邊緣則被整塊整塊地切掉。俄國人沿黑龍江而下，設立了他們的濱海邊疆區，並於一八六○年建立了符拉迪沃斯托克（海參崴）。如今完全西方化的日本人在這類事情上已無異於歐洲人，他們於一八七六年承認了朝鮮的獨立。一八八六年英國人吞併了緬甸。一八八三年法國人不顧中國人的抗議，把整個安南變成了保護國，緊跟著又把安南、交趾支那、東京、老撾和柬埔寨這五個地區拼湊成法屬印度支那（前三者亦以「越南」爲世人所知，但直到第二次世界大戰結束後，「越南」這個詞始爲西方熟悉）。實事求是地講，這些遙遠的土地從來沒有成爲中國本土的組成部分，但是它們與中國有著最重要的政治和文化關係，並且曾向中國皇帝納貢。

前面講過，日本業已實現現代化，雖然帝國主義的強烈欲望產生得稍晚，但一個擴張主義集團已經在覬覦中國大陸及其南方。一八九四年，日中兩國圍繞朝鮮發生爭吵，而後日本向中國發動戰爭，這是日本首次在世界其他國家面前暴露其帝國主義的眞面目。訓練有素、組織良好並用現代武器裝備起來的日本人，迅速贏得了勝利，並於一八九五年強迫中國人簽訂了《馬關條約》。根據該條約，中國承認朝鮮爲獨立的國家，向日本割讓臺灣和遼東半島——遼東半島是從滿洲伸向大海的狹長陸地，頂端是旅順港，而滿洲是中國本土的東北部分。

1850至1906年大事年表	
1850至1864年	中國太平天國運動遭清政府鎮壓，多達兩千萬人死於這次起義
1856年	鄂圖曼帝國發起使法律與軍隊系統現代化的改革運動
1857年	「印度土兵起義」動搖了英國對印度的控制，並導致帝國管理方式的改革
1864年	法國拿破崙三世扶持奧地利大公馬克西米連為墨西哥皇帝
1867年	馬克西米連政權被推翻；本尼托・華雷斯返回並任墨西哥總統
1876年	阿卜杜勒・哈米德奪取鄂圖曼帝國權力，任蘇丹；壓迫型的政權持續了三十三年
1877至1878年	俄土戰爭。俄國勝利後，其勢力進入巴爾幹半島
1885年	柏林會議設定了對非洲進行帝國主義控制的歐洲條款
1894至1895年	日本發動甲午戰爭，打敗中國，得到臺灣
1898年	美國向西班牙宣戰，得到了古巴、波多黎各和菲律賓
1898年	「法紹達危機」──法英軍隊在蘇丹法紹達瀕臨帝國主義衝突的邊緣
1899年	中國反對歐洲列強的「義和團起義」，被歐洲軍隊鎮壓
1899至1902年	布林戰爭使英國鞏固了在南非的權力地位
1904至1905年	日本在俄日戰爭中打敗俄國，將勢力擴展進入滿洲
1906年	全印穆斯林聯盟成立，促進了印度民族主義和穆斯林權利

日本這次突然的勝利，使遠東猛然間陷入危機之中。沒有誰知道日本人到底變得多強大。所有的人都大吃一驚，一個不是「歐洲人」，也就是說不是「白人」的民族，居然表現出有進行現代戰爭和外交的才能。日本人染指滿洲之心，已是路人皆知了。

恰在不久前的一八九一年，俄國人開始鋪設西伯利亞大鐵路，鐵路的東部終點站是符拉迪沃斯托克（海參崴）。滿洲在西伯利亞中部和符拉迪沃斯托克（海參崴）之間向北延伸著一片巨大的突出地帶。雖然俄國人自己從來沒有控制過滿洲，但也絕不會容忍其他強國對它進行控制。無獨有偶，德國人這時也在尋找機會登上遠東舞臺，而且早已與俄國人結盟的法國人也極欲維護他們之間的好感。俄國、德國和法國立即聯合向日本外務省提出異議，要求日本放棄遼東半島。日本人猶豫不決且怒火中燒，但還是屈服地把遼東半島歸還了中國。

　　許多警覺的中國人因爲被自己一貫藐視的日本人打敗而感到恥辱，中國政府面對無法規避的現實，開始狂熱地策劃實行西方化。大筆大筆的貸款從歐洲流入，照著在土耳其、波斯和聖多明哥實行過的方式，關稅被抵押做爲擔保。其實歐洲列強並不想讓中國太快鞏固和加強，何況它們還未忘掉那「日本幽靈」的突然出現。結果，爲攫取更多的租界，在一八九八年展開了一場瘋狂的爭奪。

　　看起來，在一八九八年輪到中華帝國被瓜分了：德國人強行租借膠州灣九十九年，外加在山東半島的獨占權；俄國人在他們剛剛排斥了日本人的遼東半島取得租借權，並因此得到旅順港，以及爲連接西伯利亞鐵路系統而在滿洲修築鐵路的權利；法國人取得廣州灣；英國人取得威海衛，外加他們在長江流域的勢力範圍。這當中義大利人想要分上一份卻遭到拒絕。美國擔心中國會很快被瓜分爲幾個獨占勢力範圍，因而宣布它的政策是「門戶開放」。所謂「門戶開放」是指中國將保持領土完整和獨立，擁有租界或勢力範圍的強國必須維持百分之五的中國關稅，允許各國商人經商而不得加以歧視。英國人支持「門戶開放」，把它當做挫敗日本或俄國，但實際上吞併中國的一種手段，因爲這兩個國家是列強中僅與中國毗鄰的國家，也是眞正能派遣軍隊進入中國領土的國家。「門戶開放」與其說是保留中國在中國人手中的一個綱領，還不如說是爲了保證讓所有的外來者都知道它不折不扣的「開放」。

　　讀者不妨想像一下，如果在美國，外國戰艦可沿著密西西比河巡弋到聖路易；外國人往來全國而不受它的法律管轄；如果紐約、紐奧良和其他城市裡面有無視它司法權的外國租界，而那裡還集中著所有的銀行和管理機構；如果由外國人決定關稅政策，徵收關稅，並將其中大部分稅金移交給他們自己的政府；如果華盛頓西部被燒毀（如同圓明園），長島和加利福尼亞被遙遠的帝國所吞併（如同香港和印度支那），整個新英格蘭被兩個緊鄰的國家所強占（如同滿洲），如果國家當局在與這些外國佬勾結的同時又受到他們的欺騙；如果這個幅員廣大的國家遭到匪幫和恐怖組織騷擾，祕密革命團體密謀反對這個孤立無援的政府，不時還暗害一些外國人──在這種種情況之下，美國會怎麼樣呢？那麼你也就不難懂得，在十九世紀末，敏銳的中國人有著怎樣的感受了，同時也會懂得爲什麼「帝國主義」這個詞會被世界上這樣多的民族所憎惡了。

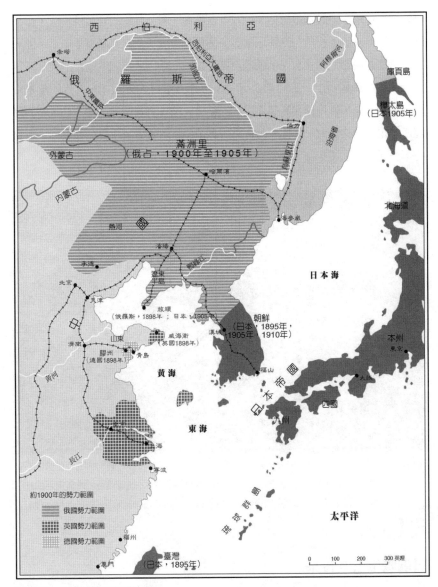

圖16-18　中國東北及鄰近地區

儘管滿洲歷史上屬於中國，但在十九世紀末二十世紀初卻成為俄國和日本在中國的分歧焦點。俄國人在一八八八至一九○五年間、日本人則在一九○五至一九四五年間控制著它，後來蘇聯在一九四五至一九五○年間又重新奪回了控制，直至一九五○年將其移交給中華人民共和國。朝鮮從一八九五年起被日本控制（一九一○年被日本正式吞併），直至第二次世界大戰結束。隨後它被劃分為蘇占區和美占區。在朝鮮戰爭（一九五○至一九五三年）之後，它仍然劃分為兩個獨立國家，共產主義政權下的北韓和得到西方支持的南韓。

　　有一個中國人的祕密團體，叫義和拳（即義和團），喜歡戲謔的西方人因此給它起了個「拳手」的綽號。一八九九年，義和團起義爆發，起義者掀翻鐵

路軌道,攻擊中國的基督教徒,圍攻外國使館,殺死大約三百名外國人。歐洲列強與日本、美國組成一支國際聯軍去鎮壓起義者,起義被鎮壓下去了。勝利者把更加嚴屬的控制強加在中國政府頭上,並向中國政府強索賠款三億三千萬美元;其中美國得二千四百萬美元,不過部分應付的餘款在一九二四年被取消。另一方面,做為義和團起義造成的結果,清朝官員開始不顧一切地努力實現西方化以增強實力。與此同時,以推翻清朝統治和帝國主義列強為同一目標的革命運動,迅速席捲了整個中國,尤其是在孫中山領導下的中國南方。

圖16-19　在一八九九年的義和團起義中,中國人對政府向西方帝國主義列強妥協退讓的不滿爆發了出來。這幅表現襲擊歐洲人的中國插圖傳達出了這種憤怒,這種憤怒助推了這次運動,並促成了傳遍中國的新民族認同。（© Trustees of the British Museum）

日俄戰爭及其後果

　　這時在滿洲和朝鮮,俄國人和日本人都正在設法遏止對方的陰謀。日本人感到有必要為他們的新工廠獲得亞洲大陸的原料和市場,在那裡使用他們西方化的陸軍和海軍,使自己在「西方」意義裡的「強國」地位得到確認。俄國政府則需要危機感和擴張氣氛來抑制國內對沙皇獨裁制度的抨擊,它也絕不會容忍一個強大的力量出現在它的東亞邊界上,況且還可以利用滿洲和朝鮮來加強符拉迪沃斯托克（海參崴）這座暴露的前沿城市,減輕它因為遭日本水域封鎖海面而感到的壓力。俄國人從中國獲得建築中東鐵路的特許權,這條直通符拉

迪沃斯托克（海參崴）的鐵路將穿過滿洲的心臟地帶；這不光是一條鐵路，它的特許權還包含滿洲的一些特別地帶、鐵路警衛、礦山開採、木材採伐權，以及其他輔助活動。日本人眼睜睜地看著自己一八九五年對華戰爭的勝利果實被自己貪婪的對手享受著。一九〇二年，日本與英國簽訂一項軍事盟約——我們已經知道英國人在法紹達和布林戰爭後，一直為他們在外交上的孤立狀態感到恐慌，而且，多年來他們一直期待在遠東、中東和近東與俄國人發生衝突。英日軍事同盟條約維持了二十年之久。

一九〇四年，不宣而戰的日本海軍偷襲了俄國在旅順港的設施。雙方派出大量軍隊進入滿洲。瀋陽戰役共投入兵員六十二萬四千人，是人類有史以來的最大戰役。各國軍事觀察家紛紛來到現場，急切地想弄懂歐洲在下一次戰爭中會是怎樣一種情況。俄國派遣波羅的海艦隊繞過三個大陸進入遠東，這支艦隊在對馬海峽遭遇新建不久、還未經過戰火洗禮的日本海軍全部殲滅。這震驚了全世界。俄國的海上交通因而被切斷了，同時因為西伯利亞大鐵路還未全部建成，日本人在瀋陽戰役中獲得勝利，結果俄國人失敗了。

美國總統希歐多爾・羅斯福在這關鍵時刻插手了。有菲律賓這塊前沿跳板和對中國日益增長的興趣，日俄任何一方在遠東取得壓倒性勝利，對美國的利益來說都是不利的。所有美國總統當中，這位帝國主義思想最嚴重的總統提議由他調停，於是雙方代表來到新罕布夏州的樸資茅斯會晤。根據一九〇五年《樸資茅斯條約》，日本人從俄國人手上奪回他們在一八九五年得而復失的旅順港和遼東半島，以及在滿洲的優先地位，滿洲只是在名義上仍屬中國所有；朝鮮淪為日本的保護國，僅保留著有名無實的獨立，而且在短短幾年後的一九一〇年即被日本吞併。日本甚至還從俄國奪得薩哈林島（庫頁島）南半部。俄國在一九〇五年失給日本的大部分土地，直到四十年後第二次世界大戰結束時才又重新奪回。

日俄戰爭是一八七〇年以來列強之間發生的第一次戰爭，是在具有發達工業社會制度的情況下發生的，是西方化強國之間因在剝削落後國家中引起競爭而發生的第一次真正的戰爭。特別值得注意的是（除了一八九六年衣索比亞人擊潰義大利人那次外），它是現代第一次由非白人戰勝白人的戰爭。亞洲人顯示出他們完全能夠在不到半個世紀的時間裡，學會並使用歐洲人的那一套東西。

日本人的勝利至少在三個方面引起了一長串的反響。第一，俄國政府因對外政策在東亞受挫，乃把注意力轉回歐洲，繼續在巴爾幹事務上發揮積極作用。這無疑加劇了歐洲一系列國際危機的形成，其後果就是第一次世界大戰。

第二，沙皇政府不論是威望還是實際軍事力量都被戰爭大大削弱，而且國內輿論對處理戰爭的笨拙和無能甚為反感，使各種地下運動得以公開活動，從而造成一九〇五年革命，揭開了十二年後偉大的俄國革命的序幕，最終產生了蘇維埃共產主義。第三，日本對俄國的勝利，使聽到這個消息的整個非歐洲世界深感震驚。日本自身就是一個帝國主義強權的事實，在人們意識到日本不屬於歐洲列強的激動中被忽視了。僅僅在半個世紀以前，日本還是「落後的」——無防禦能力，被歐洲人炮轟，受盡歐洲人的威脅和欺凌。

圖16-20　日本在瀋陽戰役中戰勝俄國，顯現了一個日本成為東亞主要軍事和工業大國的世界。這幅一九〇五年的版畫《在雪中戰鬥》，描繪了戰役中的一次決定性戰鬥，也說明了日俄戰爭在二十世紀日本民族主義興起中，是怎樣很快獲得象徵性重要意義的。（The Art Archive/Hibiya Public Library Tokyo/Laurie Platt Winfrey）

　　教訓是明顯的。世界上被壓迫民族的領袖終於從日本人的先例中得出結論：他們必須把西方的科學和工業引進自己的祖國，但必須像日本人那樣擺脫歐洲人的控制，自己掌握現代化進程並保留自身的民族特點。殖民地社會的新「混合精英」將他們日益增長關於西方文化的知識，與對他們自己文化和傳統日益增長的自豪結合起來，由此創造了新的民族主義。這種新民族主義將成為現代歐洲帝國主義在世界範圍的主要遺產。伊朗在一九〇五年，土耳其在一九〇八年，中國在一九一一年先後爆發了民族主義革命。在印度和印尼，許多人

爲日本人的成就所激勵。英國人面對日益激烈的騷動，從一九〇九年起准許一個印度人參加總督領導下的執政委員會，而荷蘭人則於一九一六年設立了一個包括印尼各階層人士參加的人民會議。第一次世界大戰之後，亞洲人爭取自治的運動越演越烈了。

日本人的勝利和俄國人的失敗，可以從第一次世界大戰、俄國革命和亞洲的反抗這三個重大的發展步驟中看出來。這三個發展步驟結束了歐洲的世界優勢地位，也結束了歐洲文明的進步和擴展是不可避免的那種信條。或者至少可以說，它們使這兩方面有了劇烈的改變，從而使得二十世紀的這個世界再也不同於十九世紀的那個世界了。

第十七章

第一次世界大戰

　　大約在一九一四年之前，歐洲脫離了它原先運行的軌道。二十世紀初，多數歐洲人相信，他們正走向十分穩定的狀態、充滿良性的進步與富足的文明的時期。在此過程中，現代科學和發明的好處會更廣泛地傳播開來，甚至競爭也會產生最好的結果。可是恰恰相反，一九一四年，歐洲陷入一場災難。人們要確切地了解歐洲究竟在何處走上了迷途，並不是一件容易的事情。也就是說，究竟什麼原因使第一次世界大戰成為不可避免的呢？或者（由於人類的智力限制，不清楚到底什麼是真正不可避免的）那是如此地勢不可擋，以致大概只有最富於奧林匹斯山神本領的政治家，方有可能使第一次世界大戰得以避免。但是，這樣的治國之才並未出現，歐洲陷入一場令人備受折磨的致命戰爭。戰爭消耗掉歐洲大量的財富，奪去數以百萬計的歐洲年輕人的生命，並且最終大大削弱甚至破壞了歐洲遍及世界的勢力和影響。

國際上的無政府狀態

　　在十九世紀中葉的歐洲，重大的政治問題一向都是依靠武力加以解決的。德意志帝國是在以武力建立的新國際結構中唯一最強大和最顯赫的國家，但所有歐洲國家都得出了結論，大規模的軍事力量對它們的民族生存是不可或缺的。過去，歐洲國家在和平時期從來沒有像二十世紀初期一樣，保持那麼龐大的軍隊。如今因全體年輕人實行一年、二年，甚至三年的義務兵役制而使之習以為常。一九一四年，歐洲大陸上每一個強勢國家不僅擁有一支龐大的常備軍，而且在公民之中擁有數百萬經過訓練的後備軍。幾乎沒有什麼人渴望戰爭。除了少數幾個愛採用聳人聽聞手法的作家以外，所有的人都希望歐洲和平。然而，每個人都認識到，戰爭總有一天會到來。在一九一四年以前的那幾年裡，戰爭遲早要爆發的想法，可能使得一些國家裡的某些政治家更決心去發動戰爭。不管怎樣，民眾對未來戰爭的預期，連同大規模的常備軍，促成了這場一九一四年橫跨歐洲的大戰。不過，這場大戰的出現也有其他的原因，包括國際同盟的連鎖體系，德國想在世界事務中發揮更大作用的期望（這對英國早先形成的優勢地位構成挑戰，在法國則引起民族主義憂慮），以及在巴爾幹半島上正如火如荼的種種衝突。

兩個敵對聯盟：三國同盟與三國協約的對立

　　歷來的政治預言家，從黎塞留到梅特涅，長期以來一直認為，德國若實現統一，將革新歐洲各民族的關係。一八七○年以後，他們的預測得到了進一步證實。德國人實現了統一（或者幾乎實現統一）以後，就著手進行工業革命。

製造業、金融業、航運業和人口都以驚人的速度增長起來了。例如,在鋼產量方面,德國於一八六五年尚低於法國,但到一九〇〇年,就超過了法英兩國的總和。德國人認為,他們需要並且理應得到「陽光下的地盤」。[1] 這暗示著想要獲得如英國那樣公認的霸權。無論是英國人還是法國人,做為十七世紀以來現代歐洲的領路人,他們都對德國人的這樣一個抱負不能認可。法國人對一八七一年德國兼併阿爾薩斯和洛林地區,長期以來都懷抱著不滿情緒。過去幾年,英國人看到,德國的推銷商已出現在他們的國外市場上,經常用壓低價格或者使用卑劣的手法去推銷其貨物;他們看到,德國人做為爭奪殖民地的對手上,已經在非洲、中東和遠東地區出現;他們還注意到,其他的歐洲國家,由於期待強大的德意志帝國能夠成為朋友和保護者以保證或推進他們的利益,因而都被吸引到柏林的軌道上去。

一八七一年以後,俾斯麥曾經擔心,如果再一次發生歐洲戰爭的話,新成立的德意志帝國可能被分割成好幾塊。因此,直到他在一八九〇年辭職以前,一直奉行和平外交政策。我們看到,在一八七八年柏林會議上,俾斯麥做為一個「誠實的經紀人」,曾幫助裁決「東方問題」,並且在一八八五年再次提供柏林的機構去管理非洲事務。為了孤立法國,轉移它對歐洲的注意,並使之捲入與英國的糾紛,俾斯麥以滿意的心情去看待法國的殖民地擴張。他力求萬全,與奧匈帝國結成軍事同盟,一八八二年,義大利也加入了,於是形成了三國同盟,並一直延續到第一次世界大戰期間。此同盟的主要條款是,如果同盟的任何成員國跟兩個或幾個大國發生戰爭,其他兩個同盟成員國將以武力給予援助。為了預防萬一,俾斯麥還與俄國簽訂《再保證條約》。[2] 由於俄國與奧地利處於敵對狀態(由巴爾幹問題引起的),因此,必須採取相當的外交手腕,才能同時與雙方結盟。在俾斯麥辭職以後,他所建立的外交體系交給其繼承者去經營顯得太複雜而且太不光明正大了。於是,俄德條約停止生效。面對著三國同盟,法國遂抓緊時機跟俄國結成同盟,一八九四年簽訂了法俄同盟條約。在那時候,從政治上看,這幾乎是不可能的。因為,法蘭西共和國就是代表激進,而俄羅斯帝國則代表反動和獨裁。但是此時意識形態問題被拋在一邊,法國的資本源源不斷輸進了俄國,沙皇亦伸出頭去傾聽《馬賽曲》。

於是,到一八九四年,歐洲大陸分裂成兩個敵對的陣營,即德奧義與法俄的對立。驟然看來,有一段時期這種刻板的對立表面上似乎有所緩和。在一八九五年的遠東危機中,德法俄三國還曾合作過,以遏制日本勢力的擴張。在法紹達危機和布林戰爭期間,這幾個國家都是反英的。德國皇帝威廉二世曾描繪出一幅大陸同盟反對英國和英帝國全球霸權的圖畫。

　　英國的舉動影響著許多事情的發展。長期以來，英國人一直以奉行「光榮
孤立」而自豪，他們自行其是，蔑視那種總是依賴與其他國家結盟的政策。在
法紹達危機和布林戰爭期間，歐洲人對英國的敵視卻令人大吃一驚。英國與法
俄的關係非常緊張。在英國，包括約瑟夫・張伯倫在內的某些人曾因此認為，
必須尋求與德國取得更易諒解的途徑。在民族意識覺醒的時代，民族間的爭論
使英國人和德國人認為他們相互間有著血親關係，但是要他們在政治上合作是
很困難的。一八九六年，德皇給克魯格的電報表示，要在南非布林人與英國的
衝突中支持南非布林人，這不啻是一次蓄意的侮辱。此後在一八九八年，德國
人更決定成立一支海軍。

　　當時的局勢出現某種新型的「競賽」，即德國與英國的海軍競賽。兩個世
紀以來，英國的制海權極為成功。美國海軍上將馬漢在海軍軍事學院教書時，
曾經從英國歷史上舉出許多例子論證：制海權是英國偉大的基礎。他認為，從
長遠觀點看來，制海權勢必窒息和毀滅陸地國家。世界上沒有哪個地方的人們
如德國人一樣，以那麼濃厚的興趣去閱讀馬漢的著作。一八九八年以後迅速增
長的德國海軍計畫，幾年間就成為英國關切的根源。至一九一二年已被認為是
實際的威脅。德國人堅持主張，他們必須擁有一支海軍以保護殖民地，保證對
外貿易的安全，並保證「其崇高地位的總目標」。英國人以同樣的決心認為，
英國是一個擁有密集人口的工業島國，甚至連食物也必須依賴進口，因此無論
在和平或戰爭時期，都必須不惜任何代價去控制海洋。英國人頑固地堅持他們
的傳統政策，即必須保持一支相當於世界上兩個次強國海軍總和的海軍。這些
海軍競賽導致英德雙方日益增長的巨額開支，使得英國人民產生一種極端的不
安全感，遂驅使他們在幾年以後不可避免地投入俄國和法國的懷抱。

　　英國人逐漸而謹慎地擺脫了他們過去外交上的孤立地位。一九○二年，他
們跟日本結成軍事同盟，反對其共同的敵人──俄國。決定性的變化出現在一九
○四年，十年後導致第一次世界大戰的一系列密切相關的危機都可回溯到這一
年。

　　一九○四年，英法兩國政府一致同意，忘卻在法紹達的爭端以及過去
二十五年以來所積累的舊怨。法國人承認英國對埃及的占領；英國人則承認法
國對摩洛哥的滲透。他們還消除過去在殖民地問題上的爭執，互相支持反對第
三方的插手。然而他們並沒有具體明確的同盟協議，哪一方都沒有提及如果爆
發戰爭，應該如何行動。這只不過是一種祕密的諒解、一項協約而已。法國人
打算刻不容緩地調解他們的新朋友與其舊日盟國俄國的不和。俄國人在被日本
打敗以後，表明他們是肯接受調解的。由於對德國的企圖越發感到捉摸不透，

英國人也同樣有接受調解的意願。一九○七年，英俄兩國從過去的對手變成了盟友，它們透過簽訂英俄協定，消除了彼此之間的爭執。在波斯，英國人承認北部屬於俄國的勢力範圍；俄國人則承認東部和南部屬於英國的勢力範圍。因此，到一九○七年，英國、法國和俄國的行動一致起來了。舊的三國同盟面對著一個新的三國協約，後者顯得鬆散一些，因為英國人拒絕承擔任何正式的軍事義務。

摩洛哥和巴爾幹半島各國的危機

德國既然已覺察到法俄同盟的包圍，當然要關切地注視英國靠近法俄陣營的趨向。當三國協約公開締結以後，德國政府便決定去考驗它，看看它究竟有多大的力量，或者說看看英國在支持法國方面究竟會達到何等程度。法國人如今取得了英國的支持，便在摩洛哥接管了更多的治安保衛權、租界和貸款。一九○五年三月，威廉二世乘坐一艘德國軍艦在坦吉爾登陸，並且突如其來地公開發表一篇贊同摩洛哥獨立的演說。在世界各地的外交家眼中，這種經過周密籌畫的行動就是一個信號：德國正試圖分裂法英間新達成的諒解關係。德國人要求在阿爾赫西拉斯舉行一次國際會議。但是在一九○六年舉行的這次國際會議，卻支持法國人對摩洛哥的要求，僅有奧地利投票支持德國。

於是，德國政府製造一次事件，但又受到挫敗。英國人由於對德國的外交手法感到惱火，便在所有問題上更堅決地支持法國。如今，法英兩國的陸軍和海軍軍官著手討論共同的作戰計畫。對德國的懷疑，也使英國在第二年傾向與俄國和解。德國破壞三國協約竟使協約國日益團結起來。一九一一年，第二次摩洛哥危機爆發了。當時，德國炮艦「豹」號抵達阿加迪爾港，為的是「保護德國的利益」。這是一種攔路搶劫的行動，它立即引起事件進一步的發展。因為在採取這一行動以後，德國人提出，如果他們能得到法屬剛果，就不會在摩洛哥進一步搗亂。由於德國在非洲獲得了一些微不足道的讓步，這次危機才算過去，但它卻加重了英國對德國的敵意。

同時，一系列危機的爆發使巴爾幹半島各國受到震動。鄂圖曼帝國這樣一個瀕臨解體的國家，仍然統治著從君士坦丁堡往西直達亞得里亞海的一片領土（見圖17-1），包含了保加利亞人、塞爾維亞人、阿爾巴尼亞人和馬其頓人。在半島的中部和西部，亦即土耳其地區北部，是一個較小的、獨立的塞爾維亞內陸王國。它與波士尼亞─赫塞哥維那毗鄰，後者雖然在法律上屬於土耳其，但從一八七八年以來已被奧地利所「占領與支配」。在奧匈帝國內部，與波士尼亞北部和西部近鄰的是克羅埃西亞和斯洛凡尼亞。

圖17-1 巴爾幹半島諸國，一八七八年與一九一四年

自一六九九年以來，奧地利和俄國逐漸將鄂圖曼帝國排擠出歐洲。透過承認羅馬尼亞、塞爾維亞和蒙特內哥羅為獨立君主國，承認北方保加利亞為鄂圖曼帝國內的自治公國，一八七八年的柏林會議試圖將局面穩定下來。這些新興國家，如希臘，以及仍保留在鄂圖曼帝國內的非土耳其民族，它們的進心與不滿在一九一二至一九一三年的兩次巴爾幹戰爭中達到高潮。阿爾巴尼亞在那時成為了獨立國家，塞爾維亞、保加利亞和希臘則連成了一片。同時，來自奧地利利俄國的壓力繼續存在著。一九〇八年奧地利兼併波土尼亞，如塞爾維亞之於塞爾維亞人，對奧地利的兼併是十分仇視的。波土尼亞南部的斯拉夫人，如塞爾維亞人，對奧地利的兼併是十分仇視的。

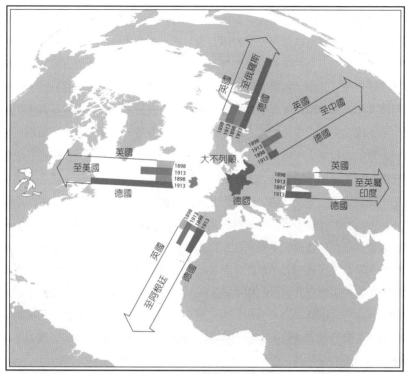

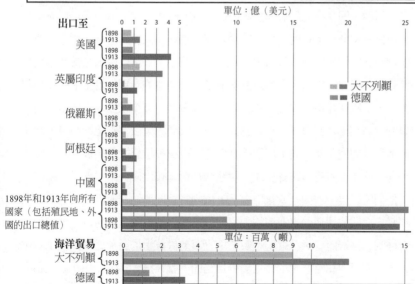

圖17-2　英德工業競爭，一八九八年與一九一三年

此圖表顯示第一次世界大戰前的那些年裡世界貿易的大幅增長，它也表明這個事實：那些年裡德國的出口比英國的出口增得更快。在那十五年裡，兩國合起來的出口量成倍增加，不亞於三倍。增長與價格的小幅上揚有關，但它主要還是歸因於貿易量的實際增長。一九一三年，德國的總出口差不多等同於英國，但德國輸往美國和俄國的出口大大超過了英國。請注意，德國人甚至在英屬印度增加出口；在英屬印度，英國自由貿易政策允許競爭性商品自由進出。在商船方面，儘管德國人使噸位加倍，但英國人繼續遙遙領先。

　　塞爾維亞人、波士尼亞人、克羅埃西亞人和斯洛凡尼亞人基本上全部都說同一種語言——塞爾維亞－克羅埃西亞語。其主要的差別在於，塞爾維亞人和波士尼亞人是用東方的或者說是以西瑞爾字母書寫；克羅埃西亞人和斯洛凡尼亞人則是用西方的或者羅馬字母書寫。此差異反映出宗教上深刻的分歧。斯洛凡尼亞人和克羅埃西亞人長期以來就是羅馬天主教徒，因而與西歐有著密切聯繫；塞爾維亞人及大多數的波士尼亞人則是東正教徒，故而與俄國更爲親近；還有大量的斯拉夫人，特別是在波士尼亞，他們是伊斯蘭教徒（鄂圖曼帝國統治時期皈依的）。伴隨著強調語言的斯拉夫復興運動，這些民族中很多人逐漸感到，他們實際上是同一個民族，因此，他們都取名爲南方斯拉夫人或南斯拉夫人。上面我們曾經看到，在一八六七年奧匈帝國成立時，哈布斯堡帝國的斯拉夫人如何屈從於德國的奧地利人和馬扎爾人。到一九〇〇年，帝國內部那些最激進的斯拉夫民族主義者都認定：奧匈帝國從未賦予他們平等的地位；所有的南方斯拉夫人應建立自己的獨立國家。具體地說，這意味著，奧匈帝國居民中的一種成分，即克羅埃西亞和斯洛凡尼亞的民族主義者，他們都希望擺脫帝國的統治，並且越過邊界，與塞爾維亞聯合在一起。塞爾維亞變成了南方斯拉夫人的宣傳中心。

　　以上這種企圖在一九〇八年由於兩個事件而激化起來：第一，青年土耳其黨人，他們長期進行反對阿卜杜勒·哈米德的宣傳一直受到注意，如今正要將革命進行到底。他們強迫蘇丹恢復一八七六年的自由國會政體，主張採取從保加利亞和波士尼亞選出代表參加新的鄂圖曼帝國國會的步驟來阻止帝國瓦解勢力。第二，俄國在遠東的對外政策由於對日戰爭遭受破產以後，它便積極地轉向巴爾幹半島和土耳其舞臺。正如過去一貫所渴望的，俄國總想控制君士坦丁堡。奧地利則想完全兼併波士尼亞，進而使泛斯拉夫思想遭受挫折。

　　一九〇八年，俄奧兩國外交大臣伊茲沃利斯基和埃倫塔爾達成了一項祕密協定：他們將召集一次國際會議，會上，俄國將贊同奧地利兼併波士尼亞，而奧地利將支持開放博斯普魯斯海峽和達達尼爾海峽給俄國軍艦通行。奧地利根本沒有等到召集國際會議，就迫不及待地宣布兼併波士尼亞。此舉激怒了塞爾維亞人，他們原本認定波士尼亞是屬於自己的。就在這一年，保加利亞人和克里特島人與鄂圖曼帝國最終斷交，保加利亞變成完全獨立的國家，克里特島則與希臘聯合在一起。伊茲沃利斯基不可能實現他控制君士坦丁堡的目的了。他的三國協約同夥，英法兩國拒絕支持他；擬議中的國際會議並未開成。在俄國國內，公衆輿論並不知道伊茲沃利斯基的祕密交易；人們所知道的事實是，俄國的斯拉夫小兄弟塞爾維亞人，被奧地利人以兼併波士尼亞的方式狠狠地踩了

一腳。

第一次巴爾幹危機很快就過去了。俄國人因對日戰爭與一九〇五年的國內革命被削弱以後，被迫承認奧地利兼併的既成事實。看來，奧地利在巴爾幹的影響增長了。就這樣，南方斯拉夫民族主義遭到挫折，同時也變得更爲激烈了。

一九一一年，義大利向土耳其宣戰，而且在很短時間內便占領了的黎波里與多德卡尼斯群島。隨著鄂圖曼帝國陷入困境，保加利亞、塞爾維亞與希臘聯合在一起進行了反土戰爭。它們都期望吞併巴爾幹的某些領土，並認爲自己有此權利。不久，土耳其遭受失敗。然而，保加利亞索取馬其頓地區的土地卻超過了塞爾維亞的讓步。由此，緊接著一九一二年第一次巴爾幹戰爭以

圖17-3　德皇威廉二世試圖透過暗中破壞法英協約關係來增強德國的國際地位。圖片顯示威廉二世到訪坦吉爾的情形。一九〇五年他對摩洛哥的訪問，例證了他個性化外交的自負武斷作風。他號召摩洛哥獨立，但並未能削弱法英協約關係。（Getty Images）

後，一九一三年又發生了第二次巴爾幹戰爭。阿爾巴尼亞位於亞得里亞海沿岸多山地區，其居民主要是伊斯蘭教徒，是引起各國傾軋不和的對象。在兩次巴爾幹戰爭中，塞爾維亞人曾占領它的部分領土，希臘人也索取了一部分。它還在幾次場合中含糊不清地答應義大利部分領土的要求。俄國支持塞爾維亞的要求。奧地利則決心切斷塞爾維亞人兼併阿爾巴尼亞領土後獲得前往海上的通路。各大國曾達成一項協定，幻想通過建立一個獨立的阿爾巴尼亞王國以保持和平。由此，奧地利更加堅定地奉行阻止塞爾維亞獲得出海通路的政策，而引起塞爾維亞和俄國的強烈抗議。但是俄國再次讓步了。塞爾維亞的擴張主義再次遭到挫敗，同時也越加怒火中燒。

第三次巴爾幹危機是致命的一次危機。之所以如此，是因爲此前已經發生過兩次危機，曾使奧地利惱火，使塞爾維亞絕望，同時使俄國感到羞辱。

塞拉耶佛危機與大戰的爆發

一九一四年六月二十八日，波士尼亞的一個年輕革命者，原屬於塞爾維亞祕密團體「聯盟或死亡」，即通常所稱的「黑手黨」（有某些塞爾維亞軍官參加的組織）的成員，在奧地利帝國境內波士尼亞首都塞拉耶佛街上刺殺了哈布斯堡帝國的王儲法蘭西斯・費迪南大公。這一恐怖分子的暴行震動了世界。最初，全世界都同情奧地利政府的抗議行動。法蘭西斯・費迪南原來不久即將當上皇帝。他以贊同奧匈帝國進行某些改革而聞名，通過改革，將使斯拉夫人得到更平等的地位。然而在毫不留情的革命者看來，使一個體系運轉的改革者卻是所有敵人當中最最危險的，這可能就成為這個大公被「黑手黨」殺害的原因。

奧地利政府決定取締南斯拉夫的分裂活動，因為這種分裂活動使帝國受到侵蝕而陷於瓦解。奧地利政府決心破壞做為南斯拉夫人宣傳中心的塞爾維亞的獨立。儘管多數奧地利人認為在帝國內部已經生活著太多的斯拉夫人，奧地利並不打算吞併塞爾維亞。奧地利政府還考慮，德國究竟能夠對它的盟國給予多大的支援。德國人拿出了他們著名的「空頭支票」，激勵奧地利人必須毫不動搖。奧地利人在消除疑慮以後，便向塞爾維亞發出一份嚴峻的最後通牒，其中提出額外的要求是，允許奧地利官員參與調查和處置進行刺殺的兇手。塞爾維亞人指望得到俄國的支持，他們的判斷是，俄國在巴爾幹危機中不會再做出讓步，否則俄國將失去他們在巴爾幹的影響。因為，在過去六年中這已是第三次了。俄國人又轉過來指望得到法國的支持；法國由於擔心有朝一日會單獨跟德國作戰，因而決心不惜任何代價拉住俄國做為盟國。事實上法國給予俄國的是一張空頭支票。

塞爾維亞拒絕奧地利最後通牒中侵犯其主權的條款，奧地利由此向塞爾維亞宣戰。俄國準備保衛塞爾維亞，因此與奧地利作戰。由於預料德國會加入奧地利的陣營，俄國便輕率地調動軍隊到達德、奧的邊境，因為首先動員起來的國家擁有一切迅速進攻的有利條件，故德國政府要求俄國停止在德國邊境的動員，但得不到俄國答覆，便在一九一四年八月一日向俄國宣戰。德國還相信，不管怎樣，法國總會站到俄國那邊，於是德國於八月三日也向法國宣戰。德國所做的這些宣戰，成為日後人們指責德國的依據，即對隨後四年所有歐洲國家付出的巨大人力、財力，德國須負完全的責任，罪孽深重。

德國的決定是基於一種草率的假設——英國根本不會參戰。英國並沒有受到正式的軍事聯盟的約束。甚至遲至八月三日，法國人也並不肯定地知道，英國人是否會站在他們那一邊參戰。英國人堅持他們過時的光榮孤立政策；他們

對於最終選擇哪一邊參戰還猶豫不決。正如外交大臣愛德華‧格雷一再解釋的，在英國，只有國會才能宣戰，因此，外交部不能預先做出參戰的允諾。人們經常說，倘若德國政府明確知道英國將會參戰，那麼大戰可能就不會爆發。因此，英國政策的曖昧含糊也是促使大戰爆發的一個原因。事實上，英國參戰具有如此大的可能性，德國人卻低估了這點，這實在是非常愚蠢。英國人特別通過海軍協定對法國做出很大的保證，但使英國公眾壓倒性地傾向於法國的，是德國對比利時的入侵。按照德國擬訂的計畫，要迅速擊潰法國，只有透過比利時才可能成功。當時比利時人曾提出抗議，但德國仍然違背一八三九年保證比利時中立的條約，入侵比利時。八月四日，英國向德國宣戰。

圖17-4 奧地利大公法蘭西斯‧費迪南一九一四年六月二十八日訪問塞拉耶佛期間會見天主教會領袖們。會見之後不久，大公（蓄有小鬍子的高個兒男子）夫婦即被波士尼亞民族主義者槍殺。接踵而至的外交危機將歐洲同盟體系裡的所有國家動員了起來，並引發了一九一四年至一九一八年的第一次世界大戰。（Getty Images）

僅僅敘述連續不斷的危機，並不能闡明為什麼歐洲幾個主要的國家僅因一個帝國要人被謀殺，便在幾天內都陷入戰爭之中。在一般較明顯的原因中，值得強調的有同盟體系和民族主義意識形態。歐洲分裂成為兩個武裝陣營。此後，每一個事件都傾向於成為兩個陣營之間實力的較量。一個特定的民族事件，如德國對摩洛哥的干涉，或者法蘭西斯‧費迪南的遇刺，已經無法由當事

方在自身範圍內解決。不管具體事件如何，兩個陣營中的一個注定要增加或減少影響，從而在未來可能發生的，或許極其重大的事件中增加或減少影響。多個國家都感到，無論在什麼具體問題上，都需要站在盟友的身邊。這是因為，大家都處於戰爭的恐懼之下，而在未來難以預料的戰爭中，同盟將是必需的。

德國人抱怨受法俄「包圍」之苦。他們擔心有朝一日會被迫面臨兩線作戰，因而甚至願意接受一場歐洲規模的戰爭，以打破威脅他們的協約國的「包圍圈」，他們不得不去支持他們的盟國——奧匈帝國，後者因此能夠把它的支持待價而沽。法國人害怕未來與德國的戰爭，因為四十年來，德國已在人口與工業實力方面遠遠超過了他們。他們不得已而依賴其盟國俄國。如此，俄國便能迫使法國按照俄國的願望做出讓步。至於俄國和奧地利，二者都屬於搖搖欲墜的帝國。特別是在一九〇〇年以後，沙皇政府深受國內革命派思想宣傳的損害，哈布斯堡帝國則遭受著長期民族主義宣傳的損害，兩個帝國的政府當局陷於絕望狀態。就像塞爾維亞人一樣，他們沒多少東西會喪失，因而不在乎。一九一四年，不是別人，正是俄國首先將法國，又將英國拖入了戰爭；而將德國拖入戰爭的則是奧地利。依此看來，一九一四年的悲劇就是，在歐洲政治上破產的國度裡發生的動盪不安和民族主義衝突，透過同盟體系，將那些更先進的國家自動拖向毀滅。

德意志帝國也面臨著國內的危機。一九一二年，社會民主黨人在帝國議會裡成為最大的政黨。他們當中大部分人的觀點都是反軍國主義和反戰的。但是德意志帝國政府並不承認要向議會裡的大多數代表負責。決定帝國政策的是頑固守舊的上層階級，其中陸軍和海軍的勢力（如今又有了新興的企業界的支持）均非常強大；甚至溫和派與自由派都具有使德國成為與其他列強一樣的世界強國野心。統治集團面對國內的困境，感覺到它們的地位已經受到社會民主黨人的破壞，因而可能更傾向於將戰爭看做是擺脫困境的出路。雖然「德國首先發動戰爭」（如同一九一四年時德國的敵人普遍認為的）這種說法並不確切，但是必須承認，德國的政策若干年來一直是相當專橫、傲慢、狡猾和頑固的。從更廣泛的意義來說，歐洲未能使在一八七〇年後出現的統一的工業化德國得到同化，因而德國較晚曾企圖獲得世界強國的席位，這就是戰爭爆發的長期和基本的原因。

同盟制度的存在僅僅是巨大困境的徵兆。簡言之，世界上既有一種世界性的經濟，同時也有一種由相互競爭的主權民族國家組成的無政府體系。從經濟上看，現今歐洲每一個民族都需要與整個世界發生經常的接觸。在某種程度上，每個民族都是有依賴性的和不安全的。工業國家特別脆弱，因為它們要依

賴原料和食物的進口，而以出口商品、各種公共設施和資本做交換。無論如何，從來不存在一個世界性的國家去維持世界體系的治安，以保證所有的國家在各種條件下都參與世界經濟活動。每個國家都必須照顧自身的需要。因此，發生激烈的帝國主義爭奪。每一個大國都企圖為本身利益而將世界體系的一部分置於自己的監視之下，而出現了對同盟國和約束性同盟條約的尋求。從嚴格的意義上說來，在無政府主義的世界上（而且看來可能一直這樣下去），這些同盟條約，是每個國家企圖藉以支持本身安全的一種手段，並且可以保證自己不受孤立，不被征服，不去屈從他人的意志，同時在利用世界商品的競爭性鬥爭中，還有獲得某些成功的希望。

武裝對峙

　　第一次世界大戰延續了四年多的時間，即從一九一四年開始至一九一八年末結束。美國真正加入到大戰中，是在大戰的最後一年。德國及其盟國被稱為軸心國；協約國政府則被稱為協約國。這次大戰在使人類喪失生命方面是駭人聽聞的；在西線，第一次世界大戰期間投入的人力與死亡人數超過了第二次世界大戰。

　　如在一八七〇年那樣，最初普遍預料第一次世界大戰是一次短期的戰爭。德國參謀本部擬定的計畫，曾準備同時與法國和俄國進行兩線作戰。兩線作戰的不利條件可以依靠掌握充分的鐵路線來補足，因為鐵路可以迅速地把軍隊從一地調到另一地。德國的戰爭計畫，即著名的施里芬計畫，就是根據上面的事實擬定的。它打算將龐大的軍隊急速地調轉方向，經過比利時，首先打敗法國，然後轉過頭來從容不迫地去和俄國作戰。由於俄國領土面積寬廣，而且鐵路不很發達，這就使它的部署緩慢得多。

大陸上的戰爭，一九一四至一九一六年

　　一九一四年八月三日，德國在西線投入七十八個步兵師，以對抗法國的七十二個師、英國的五個師、比利時的六個師。德國軍隊不可阻擋地長驅直入。施里芬計畫被如期執行著，德國民政當局擬訂了征服與吞併歐洲大部分土地的計畫。後來遇到了障礙：俄國人履行了他們同盟條約規定的義務，法國人在俄國投資的一百億法郎，如今獲得了最有意義的紅利。俄國派出兩支軍隊進入德國，滲透到東普魯士。八月二十六日，毛奇撤出了原部署在法國境內的德軍右翼，以便增援東線。德國人繼續調兵遣將，但是他們的突擊部隊已被削弱了，其交通線則拉得太長。法國統帥霞飛重新配備兵力，其所屬部隊，在一支

較小的英國分遣隊有力支持下，抓住時機，下令反攻。

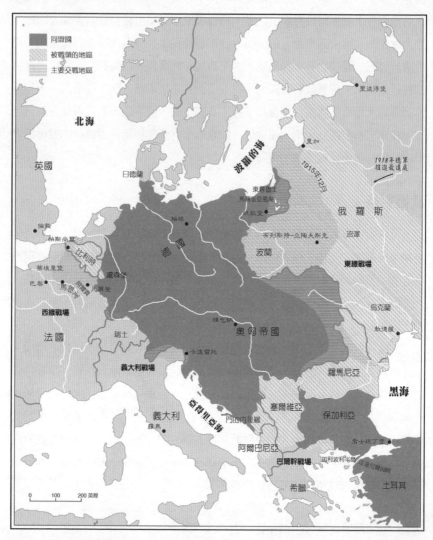

圖17-5　第一次世界大戰

第一次世界大戰的地面戰主要局限在圖中黑色水平陰影線標示的地區。發生在西線的那些大戰役，在不足一百英哩寬的地帶來回拉鋸，所造成的傷亡卻比第二次世界大戰期間發生在西線的所有戰役造成的傷亡要多。

圖17-6　一九一四年，差不多每個人都預期會有一場短暫的戰爭，而國際危機將迅速得以解決。這些德國軍人在柏林火車站正準備乘坐火車開赴前線。由妻子或女友陪伴來到車站，攜帶著鮮花，他們在大戰初期蔓延整個歐洲的那種大張聲勢的樂觀情緒中告別柏林。（akg-images）

　　接著從九月五日至十二日，在馬恩河開展的會戰，改變了戰爭的全部面貌。德國人被迫後撤了。原來抱著一擊而將法國打垮的希望化為泡影。到這時，作戰雙方彼此都想擊潰對方，直到將戰線延伸到海上。德國人控制英吉利海峽沿岸港口的企圖失敗，法國和英國之間的交通線仍未中斷。與此相反，德國人在東線取得了巨大勝利，雖然戰果輝煌（在坦能堡和馬祖里湖戰役中，俄軍被俘二十二萬五千人），但歸根結柢只是小小的安慰罷了。

　　在西面，如今運動戰已進入陣地戰。西線軍隊開始僵持不動。那些騎兵部隊——槍騎兵、輕騎兵、用矛的騎兵，過去曾神氣十足地昂首闊步投入戰爭，如今從戰場上消失了。由於軍用飛機才剛剛開始使用，摩托運輸也仍是新近才出現（陸軍已配備有卡車，但是既沒有自動火炮，也沒有坦克，到戰爭晚期才出現坦克），因而基本的士兵照舊還是步兵。當時殺傷力最強的新式武器是機關槍，這種武器使步兵若沒有優勢的炮火做掩護，就不可能往前越過一大片開闊地。結果，造成了雙方在塹壕裡的長期對峙，必不可少的步兵躲在塹壕裡，以求安全。

　　一九一五年，德國和奧匈帝國將其主力投放戰場，企圖搞垮俄國。德軍和

奧匈軍隊深入沙皇帝國境內，使俄國人損失慘重，僅在一九一五年，死傷與被俘的即達兩百萬人。可是同年末，俄軍仍在作戰。同時，英國和法國為了打開與俄國的聯繫通道，派出海軍進攻土耳其，目標是通過達達尼爾海峽占領君士坦丁堡。英法兩國共派出四十五萬人進入狹窄的加里波利半島，其中死傷者達十四萬五千人。經過將近一年時間，這次冒險行動終以失敗而被迫停止。

一九一六年，雙方再次於法國北部採取行動，企圖打破僵局。當德國人準備在凡爾登附近發動一次戰役時，協約國也計畫沿著索姆河發動大反攻。二月，德國人進攻凡爾登。法國統帥霞飛選派貝當將軍去防守，但拒絕投入他的主要後備部隊，這些後備部隊他要用於即將在索姆河展開的攻勢。貝當及其部隊在人員減到最低程度時仍在進行戰鬥，使德軍消耗了很大的兵力。凡爾登戰役延續了差不多十個月，參戰兵力大約兩百萬人。這次戰役成為法國人決心抵抗的傳奇故事（「他們絕不會越過」）。直到德軍遭到幾乎與法軍一樣的傷亡人數（即三十三萬對三十五萬），最後才放棄進攻，他們的計畫因而受到了挫折。

七月，當凡爾登鏖戰正酣時，協約國在索姆河開始反攻。它們調來前所未聞數量的大炮，而且英國新近招募的軍隊也已大批到達。協約國的打算是透過巨大的壓力而輕易地突破德軍防線。其時，協約國與德國雙方的軍事指揮藝術都是空前的低下。儘管經過一個星期之久的大炮轟擊，英國人在進攻的第一天仍然損失了六萬人。一個星期內，他們在六英哩寬的前線僅僅向前推進一英哩

圖17-7 這幅拍攝一九一七年帕斯尚德勒戰役中士兵的照片，將西線泥濘塹壕的悲慘景象彰顯了出來。在那樣的環境下，人的生命不過為生存而苦苦掙扎；多數士兵報告，戰場上日復一日令人飽受折磨的經歷，看起來與民族主義或平民百姓和政府領袖的政治掛念大相逕庭。〔Imperial War Museum, London〕

半。索姆河戰役從七月延續到十月，德國損失約五十萬人，英國損失約四十萬人，法國則損失約二十萬人，可是雙方卻一無所獲。的確，英國正是在索姆河戰役首次使用了坦克，這是一種附有履帶的裝甲車輛，它能衝過帶刺的鐵絲網，越過塹壕，闖進機槍群。然而坦克的數量很少，而且還引起許多指揮官的懷疑，以致在戰役中沒有發生任何作用。

海戰

　　由於陸軍並未取得有效的結果，雙方都將希望寄託到海上。英國長期以來的海上優勢，如今由於愈演愈烈的英德海軍競賽而受到了考驗。英國在法國的援助下，採取了嚴厲的海上封鎖措施。當時的國際法規定，運往交戰國的貨物分成兩類：一類稱「禁運品」，包括軍需品與某些可用於製造軍事裝備的特殊原料；另一類稱爲「非禁運品」，包括食物和原棉。根據國際法，任何一個國家甚至在戰時都可以期望輸入非禁運品。這些戰時法規是於一九〇九年在倫敦舉行的一次國際會議上宣布的，其目的是使海上強國（當時就是指英國）在戰時不能用饑餓去困死它的敵人，或者進而干涉別國百姓的正常生產。歷史上歐洲大陸各國對英國這樣的海上強國是早有戒心的。

　　上述這種戰時法規，如果各國遵守執行的話，將使之對德國的封鎖完全無效。然而協約國並未遵守。因爲使敵人困於饑餓與經濟崩潰恰恰是它們的目的。正如拿破崙的時代一樣，經濟戰成爲武裝攻擊之外的另一種軍事手段。協約國宣布新的國際法。按新國際法規定，禁運品與非禁運品之間的區別逐步被取消了；英國海軍（在法國的幫助下）將阻攔預定運往德國或其盟國的不論何種性質的一切貨物；中立國家，主要受影響的是美洲各國、荷蘭以及斯堪的那維亞各國，它們均不允許爲德國人提供任何港口。

　　美國強烈地反對這些規定，它要維護中立國的權利。它重申禁運品和非禁運品之間的區別，聲稱有權與其他中立國家進行貿易，並且支持「公海自由」。由此，在一九一五年和一九一六年，美、英兩國政府之間產生了許多不愉快的情緒。可是當美國參戰以後，它便採取了協約國的立場，其海軍也不折不扣地執行了上述同樣的規定。國際法事實上已經變更了。在第二次世界大戰期間，連「禁運品」與「公海自由」這一類術語也從未曾聽說過。

　　德國試圖對英國採取一項反封鎖措施來予以還擊。德國的少數幾艘互不聯繫的巡洋艦曾經一度在世界的幾個大洋上破壞英國的海運，但是德國主要是依靠潛水艇，對此，英國的制海權最初似乎處於束手無策的狀態。潛水艇屬於一種低級武器；潛水艇的指揮官無法明確辨別他所攻擊的是何種性質的船隻，也

不能運送旅客，沒收貨物，護送船隻，或者說他除了將船擊沉以外，的確不能做任何其他事情。德國政府在列舉英國濫用國際法而爲自己辯解的事例以後，於一九一五年二月宣布英倫三島周圍的海域屬戰爭區域，在此區域中的協約國船隻將受到魚雷的攻擊，而中立國船隻也將處於嚴重危險之中。

過了三個月，郵輪「盧西塔尼亞」號在離開愛爾蘭海岸之後便遭到魚雷攻擊。於此事件中，約有一千兩百人被淹死，其中包括大約一百二十位美國公民。「盧西塔尼亞」號是一艘英國船，它運載著在美國製造而供協約國使用的軍需品。德國人在紐約的報刊上多次發出過不祥警告：美國人不應該搭乘該船航行。美國人當時認爲，他們能夠安全地航行，能夠爲了和平的使命而在戰時搭乘一個交戰國的船隻。這次事件中，生命的損失震動了全美國。威爾遜總統通知德國人，如果再次發生類似的行動，將被認爲是不友好的，是蓄意製造的。德國人爲避免引起糾紛，在兩年內控制住了自己，不再全力使用他們的潛水艇。因此，協約國兩年的海上航行，僅是部分受到妨礙。

協約國的海上通路，由於大戰中的一次大海戰（即日德蘭戰役）而進一步確定下來。德國的海軍將領看到他們新建的海軍艦隊躲在德國海岸布雷區後面，感到煩躁不安，但是他們還不敢向駐守在斯卡帕弗洛港的英國優良的主力艦隊挑戰。無論如何，他們想引誘英國艦隊中較小的分遣隊，然後逐個消滅，這樣最終就可能在北海獲得充分的海上均勢，以解除英國的封鎖。在一九一六年春季的這場海戰中，英國主力艦隊的一百五十一艘軍艦對他們進行了突然襲擊。經過數小時的激烈戰鬥以後，德國人得以撤退到布雷區去。他們喪失的軍艦噸位和人數比英國人喪失的少。他們證明自己在海戰中能夠變得可怕的熟練，然而他們並未能削弱英國海上優勢的基礎。

外交策略與祕密協定

眼看靠軍事無法解決問題，作戰雙方便向周圍尋找新的同盟者。鄂圖曼帝國由於害怕俄國，早在一九一四年十月便跟德國和奧匈帝國聯合在一起，主要的新盟友可能是義大利。儘管在形式上它屬於三國同盟的成員國，但是很久以前便跟此同盟疏遠了。作戰雙方都欲拉攏義大利政府，它卻泰然自若地跟雙方討價還價。義大利公眾是有意見分歧的，但是極端的民族主義分子看到有機會去獲得原屬他們而如今被外國占領的地區，即從前是義大利人居住過的邊境地區，這些地區在義大利國家統一時期並未與義大合併。義大利政府透過一九一五年在倫敦簽訂的祕密條約與協約國共命。此祕密條約規定：如協約國在戰爭中獲勝，義大利可以從奧地利手中得到特蘭提諾、南部蒂羅爾、伊斯特

里亞與的里雅斯特市、達爾馬提亞群島的若干島嶼。如果英國和法國接管德國的非洲殖民地，義大利將在利比亞和索馬利亞再獲得若干領土。簡言之，倫敦條約繼續實行戰前最無恥的領土擴張主義，不過協約國確實迫切需要獲得額外的軍事支援。義大利由於進行這種買賣（這大概違背了大多數義大利人的意志），遂於一九一五年五月開闢了一條反對奧匈的戰線。

協約國一方制定將鄂圖曼帝國最終瓜分的計畫。這時的鄂圖曼帝國仍占據著從君士坦丁堡經中東到阿拉伯半島、到美索不達米亞（現代的伊拉克）的版圖。根據一項祕密條約，協約國在取得勝利後，美索不達米亞將劃入英國的勢力範圍，敘利亞和小亞細亞東南部劃入法國的勢力範圍，一些小地塊歸義大利，而庫德斯坦和亞美尼亞則歸俄國。

作戰的每一方都想用不正當手段去收買另一方領土上的少數民族和心懷不滿的集團。德國人答應成立一個獨立的波蘭，使俄國陷於困境。在烏克蘭，他們挑動地方民族主義。在比利時，他們掀起一個佛蘭芒人的親德運動。他們勸說做為哈里發的鄂圖曼帝國蘇丹，在北非宣布聖戰，希望借此激怒穆斯林教徒，將英國人驅逐出埃及，將法國人驅逐出阿爾及利亞，可是都沒有成功。在愛爾蘭活動的德國代理人與一個愛爾蘭的民族主義者羅傑‧卡斯門特爵士，靠一艘德國潛水艇在愛爾蘭登陸，加速了一九一六年復活節叛亂的發生，然後來被英國人鎮壓下去。

就美國人說來，類似活動中最令人吃驚的是有名的齊默爾曼電報。一九一六年，美國一支武裝隊伍不顧墨西哥政府的抗議，越過墨西哥國境追趕一夥匪徒。美德之間的關係也正在惡化。一九一七年一月，德國外交部長亞瑟‧齊默爾曼給德國駐墨西哥城的公使發出一份電報指令，要求他告知墨西哥總統，如果美國跟德國作戰，那麼德國將與墨西哥，如果可能還將與日本，結成同盟，使墨西哥得以收復它所「喪失的領土」，也就是指在一八四八年間美國從墨西哥占領的地區：德克薩斯、新墨西哥和亞利桑那（加利福尼亞未被提及）。齊默爾曼的電報被英國人截獲並破譯，他們將其轉交給了華盛頓方面。電報一經公諸報端，即令美國輿論界大為震驚。

協約國比德國人更能求助於懷有不滿情緒的民族主義者，其明顯的原因是，這些人中活動最積極的是居住在敵方領土上的少數民族。協約國可以答應法國收復阿爾薩斯—洛林而不會遇到什麼困難；還答應波蘭人獨立，儘管只要沙皇專制統治還存在，這樣做就會遇到一些困難。對協約國來說，贊同捷克人、斯洛伐克人和南斯拉夫人的民族獨立是比較容易的，因為協約國的勝利將使奧匈的君主制度陷於瓦解。

圖17-8　第一次世界大戰期間，阿拉伯力量為擺脫鄂圖曼帝國的統治而爭取獨立，T. E. 勞倫斯上校是英方與阿拉伯力量進行聯絡的關鍵人物。照片拍於凡爾賽，勞倫斯上校（身著英國軍服、頭戴阿拉伯頭巾）立於費薩爾王子左後側。費薩爾王子一九二一年被英國選定為伊拉克國王。（Corbis）

　　但是，協約國方面對民族主義者雄心壯志的利用，還從歐洲延伸進鄂圖曼帝國，乃至更遠。在鄂圖曼帝國境內，英國人喚起了阿拉伯人擺脫土耳其統治而取得獨立的希望。英籍上校 T. E. 勞倫斯在阿拉伯半島西北部——一個被稱為漢志，包括穆斯林聖城麥加的地區——領導了一次反對土耳其人的起義。漢志酋長侯賽因謀求成立一個獨立的阿拉伯國家，其抱負受到勞倫斯和英國人的鼓勵，一九一六年他接受了「阿拉伯人的國王」稱號，建立起一個版圖從紅海抵達波斯灣的王國。同時，猶太復國主義者從鄂圖曼帝國臨近崩潰中看到了機會，那就是實現他們在巴勒斯坦建立猶太國家的夢想。由於棲息於巴勒斯坦的主要是阿拉伯人（已有千餘年歷史），因此，猶太復國主義者的綱領與英國人對阿拉伯民族主義進行贊助的計畫是互相牴觸的。然而，英國外交大臣亞瑟‧貝爾福在一九一七年發表著名的「貝爾福宣言」，允諾英國政府將支持關於在巴勒斯坦建立「猶太人的祖國」的說法（儘管要保護非猶太人民的權利）。它也種下了猶太人和阿拉伯人雙方民族主義衝突的種子，時至今日仍困擾著中東。

　　對於亞美尼亞人來說，這些年是極其災難的。他們是信奉基督教的民族，生活在安那托利亞半島與俄國接壤的東部地區。像鄂圖曼帝國裡的其他民族（包括土耳其人本身）一樣，他們也逐漸顯露出要建立自己民族國家的志向，這與改革家們將鄂圖曼帝國土耳其化的計畫是相衝突的。這樣的衝突釀成了一八九四年駭人聽聞的亞美尼亞人大屠殺。算起來也僅過去了區區二十年，現今，在一九一五年，土耳其政府由於俄國軍隊威脅它的東部邊境，竟把亞美尼亞人當做俄國和西方協約國的潛在同情者，勒令他們從作戰地帶離境。據推測，他們是被要求轉到敘利亞和巴勒斯坦定居。但實際上，在軍事危機、政治仇恨、官僚藐視以及戰時短缺的情形下，大批大批的亞美尼亞人在日後被界定為種族大屠殺的殺戮中命赴黃泉了。在若干年後成為土耳其共和國的那個國度，事實上並無亞美尼亞人滯留其間。倖存下來的亞美尼亞人成為世上又一個散居各處的民族，只有一個小小的亞美尼亞共和國，在一九一八年後取得短暫獨立，然後有七十年時間成為蘇聯的組成部分，最後在一九九一年再次獨立。

　　在圖謀搞垮和肢解鄂圖曼帝國的同時，英國人和法國人還利用大戰機會奪取德國在非洲的殖民地。英國外交大臣愛德華·格雷爵士曾經向威爾遜總統的私人密使豪斯上校透露，協約國並未打算讓德國有朝一日收回其殖民地，儘管有一點很明確，即協約國並未打算給生活在殖民地上的人民許以真正的獨立。

　　中國也成為帝國主義爭奪的第三個重要地區。大戰加速了戰前多年來的趨向。日本人知曉，歐洲人自相殘殺將給日本提供機會。一九〇二年，日本還曾跟英國結成同盟。一九一四年八月，日本向德國宣戰。不久，它就占有了德國在中國的租界以及德國在太平洋的島嶼——馬紹爾群島和加羅林群島。一九一五年一月，日本向中國提出「二十一條」，即祕密的最後通牒，中國人被迫接受其中的大部分。日本由此開始把「滿洲」和華北變成一個獨占的保護領。

　　至於德國人，從其戰爭目標顯示出他們是更大的擴張主義者，對歐洲本身現存的分界線具有更大的威脅。一九一四年九月初，當勝利前景在望時，比特曼—霍爾維格（直至一九一七年夏天，他都擔任德國首相）曾擬定德國戰爭目標的一覽表，這些目標直到敵對狀態結束仍沒有改變。根據這些計畫，要求建立一個擴大、能支配整個中歐的德意志帝國，同時對西歐和東歐或予以兼併，或使之處於僕從國地位。在東歐，立陶宛和波羅的海沿岸其他地區將變為德國的附屬國；波蘭大部分的領土將予以直接兼併，餘下的部分領土則與奧地利的加里西亞合併，組成一個德國人支配的波蘭國家。在西歐，比利時將變為德國的附屬國，從而為德國提供更直接進入大西洋的通路，原屬於法國且擁有豐富

鐵礦的洛林地區，將歸併到已屬於德國的阿爾薩斯─洛林地區。關於殖民地，包括從非洲東海岸到西海岸之間的中部非洲大部分掠奪到的地區，也都擬定了調整的方案。這樣歐洲和殖民地非洲的政治地圖都將發生有利於德國的變化。

所有事態的發展，特別是協約國的談判，無論是既成事實，還是祕密協定，都對歐洲、中東、亞洲或非洲產生影響，並且在後來召開的和會上變成非常棘手的問題。這些事件繼續維持了戰前歐洲政治生活中最不穩定的傾向。在受到伍德羅‧威爾遜推動以前，協約國從來沒有考慮採取措施控制民族主義和堪稱世界性的無政府狀態。威爾遜做為美國總統，長期以來都懂得，在兩個軍事集團之間並沒有什麼選擇的餘地，雖然就他個人來說，是同情英法兩國的。一九一六年，他曾著手跟戰爭雙方分別祕密商談，企圖進行調解。然而，雙方都仍然希望贏得它們各自提出的條件，因此談判毫無結果。威爾遜認定，大多數美國人都希望不捲入戰爭漩渦。一九一六年十一月他再次當選為美國總統，因為當時公眾中流傳著說法：「他使我們擺脫了戰爭。」威爾遜竭力主張實現一種真正中立的思想和感受，或者正如他說的，實現一種「沒有勝利的和平」解決辦法。

到一九一六年底，如果沒有產生兩股新的力量，那麼，就很難看出第一次世界大戰將產生怎樣的結果。

俄國的崩潰與美國的干涉

俄國退出戰爭：革命和《布列斯特─立托夫斯克條約》

以各國政府來說，第一次世界大戰的第一個受害者是俄羅斯帝國。既然日俄戰爭曾引起一九○五年俄國革命，那麼，具有更大破壞性的歐洲衝突就會引起更為偉大的一九一七年革命。關於俄國革命的歷史將會在下一章闡述。這裡只需指出下面這一點：這次大戰使沙皇政府經受一次無法應付的考驗。由於工作粗劣、不誠實、不坦率，無法供應現代戰爭所需要的物資，驅使大批農民上戰場，有時甚至連步槍也沒有，使數百萬人喪命，同時不提供崇高目標來激勵人們犧牲，這樣，沙皇政府就失掉了全國各階層人民對它的擁護。

一九一七年三月，駐聖彼得堡的軍隊叛變，與此同時發生了罷工和騷亂，使全城遭到破壞。杜馬，即俄國國會，乘機重申它的改革要求。三月十五日，尼古拉斯二世退位，接替他的是臨時政府，是由自由貴族和中產階級領袖，即一般的民主主義者和立憲派所組成；起初，還包括僅有的一個社會主義者。臨時政府從一九一七年三月維持到十一月。這些具有西歐自由主義思想的政府成

員認為，除非德意志帝國被打敗，否則在俄國不可能建立一個自由的議會制政體。因此，他們採取一系列步驟，以新的魄力去進行戰爭。一九一七年七月，他們在加里西亞發動一次進攻，可是士氣低落的俄軍再次遭到失敗。

俄國人民群眾都已厭倦戰爭，因為在戰爭中他們損失太多而得到太少。無論是俄國的農民或者工人，都不會對那些操縱臨時政府的西化知識分子和專家表示任何熱情。普通的俄國人如果有政治理念，往往是傾向於形形色色的社會主義理論中的某一種──馬克思主義或非馬克思主義。俄國的馬克思主義政黨，即社會民主黨人，分裂為孟什維克和布爾什維克兩派，後者表現得更為激進。那些布爾什維克的領導人曾一度成為流亡者而居住在西歐。他們主要的發言人 V. I. 列寧與其他幾個領導人，在瑞士度過了戰爭的年代。一九一七年四月，德國政府曾對列寧提供了經過德國而到達俄國的安全通道。一個滿載布爾什維克而經過細心「密封」以防傳染給德國的列車車廂，就這樣借助德國火車拖運到邊境，然後由此再運達聖彼得堡，即大戰期間改名的彼得格勒。在此事件中，德國人的目標，正如用潛水艇將羅傑·卡斯門特送去愛爾蘭一樣，對敵人的大後方進行一種心理戰，也就是促進反對臨時政府的叛亂，因此最後消滅俄國。

由於一系列事件的發生，臨時政府的地位急劇地惡化起來，直到一九一七年十一月，局勢的混亂已達到如此地步，以致列寧和布爾什維克黨人得以奪取政權。布爾什維克黨人主張跟德國簽訂和約，部分原因是要在俄國贏得大眾的贊同，另外則是因為他們認為，這場戰爭是資本主義國家和帝國主義國家之間的鬥爭，應該使它們彼此消耗力量與受到破壞，如此符合社會主義的利益的。一九一七年十二月三日，布爾什維克和德國之間的和平會談在布列斯特─立托夫斯克開始進行。同時，在舊俄西部邊界的各個民族──波蘭人、烏克蘭人、比薩拉比亞人、愛沙尼亞人、拉脫維亞人、芬蘭人──在德國人的支持下，先後宣告其國家的獨立。由於布爾什維克黨不會也不可能作戰，因此被迫跟德國簽訂他們強烈反對的條約，即一九一八年三月三日簽訂的《布列斯特─立托夫斯克條約》。根據這項條約，他們承認波蘭、烏克蘭、芬蘭以及波羅的海沿岸各省的「獨立」，或者至少說是俄國失掉了這些地區。

對德國人來說，《布列斯特─立托夫斯克條約》反映了他們在第一次世界大戰期間取得的最大成功。德國實現了從敵對狀態開始時便提出的某些戰爭目標。德國人不僅使俄國中立化，如今還通過設置在新獨立國家首腦地位的傀儡而控制了東歐。一定數量的德國部隊留在東線維持這些新做出的安排，但這時已經不再是兩線作戰了，大批德軍從東線調往西線。從一九一六年八月起，以

興登堡和魯登道夫為首的德國統帥部準備在法國集中進行最後的打擊，以便在一九一八年結束戰爭。

　　一九一八年實際上是一個競賽的年頭，要看美國的援助是否能以足夠的數量盡快地運抵歐洲，以便抵消德國從俄國崩潰中所增添的力量。這一年三月，德國開始以施放毒氣和使用六千門大炮的轟擊，發動了一次難以對付的進攻，迫使法英兩國後退。一九一八年五月三十日，德國人再次進兵到距離巴黎只有三十七英哩的馬恩河岸。儘管美國參戰已有一年多時間，但在這時，美國只有兩個師在作戰。因此在戰爭的這個時候，出現兩個未解決的問題，一是美國究竟怎樣參戰，二是美國集結它的海外部隊究竟需要多長的時間。

美國和第一次世界大戰

　　上面我們曾經看到，威爾遜總統如何頑固地堅持中立立場的。當時，美國人民的意見是分歧的。許多人出生於歐洲或是為移民的後裔，那些屬於愛爾蘭血統的人是反英的；而那些具有德國血統者則往往是同情德國的。另一方面，在美西戰爭和英布戰爭之後，美國出現了一股空前強烈地對英友善的明顯潮流。向協約國出售戰爭物資，以及購買協約國政府發行的債券，都是對協約國的勝利提供物質上的援助，儘管其影響範圍有限。對於那些非孤立主義者來說，他們的理想都是傾向於英國和法國一邊的。因為協約國的勝利而不是德意志帝國的勝利才會明顯地推動民主、自由和進步的事業。另一方面，英法兩國也被懷疑多少抱有不純的動機，而且它們還跟俄國的獨裁政府，即反動的、殘忍的沙皇制度結成同盟。

　　沙皇制度的崩潰產生了巨大的影響。甚至在俄國，民主進步的人士站到了前臺。此前人們從未聽說過列寧，也未預料到會有布爾什維克革命。一九一七年春天，俄國正沿著英國、法國或者美國已經走過的道路而開展鬥爭。思想上的障礙已經去掉，而要求美國採取干涉以保證民主的要求變得更為堅決了。

　　德國人已放棄使美國置於戰爭之外的打算。由於受到封鎖而變得前所未有的緊縮，加上不能在陸地上取得決定性的結果，德國政府和統帥部更樂於傾聽潛水艇專家們的意見。後者宣稱，假如放手讓他們去做，他們將迫使英國在六個月內投降。這是在第一次世界大戰期間聲稱只靠一個軍種就能單獨贏得戰爭的主要事例。對此，政府的文官與外交官員都儴於跟美國交戰產生的後果而表示反對。可是他們的意見遭到否決，這是德國陸軍和海軍將最高決策權掌握在自己手中的真實事例。無限制的潛水艇戰預定在一九一七年二月一日恢復進行。人們都預見到，美國將要宣戰，可是，德國統帥部卻認為，這並不會有直

接的影響。他們在一九一七年（這是準確的）估計，美國宣布參與歐洲戰爭與美國直接出兵參戰，這中間一定會間隔一年左右時間。同時，戰爭策劃者說，在六個月內，他們將迫使英國承認失敗。

一九一七年一月三十一日，德國人將重新恢復無限制潛水艇攻擊的消息通知威爾遜。他們聲稱，只要在不列顛島周圍或者在地中海區域內發現任何商船，他們就將它炸沉。威爾遜與德國斷絕了外交關係，並且下令武裝美國貨船。同時，齊默爾曼電報的公布，使許多美國人相信德國人確實是侵略者。德國的密探也在美國進行活動，為的是煽動罷工，並且在那些為協約國製造軍火的工廠中製造爆炸事件。在二月和三月，有幾艘美國船被炸沉。美國人認為所有這些活動觸犯了他們做為中立國的權利，威爾遜最後斷定，德國是一種威脅。一九一七年四月六日，他獲得國會通過的令人振奮的參戰宣言。美國之參戰將「使全世界民主制度不受危害」。

起初，德國人的戰役實現了甚至超過了發動者的預期目標。一九一七年二月，德國擊沉總噸位達五十四萬噸的船隻；三月，擊沉五十七‧八萬噸的船隻；四月，隨著白晝的延長而擊沉八十七‧四萬噸的船隻。這種事件有點近乎於恐怖，而要對公眾進行隱瞞又是困難的，因此使倫敦政府困擾不堪。不列顛已經只有六個星期的糧食儲備了。此後，逐步採取反潛艇措施——設水雷障礙網、水聽器、深水炸彈、飛機偵察、尤其是軍艦護航等。人們覺得，百艘或更多的貨船以最慢的速度行駛，才能得到充分集中的軍艦保護而免受潛水艇的攻擊。美國的海軍不像陸軍那樣，其規模相當可觀，並且已做好戰鬥準備，他們向協約國提供足夠的後援力量進行護航，同時採取其他高效率的反潛艇戰措施。到一九一七年底，潛水艇已經不再成為一種威脅。對德國人來說，採取潛艇戰的龐大計畫只是白白引起了預料之中的不良後果——最終使美國加入他們的敵人行列中。

一九一七年，在西線戰場上，在美國已孤注一擲地做好參戰準備時，法英兩國繼續堅守戰線。法國人看到司令官尼韋爾將軍仍堅信得以突破德軍防線，於是發動了一次進攻，結果失敗與死傷竟如此嚴重，以致遍及整個法軍都有譁變事件發生。這一來，貝當接替了尼韋爾，並且使那些士氣低落和幻想破滅的士兵恢復紀律，但他並沒有打算發動進一步的攻擊。他說：「我在等待美國人和坦克的到來。」就這樣，主要的負擔便落到了英國人的肩上。一九一七年最後三個月內，英國人在帕斯尚德勒進行了一場沉悶的戰鬥。他們以失去四十萬人的代價，推進了五英哩，靠近伊普雷。一九一七年末，英國以三百八十輛坦克對德軍出其不意地發動突然襲擊。坦克部隊深入德國的防線，可是由於附近

沒有預備步兵生力軍對他們的戰果加以利用，他們只好撤退了。

同時，奧匈軍隊依靠德軍的有力支援，在卡波雷托戰役中，擊潰了義軍，使義大利損失慘重。德、奧匈軍隊蜂擁進入義大利北部。可是，義軍在英、法兩國的援助下，堅守住防線。一九一七年進行的各次戰役，以及同年擊退潛水艇所取得的結果，使歐洲的對峙再次突出，疲憊不堪的協約國更傾向於等待美國士兵的到來，同時給予美國最需要的東西──時間。

美國充分利用了給予他們的時間。徵兵，即民主意義上所稱的選徵兵役制，在宣戰以後立即實行了。一九一六年美國的軍隊中職業軍人只有十三萬人，他們完成了巨大的功績，把三百五十多萬平民迅速變成士兵。如果加上海軍，美國服兵役的人數超過了四百萬人（第二次世界大戰中美國服兵役人數為一千兩百多萬）。對協約國的援助源源不斷，除透過私人銀行給予協約國的貸款外，美國政府又提供貸款約一百億美元。協約國把這筆貸款主要用來購買美國的食品和軍火。美國的農場和工廠，早在做為中立國時期便因向協約國出售產品而興隆起來，如今更打破了全部生產紀錄。民用工業做了適於戰爭用途的改造，原來製造暖氣設備的工廠轉為生產槍炮；至於製造鋼琴的工廠則轉為生產機翼；一切可能的工具都被用來建造海洋輪船，如果沒有這些海輪，美國的供應和陸軍是不可能到達戰區的。可行駛的船舶從一百萬噸位增加到一千萬噸位。

而民用消費品的生產則大大地縮減了。從婦女緊身胸衣製造業中節省了八千噸鋼；從兒童玩具汽車製造業中節省了七萬五千噸錫。每個星期，人民都得奉行無肉的星期二，糖則是定量配給的。在大戰期間歐洲發明的「白晝—節約時間」被採用，以便節省煤炭。美國就是採取這些辦法為協約國和自己提供了大量原料，雖然就某些項目來說，特別是在飛機和炮彈方面，當美軍到達法國以後，還是大量地依靠英法兩國的製造業。

大戰的最後階段

我們在前面講到過，一九一八年春，在東線取得勝利的德軍，接著在西線開展了一次大規模的最後進攻，希望在因美國參戰而永遠改變均勢以前，能夠硬打出一個決定性局面來。為了對付德國的進攻，協約國終於實現了統一的指揮，法國將軍費迪南‧福煦第一次成為所有協約國在法國駐軍的指揮官，其他國家的司令官都要服從他的指揮，美國的潘興將軍也不例外。六月，德軍首次跟美軍相當重要的部隊接觸，迎擊美軍駐提埃里堡的第二步兵師。當時德軍的地位十分有利，從而使德國政府中的文官認為此時應最後努力爭取簽訂妥協性

和約。以興登堡和魯登道夫爲首的武裝部隊卻成功地粉碎了文官的上述企圖。他們寧可冒險進行最後的一戰。七月十五日，德軍沿著馬恩河盡可能地向前推進。

如今在協約國防線上駐有美國九個師的部隊。七月十八日，福煦利用它們做爲反攻的突擊部隊。疲憊不堪的德軍開始畏縮不前。這時候，每月都有二十五萬多名的美軍在法國登陸。協約國最後的一次進攻於九月開展，當時美軍占領了阿爾貢東部的防區。這次進攻表明德國人已經招架不住了。德國最高統帥部向政府報告，德國已經不可能贏得戰爭。德國外交部對威爾遜總統做出願意實現和平的表示。由此，雙方做出停戰安排，並於一九一八年十一月十一日，實現了西線停火。

由於德國的盟國在前幾個星期內已經投降，殊死搏鬥的戰役終於結束了，但是，戰爭繼續影響著歐洲政治和社會的各個方面。戰爭在個人生命上造成的恐怖是不能靠統計資料說明的。統計資料只是不加渲染地說明，在大戰期間，有將近一千萬人死亡，兩千萬人受傷。歐洲每一個大國（義大利除外），光死亡一項就達一百萬到兩百萬人。美國在整個大戰期間各類傷亡人員約有三十三萬人（其中死亡者占十一萬五千人），這些數字，比之凡爾登或帕斯尙德勒一次主要戰役所損失的人數還要少一些。美國的援助對擊敗德國產生了決定性作用。可惜援助來得太遲了，到此時，其他國家已經作戰很長一段時間，及至美國剛一參戰，戰局優勢便已轉向協約國方面。到停戰時，駐法國美軍已有兩百萬人，另有一百萬人尚在途中。實際上美軍參戰只有四個月時間。在整個一九一八年期間，由協約國三國軍隊發射的每一百發炮彈中，法國人發射五十一發，英國人發射四十三發，美國人只發射了六發。

就大戰的代價而言，美國所付出的比任一其他主要軍事大國所付出的都要少。大約五萬美國人在戰役中喪生。別的死亡多數是由疾病所致，包括一九一八年數月間奪走多達四萬三千美國軍人生命的致命流感。世界大戰期間所有國家的戰鬥減員令人感到恐怖，但與一九一八至一九一九年的死亡人數相比較，又算小巫見大巫了。當時全世界爆發的流行性感冒導致全球至少五千萬人喪生。這一流行病的根源是一種致病力極強的新型流感（被稱爲「西班牙流感」）。現在有些歷史學家認爲，由於該傳染病不僅在歐洲和北美肆虐，還向非洲大部、拉丁美洲和亞洲擴散，可能高達一億人被奪去了生命。這種快速蔓延的傳染病成爲世界歷史中最致命事件之一，大戰帶來深刻挫敗感本來就對戰後各個地方的人們造成影響，而這要命的傳染病無異雪上加霜。

圖17-9　這些美國軍人是一九一七年間開始抵達法國作戰師的組成部分，不過，直到翌年，美國軍事存在才變得意義重大。生力軍從美國源源而至，使協約國指揮官們能夠發動決定性的最後攻勢，並迫使德國最高統帥部承認德國不可能贏下這場戰爭。（Getty Images）

奧地利帝國和德意志帝國的崩潰

　　大戰對於德意志帝國和奧匈帝國，如同對俄羅斯帝國一樣，是一次致命的打擊。附屬於哈布斯堡王朝的少數民族，或者說在西歐各國首都代表他們的「民族代表會議」，日益獲得協約國的承認，並且在十月宣告獨立。十一月十二日，奧地利末代皇帝查理一世宣告退位。次日，奧地利宣告成立共和國，一個星期後的匈牙利也同樣如此。在和會召開以前，一批新的國家如捷克斯洛伐克、南斯拉夫、擴大了的羅馬尼亞、實行共和制的匈牙利與小奧地利都先後出現了。

　　直到臨近大戰結束的幾個星期，德意志帝國仍然堅固不動。自由主義者、民主主義者和社會主義者不久前已迫切要求實現和平與民主化，促使德意志帝國崩潰的還是德軍最高統帥部本身。大戰最後幾年，獨裁政權日益集中在魯登道夫將軍手中，到一九一八年九月，只有他及其最親近的軍事助手才認識到，德國的事業已經毫無希望。九月二十九日，魯登道夫從設在比利時斯帕的德軍最高司令部向德皇報告，德國必須請求和平。他竭力主張，一定要按照民主的議會制原則，在柏林成立一個反映議會大多數人意志的新政府。

　　他要求立刻進行和平談判，似乎是懷著兩種打算：第一，他可以贏得時間

去改組軍隊，並準備發動一次新的進攻；第二，如果德國崩潰不可避免，那麼德國的文官或者民主分子將會要求和平。

當時找到自由派的巴登親王馬克斯充當內閣首腦。在此內閣中，甚至包括有社會主義者。十月間，頒布了多方面的改革法令。俾斯麥體制結束了，德國變成一個自由的立憲君主制國家。這些變革符合魯登道夫及其他將領的需要，因爲德國軍事集團在德國處於危機的時刻，渴望拯救軍隊超過要拯救帝國。軍隊肯定不會承認投降；那是商業訴訟中小人物的事。皇帝、最高統帥部、軍官和貴族們正卸下重擔，且粗暴地加到文官們的身上。

威爾遜總統無意中做了一件對他們有利的事情。現今他做爲協約國的主要代言人（和平的表示就是首先向他提出的），他堅持主張，德國政府必須成爲更加民主的政府。這使人們回想到，在一八七一年擊敗法國以後，俾斯麥曾經要求法國在和談以前應首先實行一次普選。跟俾斯麥並不一樣，威爾遜是眞正地信奉民主政治的，可是在實際上，他的地位與俾斯麥是一樣的。他要人們深信，他是在跟德國人民本身打交道，而不是跟名譽掃地的高貴人物打交道。他所要的是由眞正的德國提出請求，並接受協約國的條款。在德國，由於戰爭的災難蔓延，許多人都認識到，德皇是實現和平的障礙。或者他們覺得，如果德國做爲一個共和國出現在協約國面前，它將會獲得較好的條款。甚至連軍官團爲了在軍隊潰散以前停止戰鬥，也開始議論德皇退位問題。十一月三日，基爾港水兵起義。接著，工人和士兵委員會在一些城市先後成立。社會主義者要求，除非威廉二世退位，否則他們將退出新近成立的內閣（就是要加入政府反對派，從而使新政府失掉代議制的性質）。十一月九日，由少數社會主義者和工團主義者領導的總罷工爆發了。馬克斯親王向德皇報告說：「退位是件令人討厭的事情，可是沒有社會主義者參加的政府，對國家將有更大的危險。」十一月九日，威廉二世宣告退位，並且偷越國境逃到荷蘭去。後來，儘管人們竭力呼籲將他當作「戰犯」處理，可是，他卻安然地在那裡居住，直到一九四一年才死去。同日，德國宣告成立共和國；過了兩天，大戰結束。

德意志帝國的崩潰，和隨後的共和國成立，並不是由於發生了深刻的革命行動，或者德國人民的情緒出現變化而產生的結果。它只不過是大戰中的一個插曲而已。德意志共和國（不久改稱魏瑪共和國）的產生，是獲勝的敵人要求的結果，是德國人民渴望和平，希望避免發生暴力革命的結果，同時也是舊有德國軍人階級爲保全面子和未來的力量而希望取得暫時諒解的結果。當大戰結束時，尚留駐法國的德軍，其紀律性和組織性仍明顯地未受到削弱。在德國的土地上並沒有出現雙方敵對射擊的場面。後來，據有人說，德軍並沒有被打

敗，而是被一個分離的文官後方戰線「發射的暗箭」打中了。這不是真實的。雖是驚慌失措的魯登道夫第一次要求實行「民主政治」，可是，德意志共和國產生時的種種情況，使得它後來的歷史，以及之後的人類歷史變得非常令人頭痛。

大戰對經濟、社會和文化的影響

對資本主義制度的影響：政府調節經濟

　　第一次世界大戰使歐洲社會發生了許多比戰爭本身要持久的根本變化。首先正如人們早已知道的，戰爭深刻地影響了資本主義制度。舊資本主義制度（或曰經濟自由主義，或曰自由私人企業）的實質，包含著這樣的思想，即政府應讓企業獨立地活動，或者說，至多是要求工商業在遵守某些共同規範的條件下經營其本身的事務。早在一九一四年以前，各國政府已日益參與經濟領域的活動。它們提高關稅率，保護民族工業，藉由帝國主義擴張活動尋找市場或者原料，或者批准頒布有利於雇傭勞動階級的社會保護法規。在戰爭期間，所有參戰國政府日益不斷地控制其經濟體制。的確，「計畫經濟」的思想在第一次世界大戰期間最先得到了應用，因為交戰中的各個國家都試圖將整個社會的財富、資源與精神上的意圖引向單一的目標。

　　由於沒有一個國家預料到要進行一次長期的戰爭，因而也沒有哪一國擬訂工業動員的計畫。每一件事情都必須臨時準備。一九一六年，每一國政府均建立了政府部門、署局機關、政務會和專門委員會等，以便在各方面協調政府進行戰爭的努力。其目的是設法將所有的人都有效地加以利用，而國內全部的自然資源與一切能進口的貨物，都要用到能發揮最大效益的地方去。在戰爭緊迫的形勢下，自由競爭是浪費的，無法指導的私人企業又太不穩定和過於緩慢。這些私人企業出於追逐利潤的動機進行活動，致使其聲名掃地。而那些利用物資短缺謀取暴利者則被譴責為「投機商」；民用方面或者純粹以奢侈為目的的生產被削減到最低限度；企業主不能隨意建立或關閉工廠。如果未經政府批准，要興辦新的企業是不可能的，因為為創辦企業而出售股票和有價證券的活動都得受到控制，同時只有經政府許可才能獲得原料。同樣地，要關閉從事軍火生產的企業也是不行的。如果一個工廠無效益或者毫無盈利，政府也要千方百計補償其損失，使之能繼續經營。這樣一來，有時候，企業經營可期待政府的支援。在這裡，競爭和唯利是圖的原則都丟棄了。

　　如今，新的目標是為了整個國家的利益而使生產達到協助，或者「合理化」。工人們對縮短工作日與提高工資的要求受到攔阻，大的工會都普遍同意

禁止罷工。在上層階級和中產階級，讓人家公開地看到他們的舒適生活情況，倒是教人感到忸怩不安的。節衣縮食已成為愛國的行為。如果僅就共同的事業得到富人與窮人同樣的贊助這一點來看，戰爭甚至對實現經濟平等的思想也給予了新的推動。

徵兵就是人力分派方面採取的第一個步驟。徵召委員會通知一些人向軍隊報到，批准另一些人免服兵役，以便安穩地在軍火工業部門勞動。鑑於前線的傷亡率，政府對個人生命的決定權也就無以復加了。部隊人員需求的增長，使得原來免役或是體格不好的男人也被徵募去，於是大量婦女流入工廠和管理部門。而在英國，有些人甚至進入新組成的軍隊婦女團隊。婦女們接替了許多過去被認為只有男子才能承擔的工作。戰後，婦女們沒有以如此大的數量留在勞工隊伍中，主要是必須讓位給退伍軍人；但這一次大戰和第二次世界大戰的戰時經歷是社會轉型的組成部分，由此，所有國家的勞動力隊伍都得以擴充，婦女在現代社會中的地位發生了革命性的變化，千百萬婦女的個人生活與眼界都更為積極地從家庭轉向國民經濟生活。第一次世界大戰因此而有助於人們重新界定或改組女性工作——這是一個在工業革命早期就已開始的、在第二次世界大戰期間及其以後的年代還要得到加強的社會過程。

在戰爭期間，各國政府並沒有直接地強迫人們（包括婦女在內）丟棄原有工作而接受另一項工作。除了德國以外，各國並不實行經常性的勞役制度。可是，政府藉由左右工資級別、准予免服兵役、強迫某些工業擴大而另一些工業縮小或者維持原狀，以及宣傳在軍事工廠工作就是愛國等作法，以使得大批工人轉到軍工生產上去。在第一次世界大戰期間，儘管德國人濫用了國際法的某些規定，但既沒有採取強迫的或者「奴隸式」的勞動，也沒有強迫戰俘服勞役，這不太能說是由於他們的謹慎，更重要的還是來自於國際的壓力。

各國政府都控制了全部對外貿易。對私人任意地運走本國物資的行為是不能容忍的，同樣也不能容許他們耗費外匯以輸入不需要的貨物，或者透過彼此競爭來提高必需品的價格。對外貿易已實行國家壟斷，至於私人公司的對外貿易，必須在嚴格的特許和限額下進行。美國成為最大的輸出國，從一九一四年到一九一八年間，其每年的輸出額從二十億美元增長到六十億美元。對美國農產品和工業品無止境的需求，當然使價格提高。但是對最重要的產品，一九一七年還是藉由法律把價格固定下來。

至於歐洲各協約國，戰前，它們的出口額就已經少於進口。如今出口更是減到最低，它們可以經由向美國政府大量借款而自美國購買各種貨物。英國和法國的公民在本國政府的壓力下，被迫廉價拋售他們的美國股票和有價證券，

而由美國人買進。從前的股東從本國政府那裡收回英鎊或法郎，這些政府跟著又得到或是花掉由美國新股東支付的美元。這樣，美國已經不再是一個債務國（一九一四年，美國對歐洲人的欠款約達四十億美元），而變成世界上主要的債權國。到一九一九年，歐洲人對美國的欠款約達一百億美元。

協約國雖然取得制海權，可是從來沒有足夠的船舶以適應日益增長的需要，特別是德國潛水艇又長期不定時地造成一些損失。每個國家政府都設立了船舶局，不惜任何代價去擴大船舶的建造，並且將可以乘坐的艙位分配給各方面的需要——部隊的調動、橡膠與食品的輸入。這些是從整個計畫來看政府認為最迫切需要解決的事項。關於船舶的管理和分配，實際上變為協約國船舶委員會領導下的一項國際性工作，美國參戰以後也成為此國際機構的一個成員。英、法兩國，其全部製造業都要依賴於進口，政府控制了船舶，因此控制了進口物資，這樣就能夠充分控制全部經濟了。

圖17-10　第一次世界大戰期間對工人的需求，為婦女從事傳統上只屬於男人的工作提供了機會。一九一七年正在一家軍械廠工作的德國婦女，可做為例證來說明勞動大軍中的這個趨勢，以及為滿足現代戰爭的需要所做的全民總動員。（akg-images）

德國由於通往海上以及通往俄國和西歐的通路受到阻攔，於是被迫採取了前無先例的自給自足措施。跟其他的交戰國相比，德國屬於食物較少的國家。德國政府對各方面的控制變得更為徹底和有效，由此出現了他們所謂的「戰時社會主義」。他們從沃爾特‧拉特瑙這個人身上看到了一個具有必要智謀之人的特質。他是一個猶太裔工業家，是德國電氣托拉斯首腦的兒子。他是最早預

見到要發生一場長期戰爭者之一，並曾擬定一個利用原料的計畫。在大戰發生初期，德國由於缺乏製造炸藥所必需的氮，似乎很快就會被擊敗。拉特瑙便想盡辦法徵用每種可想得到的自然資源，包括農民馬牛廄裡的每一種糞肥，直到後來德國化學家成功地從空氣裡提取出氮為止。德國化學工業生產了許多如合成橡膠等其他代用品。德國的生產被組成一些軍事公司，各自專管一個工業方面，再加上處於政府嚴密監督下從事生產的私人企業。

其他的交戰國政府也實行私人公司和工廠之間的合作，以代替彼此間的競爭。在法國，工業家之間的「合作」表現在每一個工業部門裡面，實行原料和政府訂貨單的分配。在美國，軍工局也是同樣的做法。在英國，採取了上述同樣的方法，效果十分顯著，例如，到一九一八年，全國每兩週生產的炮彈就等於大戰初期全年生產的數量，生產的重炮則達到戰爭初年的七十倍。

通貨膨脹，工業變革，思想控制

任何一國政府，除非透過印發紙幣、銷售巨額公債，或者強迫銀行貸款，否則，即使依靠徵收重稅也不能夠籌集到所需要的全部資金。只要是對物資有大量需求而生產又嚴重不足，其結果必然造成物價飛漲。物價和工資雖然做了調整，可是絕不會再像一九一四年以前那麼低了。這樣，受打擊最嚴重的是那些靠貨幣收入而且不容易提高收入的人，即靠被認為是安全投資過活的人、領取年薪的人、有專門職業的人，以及政府雇員等。在大戰以前，這些階層在歐洲屬於地位最穩定的人們。戰爭爆發以後，他們的地位、威望和生活標準無不受到威脅。巨額的國債意味著國家進入徵收高額捐稅的年代。最嚴重的是積欠大筆外國的債務。在大戰期間，歐洲大陸的協約國向英國借款；而這些國家與英國一道又向美國借款。由此看來，它們將未來都抵押出去了。為了償還債務，它們決心在幾年間要使本國的輸出超過輸入，或者說，大體上使生產超過消費。可以回想一下，在一九一四年，歐洲每一個先進國家都習慣於輸入超過輸出，這已成為歐洲生活標準的基礎，如今卻受到顛倒過來的威脅。

此外，歐洲已經被四年戰爭弄得動亂不寧，而世界上的其他地區卻在加快推行工業化。美國的生產能力也已大幅度增長起來。日本開始在中國、印度、南美洲銷售這些國家暫時不能從歐洲得到的棉紡織品和其他民生用品。阿根廷和巴西向英國購買不到機車零件與採礦機械，於是建立起它們自己的工業來自行生產。在印度，塔塔家族控制著印度本國資本達兩億五千萬美元，發展為數眾多的製造業企業，其中的一個企業成為英帝國中最大的鋼鐵廠。由於德國完全退出世界市場，英法兩國拚命為它們的軍隊生產，以及世界各國貨船在戰時

被徵用,因此,西歐做爲世界工廠的地位遭受破壞。戰後,歐洲有了新的競爭對手,十九世紀的經濟基礎不知不覺地喪失了,歐洲霸權的時代已經處於沒落時期。

在大戰期間,所有的交戰國政府都企圖像控制經濟生產那樣來控制思想。過去一個半世紀以來,在歐洲到處受到尊崇的思想自由,現在被拋棄了,宣傳和審查措施比任何專制政府歷來所設想到的都來得更爲有力。任何人都不許提出根本的問題來散布懷疑情緒。

這裡必須重新指出,正如上面曾經述及的,戰前危機的事實,多半是當時人們所不了解的。人民並不明白究竟是哪些原因使他們陷入一場可怕的事變。戰爭的每一方都粗暴地指控另一方純粹是惡意地發動戰爭。長期的消耗、無效的戰鬥、無變動的戰線、駭人聽聞的人員傷亡,所有這些在精神上都是一次嚴峻的考驗。一般老百姓雖然喪失了平常的自由,勞動艱苦,吃的是粗糙食品,看不到勝利的前景,但仍必須保持高昂的情緒。布告、海報、外交上的白皮書、教科書、公共的演說、嚴肅的社論,與有傾向性的新聞報導都在傳播消息。新的群眾性刊物、電影等都成爲指導公眾思想的理想媒介。爲了讓人們憎

圖17-11　「一戰」中每個國家都使用宣傳海報來號召公象的支持、徵兵以及展示敵方的罪惡行徑。左邊的圖片是一張奧地利明信片,上面有捍衛「祖國、家庭與未來」的典型士兵形象;孩童代表著國家的未來。右邊的海報描繪象徵法蘭西共和國的女性形象──瑪麗安,她號召法國人「為國旗和勝利」購買戰爭公債。這些錢將給站在瑪麗安身後的保衛法國的軍人以支持。　(Left: akg-images; right: Corbis)

惡和打垮敵人，知識分子和教授們提出種種複雜的理由，通常都是歷史方面的。在協約國各國，德皇被描繪成一個惡魔，雙眼圓睜，死盯著征服世界的瘋狂計畫，鬍子奇怪地豎著。在德國，人們被告誡說，要擔心這樣的日子會到來——哥薩克人和塞內加爾人要來搶奪德國的婦女；要人們將英國看做不共戴天的敵人，因爲它採用封鎖的辦法要野蠻地餓死孩子們。戰爭的每一方都相信一切眞理在自己這一邊，而一切錯誤、邪惡與野蠻都在對方那一邊。這種煽動性的觀點助長男子與婦女去支撐這樣一場可怕的戰爭。可是當媾和時刻到來的時候，固定不變的罪名、頑固的觀念、深刻的厭惡、敵視和恐懼，卻成爲政治上裁決的障礙。

文化悲觀主義

前面我們已經看到，一九一四年之前的數十年裡，許多歐洲知識分子開始質疑古典自由主義理論，並歌頌人類鬥爭與暴力的社會價值。這樣的思想得到大衆作家和知識分子的廣泛宣傳，對伴隨著每個國家加入到世界大戰的公衆熱情，產生了推波助瀾的作用。的確，一些聞名遐邇的年輕作家，包括法國的夏爾·佩吉和英國的魯伯特·布魯克，他們在早期的戰役中喪生，留下關於爲國犧牲精神可貴的文學遺言。但是，隨著大戰拖延長達四年之久，並如此殘酷血腥，早期的文學愛國主義很大程度上轉變爲犬儒主義、厭世主義

圖17-12　照片中身著戎裝的威爾福雷德·歐文，是描繪第一次世界大戰恐怖情形的英國戰爭詩人之一。就在一九一八年十一月停火罷戰之前的那個星期，他命殞法國。〔Imperial War Museum, London (Q79045)〕

乃至悲觀失望。到了一九一八年，著名戰爭詩人如薩松和歐文，譴責毫無意義的戰爭帶來的恐怖景象，並對每個民族政府所做的宣傳加以嘲諷。反語和尖刻成爲一戰後歐洲文化領域裡創造性作品中到處瀰漫的主題。

因此，大戰最普遍的文化後果就是新樣式的文化悲觀主義出現。例如，西

格蒙德・佛洛伊德的心理學研究，日益強調人類侵略行爲的原始力量——佛洛伊德開始將其稱爲死亡本能——即使在最先進的現代社會裡，它也永不可能被徹底馴服。他的戰後名著《文明及其不滿》，對人性深處的非理性驅力與教化道德標準之間的無休止鬥爭，做了悲觀主義的描繪。在那種鬥爭中，個人及社會群體的無意識本能看起來總要制服文明所做出的不穩定防禦。一種不同類型的悲觀主義出現在奧斯維德・斯賓格勒深具影響的著作中。斯賓格勒乃德國哲學家兼歷史學家，他的暢銷書《西方的沒落》敘述了西方文明是如何陷入危機和衰弱的。借鑑生命輪迴理論，斯賓格勒追蹤西方歷史所走過的路程，從其充滿活力的青年時期（文藝復興）到富於創造的中年時期（十八世紀），再到日趨衰退的暮年時期（二十世紀）。斯賓格勒的史學理論與十九世紀對西方進步與擴張的自由信賴如此格格不入，卻引起遠遠超出德國範圍的人們之注意，因爲他的理論對那些從別的角度看來完全雜亂無章且荒誕不經的事件提供了解釋。

西方文化中的這一危機感，還透過新的文學運動與藝術運動傳播開去，其中最值得注意的或許體現在晦澀的達達主義作品中。一九一五年濫觴於瑞士並受到詩人扎拉推動的達達主義運動，抵制傳統文學結構，對西方的理性、美學理想和社會習俗則加以虛無主義的批判。達達主義戰後在巴黎有過一次短暫的流行，隨後即悄無聲息，但它對非理性衝動、「自發的」寫作及奇異夢境的迷戀，被傳遞到了超現實主義思想裡。與此同時，甚至最嚴肅的歐洲作家也相信，大戰已經暴露出歐洲文明核心裡的一種缺陷。例如，德國偉大作家湯瑪斯・曼將其戰後創作的小說《魔山》背景設定在一座瑞士療養院，在那裡，每個人都是病態的，來自歐洲各地患有結核病的各色人物，對西方文明有缺陷的傳統進行無休止的爭論。而愛爾蘭詩人 W. B. 葉慈，同樣察覺出歐洲的某些東西已經步入歧途，他的著名詩作〈基督重臨〉（一九一九年）對整整一代人的焦躁不安做了概括：

世界上到處瀰漫著一片混亂，
血色迷糊的潮流奔騰洶湧，
到處把純真的禮儀淹沒其中，
優秀的人們信心盡失，
壞蛋們則充滿了熾烈的狂熱。

巴黎和會，一九一九年

前不久屬協約國的俄國，一九一九年由布爾什維克掌握政權以後，如同一個麻瘋病人收容所那樣遭到排斥，同時，不參加任何國際上的交往。原來的德意志帝國和奧匈帝國已不復存在，經過一番努力，多少帶有革命性的政權先後在各地建立。在波羅的海沿岸、波蘭、多瑙河流域均建立了新的共和國，但是這些政府都缺乏實際效力，其疆域也未得到大家承認。在法國和義大利以東的歐洲各國，由於採取了俄國式的革命，國內接近於混亂狀態。西歐由於受到損傷，已經完全不像它原來的樣子。協約國對德國的封鎖仍在繼續。在這些情況下，一九一九年寒冷的冬天，戰勝國在巴黎集會，商討重建世界的問題。一九一九年間，它們簽訂了五項條約，全部都以巴黎近郊的名字來命名，即與奧地利簽訂《聖日耳曼條約》，與匈牙利簽訂《特里亞農條約》，與保加利亞簽訂《納伊條約》，與土耳其簽訂《色佛爾條約》（一九二〇年），而最主要的是與德國簽訂的《凡爾賽條約》。

整個世界都以敬畏和期待的眼光注視著一個人——美國總統。威爾遜占有獨一無二的優越地位，在世界各國人民心目中享有威望。戰勝國、戰敗國及中立國都承認，美國的干涉對這場衝突產生了決定性的作用。遍及世界上每個角落，經歷了長期磨練、混亂、喪失親屬的人們，都受到威爾遜激動人心的語言鼓舞。因為他的話表示支持崇高的事業，是維護正義的協奏曲，從而使和平獲得永遠的保證，而世界本身終將獲得自由。一九一九年一月，威爾遜到達歐洲，對協約國的幾國首都進行訪問。他受到群眾極熱烈的歡呼，幾乎是成群結隊地圍著他歡呼，他被看做是將文明從廢墟中拯救出來的人而受到致敬。

「十四點」與《凡爾賽條約》

威爾遜的觀點是眾所周知的，一九一八年一月他曾提出的「十四點」——即戰後建立和平的原則——陳述了他的觀點。「十四點」要求結束祕密條約和祕密外交（或者用威爾遜的話說，「以公開的方式訂立公開的和平條約」）；航海自由「無論平時或戰時都一樣」；取消國際貿易中的關卡與不平等；各個大國都要縮減軍備；進行殖民地的調整；撤離占領的領土；實行民族自決與按照民族界線重訂歐洲各國疆界；最後，但並非不重要的是，成立國際政治組織以防止戰爭。整個來說，威爾遜主張實現民主、自由、進步，並支持過去一世紀來的民族運動；主張實現啓蒙運動、法國大革命和一八四八年的思想。正如威爾遜所看到的，以及許多人所相信的，世界大戰將透過締結新型的條約而結束。人們想起過去的和平會議總是充滿著不祥，例如，一八一五年的維也納會

議。人人都譴責舊的外交活動導致了戰爭。在俄國，列寧從他的角度並爲了本身的目標，以自己的方式說過這些話。人們覺得，這些條約長期以來都是錯誤地按照國家的策略，或是按照無原則的交易和討價還價而簽訂的，並未考慮到人民的利益。在民主國家打敗集權國家以後，人民期望，在相互信任的氣氛中，按照總的協定，可能達成在民主時代提出的新解決辦法。人們有了一種眞實的感覺，即一個新的政治時代正如黎明破曉。

不過，威爾遜在勸說協約國各國政府接受他提出的「十四點」方面還是遇到了困難。法國人要求德國保證支付戰爭賠款；英國人否決了公海上的自由（「無論平時或戰時」），正是海軍競賽才使他們與德國疏遠起來，而他們作戰就是爲了保持其對海上的控制。英法提出這兩個保留條件，此外它們都表示願意接受威爾遜的領導。德國人請求停戰，他們認爲，和約將會在「十四點」的基礎上（只有兩點要求修改）擬訂出來。現今試圖統治德國的社會主義者和民主主義者也認爲，由於推翻了德皇和軍閥，戰勝國將會以較溫和的態度來對待他們；他們還考慮到，一個新的民主德國一定會重新出現在世界上，獲得應有的地位。

一九一九年一月，二十七個國家的代表在巴黎集會。可是，正式會議或者全體代表出席的會議是無關緊要的。許多事情都已由四巨頭（即威爾遜，英國的勞合・喬治，法國的克列孟梭，義大利的奧蘭多）所參加的會議決定。這四個人的組合並不是一件愉快的事。威爾遜是嚴厲、固執而正直的；勞合・喬治則是一個暴躁、多變的威爾斯人；克列孟梭是一個老年的愛國者，「法國的老虎」，自一八七〇年普法戰爭以來，他就一直活躍於政壇；奧蘭多是義大利政治活動中一時突出的人物。他們幾個人中，無一人對本身擔負的任務做過充分的準備。克列孟梭是一個明顯的民族主義者，勞合・喬治則總是關心國內的改革，奧蘭多像威爾遜一樣，是一個受過訓練的教授，至於威爾遜，曾經是一個大學校長，雖飽含一種使命感，但除了對本國人民以外，缺乏對其他民族的具體知識。可是無論如何，他們都民主地代表各自國家的政府和人民，言談中帶有一種權威，這便和舊學校培養出來的職業外交官不可同日而語了。

1879至1920年大事年表	
1879年	德國與奧匈帝國訂立軍事同盟
1894年	法國與俄國建立法俄同盟
1904年	法國與英國訂立協約，建立親密關係
1905年	德國號召摩洛哥從法國統治下獨立，對法英關係進行挑釁

1879至1920年大事年表	
1912至1913年	兩次巴爾幹戰爭促成塞爾維亞人和俄國人對奧地利的敵視
1914年6月	奧地利大公費迪南在塞拉耶佛遭波士尼亞恐怖分子刺殺
1914年8月	德國向俄國和法國宣戰；英國對德國宣戰
1914年9月	馬恩河戰役阻止德國人在法國的推進，並將西線引入壕壕戰
1916年	凡爾登戰役和索姆河戰役確定在法國的軍事僵局
1917年3月	俄國革命運動推翻了尼古拉二世；臨時政府掌權並繼續參戰
1917年4月	美國對德宣戰
1917年11月	英國發表「貝爾福宣言」，允諾支持猶太人將家園設在巴勒斯坦
1918年3月	《布列斯特─立托夫斯克條約》終止了蘇俄與德國之間的戰爭
1918年11月	德意志帝國和奧地利帝國崩潰
1918年11月	停戰結束了西線的戰鬥
1919年3月	西方協約國完成《凡爾賽條約》，在東歐建立起若干新興國家；德國被控犯有「戰爭罪」並須進行賠償
1920年	《色佛爾條約》將鄂圖曼帝國予以瓜分，並導致法方和英方在中東的「託管」

威爾遜首先要努力爭取成立國際聯盟，這是一個包括所有國家在內的永久性國際組織。參加者並不犧牲其本國的主權，而是在一起舉行會議，討論和解決爭執的問題，每個國家都應許諾不訴諸戰爭。在歐洲，沒有什麼政治家信賴此國際組織。然而，他們向威爾遜做了讓步，所以國際聯盟盟約就寫進了對德條約中。威爾遜也只得對勞合‧喬治、克列孟梭、奧蘭多和日本人做出讓步。這樣一來，他不得不對「十四點」的理想主義有所修正。不管怎樣，雙方妥協和討價還價大概是必要的，因為民族自決和殖民地調整這種普遍的原則，在具體的條件下必定導致意見上的分歧。威爾遜自信，如果國際聯盟能建立並運轉起來，條約中的錯誤將能在以後從容不迫地通過國際討論來加以糾正。

關於國際聯盟盟約，出現了一種特殊的意見分歧。威爾遜希冀盟約包含一項贊同宗教自由的條款。日本人則堅決主張應將譴責種族歧視包括進去。美國人和英國人對後一點表示反對，擔心一個國際性的權威機構可能對他們的移民做法加以干涉。最終，此兩項建議均遭否決。

法國在和會上最強烈的要求是反對德國以保證安全。在這個問題上，法國人幾乎走向了極端，因為西線戰爭幾乎全部是在他們的國土上進行的。為了將

德國領土調整到更接近法國的領土面積，法國人在會上提議，在萊茵河以西的德國領土上，設立一個由協約國保護的獨立國家。由於威爾遜和勞合·喬治明智地看到，如果惹起德國的不滿，結果只能是導致另一次戰爭的發生，因此，他們否決了法方的提議。法國人做了讓步，但卻附有條件，他們以另外的方式去獲得安全的保障，即英國和美國都做出承諾，如果法國一旦遭到德國的攻擊，英美便立刻與他們並肩戰鬥。包括這些規定在內的一項英法美安全保障條約，事實上已在巴黎簽字。薩爾煤礦在十五年內由法國支配；在此期間，薩爾區領土將由國際聯盟管理；到一九三五年舉行公民投票，決定歸屬問題。法國收回洛林和阿爾薩斯；德國不得在萊因蘭廣大地區設置防禦工事和派遣駐軍。為保證德國遵守條約，由協約國軍隊占領萊因蘭十五年。

在東歐，協約國希望建立強大的緩衝國，以對付俄國的布林什維主義。當時同情波蘭的情緒十分高漲。在從前屬於德意志帝國的一部分領土，即波森和西普魯士，原居住著波蘭人或德波的混血種人，如今劃給了波蘭新國家。這樣就給波蘭提供了出海的走廊，同時，又使德國大部分領土與東普魯士分割開來。但澤，原是德意志古老的小城，現在變成一個不屬於任何國家的自由市。上西里西亞這個擁有豐富礦藏的地區，經過有爭議的公民投票以後歸併波蘭。住在奧地利和波希米亞蘇臺德區的德意志人中，如今看到哈布斯堡帝國已不復存在（過去，在一八四八年和俾斯麥時期，帝國的存在曾阻礙全德聯盟的成立），要求合併到新德意志共和國的情緒發展起來了。可是這種情緒是無組織的，而且不管怎樣，協約國當然不會讓德國領土超過一九一四年的面積。奧地利仍然是一個發育不全的共和國，而維也納這個從前帝國的首都跟帝國領土分割開來——腦袋與身子分家，幾乎不能維持生命了。蘇臺德區的德意志人變成新興國家捷克斯洛伐克心懷不滿的公民。

德國喪失了全部的殖民地。威爾遜和南非薩姆茲將軍努力維護國際主義原則，反對歸罪於未開發的征服地，保證使德國原有的殖民地實際上授予國際聯盟。而國聯又轉過來在「託管」的名義下，將這些殖民地分配給各大國管理。在此方面，法國和英國分得非洲最好的殖民地；比屬剛果則稍有擴大；南非聯邦接管了原德屬西南非洲。在殖民地領土方面，義大利一無所獲。日本接受託管赤道以北太平洋上的德屬島嶼；澳大利亞接受託管德屬新幾內亞和所羅門群島；紐西蘭則接受託管德屬薩摩亞群島。日本還要求取得德國在中國的種種特權。在巴黎會議上，中國曾企圖將在華的全部特殊權益和治外法權一概廢除，可是無一國代表肯聽取中國的這些提議。後來，日本做了妥協，只接受了從前德國在中國的一半左右的權利。日本並未心滿意足，而中國退出了會議。與此

同時，那時候生活在巴黎的年輕越南民族主義者胡志明，想要威爾遜承認法國在印度支那違反了民族自決的原則，但是，這種對歐洲殖民主義的抨擊在凡爾賽遭到了忽視。

協約國接管了德國的艦隊，可是德國的水兵寧可在斯卡帕佛洛莊嚴地把船鑿沉，也不願意投降。德國陸軍被限制為十萬人。由於協約國禁止德國實行徵兵，或者說禁止對青年公民後備團隊進行年度訓練，因此軍隊變成專門的職業，軍官仍然在軍隊裡保持政治影響。協約國採用的使德國非軍事化的各種方法，反而達到相反的目的。條約禁止德國擁有重型火炮、軍用飛機和潛水艇。威爾遜發現，他提出的普遍裁軍計畫僅僅適用於德國。

法國甚至在停戰以前便約定，德國必須支付戰爭損失賠款。其他的協約國也提出了同樣的要求。在這次巴黎會議上，威爾遜對各國提出的賠款帳單數額驚得呆住了。比利時人提議，他們所應得的那份賠款，應依據比利時官方公布的統計資料，其總額要超過現時整個比利時的全部財富。法國與英國提議，德國應承擔全部的戰爭費用，包括戰爭期間由於德國方面所招致的戰爭撫恤金在內。威爾遜看到這些戰爭賠款總額，雖說不是嚴格意義上的不公平，但卻是絕對不可能償付的。甚至克列孟梭也認為，要求償付超過十兆億以上的法郎，結果將是一無所得。事實上，堅持要求巨額賠款根本是感情用事，沒有誰知道或者考慮過德國將怎樣支付，雖然所有戰勝國都模糊地了解到，只有依靠德國的出口貿易才能償付如此巨額的賠款，但德國的輸出又是與協約國本身的利益相衝突的。為避免形勢進一步惡化，德國人甚至提出對比利時和法國被破壞的東西負責進行修理，但這樣做將使法國人和比利時人失業或無生意可做，因而被粗暴地拒絕了。結果，在條約上根本並沒有寫上賠款總數，但清楚地說明，賠款總額將是非常巨大的，要留待將來設置的委員會做出決定。被戰爭及其自身麻煩弄得惱火的協約國，自身也積欠美國非常巨大的債務。在賠款問題上，它們不願去傾聽經濟方面的理由，而將賠款看做是純粹雪冤的另一種手段，同時也是消除來自德國這個危險對手的一種手段。條約要求德國交出其大部分商船做為賠款帳單上第一次支付的項目，還要德國擬訂交付煤的清單，並且放棄德國公民私人在國外擁有的全部財產。條約的這項條款，結束了戰前德國做為資本輸出者的歷程。

條約中之所以寫上著名的「戰爭罪」條款，其主要目的是要證明，對德國的賠款要求是正確的。根據這項條款，德國應毫不含糊地對協約國因戰爭而造成的一切損失「負有責任」。而此次戰爭則是「由於德國及其盟國的侵略而強加到協約國身上的」。德國人如今被強迫正式承認這項責任，但他們自己並

不認為負有這麼大的責任。他們認為，德國做為一個民族的榮譽受到了羞辱。「戰爭罪」的條款還給德國的鼓動者一個現成的藉口，甚至即便溫和的德國人也認為此項條約的簽訂是一件使他們喪失自尊心的事情。

《凡爾賽條約》在三個月內草擬完畢。在此過程中，由於俄國缺席、不給德國申訴的決定，以及威爾遜做出讓步以換得成立國際聯盟的意願，這一切，都使得複雜的問題處理起來相當順利。一九一九年五月，當《凡爾賽條約》提出最後定稿的文件時，德國拒絕在上面簽字。協約國以恢復敵對狀態相威脅，接著在柏林發生了政府危機。在德國人看來，沒有一個德國人願意詛咒自己、詛咒自己的政黨和自己的學說，而在所有德國人都認為不能容忍的文件上面簽名。最後，社會民主黨和天主教黨共同商定，同意承擔起這令人討厭的擔子。代表德國去凡爾賽宮鏡廳出席會議的是兩個惶惑不安、實際上不知名的代表，他們在協約國的一大批顯貴人物面前簽署了條約。

圖17-13　這四個人代表出席凡爾賽和會的協約國方的主要大國：（自左至右）義大利的維托里奧·艾曼紐·奧蘭多、英國的大衛·勞合·喬治、法國的喬治·克列孟梭和美國的伍德羅·威爾遜。德國人與俄國人均無代表來到凡爾賽。和會的決議包含一個譴責德國發動大戰的「戰爭罪」條款。這些決議在被排斥於和會之外的民族中造成了很深的怨恨。（Corbis）

　　在巴黎會議上草擬的其他條約，與《凡爾賽條約》一起爲東歐設置了一幅新地圖，並且載明了俄羅斯帝國、奧地利帝國與土耳其帝國要交還的領土。如今出現了七個新獨立的國家，即芬蘭、愛沙尼亞、拉脫維亞、立陶宛、波蘭、捷克斯洛伐克和南斯拉夫。羅馬尼亞領土則由於增加了從前屬於匈牙利和俄國的一些地區而擴大。希臘則是在損害土耳其的條約下擴大領土。現在奧地利和匈牙利都變成小國了，它們彼此已無關係。當時，由芬蘭到羅馬尼亞等國所形成的那個地帶，被認爲是阻止共產主義往西方擴張的「防疫線」。南斯拉夫（直到一九二九年都被稱爲「塞爾維亞人、克羅地亞人和斯洛凡尼亞人的王國」）儘管由塞爾維亞人掌控並實行塞爾維亞君主制，但這個國家的建立，似乎實現了南斯拉夫人運動的目標，此運動曾引起一九一四年的致命危機。不過，義大利得到的里雅斯特與達爾馬提亞沿岸的一些島嶼（這與一九一五年簽訂的祕密條約是相符的），使得野心勃勃的南斯拉夫人感到不滿。

　　《色佛爾條約》改變了中東地區的政治秩序。鄂圖曼帝國完全消失了。土耳其以共和國的姿態出現，其領地局限於小亞細亞和君士坦丁堡周邊地區，先前帝國的其他人則多數受到法國或英國的控制。根據國際聯盟的委任統治文件，敘利亞和黎巴嫩委託給法國治理。巴勒斯坦和伊拉克則委託給英國，雖然英國不得不先鎮壓伊拉克激烈的民族抵抗運動，方才建立起由他們選定的統治者費薩爾國王領導之合作政府。阿拉伯半島上的漢志王國得以承認爲獨立國家；然而，一九二四年它落入沙烏地阿拉伯王國的控制之下。大體而論，鄂圖曼帝國的解體使中東的大片地區處於動盪不安的狀態。事實上，鄂圖曼帝國的複雜遺產與英法的託管一樣，直到二十一世紀初仍繼續在這個地區製造內部的衝突與戰爭。

巴黎和會決議的意義

　　巴黎和會決議中最有普遍意義的原則，是共同約定至少在歐洲承認民族自決權的原則。按照語言劃定的每一個民族或者種族，原則上都能建立擁有自己的主權和獨立的民族國家。捷克斯洛伐克是個特例，它有兩種民族成分，正如其名字將捷克與斯洛伐克連綴在一塊所明示。隨著民族主義的勝利可以相信，自由主義和民主主義也必然獲得實現。還必須補充指出，因爲新成立的一系列國家已經宣告獨立，巴黎的和約締造者在處理民族問題上已經沒有選擇的餘地了。在東歐，由於許多地方都是民族雜居的，同時由於和約締造者在進行人口畫分時，並未仔細考慮實際的變動情況，因而每個新成立的國家都將發現在其國土上居住著一些異己的少數民族，或者它們可以宣稱，屬於本民族的人仍然

居住在鄰國接受外族的統治。因此，正如在一九一四年以前一樣，少數民族問題和民族統一觀念一直弄得東歐各國不得安寧。實際上，在捷克斯洛伐克的德意志人都爲他們是被壓迫的少數民族而叫屈。他們與民族統一主義者一起，要求德國將他們這些邊境外的兄弟聯合到祖國裡去，由此而引起第二次世界大戰前夕的慕尼黑危機。

《凡爾賽條約》曾打算消除德國的威脅，然而它並不是一項成功的條約。關於《凡爾賽條約》明智與否，人們一直爭論不止，但我們還是可以穩妥地做些許評論。就締結條約的實際目的而論，在有關德國方面，條約要麼過於嚴厲，要麼過於寬大。條約太嚴厲無法博得好感，而要說摧毀，則又不夠嚴厲。也許戰勝國應以較溫和的態度去對待新成立的德意志共和國，因爲後者也有它自己的理想；正如一八一四年戰勝拿破崙的各個君主國那樣，它們對待復辟的波旁王朝法國是溫和的，認爲它和它們一樣是屬於同一類的政權。事實上，協約國加給德意志共和國的條款，是和它們可能加給德意志帝國的條款大體相同。它們天眞地爲魯登道夫和德國反動派幫了大忙，正是那些社會民主黨人和自由主義者忍受著《凡爾賽條約》的「恥辱」。從一開始起，德國人就沒有表示願意執行這項條約。另一方面，條約也並不足以摧毀德國的經濟實力和政治實力。甚至條約中體現的那種嚴厲程度，不久也表明是太過分了，以致協約國都不打算執行。

一九一九年在巴黎的條約締造者，是於戰火尚熾熱之際，在各自國內興論的壓力下，倉促地擬定了一系列的條款。這些條款經過時間的檢驗表明，起草者歸根結柢並不打算強制德國執行。若干年以後，協約國內的許多人也宣稱，《凡爾賽條約》中的若干規定是不公平的或者是不可能執行的。由於協約國對它們擬定的條約喪失信心，這只能使德國國內那些要求否認此條約的鼓吹者更易於進行煽動。於是爲阿道夫・希特勒打開了方便之門。

甚至在《凡爾賽條約》制定初期，協約國就有懷疑。在條約臨簽字前幾個星期，勞合・喬治就不得不表明姿態，要求對條約做某些修改，雖然並沒有效果。這是因爲在一九一九年，英國的興論已經從對德國的恐懼轉爲對布林什維主義的恐懼了，並且已經表露出要利用德國做爲反對共產主義的堡壘。義大利從一開始便對《凡爾賽條約》的全部決定表示抵制，他們注意到非洲和中東的戰利品全都只歸法國和英國占有。中國對《凡爾賽條約》也表示不滿。俄國在經過若干年後重新進入國際舞臺時，看到所出現的局面是他們不喜歡也沒份參與製造的；他們對從芬蘭到羅馬尼亞這一條防疫線持否定態度，並且不久就想起，這片領土的大部分曾經一度是屬於俄羅斯帝國的。

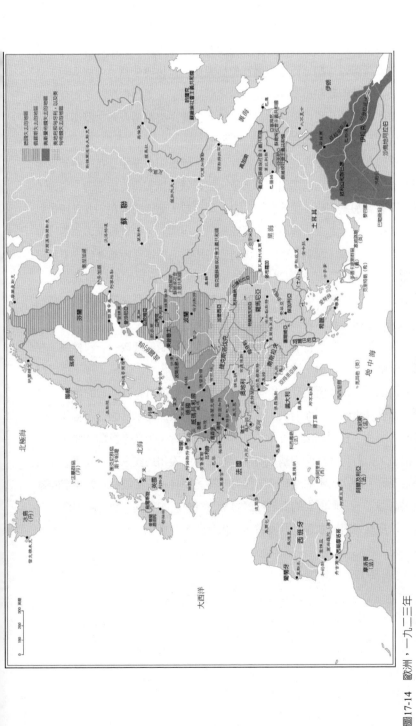

圖17-14 歐洲，一九二三年

此地圖顯示在《凡爾賽和約》及某些別的協定之後，兩次世界大戰之間歐洲各國的分界線。德國將阿爾薩斯─洛林地區歸還法國、割讓但澤周邊地區（「波蘭走廊」）給波蘭。在原奧匈帝國的版圖上，我們可找到「繼承國」──奧地利、匈牙利、捷克斯洛伐克、南斯拉夫和羅馬尼亞。波蘭重新獲得獨立，芬蘭及波羅的海三國──愛沙尼亞、拉脫維亞和立陶宛──從沙皇帝國分離了出來。愛爾蘭大部分成為英聯邦的一個「自由邦」，只有阿爾斯特留在了聯合王國。這些分界線延續下來，直到一九三八年德國吞併奧地利和捷克斯洛伐克的蘇臺德區。

美國對《凡爾賽條約》根本就從未批准過。當時，孤立主義的浪潮與對歐洲事務持厭惡態度的情緒籠罩著美國，這種情緒與對條約各項條款的合理批評以及黨派關係結合在一起，造成參議院對威爾遜的活動持否定態度。參議院對未來的德法戰爭拒絕事先做出進行軍事干涉的諾言，因此，參議院也同樣拒絕批准英法美安全保障條約。而威爾遜還曾勸說克列孟梭要依靠這項條約呢！法國認為，失去了萊因蘭和英美的保證表示他們受騙了，更因自己缺乏安全保障而發出痛苦的呼籲。正是由於這個緣故，他們企圖在德國還衰弱之際便將它鎮壓下去，而這反過來又引起許多進一步的糾紛。

國際聯盟在日內瓦宣告成立。它的存在本身就表明在擺脫一九一四年以前的國際無政府狀態方面向前邁出了一大步。威爾遜的見解並沒有過時，可是，美國從來沒有參加過國聯。德國在一九二六年以前，而俄國則在一九三四年以前，均未被國聯吸收進去。國聯能夠過問和迅速辦理的，只是幾個大國樂於許諾它去做的那些事情。國聯和西歐的優勢密切相關，而這種優勢地位已不再符合世界當前的形勢了。國聯的盟約已成為《凡爾賽條約》的有機組成部分，參加前不久，大戰的雙方許多人，都認為國際聯盟與其說是國際裁決的一種制度，不如說是維持有利於英國和法國的新現狀的一種工具。

第一次世界大戰給予古老的君主制度和貴族封建制度最後的一次打擊。在土耳其、俄國、奧匈帝國、德意志帝國和各個單一的德意志國家，帝王寶座倒塌了，朝廷臣子，以及所有社會上有頭有臉的人物與擁有特殊利益的舊土地貴族，全都隨著國王的垮臺而消失了。這次大戰的確是民主制度的一次勝利，儘管是辛酸的勝利。它把如法國革命和美國革命那樣時間長久、影響深遠的過程更向前推進，但對現代文明的基本問題，如工業主義和民族主義、經濟保障和國際穩定等等，這次大戰並沒有做出任何回答。而且，它使歐洲主要國家的實力被嚴重削弱了，它們面對的則是經濟力量日益興盛的美國、建立起革命政府的蘇聯，以及反殖民運動蓬勃開展的非洲和亞洲。

第十八章

俄國革命和蘇聯

　　俄國革命對二十世紀隨後年月中的重大事件及全球衝突的影響之大，並不亞於第一次世界大戰。儘管一九一四至一九一八年的戰爭是這場革命的決定性近因之一，但是這場影響深遠的大變革也源自於俄國眾多的社會與政治問題，而且布爾什維克黨的革命理念吸引了許多信徒，遠超出俄國本身的領土。一九一七年俄國革命的重大歷史意義能夠與一七八九年的法國革命相比擬，這兩次革命都源於深遠的原因，而且多年來眾多的國家都深受它們的影響。本章將闡述長達半個世紀的俄國革命過程，從一九〇〇年以前的沙皇統治開始，中間述及一九〇五年和一九一七年兩次革命，然後概述蘇維埃社會主義共和國聯盟，直到一九三九年。這段時期內，在約瑟夫·史達林的領導下，一個新的制度鞏固了，「計畫經濟」的體制成功地實現了。同時，最後一批革命元老或稱老布爾什維克，不是銷聲匿跡，就是被處決了。

　　把俄國革命與法國革命相比，在許多方面是頗有啓發的。兩次革命都是解放運動，一次是反對「封建主義」和「專制主義」，另一次是反對「資本主義」和「帝國主義」。兩者都不單涉及國內動亂的單純民族運動，而是向全世界發出了它們的訊息，吸引著所有國家的追隨者，並在那些世界觀動盪不定的人當中引起了強烈的反應。兩次革命都具有同樣的革命政治模式：只是在推翻舊政權的問題上，革命者的觀點較爲一致；而隨後在建立新政權的問題上，革命者內部產生了不和與衝突。因而一批革命者消滅了另一批革命者，直到一個很小的、有組織的、堅定的少數派（一七九三年的法國雅各賓民主派，一九一八年的俄國布爾什維克共產主義者），爲了保衛或推進革命事業，鎮壓了所有的反對派；在短期內（在法國大約是幾個月，在俄國大約是幾年），許多最激進的革命領袖自己竟遭到了鎮壓或清洗。

　　兩次革命的差別同樣值得注意。比較來說，即在一般文化方面與歐洲其他國家相比，一九〇〇年的俄國是落後的，而一七八〇年的法國在許多方面是先進的。法國革命的主要依靠力量是中產階級，這個階級迅速設法壓倒了更爲偏激的勢力。在俄國革命中，特別是在初期，中產階級也是積極的，但事實證明，他們無力平息群眾的不滿情緒，群眾逐轉向一個對工農有吸引力的更爲激進的黨。在法國，可以這麼說，革命剛剛「發生」時，各行各業的人意外地發現自己在革命中的地位，甚至雅各賓派專政也是由原來爲其他事業獻身的人臨時湊成的。在俄國，許多職業革命家早就爲革命長期地工作，布爾什維克專政是做了二十年的準備和計畫才實現的。

　　在法國，革命後接著是一次反動，這期間，流亡者回來了，被驅逐的階級重新出現在政治舞臺上，甚至波旁王朝也復辟了。法國革命後，接著是歷時一

個世紀的不安定妥協。而俄國革命卻有效地清除了它的反對派，一度被搞臭的階級從來未能復辟，很少流亡者能回來，羅曼諾夫家族也未能重登王位。在這個意義上說，俄國革命比法國革命更能立見其功。但隨著時光的流逝，二者的差別又重現了。到二十世紀九〇年代，一九一七年俄國曾公開讚揚的許多觀念破滅了，而那些在一七九〇年法國公開宣告的觀點獲得了廣泛接受——代議制立憲政府、國家主權保障下的公民平等權利，以及公民人身和財產的法律保障等。

俄國革命的影響很深遠，因為俄國處在全球政治和經濟事務中的特殊位置。在彼得大帝以前，特別是從彼得大帝時候起，它始終要面對歐亞兩洲。它是歐洲國家，然而它又超出歐洲之外，甚至與歐洲對立。如果說，一九〇〇年前後，俄國在歐洲主要國家中是最落後的，那麼它在非歐洲的世界中卻是最發達的、工業化程度最高，或者說最現代化的一個地方。俄國革命之所以贏得歐洲左派的同情，是因為它幫助了歐洲的舊社會主義者去反對資本主義。俄國革命之所以能引起其他各洲沉睡人民的興趣，是因為它還譴責了帝國主義（即擁有殖民地的歐洲國家），斷言帝國主義只不過是資本主義的「最高階段」，兩者必須一起推翻。蘇聯一旦建立，就居於西方和殖民地世界（即後來所稱的第三世界）之間的中間地位。在西方，它做為社會革命的最後階級，長期使人恐懼或被人讚美。在殖民地或前殖民地，它啟示了一個新的開端，即不透過資本主義或西方模式而能走向現代化的一條新道路，也是在世界範圍內奮起反對西方霸權的一個步驟。這樣，俄國革命不僅在歐洲產生了共產主義，也增強了亞洲和其他地方正在興起的反殖民主義運動的力量。

雖然職業革命家為俄國革命而工作，但他們並未「引起」革命。列寧和布爾什維克黨也沒有帶來俄國革命。只是在俄國革命爆發之後，他們才掌握它，他們是在中游上船的。俄國革命像所有的偉大革命一樣，都源於過去歷史矛盾的總和、形形色色的本土原因，以及許多階層人民長期的不滿。

背景

一八八一年以後的俄國：反動和進步

在前面的幾章，我們已經看到沙皇專制是怎樣產生的，它的統治如何像架機器般強加在它的國民身上；上層階級如何西化，而群眾卻進一步淪為農奴；知識界怎樣發展和分裂為從事政府工作和人民活動的兩個部分。在第十三章中，已經闡述過亞歷山大二世於一八六一年解放農奴，並建立了州和地區的

自治會或叫地方自治局,這些機構主要由地主選舉產生,並管理道路、學校、醫院等各項事業。

一八八一年亞歷山大二世被民意黨人刺殺了。他的兒子亞歷山大三世(一八八一至一八九四年)力圖撲滅革命思想,甚至壓制對政府溫和的批評。革命者和恐怖主義者被流放,民意黨做為一個有組織的團體已經消失。猶太人遭到大屠殺,這是到彼時為止的現代歷史所有事件中最壞的一項。帝國第一次採取了一個有計畫地進行俄羅斯化的方案。波蘭人、烏克蘭人、立陶宛人、高加索人、分散的德意志居民團體、各種穆斯林集團,全部面臨著被大俄羅斯文化強迫同化的前景。大俄羅斯化運動的哲學家和主要官員是波別多諾斯采夫。他是聖教會的代理人,也是沙皇底下的俄羅斯正教的世俗領袖。波別多諾斯采夫看到了西方某些思潮的異己性和危險性,他夢想把神聖的俄羅斯變成某種宗教化的社會,在這個社會裡,受過訓練的牧師應保護其信徒免受西方潛移默化的影響。

可是,這樣的社會並沒有出現。十九世紀的最後二十年,俄國比以往任何時候都更加融合成歐洲文明的一部分。似乎就在一夜之間,它給歐洲送來了歐洲人能夠理解的偉大的文學和音樂作品。俄羅斯的小說在西方簡直是家喻戶曉。所有的人都能閱讀托爾斯泰的作品而不感到陌生。如果說,屠格涅夫和杜思妥耶夫斯基作品中所寫的人物是比較奇妙的話,那作者本身無疑是偉大的歐洲文化家族中的佼佼者。柴可夫斯基的旋律和里姆斯基—科爾薩科夫的歌曲曾風靡歐洲和美洲。這些歌曲有時似乎隱含著粗獷、渺茫或憂傷之情,但始終沒有背離俄羅斯的民族風格。俄羅斯人也對自然科學特別是化學做出了貢獻。他們在那些較深奧的智力課題,如高等數學、物理或國際象棋中,都表現出特別的才能。

從十九世紀八〇年代起,俄國開始進行工業革命,並成為世界經濟體系中的組成部分。歐洲的資本流進俄國,為鐵路、礦山和工廠(以及政府和軍隊)提供資金。到一九一四年,歐洲人在俄國和美國的投資幾乎相等,各約為四十億美元。一八九七年在維特伯爵的革新政府領導下,俄國採用了金本位,使它的貨幣容易和所有國家的貨幣兌換。在一八八八年到一九一三年的二十五年間,俄國鐵路的英哩數增加了一倍多,電報線的英哩數增加了四倍,郵局的數量增加了兩倍,傳遞郵件的數量增加了六倍。雖然從西方的標準來看,俄國的工業仍然是不發達的,例如,它還沒有任何的機器製造業和化學工廠,但俄國確實在迅速地進行工業化。輸出額從一八八〇年的四億盧布增長到一九一三年的十六億盧布。輸入雖然比較少,但增長卻很快,在同一時期增長了四倍。

輸入的項目包括：茶、咖啡、西歐製造的機器和工業品。

在俄國，和在其他國家一樣，工業化導致商人和雇傭勞動者兩個階級（按社會主義的術語叫資產階級和無產階級）人數的增加。但儘管人數增加了，從西方的標準來看，兩個階級的人數仍是不多的。工廠的工人，在艱苦的條件下，為領取微薄的工資而每天勞動十一個小時以上。這種狀況大約相當於一八五○年以前英國或法國工人的處境。工會是非法的，罷工也被禁止。然而，十九世紀九○年代的幾次大罷工，卻喚起了人們對新產業工人的痛苦處境的注意。俄國無產階級具有一個顯著的特點：俄國工業高度集中，有一半產業工人集中在具有五百人以上的工廠裡。在這樣的環境中，工人在經濟上容易組織起來，在政治上也易於適時地動員起來。至於俄國的商業和資本家階級，由於其地位的某些特點，則是比較軟弱的。俄國的許多新興產業工廠的所有權掌握在外國人手裡，而大多數企業則隸屬於沙皇政府。俄國已經有了世界上最大的國營經濟體系。此外，俄國（與當時的美國不同）政府本身從歐洲借了大量外債，因此，它在財政上很少依賴自己的人民，從而較易維持其專制統治。

然而，新興的商業階級和自由職業者階級，由於得到開辦企業的地主支持，已強大到足以形成輿論中的一種自由主義思潮，其表現是一九○五年立憲民主黨（或「Cadets」）的成立。州自治局中的許多活動分子都變成了立憲民主黨人，他們就是西方人所稱的自由主義者、進步分子和立憲主義者。他們較少顧及工廠工人和農民的苦難，而是更多地考慮需要有一個由全國選舉的議會來掌握國家政策。

俄國仍然是農業占優勢的國家，它的大量出口主要是農林產品，農民占全國人口的五分之四。自一八六一年農民擺脫從前的封建領主以來，他們生活在農村公社或「米爾」裡。在多數公社裡，經過農村居民的同意，把土地分配或重新分配給各農戶。沒有村社的許可，任何人都不能離開公社。農民的負擔仍然相當沉重，直到一九○六年，他們還要支付在一八六一年農奴解放時所欠的贖身錢，甚至過後還要支付其他繁多的款項。他們還要繳納重稅，因為政府要靠國內徵稅來支付外債的利息。為了不斷增加穀物的出口，用來償還俄國欠西方的債務，政府只能從農民的飯桌上搜刮糧食。許多農民為了出售，種的是上等小麥，自己吃的卻是黑麵包。總之，和處在相同發展階段的其他國家一樣，俄國農業人口承擔著工業化費用中相當龐大的一部分。

農民的負擔如此沉重，加上耕作方法粗放，總是渴望獲得更多的土地。個體農民和「米爾」同樣感到「土地饑餓」。農奴的解放使大約一半土地轉為農民個人和集體所有，在隨後的半個世紀中，農民從非農民所有者那裡購買土地

以增加其數額。「米爾」不但沒有被廢棄，實際上還興旺發達，它們購買的土地遠比個人買主多。大概有一半或更多的農民認為公社的財產比不穩定的私有財產更安全，只有極少數有進取心且較富裕的農民（後來稱為富農）是例外。這些引人注目的「大農場主」已遠離貧苦的農民群眾，他們是不受群眾歡迎的。

革命政黨的出現

自古以來，農民就是俄國革命動亂的根源。農奴解放以後，農民仍然認為他們應該得到前莊園全部土地的某些權益（因為他們曾是莊園的農奴），而不僅僅只擁有分配給他們名下的那份土地的權益。因此，他們要求獲得政府貸款，以便購買大地主或從前主人的土地。但他們對土地的渴望沒有得到滿足；他們仍然妒忌地主貴族的特殊生活。俄國不像美國，它和歐洲各地一樣，農村人口明顯地分成兩個截然不同的階級：一個是經營土地的各類農民，另一個是占有土地的貴族，兩個階級之間永不通婚。他們不僅在經濟上，而且在言辭、服裝、風度，甚至臉和手的外觀上都各不相同。但是，在十九世紀最後三十年，俄國的農民明顯地平靜下來，叛亂思潮似乎漸漸消退了。

革命動亂的另一個傳統根源是知識界。在俄羅斯帝國已經成長起來的環境中，許多最優秀和最純潔的傑出人物被引向暴力。和單純的自由主義者或進步分子不同，革命知識分子渴望推翻沙皇統治。自十二月黨出現以來，他們組成了包括幾百或幾千個成員的祕密組織，致力於與沙皇員警鬥智，沙皇員警令人迷惑地打進他們的組織。例如，在一九一三年舉行的一次布爾什維克黨代表大會上，出席的二十二個代表中，至少有五個是沙皇政府的密探，但當時其他人並未發覺。

這些革命知識分子通常沒有什麼事可做，便把時間耗費在激烈的爭論和漫無邊際的學說推理之中。直到一八九○年，盛行於十九世紀七○年代的恐怖主義和虛無主義收斂，這時，革命運動的志願軍官們得從何處找到一支部隊，成為一個主要問題。論戰又轉到這樣的題目上：真正的革命階級是農民，還是新興的產業工人？農民是潛在的無產階級，還是不可救藥的小資產階級？俄國是否注定要經歷和西方一樣的歷史過程，還是有所不同？特別是，俄國是否一定要經過資本主義，或是可以直接地跨越資本主義階段而到達社會主義社會？

多數革命知識分子是「民粹派」。有些曾參加過如今已經瓦解的「民意黨」，有些還繼續贊成恐怖行為和暗殺，認為這些手段在專制國家裡簡直不可少。他們一般都堅持一種虔誠的信念，認為在俄國人民中蘊藏著尚待開發的

巨大力量。由於大多數俄國人是農民，所以「民粹派」注意農民問題和農民的福利，他們相信，俄國具有偉大的固有革命傳統，其中一七七三年普加喬夫的農民起義就是很好的先例。「民粹派」讚美俄國的農村公社或「米爾」，把它看做是歐洲「公社」的社會主義思想再現。他們學習並推崇馬克思和恩格斯的著作（的確，首先把《共產黨宣言》譯成俄文就是一個「民粹黨人」）。但是，他們不相信城市的無產階級是唯一的、眞正的革命階級；他們不相信，創造這樣一個無產階級的資本主義會不可避冤且合乎邏輯地居於社會主義之前。他們認爲，在俄國，恐怖的資本主義階段是可以跨越的。他們致力於披露農民的苦難和地主制度的罪惡，贊成鞏固「米爾」，使所有農民在其中獲得的享受與負擔均等。他們因爲不期望資本主義在俄國首先成功，就幻想革命也許會迅速來臨。這些「民粹派」思想具體的體現，便是一九〇一年社會革命黨的創立。

圖18-1　雖然二十世紀初葉俄國已經開始發展新興工業，但大多數人民仍在農村生活和工作。這幅第一次世界大戰前農民收穫乾草的圖片顯示，多數農活是由婦女完成的，而現代農業機械仍未到達俄國農村。（Library of Congress）

　　兩個民粹黨人，普列漢諾夫和阿克雪里羅德，於十九世紀七〇年代逃往瑞士，在那裡，他們轉而信仰馬克思主義。一八八三年，他們在流亡者中成立組織，從中產生了俄國社會民主黨或稱馬克思主義政黨。在俄國本土，一些馬克思主義者也開始表明自己的身分（雖然不是公開的）。一八九四年，當年輕的列寧認識他未來的妻子克魯普斯卡婭的時候，她已是一個好辯的馬克思主義集

團的成員。儘管十九世紀八〇年代的農民運動平靜地令人失望，但是，與此同時，機器工業、產業工人數目和罷工鬥爭均迅速地發展著。這些事態使許多革命知識分子（雖然還只是少數）從民粹主義轉到馬克思主義。除了普列漢諾夫和阿克雪里羅德以外，又增加了列寧、托洛斯基和史達林等年輕的領袖。

在這些人物中，列寧繼馬克思之後，被稱為共產主義之父。他身材矮胖，帶有小個子獨具的敏捷和熱情，目光深邃。他有高突的顴骨，稍微傾斜的雙眼，顯出他有來自父系的亞洲血統。他的頭髮很年輕時就脫去，留下寬厚的前額，護衛著他那永無休閒的大腦不倦地工作著。他甚至在二十來歲就被稱為老頭子了。列寧出身於中上層階級，是一位教育視察員的兒子，其父升到的職位相當於陸軍的少將級。列寧的少年生活是舒適的，甚至是幸福的。十七歲時，他的哥哥，一個聖彼得堡的學生，由於某些偶然的原因，捲入一次刺殺沙皇亞歷山大三世的密謀，被沙皇親自命令處死。家庭的株連使列寧無法繼續學習法律，不久他就加入職業革命家的行列。他沒有別的職業，只靠著黨的基金（主要來源於富裕同情者的捐助），過著朝不保夕的生活。

列寧因從事革命被捕，在西伯利亞度過了三年的流亡生活。在那裡，沙皇政府採用寬容的方法對待受過教育的政治犯，不同於後來蘇聯政權所用的方法。列寧和其他多數政治犯住在自己的小屋裡或與當地居民同住。政府不勒令他們服勞役。他們從歐洲借來許多書籍，能夠互相會見和訪問，參加爭論、下棋、打獵，進行思考和寫作。然而，由於被切斷了和故鄉俄國政治生活主流的聯繫，他們感到急躁不安。列寧在流放期滿後，於一九〇〇年前往西歐，除了幾次短期祕密返回俄國外，他僑居在那裡直到一九一七年。列寧智力過人，幹勁十足，具有策略家的敏銳，這使他在黨內很快便形成一股力量。有人說，天才就是具有能持久地考慮某一事物的本領。一度是列寧密友的阿克雪里羅德曾經說過，列寧「一天二十四小時致力於革命，腦子裡想的全是革命，甚至連入睡時，也只夢見革命」。

在國外流亡者的鼓勵下，一八九八年俄國國內的馬克思主義者成立了社會民主黨。當時，他們與人數較多的社會革命黨有著不同的革命概念。首先，做為徹底的馬克思主義者，社會民主黨人更傾向於把革命看做是一個國際運動，看做是涉及所有國家的世界歷史辯證發展過程的一部分。對他們來說，俄國除了不夠先進外，和別的國家沒有什麼差別。他們希望世界革命首先在工業社會的西歐爆發。他們十分欽佩德國社會民主黨，這是承認馬克思為領袖的所有政黨中最大且最興旺的一個。

為什麼俄國社會民主黨人比社會革命黨人更關注歐洲呢？其原因就是他們

的許多發言人均流亡在歐洲。他們認爲，在開始任何革命之前，俄國必須發展資本主義，發展工業無產階級和現代形式的階級鬥爭。他們把城市的無產階級看成眞正的革命階級，用懷疑的眼光看待所有的農民，嘲笑「米爾」，厭惡社會革命黨人。像馬克思本人一樣，俄國馬克思主義者不贊成個人的恐怖行爲和暗殺行爲。正因爲這一事實，加上他們的理論看起來好像有些書生氣，他們所從事的革命既有相當的條件限制，又似乎還在遙遠的將來，所以在一個時期內，馬克思主義者實際上竟爲沙皇員警所寬容，認爲他們比社會革命黨人的危險要少些。

社會民主黨的分裂：布爾什維克和孟什維克

　　一九○三年，俄國的馬克思主義者先後在布魯塞爾和倫敦舉行第二次黨的代表大會。列寧等政治流亡者和俄國地下組織的代表，以及社會民主黨人和較小團體的成員都參加了大會。代表大會原來的目的是要統一全俄馬克思主義組織，但實際上卻使它永遠分裂了。大會產生的兩個派別，自稱爲「布爾什維克」（或多數派）和「孟什維克」（或少數派）。列寧是這次分裂的主要發起人，因而是布林什維主義的奠基者。雖然一九○三年以後，多數實際上已轉到孟什維克方面，但列寧還是自豪且執拗地堅持用「布林什維主義」這個詞，以表達多數人對他支援這個有利的涵義。一九○三年後的若干年，俄國社會民主黨至少在形式上還能維持一個統一的馬克思主義政黨，但實際上已分裂爲勢不兩立的兩個派別。到了一九一二年，布爾什維克派自己就組成了一個獨立的政黨。

　　布林什維主義或稱列寧主義，最初與孟什維克派的主要分歧是在組織和策略問題上。俄國馬克思主義者彼此稱呼爲「強硬派」和「溫和派」。「強硬派」聚集於列寧周圍，「溫和派」則被他排斥。列寧認爲，黨應是一個小型的革命精銳部隊，是一個由可靠而熱情的工作者組成的堅強核心。那些想要成立一個更大更公開的黨，黨員可以僅僅是同情者的人，都成了孟什維克。列寧堅持建立一個高度集中的黨。在黨內，不容許民族的或其他的團體有自主權。他要求黨的最高領導具備強有力的權威，依靠這種權威，中央委員會能決定政策（或黨的路線）和管理各級組織的全體人員。而孟什維克主張全體黨員應具有較大的力量。列寧認爲，要使黨鞏固起來，必須清洗、開除一切背離黨觀點的人。而孟什維克除最基本的原則爭論外，尚喜歡用掩蓋與調和的手法去解決各種分歧。此外，孟什維克建議和自由主義者、進步分子及資產階級民主分子合作，列寧卻把這樣的合作看成是純粹策略性和暫時的，絕不隱瞞布爾什維克最

後要透過無產階級專政來實現其目的。總之,在俄國的條件下,只要有可能,孟什維克就去模仿西歐的馬克思主義者。列寧卻堅持重申馬克思的基本原則———辯證唯物主義和不可調和的階級鬥爭。

列寧接受了(也增加了一點)馬克思的主要思想:(1)資本主義剝削工人群眾;(2)歷史的形式是由經濟力量決定的,並正走向社會主義;(3)階級鬥爭是社會的定律;(4)現存的宗教、政府、哲學和道德等型態都是統治階級的工具。然而,正是列寧把馬克思和恩格斯僅用一般言詞提到過的,關於「帝國主義」和「資本主義發展不平衡性」的某些學說,加以發展和轉變。按照列寧主義在原來馬克思主義學說增添的觀點中,「帝國主義」不過是壟斷資本主義的唯一產物,是資本主義的「最高」和「最後」階段;它在每個國家不同時期的發展各不相同。壟斷資本主義致力於輸出剩餘資本和在不發達地區投資以掠取巨額利潤。在幾乎瓜分完畢的世界中,不斷地爭奪殖民地和市場,這就不可避免地導致國際帝國主義為重新瓜分殖民地而進行戰爭,也強化了殖民地國家為爭取獨立的鬥爭,這兩方面都為無產階級提供了新的革命機會。

圖18-2　列寧將俄國布爾什維克黨建成了一個紀律嚴明的革命運動團體,他堅持一小群集中的精英應該做出政黨全部的關鍵戰略決策。在第一次世界大戰期間,革命行動的機會最終來臨的時候,布爾什維克擁有一個高效、集中的政治組織,得到完美闡述的馬克思主義階級鬥爭概念,還有列寧的堅強領導。圖示為一九二〇年春天,列寧正在對群眾發表演說。〔SOVFOTO〕

　　另一方面，列寧嚴厲地譴責一切企圖給馬克思基本原則「增添」任何東西的人。修正主義者力圖貶低階級鬥爭，或者暗示馬克思主義歸根到底會爲某種宗教找到地盤。再也沒有任何東西比修正主義者這種論調更能激怒列寧的了。一九〇八年，他寫道：「在這個由一整塊鋼鐵鑄成的馬克思主義哲學中，絕不可去掉任何一個基本前提、任何一個重要部分，不然就會離開客觀眞理，就會落入資產階級反動謬論的懷抱。」列寧是一個有堅定信仰的人。他發現了馬克思主義，但他並沒有創造馬克思主義。他在其中找到了革命的理論，並且毫無保留地確認它是科學。在這點上可以說，他甚至比馬克思本人更坦率地崇奉教條，他把自己那偉大的智慧全部都用來論證二十世紀發生的種種事件如何證實了那位大師的分析。

　　然而，最爲傑出的是列寧的意志力。如果說，列寧主義在理論上對馬克思主義沒有什麼貢獻的話，那麼，它做爲一種運動就對馬克思主義有著巨大的貢獻。列寧是個活動家，又是卓越的鼓動家，是階級戰爭戰場上的指揮員。他能迅速寫完一本辯論性的小冊子、操控黨的代表大會，以及同樣輕而易舉地向工人群衆發表演說。和他相比，馬克思和恩格斯似乎只是隱士和社會學家而已。馬克思和恩格斯更樂意相信無產階級專政實現時，它能代表社會上絕大多數人的願望，因爲這種社會中多數人已變成了無產階級。但列寧卻直率地預知這種可能性，即無產階級專政可能只代表少數先驅者的自覺願望，它可能毫不躊躇地使用暴力，把專政強加給大多數人。

　　首先，列寧發展了馬克思關於黨作用的學說。他吸取了馬克思主義以前的俄國革命家的豐富經驗——神祕地使用假名、隱形墨水、密碼和僞造的護照，以及祕密集會等，這些都是非常規的奇特手段，一八四八年以前，當它以較小的規模在西方出現時，曾遭到馬克思的蔑視和嘲笑。列寧關於黨的概念，基本上是馬克思的，但增添了他自己在俄國取得的經驗。黨是一個組織，在其中，知識分子爲工人群衆提供領導和判斷力，因爲工人自己看不清前途。對於只關心工人日常要求的工聯主義，列寧比馬克思更不能容忍。他寫道：「工人運動自發的發展，採取了工聯主義運動的形式，而工聯主義正是意味著工人受資產階級的思想奴役。」黨內知識分子的任務是提高工會和工人的「階級覺悟」，然後把它引向革命。用「客觀」的知識武裝起來、認爲本身是正確的黨的領導，自然不能聽信他人的主觀意見——如工人、農民、犯了錯誤的下級組織，或自認爲比馬克思本人更高明的其他黨的流行觀點。所謂知識分子提供腦力，工人出賣體力，傑出人物做領導，而勞苦大衆溫順地追隨這些觀念，在俄國的環境中，是完全可以理解的。俄國的特定環境，一方面已創造出一個經過磨

練的自覺知識界，另一方面又產生了一個受壓制的工人階級和農民群眾，他們被剝奪取得自己政治鬥爭經驗的一切機會，這就是產生列寧主義最顯著的社會特徵之一，也是西方民主運動最感陌生之處。

列寧主義是俄國革命傳統和西方馬克思主義理論相結合的產物。這是一個從未有過的結合，所產生的重大成果就是共產主義。不過，當一九〇三年布林什維主義剛剛出現時，它的影響是微不足道的，甚至等於零。一九〇五年，一次真正的革命在俄國爆發了，它幾乎使革命流亡者完全感到意外。

一九〇五年革命

背景和革命事件

立憲民主黨、社會革命黨和社會民主黨在十九世紀末到二十世紀初，幾乎同時建立，顯然，這是社會不滿日益加劇的徵兆。當時，這些黨中還沒有一個像西方那樣，即組織起來使人當選爲公職人員，因爲在俄國，州自治局一級以上是不進行選舉的。三個黨全都是宣傳機構，由缺乏群眾支持的領袖和追隨各種思想流派的知識分子組成。各黨的成員，甚至立憲民主黨人都受到員警的監視，以致大部分活動被迫轉入地下。與此同時，一九〇〇年後俄國出現了民眾騷動的徵兆。農民侵占貴族的土地，甚至發動反對地主和稅收官的地方性暴動。工廠的工人也有零星的罷工但是，卻沒有哪一個新黨與這些民眾運動建立起密切的聯繫。

政府拒絕做出任何讓步。一八九四年登基的沙皇尼古拉斯二世，是一個目光短淺的人。對這位少君來說，所有的批評似乎都是兒戲。他年輕時受教於俄羅斯東正教世俗領袖波別多諾斯采夫，他將懷疑專制和正統觀念、懷疑大俄羅斯民族主義的一切思想都視爲非俄羅斯的異端。如果某些政府官員竟然被政府之外最溫和的自由主義者，或最守秩序的民主主義者的利益所支配，那就會被沙皇、皇后和高級官吏看做大逆不道。對他們來說，專制制度是上帝賦予俄國政府最好且唯一的形式。

首席大臣普列韋和宮廷裡的人士都希望短期對日戰爭的勝利，能使政府獲得更多的好處，但戰爭打得很糟，結果適得其反。熱情洋溢的帝國社會評論家們（除了少數最信奉國際主義的馬克思主義者外）都對俄國被一個崛起的亞洲強國輕易打敗感到羞恥。在克里米亞戰爭之後，人們普遍地感到這個政府已向全世界暴露了它的無能。自由主義者認爲，政府之所以行動遲緩、麻木、固執和缺乏效率，是因爲它信奉祕密手段和拒絕批評或監督的結果。這樣，它既不

能取得戰爭的勝利，也不能領導正在俄國開展的經濟現代化。但是，自由主義者並沒有什麼實際行動。

當時，員警曾允許加朋神父到聖彼得堡工廠的工人當中，藉由組織他們來抵消革命者宣傳。加朋神父認真著手處理工人的冤情。這些工人實際上是剛遷到城市的單純農民，他們深信，只要能見到少君這個超乎一切頑固資本家和冷酷官吏之上的神明，他就會吃驚地傾聽工人的控訴，並糾正那些折磨俄國的邪惡。於是，他們擬訂了請願書，要求實行八小時工作制，每日最低工資一盧布（五十美分）；請求撤掉無能的官吏；民主選舉立憲會議，在俄國建立代議制政府。一九○五年一月的某個星期日，大約二十萬赤手空拳的男女老少，和平而恭敬地唱著「上帝保佑沙皇」的歌曲，聚集在沙皇的冬宮前面。但沙皇逃避了，官員們也惶惶不安，調來的軍隊殘忍地掃射示威群眾，當場打死數百人。

聖彼得堡的「流血星期日」，使賴以維持政府穩定的道德支柱崩潰了。工人們震驚之餘，才明白沙皇不是他們的朋友。支持那些令人憎恨的官吏、稅收官、地主和企業所有者的專政制度，一下子暴露無遺。政治罷工的浪潮突然爆發了。社會民主黨人（孟什維克多於布爾什維克）從地下或流放地給這些運動革命的指導。工人代表會議或「蘇維埃」在莫斯科和聖彼得堡宣告成立。在全國許多地區，農民也開始了自發的暴動，他們強占貴族的土地，燒毀莊園主的住宅，並以暴力對付他們的領主。社會革命黨人自然要力圖掌握這次革命運動。自由派的立憲民主黨人、教授、工程師、商人、律師，乃至成立於四十年前的州自治局領導人，也都力圖奪取領導權，或者至少利用這次危機來束縛政府的手足。所有人都同意一個要求：在政府中應有更多的民意代表。

沙皇勉強地做了微小的讓步。一九○五年三月，他答應任用那些「享有國家信任」的人。八月（在毀滅性的對馬戰役之後），他同意實行某種「三級會議」，即農民、地主和城市居民都做為單獨的等級進行投票。革命仍在迅猛發展。當時列寧還沒回到俄國，主要由孟什維克領導的聖彼得堡蘇維埃或工人代表會議，號召在十月舉行一次規模巨大的總罷工。當時，鐵路中斷，銀行關閉，報紙停刊，甚至律師也拒絕上班。罷工蔓延到其他城市，農民甚至也捲了進去。在政府癱瘓的形勢下，沙皇發表了「十月宣言」，宣言許諾立憲、公民自由，以及成立由所有階級平等選出的杜馬（即議會）；杜馬有權制定法律和管理行政機構。

圖18-3 列寧將俄國布爾什維克黨建成了一個紀律嚴明的革命運動團體，他堅持一小群集中
的精英應該做出政黨全部的關鍵戰略決策。在第一次世界大戰期間，革命行動的機
會最終來臨的時候，布爾什維克擁有一個高效、集中的政治組織，得到完美闡述的
馬克思主義的階級鬥爭概念，還有列寧的堅強領導。圖示為一九二〇年春天，列寧
正在對群眾發表演說。（SOVFOTO）

　　沙皇和他的謀士們，打算用發布「十月宣言」來分化反對派。他們成功地
實現了這個預謀。由於沙皇答應成立杜馬，立憲民主黨人認為今後自己可望透
過議會方式去處理社會問題了。自由主義者此時害怕革命了。企業主看到總罷
工中顯示出來的勞工力量而憂心忡忡。地主要求農民恢復秩序。但覺醒了的農
民和工人仍未感到滿意。農民依然要求較多的土地和繳納較少的稅；工人則要
求較短的工作日和能維持生計的工資。革命知識分子的幾個派別繼續在民眾
中進行鼓動，希望促進事態的發展，直到廢除沙皇君主制，成立社會主義共和
國，由他們自己當領導。他們還正確地認為，「十月宣言」只不過是一個騙
局，一旦革命的壓力解除，沙皇就會拒絕承擔諾言。蘇維埃運動此時仍繼續高
漲，地區性的罷工也在繼續，還產生了喀琅施塔得的士兵和黑海艦隊水兵的譁
變。

　　但是，沙皇政府還是能夠維持其統治。由於中產階級的自由主義者此時已
不大活躍或要求維持秩序，當局乘機逮捕了聖彼得堡蘇維埃的成員。政府與日
本倉促媾和，並把可靠的部隊從遠東調回。革命領袖有的逃回歐洲或再次轉入
地下，有的被抓到監獄或流放到西伯利亞。在農村還執行了死刑。實際上，
一九〇五年的革命僅僅是未來一九一七年革命的彩排而已。

一九〇五年革命的成果：杜馬

一九〇五年革命最顯著的成果，是俄國像其他歐洲國家一樣，至少外表上成爲一個代議制的國家，沙皇許諾的杜馬召開了。從一九〇六年到一九一六年的十年間，俄國至少表面上是一個半立憲的君主國。

但是，人們很快就看出尼古拉斯二世並不打算做更多的讓步。早在一九〇六年他就宣布，杜馬將沒有外交、預算和政府人事權力，因此新杜馬在誕生前就被解除了武裝。直到一九一七年，他對君主立憲政體都是完全持否定的態度。歸結到一點，沙皇專制絕不允許民衆獲得任何眞正參與政府的權利。在「民衆」內部，極端的左右兩翼同樣不接受自由立憲主義。右翼，十足的君主專制和東正教的頑固支持者組織了「黑百人團」，恐嚇農民並慫恿他們聯合抵制杜馬。左翼，社會革命黨和社會民主黨中的布爾什維克和孟什維克兩派，於一九〇六年均拒絕承認杜馬，敦促工人聯合抵制它，並拒絕派出任何候選人參加選舉。

短命的第一屆杜馬，是在一九〇六年透過間接且不平等的選舉產生的。在選舉中，工人和農民做爲單獨的等級進行投票，他們的代表比地主的少得多。由於社會主義者的候選人空缺，工人和農民只得投票選舉各式各樣的人物，其中包括自由立憲民主黨人，結果自由立憲民主黨獲得了壓倒性的多數。杜馬召開時，立憲民主黨人發現，他們自己還得爲立憲政府僅有的原則而奮力爭取。他們要求眞正的男性普選權和內閣大臣對議會多數派負責，但沙皇的回答卻是：「兩個月後解散杜馬」。

第二屆杜馬是在一九〇七年選舉產生的。政府企圖藉由查禁政黨集會和報紙來控制選舉，但因社會革命黨和孟什維克同意參加選舉，這屆杜馬約有八十三個社會主義者當選。那些一見革命左派就色變的立憲民主黨人，認定立憲的進展必須是逐步的，表示願意與政府合作。但是，政府卻譴責並逮捕了大約五十名的社會主義者，其罪名是從事破壞和叛亂，同時解散杜馬。第三屆杜馬的選舉是在選舉法改革之後而進行的。改革後的選舉法，增加了有地產階級的代表，從而保證了保守派在杜馬中的多數地位。從一九〇七年到一九一二年，第三屆杜馬召開了幾次會議。一九一二年到一九一六年的第四屆杜馬情況與上一屆相似。代表們追隨政府的旨意，致力處理具體問題，埋頭於事務工作，迴避了最高權力的根本問題，僅在沙皇帝國的議會制度下苟延殘喘。

斯托雷平的改革

有些官員認爲，政府一手掌握全權，一手推行改革計畫以爭取明智派和

溫和派的支持，才是擊敗革命黨、鞏固君主制統治的方法。一九○六年到一九一一年由沙皇任命爲首相的彼得‧斯托雷平就有這種想法。解散第一、二屆杜馬的正是斯托雷平，但他實行的政策也不純粹是保守的，其目標就是擴大有產階級的力量，使之成爲政府的支持者。他認爲，一個得到衆多財產所有者積極支持的政府，就不會害怕那些空談理論的知識分子、陰謀家和流亡者，這也許是正確的。所以他贊許並擴大州自治局的權力，並使地主在其中管理地方事務。對於農民，他透過制定法律，掃除了自農奴解放以來的一切框架，允許農民出賣從「米爾」公社分得的那份土地，並離開他們的村莊，農民還享有土地私有權和購買公社或貴族財產的權利。

斯托雷平的政策是成功的，從一九○七年到一九一六年，在一千六百萬農戶中，已有六百二十萬戶按法律手續申請脫離了「米爾」。這種轉向個人財產和獨立經營的傾向並沒有錯。但斯托雷平的改革成果也不能言過其實，「米爾」並沒有瓦解。大多數農民仍然生活在公社的舊制度中，享受公共權利並受公社的約束。在產量最高的農業地區，土地的缺乏仍然是嚴重的，「土地饑餓」和貧困在農村繼續存在。貴族是最大的土地所有者，大約三萬名地主占有將近兩億英畝土地，另有兩億英畝土地爲其他大地產者所有。

斯托雷平未能長期堅持他的改革計畫，是因爲沙皇只是勉強地支持他，集團不喜歡他的越軌行爲和西方化的傾向。社會革命黨人自然大聲疾呼地反對公社的瓦解，甚至在理論上贊成資本主義在俄國發展的馬克思主義者，也擔心斯托雷平的改革計畫可能會平息農民的不滿情緒。在這些年裡，列寧曾說：「我不指望活著時能看到革命。」一九一一年，斯托雷平在基輔陪伴沙皇和皇后看戲時被刺殺了。刺客是社會革命黨恐怖派的成員，也有人說是反動沙皇員警的密探。在這之前的幾年裡，斯托雷平的前任普列韋和十來個其他高級官員同樣也遇刺而死。

儘管俄羅斯帝國仍是殘暴和半開化的國家，但總的說來，在第一次世界大戰前夕，它已經逐漸西方化。它的工業在增長，鐵路在延伸，出口額幾乎已達到美國的一半。俄國雖然沒有議會政府，但確實有一個議會。私有財產和私人資本主義逐漸向新的平民階層擴展，俄國有著某種被監護的出版自由。一九一二年布爾什維克的黨報《眞理報》能合法地在聖彼得堡公開出版，就是一例。很難說這種發展會走得多遠，因爲它受到左右兩個方面的威脅：頑固愚昧的反動分子堅持沙皇專制制度，而革命者唯有結束沙皇統治和徹底改革社會才能感到心滿意足。但是，左右兩派都洩氣了。政府中極端反動分子絕望了，他們感受到，不管在哪種情況下都有可能立即失去其地位，這大概是他們更願

意借著對塞爾維亞民族主義者武裝的支援去促使歐洲戰爭發生的原因。至於革命的黨派，尤其是布爾什維克黨，於戰爭前夕，在黨員中已不起作用。這些政黨的領袖年復一年地過著流亡的生活，夢想著一九〇五年革命的偉大日子，但這些日子偏偏沒有重新出現。有時候，他們悲觀地認爲，像列寧曾認爲的那樣，他們在世時，俄國可能不會再發生革命了。

一九一七年革命

沙皇專制的結束：一九一七年三月革命

　　戰爭又使沙皇統治經受了一次從未遇過的考驗。本來，贏得這次戰爭的必要條件，是政府和人民比任何時候都更心甘情願的合作，可是，這個必要的前提條件是沙皇帝國無法具備的。波蘭人、猶太人、烏克蘭人、高加索人以及其他少數民族，都不滿意沙皇統治。那些社會主義者在歐洲各國議會中均投票贊成戰爭撥款，但俄國杜馬內十來個平常不大團結的社會主義者，卻一致拒絕投贊成票，因而立即被捕入獄。普通的工人與農民雖和軍隊一起參戰，但缺乏德國和其他西方平民那樣的信心。中產階級的態度比較明朗，基於愛國熱情，他們希望俄國在戰爭中獲勝，因此對政府的明顯失誤更加無法容忍。一九一四年爆發第一次世界大戰的當年，就在坦能堡和馬祖里湖戰役中招致災難性失敗，跟著同盟國軍隊於一九一五年又進入俄國，俄國軍隊死傷和被俘者達兩百萬人。

　　戰爭爆發時，中產階級的人民像所有其他國家一樣支援政府，各州自治局成立了一個包括帝國內所有自治局的「州自治局聯合會」，以促進工農業的戰爭動員。彼得格勒（這時已不用聖彼得堡這個德國名字了）的商業界也成立了一個工商業委員會，督促工廠進行最大限度的生產。但政府並不信任這些非官方團體的活動。另一方面，以這種方式組織起來的中產階級人民，對自己的力量充滿信心，對官僚政治也指責較多。人們知道，在俄國陸軍部中，有些軍官內心是親德的。儘管俄國與英國、法國結盟，但這些軍官卻是害怕英法自由主義的反動分子。

　　談到沙皇宮廷的生活，對俄國來說也是離奇古怪的。原籍德國的亞歷山卓皇后，對其集團以外的所有俄國人，一概視如草芥。她教唆其丈夫扮演一個傲慢而無情的專制君主的角色。她聽命於一個自稱聖職人員的神祕人物拉斯普欽，確信拉斯普欽具有超自然以及先知的力量，因爲他曾表面上治好身爲皇儲小兒子的血友病。拉斯普欽經由對皇后的影響，取得了任命高級官員的發言權，所有請求晉見皇帝和皇后的人都必須透過他。各階層愛國和開明人士對此

圖18-4 俄國羅曼諾夫王朝的最後統治者沙皇尼古拉斯二世，企圖在沒有取得俄國人民支援的情況下，發動對德國的戰爭。圖片顯示的是戰爭第一年的沙皇與其妻子、兒女。尼古拉斯二世於一九一七年三月退位，第二年布爾什維克將其全家人處死。（TASS/SOVFOTO）

雖提出過抗議，但皆無成效。種種情況加上軍事的失敗，使自治局聯合會以及其他類似的戰時團體，不僅埋怨政府的施政失誤，也為國家的根本狀況叫苦。政府對這種批評的反應是既不拒絕，也不接受。具有諷刺意味的是，受困於全面戰爭的沙皇政府，卻害怕本國人民對它的幫助。

一九一五年九月戰爭期間，杜馬奉命暫停活動。這場戰爭又把一九〇五年以來潛伏著的一切基本政治問題重新提了出來。自治局聯合會要求召集杜馬。一九一六年十一月，杜馬重新開會，它對戰爭事務的處理方面仍表示了強烈的憤

圖18-5 神祕的修道士拉斯普欽對沙皇皇后亞歷山卓和俄國政府的事務有著令人怨恨的影響力，因為他似乎治好了皇家幼子的病。拉斯普欽的神祕特徵在這幅圖片中能展示出來，這是一九一六年他的敵人在宮廷中著手謀殺他之前拍攝的。（The Art Archive/Musee des 2 Guerres Mondiales Paris/Dagli Orti）

慨。戰爭的失利和政府的無能，使人們的不滿情緒增長了。十二月，拉斯普欽被宮廷中一些貴族刺殺了。沙皇開始考慮鎮壓措施，再次勒令杜馬休會。機關槍已分發給員警，議員們和新成立的非官方團體成員斷定，只有用武力才能挽救局勢。只關心自己事業的中產階級，這時也得出這樣的結論：革命在政治上已成爲可能。中產階級和自由主義者正在轉變，他們需要一次政變來擺脫反動勢力，但這也同樣使少數職業革命家在長期失敗後產生了希望。

正是彼得格勒的工人又一次使危機突然爆發。俄國和所有的交戰國一樣，食品奇缺。由於沙皇政府的無能和貪汙腐化，以致不能實行諸如限制最高價格和定量供應等控制措施，而這些措施是各國戰時普遍施行的。最深受食品匱乏之苦的是最貧窮的人。一九一七年三月八日，食品騷動爆發了。無疑是受到革命知識分子的幫助，騷動迅速發展爲政治起義。聚集的人群高呼：「打倒沙皇！」城市裡的部隊拒絕向起義者開槍。兵變和反抗從一個單位擴展到另一個單位。幾天內，一個工人士兵代表蘇維埃，按一九○五年的模式，在彼得格勒建立起來。

由於政府已無能爲力，中產階級的領袖們遂要求內閣辭職，建立一個新的且獲得杜馬多數信任的政府。沙皇用解散杜馬來報復。杜馬成立一個執行委員會代行其職務，直到局勢穩定爲止。於是在彼得格勒出現了兩個新的政權：一個是杜馬委員會，實質上是溫和的、立憲主義的和相對合法的；另一個是彼得格勒蘇維埃，代表著自發革命高潮中從下面湧現出來的革命力量。這個蘇維埃（或稱工人代表會議）在一九一七年發揮了類似一七九二年巴黎公社那樣的作用，不斷地推動這個被認爲是更高級且更具有全國性質的政權向左轉。蘇維埃變成民眾的論壇和工人階級起義的指揮中心。由於它的觀點一般說來傾向社會主義，於是，所有信奉社會主義的派別——社會革命黨、孟什維克和布爾什維克都力圖把它爭取過來，利用它達到自己的目的。

在彼得格勒蘇維埃的壓力下，杜馬委員會在三月十四日成立了一個以勒沃夫公爵爲首的臨時政府。作爲對蘇維埃的讓步，杜馬自由主義者讓一個社會主義者進入新政府，此人就是亞歷山大·克倫斯基，一個溫和、有合法思想的社會革命黨人。杜馬自由主義者還同意要求尼古拉斯二世退位。當時沙皇正在前線，他企圖返回彼得格勒附近的皇宮，但皇帝的列車被軍隊攔住並被迫重返前線。關鍵是軍隊支援革命，正在前線的將軍們，因爲已無法保證他們的士兵忠於沙皇，這時便出面力勸沙皇退位。尼古拉斯讓步了，且他的兄弟大公爵拒絕繼承王位。就這樣，俄國在一九一七年三月十七日終於成爲共和國。

一九一七年十一月布爾什維克革命

　　臨時政府按照歐洲革命的範例，號召由男子普選產生立憲會議，立憲會議擬在一九一七年底召開，並為新政權起草一部憲法。臨時政府也企圖繼續進行對德戰爭。這年七月它發動了一次攻勢，但因軍隊士氣低落而迅速潰敗了。在立憲會議做出最後決議以前，臨時政府曾答應大規模地把土地重新分配給農民，卻沒有行動。與此同時，被長期「土地饑餓」所驅使的農民，已在農村地區起義，他們燒毀農莊，強占土地。前線的軍隊瓦解了，許多高級軍官拒絕為共和國效勞。農民出身的士兵群眾不願失掉分田的機會，乾脆回老家去。與臨時政府相反，彼得格勒蘇維埃號召結束戰爭，由於擔心反動軍官作亂，彼得格勒蘇維埃在三月十四日頒布了第一號命令，把軍隊的指揮權交給軍官和士兵雙方選出的委員會。軍隊的紀律崩潰了。

　　當列寧和其他布爾什維克在四月中旬回到彼得格勒的時候，革命已經順利開展。他們立即和彼得格勒蘇維埃一起反對臨時政府，還和全國各地湧現出來

圖18-6　俄國成本高昂的軍事失敗和因長期戰爭加劇的食物短缺，決定性地推動了推翻沙皇尼古拉斯二世的革命起義。同樣的不滿隨即也使企圖延長戰爭的臨時政府垮臺。圖示為彼得格勒的婦女要求增加對俄國士兵的食物配給，但一九一七年她們的示威僅是革命年代席捲俄國廣大政治動員的一個例子。（SOVFOTO）

類似的蘇維埃採取同一立場。七月，水兵和士兵的一次起義被鎮壓了，布爾什維克黨中央不同意這次過早的起義，黨人遭到譴責，列寧不得不逃往芬蘭。為了招攬民眾的支持，臨時政府任命社會主義者克倫斯基為它的首腦，以代替勒沃夫公爵的職位。於是，臨時政府變成一個溫和的社會主義者和自由主義者的鬆散聯合體。克倫斯基的中間立場隨即受到來自右翼的威脅。當時，新任軍隊司令官科爾尼洛夫曾派遣一支騎兵去恢復秩序。不管保守黨人還是自由主義者，都希望他能成功地把蘇維埃鎮壓下去。但是，由於蘇維埃得到布爾什維克黨人和其他社會主義者的幫助，以及城市中傾向革命的士兵武裝抵抗，科爾尼洛夫的反革命行動失敗了。激進派譴責自由主義者充當科爾尼洛夫的未遂反革命事變之同謀，而兩個陣營都譴責克倫斯基竟然允許在他政府的羽翼之下策劃陰謀活動。自由主義者和溫和的社會主義者均拋棄了克倫斯基，於是，他只能組成一個政治基礎極不穩定的政府。由於運輸混亂和農民騷動，食品短缺更為嚴重。在這種情況下，城市的工人們更樂於聽信那些最極端的鼓動家意見。

　　布爾什維克黨人採取的綱領似乎適合於絕大部分覺醒的革命人民需要。列寧把它歸納為四點：第一，立即與同盟國停戰；第二，把土地重新分配給農民；第三，沒收資本家的工廠、礦工和其他工業企業，交給各廠的工人委員會管理；第四，確認蘇維埃取代臨時政府為最高權力機關。在抽象問題上，列寧雖是一個恪守信條的人物，但又是一個靈活而大膽的策略家。一九一七年的綱領，與其說是考慮了馬克思主義的理論，不如說是根據俄國當時的情況而制定的。當時最需要的是以「和平、土地和麵包」的許諾把士兵、農民和工人爭取過來。布爾什維克利用這個綱領，依靠滲透行動和議會策略，以及做為政治預言家的準確性——識破了科爾尼洛夫的反革命陰謀，並且揭露了中派自由主義者支持反革命陰謀的傾向，這樣布爾什維克黨人便在彼得格勒和全國蘇維埃中贏得了多數。

　　在這種形勢下，為了制服克倫斯基，列寧先發制人地在立憲會議即將召開之前，提出「全部權力歸蘇維埃」的口號。克倫斯基為了擴大他的統治基礎，迫不及待地在立憲會議召開之前，召集一個由各黨派、工會和自治局代表參加的預備議會。列寧和布爾什維克抵制了這次預備議會，而另外召開一個全俄蘇維埃代表大會。

　　列寧當時斷定，奪取政權的時機已經成熟。此時布爾什維克內部產生了分歧，但列寧卻得到托洛斯基、史達林和黨中央委員會多數的支持。彼得格勒的衛戍部隊決定支持布爾什維克掌握的蘇維埃。一九一七年十一月六日夜間到七日清晨，布爾什維克占領了城裡的電話局、火車站和發電廠。一艘軍艦掉轉炮

口對準冬宮——克倫斯基的政府所在地。克倫斯基政府幾乎找不到什麼人來保衛它。蘇維埃代表大會倉促召開，大會宣布臨時政府已被推翻，並任命以列寧為首腦的人民委員會來取代它。托洛斯基被任命為外交事務人民委員，史達林被任命為民族事務人民委員。克倫斯基逃走了。他後來到了美國，在那裡居留直到一九七〇年逝世。

在蘇維埃代表大會上，列寧提出了兩個決議案。第一個決議要求各交戰國政府藉由談判，締結一個不割地、不賠款的「正義民主和約」；第二個決議是立即無償地沒收「全部地主的財產」。雖然布爾什維克決定建立無產階級專政，但他們懂得俄國農民的重要性。把屬於大地產者的數百萬畝土地沒收，分給農民，這就成了新政權得到支援的基礎。沒有這個基礎，新政權簡直無法維持下去。

布爾什維克革命或叫十一月革命就是這樣完成的[1]。但長期醞釀的立憲會議仍然有待舉行。一九一八年一月，立憲會議召開了。三千六百萬人參加投票，其中有九百萬人選舉布爾什維克的代表。這就表明近一年前由一小批流亡者提出的布爾什維克綱領已獲得群眾的廣泛贊同。然而，農村的民粹派、土著俄羅斯人和傾向農民的社會革命黨人等共約兩千一百萬人，投了克倫斯基社會革命黨的票。因此，列寧說，「把全部政權交給立憲會議，同樣是朝兇惡的資產階級妥協」。於是，在立憲會議開會的第二天，人民委員會派去的武裝水兵乾脆把會議廳包圍起來，並把立憲會議強行解散。立憲會議的解散是一個對多數派統治的明顯否定，而肯定了「階級的統治」——也就是無產階級透過布爾什維克來行使權力。無產階級專政終於建立起來了。兩個月後，即一九一八年三月，布爾什維克黨改名為共產黨。

新政權：內戰，一九一八至一九二二年

就在這幾個月間，共產黨（布爾什維克）與德國簽訂了《布列斯特—立托夫斯克和約》，把波羅的海地區、波蘭和烏克蘭割讓給德國。俄國沙皇兩個世紀以來對這些地區的占領就這樣被放棄了。自從彼得大帝以來，俄國的邊界從來沒有像當時距離中歐那麼遠。但對列寧來說，這沒有什麼關係。列寧確信，他在俄國剛剛經歷的事變，不過是世界動亂的序幕。戰爭在西方仍然激烈地進行著，這將不可避免地導致全歐洲的無產階級革命或稱馬克思主義的革命，德意志帝國將因而毀滅；波蘭、烏克蘭和其他國家人民可能像德國人民一樣，不久將會成為自由的、社會主義的人民。總之，列寧抓住了「給人民和平」這一關鍵，就取得了足夠的支持去推翻克倫斯基政府，而克倫斯基卻對這樣一個深

得民心的和平要求耽擱得太久了，他在等待英國和法國解除俄國承擔的協約國條約的義務。但是，真正的和平並沒有到來，因為這個國家立即陷入了內戰之中。

不僅是擁護沙皇的老反動分子，也不僅是自由主義者、資產階級分子、自治局官員和立憲民主黨人，各色各樣的反列寧主義的社會主義者，如孟什維克和社會革命黨人，都分散在四面八方反抗蘇維埃和人民委員會的政權。這些人得到西方協約國的援助，雙方都在爭取農民的支持。

新政權最早建立的組織是黨。黨起初是社會民主黨的一個派別，建立於一九○三年。其次是蘇維埃，創立於一九○五年和一九一七年。然後是在政變期間成立的蘇維埃人民委員會。在新的秩序下，首先建立的機關是政治員警，即與反革命、投機商和破壞活動進行鬥爭的全俄非常委員會。根據它的俄文語源稱之為「契卡」（Cheka）。在以後的年代裡，這個機構相繼採用了這樣的名字：OGPU（蘇聯國家政治管理局）、NKVD（內務人民委員會）、WVD（內政部）、KGB（國家安全委員會）。名稱改變了，但它的目的和手段基本上沒有變。全俄肅反委員會是在一九一七年十二月七日所成立。一九一八年一月建了紅軍，里昂‧托洛斯基是軍事人民委員，實際上是紅軍的締造者。七月，頒布了憲法。

在社會政策中，布爾什維克最初沒有一個長遠的計畫，僅滿足於某種原則和權宜之計的混合物，稱之為「戰時共產主義」。他們把一些最大的工業企業國有化，其餘大部分交由工人委員會管理。緊迫的問題是籌集糧食，因為要透過任何正常的管道取得糧食已經不可能了。當時的農民處境很像法國革命時的情況——貨幣已經沒有用了，財產所有權沒有保障，雇工難以控制，武裝搶劫，前途未卜，因此，農民生產的糧食比平時少了，他們不是自己把糧食吃光，就是把它囤積在自己的莊園裡。政府和城市工人的反應也像一七九三年的法國那樣，新政府徵收糧食，要農民定期「交納」，並要求工會派出武裝分隊到農村以武力採辦糧食。自然，有餘糧的是那些大農場主，他們得到了使人民挨餓的壞名聲。階級戰爭爆發了，這是一場瘋狂、殘酷且暴烈的戰爭。鬥爭的一方是農場主，他們害怕失掉的正是口糧和財產；另一方則是城市人民，他們經常受到挨餓的農業工人支援，因為農業工人已被饑餓逼得走投無路。於是，許多農民，特別是大農場主，紛紛集合到那些反布爾什維克的政治首領周圍。

暴亂中心各地都有。頓河流域地區，在科爾尼洛夫和鄧尼金的指揮下，集合了一小股部隊，其中有許多軍官、貴族地主和被剝奪了財產的商人；在窩瓦河中游，社會革命黨人召集追隨者。最值得注意的軍事組織是一支約有四萬

五千名捷克人的部隊。他們原是偷懶或是從奧匈軍隊中俘獲來的士兵，當時被編爲一個捷克軍團，參加俄國和協約國方面對德作戰。十月革命和《布列斯特—立托夫斯克和約》簽訂以後，這個捷克軍團決定經由外西伯利亞鐵路離開俄國，從海道返回歐洲，重新參加西線的戰鬥。但當布爾什維克官員著手解除武裝的時候，他們與窩瓦河的社會革命黨人結成了聯盟。

協約國各政府認爲，布林什維主義只是暫時的狂熱，因此可以毫不費力地制服它。他們最大的希望是使俄國恢復對德作戰。日本拒絕在任何戰線上出兵支持協約國，卻熱心接受這次武裝干涉的建議，把俄羅斯帝國的毀滅視爲擴展其東亞勢力範圍的一個難得機會。日本贊成派一支協約國軍隊在符拉迪沃斯托克登陸，穿過西伯利亞，與捷克軍團會合以粉碎布林什維主義，並襲擊在東歐的德軍。英法不可能派出士兵參與這個野心勃勃的計畫，因爲他們都捲入了西線的戰爭，因此派出的只是美國和日本的部隊，也可說完全是日本的部隊，因爲日本實際上派出了七萬兩千名士兵，而美國只有八千名。他們於一九一八年八月在符拉迪沃斯托克登陸。

內戰繼續到一九二○年，有些地方則更晚些，它變成了一場混戰。在戰爭中，布爾什維克既要對付持異議的俄國人和具有獨立意識的民族主義者，還要反對外國的武裝干涉。在烏克蘭，紅軍最先反抗德國，後來又和法國對抗，因爲歐洲戰事一結束，法國立即占領了奧德薩，重新征服了烏克蘭、亞美尼亞、格魯吉亞和亞塞拜然。這些地方曾先後宣布過獨立。布爾什維克在南方擊潰了一支十萬人的反革命「白軍」，擊退了在西伯利亞自稱爲全俄統治者的海軍上將高爾察克。一九二○年布爾什維克與新成立的波蘭共和國進行了一場戰爭。當時，新的波蘭共和國取得了一七七二年前曾屬於它的廣闊烏克蘭和白俄羅斯的領土，建立起他們的軍隊。英國、法國和美國部隊繼續占領阿爾漢格爾，直到一九一九年底。日本占領符拉迪沃斯托克，直到一九二二年底。

但是，反布爾什維克的力量永遠不可能團結一致。反共的俄國人代表著各種色彩的政治派別——從頑固不化的沙皇分子到左派社會革命黨人。許多反布爾什維克的右派分子，在其占領區開始收回被剝奪的地產，因而引起農民的反抗。右派中許多人還參與某種「白色恐怖」的復仇行動。另一方面，在國內戰爭的熔爐中，里昂·托洛斯基鍛造了一支鋼鐵般堅強的紅軍部隊，對它不斷擴充、組織、重整軍紀，盡力使之裝備完善，還委派政治委員加強了管理，保證部隊最高指揮權掌握在可靠的軍官手裡。布爾什維克譴責外國的武裝干涉，喚起國民的愛國熱情，又利用重新分配土地以贏得農民的支持。

到一九二二年，布爾什維克（或稱共產黨）已在除歐洲之外的各個方位建立了和從前沙皇帝國大致相同的邊界線。波羅的海沿岸國家——芬蘭、愛沙尼亞、立陶宛、拉脫維亞——繼續保持獨立。羅馬尼亞由於取得了比薩拉比亞，使當時的新邊界幾乎延伸到奧德薩。一九二〇年戰爭的結果使波蘭保留了一條比協約國原來要求的還要靠東的邊界。俄國喪失了上千平方英哩的領土，也喪失了被沙皇占領達數百年之久的緩衝地區，這些失地一直保持到第二次世界大戰。但俄國終於贏得了和平，新政權站穩了腳跟。

在國內戰爭期間，俄國發生了「紅色恐怖」。像一七九三年法國著名的恐怖事件一樣，其部分原因是對內戰和外國武裝干涉的反應。與布爾什維克恐怖相

圖18-7　列奧‧托洛斯基帶領的紅軍在一九一八至一九二二年的內戰中打敗了布爾什維克的許多敵人。這張照片是他在革命早期歲月中拍攝的。他當時是布爾什維克重要的政治和軍事領袖，同時也是國際共產主義有影響的理論家。（Getty Images）

比，舊的雅各賓恐怖已大為遜色。在「紅色恐怖」中，僅僅人質就槍斃了好幾千人（這種做法在歐洲已多年未見到了），其他的數千人甚至還未履行革命法庭的簡單手續就被槍決了。「契卡」是前所未見的最恐怖政治員警。布爾什維克恐怖的目的，是從肉體上消滅一切反對新政權的人。一個人的資產階級背景可能被引申為圖謀反蘇維埃國家的罪證。正如「契卡」的一位首腦所說的：「首先應向被告提出的問題是：他屬於哪個階級？他的出身是什麼？他受教育的情況如何？他從事什麼職業？這些將決定被告的命運。這就是紅色恐怖的實質。」

圖18-8 布爾什維克堅強的力量來自於精心訓練的紅軍。這是一支紅軍炮兵部隊正在參與對一九二一年喀琅施塔得水兵起義的鎮壓。（ITAR-TASS/SOVFOTO）

但是，對有工人階級背景的人亦沒有多大差別。例如：一九一八年，一位年輕婦女名叫范妮・卡普蘭，開槍射擊列寧致使他受傷。她供稱她贊成立憲議會，雙親於一九一一年移居美國，六個兄弟姊妹都是工人。她承認企圖殺死列寧。自然，她與彼得格勒的其他罪犯一樣被處決了。又如，喀琅施塔得的水兵是布爾什維克首批爭取過來的人員，他們於一九二一年起義，抗議黨控制蘇維埃（威脅要使某種左派革命得到復活，像法國革命時埃貝爾派反對羅伯斯比爾一樣），於是被譴責為小資產階級，有上千人被擊斃。但是這場恐怖對革命者自己的衝擊也像對資產階級的衝擊一樣沉重，甚至在革命政權穩定後很長的時間內，「恐怖」仍然繼續橫行。

「恐怖」成功地達到了它的目的。依靠它，同時加上紅軍取得的勝利，建立起新的政權。某些「資產階級分子」憑藉「勞動者」的保護色而殘存下來。但是，這樣的資產階級分子再也不敢參與俄國的政治。孟什維克和其他社會主義者逃到歐洲，講述列寧造成的生命損失等駭人聽聞的故事。被嚇壞了的歐洲社會主義者把這種共產主義視為殘暴的、被俄國人所歪曲的馬克思主義，並斷然加以拒絕。雖然付出了很大的代價，列寧和他的追隨者們現在總算能夠開始建設他們所理解的社會主義社會了。

蘇維埃社會主義共和國聯盟

政府：多民族和聯邦制

　　隨著國內戰爭、外國武裝干涉的結束，以及與波蘭之間的戰爭停止，在一九二二年建立蘇維埃社會主義共和國聯盟才有了可能。參加聯盟的首批成員國共有四個，但由於政治重組和第二次世界大戰初期占領的新領土，共和國的數目增至十五個（見圖18-9）。雖然許多共和國建於中亞，但蘇聯人口的大部分仍居住在三個較大的斯拉夫地區，它們是：俄羅斯蘇維埃聯邦社會主義共和國、烏克蘭蘇維埃社會主義共和國和白俄羅斯蘇維埃社會主義共和國。由於新的聯盟在地理上已取代了舊俄羅斯帝國，俄羅斯的名字在官方不再使用。新聯盟的指導思想是把民族和國際融合為一體，即藉由給各民族集團的自治權以承認民族性，同時把這些集團聯合在一個較高級的聯盟中，並允許新的民族集團加入聯盟而不受歷史邊界的約束。一九二二年，期待世界革命爆發的想法仍然存在。一九二四年正式通過憲法宣告，蘇維埃社會主義共和國聯盟的成立是：「全世界勞動者結合為一個世界社會主義蘇維埃共和國道路上具有決定意義的一步」。憲法規定，聯盟原則上是不固定且可以擴大的，任何加盟國都可以退出（但從未有一個成員國退出），新成立的蘇維埃共和國也可入盟。第二次世界大戰爆發後，蘇聯占領了臨近的領土（這些地方曾是沙皇俄國的領地）——取得了獨立的波羅的海三國，即愛沙尼亞、拉脫維亞和立陶宛；從羅馬尼亞取得比薩拉比亞；蘇芬戰爭後，從芬蘭取得卡累利阿。比薩拉比亞成為摩達維亞蘇維埃社會主義共和國，而卡累利阿自一九四〇年至一九五六年間稱為卡累利阿－芬蘭蘇維埃社會主義共和國，暫時成為第十六個蘇維埃社會主義共和國。

　　蘇聯的聯盟原則是為了解決民族主義問題。沙皇統治的最後數十年，曾企圖藉由有計畫的俄羅斯化來處理這個問題。各民族的反抗和民族主義的不滿情緒是削弱帝國的致命力量之一。民族主義，或者說，民族集團應享有自己政治主權的要求，不僅瓦解了奧匈帝國，而且曾使中歐和東歐「巴爾幹化」。一九一七年後，如果不是內戰時建立的紅軍占領了已瓦解的沙皇帝國大部分版圖的話，蘇聯內各民族也將宣布獨立，但此事並未發生，所以一九二二年蘇聯已擁有世界陸地面積的六分之一。

　　在蘇聯國內，使用著上百種語言，在其疆域內被承認的不同民族就有五十個。其中許多是在數千年來亞洲內部人類盛衰過程中，留下的弱小團體或孤立部落。所有被承認的民族在文化上都獲得了自治的權利，諸如不受干涉地使用本民族的語言、建立本民族的學校、穿著本民族的衣服和遵循自己的風俗習慣

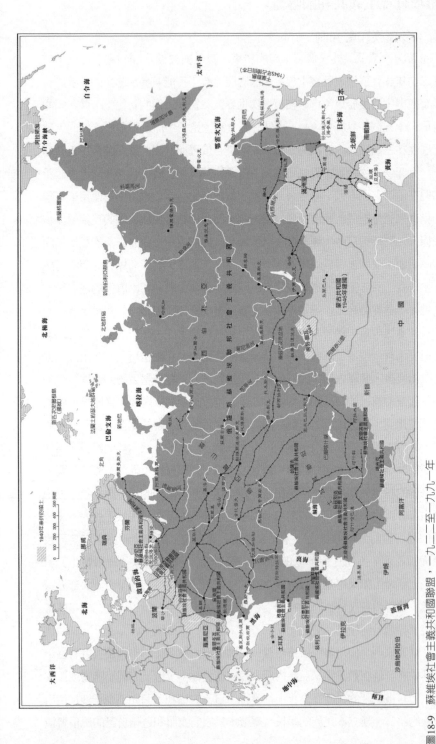

圖18-9 蘇維埃社會主義共和國聯盟，一九二二至一九九一年

蘇聯東西長五千英哩以上，占世界陸地面積六分之一。蘇聯是地球上唯一與如此多重要政治區域相連的國家：西面是歐洲，南面是中東，和中國有漫長的邊界，和日本只隔著一片狹窄的海域，與美國的阿拉斯加隔海岸靠近。蘇聯共有十五個加盟共和國（在一個短時期內曾達十六個），其中以俄羅斯境內區最大。蘇聯大部分比美洲的五大湖地區更靠北，但塔什干周圍的地區其緯度和紐約、芝加哥的緯度差不多。伏爾加和柑橘類水果由於灌溉得以生長，出卡哥的使河流改變傾願

等。的確，蘇聯當局贊助民族文化的發展，約有五十種語言首次形成文字。

　　各民族的大小和重要性各異，身分層級也就各自不同，由此建立了不同水準層次上的民族自治，最有權力的是蘇維埃共和國聯盟本身，但實際上，最有權力的卻是俄羅斯蘇維埃聯邦社會主義共和國，它占了蘇聯人口一半以上和領土的四分之三，居於其他民族之上。如果俄羅斯共和國再加上烏克蘭和白俄羅斯共和國，那麼，占壓倒性優勢的俄羅斯和斯拉夫特徵在聯盟中就更為顯著了。由於權力集中在中央政府手裡，所以加盟共和國的政治經濟權力是非常有限的。儘管曾正式宣布過：各加盟共和國是主權國家，有權退出聯盟和處理自己的外交事務，然實際上名不副實。在第二次世界大戰中，有跡象表明，加盟國的分離主義並沒

圖18-10　這是蘇聯藝術當中，表現早期「社會主義現實主義」的好例子，這幅一九一八年慶祝「無產階級專政一週年」的政治廣告畫，描繪了革命初期的成就。一個工人和一個農民站在舊政權的象徵物和鎖鏈上。背景中歡樂的人民在慶祝他們的勝利，並自信地向繁榮的工業化未來進軍。（SOVFOTO）

有完全消失，特別是在烏克蘭，而且數個自治地方都因分離活動（甚至還有與德國入侵者的勾結）正式瓦解了。

政府：黨和國家

　　蘇聯和各加盟共和國的政府，都按照革命期間形成的那種模式來工作，並寫進一九二四年憲法和後來一九三六年頒布的憲法裡。它的主要特點是一種平行制度：一方面是國家，另一方面是黨，黨與國家平行，但在組織上不是國家的一部分，兩者有一種緊密的連鎖關係。

　　獨特的國家機構是代表會議或稱蘇維埃。它由選舉產生，透過一個層層遞進的地方、省、國家蘇維埃的等級制度，從基層到最高層來執行國家權力。

一九二四年憲法規定，只有「勞動者」才有選舉權。在一九三六年的憲法中，平行制的一方，即國家方面，採用了一個較爲直接的民主步驟。從此，選舉人採用保密投票方式直接地選舉高一級的蘇維埃成員，也再沒有哪一個階級被剝奪選舉權。一個兩院制的議會產生了。在國家方面，根據憲法，特別是一九三六年憲法所宣布的政府，在外表上體現了許多民主的特徵。

黨的各級組織也與全國各地的各級政府並列，只允許一個黨（即共產黨）存在。然而，非黨人員可以被選進蘇維埃或擔任其他官職，黨內權力從上層下達基層，它的最高權力機關是黨中央委員會。中央委員會成員人數是有變化的。二十世紀三〇年代約有七十人，後來增加了一倍以上。在中央委員會內部，一個由約十二人組成的強有力的政治局，決定黨的政策走向和人事安排。一個實際由史達林創立的機構，即更強有力的總書記制度，支配著整個結構框架，對所有下級的任命、委派和決定有著絕對的權威。黨自上而下，從內到外運用其權力和權威，像一個軍隊或一個高度集中的西方政府機關或私人公司那樣行事。只有一點不同，即黨不受任何外界的支配。紀律也是以不同於自由國家的方法來強制維持的。在極端的情況下，祕密員警這個恐怖機構被用來對付黨員和黨外人士。

在革命時期，黨員的數目（包括男女黨員）估計不會超過七萬人。一九三〇年增加到兩百萬人左右，一九四〇年達三百萬人，二十世紀八〇年代後期達到一千九百萬人。按照列寧主義的思想，一個有高度紀律的黨是由願意執行黨命令的熱情和忠誠的工人所組成。正是這種建黨思想，使布爾什維克在一九〇三年與孟什維克分離開來。到蘇聯成立以後，共產黨仍舊保持了這個特點。在一九一七年前艱苦歲月中入黨的一些老布爾什維克，長期繼續占據政治局和其他黨的重要職位。當革命已明顯成爲定局時，問題是要防止野心家和那些一心想在新政府裡做官的人、老孟什維克、社會革命黨人，甚至用共產主義色彩偽裝起來的前資產階級分子混入黨內。雖然兩百萬黨員只占蘇聯人口很少的一部分，但仍然說明黨本身已有很大的發展，在幾千個黨員中才有一個是一九一七年前入黨的老黨員。在新的條件下，爲了維護黨的團結，必須有嚴格的一致性。黨員深入學習馬克思列寧主義的原理，把辯證唯物主義當做一門哲學來接受，學會如何絕對並堅決地執行命令、如何給和他們一起工作的非黨群眾權威性的領導與幫助，以及向他們解釋黨的政策。黨的基層組織由許許多多的小核心或細胞組成。在每個工廠、礦山、機關、大學和技術學校的班級、工會，至少是較大的村莊都有一、兩個到十來個該單位的人（按情況分別是工廠的工人、礦工、職員、學生等）是黨員。黨的觀點和黨的權力透過他們傳遞到全體

人民當中。

用馬克思主義的術語來說，黨的職責是實現無產階級專政，領導全體人民實現社會主義。在日常事務中，它協調呆滯的政治機構使之進行工作。在整個國家機構中，黨決定政府將如何行事。

二十世紀三〇年代，黨在蘇聯是一個有高度紀律性的集團，像一部繃緊的紡織機一樣工作。那些入了黨的人是願意努力工作的，他們夜以繼日地獻身於黨的事業，接受和傳達黨的政策（或路線），被派到哪裡，就到哪裡去，參加會議、發表演說、理解並且說明一些剛剛過去的事件對俄國的未來和世界革命的意義，還有掌握耕作、機器製造、機械保養方面複雜的技術細節。黨是一個經過嚴格訓練的精銳部隊，黨員經常互相聯繫。正是這種生命之血的涓涓細流，透過蘇聯各種形式的組織進行循環，才使整個複雜的組織得以保持其統一的、有機的、活躍的且生氣勃勃的狀態。

如果說黨是一個領導集團，則百分之九十五以上的人注定成爲追隨者。正如該制度的辯護者所說，在任何制度下，眞正的領導都是由人民中的極少數人來行使的，這大概是眞的。正因爲這樣，在蘇聯，共產黨員和非黨員之間的區別，變成了區分社會地位的明顯標誌。隨著歲月的流逝，蘇聯的許多共產主義者已不再是革命的鼓動者，而成爲在任何社會制度下有成就的和有效率的男女代表。他們代表著對現行社會制度感到滿意的人，而不是代表著那些不滿分子。在黨內，黨員已經不似領導者，而像是追隨者了。領導人希望黨在群眾面前形成一個堅強的陣線。有時黨內也容許不同意見和公開的爭論，但是最後，全部黨員都必須取得一致意見。黨讚揚黨員在行動方面帶頭做，讚揚善於辦事的才能，但不贊成魯莽或個人主義的思想或行動。

新經濟政策，一九二一至一九二七年

我們已經看到，截至一九二〇年，「戰時共產主義政策」已經引起了農民的憤懣。據估計，當時農民耕種的土地少於一九一四年耕地面積的三分之二。由於耕地減少，加上嚴重的旱災和運輸癱瘓，發生了一場大饑荒，有上百萬人餓死。世界大戰、革命、國內戰爭和恐怖饑荒等連續八年的破壞，使國家瀕於崩潰。它的生產設施與一九一四年達到的指標相比，倒退了幾十年。一九二一年，喀琅施塔得水兵的起義，暴露了革命隊伍本身存在深刻的幻滅感。列寧由此得出結論，社會主義化進行得太快了。他公開提出與資本主義妥協，這是一個戰略退卻。一九二一年採取的新經濟政策（縮寫爲 NEP）一直實行到一九二七年。在二十世紀二〇年代的大部分時間裡，對大多數蘇聯人來說，步

伐（和恐怖）都放鬆了。

在新經濟政策的指導下，國家仍控制著經濟的「最高指揮權」，保持基本生產企業的國有制，與此同時，也允許大量爲謀取個人利益的私人貿易存在。基本問題是要恢復城鄉之間的貿易。只有當農民能夠用他的剩餘產品兌換城市製造的衣服和用具等物品時，他們才肯生產超出自己生活所需的農產品。城市人民如果要進行工業生產，甚至只要繼續在城裡生活下去，他們也必須得到來自農村的供應。在新經濟政策下，農民可以自由地販賣他們的農產品。商人可以任意買賣農產品和工業品，並隨意決定產品的市場價格和自己所獲得的利潤。因此，新經濟政策促進了城市商業階級和農村大農場主或富農的產生。實際上，一九一四年以前已經開始的農業改革仍在持續發生作用。在一九二二年、一九二三年和一九二四年，農民家庭兼併了上百萬英畝的土地做爲私人財產。相應地，失去土地的其他農民變成了「無產階級」，即靠工資維持生活的雇工。新經濟政策的實施，使戰爭和革命帶來的嚴重破壞得到恢復。但實際上經濟並沒有什麼進展，因爲一九二八年蘇聯生產的穀物、原棉、牲畜、煤炭和石油，大約只等於一九一三年的產量。可以設想，假如革命沒有發生，則按一九一三年前的增長率計算，蘇聯在一九二八年的實際產量遠遠落後於本應達到的產量指標。

革命後社會和文化的變化

多數布爾什維克黨人希望他們的革命成就並不只限於國家和經濟的重建；他們要求改革工人、農民和其他「勞動者」的日常生活狀況，希望構築出一個新的無階級社會。這個新的蘇維埃社會在摧毀階級和財富等級的同時，也應摧毀傳統的性別等級差異。在革命政權的法律改革中，婦女獲得了平等的投票權、離婚權，以及生育控制和墮胎的機會（這是在二十世紀二○年代合法化的）。然而，這些理論上的新權利，對多數蘇聯婦女的社會和經濟生活並未立即產生改變的效果。一些新的權利迅速失去了意義（例如選舉權）或消失了（比如說，墮胎在二十世紀三○年代和四○年代重新被定爲違法），同時農村群眾之間的傳統社會關係並不會輕易地被革命法令改變。但是，確實在事實上，很多女孩和年輕婦女，與男孩及來自工人階級的年輕男子一樣，開始接受更多的教育，特別是在二十世紀二○年代早期內戰的混亂平息以後。

改善革命前低識字率狀況的運動，只是早期布爾什維克雄心壯志的根本文化改革的一個例子而已。作家和藝術家爲了革命事業聚集起來，視社會大變動爲傳統思想和藝術形式更廣泛否定中的一部分。富有創意的電影導演謝爾蓋‧

愛森斯坦和先鋒派劇組一起，創立了富於想像力的電影製作新技術，用於展現壯觀的行動場面，體現政治主題。利用他的新技術，愛森斯坦攝製了一部反映一九〇五年俄國革命的著名電影《波特金號戰艦》（一九二五年）。這部電影受蘇聯政府之託而製作，至今仍被許多評論家認爲是電影史上最具創新的電影之一。與此同時，一些激進的藝術家企圖把社會主義革命與「未來主義」結合起來，年輕詩人佛拉基米爾・馬雅可夫斯基從著名的〈革命頌歌〉開始探索一種創新的「詩」語言。但在蘇聯社會進入嚴格控制的史達林時代後，他感到失望，最終自殺。到了二十世紀二〇年代後期，這種試驗性藝術的時代過去了，一種稱爲「社會主義現實主義」的新正統文化出現了。這種文化頌揚大工廠和大機械的美好，代替了抽象神祕的先鋒派藝術。和蘇聯生活的其他領域一樣，藝術受到了共產黨和政府機構的嚴格控制。

史達林和托洛斯基

　　一九二四年，列寧英年早逝，享年五十四歲。在他生命的最後兩年，受到一系列致命的打擊，已無能力工作。他的遺體經過防腐後，放置於克里姆林宮旁，永遠供人瞻仰。彼得格勒被命名爲列寧格勒。圍繞著他的名字和形象，掀起了對領袖的崇拜熱。黨把列寧奉若神明，就像崇拜馬克思本人一樣，所有從事共產主義教育的學校都必須宣布忠於列寧的傳統。實際上，在列寧的一生中，老布爾什維克從來不把他當成一貫正確的信念，他們和列寧之間或他們互相之間，常常有意見分歧。在列寧臨終時和逝世之後，他那些正當盛年的老同事和同時期人，仍保持著流亡年代長期爭論的習慣，他們以列寧的名義爲控制黨而互相鬥爭。他們爭論有關列寧生前的意圖，就在這個時候，黨的總書記約瑟夫・史達林，一位曾被列寧警告的人，悄悄地在幕後把黨的一切組織都控制在自己的手裡。而公開大喊大叫的里昂・托洛斯基，這位在危機年代曾是軍事人民委員，占據僅次於列寧的顯赫地位者，卻挑起了有關整個革命運動的性質和前途的根本性爭論。

　　在一九二五年和一九二六年，托洛斯基猛烈抨擊已經對社會主義感到厭倦的行爲[2]。新經濟政策對資產階級和富農的寬容，使托洛斯基感到羞恥。他發展了「不斷革命」學說，要求在世界各地各戰線上，朝著無產階級的目標不停頓地前進。他做爲世界革命的倡導者站在前面，然而這種世界革命已開始被黨內許多人所拋棄，轉而贊成在一國中首先建成社會主義。他譴責黨內官僚主義的僵化傾向，要求發動一個新的群衆運動來賦予黨活力，號召更有力地發展工業和農業集體化。這些論點已在一八四八年發表的《共產黨宣言》中描繪

過。最主要的是，他要求立即採用一個全面的計畫，集中控制和管理國家全部的經濟生活。

托洛斯基沒有得到黨的支持，他被指控為左傾異端分子，陰謀反對黨中央委員會，在黨外煽動群眾挑起爭論。史達林設下了圈套，在一九二七年的黨代表大會上，百分之九十五的黨員順從地投票支持史達林和黨中央，僅有不到百分之五的人投票支持托洛斯基。托洛斯基起初被流放到西伯利亞，接著被驅逐出蘇聯。他最初僑居歐洲，到了墨西哥，寫書鼓吹和傳播「不斷革命論」。他把蘇聯的發展誣衊為對馬克思列寧主義的極端背叛，並組織了一個反史達林的地下集團，正如他從前反對沙皇時所做的一樣。一九四〇年他在墨西哥神祕地被人刺殺了，刺客可能是一位蘇聯的特工人員。直到二十世紀八〇年代後期，在蘇聯，任何人都不許談論或出版有關托洛斯基的事蹟以及他對革命的貢獻。

史達林：第一個五年計畫和清洗

計畫經濟

在托洛斯基幾乎就要被驅逐出去時，黨卻採用了他的部分計畫。一九二八年，黨開始了第一個五年計畫，目的在於迅速實現工業化和農業集體化。「計畫」，或者說政府機關掌握國家全部經濟生活的中央計畫，成為蘇聯經濟的顯著特點。在某一個時期內，此特點在世界各地均產生了巨大的影響。

回顧過去，共產黨人等待了十年才實行「計畫」經濟似乎不可思議。實際上，當布爾什維克奪取政權後，對怎樣進行工作只有一個模糊的概念。馬克思主義至多只對未來無階級社會做出一般的描述，而沒有對現代工業體系的運作提出特別的指導。恩格斯曾十分清晰地提出一個重要的建設性思想。他覺察到，在每個私人企業內部生產是協調的和有秩序的，只是在私人企業之間，資本主義才是混亂的。他注意到，在個別工廠裡的各個部門互相之間並無競爭，所有部門的產量是由管理部門計畫和協調的。與此相似，控制許多工廠的大壟斷資本或托拉斯，採取一個統一的方針，防止各廠之間的盲目競爭，分配給工廠明確的定額，安排、協調、穩定每個工廠和每個人的工作。恩格斯注意到，由於大的托拉斯企業之增長，自由競爭涉及的經濟領域不斷縮小，而由合理計畫管理的經濟領域卻不斷地擴大。根據恩格斯和其他社會主義者的說法，下一步顯然是把國家全部經濟生活當做一個有許多部門的單一工廠，或是有許多成員的一個巨大壟斷組織，處於一體化的、強有力的和有遠見的管理之下。

在第一次世界大戰期間，交戰國家的政府實際上就採用了這樣的集中管理

辦法。他們這樣做，並不是因為他們信奉社會主義，而是因為在戰時，人們願意放棄平日的自由，一切都要服從於單純且無可爭論的社會目的——爭取勝利。所以「計畫社會」首次出現在第一次世界大戰期間（雖然還不完善）。在蘇聯，「計畫社會」的思想部分來自恩格斯所闡述過的社會主義學說，部分來自戰爭的經驗，甚至更多是來自一種不可抗拒的壓力，即如何應付在提高國家生產水準中出現的連續而長期的問題。這一切使史達林和俄國的黨逐步地發展了計畫經濟的思想。

蘇聯決定在一九二八年開始實行第一個五年計畫。計畫的目的是使國家富強，使它在軍事上和工業上自給自足，為一個真正的工人社會奠定基礎，並去掉俄國落後的名聲，如一九二九年史達林在一次演說中所指出的：「我們的國家正變成金屬的國家、汽車化的國家、拖拉機化的國家。當我們使蘇聯人坐上汽車，使農民坐上拖拉機的時候，……我們還要看看，到那時哪些國家可以『評定』為落後的國家，哪些國家可以『評定』為先進的國家。」第一個五年計畫在一九三二年宣布完成了，並開始了第二個五年計畫，持續到一九三七年。由於一九四一年對德戰爭，使一九三八年開始的第三個五年計畫中斷了。新的計畫到一九四五年以後才制定。

第一個五年計畫（以後的計畫都一樣）把要完成的經濟指標一一開列出來，由一個稱為國家計畫委員會的機構管理。在黨制定的總政策範圍內，國家計畫委員會規定國家將生產的各項物品數量、國民收入中有多少用於生產投資、有多少用於日用消費品的生產、所有級別的工人應獲得的工資，以及各種產品應以何種價格進行交換等。由於所有經濟決策都由上級決定，實際上是一種命令經濟而非計畫經濟。在基層，每個工廠如果要在預定期間提供其計畫產品數量，則該廠的管理部門就要擬出「生產所需之物」，換句話說，要預算工廠在原料、機器、熟練工人、設備和燃料等方面所需的數量。千百個這樣的預算要通過許多層級的計畫部門，再上達國家計畫委員會。計畫委員會從全局出發，把各個工廠的預算互相對比，還和其他需要對比後進行平衡，決定應該生產多少鋼、煤等？其數量和等級如何？應有多少工人要在技術學校裡培訓，達到何種特定熟練程度？應製造多少機器？需要多少備件；應裝備多少新的貨車，有哪些鐵路的鐵軌需要修理？以及應該在何時何地供應何單位鋼、煤、技術人員、機器和車輛等。總之，計畫由管理機構有意識地進行控制。而在自由資本主義條件下，人力和資源的流動是由供求的變動，通過價格、工資水準、利潤、利率或租金的變化來調節的。

這個計畫系統是非常複雜的。例如，要把一批確定數目的滾珠軸承在確定

的時間內送到指定的地點，並使軸承和其他物資的數量或等待使用它們的工人數目完全相符，確實是不容易的。有時生產過剩，有時又供不應求，計畫在執行過程中需要經常修改。難以計數的報告、查對工作和情報交流都是必不可少的。這樣，就出現了一個管理日常文書工作且人數眾多的白領工人階級。五年計畫的某些指標完成了，有些超過了，也有一些沒有達到。完成指標的評價通常幾乎都限於數量，而質量控制往往被忽視。

第一個五年計畫的主要目標是建設蘇聯的重工業，即基本的生產資料。其目的是在不用外國貸款的情況下進行工業化【3】。一九二八年，俄國基本上仍是一個農業國。世界上幾乎還未出現過不借助外國資本而能從農業國轉變為工業國的事例。工業革命發源地大不列顛就是最好的例子，即使在這裡，十八世紀期間也由荷蘭人提供了大量資本。此外，一個農業國要工業化，只能從農業中提取資金。因此，在英國，農業革命是工業革命的先決條件。由於圈地、榨取小自耕農以及採用科學的耕作方法，在富裕地主這一新興階級資助下，英國既增加了它的食品生產，又促使許多農民到工廠工作。在蘇聯，第一個五年計畫需要進行類似的農業革命，不過這是在國家資助下進行的，地主沒有從中得到好處。但是，沒有人預知農業革命的後果。

農業集體化

按照一九二九年農業計畫建立起來的集體農莊，每個平均有幾千英畝土地。這些土地不屬於國家財產，而是屬居住在農莊的全體農民的集體財產（少數政府經營的集體農莊，做為對其他農莊的示範，也建立起來了）。個體農民把他們私人擁有的田地和牲畜做為加入集體農莊的基金。占有較多田地和牲畜的富裕農民或富農，拒絕把田地和牲畜交給新的集體農莊，因此，富農階級被消滅了。從城市來的熱情共產主義工作隊使用暴力，貧苦農民攻擊富裕農民，成千上萬的富農及其家屬被殺掉，更多的人被放逐到蘇聯偏遠地區的勞動營。自斯托雷平以來，實際上是自十九世紀「農奴解放」以來，建立一個財產私有的、僱傭勞工的和「資產階級化」的農民階級趨向一直在進行著，現在突然顛倒過來了。集體化傾向於把農民改造成為一個較接近於馬克思學說中的無產階級。這個階級的個人沒有資本，不僱傭勞工，因而能夠更適應無產階級之階級專政的社會主義國家。對於大多數蘇聯人來說，一九二九年（而不是一九一七年）是更為偉大的革命年代。

集體化是以農村的階級戰爭為代價來完成，在這場階級戰爭中，最有才能的農民被消滅了。同時付出的代價還有大批牲口被毀滅。大農場主寧願把他們

的馬、牛、豬和家禽殺掉，也不肯交出去。甚至中農和小農也宰殺牲畜，他們以爲牲畜已不再是自己的了，因而不需關心牠們。牲畜毀滅性的損失，是第一個五年計畫所未預料到的最大災難。農業的混亂，連續兩個夏天的壞天氣，造成一九三二年俄國東南部暫時但致命的饑荒，付出了上百萬的生命代價。儘管有饑荒，史達林卻拒絕減少糧食和其他食品的出口數額，因爲他們需要支付第一個五年計畫中工業進口的款項。

圖18-11　史達林第一個五年計畫期間進行的集體農莊創建，是新的共產主義政權最激進的經濟措施之一。憤怒的農民宰殺了成百萬頭牲畜，還有數百萬人死於隨後的壓迫和饑荒。但是大農莊和拖拉機站的創建使農民得以在蘇聯土地上使用新機器。此圖表現的是二十世紀三〇年代早期，這些農民駕駛著新拖拉機，正準備去農作。（SOVFOTO）

　　集體化使以上千英畝爲單位的農莊代替了以往的小塊田地，因而使資本應用於土地成爲可能。過去一般農民太窮，買不起拖拉機，土地也太小且過於分散，不宜使用機器，所以只有極少數的富農曾使用過一些機器。在第一個五年計畫期間，全國各地組建了數千個拖拉機站。各個拖拉機站的所在地區，保持著一批拖拉機、聯合收割機，以及農業專家隊伍，由地方安排，輪流到各個集體農莊工作。資本的應用提高了農民的人均產量，集體化又使上級機關更容易運用管理手段來控制集體農莊的農業剩餘產品（即不爲農村本身所消費的產品）。這比從眾多無組織的農民手中蒐集剩餘產品要容易得多。上級分配給每個集體農莊應交付的產品定額，並按定額預先締結交貨合同。集體農莊任何人

生產的任何產品,其超過交付定額部分可以在自由市場上出售。政府同時要了
解預計的農產品產量,以便供應城市和不生產口糧地區的農民,或向世界市場
輸出,以支付從西方輸入機器所需的款項。到一九三九年,除極少數農民外,
大都集體化了,但集體化未能使農業增產。新的集體化否定農民做出經濟決策
的自由,摧毀了對所耕種土地進行改良的積極性,阻止了他們把耕地轉移到其
繼承人。因此,農業一直成爲經濟中的麻煩環節。但是,由於集體化增加了產
業工人的供應,使工業化的成功成爲可能。因此農村需要的勞力減少了,從
一九二六年到一九三九年間,就有兩千萬農民從農村遷居城市,在新的企業中
工作。

工業的發展

　　當農業基礎革命化的時候,工業化迅速地前進了。起初,蘇聯對資本主義
國家有相當大的依賴。從西歐和美國來的工程師及其他技術人員在蘇聯任職,
多數機器最初也是進口的,但是,約在一九三一年出現的全世界經濟蕭條,導
致農產品價格災難性的下跌。如果按蘇聯主要出口品的穀物折價計算,外國製
造的機器價格變得更昂貴了。國際形勢又趨於惡化。二十世紀三〇年代,日本
和德國日益敵視蘇聯,並擺出新的軍事威脅姿態。一九三三年實施的第二個五
年計畫,雖然在某些方面不像第一個五年計畫那樣雄心勃勃,但在縮減進口和
爭取自給,特別是爭取做爲軍事生產基礎的重工業自給上,卻顯示出更大的決
心。

　　像蘇聯第一、二個五年計畫的十年間工業增長的那種速度,在西歐國家的
歷史上從未出現過。大不列顛的工業化是漸進的。德國和美國比較快,在這兩
個國家中,經過若干個十年,煤和鐵的產量各增長一倍。而蘇聯從一九二八年
到一九三八年十年間,鐵和鋼的產量卻增長三倍,煤增長了兩倍半。一九三八
年,蘇聯成爲世界上農用拖拉機和鐵路火車頭的最大製造者。它全部工業產量
的五分之四都來自頭十年建設的工廠。蘇聯一九三九年工業的總產量,從數量
標準方面衡量,僅次於美國和德國。

　　五年計畫要求烏拉爾東部的工業有較大的發展,使亞洲腹地的生活首次實
現現代化。新的工業城市在古老的土耳其斯坦(分成五個中亞蘇維埃社會主義
共和國)和西伯利亞崛起。這些新區的開發要求進行運輸改革,到一九三八
年,鐵路運輸量比一九一三年提高了四倍。

　　這些驚人的發展足以改變世界人民彼此間的相對經濟力量。它的重要性在
於亞洲內陸首次工業化了。同樣重要的是,雖然蘇聯的對外貿易比俄羅斯帝國

少，但它與亞洲鄰國的貿易卻比舊俄羅斯多，因而它與亞洲鄰國形成了緊密的新關係。由於這些發展，一九四一年的蘇德戰爭，已經證明德國的對手不同於一九一四年的俄國。烏拉爾和亞洲部分的工業化（加上盟國的許多援助），使蘇聯在德國占領和破壞了頓河流域的老工業區之後免於被毀滅。新的社會主義國家證明能夠承擔衝擊並進行反擊。大量增加的工業產品生產，不斷地裝備紅軍並使之現代化。

同時，蘇聯工業化的程度也容易被誇大，因它的起點低，所以顯得成就非凡。但在質量上，按西方的標準，生產水準是低的。許多倉促建成的新工廠質量差，且為迅速的折舊所苦惱。在效率方面，蘇聯每個僱傭工人的平均產量，一直落後於西方。至於現代化程度，從按人口平均的某些產品產量來看，也是落後的。按其大量人口平均計算，一九三七年蘇聯生產的煤、電、棉花、毛織品、皮鞋和肥皂，比美國、英國、德國、法國，甚至日本都少。鋼和鐵，除日本外，蘇聯也比以上任何一國都少。紙的生產是最能說明問題的，因為紙是用於多種多樣的「文化」活動中，如書籍、報紙、雜誌、學校、通訊、布告、地圖、圖畫、圖表、商業、政府的紀錄、家庭用具和禮品等。一九三七年，美國按人口平均產紙一百零三磅、德國和英國各九十二磅、法國五十一磅、日本十七磅，而蘇聯僅有十一磅。

1894至1937年大事年表	
1894年	俄國馬克思主義組織——社會民主黨創立
1903年	社會民主黨分裂為兩派，布爾什維克和孟什維克；列寧領導布爾什維克
1905年1月	經濟困難、「流血星期日」和俄日戰爭引發了聖彼得堡一九〇五年的革命
1905年10月	沙皇「十月宣言」允諾建立新的議會機構：杜馬
1906至1911年	斯托雷平的改革促進了富農增多
1914年	俄國捲入與德國的戰爭，遭受了嚴重的軍事失敗
1917年3月	沙皇尼古拉斯二世退位，俄羅斯變為由臨時政府領導的共和國，繼續對德戰爭
1917年4月	德國提供安全通道，讓布爾什維克領袖返回俄國
1917年11月	布爾什維克革命：列寧及其追隨者在彼得格勒推翻了臨時政府
1918年1月	布爾什維克解散了立憲會議並建立了紅軍

1894至1937年大事年表	
1918至1922年	布爾什維克鞏固了權力，在內戰和「紅色恐怖」中壓制了所有反對者
1919至1920年	第三國際或稱共產國際創立
1921至1927年	新經濟政策允許更為獨立的商業活動
1922年	蘇維埃社會主義共和國聯盟建立
1925至1927年	史達林戰勝托洛斯茨基，控制了布爾什維克中央委員會
1928年	史達林開展促進經濟發展的第一個五年計畫
1929年	蘇維埃政權開始農業集體化，遭到富農和其他人的反抗，引來了新的鎮壓和饑荒
1936至1937年	公開的「清洗審判」把老布爾什維克清除出共產黨，許多人遭處決或監禁

五年計畫的社會代價和社會成果

俄國的工業化是以人民的巨大犧牲為代價的。它不僅使許多富農喪生，而且還有難以計數的人成為新制度的敵人而被送往教養勞動營。為了積累資金和建立重工業，要求全體人民執行一個儉樸的、自我克制的計畫，缺乏較好的食品、住宅以及其他本來可以生產的消費品。五年計畫要求艱苦的工作和低工資。人民期望隨著基本工業建設的完成，能夠得到較好的住宅、食品、衣著和更多的空閒時間。透過宣傳，人們的信心是持久的。黨員的主要作用之一是向群眾解釋為什麼必須做出犧牲。在二十世紀三○年代後期，生活開始好轉，一九三五年取消了食品配給制，一些輕工業品，如盤子和鋼筆之類的商品開始出現在蘇聯的零售商店中。生活標準至少已達到一九二七年的水準，而且，提高生活水準的前景是光明的。然而，世界又日趨動亂，為了戰備，人們又被驅回「希望之鄉」的幻想之中。

蘇聯人在幾個五年計畫中實現的社會主義，去掉那種不受限制的自由企業的某些弊病。沒有人失業；沒有週期性的繁榮和蕭條；沒有西方工業化初期對女工和童工的虐待；起碼也能維持最低的生活水準，沒有人會活不下去。另一方面，並不存在經濟上的平等。的確，馬克思主義絕不把收入的完全平等當做主要的目標。雖然蘇聯不像西方那樣，有一小批非常富裕的人（西方富人的收入來源於財產所有權），但人們收入的差別仍然相當大。政府高級官員、經理、工程師和被賞識的藝術家及知識分子獲得最高的報酬。收入高的人能夠為

本人及子女積蓄一小筆財產。當然，在社會主義制度下，他們不可能獲得任何工業資本，即或一份股票或其他證券，自然，也不能做股票買賣。

一種特殊的勞動競賽在進行著。一九三五年，一位名叫斯達漢諾夫的礦工，由於改進工作方法，大大地提高了煤的日產量，從而也大幅度地提高了工資，因爲蘇聯工人是實行按件計酬的。他的榜樣有很大的感染力。全國工人都著手打破各個工種的最高紀錄。政府表彰了他們的成就，給優勝者以「斯達漢諾夫工作者」和「勞動英雄」的稱號，並宣布斯達漢諾夫運動是「一個新的和較高級的社會主義競賽」。在美國的勞工界，這種拚命增產的做法叫做「趕快」，而長期以來計件工資是被各國有組織的勞工所詛咒的。蘇聯的管理人員也沒有免除競賽的壓力。一個工廠的經理如果沒有完成規定的收入（或利潤），或沒有完成計畫的生產定額，不僅會喪失職位，而且會喪失他的社會地位，甚至生命。

勞工和經理人員的團結一致是用集權主義的代價換取的，政府監督一切。懷疑主義、獨立思想，或任何削弱取勝決心的批評，都是沒有活動餘地的。像沙皇時代一樣，沒有專門的許可就不能出國，而這種許可比一九一四年前要少得多。蘇聯只有一個黨，沒有自由工會，沒有出版自由和結社自由，充其量只有對宗教的有限寬容。適應這個體系的某些蘇維埃猶太人卻發現自己受到較多的寬容，有些人甚至取得了重要職位。但是多數猶太人仍繼續面臨著懷疑和不信任，而且在宗教事務上受到困擾。藝術、文學，甚至科學都變成了政治宣傳的工具。創新性、試驗性的作品，以及從事它們的人員，在蘇維埃文化生活中消失了。團結一致是理想，正是由於熱心追求團結一致，使得人們害怕和懷疑所有可能誤入歧途的人。至於在史達林專制的統治之下，消滅資產階級，消滅富農，清黨運動，將不滿分子判處長期徒刑關入勞動營，恐怕很難得出一個精確的死亡人數。但累計起來，

圖18-12　蘇聯快速工業化的重點是重型機械而非消費品，不過蘇聯也開始生產他們自己的汽車。這個位於高爾基城（以蘇聯作家高爾基命名）的汽車廠代表著新的工業經濟，也表示了不可或缺的對史達林的忠誠。（SOVFOTO）

在完成各種蘇維埃計畫的這些年中，肯定達到數百萬人。

二十世紀三○年代的清洗審判

一九三六年，社會主義已被斷定在蘇聯建成，因而頒布了新的憲法。憲法列舉的蘇聯公民權利，不僅有西方民主制中的公民自由，而且還有可靠的就業、休息、休假、經濟保障和安享晚年等權利。憲法譴責各種形式的種族主義。如上所說，新憲法改組了各蘇維埃共和國，承認平等和直接的普選權。一九三六年的新憲法得到了西方的好評，西方希望俄國革命像從前一樣，終將轉入比較和平與溫和的軌道。然而很明顯，共產黨仍是這個國家唯一的統治集團，史達林加緊他的統治，同時黨也因內部的糾紛而深受折磨。

本來，在二十世紀三○年代快速的變化中，黨的領袖們之間產生分歧的意見是很自然的，但史達林先發制人地壓下了一切異議。早在一九三三年，黨就經過一次激烈的清洗，三分之一的黨員被驅逐出黨，甚至史達林的忠誠同事也被他那日益增長的殘酷所震驚。謝爾蓋·基洛夫是史達林自一九○九年以來的老朋友和革命同事，列寧格勒黨機關的首腦，一九三○年起即爲政治局成員，因被懷疑爲不滿分子的領導人，於一九三四年在他的辦公室裡被暗殺了，兇手很可能是史達林的祕密員警。史達林恢復了恐怖，用暗殺清除他想像的或眞正的反對派，上百人被立即處死，開始了二十世紀三○年代非同尋常的「清洗」。

一系列驚人的審判開始了。一九三六年，十六個老布爾什維克被提審。有些人，如季諾維夫和加米涅夫，在一九二七年因擁護托洛斯基已被開除出黨，在徹底公開認錯之後，他們又被重新接納入黨。現在，他們被指控爲謀殺基洛夫的罪犯，還密謀殺害史達林，並被指控於一九三二年在托洛斯基的授意下，組織了一個祕密集團，企圖瓦解和恐嚇中央委員會。在公開的法庭上，被告對所有的指控完全供認不諱。所有的被告都責備自己是可恥和有罪的墮落者，結果被告全部被處決了。一九三七年在類似審判之後，其他十七名老布爾什維克遭到了同樣的命運或被判處長期監禁。一九三八年，一群「右派分子」被指控爲妄圖復辟資本主義，因而被判死刑。幾乎在每一案件中，被告都同樣招供和自我譴責，法庭完全沒有引用可供核實的旁證。這些被告表面上精神十分清醒，也沒有遭受肉體損害的跡象，那麼，如何在公開的法庭上取得這些供詞的呢？這一直使外部世界感到疑惑。據後來證實，心理上的折磨使他們的意志崩潰，抑或威脅他們的家庭（或者允諾赦免他們的家庭）也起了重要的作用。

除了公開審判之外，還有數千人被捕，並經過祕密審訊後處死。一九三七

年在一個祕密軍事法庭上，圖哈切夫斯基元帥和其他七名高級將領被指控信奉托洛斯基主義，與德國和日本合謀，因而被槍決。清洗不僅包括黨、政府和軍隊中地位很高的人物，而且涉及所有這些集團的各級次要人物。後來，據 KGB 自己解密，從一九三〇年至一九五三年（即史達林逝世那年），共有三百七十七萬八千三百三十四人因反對國家的「反革命」活動或罪行而遭到了審判和判刑，大部分發生於一九三四年至一九三八年「大恐怖」時期，其中七十八萬六千零九十八人已被處決；數目不明的其他人死於勞動營（這些勞動營後來以「古拉格」著稱）。在此後年代中，許多史達林時代的犧牲者被官方證實無罪並恢復了名譽。

圖18-13　蘇聯的宣傳將史達林描繪成一個仁慈的國家領袖和可敬的列寧繼承者。這幅典型的廣告畫展現了一個思想深刻、目光深邃的史達林形象，背景是一座新的水電站。畫家康斯坦丁·伊凡諾夫引用了列寧的話，並在廣告畫上直接寫上了一句政治標題：「奔向共產主義──沿著列寧開闢的道路」。（SOVFOTO）

　　史達林為了自己的地位，清除所有潛在的競爭對手。他處置了使他窘迫的人，因為這些人能回憶起他過去的日子，能做為列寧從前的朋友而引用列寧的話，或者能藉由回憶一九一七年的理想來貶低一九三七年的現實。一九三八年以後，實際上再也沒有老布爾什維克留下來。那些年老性情仍暴躁的職業革命者，現在大都去世了。青年的一代是新制度的產物，是在事業上有成就的人，是務實的、建設性的和急躁的「鼓動家」，對史達林專政表示默許，他們正在管理已經建立起來的制度。

共產主義的國際影響，一九一九至一九三九年

背景：社會主義和第一次世界大戰

　　就其世界觀而言，馬克思主義永遠是國際性的。按馬克思和早期馬克思主義者的觀點，現存國家（像其他制度一樣）具有階級鬥爭的特性。它們是資產階級統治無產階級的委員會，在必然的歷史過程中，是注定要被粉碎和消滅的機構。馬克思逝世後，由於馬克思主義政黨數目的增加，且西歐的國家變得更為民主，自稱為馬克思主義者的多數人實際上接受了民族國家的觀念，把它看做逐漸改善工人命運的一種工具。這種觀點是「修正主義」思潮的一部分，而較嚴謹的馬克思主義者則稱之為「機會主義」。在第一次世界大戰中，對民族國家的忠誠被證明是有力量的。在德意志帝國國會、法國議會和其他國家的議會中，各國的社會主義政黨毫不猶豫地投票贊成戰爭。工人中的社會主義者，據說像其他人一樣，參加了戰爭動員。

　　然而，每個國家都有極少數社會主義者反對戰爭。馬克思主義的社會學說長期教導人們說，各國工人應以對階級的最高忠誠來約束自己，他們的真正敵人是自己國家的資本家，國際戰爭是資本主義和「帝國主義」的爭鬥，只有階級鬥爭才是無產階級應當接受的唯一戰爭。這些社會主義者譴責社會主義者多數派的背叛行為，認為他們贊成戰爭的行動就是向資產階級和帝國主義投降。他們在國際會議上聚會，並且和中立國的社會主義者接觸。那時，正在瑞士的列寧和其他俄國社會民主黨人在這些人當中積極活動。一九一四年列寧寫道：「改變國際間的戰爭為國內戰爭是社會主義者唯一的工作。」一九一五年，在瑞士的小鎮齊默爾瓦爾德，少數派或稱反戰的社會主義者召開會議，並發表一個「齊默爾瓦爾德宣言」，號召立即實現沒有兼併和賠款的和平。但這個宣言對交戰國的多數社會主義者並無影響。齊默爾瓦爾德小組本身也迅速開始分裂。齊默爾瓦爾德派的多數人把和平或反對戰爭當做他們的目標。主要是由於列寧和俄國流亡者的鼓動，「齊默爾瓦爾德左派」開始發展。這個派別不是以和平而是以革命做為目標，它期望戰爭繼續進行，直到在交戰國內引起社會主義革命。

　　一九一七年四月，列寧和其他布爾什維克在德帝國政府為他們安排行程的情況下，回到了俄國，並完成了十月革命。直到一九二四年列寧逝世為止，他始終認為俄國革命只是世界革命（即嚴謹的馬克思學說的革命）的國內階段。對他來說，俄國是當時國際階級戰爭中最活躍的戰場，因為他期望無產階級在德國、波蘭、多瑙河流域和波羅的海沿岸地區起義，所以他毫不後悔地接受了

《布列斯特－立托夫斯克和約》。他不以在俄國取得的成就而自豪，他不是愛國主義者，或用他自己的話來說，他不是「社會沙文主義者」。一九二二年建立蘇聯時，列寧把它看做是周圍其他較大的民族蘇維埃共和國可能聯合的核心。

　　第一次世界大戰實際上曾導致德國和東歐進行革命的嘗試。由於德意志帝國和奧匈帝國的瓦解，各種牌號的社會主義者和自由主義者都致力於建立新的政權。德國社會主義者中原來兩派的分歧仍然存在，其中一派是社會民主黨人，他們贊成漸進的、非暴力的和議會的方法，另一派是一個較激進的也是較小的集團，認為戰後的崩潰是實現國際無產階級革命的機會。第一個集團把布爾什維克革命視為恐怖，第二個集團卻讚美它；第一個集團不僅包括工會官員和實幹的社會主義政治家，而且也包括像卡爾·考斯基和愛德華·伯恩斯坦那樣在戰前曾解釋過馬克思主義的大人物。甚至曾經高舉過純粹的馬克思主義以反對伯恩斯坦修正主義的考斯基，也不能接受列寧的方法。歐洲社會主義者的群眾在他們最激進的領袖們遇害之後，一直保持著比較溫和的特徵。這些人在原則上講馬克思主義，而實際上比以往任何時候都更加承認漸進的、和平的和議會的方法。第二個集團是堅定的列寧主義者，繼續鼓吹以武力推翻歐洲資本主義和歐洲政治機構。他們開始在布爾什維克為推進世界革命而建立的新組織中集結起來。這個組織成立於一九一九年三月，稱為第三國際或共產國際。

第三國際的成立

　　第二國際自一八八九年成立起，直到一九一四年，每隔兩三年便召開一次會議。一九一九年在伯爾尼召開戰後第一次會議，所有國家的社會黨和勞工組織都出席了會議。由於一個人數很少的派別強烈要求「像俄國一樣革命，像俄國一樣把財產社會化，像俄國一樣運用馬克思主義」，因此，伯爾尼會議爭論激烈。當少數派的要求在伯爾尼會議上被否決後，他們集合到莫斯科，並與俄國共產黨協力，在那裡成立了新的國際，新國際完全由列寧和俄國人控制。正是列寧希望建立一個他自己的新國際，藉以使溫和的社會主義喪失信譽，並且宣稱共產主義者繼承卡爾·馬克思第一國際的正確路線。

　　一九一九年第三國際第一次代表大會的召開是有些偶然性的，但一九二〇年的第二次代表大會就有三十七個國家的極左派黨出席。據了解，俄國黨只以一個成員資格出現。實際上，它提供了大部分的人員和基金。布爾什維克黨人季諾維夫是共產國際第一屆主席，他任此職一直到一九二七年被認為是一個托洛斯基分子而被廢黜為止。第三國際或稱共產國際，在某種程度上是所有國家

馬克思主義者的自發聯合。他們承認布爾什維克革命是馬克思主義的眞正體現，因而樂意追隨俄國的領導。但是，共產國際更是布爾什維克本身的產品和工具。他們利用共產國際使溫和的社會主義者信譽掃地，陷於孤立，並透過它實現世界革命。在所有敵人當中，共產主義者最憎恨社會黨人，送給他們的稱號，甚至比給資本主義和帝國主義的稱號更壞。這是因為共產主義者和社會黨人所爭奪的是同一個目標──世界工人階級的領導權。

圖18-14　俄國革命導致主張議會政治的社會主義者和支持布爾什維克革命方法的社會主義者之間的分裂。後者在俄國集會，成立了第三國際或共產國際。第三國際忠於列寧的觀點，圖示正是一九二〇年列寧在第三國際的一次會議上致辭的情景。（Hulton-Deutsch Collection/Corbis）

　　一九二〇年共產國際第二次代表大會，批准了列寧寫的「二十一條」提綱。提綱內容包括：要求各個國家的黨必須稱自己為共產黨，拋棄「改良」的社會主義；在工會中進行宣傳，並派共產黨員參加重要的工會機構；滲入軍隊；強制黨員服從鐵的紀律；要求各國的工作人員服從他們本國的中央委員會和國際執委會的命令；既運用合法的管道也利用祕密的地下工作方法；要立即開除任何不遵守黨路線的黨員。第二次代表大會明確表示不理會議會民主，認為「唯一的問題是，利用資產階級國家制度正是為了消滅這些制度」。共產國際不是一個從事福利工作的人道主義者之集合體，它是革命的武器，是由深刻了解革命的一批革命者組織起來的，就像法國一樣，許多國家的社會主義者不接受二十一條。一度團結的社會黨崩潰了，共產主義者和社會主義者分道揚鑣了。

　　曾經有好幾年，蘇聯透過共產國際或較常規的外交管道，極力推進世界革

命。許多國家的共產主義者到俄國受訓。做爲國際代表的本國人或俄國人被派到荷屬印度、中國、歐洲和美洲。一九二七年以前，中國的革命者歡迎莫斯科的援助，俄國人鮑羅廷成了中國革命者的事務顧問。一九二四年在英國公布了「季諾維夫的信」，在信中——至少是一個傳聞——共產國際強烈要求英國工人發動革命，這封信的公布導致保守黨在選舉中獲得巨大的勝利。布爾什維克的威脅，不論眞正的或想像的，都在各個方面引起了強烈的反應。

　　一九二七年，托洛斯基主義和世界革命論在俄國已被鎮壓下去，同時在史達林領導下，又致力實現一國建成社會主義的綱領，在這種背景下，共產國際進入了一段沉寂的時期。一九三五年左右，由於法西斯獨裁者們變得更加喧囂好戰，蘇聯轉而採取國際集體安全政策。共產國際指示所有的共產黨，各自在國內與社會主義者和進步的自由主義者一起，在「人民陣線」中進行合作，與法西斯主義和反動勢力作戰。在第二次世界大戰中（一九四三年），做爲對英國和美國的一個友好表示，蘇聯完全解散了共產國際。但在一九四七至一九五六年，它又以「共產黨情報局」的新名稱重新出現了好幾年，最終也解散了。

　　蘇聯並未藉由共產國際發揮它對世界的最大影響，而是透過蘇聯本身存在的這一重要事實來發揮其影響。到一九三九年，一個新型的經濟制度已經明顯出現。一九一七年以前，歐洲或亞洲國家從沒有向俄國學習任何東西的想法。二十年之後，即使是蘇聯的批評者，也擔心它可能代表著一種未來的浪潮。在第二次世界大戰中，它的眞正威力迅速展現出來。不管人們怎樣評價蘇聯，但已沒有人能把社會主義斥之爲不現實的空想。馬克思主義不僅是一種理論，而且業已有了一種現實的社會，它包括世界六分之一陸地，自稱爲馬克思主義的社會。

　　在各國，那些對資本主義制度持最激烈批評態度的人，往往把它們和蘇聯的制度進行不適宜的對比。在二十世紀三〇年代，希望從蘇聯經驗中得益的許多人，實際上並不是共產主義者。某些人認爲，類似蘇聯的一些成就即使不採用蘇聯的方法也能獲得。蘇聯的方法被貶爲典型的俄羅斯方法，是拜占庭帝國和沙皇帝國的可悲遺產。隨著共產主義和共產黨的出現，相形之下社會主義和社會主義思想已是溫和及高尚的了。二十世紀三〇年代，「計畫」經濟的思想開始到處受到稱讚。蘇聯的存在更能使工人免受資本主義動盪的影響。那些殖民地和前殖民地人民，特別是亞洲的人民，對蘇聯成就的印象最爲深刻。蘇聯的成就表明：一個傳統的社會如何在沒有外國資本和外國指導的情況下，使本國成功地實現現代化。

　　長期以來，甚至在共產國際解散後很長一段時間裡，俄國共產黨認爲自己是世界革命的領袖，並試圖對其他國家共產黨施加控制。這種做法日益變得困難了。多年以來，蘇聯透過外交途徑及軍事策略，致力於侵略和領土擴張，正像當年沙皇俄國那樣。到了二十世紀八〇年代後期，蘇聯不再是一個創新或者有活力的社會了。它的經濟體系一片混亂，加盟共和國要求自治或獨立。由蘇聯內部揭露出上百萬無辜犧牲者遭受迫害和死亡，加上本身內部民族的騷動，削弱了蘇聯做爲其他被壓迫民族的領袖地位。歐洲共產主義政黨宣布他們獨立於莫斯科。同時，一九四九年中華人民共和國的建立，使一種新形式、有活力的共產主義模式出現了。然而，所有共產黨，包括中國共產黨在內，都源於馬克思主義和一九一七年的十月革命，都曾爲這個首次戰勝資本主義和帝國主義的偉大革命歡呼。因此，十月革命在整個二十世紀都深刻影響了它熱忱的支持者和激動的反對者。

第十九章

第一次世界大戰後的民主政治、反帝國主義以及經濟危機

　　我們詳細敘述蘇聯的事件，一直敘述到大約一九三九年，但是，歐洲和世界其他地區的情況，我們只敘述到一九一九年簽訂和平條約爲止。從一九一九年第一次世界大戰正式結束到一九三九年第二次世界大戰爆發，僅僅過了二十年，我們現在要轉而談論這個時期的政治和經濟變化這段較爲廣闊的歷史。在這二十年裡，世界以令人眼花繚亂的方式，從信心百倍走向夢幻破滅，從滿懷希望走向憂心忡忡。世界經歷了幾年的表面繁榮，緊接著就是空前未有的經濟災難。有一個時期，在二十世紀二○年代，民主政治和民主改革似乎在取得進展；後來，在三○年代經濟困難的情況下，獨裁政治開始在早先試圖走向更廣泛民主的那些國家裡擴展開來。讓我們首先探討一下二十世紀二○年代民主政治的明顯勝利，以及對歐洲帝國主義日益增長的抵抗，下一步再轉到開始於一九二九年的大蕭條那些世界範圍的災難性後果，然後，在下一章裡，再敘述二十世紀三○年代新的衝突和上升的危險。

一九一九年以後民主政治的進展

　　戰後的頭幾年是動盪不安的。戰勝國和戰敗國一樣，都在從戰爭恢復到和平方面遇到嚴重困難。從龐大軍隊裡復員的退伍軍人，發現自己找不到工作，心理上焦慮不安。戰爭期間開足馬力進行生產的農莊和工廠，看到市場忽然消失不見了，生產超過了銷售，因此，隨著戰爭結束而來的是戰後急轉直下的蕭條，然而，到了一九二二年，這種蕭條接近尾聲。基本上，即使是戰勝國的經濟地位也受到嚴重的損害，因爲戰爭使一九一四年的世界脫節了。在一九一四年的世界裡，工業化的西歐是依靠與東歐及海外國家進行交換來過日子的。

民主政治和社會民主的獲得

　　威爾遜總統曾經說，打第一次世界大戰是爲了使世界得以安然實現民主。誠然，政治民主這時在許多地方取得進展。戰後新成立的國家都採用了自由的民主原則，諸如成文憲法和普選制度。甚至在原來大體上就是民主化的國家，民主政治也取得了進展。例如，一九一八年大不列顛取消了走向男性普選制度最後的障礙。最引人注目的革新是，許多國家日益增長的婦女選舉權。我們看到，一九一八年，大不列顛的婦女選舉權運動取得重大突破，婦女得到了帶有某些限制的投票權；一九二八年，這些限制取消了，婦女在與男子平等的基礎上被賦予了選舉權。一九二○年在美國，通過憲法修正案，婦女選舉權成爲普遍的事。在德國以及在歐洲大多數新國家裡，婦女也投票了。在蘇聯，一九一七年革命以後，婦女在與男子平等的基礎上得到了投票權。

在大多數歐洲國家裡，戰前原先的社會主義後繼者，在力量方面有所發展。原先的社會主義者左派，普遍地退出去，稱呼自己爲共產主義者，在共產國際裡面彼此提攜，並歸附莫斯科。在這種情況下，歐洲的社會主義者或社會民主黨人，成了和平主義的或修正主義的馬克思主義政黨，完全願意通過議會的或立法的方式來追求他們的政治和社會目標。各工會從它們在戰爭中所引發的作用裡得到新的自信心，在會員人數、威望和重要性方面均有所增長。

在戰前可能被認爲過分激進的社會立法，這時在許多地方頒布了。法定的八小時工作日成了慣例，政府發起的預防疾病、工傷事故和老年的保險方案，或者是採用了，或者是擴大了；在法國，一九三〇年的一個法令使將近一千萬工人得到保險。一種進步的民主氣氛籠罩著歐洲和歐洲世界。在十九世紀末期已經有了眉目的社會服務國家或福利國家，正在更加鞏固地建立起來。

戰後的最初幾年裡，在那些可望繼續取得戰前民主成果的國家裡面，只有在義大利，民主政治遭到急劇的挫折。自從一八六一年以來，義大利即是議會國家，並在一九一三年的各次選舉中採用男子民主選舉制。一九一九年，義大利舉行了第二次這樣的選舉。但是，義大利的民主政治突然結束了。一九二二年，一個名叫貝尼托·墨索里尼的鼓動者，發起了他稱之爲法西斯主義（從而給世界的政治辭彙增加了一個新詞）的運動，使義大利的議會政府夭折並且建立了自己的法西斯政權。墨索里尼成了戰後歐洲獨裁者中的第一個人。在二十世紀二〇年代，法西斯的義大利似乎是日益高漲的民主潮流中的主要例外。

圖19-1　美國憲法第十九條修正案給予美國婦女在所有選舉中投票的權利。這幅廣告畫是一九二〇年修正案通過之後不久由婦女選民聯盟印製的，它呼籲婦女們前往投票站，行使她們新的投票權。（Getty Images）

中歐和中東歐的新國家

中歐和中東歐——在德國，在早先奧匈帝國的國土裡，在早先沙俄的西部

邊緣上───一些嶄新的國家和嶄新的政府，掙扎著建立了起來。這些新國家除了共和政體的德國以外，包括哈布斯堡帝國的四個後繼國家───奧地利、匈牙利、捷克斯洛伐克和南斯拉夫；還包括從俄羅斯帝國分離出來的五個國家───波蘭、芬蘭、愛沙尼亞、拉脫維亞和立陶宛（見圖17-14）。東歐的其他小國，即羅馬尼亞、保加利亞、希臘和阿爾巴尼亞，在一九一四年以前就已經是獨立的國家；戰後，它們的邊界經歷了一些改變，它們的政府經歷了相當大的改組。鄂圖曼帝國的後繼者土耳其也是一個新的共和國。

雖然在所有的國家裡，許多人都有了民族意識和抱負，但歐洲的這些新國家在很大程度上都是戰爭帶來的意外事物。在任何地方（可能除了在波蘭以外），這些國家都不代表一種深切盼望的、長期醞釀的或普遍流行的革命感情。在一九一四年，只有極少數的德國人會投票贊成建立共和國。在一九一四年，甚至在奧匈帝國的少數民族裡面，也只有少數人會願意哈布斯堡帝國完全解體。這時，發現自己掌權的共和主義者、穩健的社會主義者、主張平均地權者或民族主義者，不得不在事先沒有做好準備的情況下臨時拼湊各國政府。他們不得不與反動派、保皇派以及早先的貴族成員進行鬥爭。他們也不得不與真正的革命者進行較量，因為這些革命者在列寧獲得成功的感召下，希望實現無產階級專政。一九一九年在德國爆發了共產黨運動，但很快就被鎮壓下去；在匈牙利和德國巴伐利亞邦真的成立了蘇維埃政權，然不久以後就被粉碎了；遲至一九二三年，在德國薩克森邦還有共產黨的起義。

這些新國家都體現了民族自決的原則，這個原則主張，每個民族應當享有政治主權───一個民族，一個政府。但是，這個地區的人民現在和過去都經常是混居雜處的。因此，每個新國家都包括少數民族；除了希臘和土耳其之間在一九二三年安排了人口的交換之外，沒有人想到要讓「外來的」集團真的舉家帶口遷移掉。波蘭、捷克斯洛伐克和南斯拉夫是這些新國家中人口成分最複雜的，波蘭和捷克斯洛伐克兩國都有許多心懷不滿的德意志人。在捷克斯洛伐克，斯拉夫人不滿捷克人的統治；在塞爾維亞人位居控制地位的南斯拉夫，克羅地亞人和其他的分離主義運動，積極地反抗塞爾維亞人的統治。

然而，儘管有經濟的困難和民族問題的困難，這些新國家和政府還是從一開始就試圖使自己民主化。所有新成立的國家都是共和國，只有南斯拉夫除外，因為南斯拉夫王國處在較為古老的塞爾維亞王朝的統治之下。匈牙利在一九一八年開始成為一個共和國，但是，共產主義領導人貝拉·庫恩在一九一九年試圖建立匈牙利蘇維埃共和國，招致了反革命分子的捲土重來，這些反革命分子在原則上恢復了哈布斯堡君主國，儘管他們受到外國的壓力，沒

能使國王親自復位。匈牙利在一九二〇年以君主國之姿出現，雖然王位長年空缺，但處在海軍上將霍爾蒂行使的某種獨裁的攝政之下。直到二十世紀三〇年代爲止，歐洲所有較小的國家，包括匈牙利在內，都至少擁有民主政治的機構，即它們有憲法、議會、選舉以及五花八門的政黨。如果說公民自由有時遭受侵犯，那麼，公民自由的權利並沒有被否決；如果說選舉有時受到操縱，那麼，選舉至少在原則上被認爲是自由的。

東歐的經濟問題：土地改革

　　幾個世紀以來，東歐一直是大莊園的農業地區，這些莊園一方面維持了富有的、占有土地的、幾乎是封建色彩的貴族階層，另一方面則維持了沒有什麼財產的、貧苦的農業工人大眾。占有土地的貴族階層是奧匈帝國的主要支持者，也是沙皇帝國和東普魯士舊制度的重要支柱。只是從十九世紀中期以來，在這整個地區，農村的廣大居民才擺脫了農奴制。除了奧地利和捷克斯洛伐克西部波希米亞以外，企業家和自由職業者的中產階級人數很少。一般說來，整個地區都意識到落在西歐後面，不但在工業、工廠、鐵道和大城市方面落後，即便是識字、教學、讀書習慣、健康、死亡率、壽命以及物質生活水準方面也落後。

　　這些新國家著手使自己現代化，一般都以西方爲榜樣。它們除了引進了民主和立憲的思想之外，還設置了保護關稅，在關稅的保護下，試圖發展自己的工廠和工業。但是，新的國界製造了困難。一九一三年歐洲有六千英哩的邊界，但在戰後將近有一萬英哩，而且增加的部分全都在東歐。貨物的流通沒有那麼容易了。原先農業地區中受保護的工業，生產效率低、成本高。在奧地利、捷克斯洛伐克和波蘭西部，一些歷史悠久的工業，由於新的邊界和新的關稅，而無法進入從前的市場，日子很不好過。維也納的工人階級生活在苦難中。擁有兩百萬人的維也納城，從前是五千萬人的帝國首都，現在卻是六百萬人的共和國的首都。在捷克斯洛伐克，居住在蘇臺德的德國血統少數民族抱怨：在困難時期，由於政府的各種政策，德裔商人和工人受的苦總是比捷克商人和工人多。在經濟上，把東歐切割成十幾個獨立的國家，是自己給自己拆臺。

　　新的東歐國家進行的最大改革，是土地所有制的改革。雖然這種改革遠遠沒有解決該地區的基本經濟問題，但對土地分配的方式確實有很大的影響。整個傳統的農業社會基礎被推翻了。一八四八年革命的作用，在哈布斯堡的國土上解放了農民，卻使他們沒有土地，這種作用這時得到進一步的發展。俄國革

命的榜樣給予了強大的刺激，一九一七年俄國農民把地主趕走了，因而，從芬蘭到巴爾幹半島各國，心懷不滿的和一無所有的農民，都願意傾聽共產黨人的話。應當記住，直到一九二九年，蘇聯才著手進行農業集體化；在那之前，共產主義似乎是贊成獨立小農的。但是，同樣地，土地改革的樣本存在於西方，尤其是法國，法國歷來是小農所有者的國土。

土地改革的做法隨著國家的不同而有差異，但是，在波羅的海各國，以及捷克斯洛伐克的大部分，大地產普遍畫分成較小的農場。這種改革不但反映了新的社會政策，也反映了民族情緒，因為在這些地方，大的土地所有者多半是德意志人。在羅馬尼亞和南斯拉夫，大地產的解體雖然大量，但不那麼徹底。在芬蘭、保加利亞和希臘，幾乎沒有產生這個問題，因為小土地所有制已經是普遍存在的。土地改革在波蘭和匈牙利獲得的成功最少，因為那裡的大地主異常強大，而且根深柢固。

土地改革以後，小土地所有者的政黨成了俄國西部邊境各國的主要民主力量。他們常常傾向於社會主義，尤其是因為在他們的頭腦裡，「資本主義是與外國投資者和外來人聯繫在一起」的。另一方面，大的土地所有者，即戰前各帝國早先的貴族，無論是已經被剝奪了財產，或者只是受到威脅要被剝奪財產，都堅持反動的觀點。土地改革並沒有解決基本的經濟問題。新的小農莊非常小，常常不超過十英畝。這些自耕農缺少資本、農業技術以及對市場的了解，農田的生產率並沒有提高。取代地主和佃農之間原有差別的是，比較舒適的農民和無產階級的雇工之間的新差別。相對貧困的持續、上層反動階級的頑固不化、農民本身之間新的經濟緊張現象、眾多的關稅壁壘造成經濟的畸形發展，以及缺少自治的任何持久的傳統，這一切都促使二十世紀二○年代開始進行的民主試驗遭到挫折。

德意志共和國和洛迦諾精神

歐洲的關鍵是德國，德國在一九一八年發生了革命。但這是沒有革命者的革命、消極的革命，與其說是由任何決定性新事物的到來而引起，不如說是由舊事物的消失引起的。在戰爭的最後幾個星期，德皇和德軍最高司令部退出了舞臺，讓別人去應付戰敗和受屈辱的局面。一九一八年十一月以後，有一個時期，掌管事務的政治領導人主要是社會民主黨人。社會民主黨人是馬克思主義者，但是，他們的馬克思主義是馴服的、調子低沉的、修正主義的，這種馬克思主義在列寧到來以前盛行了二十年。他們是工會的幹事和政黨的經理人。在

一九一八年，他們可以回顧，以往的幾十年裡發展了各個勞工組織，建立了社會民主黨，這個黨在一九一二年成立了德意志帝國國會裡最大的黨。現在，在一九一八年，他們是小心謹慎的集團，基本上是保守的，急於要維護他們已經得到的東西，而不是急於要開始進行新的、大膽的社會試驗。在一九一七年以前，社會民主黨人認爲自己遠遠偏向左邊。但是，俄國的布爾什維克革命以及親布爾什維克的或共產主義的成分在德國出現，使社會民主黨人移到中間。中間是一個尷尬的地位，在動盪時期尤其如此；共產黨認爲社會民主黨是反動派，是工人階級運動的卑鄙叛徒；而來自早先的保皇派、軍官、容克地主和大企業集團的眞正反動派卻認爲（或假裝認爲），社會民主主義在與布爾什維克主義進行危險的調情。

　　做爲德國的中間集團，社會民主黨得到天主教中央黨和其他政黨的支援，害怕左派甚於右派。一九一八年和一九一九年，從俄國傳來的消息，不但是逃亡的資產階級或沙皇貴族帶來的消息，而且還有避難的社會民主黨人、孟什維克和反列寧的布爾什維克——即社會主義者在第二共產國際裡早已認識和信賴的許多人——帶來的消息，都使他們膽戰心驚。一九一九年一月，卡爾·李卜克內西和羅莎·盧森堡率領的斯巴達同盟[1]試圖在德國掀起像俄國那樣的無產階級革命。列寧和俄國的布爾什維克給予了援助。有一個時期，斯巴達同盟似乎有可能在德國強行實現共產主義的無產階級專政。但是，社會民主黨的臨時政府粉碎了斯巴達同盟的起義，爲了這個目的而求助於退伍的軍官和從解散的軍隊招募來的自願治安維持同盟。斯巴達同盟的領導人李卜克內西和盧森堡被逮捕，在警察局拘留期間被槍決。「斯巴達週」的事件擴大了社會民主黨人和共產黨人之間的裂痕。

　　不久以後，爲召開國民代表大會而舉行了選舉。沒有哪一個政黨獲得多數，但是，社會民主黨是領先的政黨。社會民主黨、中央黨和自由民主主義者的一個聯合體控制了國民代表大會。在魏瑪城進行了幾個月的考慮以後，於一九一九年七月，通過了一部憲法，建立了民主共和國。魏瑪共和國（從一九一九年到希特勒一九三三年上臺之前，德國的政權被稱爲魏瑪共和國）不久以後就受到來自右派咄咄逼人的威脅。一九二〇年，一群心懷不滿的陸軍軍官發起了一次暴動，或者說武裝起義，使共和國政府逃之夭夭，同時試圖把他們的傀儡卡普博士放在國家首腦的地位上。柏林的工人利用關閉各種公共服務部門的方式，制止了卡普暴動，拯救了共和國。但是，魏瑪政府從來沒有採取足夠堅定的措施，來取締反動或直言不諱的反民主鼓動者領導的小股私人武裝隊伍。不久以後事態明朗了，這些鼓動者之一就是阿道夫·希特勒，他早在

一九二三年就在慕尼黑發起一次中途夭折的暴動。魏瑪政府是民主的和自由主義的，因而，未對左翼和右翼的反民主激進團體剝奪他們言論自由的權利和被選入德國國會的權利。

圖19-2　德國的斯巴達同盟在一九一九年初試圖掀起蘇維埃式的共產主義革命，但是，他們的起義被社會民主主義的臨時政府鎮壓下去。這些人正在焚燒他們從斯巴達同盟的報社那裡沒收來的政治小冊子。〔Getty Images〕

　　魏瑪共和國在原則上是高度民主的。憲法體現了最先進的民主主義者所贊成的一切方法，不但有包括婦女選舉權在內的普選，而且還有比例代表制以及立法提案權、複決權和罷免權。但是，除了法定的八小時工作日以及給予工人福利（和組織起來的勞工的傳統要求）這些類似的保障以外，以社會民主黨為主要設計師的這個共和國，在剛形成的年代裡，卻遠遠不是社會主義制的。沒有哪個工業部門國有化，沒有什麼財產易手。不像在東歐的新國家那樣，沒有通過土地法令，也沒有進行土地改革；東易北河的容克地主們留在他們的莊園裡安然無恙，甚至連皇帝、國王、王子和大公的塑像也仍然屹立在大街上和廣場上。早先德意志帝國的官吏、公務員、員警執法者、教授、學校教師，仍然待在他們各自的崗位上。軍隊雖然按照《凡爾賽條約》被限制在十萬人之內，但仍然是原先縮小的軍隊，它的所有基本機構都完整無缺，只是數量不大。在軍官隊伍裡，來自原先專職貴族軍官的影響仍然很強烈。

　　從來沒有過哪次革命是這樣溫和、合理、寬容的。沒有恐怖，沒有狂熱，沒有激動人心的信仰，沒有沒收財產，沒有逃亡國外。在最近或在比較遙遠的

過去，英國、法國、美國、俄國和其他的國家，都經歷過革命，按照它們的標準來說，德國實際上沒有發生過革命。

德國民主政體和凡爾賽

　　對歐洲和世界來說，最重要的問題是，德國怎樣使自己適應戰後的狀況。德國人將怎樣接受民主政體這個新的國內政權？他們將怎樣接受德國的新邊界和《凡爾賽條約》的其他規定？很不幸，這兩個問題是聯繫在一起的。魏瑪共和國和《凡爾賽條約》都是德國戰敗的產物。在德國有許多人贊成民主政治，主要是人數眾多的社會民主黨人，如果有充裕的時間和有利的條件，本來還可能爭取更多人贊成民主政治。但是，沒有一個人，甚至沒有社會民主黨人，把《凡爾賽條約》或德國的新邊界當成是公正的或不可更改的東西而接受。如果德國的民主政治意味著永遠接受《凡爾賽條約》而不加以修改，或民主政治意味著經濟的貧困或困難，而這種貧困或困難又可以合理地或不合理地解釋為《凡爾賽條約》的後果，那麼，民主政治就會失去它原先對德國人的吸引力。

　　我們曾經看到，德國的共和主義者在簽約之前就反對《凡爾賽條約》，只是在壓力下才簽約的。協約國在休戰以後繼續進行戰時的海上封鎖；在德國人看來，這一點證實了這樣一個論點，即《凡爾賽條約》是苛刻的勒令，是強加於人的、圖謀報復的和平。有關「戰爭罪責」的條款，雖然也許在一方面滿足了英美人所特有的道德觀念，但在另一方面卻觸犯了德國人所特有的榮譽感。無論是向德國人索取的賠款，或者是新的邊界，都沒有被德國人當成是一成不變的東西而接受下來。他們把賠款看成是用他們的未來做長期抵押的東西。他們一般都指望，有一天能夠修改東部的邊界，至少收回波蘭走廊，並且合併操德語的奧地利。

　　法國人唯恐有一天德國會復興起來。他們為防止德國復興，確保自己的安全和歐洲的集體安全，而擬定了計畫，但這些計畫失敗了。他們沒能使萊因蘭脫離德國。美國參議院拒絕批准威爾遜在巴黎簽訂的條約，按照這個條約，美國將來要保證法國免遭德國的侵略。英國和美國都表現出一種脫身的傾向，即撤離歐洲大陸，恢復「正常狀態」，主要是致力於恢復貿易，在這種貿易裡，強大的德國將是一個大戶。美國不是國際聯盟的成員，在國際聯盟裡，每個成員國都有否決權，因而國際聯盟對法國人民不能提供什麼安全的保障。法國為了預防可能重新崛起的德國，開始與波蘭、捷克斯洛伐克以及東歐的其他國家結盟。他們也堅持要德國償還賠款。賠款的數額在《凡爾賽條約》裡沒有說明，但在一九二一年由賠款委員會定為一千三百二十億金馬克（相當於

三百五十億美元），甚至德國之外的經濟學家也宣稱，這個數目，德國無論怎麼想辦法也是償還不了的。

魏瑪政府在這樣的環境下轉向蘇聯，因為蘇聯沒有參與《凡爾賽條約》，也沒有要求賠款。與此同時，蘇維埃政府從德國和匈牙利無產階級革命的失敗中得出結論，認為歐洲蘇維埃化的時機尚未成熟，因而亦準備和已成立的各國政府建立正常的外交關係。德國和蘇聯雖然在意識形態上互相厭惡，但還是在一九二二年簽訂了《拉巴羅條約》。在後來的年月裡，蘇聯從德國獲得了所需的工業產品，德國的工廠和工人由於蘇聯的訂貨單而忙得不可開交。德國軍隊派遣軍官和技術人員指導紅軍。德國軍隊由於《凡爾賽條約》而不得不限制其活動，但事實上透過它在蘇聯的工作，透過在國內巧立許多名目，仍能夠保持高標準的訓練和有關新的武器和裝備技術知識。

賠款、德國一九二三年的通貨膨脹和恢復

法國人由於在試圖索取賠款方面受到阻礙，又由於得到比利時人的幫助，便在一九二三年派遣法國部隊占領魯爾工業區。德國人的反應是進行全面罷工和消極抵抗。為了支援工人們，魏瑪政府付給他們救濟金，為此大印鈔票。德國和其他的交戰國一樣，在戰爭期間和戰後曾經嘗過通貨膨脹的苦頭；無論是帝國政府，或是魏瑪政府，都不願意徵收較多的稅款來抵消通貨膨脹。但是，這時席捲德國並不是一般的通貨膨脹。通貨膨脹的比例是災難性且完全失調的。紙幣真的變得一文不值。到一九二三年底，居然需要四萬億以上的紙幣馬克才能兌換一美元。

這次通貨膨脹帶來的社會革命影響，比霍亨索倫帝國衰亡而帶來的影響大得多。欠債的人用一文不值的貨幣付清了債務，債權人收到一筐筐毫無意義的紙片；薪水即使提高了，也落在暴漲的生活費用後面。年金、退休金、保險單的收益、銀行的存款、公債和抵押契約的收入——早先某個時期籌劃的一切形式收入，以及常常是象徵著多年的節衣縮食、深謀遠慮和個人盤算的一切形式收入——這時都化為烏有了。中產階級貧困化了，意志消沉了。中產階級的人們這時在物質上與工人和無產者的處境大致相同。然而，他們的整個人生觀使他們不可能把自己和勞工階級列為等同，也不可能接受勞工階級的馬克思主義或社會主義的意識形態。他們對社會本身失去了信心，對未來失去了信心，對在一個可以理解的社會裡自力更生和合理安排自己生活的、早先的公民準則失去了信心。他們產生了一種精神上的空虛，沒有什麼東西可以信賴、指望或推崇。

　　然而，通貨膨脹把國家內部一切尚未付清的債務全都抹掉了，因此，這些損失一旦被勾銷和接受，通貨膨脹就使得經濟生產有可能重新振興起來。人們說服美國扮演一個不情願的角色，這有一部分是因爲美國一直在要求協約國支付它們積欠美國的巨額戰爭債款。協約國——英國、法國、比利時——堅持說，除非它們從德國收到賠款，不然它們就不能把債款付給美國。一九二四年，它們在德國實行了以美國人查理斯・G・道威斯的名字命名的道威斯計畫，以便保證賠款源源不斷的到來。根據道威斯計畫，法國人撤離了魯爾區，賠款的支付被削減了，並爲德意志共和國在國外借錢做出安排。在隨後的年代裡，有許多美國私人資本投入德國，既投向德國的政府公債，也投向德國的工業。於是，至少在表面上看來，德國逐漸站穩了腳跟。有四、五年的時間，魏瑪共和國甚至有了熙熙攘攘的繁榮景象，在道路、住房、工廠和遠洋輪船方面都有許多新的建設。但是，這種繁榮在很大的程度上依賴外國的貸款，因此一九二九年開始的大蕭條便重新勾起了所有的舊問題。

洛迦諾精神

　　經濟繁榮的這些年代也是國際上比較安定的年代。但是，沒有任何國際的基本問題得到處理或解決。德國人普遍憎惡《凡爾賽條約》，卻沒有因此而得到協約國的讓步。可以設想，如果協約國願意在這個時候透過國際協議修改《凡爾賽條約》，那麼，它們本來可能使德國的民族主義暴民煽動者無法施展伎倆，從而免除自己後來的許多痛苦。然而，也有可能，任何讓步都不足以使德國人滿意。一個大問題是，要防止德國人用暴力推翻《凡爾賽條約》的組成部分，尤其是在東歐，德國人認爲新邊界基本上是有待重新考慮。在一九二三年魯爾事件和一九二四年採用道威斯計畫以後，一群穩健並愛好和平的人制定了幾個主要國家的外交政策，這些人是德國的古斯塔夫・施特雷澤曼、法國的愛德華・埃里奧和阿里斯蒂德・布里昂，以及英國的拉姆齊・麥克唐納。

　　國際聯盟的憲章規定，要對潛在的侵略者進行國際制裁。像《維也納和約》以後的歷屆代表大會的制度那樣，國際聯盟旨在保證各國遵守和平條約，或者至少保證各國在修改和平條約時不訴諸武力。沒有人指望國際聯盟依靠自己的任何權威來防止大國之間的戰爭，但是，國際聯盟在二十世紀二〇年代完成了各種次要的息事寧人事情，而且，無論如何，國際聯盟設在日內瓦的總部提供了一個方便聚會的地方，政治家們可以在那裡彼此交談。

圖19-3　一九二三年德國的災難性通貨膨脹，摧毀了工資、儲蓄和投資的價值。消費者用一筐筐的紙幣支付商品，迫使類似這位麵包師及其雇員的商人，用幾乎毫無價值的大量德國馬克，來計算他們的日常銷售額。（akg-images）

　　一九二五年在瑞士的洛迦諾，歐洲國家簽訂了一些條約，做為防止戰爭的進一步保障。這些條約標誌著兩次世界大戰的間歇期間國際親善所達到的最高點。德國與法國、比利時簽訂了一個條約，保證無條件地保持它們各自的邊界。德國與波蘭、捷克斯洛伐克簽訂了一些仲裁的條約──不保證維持這些邊界的現狀，但是，同意只有透過國際討論、協商或仲裁，才能試圖改變這些邊界。法國與波蘭和捷克斯洛伐克簽訂了一些條約，答應在遭到德國的攻擊時給予它們軍事援助。這樣，法國透過自己外交上的結盟，透過支持小協約國（捷克斯洛伐克、南斯拉夫和羅馬尼亞的聯盟稱為小協約國），加強了它抵銷德國東面勢力的政策。大不列顛「保證」──即一旦發生侵犯事件，就給予軍事援助──比利時和法國的邊界免遭德國的侵犯。大不列顛對捷克斯洛伐克或波蘭，卻沒有給予相同的保證。英國人的政策是基於這樣的觀點：即使它們的安全受到威脅，是因德國向西擴張，而不是德國向東擴張。十四年以後，第二次世界大戰打響的地方，正好是在捷克斯洛伐克和波蘭的邊境上。如果英國在一九二五年和法國一起向這兩個國家做出保證，後來又堅持這種保證，那麼，第二次世界大戰本來是可能阻止的。話說回來，沒有任何戰爭是取決於某個單獨的決定；具關鍵性作用的是，許多決定恰巧湊在一起。

　　一九二五年，人們懷著寬慰的心情談到「洛迦諾精神」。一九二八年，當法國外長布里昂和美國國務卿法蘭克‧B‧凱洛格為《巴黎條約》進行籌措的

時候，國際的和諧又一次得到加強。《巴黎條約》最後由六十五個國家簽署，它譴責透過戰爭來解決國際爭端（但它沒有規定貫徹執行的措施）。

因此，在二十世紀二〇年代中期，世界的前景充滿了希望。在洛迦諾，德國出於自己的意志，接受了它在東面和西面的邊界，甚至發誓即使是在東面也不採取暴力和單方面的行動。一九二六年，德國參加了國際聯盟。德國做為民主共和國，看起來是個蒸蒸日上的國家。在東歐大多數新國家裡，像人們所指望的一般，民主政治似乎發揮作用，而蘇聯本身也停止了它在戰後的革命攻勢。世界又一次欣欣向榮，或者似乎是欣欣向榮。世界的生產量達到了或是超過了戰前的水準。到了一九二九年，以硬通貨黃金計算，世界貿易幾乎是一九一三年以來的兩倍。人們回想起戰時和戰後種種困難的時候，就把這些困難當做是歐洲已經躲避過去的一場惡夢。歸根結柢，世界似乎為民主政治做好了萬全的準備。

但是，由於世界的大蕭條，由於德國惡狠狠的民族主義增長（這有一部分是由於大蕭條），由於日本堅持新的好戰性（這也和大蕭條有關），人們安然自得的心情被打消了。但是，讓我們先轉而談一談亞洲的戰後年代。在亞洲，新的民族主義、政治運動，和歐洲的各殖民帝國相對抗，並且挑戰各殖民帝國一度在全球經濟中的統治地位。

亞洲的反帝運動

亞洲的憤懣

亞洲的各國人民從來都不滿意十九世紀歐洲大擴張後，他們所處的地位，他們越來越譴責一切與「帝國主義」有關聯的事情。在這一方面，下面兩類國家之間沒有什麼區別，一類是被歐洲人在十九世紀當做歐洲各帝國的一部分而進行實際統治的國家，如英屬印度、荷屬東印度群島、法屬印度支那（或美屬菲律賓）；另一類是在自己的政府統治下保持名義上獨立的國家，如中國、波斯和鄂圖曼帝國。在前一類國家裡，隨著民族運動的開始發展，人們反對歐洲人壟斷政府的重要職務。在後一類國家裡，人們反對歐洲人所享受的特殊權利和特權，反對廣泛徵收關稅來支付外債，反對外國人在土耳其的特殊權利，反對在中國的治外法權，反對把波斯畫分成英國人和俄國人的勢力範圍。

在上述任何一種情況下，覺醒的亞洲人所說的帝國主義指的是這樣一種制度：根據這種制度，他們自己國家事務的治理、資源的開發、人民的使用，都是為了外國人、歐洲人或白人的利益。他們指的是這種所有者不在本地的資本主義制度，根據這種制度。他們在其中勞動的種植園、船塢或工廠，是遠在幾

千英哩以外所有者的財產，這些所有者的主要興趣是源源不斷的利潤。他們指的是一種經常不斷的威脅，即外來的文明將瓦解和蠶食自己古老的文化。他們指的是必須操一種歐洲語言的負擔，或者是必須在歐洲人發起的戰爭中作戰這種令人不快的前景。他們所指的還有，白人所擺出的優越架子、一切西方人（儘管最突出的也許是英美人）所表現出的種族意識、到處都畫出的膚色界線、介於傲然蔑視和屈尊俯就之間的態度，以及本地的「僕役」和歐洲「老爺」的關係。帝國主義對他們來說，就意味著加爾各答的紳士俱樂部，印度人不得入內；上海的飯店，中國人不得涉足；一些城市裡的公園長凳，「本地人」不得去坐。不但在經濟上和政治上，而且在更深一層的心理上，自覺的亞洲人反抗，都是對那一種使他們在自己的社會裡處境卑微和蒙受屈辱的帝國主義制度的反叛。

對西方的反抗一般都是有矛盾心理的，或者是兩面的。這種反抗是反對西方的霸權，但與此同時，在大多數的情況下，那些進行反抗的人打算學習和模仿西方，以便藉由接受西方的科學、工業、組織以及起源於西方國家的其他東西，來保持他們自己的身分，並且在政治上和經濟上獲得與西方民族國家的平等地位。因此，反帝國主義的運動和知識分子，即使在他們強烈地拒絕西方意識形態（這些意識形態想當然地認為歐洲的制度或歐洲的種族是優越的）的時候，也從西方文化中借來東西。

亞洲的危機是隨著日俄戰爭而爆發的，在一九〇五年，一個亞洲國家的人民第一次打敗了歐洲的大國。一九〇六年，在波斯開始了革命，導致第一次議會的召開。一九〇八年，青年土耳其黨員在君士坦丁堡成功地掀起了革命，召開了議會，讓當時鄂圖曼帝國所有地區的代表參加。一九一一年，中國的革命者在孫中山的領導下，推翻了清王朝，宣告中華民國的成立。在每一種情況下，反叛者都指責他們原先的君主——波斯的國王、土耳其的蘇丹、中國的皇帝——對西方帝國主義者卑躬屈膝。在每一種情況下，他們都按照歐洲盛行的民主榜樣召開國民議會，也建議使他們的國家復興、現代化和西方化，而且要進行到必要的程度，以避免西方的控制。

第一次世界大戰和俄國革命

在第一次世界大戰中，幾乎所有亞洲國家的人民都或多或少地被捲了進去。與德國結盟的鄂圖曼帝國，立即取消了所有的領事裁判權，或是歐洲人的治外法權。在波斯，俄國和英國曾於一九〇七年進行干涉，阻止了爭取憲政改革的日益發展的運動。如今那裡的人們協調一致地試圖在戰爭中保持中立，試

圖取消俄國和英國透過在它們自己之間達成的協議，而強加給波斯的外國勢力範圍。波斯的國土變成了英軍、俄軍和土耳其軍的戰場；數目眾多的波斯人死於戰時的暴力、混亂和疾病。加入協約國的中國，在巴黎和會上要求取消在中國的治外法權。我們已經看到，中華民國的這項要求如何遭到拒絕，協約國怎樣反倒把許多戰前的德國租借地轉交給日本人。亞洲的附屬地區，即荷屬、法屬和英屬領地，都由於戰爭而在經濟上受到刺激。荷屬東印度群島雖然保持中立，卻增加了糧食、石油和原料的產量。印度發展了鋼鐵工業和紡織業，派遣了一百多萬士兵，即作戰部隊和後勤部隊，去參加英國的事業。美國總統伍德羅・威爾遜號召人們使世界為民主做好準備，所有的附屬地區都受到這項號召的鼓舞。

宗主國政府做了一些讓步。它們自然害怕做得太過分；它們堅持說屬國人民還沒有自治的能力。它們的大批投資朝不保夕，世界整個經濟取決於熱帶國家和亞熱帶國家源源不斷的原料供應。但是，它們確實是妥協了。一九一六年，荷蘭人建立了一個立法議會，為荷屬東印度群島的總督提供意見；立法議會的一半成員為印尼人。一九一七年，英國人同意在印度實行某種程度的自治；印度的立法議會成立了，成員有一百四十人，其中有一百人是選舉出來的；而且在英屬印度的各省裡，選舉出來的代表人數和當地的印度官員人數都增加了。一九二二年，法國人在印度支那成立了一個多少有些類似的議會。於是，這三個殖民主義國家在大致相同的時間裡，開始用協商機構進行試驗，這些機構的成員有一部分是選舉的，有一部分是指定的，而且有一部分是當地人，有一部分是歐洲人。一九一六年，美國在菲律賓群島成立了一個選舉出來的議會。

俄國的革命為亞洲的動盪不安增添了新的刺激。布爾什維克不但譴責資本主義，也譴責帝國主義。在馬列主義的意識形態裡，帝國主義是資本主義的一部分，列寧稱之為資本主義社會「最高的」或「最後的」階段。殖民地的人民也傾向於把二者畫上等號，這倒不是出於馬克思主義的理由，而是因為現代資本主義是殖民地國家當中一種外來的或「帝國主義的」現象，在這些殖民地國家裡，大企業的所有權和經營管理都是外國人的。因此，亞洲的民族主義，即爭取獨立的運動或爭取更多與西方保持平等的運動，很容易帶有社會主義和譴責資本主義剝削的色彩。布爾什維克很快就看出這種形勢對他們有利。當列寧所指望的世界革命在歐洲顯然不會很快實現之時，俄國共產黨便轉向亞洲，把亞洲當做一個可以迂迴包抄世界資本主義的舞臺。一九二○年九月，在裏海海岸上的巴庫召開了「東方被壓迫人民代表大會」。共產國際的領導人季諾維夫

號召向「英國資本主義的野獸」宣戰，一些來自亞洲國家未來的激進領導人，
於隨後幾年裡旅居莫斯科。與此同時，莫斯科派出來的一些共產黨員挑起了亞
洲各地在沒有俄國煽動的情況下就已經存在著的不滿情緒。

因此，亞洲戰後的局面是瞬息萬變的。非共產黨員把共產主義當做解放的
力量而為之歡呼。反對西方的人宣稱，他們的國家必須西方化，至少在科學、
技術和社會組織的某些方面西方化。民族主義超越了所有其他的「主義」。在
印度的國民代表大會裡，只要共同的敵人是英國人，印度的有錢資本家就和社
會主義的領導人和睦相處，相互合作。

土耳其和波斯的革命

最快獲得成功的革命運動是土耳其的革命運動。最初，在一九○八年，青
年土耳其黨原本打算防止鄂圖曼帝國進一步解體，然此被證明是不可能的。在
一九一二至一九一三年的巴爾幹戰爭裡，鄂圖曼帝國的勢力幾乎完全被排除出
巴爾幹半島。第一次世界大戰中，土耳其處於戰敗的一方，因而，阿拉伯在英
國的大力支持下紛紛叛離。戰後，希臘在一九一二年侵入安那托利亞半島，希
臘人夢想建立一個把愛琴海兩岸包括在內的大希臘。歐洲人仍然認為：土耳其
是歐洲的病夫，鄂圖曼國家注定要消亡，土耳其人民是野蠻且無能的。協約國
在一九一五年同意瓜分土耳其；戰後，西方國家支持希臘的入侵。義大利軍隊
和法國軍隊占領了安那托利亞的某些地方，義大利人、法國人和英國人著手使
君士坦丁堡脫離土耳其的統治，儘管當時君士坦丁堡的處置尚未明確。在這些
情況下，一個名叫穆斯塔法‧凱末爾的陸軍軍官把土耳其人召集起來，進行民
族的抵抗。兩年之內，在蘇聯的援助之下，土耳其人逐漸把希臘人和西方協約
國趕走了。土耳其人申明他們對安那托利亞半島的所有權，以及對包括君士坦
丁堡在內的博斯普魯斯海峽兩岸的所有權，並在一九三○年把君士坦丁堡改名
為伊斯坦堡。

在穆斯塔法‧凱末爾的大力鞭策之下，民族主義者進行了橫掃一切的革命。
他們取消了蘇丹和哈里發的職位，因為蘇丹與外國人沆瀣一氣而損害了自己，
而且，蘇丹做為信徒們的哈里發或首領，也是所有伊斯蘭教徒的宗教領導人，
因而是一種和過去聯繫在一起的力量。一九二三年，宣布成立土耳其共和國。

雖然鄂圖曼帝國向來是由不同的宗教社團組成的混合體，在這些社團裡，
穆斯林是統治集團，但土耳其共和國卻被設想為一個民族國家，在這個國家
裡，「人民」（即土耳其人民）是主宰者。除了議會、內閣和擁有很大權力的
總統以外，還採取了普選制。小亞細亞的非土耳其人以前不是「外國人」，而

這時卻成爲「外國人」。我們已經看到，亞美尼亞人在第一次世界大戰期間，被驅逐出境和屠殺。其他眾多非土耳其和信基督教的人民是希臘人。戰後，大約有一百四十萬希臘人逃跑，或者是被官方從小亞細亞遣送到希臘做爲交換，居住在希臘北部大約四十萬的土耳其人被遣送回土耳其。人口的交換引起了巨大的苦難，這使自古以來就居住在小亞細亞的大多數希臘人被連根拔起，希臘王國不得不突然吸收一大群一無所有的難民，這些難民的人數多達希臘本身人口的四分之一，從而使貧窮的希臘王國人口氾濫成災。但是，這使土耳其共和國能夠獲得比較整齊劃一的人口（土耳其東部的庫爾德少數民族是例外情況），結束希臘和土耳其之間少數民族問題的爭端，直到第二次世界大戰以後產生新的問題爲止。

政府的管轄範圍和宗教的勢力範圍第一次在一個穆斯林國家裡截然分開。土耳其共和國聲明教會和國家完全分開。它宣布宗教是私人的信仰，它容忍一切宗教。政府是按照法國革命演變出來的世俗原則和非宗教原則重新組成的。《可蘭經》的法典被棄置一旁。新的法律以瑞士法典爲樣本，而瑞士法典是最新編集成典的歐洲立法，它本身從拿破崙法典而來的。

穆斯塔法·凱末爾敦促婦女摘下面紗，走出閨房，參加投票和擔任公職。他規定一夫多妻是犯罪行爲；他用法律要求男人拋棄圓筒無邊氈帽，向圓筒無邊氈帽展開鬥爭，就像彼得大帝向蓄鬍子展開鬥爭一樣，而且是出自同樣的理由，把戴圓筒無邊氈帽看做是落後習慣的象徵。有邊的帽子——「文明的頭飾」——相應地被視爲進步的象徵。人民改穿西方的衣服；西方的字母表被強制推行；識字的土耳其人不得不重新學習讀寫，文盲減少了；採用了西方的曆法和公尺制；要求土耳其人像西方人一樣採用世襲的父姓，凱末爾本人就使用了阿塔圖克，即「大土耳其」這個姓名；首都從伊斯坦堡遷到安卡拉。此外，共和國制定了高的關稅。一九三三年，共和國通過經濟發展的五年計畫，擺脫了外國勢力的土耳其人，決心不再依賴西方的資本或資本主義。五年計畫規定，礦山、鐵路和工廠主要是屬於國家所有。與此同時，共和國雖然願意接受蘇聯的援助來抵禦西方國家，但對共產主義卻不能容忍，鎮壓共產主義運動。土耳其人要的是一個現代的土耳其，由土耳其人治理，爲土耳其人謀福利。

波斯經歷了一場不同類型的政治革命，但也做出了相應的努力，來減少外國的影響。當英國人在一九一九年試圖於波斯建立戰後殖民主義保護關係的時候，遭到強烈的民族主義抵抗。與此同時，新的蘇維埃政權撤出波斯，並聲明放棄早先俄國政府的一切要求。一九二一年，一個名叫雷扎·卡恩的軍官推翻了早先的卡札爾王朝，並且在一九二五年（在英國和蘇聯的支持下）成爲沙

（即國王）。此後，他被稱爲雷扎・沙・巴列維，並建立了壓制性的政權。這個政權試圖使國家現代化，並試圖擺脫與英國政府的各種協議。早先的租借地、治外法權以及勢力範圍全都取消了，雷扎・沙重新商定了英國的石油合約，也堅持對外國公司有更多的控制權，並徵收更多的稅，儘管收入比沙所希望的少一些。從一九三五年起，爲堅持自己的民族獨立性，政府把國家的正式國際名稱改爲伊朗，這個國名在國家內部已沿用多時。

印度的民族運動：甘地和尼赫魯

第一次世界大戰結束時，印度正處在反英統治的革命邊緣上。心懷不滿的印度人指望聖雄莫罕達斯・K・甘地來領導他們，在後來的幾十年裡，雖然就現代亞洲來說，甘地並不是典型的，但做爲各附屬國的人民倡導者，卻舉世聞名。甘地於十九世紀九〇年代在英國受過教育，在南非當過律師。在那裡，他意識到種族歧視是世界性的問題。一九一九年以後，他在印度領導了一個運動，爭取自治，在經濟上和精神上擺脫英國而獨立。他也爭取在印度內部——在印度教徒與穆斯林之間，在上等種姓的印度人與受壓迫的被剝奪種姓者和不可接觸者之間——實現較大的忍讓。他贊成使用的武器是非暴力、消極抵抗、民間的不服從，以及聯合抵制。他自行絕食和進行絕食抗議，以應付英國的監獄看守，後來還以此來應付印度人自己。

他和他最忠實的追隨者，在風起雲湧的時候，拒絕被選入或參加英國人小心謹慎地引進的部分代議制機構。他們也透過拒絕購買或使用英國進口的貨物，來削弱英國在印度的經濟地位。後一種做法觸及了英國人的痛處。在第一次世界大戰以前，英國棉布的全部出口貨物，有一半運往印度，但是，到一九三二年，這個比例下降到四分之一。甘地反對一切工業主義，甚至反對在印度國土上正興起的機械

圖19-4　新土耳其共和國的總統凱末爾，試圖削弱伊斯蘭教的影響。在這張大約在一九二五年拍攝照的相片裡，他身穿歐式服裝，在他女兒的婚禮上跳舞，以此表示支持西方文化的政策。（Getty Images）

化工業。他把西方的服裝放在一旁，開始使用手紡車，靠喝羊奶過活，敦促印度農民恢復原先的手工藝品，在一些莊嚴的場合裡出現時，僅披著手工紡織的纏腰布。甘地由於他的崇高原則而對許多集團具有感召力，儘管這些集團在比較世俗的事物方面有分歧。即使在西方，人們也把他看成是古往今來的偉大精神領袖之一。

印度在內部是四分五裂的，英國人堅持認為，由於這種四分五裂，若結束英國的統治，將會促進無政府狀態的發展。印度有印度教徒和穆斯林，他們之間的衝突和恐怖分子的暴行是無止盡的（甘地就是在一九四八年被一個反穆斯林的印度教狂徒暗殺）——印度的各土邦有數以百計的小暴君。印度有像塔塔家族那樣的印度資本家和富有工業家，有印度工業化所造成的日益眾多的無產階級。印度有較高的種姓者和被剝奪種姓者，還有生活在貧困農村之中的幾億農民。在政治方面，印度有一些人，像甘地和其比較注重實際但忠誠的追隨者賈瓦哈拉爾・尼赫魯那樣，要求完全獨立，抵制英國人，並坐牢多年；而一些穩健的人則相信，提高印度福利的最好方法是，接受政府職務，

與英國人合作，謀求大英帝國範圍內的自治領地位。馬克思主義對注重精神和愛好和平的甘地確實沒有什麼吸引力，但對尼赫魯，甚至對許多不那麼激進的領導人，卻有很強的吸引力。二十世紀二〇年代，在印度人看來，蘇聯象徵帝國主義被推翻；二十世紀三〇年代，蘇聯採取了五年計畫，從而指出經濟發展的道路。印度人民希望從貧困中走向工業富強和較高的生活水準，而不致損失時間，不必依賴外國資本和資本主義。對於這種人民來說，實行計畫經濟的蘇聯，比西方那些在幾個世紀的逐漸發展中而建立起來的富有民主國家，似乎更能提供合適的榜樣和實際的教訓。

雖然有甘地的規勸，有會議和圓桌會議，有改革和改革的許諾，二十世紀三〇年代還有印度人參與更多印度帝國事務的趨勢，但是，兩次世界大戰之間

圖19-5　聖雄甘地的「非暴力原則」在第一次世界大戰之後，深刻地影響了印度爭取民族獨立的運動。在這裡可以看到，他身穿典型的簡單衣服，率領他的追隨者「走向海邊」去蒐集海鹽，做為抵制英國貨的一部分。他還倡導非暴力運動，爭取印度的民族獨立。（Corbis）

的二十年，是動亂迭起、騷動鎮壓交替和暴行不斷的年代。只是到了第二次世界大戰以後，才贏得獨立；隨著獨立而來的是，印度次大陸分成兩個新的國家，一個是以印度教徒為主的印度，一個是以穆斯林為主的巴基斯坦。

在荷屬東印度群島，民族主義運動不那麼蓬勃發展，兩次世界大戰之間的年代，和印度比起來是較為平靜的。一九二二年，發生有共產黨人參加的大規模起義，但被荷蘭人鎮壓下去了。這個群島的各族人民幾乎像印度的各族人民一樣複雜。因為荷蘭帝國，他們在政治上團結一致，群起反對荷蘭人，使他們有了共同綱領。一九三七年，立法委員會要求荷蘭人給予自治領地位。但是，直到第二次世界大戰以後，在鎮壓民族主義者的軍事努力失敗以後，荷蘭人才於一九四九年同意給予獨立。

中國革命：三民主義

中國革命是在一九一一年推翻清王朝時候開始的，清王朝本身曾經為時過晚地開始採用西方化的改革。中華民國宣告成立，但是，第一個直接的結果是，在北平（現在的北京）建立了由袁世凱行使的軍事獨裁。他曾經是清政府的親密顧問，而且，直到他一九一六年去世為止，始終覬覦著這時空缺出來的帝位。在南方，老革命家孫逸仙博士改組了國民黨，國民黨是革命前地下組織網的後繼者，孫博士曾經是此組織網的主要締造者。孫逸仙被革命臨時議會推選為共和國第一任總統，但在幾個月內讓位給了袁世凱，孫逸仙錯誤地相信，袁世凱將使全國在議會政體下團結起來。袁世凱於一九一六年去世以後，北京發生了奪權鬥爭，在這場混亂中，孫逸仙被宣布任設在南方廣州的敵對政府的總統，這個敵對政府對南方各省行使名義上的權力。然直到一九二八年為止，沒有任何政府有任何基礎得以要求對中國實行實際上的統治，而且即使到了一九二八年，也還有一些重要的例外情況。因為在這些年的大部分時間裡，這個國家實際上掌握在某些互相爭奪的軍閥手裡，他們每個人都把自己地盤裡的關稅裝入腰包，保持自己的軍隊，並且不承認上級的權力。

最完整表達了這個階段的中國革命思想的是孫逸仙。他出生於一八六六年，在夏威夷群島受教育且受到美國影響；他在香港獲得醫學學位；在世界各地旅行和留居，研究西方的思想；於美國向華僑聽眾演說，籌集資金來進行反對清朝的密謀活動，並從歐洲回國參加革命。在他一九二五年去世之前不久，將多年來闡述的講演稿彙編成書——《三民主義》。這本書有助於闡明中國以及整個亞洲反對西方霸權的鬥爭。

按照孫逸仙的說法，三民主義是民權、民族和民生。民生意味著社會福利

和經濟改革——比較公平地分配財富和土地，逐漸結束貧窮狀態和不公平的經濟剝削。孫逸仙博士所說的民族，指的是從前主要在宗族和家庭裡生活的中國人，這時必須領會民族和國家的重要性。他教導說，中國人事實上是一個偉大的民族，是世界上最有教養的民族，從黑龍江江口到東印度群島，曾經盛極一時。但中國人從來都不是緊密結合在一起的，一直是「一盤散沙」；他們這時必須「打破個人的自由，結成很堅固的團體，像把水泥加到散沙裡頭，結成一塊堅固石頭一樣」【2】。

　　孫逸仙所說的民權，指的是人民當家做主。和盧梭一樣，孫逸仙不怎麼注意投票、選舉或議會程序。他相信人民主權，但應當由賢能的人進行治理。他在這方面遵循傳統的儒家教導，相信政府應當由專家來料理，他批評西方忽視了這個原則。孫逸仙博士對列寧懷有熱烈的同情心，但他絕對不是教條主義的馬克思主義者。他認為馬克思主義不適用於中國，爭辯說中國人必須像對待所有其他的西方思想那樣地對待馬克思主義，要避免盲目的模仿，要根據情況對這些思想加以採用、變通、修改、揚棄。中國沒有馬克思或西方意義上的本土資本主義。他說，中國的「資本家」是土地所有者，尤其是在像上海那樣的一些城市裡，因西方人的到來，使土地價值扶搖直上。因此，如果中國能夠擺脫帝國主義，那它也會採取長期的步驟來擺脫資本主義；它能夠開始平均地權和沒收不勞而獲的地租。更進一步評論說，既然中國沒有真正的資本家，那麼，國家本身就必須著手資本主義和工業的發展，這需要外國資本的貸款以及外國經理和技術人員的服務，因此增添了另一個理由，說明為什麼中國人的國家，為了保持控制權，必須是強大的。

　　簡言之，在孫逸仙眼中，民權很容易帶上仁慈和建設性的集權統治理論色彩。馬克思主義、共產主義、社會主義、「民生」、計畫的社會、福利的經濟，以及反對外國的和反對帝國主義的情感，全都摻雜在一起。

　　孫逸仙和中國革命者的第一個目的，就是擺脫自從一八四二年把中國捆綁在外國利益集團上的那個「條約體系」。在這一方面，巴黎和會是令人失望的；中國人不但沒能取消西方的特權和治外法權，而且還未能收回日本人在戰爭期間接管的許多早先德國租借地。一九一九年五月四日，在巴黎和會期間，發生了學生和工人們旨在反對西方列強的大規模示威遊行。五四運動提高了反對外國的覺悟。

　　由於西方國家證明是頑固不化的，孫逸仙和國民黨便轉向俄國。他們宣稱，俄國革命和中國革命是世界範圍同一個解放運動的兩個方面。一九二一年組成的中國共產黨，在一九二三年與國民黨結成聯盟。國民黨接受了蘇聯的一

些共產黨顧問，主要是老革命家鮑羅廷，許多年以前，孫逸仙就在美國認識他。蘇聯按照滲入亞洲從側翼包圍世界資本主義的戰略，運送軍事裝備並派遣軍事教官和黨的組織者前往中國。蘇聯也放棄了歷屆沙皇在中國獲得的俄國租界和治外法權。中國與蘇聯友好的政策開始產生預期的效果；英國人為了吸引中國脫離蘇聯，放棄了他們在漢口和其他城市的一些次要租界。

中國：國民黨和共產黨

國民黨表現出了新的生命力，它的軍隊經改編而加強。一九二四年以後，國民黨發動了一個軍事和政治攻勢。這個新的攻勢是向來都很活躍的蘇聯顧問們所策劃的，得到中國共產黨的支持，並由蔣介石帶頭。蔣介石在孫逸仙於一九二五年逝世後，接替他擔任國民黨的領導人。蔣介石的主要目的是迫使各自為政的軍閥和仍然在北京執政的政權，接受唯一的國民黨政府的管轄。到了一九二八年年底，蔣介石的軍隊向北掃蕩，占領了北京，並把政府所在地遷移到南京。這時蔣介石對大部分的中國至少實行了名義上的控制，儘管有效的控制在許多地方軍閥的抗拒下仍然受到限制。海外的一些國家看到國民黨的成就，便在外交上承認了南京政府，並同意南京政府有權經辦中國的關稅和海關事務。它們還部分地放棄了治外法權，並保證在不久的將來完全取消這些特權。

一九二七年，當中國形成某種程度的民族統一的時候，國民黨和它的左翼之間發生了公開的決裂。在北伐過程中，尤其是在攻占南京的時候，發生了民眾的騷動和過火行為，包括殺死若干外國人在內，一些人硬說這是共產黨煽動的。這些過激的騷動使國民黨中較富有和較保守的分子害怕並疏遠了，因而危及蔣介石的主要財源，使他的政府和軍隊得不到資助。蔣介石本人一向認為，與共產黨或俄國的聯盟只不過是權宜之計。這時蔣介石採取了斷然的行動，把共產黨和蘇聯顧問們清洗出國民黨，並且處死了與左翼集團有聯繫者。鮑羅廷和其他人逃往莫斯科；共產黨在廣州領導的起義被強行鎮壓下去。一些共產黨員轉移到南方山區的安全地帶，加入了其他的游擊隊伍。中國的紅軍就是這樣組成的；紅軍的領導人裡面有毛澤東，他早先當過圖書館員、教員、報紙編輯和工會組織者，是共產黨的創建人之一。

蔣介石在重新得到國民黨銀行家們的財政支援和精神支援的情況下，恢復了北伐的攻勢。但是，國民黨原先的革命動力，這時大都消失了。國民黨是由一些害怕社會動亂，常常把保住自己一官半職作為首要目的的人所組成，因此，國民黨在蔣介石的領導下，對大部分的中國實行了某種一黨專政。國民黨

不願意或沒有能力著手進行改革，蔣介石本人認識到民眾對此日益不滿，但是，他仍然忙於鞏固政權，而且在一九三一年以後，他不得不著手對付日本侵略。在這些年裡，蔣介石對共產黨和那些積極鼓吹革命性改革的人懷有刻骨的仇恨。

共產黨這時在中國東南部進行活動，他們從民眾中取得力量，並運用沒收和分配大地產等有條不紊的政策，透過深入細緻的宣傳工作，從貧苦農民中得到支持。他們成功地擊退了蔣介石的軍隊，甚至成功地把蔣介石的部分軍隊爭取過去。他們組織了地方蘇維埃的網狀系統，於一九三一年在東南方宣布成立中華蘇維埃共和國，並於一九三四至一九三五年在毛澤東的領導下，進行了驚人的萬里長征，穿過幾乎是難以越過的地帶，到達陝北延安；在這裡，他們離蘇聯的

圖19-6　毛澤東和周恩來在一九三四至一九三五年，率領將近十萬共產黨人，進行舉世聞名的「長征」，從中國東南部到達西北部的陝北延安，他們設法在靠近蘇聯的地方建立新的根據地。這張照片顯示了毛澤東和周恩來在長征中的情形。長征穿越了六千英哩的遙遠地區，成為中國共產黨史的傳奇事件。（Getty Images）

供應線更近一些。大約九萬人開始了長征，其中只有一半的人倖存。共產黨又一次扎下根來，擊退了國民黨的軍隊，在農村的群眾中建立起一支民間追隨者的隊伍。在日本人大舉侵犯華北的情況下，共產黨放棄了他們的革命攻勢，迫使蔣介石結束內戰和建立抗日民族統一戰線。蔣介石勉強同意了。到一九三七年，國民黨和共產黨之間形成了聯盟；中國的紅軍被置於國民黨的控制之下；一個聯合起來的中國將面對日本。但是，國民黨和共產黨之間不穩定的聯盟，甚至沒有維持到日本在第二次世界大戰中被打敗。不久之後，國民黨和共產黨就進行了殊死鬥爭。

日本：軍國主義和侵略

中國的民族主義運動引起了日本的恐懼，日本做為現代國家的興起，我們已經在前面敘述過了。日本至少是從一八九五年中日戰爭開始，就把政治軟弱

且四分五裂的中國看成是擴張自己利益的場所，在這一點上，日本人和歐洲人沒有什麼不同，只是他們離現場更近一些罷了。在第一次世界大戰期間，他們向中國提出「二十一條」，接管了德國在山東的租借地，派遣軍隊進入東西伯利亞。戰爭期間，日本的工業化進展迅速；當歐洲各國打得不可開交的時候，日本奪得了新的市場；戰後，日本仍然是亞洲地區紡織品的主要供應者之一。和歐洲比起來，日本能夠以較低的價格進行生產，使亞洲的貧苦大眾比較能夠按這樣的價格進行購買。他們自己依靠進口原料和出售工業製品來維持他們的生活水準。但是，中國的國民黨希望建立保護性的關稅；正是由於這個原因，中國國民黨才譴責條約體系，因為將近一個世紀以來，條約體系迫使中國接受國際的自由貿易。中國和土耳其一樣，都希望在高高的關稅壁壘後面使自己的國家工業化並發展壯大，而這種關稅壁壘把日本和其他國家的工業產品拒於門外。

在二十世紀二〇年代，日本傾向由西方的自由主義文官繼續控制著政府。一九二五年，日本採用了男性普選制。歐洲各國和美國一般都懷著同情而讚許的心情來看待，把他們當成是所有非歐洲人裡面最進步的人民，能幹地學會在蒸蒸日上的世界文明中發揮作用的唯一亞洲人民。但是，日本還有另外一面。一八八九年的憲法和議會制度只不過掩蓋了日本政治勢力的本質中一個門面而已。在所有的現代國家裡，只有日本的憲法規定，國防大臣和海軍大臣必須是現役的陸軍將領或海軍將領。國會本身在權力受到嚴格限制的情況下進行工作。大臣們是以天皇的最高神聖權力名義進行治理的，他們只對天皇負責。在經濟上，政府主持下的工業發展，造成經濟勢力極大地集中在四個家族托拉斯的手裡，這些家族托拉斯統稱為財閥。商業利益集團和文職的政治領導人，都指望擁有日益擴大的帝國和日漸廣闊的市場。日本最不安分守己的集團是從民族主義的復興當中汲取力量的，甚至在日本於一八五四年「開放」以前，民族主義的復興就是扶植神道、崇拜天皇和武士道，把這當做是新的和現代的生活方式。這個集團大部分是從原先的宗族成員和武士之中蒐羅而來，「封建制度的廢除」使他們失去了舊有的生活方式，且他們在新的政權裡找不到用武之地。許多這樣的人此時在軍隊裡當軍官，他們常常認為西方是頹廢的，他們夢想有一天日本將統治整個東亞。

大約一九二七年，這個集團開始擔任日本政府各部大臣職務，並使日本的政策轉而對中國採取越來越富有侵略性和窮兵黷武的態度。一九三一年，日本駐紮在南滿的陸軍部隊（自從一九〇五年俄國人戰敗以後，日本人就一直在那裡），硬說瀋陽的一名日本軍官被暗殺了，遂開始占據中國的兵工廠，並向北擴散到整個滿洲。一九三二年，日本指責中國對他們進行經濟戰（中國的聯合

抵制，事實上損害了日本的出口貿易），便派出七萬名士兵在上海登陸。他們很快撤退，寧可在這個階段集中兵力占領華北。他們宣布滿洲是由他們挑選的一個皇帝治理之獨立國家（他們選擇了中國的末代皇帝，即「兒皇帝」溥儀，他早先在一九一一年被廢黜），建立了所謂的「滿洲國」。

為了抗議日本侵入滿洲，中國向國際聯盟求助。國際聯盟派出一個調查團，這個調查團發現日本犯有擾亂和平的錯誤。然日本退出了國際聯盟，以示對抗。國際聯盟裡的一些小國家呼籲進行軍事制裁，但是，一些大國知道它們將承擔軍事干涉日本的重擔，而無論如何不願意看到自己目前的安全受到威脅，因而拒絕採取任何比較強硬的措施，日本得以繼續占領著中國的滿洲和東北。在日本奪取滿洲的情況下，未來軍事洪流的一個支流開始流動了。但是，在這個時候，世界也由於經濟蕭條而不知所措，每個政府都為自己的內部社會問題而操心。

大蕭條：世界經濟的崩潰

資本主義經濟體系是一部微妙且連鎖的機械裝置，在這部機械裝置裡，任何故障都會以越來越快的衝擊力，迅速地傳遞到所有的零件上。就許多基本商品來說，價格是由全世界市場裡供求規律的不受約束作用所決定。有許多地區性的分工；一些大的地區生產幾種專業化的商品，向整個世界推銷，以此為生計。許多生產，無論是本地的或是國際的，尤其是在二十世紀二〇年代，多是由信用貸款來資助的，也就是說，是由答應在將來償付的這類許諾來資助。這個體系依靠交換過程中的互相信任——依靠出借者、債權人或投資者的信念，即他們得收回他們的錢；依靠借用者的信念，即他們能夠付清債務。這個龐大的連鎖體系也依靠農場和工廠的能力，即它們能將產品投放市場，以夠高的價格出售而收回純利，這樣，農場和工廠的人就能夠購買其他工廠和農場的產品。所有事物在無數互相依賴的圈子裡，在整個世界範圍內，循環往復。

二十世紀二〇年代的繁榮及其弱點

一九二四年以後的五年是繁榮的時期，因為有大量的國際貿易、建築以及新工業部門的發展。例如，汽車在一九一四年仍然是新奇的東西，在戰後卻變成了大批生產的商品。汽車的廣泛使用，增加了對石油、鋼鐵、橡膠和電氣設備的需求，促成幾萬英哩的道路修建，為卡車司機、汽車修理廠工人或加油站服務員帶來了嶄新的職業。同樣地，無線電和電影的群眾普及也在各個方面引起了迴響。經濟的發展在美國最為突出，但是，幾乎所有的國家均或多或少地

享有這種發展。「繁榮」變成一個神祕的名詞，有人認為，繁榮會無限期地持續下去，人類富足和進步的祕密被發現了，科學和發明創造終於實現了多年來的希望。

但是，這種繁榮裡面有著種種弱點，這部機械裝置中齒輪或閥門的各種缺陷，也就是種種漏洞，在壓力之下，會使整個複雜的系統停止運轉。經濟的發展主要是靠信用貸款或借錢來籌措資金的，勞動人民所得到的，少於按比例分配的份額，工資落在利潤和紅利的後面；群眾的購買力，即使在由於分期付款購貨（另一種形式的信用貸款）而膨脹起來的時候，也不能吸收勞動人民在技術上可能生產的大量產品。而且，世界各地在二十世紀二〇年代的整個十年，是農業長期蕭條的時期，這樣，農民既不能付清債務，也不能購買足夠的工業產品使這個體系順利地運轉。

圖19-7　各電影公司利用它們的獨特而受歡迎的現代娛樂方式，發展成二十世紀二〇年代繁榮和擴張的工業部門之一。電影在所有現代城市裡都吸引了廣大的觀眾，包括這群歡樂的群眾在內，他們在一九二六年為了觀看著名影星約翰·巴利摩爾主演的《唐璜》首次演出，而聚集在紐約的一家劇院裡。（The Art Archive/National Archives, Washington, D.C.）

1911至1935年大事年表	
1919年	中國革命結束了清王朝
1919年1月	斯巴達同盟的無產階級革命起義在柏林遭到壓制
1919年7月	魏瑪共和國在德國建立
1919年	甘地在印度發起了脫離英國的獨立運動
1922年	德國和蘇聯在《拉巴羅條約》裡同意建立外交關係
1923年	法國人占領魯爾地區，德國發生災難性的通貨膨脹
1923年	土耳其共和國在凱末爾的領導下成立了，凱末爾發起了現代化的改革
1925年	洛迦諾條約承認戰後歐洲各國國界
1925年	雷扎・卡恩成為伊朗的沙（即國王），他試圖限制英國的和其他外國的租界
1925年	孫逸仙逝世；隨之而來的是中國國民黨人和共產黨人之間的衝突
1929年10月	紐約股市的暴跌導致大蕭條
1931至1932年	日本的軍事力量擴大了對中國東北的控制
1932年	各國政府採取民族保護主義來應付經濟危機
1932至1939年	作家們用新的「社會現實主義」對社會危機做出反應
1934至1935年	中國共產黨人進行萬里長征

　　第一次世界大戰的軍事作戰使歐洲播種小麥的田地減少五分之一，小麥的世界價格上漲了，美國、加拿大和其他地方的農民增加了他們的土地面積。為了以高價獲得土地，他們常常進行抵押，在後來的年月裡，他們卻沒有能力償還抵押借款。戰後，歐洲恢復了自己的小麥生產，東歐重新進入了世界市場。各地的農業越來越機械化，農民們使用拖拉機牽引的聯合收割脫粒機，迅速地提高了小麥產量。與此同時，旱地農作法開闢了新的土地，農藝科學增加了每畝的產量。所有這些農業發展的結果，造成了小麥生產過剩。但是，對小麥的需求，正如經濟學家所說的「非彈性的」。總的說來，在西方世界的地區裡，人們想吃多少麵包，就吃多少麵包，不再多買；而亞洲營養不足的民眾，在純理論上，本來是能夠消耗過剩的小麥，卻付不起生產或運輸的低廉費用。小麥的世界價格難以置信地下跌了。一九三〇年，每蒲式耳小麥，按黃金計算，以四百年來最低的價格出售。

　　各大陸的小麥種植者面臨毀滅。許多其他作物的種植者也面臨著同樣黯淡

的前景。棉花和玉米、咖啡和可可，全都垮了。巴西和非洲的種植者陷入生產過剩和價格暴跌的困境中。在爪哇，不但蔗糖的土地面積擴大了，蔗糖的單位產量在過去一個世紀裡以科學方式種植且增加了十倍，價格卻在世界市場上一落千丈。農業生產確實有其他和比較有利可圖的形式，如生產橘子和雞蛋，因為世界在這方面的消費正在穩步上升。但是，咖啡種植者不能轉而生產雞蛋，愛荷華州的農民也不能改生產橘子。普通的農場主或農民缺少這些較新的農業部門所需要的資金和專門知識，也聯繫不上所需要的冷藏運輸，更不用說生產這些東西需要氣候條件。對於一般的農場主或農民早已懂得怎樣做的一件事情（即種植小麥和其他穀物）來說，科學和機械的新奇發明創造是沒有什麼用武之地的。

一九二九年開始大蕭條的嚴重階段，由於農業長期處於困境而變得更為糟糕，農場沒有後備的購買力。當城市人民在工業蕭條的打擊下削減購買食物的開銷時，農民的困境就變得更為糟糕了。在兩次世界大戰之間的年代裡，整個東歐和殖民地世界，遍及各地麻煩事的根本原因是農業蕭條，而不是工業蕭條。

一九二九年的崩潰和經濟危機的蔓延

就嚴格的意義來說，蕭條是從股票市場和金融危機開始的。股票的價格在不斷發展和高額股息的年代裡被抬高了。一九二九年初，歐洲股票交易方面的價格開始疲軟。但是，真正的危機或轉捩點，是隨著一九二九年十月對紐約股票交易所的衝擊而來的。在這裡，價值由於過分的投機而被推向不可思議的高度。不僅職業的投機者，連相當普通的人民也用借來的資金購買股票。有的時候，他們「買空賣空」，而「擁有」比他們自己投入的錢多五倍或十倍的股票；其餘的錢他們借自經紀人，而經紀人又借自銀行，在每一種情況下，新購買的股票當做附屬擔保品。在這樣容易得到錢的情況下，人們透過爭相出價而抬高美國股票價格，並享有紙面上的大量財富；但是，如果價格跌下去，哪怕只跌下一點點，那麼，不幸的持有者就不得不出售他們的股票，以付清他們所借的款項。因此，紐約股票交易所方面的價值疲軟，引起不可控制的抛售浪潮，這種浪潮使股票價格急轉直下，不可收拾。一個月裡，股票的價值下降了百分之四十，在一九二九年至一九三二年的三年裡，紐約股票交易所進行交易的五十種工業股票平均價值，從二五二下降到六十一。而就在這三年裡，五千家美國銀行倒閉了。

危機從金融轉向工業，從美國轉向世界。美國的資本輸出停止了。美國

人不再向歐洲投資，而且出售他們所持有的外國證券。這些狀況造成了德國戰後的復興失去基礎，也間接地使大部分歐洲的戰後復興失去了基礎。美國人在收入下降的情況下，不再購買外國貨物；世界各地的人看到美國市場消失了，價格下跌了。一九三一年，維也納一家主要信貸銀行的破產，使一股膽顫心驚、破產倒閉和商業災難的浪潮席捲了整個歐洲。各個地方，商業公司和老百姓無法收回欠他們的東西，或甚至不能提取他們以爲自己存在銀行裡的錢。他們不能購買，因此，工廠就不能銷售。工廠放慢了步伐，或完全關閉。在一九二九年到一九三二年之間（一九三二年代表了危機的深度），據估計，世界的

圖19-8　美國攝影師多西亞・蘭格的這幅照片，表達了二十世紀三〇年代社會的和經濟的危機涉及個人的某些方面。一個百無聊賴的失業者站在三藩市空蕩蕩街頭上空著的店鋪外面。這幅照片顯示了在大蕭條的十年裡遍布大部分工業化世界的社會迷惘和失落感。

生產下降了百分之三十八，世界的國際貿易下降了三分之二。在美國，國民收入從八百五十億美元下降到三百七十億美元。

　　自從戰爭開始以來，失業就是一種慢性病，這時卻成了廣爲散布的瘟疫。一九三二年，據統計，世界上有三千萬失業的人；這個數字還不包括一個星期裡只能找到幾個小時工作的另外幾百萬人，也不包括亞洲和非洲無法統計的民眾。工人的工資沒有了，農民的收入這時降到最低點；群眾購買力下降，迫使更多的機器閒置起來，迫使更多的人失業。年富力強的人無所事事，虛度年華；年輕的人找不到工作，也無立足之地；年長者則是技術和才能逐漸荒疏。數以百萬的人淪落到依靠賑濟、施捨或救濟的少量物品來維持生活和他們的家庭。在現代的大城市裡，人行道藝術比比皆是，熱鬧的街角上，身強力壯卻沒有工作的人用彩色粉筆在人行道上作畫，希望過往行人能賞幾個小錢。人們由於志氣難伸而萎靡不振，長年累月找工作卻毫無結果，使他們意志消沉、悲觀厭世、抑鬱不樂且心懷不滿。從來都沒有過這樣浪費，這時不僅是閒置不用的機器浪費，還有一切現代社會賴以建立起來之訓練有素的勞動力浪費。而且，長期失業的人們自然會萌生新的、擾亂人心的政治思想。

對危機的政治和經濟反應

當時的樂觀主義者——美國總統赫伯特‧胡佛是其中之一——宣稱，這次蕭條雖然是嚴重的，但基本上只是商業循環的另一個週期性低潮，或者是一個世紀以來在西方世界起時伏的擴張和收縮的交替。他們愉快地說，繁榮「近在咫尺」。其他的人終於相信，危機代表著資本主義和自由私營企業整個制度的瓦解。在許多情況下，這些人從當時蘇聯採用的計畫經濟裡尋找未來的預兆。這兩種觀點都有一些道理。一九三二年以後，部分是由於純粹循環的原因——因爲蕭條削減了債務，降低了經營的費用——可能進行生產和銷售了。例如，世界的鋼產量，一九二九年是一億兩千一百萬噸，一九三二年時暴跌到五千萬噸，到一九三六年又重新達到一億兩千兩百萬噸。當然，這種復興在很大程度上是由於重整軍備。另一方面，大蕭條的確結束了某些舊有的自由市場經濟制度。即使這樣一種百孔千瘡的經濟具有完全復原的內在力量，人們還是不願忍受他們個人生活中這樣可怕的不安全。大批失業者的可怕景象，人們長期不能忘懷。

所有的政府都採取新的措施爲人民提供工作和收入。所有的政府都試圖用這樣或那樣的方法使自己擺脫對飄忽不定的世界市場依賴。連鎖的世界經濟既由於蕭條本身，也由於人們清除蕭條所採取的措施而崩潰了。蕭條最明顯的經濟後果之一，是人們強烈地傾向經濟民族主義——傾向於在每個政府可望控制的範圍內取得較多的自給自足。

金錢的國際通用性、金本位，以及一種貨幣與另一種貨幣的自由兌換，都逐漸被人們放棄了。專門從事農產品輸出的國家，是最先感到拮据的國家。農產品的價格低廉，甚至連大量的出口貨物也不能帶來足夠的外匯，去支付所需的進口貨物；因此，輸出國的貨幣貶值了。阿根廷、烏拉圭、智利、澳大利亞和紐西蘭的貨幣，在一九二九年和一九三〇年全都貶值了。後來輪到工業國家。英國在蕭條持續的時候，也不能出售足夠的出口貨物，去支付進口貨物。英國不得不把黃金運往國外，以便支付部分進口貨物；因此，支撐英鎊的黃金儲備下降了，持有英鎊的人開始把英鎊換成美元，或換成他們認爲其黃金基礎較爲可靠的其他貨幣。用經濟學富有詩意的語言來說，這叫做「逃離英鎊」。一九三一年，大不列顛停止了金本位，也就是說，它貶低了英鎊的價值。但是，在不列顛貶低英鎊價值以後，其他二十多個國家爲了保護自己的出口貨物和工業，也做了同樣的事情。於是，和早先相同幣值的相對地位又或多或少地出現了。即使是擁有世界上大部分黃金供應的美國，也在一九三四年放棄了金本位及貶低了美元的價值，其目的主要是爲了幫助美國農民，因爲美元按外國

貨幣計算較爲便宜，外國人買得起較多的美國農產品。但是，這也使得外國人更難向美國推銷貨物。

因此，蕭條把它的後果和第一次世界大戰及戰後通貨膨脹的後果加在一起，導致了國際貨幣兌換的混亂。各國政府操縱貨幣以支持滯銷的出口貨物。或者，它們強制進行外匯控制：要求如果本國人民向外國人購買貨物，並爲此而付給外國人本國貨幣，那麼，這些外國人就必須反過來用這種貨幣向本國人民購買東西。本來是多邊的貿易，越來越形成雙邊的貿易。例如，巴西的鋼材進口商，早先在他所希望的地方，以他所喜歡的價格或按他所喜歡的品質購買鋼材，這時必須常常不顧價格和品質如何，而從巴西出售足夠多的本國產品，因而有可能向付款的國家獲得鋼材。

在二十世紀三〇年代，主要是在德國和東歐國家的關係裡，雙邊主義退化成爲實際上的以物易物。德國人常常用若干數量的照相機與南斯拉夫交換若干數量的豬。在這類情況下，市場這個概念消失不見了。

在蕭條時期，貨幣控制是透過占有或搶奪出口市場，使本國工廠免於閒置的一種手段。使本國工廠繼續開工的另一個辦法是，依靠原先的保護關稅把競爭性的進口貨物拒於國門之外。美國在一九三〇年實行了霍利—斯穆特前所未有的高關稅率，這種高關稅率不久就促成了國際貿易的進一步衰退。同樣困難或更加困難的其他國家，這時向美國出售的東西更少了，因此，購買美國的貨物也更少了；其他的國家同樣抬高了自己的關稅，渴望把本國市場留給自己的人民。即使是十九世紀自由貿易的堡壘大不列顛，也轉向保護主義，恢復並採用了約瑟夫·張伯倫原先關於建立帝國關稅聯盟的想法。在一九三二

圖19-9　圍繞著她

作者：馬克·夏加爾（一八八七至一九八四年）

雖然這幅畫顯然不能代表二十世紀三〇年代出現的社會現實主義，但它用例子說明了二十世紀藝術的多樣性。這幅畫是夏加爾在一九四五年紀念他夫人而畫的。畫的中央是俄國的斯摩稜斯克城，三十年前他們在那裡結婚，四周的面孔和人物大都各不相同，但是，他們好像睡夢中栩栩如生的形象那樣互不相干地飄浮著。往昔和現今、記憶和感覺、幻想的東西和眞實的東西，在下意識頭腦的自由動用中匯成洪流。這些特性形成了超現實主義的特點，而較爲年輕時的夏加爾曾經是超現實主義的先驅者之一。〔Scala/ Art Resource, NY/© 2007 Artists Rights Society (ARS), New York/ADAGP, Paris〕

年，根據《渥太華協定》，不列顛和各英屬自治領通過了一條政策，使彼此之間的關稅低而對外部世界的關稅高。

對經濟民族主義者來說，甚至連關稅也並非總能解決問題。許多國家採用限額或數量限制。按照這種制度，一個政府實際上說的是，不僅進入本國的貨物必須支付高額關稅，而且超過某個數量，貨物根本就不能進來。進口商和出口商都越來越按照政府的許可證辦事，以便使國家的整個對外貿易能夠由中央進行計畫和管理。

因此，世界經濟分解成為一些激烈競爭的國家經濟體系。在大蕭條危機四伏的汪洋大海裡，每個國家都設法為自己的人民建立一個經濟的安全島。人們曾做出一些努力來打破日益增長的壁壘。一九三三年，在倫敦召開一個國際金融和經濟會議，試圖打通世界貿易被堵塞的管道；這次會議以失敗告終，正像人們穩定各種貨幣匯兌率的嘗試以失敗告終一樣。此後不久，戰時的協約國不履行它們對美國的戰後債務支付。於是，美國國會的立法拒絕給它們在美國證券市場上發行債券或獲得新貸款的權力。美國的行動因此加強了經濟民族主義。以伍德羅·威爾遜國際經濟合作夢想開始的時代，正在以經濟敵對和國家自我中心前所未有的加劇而告終；而這只是被大蕭條毀掉的戰後世界種種希望中的一個罷了。

對危機的文化反應

經濟危機的後果蔓延到二十世紀三〇年代的文化和學術生活。藝術家們和作家們對失業群眾的失望和喪失社會地位做出反應，轉而描述社會的痛苦現實，並致力於政治的行動主義。

所有這些都和二十世紀二〇年代的情況相反。戰後的十年一般稱為「現代主義」的藝術和文學取得偉大成就的時期。畫家們生動地表現了脫離實際的夢幻場景，勾起了他們的個人回憶，或是顛倒了他們的個人經歷。作家們強調他們自己的個人觀點，強調了他們所描寫的人物的內心世界。這些作家的功勞在於出色地探討了人們的回憶、時代以及人類頭腦的內部活動。愛爾蘭作家詹姆斯·喬伊斯出版了他的著名小說《尤利西斯》，描寫書中主要人物在都柏林僅僅一天的生活和思想，他用這本書對帶有內心獨白和「意識流」寫作方法的新文學魅力做出了貢獻。不久之後，隨之而來的是美國劇作家尤金·奧尼爾的戲劇。法國小說家馬塞爾·普魯斯特在他的多卷集《追憶逝水年華》裡，發展了個人經歷和感情經歷的冗長描寫。英國作家維吉尼亞·伍爾芙，透過諸如《燈塔行》這類小說裡創造的人物，探討了錯綜複雜的歲月消逝。美國作家的一代

人，包括格特魯德・斯坦和歐尼斯特・海明威在內，在第一次世界大戰之後，甚至旅居巴黎，以便追求試驗性的文學和藝術形式。政界和社交界絕對沒有從「現代主義」文學中消失不見，但是，這些作家們比較關心的是探索人類心理的內在複雜性。

在二十世紀三〇年代嚴酷的經濟情況下，人們的普遍做法是把文學對心理上焦躁不安的探索當做是不恰當的，甚至是自我放縱的，而加以拒絕。一種新型的「現實主義」文學和一種參與政治的文學，贏得了所有工業社會的知識分子的支持，尤其是贏得了相信大蕭條是從資本主義經濟的根本缺陷和不公正裡面產生出來的那些人的支持。一些作家，像法國小說家安德列・紀德，以及一些詩人、藝術家和電影攝製者，暫時接受了共產主義，並且稱讚蘇聯的社會試驗。其他人簡單地決定，他們應當把文學先鋒派晦澀難懂的語言放在一旁，而撰寫有關當今社會苦難的事情。新類型的無產階級文學出現了，旅居巴黎的許多人，在二十世紀三〇年代早期返回美國，正像美國評論家馬爾科姆・考利在《流亡者的歸來》裡所提到的，新的社會問題要求新的寫作方式。《尤利西斯》是二〇年代的現代主義經典著作，而約翰・史坦貝克的《憤怒的葡萄》則可以看成是三〇年代的經典「社會問題小說」。史坦貝克寫的是有關美國失去土地的貧苦農民社會苦難，而不是有關一個被排斥的知識分子的個人回憶。他的題材以及其他人加以發揮的那些題材，用例子證明隨著前所未有的經濟危機而來、遍及世界各地的文化方面的焦急不安。與此同時，促成文學和藝術的新「現實主義」之焦急不安，也以非常不同的方式幫助了憤怒的政治極端主義興起，正像我們將要看到的，這種極端主義正在歐洲、美國和世界其他部分得到新的支援。

第二十章

二十世紀三〇年代的
民主與獨裁

在二十世紀二〇年代，人們一般都相信，雖然世界大戰恐怖，但二十世紀正在實現所有歸納在「蒸蒸日上」這種想法裡頭物質的和政治的目標。在三〇年代，他們開始擔心，「蒸蒸日上」是一種幻象，他們忸怩地說到這個詞時，會在心裡打上引號，而且，他們只要能夠避免重新落入徹頭徹尾的野蠻狀態和一場新的世界大戰，就感到心滿意足了。

大蕭條招致了二十世紀三〇年代的夢魘。在各個地方，人們都要求安全，每個國家試圖盡可能節衣縮食。每個國家都調整、控制、指導、規劃和試圖拯救本國的經濟體系，設法盡可能少受其他國家無法預料的行為影響。在每個國家內部，尋求安全的同一作法，促進了福利國家和社會民主的發展。

在民主制度堅強有力和恢復活力的地方，各國政府採取步驟保護個人免遭失業和貧困的厄運，並幫助人們預防未來的災難。另一方面，在民主政府沒有很好地建立起來或被認為理所當然的地方（第一次世界大戰後，許多國家的情況就是如此），「獨裁」在二十世紀三〇年代隨著蕭條的到來而令人吃驚地擴大了。據說民主政體只適用於富有的或繁榮的國家。失業的人們一般較為關心經濟援助或有關經濟援助的許諾，而不怎麼關心有關行使公眾權力的人應當怎樣推選出來的任何理論。人們的呼聲是要有一個領袖，要有某個採取行動、做出決定、謀求成果、喚起信心和恢復民族自尊心的人。大蕭條為肆無忌憚並野心勃勃的政治冒險家，為德國阿道夫・希特勒之類的獨裁者開闢了道路，而後來證明，希特勒對一切政治和國際問題的解決方法就是戰爭。

美國：蕭條和新政

美國發生了深刻的變化，一九二九年股票市場的垮臺加速了經濟的大崩潰。一九三二年的國民收入下降到不足一九二九年國民收入的一半，有一千兩百萬人到一千四百萬人失業。在一九二八年的繁榮高潮中選出共和黨總統赫伯特・胡佛，在民眾的認知裡是與困難時期畫上等號的。胡佛用不贊成的眼光看待任何大規模的政府干預，深信那帶來蕭條的商業週期，將會依次帶來繁榮，並且深信一旦恢復了經營的信心，復原就會開始。他的政府確實採取了行動：在世界經濟方面建議政府之間的一切債務暫且停付一年，在國內則給銀行和鐵路財政援助，擴大信用貸款的設施，並幫助拯救一些農場主和小戶人家的抵押品。

但是，胡佛不肯繼續朝前走。他反對聯邦政府立即給無職業者直接的救濟；爭取戰時津貼以度過難關的退伍軍人，被強行逐出華盛頓；失業、破產、

農場被取消抵押品贖回權的現象在繼續。在一九三二年的選舉中，數以百萬計的失業工人、失去信心的城市中產階級下層和貧困的農民，使共和黨政府下臺，選出自伍德羅·威爾遜以來的第一個民主黨總統。這個新總統就是富蘭克林·德拉諾·羅斯福。他所開創的復原、救濟和改革立法等等，統稱為新政。

　　新總統很快就著手進行一個應急的和試驗性質的方案，但雷厲風行，轟轟烈烈，立即產生了振奮人心的效果。他在短短的時間內就強使國會通過了一系列令人印象深刻的立法。胡佛政府領導下施行的援助農場主、小戶人家和工業的小心翼翼方案，被大大地擴增了，以致面目一新，無從辨認。

　　政府提供財政援助來救濟失業者，並且制定一個大規模的公共工程計畫來吸收無職業者，起先是藉由給各州蓋房、築路、修橋、興校的貸款，後來是透過實施直接的聯邦工程方案。為了應付金融危機，各銀行暫時歇業，然後在比較嚴格的監督之下重新開張。美元取消金本位並貶值，主要是為了幫助農場主在國外市場上進行競爭。在農業方面，政府對那些同意削減農業生產的農場主給予補助，甚至對銷毀莊稼和牲畜給予補助，這樣，曾經是農業受難的原因之一，災難性剩餘產品就可能被消除。當城市居民缺衣少食的時候，政府竟然削減耕種面積和銷毀農產品，這確實是一件自相矛盾的事情。但是，羅斯福政府的所作所為，不僅是為了應付當前的局面，而且是為了解決早在蕭條之前就已經存在著的根深柢固的農業危機。後來，農場主們因把部分土地用來種植一些保養土壤的農作物而得到補助；民間護林保土隊促進了水土保持和重新造林的工作，並透過給予將近三百萬青年工作機會而減少了失業現象。就工業來說，全國復興總署（NRA）鼓勵商業公司制定有助於調整物價和生產的自願的「公平競爭準則」。

　　所有這些措施都是為了製造購買力和刺激工業活動，從而使病入膏肓的資本主義制度重新站穩腳步。其中主要的新鮮舉措是政府掏錢，或曰「赤字財政」。新政的各項政策雖然從來沒有遵循任何始終如一的經濟哲理，卻間接地反映了英國經濟學家約翰·梅納德·凱恩斯的理論。在他較早的著作裡，以及他於一九三六年出版的代表作《就業、利息和貨幣通論》裡，他主張，如果私人投資資金閒置下來，那麼，政府資金就必須用來鼓勵經濟活動和提高購買力，直到私人資金重新流動為止。為了使金錢流通起來，為了工業生產的「往水泵裡先行注水」的這項準備工作，新政政府著手成立了一個龐大的借債和開支方案。「赤字財政」雖說是非正統的，但在當時和後者看來，似乎是防止資本主義制度經濟崩潰、唯一立竿見影的方法。在所有這些復原和改革的活動中，聯邦政府承擔了一個到目前為止只有戰時才扮演的角色。新的國家機構急

劇增加；聯邦工資名單日益擴大；政府在一九三二年到一九四〇年之間，債務增加了一倍多。

除了復原措施之外，從一開始就採用了一些較爲長遠的改革措施。爲了防止過分投機和一九二九年的股票市場衝擊再度出現，成立了證券和交易委員會，來調節股票的發行和監督股票交易的業務。銀行存款由聯邦保險加以保障，這樣，存款人就再也不會失去終身的儲蓄。田納西流域管理局在控制洪水、開發地方經濟和生產廉價公用電力（爲農場和農村家庭帶來電力）方面，發揮了一個小規模試驗性方案的作用。

一九三五年以後，重點轉移到調整和改革上面。經濟的徹底恢復並沒有實現，至少還有五百萬人無法在私營工業裡找到工作。起初曾經回應政府在經濟方面新作用的商業領袖們，這時開始抵制政府對財政和工業的調整。聯邦最高法院宣布，全國復興總署和其他新政措施違反憲法。

一九三五年以後，新政的一些重大改革，是爲了改善勞動條件和應付各種經濟上的不安全。一九三五年的全國性廣泛社會保障法，規定了失業、老年和傷殘保險。在這一點上，美國是後來者。德國、英國和歐洲其他國家，在第一次世界大戰以前就已經有了這樣的立法。《公平勞動標準法》把四十小時定爲正常工作週的最高總工時，並定出每小時的最低工資；童工被廢止了。第三個措施———《全國勞資關係法》（或《瓦格納法》）———使美國工業景象徹底改觀。新法令保證工人有權成立自己的工會，並透過這些工會與資方討價還價，新法令宣布公司成立的工會不合法，禁止雇主干涉工會組織或歧視工會會員。在這個新法令的保護之下，老的美國勞工聯合會（AFL）獲得了新生，新的朝氣蓬勃的組織———工業組織會議（CIO）———誕生了，工業組織會議這時在全行業的基礎上把工人組織起來，並把汽車、鋼鐵、紡織、海運和橡膠之類工業的非技術工人包括進去。以前從未組織起來的幾百萬人，成了擁有日益擴大金庫的強大勞工工會組成部分。工會會員總人數從一九二九年大約四百萬上升到一九四〇年的九百萬。美國勞工富有戰鬥性，並意識到自己含有新力量，卻幾乎沒有接觸到革命的意識形態，他們寧可不創建第三個政黨，而願意在傳統的兩黨制之內進行活動，他們普遍支持羅斯福的民主黨。

圖20-1　二十世紀三〇年代的經濟危機以及勞資關係法的一些改變，促成了美國工會的迅速成長和新的戰鬥性。三〇年代後期在密西根州佛林特城的一家汽車工廠的這張照片，表明工人們正在靜坐罷工。這些罷工成了工人們用來對工資、勞動條件或限制組織工會表示不滿的種種策略之一。（Library of Congress）

　　政府支出和人們對國家機構的健全重新有了信心，緩慢的推動了部分的復原。到了一九三九年，國民收入比蕭條深重時期增加了一倍，但仍然少於一九二九年六月。來自商業社會本身的抵制，在沒能獲得全面復原方面，可能產生了一定的作用。日益增長的公共債務、政府宣布的反商業聲明、較重的企業稅和所得稅，以及向勞工做出的許多讓步，毋庸置疑地把商業投資嚇跑了，並導致了所謂資本的「靜坐罷工」。有人聲稱，工資上升太快，增加了生產的費用，因而不利於商業的擴張。新政做了許多事情來幫助經濟的恢復，但蕭條並沒有結束。徹底的恢復、失業的消除、國家生產能力的充分利用（和擴大），不得不等待龐大的戰爭開支到來。到了一九三八年左右，新政實際上就結束了；羅斯福政府把它的注意力從國內改革轉移到歐洲和遠東的戰爭風雲上。

　　在被稱爲「羅斯福革命」的事件影響下，發生的變化是很大的。新政擴大了聯邦政府的作用（這是早先歷屆政府所沒有做到的），而把奉行不干涉主義的政府改變成爲社會服務或福利的政府。政府對商業加以控制，增加勞工的勢

力和影響，以及勞工在國民收入裡的份額，並建立廣泛的社會保障制度，政府明確當局謀求人民的社會和經濟福利的責任。後來，當共和黨重新掌權的時候，它在原則上反對福利國家的進一步發展，反對聯邦政府日益擴大的作用，但保留了新政的種種改革。這等於默認，新政原來就不打算摧毀資本主義，而是要保存和復興資本主義。

新政引起的強烈反感久久不能消除。羅斯福本人出身豪門大族，但譴責「經濟保守分子」；反過來，人們則稱他為「本階級的叛徒」。當聯邦最高法院宣布某些新政措施違反憲法的時候，他遂擬定計畫來改組（或「安插自己的人進入」）這個法院，從而引起了更多的政治敵對情緒。儘管有吵吵嚷嚷的反對派，但在一九三六年的選舉中，羅斯福贏得了兩個州除外的各州選票，後來，他在一九四〇年和一九四四年再度當選（當然，這是在戰時的緊急情況下發生的），史無前例地連任第三屆和第四屆。後來，一九五一年的憲法修正案規定，總統只能有兩屆任期。

當時以及後來的羅斯福反對者爭辯說，新政建立了龐大的管理官僚機構，費錢而又累贅，對老百姓的自由和自力更生是一種威脅。其他的人爭辯說，儘管新政有非正統的財經政策，儘管它擴大了政府的行政權力，擴充了政府官僚機構，但它代表了一種應付經濟危機的大膽人道主義方法；它也保持並重新肯定了美國對其民主制度的信心，而且是當民主政體在其他地方搖搖欲墜或受到威脅的時候做到這一點的。

英法民主政體的試驗和調整

英國政治生活：二十世紀二〇年代和蕭條

英國和美國一樣，即使在蕭條的困難時期，也仍然堅持代議制度和民主原則。大蕭條加深並加劇了英國原來的經濟困難。英國人比其他任何國家的人民都更加依靠海外市場，直到一九一四年為止，英國人設法保持了他們的領先地位，輸出工業製成品和投資資本，出售保險和其他勞務，並進口食品。但是，在一九一四年之前的幾年裡，英國人由於許多情況而正在日益失去他們的市場；這些情況包括：新的經濟上有進取心的工業國家出現了，關稅壁壘增加了，印度和東方其他地方的當地紡織業及其他工業發展了，新的紡織品與英國的棉織品和毛織品發生了競爭，新的燃料來源代替了英國的煤炭。這些損失由於第一次世界大戰時經濟的解體、許多海外投資的消失和戰後市場的混亂及窮困而加重了。戰後關稅的普遍提高，以及歐洲各新的小國築起的關稅壁壘，亦

不利於英國的出口商品。一九一八年以後，英國生活在一個不再依靠或渴求它產品的世界裡。英國作爲最早的工業國之顯赫歷史地位，也成爲一種障礙。勞資雙方都習慣於墨守成規，而新興工業化國家卻有更新的技術和設備。

圖20-2　英國煤礦工人在一九二六年的罷工，引起了英國多地表示同情的大規模「全面罷工」。這些罷工的工程師們穿過倫敦的街頭，以示他們與礦工們的團結一致，但是，政府很快就用立法來對付這種有廣泛基礎的勞工行動，該立法規定所有這類表示同情的罷工都是非法的。（Getty Images）

　　所有這一切的最後結果是，在兩次世界大戰之間的年代裡，即使在世界其他地方相對繁榮的時期，英國也處在蕭條中，而且失業現象十分嚴重。一九一一年採用的失業保險，大大地發揮了作用。到一九二一年，有兩百多萬失業者接受救濟金，那些不喜歡它的人輕蔑地稱之爲「施捨」。失業保險、擴大的養老金制度、醫療補助、政府的住房津貼，以及其他的社會福利措施，有助於減輕經濟的危難和防止英國工人生活水準的急劇下降。在工黨於第二次世界大戰後執政之前，福利制度就已經在英國牢牢地建立了。

　　各工會做出巨大的努力來保持戰爭期間贏得的工資收入和其他讓步。自顧不暇的工業部門進行了抵制。這種情況於一九二六年在處境特別困難的煤礦工業部門達到高潮。政府的補助無濟於事，甚至連保守的調查者也建議採用某種形式的合併與共同經營。煤礦工人的罷工導致了英國其他工會支持「總罷工」，英國六百萬組織起來的工人，大約有一半離開了他們的工作崗位，以表

示同情和團結一致。但是，政府宣布處於緊急狀態，並動用陸海軍人員和中產階級志願者來接管必不可少的公用事業。罷工終於失敗了，甚至使各工會遭受挫折，因爲一九二七年的《勞資糾紛法》把工會放在比較嚴格的控制之下，這個《勞資糾紛法》宣布全面罷工或同情罷工者都是非法的，甚至禁止工會爲政治目的而籌款。

一九二二年的選舉之後，工黨取代自由黨成爲英國兩大政黨中的第二個，並做爲正式的在野黨與保守黨分庭抗禮。工黨在戰前只不過是工會和社會主義組織的一個鬆散聯盟，這時它加強組織結構，促使通過勞工立法，並在彌合工會主義者和社會主義者之間的隔閡同時，致力於一個社會主義的綱領。但是，這是一個漸進主義的民主社會主義綱領，是透過英國慣常的議會程序而發揮作用的，因而能夠獲得大部分中產階級的好感。

一九二四年和一九二九年，工黨曾兩度治理國家，由拉姆齊・麥克唐納擔任首相，不過兩種情況下都是聯合政府。一九二四年，工黨人被證明是穩健的。他們的施政方針不外乎擴大失業救濟和興辦住房工程與公共工程；實際上，工黨政府在突如其來的一系列罷工面前果斷地採取行動。但是，工黨政府在外交上承認蘇聯，並保證借給蘇聯得以用來購買英國貨物的貸款，從而引起人們的反抗。與此同時，報紙公布了所謂的紅色（或季諾維夫）信件，大意是說共產國際的領導人祕密指示英國各勞工團體，要它們爲英國的共產主義起義做好準備。這個文件的眞實性從來沒有被證實，但保守黨成功地利用了這個文件，贏得了一九二四年十一月的選舉。

然而，在一九二九年五月的選舉中，工黨的代表幾乎增加了一倍，保守黨的代表相應地下降了。麥克唐納又一次成爲首相。華爾街的崩潰和世界性蕭條到來的時候，工黨政府正在執政。人們很快就感受到了蕭條的影響。一九二九年在一百萬大關徘徊的失業人數，不久便達到三百萬之多。政府花費大筆款項來補充失業保險的支付，公債開始增加了。麥克唐納對日益增長的赤字大爲吃驚，便擬定計畫來採用嚴格的緊縮開支政策，甚至到了削減「施捨」費用的地步。工黨大爲惱火；麥克唐納內閣裡的一些工黨大臣拒絕支持他。他被工黨除名，而與他一起被除名的還有那些和他志同道合的大臣。麥克唐納隨即組織了一個各黨聯合內閣，名爲國民政府，該國民政府在一九三一年的選舉中獲得壓倒性的勝利，但是，贏得議會多數席位的，卻是聯合體的保守黨成員。

在一九三一年到一九三五年拉姆齊・麥克唐納的領導下；從一九三五年到一九三七年史坦利・鮑德溫的領導下，以及一九三七年以後在內維爾・張伯倫的領導下，國民政府主要是沿著緊縮開支的路線來應付蕭條。除了緊縮開支和

預算平衡以外，政府還提供低息貸款，鼓勵工業重新組織，以及合理化地改革生產。政府主要是把精力集中在民族主義的經濟措施上，而不是資本主義經濟制度的根本變革上。像美國一樣，儘管從深度蕭條中有了某種程度的恢復，但所採取的任何步驟均沒有帶來充分的恢復或就業。失業現象持續下去，直到徵兵和擴大了的備戰方案吸收了失業者為止。

英國和英聯邦：帝國的關係

戰後的解決方案為原先的英帝國——印度、英國直轄殖民地、保護國和勢力範圍——增添了國際聯盟的一些託管地。各種形式的英國統治擴大到將近五億人，四分之一的全球人口和土地面積。英國人在第一次世界大戰以後遇到複雜的帝國問題，主要是在巴勒斯坦、埃及、印度和愛爾蘭。在巴勒斯坦——鄂圖曼帝國解體之後，英國在那裡行使了國際聯盟的委任統治權——當猶太移民在一九一九年之後移入這個地區（一九一九年時，那裡的人口相對來說比較少：大約五十七萬穆斯林、七萬五千基督徒和六萬猶太人），激烈的衝突便發生了。二十世紀三〇年代期間，移民迅速地增加，那時猶太人正在逃離歐洲的納粹主義和日益增長的反猶主義。阿拉伯人和猶太人開始彼此打仗，並且與英國鬥爭，為的是爭奪對一些土地的控制權。雙方都以祖祖輩輩的相傳和古老的宗教信仰為依據，宣稱對這些土地擁有權利。而現代民族主義的煽動在這種情況中雪上加霜。在埃及，英國雖然保留了在那裡駐紮一些軍隊的權利，但於一九二二年正式結束了它在四十年前建立的保護關係。許多問題，尤其是蘇丹的地位，仍然沒有解決。在印度，正像我們看到的那樣，爭取民族獨立的鼓動越來越激烈。在所有這些地區中，從中東到南亞，直到第二次世界大戰後為止，沒有達成任何類似解決方案的目標。但在愛爾蘭，獨立運動設法建立了一個單獨的共和國。

愛爾蘭的問題使英國的政治在四十年的時間裡暈頭轉向。一九一四年議會批准的愛爾蘭地方自治，在戰爭期間被推遲了。交戰期間，愛爾蘭民族主義者甚至接受了德國的支持，並在一九一六年起來反抗英國人。這次起義被鎮壓下去，但戰後愛爾蘭的民族主義在新芬黨的領導之下，與英國人打了一場小而激烈的獨立戰爭。一九二二年，英國人終於承認愛爾蘭自由邦，給它英聯邦內的自治領地位。但是，北愛爾蘭——即愛爾蘭北部各郡，原籍蘇格蘭的長老會教徒，三個世紀以來一直在那裡居住，並構成當地人口的大多數——的新教徒們，寧願留在愛爾蘭自由邦外面。儘管愛爾蘭的民族主義者大為不滿，但北愛爾蘭繼續做為現在被稱為「大不列顛及北愛爾蘭聯合王國」的一部分而存在。

一九三七年，愛爾蘭自由邦肯定了自己的充分主權，並採用愛爾蘭這個名字。一九四九年，它斷絕了與英聯邦的一切聯繫，並重新命名自己為愛爾蘭共和國。然而，即便到了二十一世紀初，愛爾蘭問題仍然沒有解決，因為愛爾蘭人鼓吹兼併北愛爾蘭。這種衝突使愛爾蘭的穩健派與愛爾蘭的極端分子對立起來，後者進行暗殺、爆炸和其他的騷擾，來推進他們將整個愛爾蘭與愛爾蘭共和國聯合起來的事業。與此同時，北愛爾蘭的新教徒仍然頑強地保留他們自己固有的宗教和文化，並保持他們與英國在政治上的從屬關係。

做為歐洲人的海外移居地，自治領的政治地位，這時比以往任何時候都更加明白地確定了。自治領——加拿大、澳大利亞、紐西蘭和南非聯邦——長期以來推行它們自己的獨立政策，甚至對英國貨徵收關稅。它們在第一次世界大戰時都忠心耿耿地參加英國那一邊，但它們由於自己的民族主義而蠢蠢欲動，並希望它們的獨立得到合法化和被公諸於世。一九二六年的帝國會議確定了「自治領地位」，這種地位後來由於一九三一年的《西敏寺法令》而進一步得到鞏固。各自治領在法律上彼此平等，與英國也平等。英國議會通過的任何法令，除非自治領自己同意以外，否則不能應用於自治領。儘管在經濟事務甚至外交事務上奉行獨立的政策，但各自治領與英國之間的結合力是堅固的；在第二次世界大戰裡，各自治領的支持對英國的倖存來說是極為重要的。在戰後的世界裡，英聯邦變成一個更大、成分更複雜，甚至更靈活的體制。

法國：二十世紀二○年代和蕭條的到來

當蕭條來到法國時，右翼分子的法西斯宣傳比在英國或美國有更大的發展。早先，在二十世紀二○年代，使法國操心的是戰爭創傷的康復、國家財政的不穩定和對德國重新崛起的擔憂。緊接在一九一九年之後和在二○年代的大部分時間裡，政府是由保守的右派各政黨聯合體所掌管，這些政黨受到商業和金融利益集團的支持，對軍隊和教會懷有好感，並決心維持國內事務的穩定。從一九二四年到一九二六年，激進社會黨人曾一度當權；以愛德華‧埃里奧為領導人的穩健左派政黨，充當了下層階級、小商人和農民的代言人；只要加稅不是必要的，它就提倡循序漸進的社會立法。儘管它的名稱是激進社會黨——這是從較早的時代流傳下來——但它堅決維護私營企業和私人財產（人們常說，它既不是激進的，也不是社會主義的）；它在捍衛個人自由方面是堅定不移的，並且強烈地反對教權主義；有的時候，它的反教權主義似乎代替了任何更加積極的綱領。

雖然激進社會黨在議會選舉中能夠與左派的另一大黨——社會黨合作，但

這兩個黨在經濟政策上分歧太大,以致不能保持穩定的聯合。二十世紀二○年代,社會黨仍然在逐漸恢復元氣,而比較正統的馬克思主義者退出了社會黨,形成了法國共產黨。法國的左派和右派都逐漸演變成反民主的集團,敵視現存的議會制共和國。這些集團包括左邊一端的共產黨,這些共產黨員參加了議會和選舉;還包括極右邊一端的法國行動黨保皇主義者和其他的反共和主義組織,這些組織做為富有戰鬥性且吵吵嚷嚷的壓力集團,主要是在國民議會外面進行活動。

穩健的保守右派傑出人物是雷蒙·普恩加萊。他在一九二三年德國人無法支付賠款的時候派遣軍隊進入魯爾區;他亦「拯救了」法郎。賠款問題對法國財政來說是極端重要的。法國著手進行大規模的重建計畫,以修復法國北部和東部在戰時所受到的破壞,並指望戰敗的敵人來付款。當德國的賠款沒有如預期的繳交之時,公債增加了,平衡的預算變得不可能,法郎一落千丈。龐大的戰爭開支,主要是在俄國的國外投資損失慘重,以及招致廣泛逃稅的過時稅收方案,都增加了法國的困難。一九二六年以後,當財政危機達到高潮,普恩加萊領導下的「民族團結」內閣開創了新稅,加強了稅收,急劇削減政府開支以平衡預算,並穩定了法郎——大約是戰前價值的五分之一。因此,內債實際上大都被賴掉了,從而使許多債券持有者大失所望,但是,像魏瑪共和國那樣脫韁野馬似的通貨膨脹威脅被避免了。從一九二六年到一九二九年,法國繁榮起來。現代化的新式工廠取代了那些在戰爭中被破壞的工廠。工業生產的指標上升了;旅遊者蜂擁而來。然而,像在其他許多國家一樣,工人們並沒有從二十世紀二○年代的繁榮中得到應得的好處,各工會仍然不能對法國政府的社會政策施加什麼影響。

大蕭條臨到法國比到美國或德國晚一些,而且也不像它們那樣嚴重。貿易量下降了,失業增加了:在一九三五年,將近一百萬人失業;那些就業的人裡面大概有一半的人在打零工。工業生產在一九三○年超出戰前水準百分之四十,到一九三二年又落回到一九一三年的數字。政府表現出不穩定的短命內閣老毛病;在一九三三年,五個內閣迅速相繼更迭(在兩次世界大戰之間的二十年裡,共計約有四十個內閣)。蕭條時期的各內閣,推行緊縮開支和厲行節約的政策,堅持金本位,並且面臨著德國咄咄逼人的新政府威脅,而阿道夫·希特勒於一九三三年當上了德國總理。

圖20-3　第一次世界大戰期間和第一次世界大戰之後，英國一再使用軍隊來鎮壓愛爾蘭的獨
　　　　立運動。因此，英國陸軍做為一種特殊的員警部隊而在愛爾蘭的各城市進行活動。
　　　　一九二一年，當其他士兵對愛爾蘭的民族主義者進行襲擊的時候，這些部隊正在都
　　　　柏林的街道上將群眾擋回去。〔Getty Images〕

蕭條引起的動盪不安和人民陣線

　　在動盪不安的蕭條年月裡，右翼對共和國的潛在敵意浮出水面。法西斯類
型的「同盟」出現了，公開效仿義大利和德國的法西斯組織，有許多同盟從富
有的工業家那裡獲得資金；原先的法國行動黨和羅克上校的「火的十字」之類
的右翼退伍軍人協會仍然很活躍。自從法國大革命以來就一直反共和、反民主
或保皇的那些分子，在十九世紀時曾經擁戴布朗熱，並譴責德雷福斯，這時在
攻擊議會制共和國方面，嗓門變得更高了。

　　一九三四年有一個時期，反共和主義分子所等待的時機似乎到來。一樁政
治和財政醜聞使全國震驚。瑟奇‧亞歷山大‧斯塔維斯基這位有重要政治裙帶
關係的金融操縱者和冒險家，誘使巴榮納市政當局發行無價值的公債。在行將
敗露之時，他逃掉並且畏罪自殺；謠言說，他被員警開槍打死了，為免牽連高
級官員，聳人聽聞的報刊和右翼政治鼓動者遂使這個謠言廣為流傳。於是，群
情鼎沸，譴責政府捲入財政醜聞。在其他地方，這樣的事只會要求在位者引咎
辭職，但在法國，這件事等於是向那些要求結束共和國本身的人提供了彈藥，
因為共和國已和貪汙腐化畫上了等號。

　　這種動盪不安在一九三四年二月的騷動中達到高潮。一群憤怒的反共和激

進分子與其他的右翼極端分子，聚集在巴黎的協和廣場，威脅附近的國民議會，與員警激烈交戰；結果幾個人被打死，幾百人受傷。法國的自由主義者、民主主義者、組織起來的勞工以及社會主義者，由於暴力鼓動者使共和國受到威脅而忿忿不平，這些暴力鼓動者很像在歐洲其他地方奪得權力的那些法西斯集團。敵視法西斯集團的共產黨，對政府不友善，但不久以後，他們在共產國際的指導下覺察到，一旦法國的法西斯得勝，就會對蘇聯有危險，因而加入了反法西斯主義者的陣營。如同在其他的地方一樣，二十世紀三〇年代，共產黨擺脫了革命的宗派主義孤立狀態，採用了愛國綱領，並擴大了他們的威望、影響和號召力。騷動之後一個星期，舉行勞工發起的大規模總罷工。此後不久，激進的社會黨員、社會黨員和共產黨員聚在一起，形成一個政治聯合體，被稱為人民陣線，與二十世紀三〇年代許多國家正在組織或提倡的東西相類似。人民陣線發起運動，誓要保衛共和國免遭法西斯主義的侵犯，要採取措施應付蕭條，還要採用勞工改革方案。一九三六年春，人民陣線在選舉中獲得決定性的勝利。法國的社會黨在歷史上第一次成為國民議會裡的領導政黨；他們的領袖萊昂‧布魯姆，長期以來就是民主和改良主義的社會主義代言人，這時成了社會黨和激進社會黨聯合內閣的總理。共產黨增加了他們在國民議會中的代表，席位從十個增加到七十二個，他們沒有參加內閣，但保證給予支持。

圖20-4　法國的人民陣線使反法西斯的左翼各政黨一起參加了執政的聯合體，這個聯合體在一九三六至一九三七年，大約一年的時間裡執政。雖然時間短暫，但人民陣線政府採用了許多改革措施，這些改革措施成為法國社會生活和經濟生活的永久特色。這幅照片顯示，萊昂‧布魯姆總理在一九三六年的巴士底監獄紀念日向人民陣線的支持者講話。（akg-images）

人民陣線及其後

布魯姆的人民陣線內閣雖然只持續一年多的時間，但強行通過了一個影響深遠的立法方案。部分是由於人民陣線的競選綱領，部分則是由於未預見到的事態發展，因為選舉勝利所產生的巨大熱情導致了全國範圍的「靜坐罷工」自發浪潮，罷工的工人們拒絕離開他們的工廠或車間，直到布魯姆保證立即實行若干改革為止。

議會以簡單的程序通過一些法律，規定四十小時工作週、帶薪假日和一項勞資談判的法律。像美國《瓦格納法》的情況一樣，勞資談判所受到的鼓勵，導致了法國歷史上第一次全國範圍的簽訂集體合約，並導致了工會會員人數大幅增長，在一年之內，從大約一百萬增加到五百萬。其他的立法也很重要：採取步驟使軍火和航空工業國有化；法西斯的武裝同盟至少在理論上解散了；法蘭西銀行被改組並置於政府的控制之下，以打垮那些抱成一團的國家經濟掌權人物的勢力，即所謂的「二百家族」的勢力；成立了政府機構來仲裁勞資糾紛；藉由固定農產品價格和政府收購小麥來援助農民。像在美國一樣，這些措施都是為了恢復和改革；布魯姆把他的方案公開說成是「法國的新政」。但是，法國的保守分子以及他們右邊的準法西斯主義者，叫嚷著要革命；他們發出不祥的預言，說繼布魯姆之後的將是法國的列寧。他們並不隱瞞他們對已經發生的事情感到忿忿不平，因為法國的命運掌握在一個左派、一個社會黨員和一個猶太人手裡。即使由法國外部請來一個鬥士，一個曾經表示要反布爾什維克主義的人，來拯救法國，這也是可取的。他們羨慕墨索里尼給予既得利益集團的保護，據傳，有些人甚至咕咕噥噥地說，「寧要希特勒，不要萊昂·布魯姆」。

人民陣線的改革雖然期待已久，卻是在時間所剩無幾的時候來到法國。當法國實行四十小時工作週之時，德國的兵工廠正全力開工。在納粹的重新軍國主義化陰影籠罩之下，進行改革的同時，必須著手重新武裝的方案；甚至穩健派也爭論說，法國不能兩者兼顧。來自許多方面的反對，妨礙改革成功的機會。法國的雇主們避而不談在新的勞工改革方面進行合作，並試圖把日益增長的生產費用轉嫁給消費者。勞工對抵消了工資增加的漲價大為不滿，雇主和勞工都以每週兩天關閉工廠的方式來執行四十小時工作週，而不是像法律所企望的輪班開工。沒有任何辦法能制止黃金外流。工業生產幾乎沒有上升；即使在一九三八年，當工業生產在其他國家表現出相當大的恢復狀態時，工業生產在法國也只比蕭條沉重時期高出百分之五。

一九三六年七月，西班牙發生內戰。共產黨攻擊布魯姆政府拒絕援助庇里

牛斯山那一邊與法西斯軍隊作戰處境困難的西班牙人民陣線政府；布魯姆效法英國，害怕把分歧中的法國捲進去，因而予以拒絕。一九三七年，布魯姆政府執政一年以後被參議院推翻了，因為參議院拒絕授予它應付緊急情況的財政權力。人民陣線聯合體迅速瓦解了。到一九三八年中，激進社會黨拋棄他們的左派盟友，在愛德華・達拉第的領導下組成保守內閣，這個內閣的注意力越來越被國際危機吸引住。人民陣線所剩無幾，實際上勞工的力量迅速地衰落了，而且由於一九三八年抗議取消四十小時工作週的總罷工未獲成功而耗盡了力量。雖然保守的政府沒有把最近的社會改革全部推翻，但法國的工人們發現，一九三六年經歷了法國歷史上其他「偉大年代」所經歷的過程；富裕的階級由於社會動亂而驚慌失措；內部分裂更加嚴重了，階級仇恨更加激烈了。但是，至少就當時來說，法國的民主政體，第三共和國本身，被成功地保存下來，而國內敵人被擊退了。

西歐和蕭條

英國和法國，事實上整個西歐，即歐洲的內部地區，在第二次世界大戰之前，從來沒有自大蕭條中完全恢復過來。當經濟發展在戰後恢復的時候，兩次世界大戰之間的年代似乎是歐洲經濟歷史上一個深深的低谷。西歐在蕭條時期只是勉強維持它的古老工業設備，甚至不能使現有的機器充分開工生產。再者，正像一九二九年的事態所清楚表明的，歐洲經濟對美國的依賴顯而易見，蘇聯正轉變成工業巨人。二十世紀三〇年代，歐洲人的經濟命運前途未卜。

還有其他的衰退跡象。二十世紀三〇年代西歐的出生率降至歷史新低，因為年輕人推遲結婚，或者是由於經濟和心理壓力而限制家庭人口。出生率只是稍高於死亡率，人口停滯和老齡化了。由於第一次世界大戰的傷亡，年富力強的人變得稀缺。在政治上，英國或法國的民主政治領導人，都沒能成功地應付蕭條時期的經濟困境。社會黨也沒能應付這種局面，他們發現，馬克思主義的經濟學或階級鬥爭的概念在他們身上沒有什麼實際的指導作用，但他們也無法以任何有意義的方法使他們的學說得到更新和恢復元氣。

義大利法西斯主義

雖然獨裁政體和極權主義難以察覺地彼此混淆，但對它們加以區別是有可能的。獨裁政體是歷史上的古老現象，通常被認為僅是權宜之計，是為緊急情況而成立的，並被相信為暫時的。充其量，獨裁是一種治國的理論，以便說明專制地行使國家權力是合理的。第一次世界大戰後出現的極權主義，並非僅僅

是一種治國的理論，而是一種有關生活和人性的理論。極權主義聲稱自己不是權宜之計，而是社會和文明的一種永久形式，而且就它借助緊急情況來證實自己的合理性來看，它是把生活本身當做沒完沒了的緊急情況。這種新型的極權主義，當它在西歐出現的時候，是來自政治的右派，它推行的理論和蘇聯的共產主義大不相同——極權主義強烈地拒絕俄國的共產主義，但是，在它使用強制的手段方面，在它對領袖的崇拜方面，在它的一黨統治方面，極權主義常常很像蘇聯的共產主義。在歐洲奪取政權的種種新右翼極權主義運動的第一個，多少有些出乎意料地在義大利以法西斯主義的形式出現。

墨索里尼和法西斯的奪權

　　在二十世紀二〇年代，人們廣泛相信，民主政體正在普遍取得進展，這種信念並沒有由於俄國、土耳其或中國沒能發展有效的議會或自由主義制度而深刻動搖。這些國家被認為是「落後的」國家，處在革命的陣痛中；可以假設，有一天當形勢安定下來的時候，它們會走向西方所熟悉的民主政體。因此，義大利成為西方社會民主政體的明顯勝利的一個不和諧例外，因為義大利人一直都是歐洲和歐洲歷史的一個組成部分。雖然義大利自從一八六一年以來就接受了議會制自由主義和其他的民主制度，但在一九二一年，貝尼托‧墨索里尼攫取了對政府的控制權，宣布了法西斯主義的新統治思想和政治制度。

　　墨索里尼生於一八八三年，這位鐵匠的兒子是個暴躁且好鬥的人物，他在戰前先後做過職業革命者、左翼社會主義者和激進的新聞工作者。他曾經閱讀和領會馬克思主義的作品，但是，也閱讀索雷爾的《論暴力》和尼采的作品之類的著作。戰爭期間他轉變成強烈的民族主義者，站在協約國一邊介入戰爭，並要求從奧地利手中得到「未贖回的義大利」，即義大利北面和亞得里亞海彼岸的「未贖回的」土地。戰爭中，他晉升為下士。一九一九年三月，他以一群不安分的退伍士兵為主體，組織了他的第一個戰鬥隊，或稱「戰鬥的法西斯」。「法西斯」的意思是束棒；它令人想起了拉丁語中的束棒，由古羅馬侍從官捧在手裡，做為國家權力的象徵——因為墨索里尼喜歡用魔法喚起古代榮譽的幽靈。

　　在一九一九年，義大利的榮譽是大為減色的。義大利站在協約國一方參戰，相當坦白地說是為了取得領土和殖民地的戰利品；一九一五年的倫敦祕密條約答應給義大利人奧地利的某些土地，以及德國和土耳其領地的一份。戰爭期間，義大利軍隊表現得並不怎麼出色；義大利部隊於一九一七年在卡波雷托潰敗。然而，義大利在戰爭中損失六十多萬人。義大利的代表們來到巴黎和會

時，深信他們的犧牲會得到承認，他們的領土抱負會得到滿足。但他們很快就失望了。威爾遜拒絕承認倫敦祕密條約的規定和義大利人的其他要求。英法兩國沒有表現出急於要支持義大利的意思。義大利人答應給他們奧地利的一些領土，但沒有給他們德國或土耳其原有領地的任何部分來做爲託管地，這使他們大爲不滿。

戰後義大利和其他國家一樣，由於戰時債務的負擔，以及戰後的嚴重蕭條和失業，而大吃苦頭。社會的動盪不安蔓延開來。在農村發生的奪地事件，雖不是在大面積上進行的，卻足以在土地所有者中引起憂慮；佃農拒絕交租；農民焚毀莊稼並屠殺牲口。城市裡的重工業部門和運輸部門爆發了大罷工。有些罷工轉變成靜坐罷工，工人們拒絕離開工廠，甚至提出工人控制工廠的要求。穩健的社會主義領導人和勞工領導人，都拒絕對這一切的極端主義承擔責任，但是，和其他地方一樣，轉變成共產黨員和加入共產國際的左翼社會主義者，卻對現存的不滿煽風點火。與此同時，年輕人的武裝隊伍——其中最突出的是黑衫黨人或法西斯分子——在街頭與共產黨員和普通工人大打出手。到一九二〇年夏末，罷工和農業的騷動不安平息下來，儘管街頭的暴力還在繼續。

在動盪的時間裡，政府克制自己，不採取任何大膽的行動。人們對義大利議會制度本就憑很低的敬意，如今變得甚至更低了。一九一九年，戰後的第一次選舉使社會黨和新的天主教人民黨（後者也被稱爲基督教社會黨）獲得了重大的勝利。一九二一年，在戰後動盪不安的氛圍中舉行了新的選舉。儘管人們對最近的社會動亂憂心忡忡，但自由主義者、民主主義者、穩健的社會主義者和天主教人民黨被大批選出。墨索里尼的法西斯運動只贏得五百多個席位中的三十五個席位。這種給人印象不怎麼深刻的表現，是法西斯主義者在一次自由的選舉中所曾做出的最好表現，但可以說，在戰後動盪不安的餘波中，法西斯的隊伍一直在正規政治選舉之外的管道裡發展壯大。

墨索里尼和法西斯主義者起初追隨激進主義的潮流；他們並不反對奪取工廠；他們猛烈抨擊富豪統治集團和戰爭投機商，並要求對資本和利潤徵收重稅。但是，墨索里尼從來都不是一個爲了原則或主義而犧牲機會的人，不久以後就與他的法西斯主義者，以國家法律和秩序的維護者，也是財產維護者的面目而出現；這時他發誓要向「使勝利化爲烏有和使國家解體的種種勢力」宣戰。雖然社會的動盪不安消退，最終並自行熄滅，而且從來都沒有過蘇維埃革命式的真正威脅，但有產的各階級經歷了巨大的恐慌，他們在法西斯主義運動裡找到慰藉，並願意給予財政援助。所有階級的愛國主義者和民族主義者都聚集在它的周圍；中產階級下層由於通貨膨脹而手頭拮据，和其他地方一樣，未

能從工會或社會主義運動裡找到保護或慰藉，因而也參加進來了。穿黑衫的國家秩序維護者開始有條不紊地對共產黨員和宣稱的共產黨員、社會黨員和基督教社會黨員，及不支持他們的普通老百姓大打出手（並讓他們吞服蓖麻油）；這些國家秩序的維護者還不惜殺人放火。維持治安的分遣隊，即法西斯分遣隊，破壞罷工、搗毀工會總部，並把正式選出的社會黨和共產黨市長與城鎮官員趕離職守。墨索里尼仍然聲稱自己是法律、權力和秩序的衛士，他透過宣布效忠國王和教會來加強這道聲明；而幾年以前，他卻是狂熱的共和主義者和反教權主義者。

圖20-5　一九二二年十月，各法西斯團體參加了「進軍羅馬」，設法取代義大利的自由黨─民主黨政府。當黑衫黨人進入首都的時候，墨索里尼加入了這次「進軍」，這裡可以看到，他（穿平民服裝）率領他的法西斯追隨者穿過該城──這是在他成為新的聯合內閣首相之前不久的時候。（akg-images）

　　一九二二年十月，「進軍羅馬」發生了。黑衫黨人動員起來進行咄咄逼人的政變，從四面八方匯集到首都羅馬；墨索里尼則留在米蘭，保持安全的距離。自由黨─民主黨的聯合內閣，懷著不贊成的心情看待以往兩年的事務，但與此同時，他們懷著滿意的心情看到，黑衫黨員藉由鎮壓左翼的肇事者，達到某種有利於國家的目的。這時他們做出為時已晚而又徒勞無益的姿態，企圖用宣布戒嚴令的方法來拯救局面，但國王拒絕批准戒嚴令。內閣辭職了，墨索里

尼被提名爲首相。這都是相當合法的，或接近合法的。事實上，義大利在形式上仍然是立憲和議會的君主國；墨索里尼只是率領了一個聯合內閣，從議會得到的只是爲期一年、應付緊急情況的權力，藉以恢復秩序和採取改革措施。

　　但是，不久以後就很清楚，權力掌握在誰的手裡。在應付緊急情況的權力到期以前，墨索里尼迫使議會通過一項法律，規定任何在選舉中獲得最多選票的政黨，都應當自動地得到立法機關裡三分之二的席位，而有關三分之二的法律規定甚至不是必要的。在一九二四年的選舉中，雖然出現七個反對派的候選人名單，但在政府控制選舉機器和運用法西斯分遣隊的協助之下，法西斯主義者獲得的票數遠遠超過全部選票的五分之三。

　　在一九二四年的選舉之後，備受尊敬的社會黨代表馬泰奧蒂，公開揭發了法西斯武裝暴力、坑蒙拐騙和陰謀詭計的數百個案件。他被法西斯主義者謀殺了。這件事舉國憤怒，報界叫嚷著要墨索里尼辭職。左派政黨和中間派政黨，在一個被證明是嚴重估計錯誤的行動中，退出議會以示抗議，不願意與這樣的政府打交道。墨索里尼沒有直接捲入謀殺事件，表示願意懲罰犯罪者，但他最終包攬了全部責任，並進而鞏固他的獨裁統治。幾年之內，墨索里尼把義大利的議會降低爲名存實亡的東西，把新聞置於審查制度之下，取消工會，剝奪勞工的罷工權利，取締法西斯政黨之外的所有政黨。

圖20-6　貝尼托・墨索里尼喜歡把他在義大利的法西斯政權，描繪成古羅馬的威力和輝煌的恢復。一九三二年，墨索里尼在法西斯的集會上講話，身邊圍繞著穿制服的追隨者以及羅馬帝國的標誌物品，他擺出了一個典型的姿勢，以表現在義大利獨裁國家中一位強有力的獨斷專行領導者之公衆形象。（Getty Images）

法西斯國家

　　法西斯主義在二十世紀二〇年代是新鮮事物，世界其他地方慢慢才理解這一事物。墨索里尼在他比較瀟灑的時刻裡，高視闊步，抬起下巴，瞪大眼睛，像雜技演員那樣魚躍穿過一個個烈火熊熊的大鐵圈，以表示他的男子氣概，並

讓他主要的手下也如此行；在外部世界看來，這似乎是表明自己適宜擔任公職的奇怪方法。他譴責民主政體在歷史上已過時了，並聲稱民主政體加劇階級鬥爭，把人民分裂成無數的少數黨派，並導致自私自利、無事瞎忙、逃避職責和空話連篇。他宣揚，需要強有力的領導人領導積極行動，以代替民主政體；他本人僭取了「領袖」這個稱號。在譴責馬克思主義、唯物主義、社會主義和階級覺悟的同時，也譴責自由主義、自由貿易、放任主義和資本主義；他說，馬克思主義、唯物主義、社會主義和階級覺悟，是自由主義思想和資本主義經濟的有害產物。他宣揚，在他這個領袖的高瞻遠矚和大膽設想之下，用民族團結和國家掌管經濟事務來代替上述種種。而且，事實上，墨索里尼似乎給義大利社會帶來了某種有限的新效率；正如俗話所說，他使火車準時運行。

墨索里尼至少在理論上採用了工聯主義或組合的國家，許多年來，左翼的圈子和右翼的圈子都在討論這種國家。左翼的工聯主義，尤其是在第一次世界大戰以前，指望革命的工會沒收工業所有者的財產，然後掌管政治和經濟生活。天主教會贊成和鼓勵比較保守的工聯主義，墨索里尼用一九二九年與羅馬教廷簽署的《拉特蘭協定》與天主教會和解。《拉特蘭協議》承認梵蒂岡的獨立和主權。這種較為保守的工聯主義，緬懷往昔地指望著中世紀行會或「組合」的復興，在這些行會和組合裡，師傅和工匠、雇主和雇工，在想像中的天下太平的黃金時代裡並肩勞動。

法西斯的組合制度實際上既不像左翼的工聯主義也不像保守的工聯主義，因為在實踐中，國家的插手是顯而易見的，它是任何較早的組合學說都沒有預料到的東西。這種制度經歷了若干複雜的階段，但當它終於在二十世紀三○年代出現的時候，它規定把整個經濟生活畫分成二十二個主要部門，每個部門成立一個「組合」。在每個組合裡，法西斯組織的勞工團體代表、雇主代表以及政府代表，確定工作條件、工資、價格和工業政策；在一個國家委員會裡，這些代表應當共同設計出義大利經濟自給自足的種種計畫。在每一種情況下，政府的作用都是決定性的，整個結構處在各組合主管的管轄之下。做為最後的步驟，這些組合的經濟議會併入政府本身。因此，在一九三八年，原來的國民議會就由代表組合和法西斯黨的法西斯及組合議會取代了，後者的所有成員由政府挑選，不必經過民眾認可。上院，即參議院，以原先的形式繼續存在。

這些沒有一件是民主的，但法西斯主義者斷言，這是優於民主政體的改進。他們說，先進的經濟社會裡，立法機關應當代表的不是各政黨和各地理選舉區，而是各經濟領域。沿著這種路線的組織，將消除自由資本主義所產生的無政府狀態和階級衝突，而無政府狀態和階級衝突只會削弱民族國家的力量。

真正的許可權最終掌握在政府（政府首腦）手裡，他透過法令來解決大多數問題。就事實而論，社會的不安和階級的衝突「結束了」，不是由於如此這般的組合制度，而是由於禁止工人罷工、雇主封閉工廠，以及取消獨立工會。組合制度是在私營企業和資本主義經濟（即所有權繼續掌握在私人手裡的經濟）的框架內，由國家控制經濟生活的最極端形式。這是法西斯主義者對西方式的民主政體和蘇聯的無產階級專政之回答。墨索里尼說，法西斯主義是「國家對許多合作的階級專政」。

當蕭條襲來的時候，義大利的任何經濟控制都無法產生很大的作用。墨索里尼急於要把義大利接連不斷的經濟弊病歸咎於世界性的蕭條，他轉而採取大興公共工程的方案和提高經濟的自給自足，發起「小麥之戰」的運動，以增加糧食生產；在開墾義大利中部的沼澤地方面，以及在發展水力發電做為義大利所缺少的煤炭代用品方面，都取得了進展。在整個法西斯時代，沒有基本的改革來改變農場主和農民的地位。現存的社會結構——在義大利意味著貧富兩極分化——也依然沒有改變。法西斯主義沒能提供經濟保障，也沒能提供它要求犧牲個人自由和民主來換取的那種物質福利。但是，法西斯主義不可否認地引起了舉國歡騰的心理作用，使人覺得義大利正在經歷氣壯山河的民族復興。一九三五年以後，為了支持這種感覺，墨索里尼越來越轉向軍事和帝國主義的冒險。

法西斯主義逐漸被其他國家看成是取代民主政體或議會政體的可能替代物，是任何人都不能否認其存在的種種麻煩現實糾正方法。所有的共產黨員都憎恨法西斯主義，所有的社會主義者、勞工領導人、穩健左派人士、理想主義的自由主義者，以及許多傳統的保守主義者，也是如此。比較富有的或功成名就的人，由於害怕布林什維主義，較偏袒法西斯主義。東歐國家常常是高度民族主義，或是受到心懷不滿的土地所有者影響，或是乾脆不習慣用多數票來解決問題，在這些國家裡，法西斯主義有相當大的吸引力。在拉丁國家，在西班牙、葡萄牙和法國，墨索里尼的組合國家中找到了擁護者和羨慕者。有時候在歐洲和其他地方，知識分子們就這種紀律和權威的新秩序編造了種種深奧的理論，而忘記墨索里尼本人怎樣開誠布公地寫道：「法西斯主義不是煞費苦心地預先擬出的學說產物；法西斯主義是出於行動的需要。」

極權主義：德意志第三帝國

阿道夫・希特勒的興起

墨索里尼在德國找到了他最聰明的學生。阿道夫・希特勒於一八八九年生於奧地利，戰前無所作為。他不是知識分子，不像戰前的左派新聞工作者墨索里尼那樣。他從來都不是社會主義者，但他陷進一種激動不安、種族主義類型的激進主義。他是奧地利一個海關官員的兒子，十四歲喪父，幾年之後喪母。他十六歲時從中學輟學，十九歲時做為一個藝術學生來到維也納這個大都市，但他設法進入的那個藝術學院從未錄取他。當他父母遺留下來的一小筆遺產用完，政府給予孤兒學生的助學金也終止的時候，他就零零碎碎地做了各式各樣的工作，偶爾賣出他畫的幾張明信片和廣告畫板，基本上過著勉強餬口的生活，幾乎沒有朋友、金錢和謀生手段。

年輕的希特勒並不喜歡他在維也納看到的東西：既不喜歡哈布斯堡宮廷的裝飾品，也不喜歡坐著馬車擦身而過的東歐貴族；不喜歡多瑙河帝國混居雜處的少數民族，不喜歡維也納工人對國際馬克思主義的深厚感情，尤其是不喜歡猶太人。猶太人因受一個世紀以來的自由主義影響，已經被德意志的文化同化了，這時在城市的商業、法律、醫務和新聞界占據許多顯要的地位。像當時許多國家的人一樣，他變成一名具有強烈種族意識的種族主義者。血氣方剛的希特勒想到自己是繼承了古老而優良的德意志種族的純種德國人，遂感到特別滿意。他變成強烈的反猶主義者，他討厭貴族統治、資本主義、社會主義、世界主義、國際主義和「種族雜交」。

他對奧地利的厭惡，促使他在一九一三年遷到德國南部巴伐利亞邦的首府慕尼黑。在這裡，他再次東飄西蕩，沒有從事任何特定的職業，但設法賣了幾張水彩畫。戰爭爆發的時候，他自願參加了德國軍隊，充當往前線傳遞情報的通信員，有一次，他中了瓦斯毒氣，眼睛暫時失明，聲帶受傷。雖然他只晉升到大致相當於下士的軍階，但卻他得到了種種重要的軍事勳章。對希特勒來說，就像對墨索里尼和其他人來說一樣，戰爭是激動人心、無比高尚而又放蕩不羈的經歷。普通老百姓在現代社會裡過著相當單調的生活。對許多人來說，和平是枯燥無味的日常生活，而戰爭則是擺脫這種生活的振奮人心事情。人類的成員在一個非人性化的不友好世界裡飄浮遊蕩，由於民族主義而蠢蠢欲動，戰爭使這種民族主義激發出一種感覺和信念，彷彿是為某種比他們更偉大但又是他們自己的東西而奮戰。當和平回來的時候，他們感到大失所望。

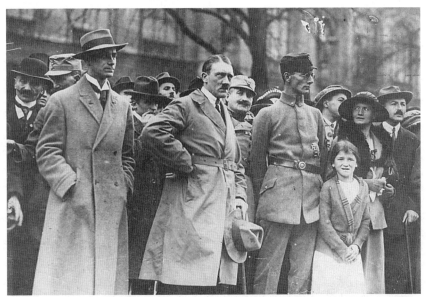

圖20-7　到了一九二三年，小小的納粹黨已經獲得了足夠的追隨者，使阿道夫・希特勒相
　　　　信，一次民眾的起義，可能促成德國的魏瑪共和國垮臺。在慕尼黑發生「啤酒館暴
　　　　動」的時候，希特勒（手拿帽子者）與他的追隨者出現在這裡。由於這個近似鬧劇
　　　　的事件，他被判短期入獄。〔Getty Images〕

　　戰爭結束之後，希特勒有一陣子仍然繼續服役，並轉移到慕尼黑。巴伐利
亞在一九一九年是共產主義在中歐擴張的主要焦點；巴伐利亞蘇維埃共和國甚
至存在了大約三個星期，直到被柏林的聯邦政府鎮壓下去為止。共產主義的威
脅使巴伐利亞成為各種反共產主義、反社會主義、反共和主義和反民主主義思
潮激動不安而繁忙的中心，成為不滿的反自由主義者所在地。巴伐利亞是種種
祕密團體和準軍事組織麇集的地方，這些團體和組織是由那些和新的魏瑪民主
政體格格不入且心懷不滿的軍官或其他人所領導。軍隊有個政治的指導綱領，
是用來對付復員軍人和工人之間的社會主義與民主主義宣傳的。希特勒由於
致力於這個綱領，而在軍方的命令之下參加了一個名為德國工人黨的小黨，並
在不久之後成為該政黨的領導人。一九二〇年年初，希特勒公布了該政黨的
二十五點綱領，這個政黨此時自稱為德國國家社會主義工人黨。因此產生了
「納粹」這個詞，這是從「國家」這個詞頭兩個音節的德式發音中演變來的。
這時復員了的希特勒，便全心全意地投入激進的政治事業中。

　　前面我們敘述過魏瑪共和國的開端以及它從一開始就被迫承受的種種負擔
——《凡爾賽條約》、賠款、一九二三年災難性的通貨膨脹。我們也或多或少
地談到共和主義者無法開創比較深刻的社會變革，而這種變革有可能使德國社

會的政治和社會結構民主化，從而加強共和主義的勢力。戰後有五年的時間，暴力在德國時有發生。共產主義的激動不安繼續下去；但更加危險的是君主主義和反共和主義組織所耍的花招，因為這些花招在德國人之間吸引了更多的同情心，這些組織保有一些武裝隊伍，並進行一九二〇年未遂的卡普暴動那樣的起義。這樣的私人「軍隊」之一就是納粹所保持的褐衫軍或曰衝鋒隊。武裝隊伍甚至採取暗殺手段。因此，瓦爾特·拉特瑙在一九二二年被刺殺了；他在戰爭期間組織過德國的生產，一九二二年當外交部長，但他有民主主義和國際主義的傾向，而且是猶太人。另一個受害者是馬蒂亞斯·埃斯貝格爾，他是天主教中心黨主要的穩健政治家，曾經因為簽訂休戰條約而幫助「出賣」德國軍隊。

一九二三年，當賠款沒有交付的時候，法國軍隊占領了魯爾區，民族義憤的叫喊聲響徹德國雲霄。自從一九一九年以來就獲得相當多追隨者的希特勒和國家社會黨員，譴責魏瑪共和國對法國人奴顏婢膝。他們斷定奪權的時機到來了，在一九二三年年底，褐衫黨人模仿前年墨索里尼的「進軍羅馬」，在慕尼黑發起了「啤酒館暴動」。希特勒跳到臺上，用左輪手槍向天花板開了一槍，並喊道：「民族革命爆發了！」但是，員警鎮壓了這次騷動，希特勒被判處監禁五年，然不到一年後就被釋放了，魏瑪的民主政體對自己的敵人寬大為懷。

他在監獄裡寫了《我的奮鬥》，這本書是個人回憶、種族主義、民族主義、集體主義、歷史理論、迫害猶太人和政治評論的大雜燴，暢銷一時。這本書以及隨著五個星期的審訊而來的家喻戶曉，使希特勒變成了一個國家級的政治人物。希特勒對某些事情的觀點也引起了許多人的共鳴；身分高貴如魯登道夫將軍（他在戰爭中功績輝煌，戰後成了原先軍官階層中最為奇怪的精神失常者之一），熱烈地支持希特勒，甚至參加了「啤酒館暴動」。

從一九二四年開始，在法國人撤出魯爾區，賠款得到調整，新的穩定貨幣被採用，以及從外國、主要是美國借來貸款的情況下，德國開始有了令人驚奇的經濟復興。國家社會主義失去了號召力，該黨失去了成員，希特勒被人認為是江湖騙子，他的追隨者被認為是精神錯亂的偏激分子。一切似乎平安無事。然而在一九二九年，大蕭條到來了。阿道夫·希特勒在歷史上本來可能是湮沒無聞的，卻被伴隨著德國蕭條而來的形勢造成類似拿破崙式的人物。

在世界性經濟崩潰中蒙難最多的國家，莫過於德國。外國的貸款突然停止，工廠紛紛停工，有六百萬人失業。中產階級並沒有從一九二三年的通貨膨脹中真正恢復過來；他們在這樣短暫的間歇之後再度受到打擊，因此對經濟制度及其未來完全失去信心。共產黨的選票穩步上升；人數眾多的中等群眾把共

產主義看做是對自己的致命打擊，絕望地東張西望，尋找某個人把他們從布林什維主義中拯救出來。蕭條也促使德國人普遍厭惡《凡爾賽條約》。許多德國人認為，正是德國從協約國那裡得到的戰後處理才造成德國的破產——邊境的縮小，殖民地、市場、海運和國外投資的喪失，巨額賠款的索取，魯爾區被占領，通貨膨脹以及其他種種。

身陷如此困境，任何人都會感到困惑和不滿。但是，許多德國人用來應付危機的那些想法和行動，可能反映了或者是出自於近三、四個世紀以來德國在歐洲的政治經歷和政治地位。民主政體——即大家同意謀求和接受多數人的裁決，討論和妥協，調整互相衝突的利益，而不完全滿足或完全壓服任何一方——在任何處於危機中的國家裡都是很難維持的。在德國，民主政體本身是一種其價值還有待證明、很容易被說成是非德國的新鮮事物，是一種人造的和進口的學說，是不久前那場大戰的戰勝國強加給德國的外國制度。

希特勒用他的宣傳給所有這樣的感情火上澆油。他譴責《凡爾賽條約》是國恥。他譴責魏瑪民主政體產生了階級鬥爭、分裂、軟弱和無用的空話。他提倡「真正的」民主政體，在果敢行動的領袖帶領下，把人民廣泛發動起來。他宣稱，德國人，純種的德國人，必須只靠自己。他猛烈抨擊馬克思主義者、布爾什維克、共產黨員和社會主義者，把他們統統綁在一起，故意把問題攪渾；但他聲稱贊成那種為小人物著想的正確社會主義，即德國國家社會主義工人黨的學說。他破口大罵不勞而獲的收入、戰爭利潤、大托拉斯和連鎖店勢力、土地投機商、利息奴役制和不公平的課稅。他首先譴責猶太人；猶太人和其他社會團體及宗教團體的人一樣，在所有政治陣營裡都可以找到。猶太人這時遭到了各種政治色彩的反猶極端分子的攻擊。對左派來說，猶太人資本家是十分討厭的人。對右派來說，猶太人的革命者是非常可怕的人。希特勒在反猶主義中找到了最低的共同特性，從這一點出發向一切政黨和階級發出呼籲。與此同時，猶太人是一個少數民族（在整個德國只有六十萬人），因此，在群眾性政治活動的時代裡，攻擊他們是相當安全的。

在一九三〇年的選舉中，納粹分子在國民議會裡贏得一百零七個席位；一九二八年時，他們只贏得十二個席位；他們的民眾選票從八十萬上升到六百五十萬。共產黨的代表從五十四名上升到七十七名。到一九三二年七月，納粹分子得到增加一倍多的民眾選票，贏得兩百三十個席位，從而成為最大的單一政黨；雖然由於政黨眾多，他們遠遠沒有達到多數。在一九三二年十一月的另一次選舉中，納粹分子雖然仍舊遙遙領先，但略顯失勢，失去兩百萬張選票，並下降到一百九十六個席位。共產黨得票數在一九三二年十一月逐漸上升

到一百的高峰。

在一九三二年十一月的相對挫折以後，希特勒擔心他的運動時機正在消逝。但是，某些保守主義、民族主義和反共和主義分子——原先的貴族、容克地主、軍官、萊因蘭的鋼鐵大王，以及其他工業家——抱有想法，認爲希特勒可能對他們有用。納粹的一部分資金就是得自這樣的來源，這種來源也支持其他的反動事業。這個以民族主義黨爲主的集團相信，他們將能夠控制希特勒，從而控制希特勒正在引領的民族不滿情緒和群眾不滿情緒的浪潮。

在布魯寧於一九三二年六月辭職後，弗朗茲・馮・巴本在有權勢的軍隊領導庫特・馮・施萊歇將軍的支持下，領導了民族主義黨的內閣。一九三二年十二月，施萊歇迫使巴本下臺，並接替他。當他在一個月後也被迫辭職時，這兩個人分頭策劃，勸說興登堡總統提名希特勒當聯合內閣的總理。一九三三年一月三十日，透過完全合法的手續，阿道夫・希特勒成了德意志共和國的總理；新內閣裡的其他職位由納粹分子與及其分掌權力的民族主義黨員占據。

然分掌權力不是納粹分子的目的。希特勒要求進行另一次選舉。三月選舉日之前的一個星期，國會大廈失火了。納粹分子在沒有任何真憑實據的情況下，把這件事情歸罪於共產黨員。他們掀起恐嚇紅色分子的恐怖活動，暫時停止了言論和新聞自由，並放手讓褐衫黨員威逼投票者。即使如此，在選舉中，納粹分子只贏得百分之四十四的選票；他們和民族主義黨盟友一起，得到百分之五十二。希特勒大嚷大叫國家處於緊急狀態，於是，馴服的國民議會（共產黨代表這時已被排擠出去）投票決定授予他獨裁權力。納粹的革命開始了。

納粹國家

希特勒把他的新秩序稱爲第三帝國。他宣稱，繼第一帝國（即神聖羅馬帝國）和第二帝國（即隨著一九一八年戰爭而結束的俾斯麥創建的帝國）之後，第三帝國將把真正的德國歷史過程延續下去。他說，第三帝國是這個歷史過程的有機產物和自然頂點。他預言，第三帝國將持續一千年。

和墨索里尼一樣，希特勒採用元首的稱號，他自稱代表德國人民的絕對統治權。猶太人被認爲是非德意志的；民主政體、議會制政體和自由主義被譴責，並且與共產主義一起被說成是「猶太人的」；建立了集中營，來關押該政權的反對者；新的「種族科學」把猶太人列爲非雅利安人，並把擁有猶太祖父或祖母的人全都歸爲猶太人。幾乎是頃刻之間，猶太人從公共職務、民事服務、教學和其他職務裡被驅逐出去。一九三五年的紐倫堡法律剝奪了猶太人所有的公民權利，並禁止猶太人和非猶太人之間通婚甚至性交。一九三八年十一

月九日，即「水晶之夜」，納粹德國的
反猶主義轉而採取野蠻暴力。當時一個
十七歲的波蘭籍猶太學生（由於他的父
母被虐待而精神失常），槍殺了德國駐
巴黎大使館的一名德國外交官。納粹的
衝鋒隊在打、砸、搶、燒的野蠻暴行
中，砸爛了德國各城市的猶太商店、工
商企業和猶太教堂，毆打了幾千名猶太
人，並且拘捕了三萬人送往集中營。黨
和政府的領導人插手進來控制衝鋒隊，
並利用反猶主義達到他們的目的。政府
由於猶太社團招致這次襲擊而課以十億
馬克的罰款，並收取打碎的玻璃和其他
財產損失的保險費。猶太人在這些事件

圖20-8 一九三八年十一月，納粹指揮
對猶太人的商店和工商企業襲
擊，在德國各城市裡把納粹國
家的官方反猶主義推向暴力的
新高度。柏林的這家猶太人商
店被砸碎的玻璃和招牌，表達
出「水晶之夜」意味著什麼。
（akg-images）

之後，才開始設法逃離這個國家。然而
為時已晚，他們發現，無論是他們還是
他們的家庭，都不能找到現成的避難之
所；歐洲和美國大都把他們拒之門外。
一九三八年德國的種種事件，仍然和舊
式迫害猶太人的做法相類似，但這些事
件也表現了一種新的激進種族主義，並預示著六百萬歐洲猶太人和其他的人，
將在恐怖的死亡營裡被國家組織起來有計畫、有步驟地消滅掉，這就是大屠
殺。

　　極權主義的新秩序被認為是絕對鞏固、堅如磐石的，在其中任何微粒都沒
有絲毫的單獨結構。德國不再是聯邦制的，所有像普魯士和巴伐利亞這樣原先
的邦都被取消了。除國家社會黨以外，所有的政黨都被取締了。納粹黨本身在
一九三四年六月三十日晚上被徹底清洗，當時許多老資格的褐衫黨領導人，即
那些代表該運動中主張社會革命那一翼的人，被控陰謀反對希特勒，並被立即
槍決。祕密政治員警蓋世太保以及沒有經過審判或判決就把數以千計的人拘留
在常設集中營裡的制度，把所有被認為是「非德意志」的人壓制下去，把一切
與元首分歧的意見壓制下去。

　　法律本身被解釋為德國人民的意志，為納粹國家的利益而發揮作用（而納
粹政權是德國「意志」的唯一闡述者）。新教教會和天主教教會都繼續進行工

作，但須要與新政權做「協調」，禁止它們的牧師批評新政權的活動，不鼓勵國際間的宗教聯繫，並努力不使孩子們進入宗教學校。政府鼓勵反基督教的不信教運動，讓人們崇拜古老的條頓諸神，但提倡最多的，莫過於崇拜納粹主義及其元首。納粹的青年運動以及學校和大學，都把新的概念灌輸給年輕一代。全面且無所不包的鎮壓，挫敗了一些致力於開展廣泛抵抗運動人士的努力。

勞工工會也被「協調」；它們被國家勞工陣線取代了，罷工被禁止。在「元首制原則」下，雇主在他們的工廠和行業裡被樹立為小範圍的首領，並被給予廣泛的控制權，但要接受政府的嚴密監督。就積極的一面來說，開展了廣泛的公共工程方案，組織了重新造林和排乾沼澤地的工程，興建了住房和高速公路。龐大的重新武裝方案吸收了失業者，在很短的時間裡，失業現象消失不見了。即使根據納粹的統計，勞工在國民收入中所占的份額也減少了，但工人們有了工作。一個名叫「歡樂即力量」的組織，照顧低收入者的需要，為許多本來花不起錢的人提供娛樂、假日和旅行。

政府將所有權留在私人手裡的同時，對工業採取了越來越多的控制。一九三六年，政府採取了經濟發展的四年計畫。所有的國家在大蕭條之後都傾向於經濟的民族主義，但納粹德國樹立了閉關自守和自給自足的目標——絕對不依賴對外貿易。德國的化學家研製了人造橡膠、塑膠、合成紡織品和其他許多代用品，使德國能夠不依靠從海外進口的原料。

歐洲做為一個整體，尤其是在世界大戰之後，基本的經濟問題之一是，歐洲大陸雖然在經濟上是依賴不同地區之間的交換單位，但在政治上它卻被關稅的限制、貨幣的不同以及民族主義野心人為地培植起來的、受到保護的工業被切割得支離破碎。納粹分子聲稱在雙邊貿易協定的網狀系統裡有這種問題的解決方法，這些協議保證所有鄰國人民的產品有一個出口。但是，在這個解決方法裡，德國人將是最工業化、最先進、最強大和最富有的，其他的歐洲人則降低到永世不得翻身的下等地位。不能用貿易協議和經濟滲透來完成的事情，可以用征服和戰爭來完成。在一九三三年以後的幾年裡，雖然這個政權也有官僚主義的混亂和個人的敵對，但納粹的革命使德國變成一部龐大而有紀律的戰爭機器，它的內部敵人或被消滅了，或被堵上嘴巴，它如痴似狂的追隨者在龐大的示威遊行中高呼口號，決心跟隨元首去征服新的瓦爾基里【1】高峰。一個不祥的口號是，「今天德國，明天全世界」。

極權主義：起因和後果

極權主義涵蓋多方面的意義，雖然墨索里尼是第一個使用「極權主義」這

個名詞，並把極權主義當做一種意識形態而明確提出來的人，但他所建立的法西斯政權，並沒有完全控制人民的生活，從而實現這個名詞的全部政治涵義。天主教教會與這個政權和解，反猶主義很晚之後才出現，立法的上院或參議院繼續發揮作用，國王保留了他的許多特權。至於史達林的蘇維埃和納粹主義之間的區別，至少在原則上，這些區別是很重要的。在理論上，無產階級專政是暫時的；它起初並不頌揚領袖個人；它不是民族主義的，因為它建立在全世界的階級鬥爭基礎上，這種階級鬥爭在所有國家同樣展開。它採用聽起來很民主的憲法，至少在口頭上談到人權。它的憲法正式譴責種族主義，沒有有意識地提倡戰爭和暴力的倫理學。史達林專政的一黨國家，似乎是永久的，憲法和人權保證的空洞無物變得更加明顯，且圍繞著史達林這個人搞起了個人崇拜；再者，強調的重點變得比較富有民族主義色彩，較少著重在世界的工人身上，較多重視蘇維埃祖國的榮譽；它把未透露數目的許多人送到古拉格的勞改營去消亡。

有別於純粹專政的極權主義，雖然是在第一次世界大戰以後相當突然地出現，但並不是歷史的反常現象。它是以往許多事態發展而成的產物。國家這個機構，自從中世紀以來就不斷獲得新權力。第一次世界大戰繼續並推進了這個過程。二十世紀的極權主義國家，是龐大而堅如磐石的，聲稱對生活的每一個部門具有絕對的支配權，把國家主權這種原有的事態發展推到新的極端。例如，幾個世紀以來，國家就與教會發生牴觸。二十世紀的獨裁者也是這樣做的。然而，除此之外，他們在大多數情況下，不僅反教權主義，而且是明確反基督教的，並提出或者強行施加一種「全面的」人生哲學。

這種新的哲學在很大的程度上從它所歪曲和誇大歷史上的民族主義身上吸取力量。它拒絕古典的自由主義，因為古典的自由主義強調有理性的個人自主權。做為代替，它提倡社會的有機理論。它認為，社會是一種活的有機體，個人在這種有機體裡只是一個細胞。在這個理論裡，個人沒有獨立的存在；從誕下他和撫育他的社會、人民、民族或文化當中得到生命本身和他的一切思想。馬克思主義中的個人絕對服從他的階級，也與此大致相同。個人是微小的細胞，在社會的軀體外面是毫無意義的。在這樣的理論之下，談論個人的「道理」或「自由」，允許個人有自己的見解，或統計個人的見解來獲得僅僅是數目上的多數，根本毫無意義。有效的意見是做為一個整體的集體意見，是做為鐵板一塊的人民或民族（或馬克思所說的階級）的意見。甚至連科學也是特定社會的產物：有「納粹的科學」，這種科學在其結論方面必定和民主資產階級的、西方的或「猶太人的」科學有所不同；對蘇聯人來說，則有蘇維埃的科學，這種科學和辯證唯物主義一致，比非蘇維埃世界的腐朽資產階級、資本主

義或「法西斯的」科學更能窺見眞理。此外,所有的藝術——音樂、繪畫、詩歌、小說、建築、雕塑——只要表現了它在其中出現的那個社會或民族,它就是好的藝術。

各極權主義政權公開承認的哲學是主觀的。一個見解是否被認爲是眞實的,要取決於這是誰的見解。有關眞理或美好或正義的見解,不一定要符合任何外部或客觀的現實;它們只要符合持有這種見解的人民、民族、社會或階級的內在天性、利益或觀點就行了。有關情理、自然法則、天賦人權,以及一切人類基本相同的這些較爲古老的啓蒙運動概念,或有關一切人類沿著前進路程走共同道路的這類較爲古老的啓蒙運動概念,全都消失不見了。

各極權主義政權並不是當做社會科學的發現而簡單地宣布,人民的見解是由環境形成的。它們經常利用宣傳,以及運用成立宣傳機構做爲政府的主要部門,而開始積極地塑造人民的見解。宣傳並不是什麼新的東西,但是,在從前,以及現在的民主國家裡,宣傳是零敲碎打的事情,勸說公衆接受這個或那個政黨,抑或團結起來支持這個或那個運動。現在,宣傳和其他所有的事物一樣,成了「全面的」。宣傳是由國家壟斷的,國家要求人們對整個人生觀和對這個協調起來的細節抱有信心。從前對書籍和報紙的控制主要是消極的,例如,在拿破崙或梅特涅的統治下,新聞檢查官禁止發表有關某些特定問題、事件或人物的事情。現在,在各極權主義國家裡,對新聞報導的控制積極得令人吃驚。政府製造思想,操縱輿論,改寫歷史。作家被要求表現出完整的意識形態,書籍、報紙、雜誌和無線電發表沒完沒了的大塊文章。揚聲器在大街上大聲吼叫,領袖的巨幅照片高懸在公共場所。宣傳的專家們有的時候是狂熱者,但他們常常像德國戈培爾博士那樣玩世不恭者,太聰明,以致不會受到他們用來欺騙國民的那些胡言亂語的欺騙。

經驗主義的眞理這個概念化爲烏有了。除了政治的權宜之計——掌權者的意願和自身利益以外,人類言論的準則不復存在了。除了政府要人們知道的事情以外,沒有人能夠打聽到任何事情。沒有人能夠逃避無所不在的官方學說,他人爲了自己的目的而栽培的思想,無孔不入地滲透到他的內心深處。當最離奇的言論被年復一年沒完沒了地重複的時候,人民就逐漸接受甚至相信這些言論。各極權主義國家的人民接觸不到任何獨立的消息來源,又沒有方法檢驗所有官方的斷言,因而在事實上,而不僅僅在社會學的理論上,變得越來越沒有推理的能力。

1922至1938年大事年表	
1922年	英國承認具有自治領地位的愛爾蘭自由邦；走向做爲愛爾蘭共和國的充分主權的第一步
1922年10月	墨索里尼在法西斯「進軍羅馬」之後在義大利取得政權
1923年	納粹在慕尼黑企圖舉行暴動期間，沒能動員人們給予政治支持
1924年	第一屆勞工政府在拉姆齊‧麥克唐納的領導下，在英國被選出
1933年1月	希特勒在德國獲得權力；納粹不久之後控制了所有的國家機構，並壓制反對派
1933年3月	富蘭克林‧羅斯福在美國採用「新政」，以減輕大蕭條的經濟後果
1934年	法國的右翼和法西斯集團，在史斯塔維斯基事件期間，用騷亂來挑戰第三共和國
1935年	納粹採用了反猶太人的紐倫堡法律
1936年	左翼的「人民陣線」在萊昂‧布魯姆的領導下在法國執政，並實施了引人注目的社會改革
1938年	納粹政權在「水晶之夜」期間，鼓勵人們猛烈襲擊猶太人和猶太人的財產

　　種族主義之爲納粹德國的特點，更甚於它之爲一般極權主義的特點。種族主義是民族主義和民族團結較爲古老的概念的進一步誇大或退化。種族主義用宗族的意思來解釋民族，把民族說成是生物學的統一體，是具有相同血緣祖先和相同或類似身體特徵的一群人。反猶主義是歐洲最狠毒的種族主義，雖然在基督教世界裡一直存在著對猶太人的潛在敵意，但現代的反猶主義和基督教卻沒有什麼關係。反猶主義有一部分是從這樣的事實引起的，即在十九世紀，隨著宗教隔閡的取消，猶太人進入一般的社會，其中有許多人獲得了顯要的地位，在德國尤其如此。因此，在任何忿忿不平的人看來，猶太人可以被說成是商業界或自由職業界的危險競爭者。但是，最主要的是，反猶主義是由一些宣傳家煽動起來的，這些宣傳家希望人民更敏銳地感受到他們所謂的種族純淨，而忘掉包括貧窮、階級分化和經濟不公平在內的更爲深刻的社會問題。

　　極權主義是對真實的階級衝突的一種逃避，它也是佯稱貧富之間差別的次要方法。典型的做法是，極權主義政權透過煽動階級恐懼來取得權力，然後繼續掌權，並透過宣布它已經解決了階級問題，而把自己說成是必不可少的。因此，墨索里尼、希特勒以及某些較小的獨裁者，在奪取權力以前，都令人驚恐地把目標指向布爾什維克主義的不祥威脅；一旦掌了權就宣布，所有的階級在領袖的率領下，肩並肩地站在一起。

俄國的事件並不是與此截然不同。布爾什維克在一九一七年，在馬克思主義的思想武裝之下，挑動工人反對資本家、地主、中產階級和富農；然後，一旦掌了權，在大規模的肅清之後，他們就宣布，無階級的社會到來了，真正的社會階級不復存在了，所有的蘇維埃公民都緊密地站在這樣一個政權後面。他們說，所有善良公民都從這個政權中得到同樣的好處。只有各民主國家才承認，它們從國內的階級問題中吃了苦頭，從財富的分配不均中吃了苦頭，從社會裡受惠集團和不受惠集團之間的社會分化中吃了苦頭。

各專政國家把它們的種種麻煩歸罪於國外的勢力。它們指責心懷不滿的人與外國人或流亡者勾結——說他們是托洛斯基主義、帝國主義或國際猶太人的工具。或者，它們（像墨索

圖20-9　納粹提倡德國民族性的種族主義的定義，並且做了種族主義的宣傳，以顯示德國的「理想」家庭。「新人民」的這個形象，是為一九三八年的日曆創造的，這個日曆表達了納粹在生物學上對性別的看法，也表達了該政權對德國民族的種族主義的描繪。（akg-images）

里尼所做的那樣）談到富有民族和貧窮民族、「應有盡有」國家和「一無所有」國家之間的鬥爭，立刻就把貧困問題轉變成爲一種國際鬥爭。這種「應有盡有」國家和「一無所有」國家的區分，當然是有一些道理的。用比較老式的語言來說，有一些國家（例如歐洲各民主國家、美國和二十世紀三〇年代的各英屬自治領）在經濟生產率和財富的積累方面，比其他國家前進得更多。任何宣傳如果有一部分是真實的，就很可能比較有效。但是，當極權主義者把他們的種種麻煩歸罪於其他國家，並把「應有盡有」和「一無所有」之間的衝突轉變成國家之間的鬥爭時，他們給人的信號是，戰爭可能是解決社會弊端的一種方法。

接受甚至美化暴力，確實是把極權主義制度與民主主義制度最明顯地區分開的特點。我們已經看到，對暴力的崇拜，或鬥爭有益的這種信念，怎樣在第一次世界大戰以前興起。戰爭本身使人們習慣於暴力和直接行動。列寧及其追隨者表明，在革命的條件下，一小群人怎樣能夠奪取國家的領導權。墨索里尼

圖20-10　納粹政權利用公開壯觀的場面，向德國人民和外國觀察者發送不可抗拒的國家力量的資訊。一年一度的紐倫堡納粹集合，最精心地組織起來表示效忠第三帝國和納粹的意識形態。這幅照片顯示，元首希特勒於一九三八年在紐倫堡，率領他的官員們走在一排排的士兵中間。對希特勒的敬禮是一個典型的例子，說明了這樣的場合旨在勾起的狂熱的忠心和感情。（Bettmann/Corbis）

在一九二二年用比較文雅的方式教給人們同樣的教訓，因為被他奪了權的義大利，並不是處在戰爭中而為他提供機會，僅僅是革命的威脅或可能性，而不是革命本身。二十世紀二〇年代，歐洲一些最文明的地區自從十七世紀以來第一次看到，在和平的時期裡，私人的軍隊在國土上橫衝直撞，穿制服和有組織的暴徒結隊成群，黑衫黨人或褐衫黨人虐待、凌辱甚至殺害奉公守法的公民而無須受懲罰。任何人在一九二〇年都不會相信，到三〇年代，歐洲將看到有人重新採用酷刑。

極權主義真正的倫理學就是暴力和新的不信教主義。極權主義是從尼采和戰前其他理論家那裡借來並加以歪曲的。這些安全文明的理論家宣稱，人們應

當冒險闖蕩，避免思考過多優柔寡斷的弱點，以旺盛的精力投身到行動的生活中。這些新的政權全都開展青年運動。它們乞靈於一種青少年的理想主義，在這種理想主義裡，青年們相信，只要參加某種小組、穿上某種制服，以及到戶外去經受風雨，他們就對國家的巨大精神復興做出了貢獻。教育青年要重視身體，不要重視頭腦，要強硬和冷酷，要把群眾的體育操練當做愛國的表示。教育年輕婦女要毫無怨言地多多生兒育女，要滿足於待在廚房裡，要懷著敬畏之心看待她們雄赳赳的男人。

身體的崇拜風靡一時，但頭腦衰退了。尤其是在國家社會主義裡，其理想是使德國人民變成優良的白膚金髮碧眼的北歐日耳曼種族。與此相反，對久病者和瘋子採用了無痛致死術，而且也建議老年人採用這種方法。納粹的意識形態專家創造了種族主義的偽科學理論，來解釋他們的行為和證明他們的行為是合理的。後來，在第二次世界大戰中，當納粹的鐵蹄踐踏東歐的時候，他們把猶太人和其他種族關進毒氣室，用最「科學」的方法消滅了六百多萬人。人類被看成是動物；人們培育他們所要的那一種，而殺死他們所不要的那一種。

專政政體的擴展

專政政體（即使不一定是極權主義類型的專政政體）的傾向在二十世紀三〇年代擴展到歐洲各地。到一九三八年，就不同的政黨為公職進行誠實的競爭，以及公民在寬宏大量的限度內為所欲為的這個意義來說，二十七個歐洲國家裡面只有十個仍然是民主政體的。它們是英國、法國、荷蘭、比利時、瑞士、捷克斯洛伐克、芬蘭，還有三個斯堪的那維亞國家：丹麥、挪威和瑞典。

人們在二十世紀二〇年代初期曾經希望，立憲和民主政體將興旺發展，但這種希望遭到挫折。議會或民主傳統的薄弱或缺少、教育和文化水準的低下、反動分子的敵意、對布林什維主義的擔心，以及現有的少數民族的不滿，全都和大蕭條裡產生出來的經濟極度緊張湊在一起，導致新的代議制垮臺。除了德國和義大利公開宣布的極權主義或法西斯政權以外，新的專政政體和獨裁制度一般都是建立在個人權力和軍事權力的結合上。但是，有幾個專政政體和獨裁制度，反映或吸收了一般法西斯主義的某些意識形態特點。在葡萄牙，薩拉查於一九三二年開始了政教合一的獨裁政體，這種獨裁政體持續了四十多年。在奧地利，多爾弗斯把各種右翼的政治分子和軍事分子拼湊成一種教權——法西斯的「基督教的」獨裁政體，這種獨裁政體狂暴地鎮壓社會黨人士，還妄圖抵抗德國的威脅。在西班牙，佛朗哥於血腥內戰（將在下一章敘述）之後，建立了右翼的獨裁政府。在許多方面，軍事首領和軍事集團統治下的拉丁美洲獨裁

政體很像歐洲的軍事獨裁政體；而且直到目前爲止，類似的壓制性一黨政權也在世界其他部分重新出現。

　　各獨裁政權在壓制個人自由、禁止反對黨以及取消或廢棄議會制度方面都是一樣的。許多國家從法西斯主義中借鑑一些特點，建立組合國家，宣布獨立的勞工組織爲非法，並禁止罷工；許多國家，如匈牙利、羅馬尼亞和波蘭，制定了反猶主義的立法。在一個以群眾爲基礎的革命獨裁政體裡，把所有關於政治、經濟、智力和生物學的活動全面做一番協調，沒有任何一個右翼政權做得像希特勒的第三帝國那樣徹底。

　　前面已經說過，接受和美化暴力是把極權主義制度與民主主義制度最明顯地區分開的特點。戰爭在納粹和法西斯的倫理學裡是高尚的事情，熱愛和平是腐敗的跡象。蘇維埃政權雖然根據自己的理論，把與非蘇維埃國家的戰爭看成終歸是不可避免的，但並沒有把戰爭當做道德上的大好事情而加以宣揚。戰爭和鬥爭的鼓吹，維持民族團結的需要，把社會麻煩歸咎於別國的習慣作法，有助於使暴力看上去好像是強化國家的一種正常與合適的手段。意識形態的這些普遍話題，由於獨裁政體所從事的相當大的備戰方案，和個別獨裁者的個人野心和自我狂妄，而加強了。所有這些，使得二十世紀三〇年代的十年，不但成了國內反動的時代，而且成了國際危機一再發生的時代，這些危機終於在一九三九年導致了第二次的、規模更大的世界戰爭。

第二十一章

第二次世界大戰

　　抽象的和平，即僅僅沒有戰爭的那種和平，在國際關係中是不存在的。離開一定的條件，就絕無和平可言；和平意味著和平地接受特定的條件，或者說，透過談判與協定，進行和平地、有序地改變條件。在二十世紀三○年代，當時的種種條件基本上都是在一九一九年巴黎和會中確定下來的，即在第一次世界大戰結束時所承認的國家、所劃定的國界，以及所達成的協定條款。在三○年代那個時候，無論是德國、義大利、日本或是蘇聯，一概不滿意這些條件，它們是「修改主義」的國家或不滿意的國家，德義日三國是要透過發動戰爭以求改變事態。大不列顛、法國和美國是滿意的國家，都不指望藉由改變條件去獲得什麼好處。不過，另一方面，它們對於那些條件都已失去信心，並且不情願為了維護這些條件而冒險打仗。這些國家在一九一九年訂立過一項條約，然而在十二年之後，它們不願意實施了。那幾個不滿意的國家把巴黎和會上所承認的國家、所劃定的邊界和所達成的協定通通踐踏了，而英法美三國卻長時期並且盡可能地袖手旁觀，不聞不問。從一九三一年日本入侵中國東三省到一九三九年歐洲戰爭爆發，那些想要打亂國際秩序的人都曾使用過武力，反之那些希望保持國際秩序的人卻從未動過刀槍。一場新的世界大戰就此被那些從不接受上次和約的國家發動起來了。

　　從一九三九年到一九四五年，在全世界激烈進行的戰爭，是人類歷史上最具破壞性的戰爭，也是波及最廣泛的全球戰爭。第二次世界大戰影響到各個大陸許多國家；造成了六千萬人（其中至少三分之二是平民）死亡；在城市、工廠和鄉村都造成巨大的物質破壞；既產生了大規模殺傷性新式軍事武器，又發生了種族滅絕的大屠殺新方式；決定性地促成兩個超級大國──美國和蘇聯──新的全球勢力。

　　歷史學家對於戰爭的社會後果和政治後果往往意見不一，但是第二次世界大戰無疑地具有一個明確的後果，構成了現代世界歷史的一些事件。第二次世界大戰那縈迴腦際的複雜遺產，仍然影響著二十一世紀各地人民的現代文化。

民主國家的弱點：戰爭又起

西方國家的和平主義與不團結

　　正當獨裁者們興風作浪之際，西方民主國家正在嚴重的和平主義支配之下搖來擺去，沒有定見。所謂和平主義，大體可以說是不顧後果而硬要堅持和平。這時許多人（特別是在英美兩國）都認為，第一次世界大戰實在是一個錯誤，根本沒有帶來任何好處；他們被戰時的宣傳欺騙了；戰爭其實是由武器製

造商發動起來的；德國並不是引起一九一四年戰爭的眞正原因；《凡爾賽條約》對德國過於苛刻了；民主制度畢竟不適用於所有國家的；一個巴掌拍不響，如果有一方堅決不被對方給惹惱，那就一定不會打起來。這就是當時人所持的一整套和平與容忍的思想，這當中既有眞理也有誤解。

西方的和平主義還另有其他根源，這在法國最爲明顯。第一次世界大戰中，大約有一百四十萬法國人死亡；一九一四年，二十至三十二歲的法國男人有半數喪生。在法國人看來，重複這樣的人類災難實在是不可思議。因此法國採取防守性的戰略，就是要節省人力。如果發生戰爭，法國人希望主要是在精心構築的防禦工事（馬奇諾防線）內進行戰鬥。這條防線位於與德國相望的法國東部邊境，沿著瑞士邊境伸展到比利時，它的北面有阿登森林，構成防禦任何侵略者的一道屛障。在大蕭條時期，法國因爲內部的階級鬥爭以及法西斯與半法西斯的煽動而被弄得四分五裂。許多法國的右翼分子歷來是不同情共和國的，他們從諸如人民陣線這類運動中看到了或聲稱看到了有發生社會革命的危險，因而對於墨索里尼乃至希特勒便情不自禁地流露出贊許之情。他們既然放棄了自己做爲熱心民族主義者的傳統任務，自然不會花任何力氣去反對獨裁者們。另一方面，許多左派分子則以同情的眼光看待蘇聯。二十世紀三〇年代的法國在意識形態方面的分歧實在太大，以致無法制定任何堅定的外交方針，各派人士無不藉著那據信是堅不可摧的嚴密構築馬奇諾防線來聊以自慰。

在大不列顛和美國，情形也都差不多，只是程度輕一些。人們對於第一次世界大戰的損失與流血念念不忘，既悲傷又惱怒。誰都清楚地知道，新的世界戰爭定是更加可怕的；一想起城市被轟炸，大家便不寒而慄。這個時期出現的典型事例，是一九三三年牛津大學學生通過一項決議，宣稱不論在什麼情況之下，他們絕不爲自己的國家拿起武器。在美國大學生中也出現了類似的和平運動。不論在英國或是美國，人們都感到同時受到左和右的牽引。在二十世紀三〇年代，某種國際行動似乎在一方面有利於蘇聯，在另一方面又有利於希特勒和墨索里尼，每當這個時候，就很難以全國的團結一致做爲堅固的基礎以制定任何對外政策。在英國，有些上層人物對法西斯獨裁者公開地表露同情，或者至少認爲他們是反對共產主義的堡壘。英國政府自己也力圖採取模棱兩可、不表態的方針，認爲或許可以找出某些方法，以滿足或撫慰獨裁者們較爲合理的要求。一九三七年以後出任首相的內維爾・張伯倫就是這種綏靖政策的主要設計師。

在美國，羅斯福總統儘管一再譴責侵略者，然而政府實際上執行的卻是僵硬的孤立主義政策。一九三五年到一九三七年間，按照國會中一個強大的孤立

主義集團所通過的中立法案，一旦總統承認在某特定地區存在著戰爭狀態，那麼便不得向任何交戰國提供貸款、輸出軍火和提供美國船隻。當時許多人都認爲，美國就是因爲這種經濟捲入才被拖進第一次世界大戰中。在二十世紀三〇年代，從美國的這個中立法中獲得巨大好處的是侵略者們，而不是被侵略的受害國家。

至於統治蘇聯的那些人，他們是修正主義者，是心懷不滿的，因爲他們並沒有承認東歐的新邊境，也沒有承認第一次世界大戰中俄國所遭受到的領土損失。他們對於一九一九年爲阻止布林什維主義的擴展而形成的那條「防疫線」深感惱火，在邊境上，從芬蘭到羅馬尼亞的那一連串小國，幾乎毫無例外地全都是激烈反對蘇聯。他們絲毫不喜歡這種國際現狀，同時也並沒有放棄他們長遠的革命目標。然而，既然是共產黨員、蘇聯人，他們就因爲害怕進攻和入侵而終日惶惶不安。他們本著馬克思主義的理論，對於整個資本主義世界從來就是敵視的；西方盟國在蘇聯革命與內戰時期曾經插手干涉，這更進一步證實了他們的馬克思主義原理。在二十世紀三〇年代，對外部世界感到憤慨和懷疑的克里姆林宮中那些人，當時主要是對德國感到驚恐不安。希特勒在《我的奮鬥》一書中以及在其他場合中都曾一再宣稱，他就是要消滅布林什維主義，要使東歐廣袤的領土歸屬於德國。

蘇聯人對於集體安全即國際共同反對侵略開始發生興趣了。他們於一九三四年參加了國際聯盟。他們向各國共產黨發出指示，要他們在人民陣線裡與社會黨和自由派人士合作共事。爲遏止法西斯侵略者，一九三五年與法國和捷克斯洛伐克簽訂了互助公約。但是，許多人都戰戰兢兢地躲開蘇聯的擁抱姿態。他們懷疑蘇聯的動機，或者他們深信，由於二十世紀三〇年代的清洗與審判，蘇聯變得很衰弱，做爲盟友靠不住；再或者，他們認爲，法西斯獨裁者們說不定會掉頭向東攻打蘇聯，從而使西方民主國家得以倖免於難。這裡又出現了歷史上發生過的情形——雖說蘇聯人顯然是願意的，但是並未能組成有效的反侵略聯盟。

納粹的進攻和法西斯侵略

阿道夫・希特勒以他奇特的天才看出了這種種的弱點。在決心破壞那一整套使大多數德國人肯定感到屈辱的條約之後，他採取逐步進犯的戰術，結果弄得各民主國家的人民既懷抱著希望，又不斷產生恐懼。他有時令人害怕得發抖，有時又使人感到鬆了一口氣。他會勃然大怒，咆哮不已，製造戰爭恐懼，但僅僅攫取一點好處，便宣稱那就是他所要的一切，從而讓先前的協約國天眞

地想，他這時已經心滿意足，和平也已經牢靠了。但接著，他又會發作起來，攫取更多東西，如此循環不停。

每一年，希特勒都冷不防地製造某種緊急情況，而每一次，英法兩國都無可奈何，只好讓他的野心得逞。希特勒於一九三三年奪取政權後，立刻就讓德國退出了國聯和當時還在舉行的裁軍會議。他成功地拉攏法國的老盟友波蘭，兩國於一九三四年簽訂了互不侵犯條約。也是在一九三四年，奧地利的納粹黨舉行暴動，殺害了總理多爾佛斯，要求將奧地利併入德國。西方國家毫無舉動，倒是墨索里尼做出了反應。他不希望看到德國人在布倫內羅山隘安營紮寨，所以把大批義大利軍隊調往邊境，如此才挫敗了希特勒的氣焰，令他未敢公開地干涉奧地利，使這個國家又保持了四年的獨立。一九三五年一月，國聯根據《凡爾賽條約》規定，在薩爾地區舉行了公民投票。在納粹熾烈的鼓動聲中，薩爾贊同重新併入帝國。兩個月後，即一九三五年三月，希特勒戲劇性地否認了《凡爾賽條約》中關於使德國解除武裝的那些條款，這時他竟公然地建立起德國的武裝部隊來了。法英義三國對於這種單方面恣意廢止國際條約的行為提出了抗議，但並沒有為此採取什麼措施。大不列顛與德國簽訂一項海軍協定，這一招真是教法國感到驚愕不已。

圖21-1　第一次世界大戰前希特勒是一個不為人知的美術家，但在一九三八年三月德奧合併後，他以德意志人的全能領袖身分回來。他在這一耀武揚威的汽車車隊上行進穿過維也納時，受到街上奧地利納粹黨徒和其他慶祝實現長期盼望的德奧合併的人們歡呼。（akg-images）

一九三六年三月七日，希特勒把法蘇簽訂新盟約做為自己的理由，推翻《洛迦諾公約》（公約確定了第一次世界大戰後的國家邊界），重新占領了萊因蘭地區，並隨即把軍隊開進萊茵河以西的德國領土，那裡按照《凡爾賽條約》本應屬於非軍事區。法國政府考慮可能要採取軍事行動來迫使德軍撤離萊因蘭；而這一次希特勒本來有可能被遏止，因為德國的軍隊力量還很薄弱，只要有抵制的跡象，德國軍隊就打算撤出，或者至少進行磋商。但是，法國政府內部出現分歧意見，沒有英國共同合作便不願意單獨採取行動，而英國並不樂意冒戰爭的危險去阻止德國軍隊占領德國自己的領土。第二年，一九三七年，平靜無事，不過，納粹在但澤市大肆進行蠱惑宣傳，這裡按照《凡爾賽條約》被定為自由市了。一九三八年三月，德國軍隊開進奧地利，奧德兩國的合併終於圓滿地實現了。一九三八年九月，發生了捷克斯洛伐克事件和慕尼黑危機。為了說明這事的究竟，我們現在必須先從其他方面講起。

墨索里尼也有他自己的野心，他需要在國外取得巨大的勝利以吸引義大利人民。一九一九年以後，義大利人對於和平的安排一直是不滿意的。他們並沒有從原來土耳其的領土和前德國的殖民地那裡獲得任何東西，而前德國殖民地做為託管地卻任意地分給了大不列顛、法國、比利時、日本、南非、澳大利亞和紐西蘭。義大利人絕沒有忘記一八九六年他們的軍隊在阿杜亞敗於阿比西尼亞一事（這杜絕了義大利在東北非洲的帝國野心）。現在稱為衣索比亞的阿比西尼亞是黑非洲（賴比瑞亞除外）餘下的仍然保持獨立的唯一一國家。

一九三五年，義大利入侵衣索比亞。國際聯盟（衣索比亞是成員國之一）宣布，義大利的行動是擅自發動的侵略行為，並對它實行制裁，規定國聯的成員國都不得把武器或原料（石油除外）賣給義大利。英國甚至把大量海軍集中在地中海顯示實力。不過，在法國，卻有一些重要人物對墨索里尼有著相當的同情。同時在英國，人們也擔心，如果制裁執行得太認真，即拒售石油或是關閉蘇伊士運河，義大利說不定一氣之下會發動全面戰爭。因為這樣，墨索里尼在一九三六年才得以打敗衣索比亞，把它與義大利東非帝國的索馬利亞和厄利垂亞合併在一起。衣索比亞皇帝海爾·塞拉西在日內瓦一再請求採取進一步行動，但毫無結果。這一次，正像早些時候日本占領中國東北的事件一樣，國聯仍未能採取措施懲戒恣意妄為的大國。

西班牙內戰，一九三六至一九三九年

正當衣索比亞的危機處理尚未使侵略者感到完全滿意的時候，另一場更為嚴重的危機在西班牙發生了。一九三一年，經過十年的政治動亂之後，波旁家

族的阿方索十三世在一場相當溫和的革命中被推翻，民主的西班牙共和國誕生了，於是這個國家內部早就存在的敵對行動便發展到嚴重的地步。新的共和國政府著手實施一項社會與經濟改革的方案。為了反對古老且頑固的教會勢力，制定出反教士的立法；教會與國家分離開來；耶穌會被解散，其財產被沒收；還使學校脫離了教會的控制。長期以來的加泰隆尼亞獨立運動，因為獲准可以實行相當程度的地方自治而變得稍微緩和下來。為了安撫農民，政府著手把某些大地產畫分成小塊，重新分配土地。政府的計畫執行得並不十分有力，不足以滿足極端分子的要求，於是他們舉行罷工、起義，以示不滿，在工業區巴塞隆納、加泰隆尼亞的首府和阿斯圖里亞斯的各個礦區鬧得尤其凶狠。然而，政府的激進措施卻足以引起大財主們和教會的對抗。一九三三年以後，政府落到保守的右翼黨派手中，他們透過那些不講效率、不得人心的部長們來實行統治。阿斯圖里亞斯的礦工曾經起義，政府使用十分殘暴的手段進行了鎮壓，為爭取加泰隆尼亞完全獨立的宣傳運動被鎮壓下去。

一九三六年二月舉行新的大選。所有的左派，即共和派、社會黨、工團主義者、無政府主義者和共產主義者結成人民陣線，其對立面則是君主主義者、教士、軍官、舊政權的其他擁護者以及長槍黨員，也就是西班牙法西斯分子。左派在選舉中獲勝，推行改革方案。一九三六年七月，一夥軍人發動反對共和國政府的叛亂，帶頭者便是法蘭西斯科·佛朗哥將軍。左翼各派聯合起來進行抵抗，整個國家陷入內戰之中。這是西班牙歷史上破壞性最嚴重的一次戰爭，有六十多萬人喪生，雙方都使用了極端殘酷的手段。共和派或忠於共和政府的軍隊堅持了將近三年的時間，最後被佛朗哥的叛軍打敗。一九三九年三月，佛朗哥建立起獨裁的法西斯式政府，統治著這個元氣已經耗盡的國家。

西班牙內戰只是即將到來更大規模爭戰的一次演習罷了。本來，共和政府可以指望合法地從外國購買武器來鎮壓叛軍，然而英法兩國決心不使這場內戰發展成全面戰爭。雖然歐洲和美國支持新共和國的團體和個人輸送軍援物資給反法西斯部隊，但是英法兩國政府禁止把任何作戰物資運給西班牙，法蘭西人民陣線政府甚至還製造障礙，使陷於困境的西班牙人民陣線難以獲得援助。美國把中立法的範圍加以擴大，將內戰包括進去，不讓武器輸出給西班牙。在英法兩國的煽動之下，包括歐洲所有大國在內的二十七個國家全都贊成不進行干預，不偏袒任何一方。可是，不干涉政策終究歸於失敗。因為德國、義大利和蘇聯無論如何還是插手了。德義兩國支持佛朗哥，斥責共和派是布爾什維克的工具；蘇聯則支持共和國，增強西班牙共產黨不斷發展的力量，稱佛朗哥領導的叛敵分子是國際法西斯主義的代理人。德義蘇三國都向西班牙運送軍事裝

圖21-2　一九三六年七月，右翼軍隊發動了反對共和國政府的軍事叛亂。在接踵而來的內戰中，德國和義大利派出了援助佛朗哥將軍的軍隊，而一些反法西斯團體在各地動員人們為共和國而戰。這一西班牙反法西斯的群眾大會是支持共和國的許多集會之一，但武裝部隊最終未能挽救共和國。（David Seymour/Magnum Photos）

備，在實戰中檢驗它們的坦克與飛機好壞。法西斯派飛機轟炸格爾尼卡、馬德里與巴塞隆納，這可把民主世界嚇壞了。德義兩國都派出了軍隊（義大利人超過五萬名），蘇聯只是因為地理關係不能派出軍隊，但也派出了技術人員與政治顧問。數以千計深表同情的左派與自由派的志願者，從美國和歐洲抵達西班牙，參加忠於共和國的軍隊。西班牙變成了各種意識形態進行大較量的戰場，西班牙內戰使世界分裂成為法西斯和反法西斯的兩大陣營。

也像在衣索比亞一樣，西班牙戰爭促使德國與義大利聯合起來。起初，墨索里尼也像其他人一樣，害怕好鬥的德國重新興起，所以一九三四年當德國威脅要併吞奧地利的時候，正是他挺身而出頂住了希特勒。由於衣索比亞戰爭，義大利對非洲的野心，以及義大利欲在地中海居於支配地位，即所謂古羅馬的「內海」的叫囂，使義大利與英法分道揚鑣了。一九三六年，即西班牙內戰爆發後不久，墨索里尼與希特勒終於達成一項協定，也就是他們所謂的羅馬─柏林軸心──他們希望全世界都會圍繞它打轉的那種外交軸心。同一年，日本與德國簽訂一項反對共產國際的盟約，過了不久，亦得到義大利的追認。很顯然，這是一個反共的協定，實際上也是為外交聯盟打下了基礎。這三個國家各

圖21-3　格爾尼卡

作者：巴布羅・畢卡索（西班牙人，一八八一至一九七三年）
畢卡索在一九三七年法西斯轟炸了西班牙城市格爾尼卡後，立即創作了這幅著名的作品。
雖然這幅畫是表達畢卡索對西班牙內戰中一樁具體事件的反應，但畫中關於現代戰爭造成
的死亡、苦難和破壞的那些支離破碎、互不相連的形象，很快就使這一作品具有令人難以
忘懷的普遍意義。〔Art Resource, NY/© 2007 The Estate of Pablo Picasso/Artists Rights Society
（ARS），New York〕

自都有了盟友，於是就能夠更成功地堅持自己的要求。一九三八年墨索里尼承
認了希特勒吞併奧地利一事，而這正是他在一九三四年曾經阻擋過希特勒要做
的事。

　　同時，在一九三七年，日本人藉口他們的士兵在北京郊區盧溝橋遭受槍
擊，對中國東部發動了殘暴的全面侵略，在短短的時間內控制了中國的大部分
地區。一九三七年日軍占領了當時中國的首都南京，犯下極其兇殘暴虐的行
為，後來被稱為「南京大屠殺」。在一場即將來臨的世界大戰的可怕序曲中，
日軍殺害了三十餘萬人，強姦了成千上萬的中國婦女，並在街上焚燒大堆大堆
的屍體。

　　國聯再一次譴責日本人的行動，仍照舊毫無效果。美國沒有運用它的中立
法，因為沒有誰正式宣戰。這使它可以向侵略受害者中國提供貸款，但同時也
使日本人能向美國工業企業購買迫切需要的廢鐵、鋼、石油和機器。日本之所
以能放手貫徹其對亞洲的擴張野心，部分是因為西方各國被歐洲日益加劇的緊
張局勢搞得心煩意亂，意見不統一，因而難以旁顧。

綏靖政策的頂點：慕尼黑危機

　　一九三八年三月希特勒吞併奧地利之後，德意志帝國因此而增加了六百萬
德意志人。另有三百萬德意志人居住在捷克斯洛伐克（見圖17-14）。凡是在

圖21-4　日本一九三七年對南京的軍事占領是如此狂暴，以致後來被稱為「南京大屠殺」。
　　　　這幅日本兵拿中國戰俘做刺殺的照片表現了日軍占領期間犯下的一些暴行。
　　　　（Bettmann/Corbis）

一九三八年已經是成年人的那些人，全都是在哈布斯堡帝國時代出生的。
一九一八年以來，他們對於自己做為一個斯拉夫國家的少數民族這種新地位，
從來都沒有感到滿意過，對於各種各樣不露痕跡的歧視一直抱怨不已。那裡還
有波蘭人、羅塞尼亞人和匈牙利人等少數民族，同時，由於連斯洛伐克人都有
強烈的各自分離民族感，與捷克人基本上合不來，所以真正說來，並不存在什
麼占優勢的多數民族。事實上，捷克斯洛伐克執行的少數民族政策在歐洲算是
最開明的，它的人民生活水準在德國以東地區是最高的，而且在一九三八年的
中歐也是唯一仍然保持民主制度的國家，這只證明甚至在最好的情況下欲維持
一個多民族的國家都很困難。

　　從戰略上來看，捷克斯洛伐克可說是歐洲的拱頂石。它與法國有牢固的同
盟關係，法國曾經一再保證給予它保護，不使它遭受德國的攻擊；它又與蘇聯

結爲同盟，而蘇聯是按照法國盟友所發生的作用大小來提供援助。它與羅馬尼亞、南斯拉夫組成小協約國，法國依靠這種協約國來維持歐洲這個地區的現有疆界。捷克斯洛伐克有一支訓練有素的軍隊，備有重要的軍火工業，還有防禦德國的堅固工事。不過，這些工事正好設在幾乎全是德意志人居住的蘇臺德邊境地區。當希特勒吞併奧地利的時候——因爲維也納比布拉格還要偏東——他也就是如用一把鉗子把捷克斯洛伐克鉗制住了。根據德國人的觀點，現在可以說，捷克斯洛伐克西部（不論怎麼講，它差不多是第三個德國了）成爲插入德意志帝國的一個凸出部分了。

捷克斯洛伐克蘇臺德的德意志人，不管是否爲納粹分子，一概受到了煽動分子的影響，這些煽動者並不是要減少他們的牢騷，而是要推銷國家社會主義。希特勒煽動他們提出與德國合併在一起的要求。一九三八年五月有謠言說，德國即將入侵，於是捷克跟著動員起來，俄、法、英均對德國發出了警告。希特勒做出保證，然而他的決心已定，在秋季定把捷克打垮。法英兩國因爲幾乎被拖進戰爭而感到驚恐不已。法國人心中忐忑不安，勉強同意跟著英國人行動，而英國在隨後的幾個月裡，卻極力避免採取任何有可能促成戰爭爆發的堅定立場。捷克在英法兩國的壓力之下，答應讓英國出面調停蘇臺德問題，並於一九三八年夏對蘇臺德的德意志人做出相當於地方自治的重大讓步。可是，這些絲毫不能滿足希特勒的欲望，他叫囂道，捷克斯洛伐克的德意志人苦境是難以容忍的，必須得到糾正。蘇聯敦促採取堅定的立場，但是西方國家對於蘇聯的軍事力量缺乏信心，同時考慮到蘇聯的地理位置，對於他們向捷克斯洛伐克提供援助的能力也缺乏信心，並且，他們也害怕這種堅定的立場本身可能意味著戰爭。西方國家還不能確定希特勒是否在虛張聲勢。如果遭到反對，他可能縮回去；不過似乎同樣可能或者確實更加可能的是，他完全樂於打一仗。

一九三八年九月，緊張局勢加劇，英國首相內維爾・張伯倫兩次飛往德國（此前他從未坐過飛機），力圖摸清希特勒要求的條件是什麼。而在第二次會晤中，希特勒提高了要價，以致連英法兩國都無法接受。於是動員開始了，戰爭一觸即發。正在這種極端緊張的情勢下，希特勒突然邀請張伯倫和法國總理愛德華・達拉第出席在慕尼黑召集的四國會議（他的盟友墨索里尼也將與會）。蘇聯和捷克斯洛伐克本國被排除在外。在慕尼黑，張伯倫與達拉第接受了希特勒的條件，然後對捷克政府施加極大壓力，要它屈服，即簽署它自己的死亡證書。在英國的縱容下，法國採取了它原十分樂於採取的姑息方針，宣告放棄所承擔的保護捷克斯洛伐克的條約義務，置蘇聯於不顧，因爲蘇聯曾經重

申，只要法國採取行動，他們就願意援助捷克。同時法國也放棄了它在東歐的整個小協約國體制。在慕尼黑會上曾達成協定，允許德國併吞毗鄰的波希米亞邊境地區，那裡大多數的居民都是德意志人。這個地區有山地工事和要塞，丟掉它也就是使捷克斯洛伐克在軍事上處於無防禦的地位。會上應許保證餘下的捷克斯洛伐克土地的完整，然後便散會了。張伯倫和達拉第各自回到國內，受到人們的歡呼。張伯倫向國人報告說，他帶來了「我們時代的和平」。民主國家又一次鬆了一口氣，心想希特勒已經提出了他最後的要求，同時又自我安慰地說，由於做出明智的讓步，戰爭終於得以避免。

慕尼黑危機宣判了捷克斯洛伐克的死刑，於是西方民主國家業已存在的那種無可奈何的弱點在一九三八年便暴露無遺了。事實上，法國與英國在慕尼黑會上已拿不出什麼辦法來援救捷克斯洛伐克。英法兩國在軍事準備方面落後於德國，對蘇聯缺乏信心且有疑懼；而他們對於德國陸軍與空軍的威力有極深刻的印象。即便有誰比張伯倫和達拉第的膽子更大一些，但只要在了解到自己國家的武裝力量狀況之後，他們也不會去冒翻臉的危險。他們極其愛好和平，願意以高昂的代價去換取它，而不敢相信他們與之打交道的人竟是一個貪得無厭的敲竹槓惡棍。

另外，他們還因爲在道義上的善變吃了苦頭。正是根據民族自決的原則（這是第一次世界大戰後各戰勝國所承認的），德國可以辯稱，它迄今提出的全部要求是有憑可依的。希特勒派兵到德國的萊因蘭地區、併吞奧地利、在但澤搞煽動，以及合併波希米亞的德意志人，這一切都不過是他維護德國人民要建立一個德意志主權國家的權利罷了。而且，如果能把希特勒引向東方，使之陷入與蘇聯交戰，那麼共產主義和法西斯主義便會互相殘殺——這正是人們求之不得的事情。在慕尼黑危機中，希特勒很可能還懷有一個動機，讓蘇聯孤立於西方，西方也與蘇聯分離。果眞如此，他就完全如願以償了。

綏靖政策的終了

一九三九年三月，幻想終於破滅了。希特勒把軍隊開進確屬捷克斯洛伐克的捷克地區波希米亞—摩拉維亞，把它變成德國的保護國。他利用斯洛伐克的民族主義，宣告斯洛伐克「獨立」。在慕尼黑會議上，捷克斯洛伐克還只是被修剪一番，而如今它已經從地圖上被抹掉了。希特勒曾經答應僅僅是咬上一口，結果卻全部吞吃了。接著，他奪取了立陶宛的梅梅爾，同時要求獲得但澤和波蘭走廊。於是，法國與英國普遍有一種恐懼的領悟。很顯然，希特勒做出的最莊嚴保證一文不值，他盤算的不僅限於德意志，還延伸到整個東歐乃至更

遠的地方，他完全是貪得無厭的，你永遠無法使他心滿意足。一九三九年四月，他的侵略夥伴墨索里尼占領了阿爾巴尼亞。

　　到這個時候，西方國家才為時已晚地開始進行軍事準備。英國在這最後時刻改變了對東歐的政策，向波蘭提出保證，跟著又向羅馬尼亞與希臘做出保證。當年春夏，英國設法與蘇聯組成反德同盟。然而，波蘭和波羅的海國家都不願意讓蘇聯軍隊踏上它們的國土，即使是為了保護它們免遭德國侵略也不行。英法的談判代表不願意對這些國家施加壓力。一九二○年，波蘭人曾經占據多於國聯所應許的土地，把東部邊境一直推到白俄羅斯境內，幾乎到達明斯克，因此英法的遲疑在蘇聯看來就是毫無必要的審慎。蘇聯並不希望德國從遠達東方的明斯克出發來向他們發動進攻。他們也可能認為，法國與英國真正想要的是讓蘇聯在納粹的進攻面前首當其衝。他們認為，當英國首相本人接連三次親自乘坐飛機和希特勒談判的時候，政府卻僅派出較低級的官員來莫斯科會談，這是一種侮辱。

　　那年春季早些時候，蘇聯人便悄悄地與德國進行談判，隨後在一九三九年八月二十三日，他們公然與希特勒德國簽訂了《蘇德互不侵犯條約》，形勢達到高潮。在當時保守祕密的一項條款中，雙方同意，將來只要重新安排領土，蘇聯和德國就共同瓜分波蘭，蘇聯在波羅的海各國中將享有優勢，並且在收回一九一八年喪失給羅馬尼亞的比薩拉比亞這個問題上，能夠得到對方的承認。做為交換條件，蘇聯則保證不過問德國與波蘭之間的戰爭，或是德國與西方民主國家的戰爭。

　　《蘇德條約》使整個世界震驚不已。共產主義與納粹主義按理說在意識形態方面是勢不兩立的，但偏偏合攏在一塊兒了。有一代人對於意識形態比強權政治更為熟悉，這些人驚訝得不知該怎麼辦好。這項盟約被公認是戰爭的信號，所有緊急關頭的談判全都失敗了。九月一日，德國侵入波蘭。九月三日，大不列顛和法國對德國宣戰。三十年裡第二次的歐洲戰爭（不久便演變為世界大戰）爆發了。

軸心國家勝利的時期

納粹歐洲，一九三九至一九四○年：波蘭和法國的淪陷

　　第二次世界大戰以對波蘭的突襲揭開了序幕。德國軍隊總共有一百萬人以上，以裝甲部隊打前鋒，配合強大的空軍支持，很快便蹂躪了波蘭西部，制伏了裝備低劣的波蘭軍隊。這次戰役是德國閃電戰執行得特別完美的一個典型，在最初幾天內戰果就很清楚；不到一個月的時間，有組織的抵抗即宣告結束。

德國於是把他們占領的波蘭領土併入帝國版圖。

與此同時，在德國入侵兩個星期以後，蘇聯根據《蘇德條約》的祕密條款，向波蘭東半部派出軍隊，所占領的土地大體上相當於一九二〇年喪失給波蘭的土地面積。蘇聯還開始在波羅的海各國，即愛沙尼亞、拉脫維亞和立陶宛建立防禦基地。獨獨芬蘭頂住了蘇聯的要求，他們拒絕割讓蘇聯想要得到的邊境地區，也不願意在他們的領土之內交出軍權。蘇聯則堅持自己的要求；蘇聯的第二大城市列寧格勒距離芬蘭邊境只有二十英哩遠。在談判破裂後，蘇聯於一九三九年十一月發動攻擊。芬蘭進行英勇的抵抗，開始階段也有戰鬥力，然而這個小國畢竟敵不過蘇聯。西方民主國家同情芬蘭，英法兩國向他們運送裝備與供應品，還打算派出遠征軍。蘇聯由於這種侵略行動而被驅逐出國際聯盟，成為唯一一個如此被趕走的國家。一九四〇年三月戰鬥結束。芬蘭人不得不把稍多於蘇聯原先所要求的土地割讓給對方，但畢竟保住了自己的獨立。

這個時期，在西方國家，表面看去一切平靜無事。一九一四年，德國在開戰的第一個月裡便到達了馬恩河，之後並沒有再次出現。法國躲在他們的馬奇諾防線後面；英國派出的軍隊有限；德國並沒有離開他們在萊因蘭的齊格菲防線或西牆，幾乎沒有空中行動。這被叫做「奇怪的戰爭」。西方民主國家拒絕了希特勒占領波蘭之後提出的和平建議，照舊堅持他們在和平時期的觀點。他們還抱著希望：想個辦法，真正的衝突或許還是可以避免的呢！在這個同樣奇怪的冬天、嚴寒的冬天裡，德國對他們的軍隊進行了特別的訓練，其用心等到春天來臨時便不言自明

圖21-5　德軍以摩托化部隊突襲波蘭的行動開始了第二次世界大戰的殘酷暴行。「閃電戰」這個新名詞就是用來描寫這種迅速進軍行為，這張照片就表現了德軍部隊到達一個被炸毀的波蘭村莊的情景。依靠空中力量的密切支持，用摩托車、卡車和裝甲車迅速行進，德軍表明新的進攻戰術如何能戰勝防禦戰術，而在第一次世界大戰中防禦戰術曾阻遏了進攻的部隊。（akg-images）

了。

　　一九四○年四月九日，德國突然進攻並蹂躪了挪威，表面的原因是英國為了切斷德國獲得瑞典鐵礦的資源，在挪威海域布下了水雷。丹麥也遭到蹂躪，一支缺少足夠空軍力量的同盟國遠征部隊不得不撤退。接著，在五月十日，德國發動了主要的攻勢，進襲荷蘭、比利時、盧森堡以及法國。誰也擋不住德國的裝甲師和俯衝轟炸機。德國使用大群坦克的打法，雖然在波蘭已露了一手，但還是教法國和英國大為驚異。在戰略上，同盟國預料像一九一四年那樣，主要的進擊將發生在比利時中部地區，德國原來也是這樣計畫的，只是在幾個月前做了改變。因此，法英兩國把他們裝備最好的軍隊調往比利時。

　　但是，德國發動的主要裝甲兵攻勢，是以七個師穿越盧森堡和阿登森林。對於後者，法國總參謀部一直認為坦克是無法穿越的。在法國，德國裝甲部隊沿著馬奇諾防線（它始終沒有修築到海邊）的西北邊緣行進，越過默茲河，深入法國北部，所遇到的抵抗慌亂無力；接著，又向西挺進到海峽一些港口，切斷了在比利時的同盟國軍隊。荷蘭害怕他們人口擁擠的城市會進一步遭到空襲，便投降了。比利時國王乞求停戰。法國軍隊有不小的一部分也投降了。英國撤退到敦克爾克，只盼著在羅網未完全拉緊以前能救出他們支離破碎的部隊。這種營救行動之所以能夠實現，全虧希特勒沒有讓他延伸過長的裝甲部隊向前推進。到六月四日的那個星期為止，共計三十三萬多人的英法軍隊，在空軍掩護之下，又得到英國各類船隻的幫助（其中部分船隻的駕駛人員是自願獻身的老百姓），從敦克爾克海灘成功地實現了具有重大歷史意義的撤退。不過，這支潰散軍隊的寶貴裝備幾乎全部丟棄了。

　　六月間，德軍機械化部隊無情地向南挺進。儘管有法國部隊（約有十萬德國士兵在法國戰役中死亡）不連貫的抵抗，巴黎還是於六月十三日淪陷了；兩天後，凡爾登被占領；六月二十二日，法國求和，簽訂了停戰協定。希特勒快活得手舞足蹈。

　　戰爭一開始，法國就抱著軍事防禦的心理，軍隊對於機械化作戰沒有準備，政府內部意見不統一，人民分裂成彼此敵對和猜疑的派別，整個法國由一批公然主張失敗主義的人任意擺布。法國的淪落使整個世界驚呆了。人們雖然知道法國已經不再是原來的法國，但總還把它看做一個大國，而它竟在一個月內崩潰，這似乎是難以想像的。有些法國人跑到倫敦，建立起由夏爾·戴高樂將軍領導的自由法國運動；另有一些人在法國本土組織了抵抗運動。英國做出了痛苦的決定，把停泊在阿爾及利亞奧蘭港的法國部分船艦毀掉，以免它們落到敵人手中。

　　根據停戰條款，法國北半部三分之二地方由德國占領。第三共和國在未被占領的南半部三分之一的地方，首都設在維琪。經過一次混亂不堪且驚恐不已的議會選舉，共和國變成了一個獨斷專行的政權，為首的是八十四歲的貝當元帥和玩世不恭、無恥的政客皮埃爾‧賴伐爾。共和國嗚呼哀哉，「自由、平等、博愛」的口號已經明令不得正式使用。法國的一些法西斯團體，長期以來在動搖或破壞共和國的運動中遭到失敗，這時看到破壞法國政治和社會領域的共和傳統機會來了。貝當、賴伐爾及其他人聲稱他們的行為是為了保護德國免受更多的苦難，遂開始與納粹勾結在一起，把維希法國納入納粹的歐洲「新秩序」範圍之內。維琪政府與德國合作，把成千上萬的法國工人送到德國從事奴隸勞動，甚至主動鑑別和驅逐成千上萬的法國猶太人出境，最後落入納粹死亡營。法國人民自己也面臨艱難的選擇：有的人選擇與通敵分子和獲勝的德國合作，另一些人選擇各種不同的抵抗方式，有的甚至參加地下抵抗運動，大多數過著等待熬過受折磨的日子，直到戰爭的命運發生變化。戰後沒過多少年，法國人才承認，做為一個民族，他們應對維琪時代的罪行負責。

　　一九四〇年六月，在希特勒肯定打敗法國的時候，墨索里尼乘機向法國發起了進攻。不久，他又進犯希臘，同時在非洲調兵對付英國。這位義大利「領袖」不管是福是禍，已經把自己的命運與那位德國「元首」的命運拴在一起。既然德國在這場聯合當中明顯地居於老大哥的地位，既然他們與西班牙的佛朗哥保持友好關係，還有，既然蘇聯友善地保守中立，他們此刻就可以擺布起整個歐洲大陸來了。

　　歷史似乎在以一種模糊、不真實的方式重演，這也是它重演的唯一方式。德國人控制的地理區域幾乎正好是十九世紀初期當年拿破崙控制的地方。他們組織一種稱為「新秩序」的新大陸體系，制定出管理、利用和協調歐洲人力、工業及資源的計畫。他們原來沒有制定長期作戰的計畫，只是在稍晚之時為了軍事需求才動員了自己的資源，對被征服的臣民加緊進行剝削。他們強制數百萬戰俘和平民在控制森嚴的德國軍事工業中像奴隸勞工般勞動。他們派兵守衛著整個歐洲，製造出他們所謂的歐洲堡壘。在每一個國家裡都有自己的同情分子、合作者或「吉斯林們」，其原型就是維德康‧吉斯林，此人在一九三三年建立起挪威的法西斯黨，一九四二年到一九四五年期間擔任挪威首相。

英國的戰鬥和美國的援助

　　在一九四〇年，就像在一八〇七年那樣，只剩下大不列顛一個國家與歐洲的征服者進行戰鬥。敦克爾克撤退之後，英國等待著最壞的、頃刻即至的侵略

到來。一九四〇年五月，正當軍事慘敗之時，溫斯頓‧邱吉爾取代張伯倫出任首相，成為艱難中的最高領導人。他對議會和英國人民應許：「流血、辛勞、流淚和淌汗」。他發誓要與「那種在黑暗的、悲哀的人類罪惡的目錄冊中都容納不下的極惡暴政」進行不妥協的戰鬥。他向大西洋彼岸的美國民主政權發出呼籲：「給我們工具，我們就會把工作做完。」美國隨即開始做出反應。

從一九三九年開始，甚至還早一些，美國政府根本不是中立。在美國，意見顯然是不統一的。有一派稱為孤立主義者，他們完全反對捲入歐洲戰爭，認為歐洲已經完蛋了，美國無法拯救它，德國反正會在美國採取行動之前獲得勝利，而希特勒就算是在歐洲取得了勝利，也不會對美國構成任何危險。另一派是干涉主義者，他們敦促立即支援同盟國家，認為希特勒是實在的威脅，法西斯主義必須消滅掉，納粹一旦征服整個歐洲，就會立即著手攻打美洲各共和國的主意。總統羅斯福是干涉主義者，他深信納粹正危及美國的安全與重大的利益；他力圖把全國的意見集中起來，辦法是宣布美國可以公開地援助同盟國家而毋需自己去打仗，亦即使用「沒有戰爭的措施」。

一九三九年十一月，對三〇年代中期的中立法做了修改，廢除了禁止出售武器的規定。羅斯福總統把不列顛和不列顛帝國形容為「抵抗征服世界的先鋒」，而美國則是「民主國家的巨大軍工廠」。他說，美英兩國是共同為這樣的一個世界而戰的，即在這個世界上，人們將要得到四大自由——言論自由、信仰自由、擺脫貧困的自由和免受恐懼的自由。一九四〇年六月，緊接著敦克爾克撤退之後，美國為英國運送最初的一小批武器。幾個月以後，又送給英國五十艘陳舊的驅逐艦，而換得在英屬加勒比海諸島、百慕達和紐芬蘭保持美國基地的權利。一九四一年，美國通過了《租借法案》，這是一項向與軸心國作戰的國家提供武器、

圖21-6　法國在一九四〇年迅速而全面的軍事崩潰，使法國人民實際上也使全世界感到震驚。巴黎人面對著德軍部隊穿過法國民族主義的偉大象徵凱旋門前進的這一屈辱情景。從那時起他們也開始了與德軍暴虐的軍事占領合作，總共持續了四年多。（Bettmann/Corbis）

原料和糧食的政策。與此同時,在一九四○年和一九四一年,美國實行了徵兵制,建立起自己的陸軍與空軍,同時擬定了兩洋海軍的規劃。爲了保護自己的船隻,美國在格陵蘭和冰島獲得基地,並且將同盟國家的船隻一直護送到冰島。

德國在攻陷法國之後,準備要入侵英國。但是他們沒有料到在歐洲大陸會那般迅速而輕易地取得勝利,因而不能馬上拿出可行的進犯計畫。同時,他們也需要在發起海上進攻之前,先贏得制空權。還有,他們總是懷抱希望,即英國說不定會求和,或甚至會變成德國的盟友──至少希特勒心裡是這樣盤算的。對英國的空中襲擊,於一九四○年夏季開始,到秋天達到了頂點。這是前所未有的最猛烈的轟炸。但是,德國在「不列顛之戰」中未能贏得制空權。慢慢地,英國皇家空軍更加出色地擊退了德國的轟炸機;新的雷達裝置幫助人們更成功地偵察到敵機的臨近。儘管考文垂被徹底炸毀,其他城市的生活與工業也破壞嚴重,成千上萬的人喪失生命(僅倫敦就有兩萬人),但是英國的生產活動照樣在進行。與許多空中力量理論家的預測相反,轟炸並沒有摧毀一般市民的士氣。

一九四○至一九四一年冬季,德國開始把他們的力量轉向東方。希特勒將原來打算進犯英國的計畫暫時擱置下來,對此他似乎從來就未曾有過多大的熱心。他像當年的拿破崙一樣,下定決心,在調動一切力量進攻英國之前,他必須先把蘇聯幹掉,如此更加接近他的思想意識和妄想的方案。

納粹進犯蘇聯:蘇聯前線,一九四一至一九四二年

納粹與蘇聯在戰前簽訂的條約,像拿破崙與亞歷山大一世的結盟那樣,從來都不是一種熱情或和諧的彼此諒解。雙方主要是爲了贏得些許時間才締約。蘇聯在空間上也有所得,他們把自己的邊界向西擴展。史達林似乎確信他仍然能夠不被捲入正在進行的戰爭。這兩個國家不久便因東歐問題開始起爭執。蘇聯看到納粹忙於打仗,便想全面控制波羅的海地區,同時也對巴爾幹地區施加影響。他們占領了波蘭東部、波羅的海三國,並且從芬蘭攫取了部分領土。一九四○年六月,蘇聯採取積極行動對那三個國家實行蘇維埃化,把它們變成蘇聯的加盟共和國。德國對此深感懊惱。德意志古老的地主階級即著名的「波羅的海貴族們」,世代生活在那個地區,如今卻被趕出家園。與此同時,蘇聯從羅馬尼亞奪得他們在第一次世界大戰中喪失的比薩拉比亞省,也把它當做一個蘇維埃共和國,併入蘇聯。蘇聯又朝著他們歷來感興趣的巴爾幹地區擴張勢力,看來他們是決心想要控制住東歐了。

　　德國把這一切全看在眼中，深感驚愕。他們希望把東歐留給自己，做為工業德國的一個對應部分。希特勒採取行動，把巴爾幹置於德國控制之下。一九四一年初期，他採取勒索或通過租借地，哄騙羅馬尼亞、保加利亞與匈牙利參加軸心國陣營，成為小夥伴，並且派兵占領了這三個國家。南斯拉夫也被占領，雖然曾遭到當地軍民的抵抗。接著，希臘也屈服了，德國使遭緊緊追趕的墨索里尼軍隊得到救援。這樣一來，希特勒阻擋住蘇聯在巴爾幹的擴張，把巴爾幹各國變成納粹新秩序的一部分。巴爾幹戰役推遲了希特勒的計畫，不過，到這時候，為了擊潰蘇聯，獲得烏克蘭的小麥收成和高加索的油井，即歐亞「中心地帶」的核心，他出擊了。在一九四一年六月二十二日這一天，希特勒終於侵入了蘇聯。無視之前接到幾個警告的史達林大感意外，一時似乎也未能準備好任何防禦措施。

　　德國軍隊三百萬人，沿著兩千英哩廣闊的前線一齊衝向蘇聯。發展神速的戰役一個緊接著一個地進行著，蘇聯節節敗退。一九四一年秋天，德國蹂躪了白俄羅斯和大半個烏克蘭，殘暴的軍事占領立刻造成納粹對猶太人、布爾什維克政府官員和其他平民的大屠殺。在北方，列寧格勒處於被包圍的狀態；在南方，德國軍隊進入克里米亞半島，圍攻塞瓦斯托波爾。在漫長前線的中央部位，德國人駐紮在距離莫斯科二十五英哩內的地方，雖然疲憊不堪，但顯然占了上風。然而，過於自信的德軍對於蘇聯抵抗的頑強力量估計不足，史達林一旦從最初的震驚中恢復過來，就撤換了一些軍隊領導人，重新集合全國力量來保衛蘇聯。德國也沒有準備在來得早且非常嚴酷的蘇聯冬季（它突然就來了）作戰。一九四一年冬季，蘇聯發起反攻，莫斯科得救了。

　　希特勒開始對自己的下屬感到討厭和不耐煩，於是親自指揮作戰。他把主要的攻擊方向往南轉移，於一九四二年夏季發動指向高加索油田的大攻勢。塞瓦斯托波爾很快就淪陷了；史達林格勒開始受到包圍。在攻占莫斯科失敗後，希特勒領悟到戰爭不會是短期的，便採取步驟，在一個更充分的戰時基礎上動員德國經濟。德國在一九三九年備戰，當時沒其他大國這麼做，但是德國仍未拖長衝突做好徹底的準備。一九四二年頭幾個月，希特勒發現阿爾貝特·施佩爾曼是個具有組織天分的人，後者不顧一些黨的領導人和政府官員的重重障礙，在之後兩年中把勞力和資源充分協調，使軍事生產增加了兩倍。

令同盟國沮喪的一九四二年：蘇聯、北非和太平洋

　　在德國入侵蘇聯一年後，即一九四二年的夏季，他們的戰線從北方被圍困的列寧格勒起始，經過莫斯科的西郊，再經過窩瓦河上的史達林格勒，向南直

達高加索山地;德軍進駐到距離裏海一百英哩的地方。不過,蘇聯用空間換取時間。雖然工業區的頓河盆地和糧倉烏克蘭都遭到蹂躪,高加索石油的供應也變得岌岌可危,但是蘇聯仍繼續戰鬥;工業已經轉移到烏拉爾和西伯利亞新的城市;蘇聯的經濟和蘇聯政府還未受到致命的打擊。由於採取「焦土政策」,即蘇聯在撤退時把糧食與牲畜毀掉,游擊隊把工業和交通設施破壞掉,以保證不使蘇聯的物資落入向前推進的征服者手中。

圖21-7　德軍在全蘇聯的進軍為許多屠殺隊開道,他們處死了大批被納粹視為「低劣」民族的平民。當納粹在一九四二年初穿過他們的城市後,這些悲傷的俄羅斯人在尋找他們已死的家人。(SOVFOTO/EASTFOTO)

與此同時,在一九四二年後期,軸心國也朝北非進軍。北非的沙漠戰役於一九四〇年九月隨著義大利從利比亞向東發起攻勢而開始,他們成功地穿越沙漠,進入埃及。這裡具有重大的利害關係——控制蘇伊士運河和地中海。在英國的戰鬥進行得最緊張的時候,邱吉爾決定把國內極端必需的供應品和兵力派往北非。英國軍隊在對數量上占很大優勢的敵人發出反攻之後,把義大利趕出埃及,到一九四一年初,英國開進利比亞內地。不久之後,英國攻進衣索比亞,結束了墨索里尼短命的東非帝國。然而,運氣在北非是多變的。德國的非洲軍團,由隆美爾將軍領導的一支德國精銳部隊,於一九四一年春向利比亞發動攻擊,把英國趕回埃及邊境。過了幾個月,英國發起第二次成功的攻勢,又一次進駐利比亞。運氣再一次發生了變化。一九四二年的年中,隆美爾擊退英

軍，深入埃及境內。英國在阿拉曼堅持戰鬥，這裡距離亞歷山大港只有七十英哩，他們背後就是蘇伊士運河。他們在這裡擋住了德國。

不過，在一九四二年，軸心國軍隊似乎有可能突破蘇聯的高加索，同時在北非越過蘇伊士地峽，像個巨大的老虎鉗一樣把整個地中海和中東箝制住，並且甚至會再向東進軍，與他們的盟友日本會師，這時日本軍隊正進入印度洋地區。一九四一年下半年，太平洋地區的形勢起了大變化。正是日本，最終把美國拖進了戰爭。

到一九四一年，日本已經與中國進行了十年的戰爭。在歐洲戰爭中，日本擴張主義者看到有機可乘，便在整個遠東地區拚命擴大他們的勢力。一九四〇年，他們與德國、義大利訂立一項新的三國條約；第二年，他們又與蘇聯締結了中立條約。日本從維琪政府取得印度支那的一些軍事基地以及其他特權。美國遲遲才禁止向日本出口廢鐵和鋼等類物資。美國擔心由此會促成日本向荷屬東印度和其他地方發動全力進攻，仍然想弄清他們在東南亞的野心是否有某種程度的限度。新上任的日本首相東條英機公開宣稱，要把英國和美國的勢力全部逐出亞洲，但他也同意派遣代表到華盛頓進行談判。

恰恰當日本代表還在華盛頓與美國人會談的時候，一九四一年十二月七日這一天，日本人不加警告地突然對夏威夷珍珠港的美國海軍基地進行了大規模的空襲，並且侵入菲律賓。同時，他們還向關島、中途島、香港和馬來亞發動攻擊。美國人在珍珠港因疏於戒備而挨打，近兩千五百人死亡，整個艦隊陷於癱瘓。由於美國海軍暫時失去戰鬥力，以致日本得以在西太平洋任意漫遊無阻。美國和大不列顛於十二月八日向日本宣戰。三天之後，德國和義大利向美國宣戰，其他軸心國的傀儡國家也跟著宣戰了。至此，一場全球戰爭形成。

日本在陸地上逐步推進到馬來亞，兩個月後攻占了新加坡，這裡長期以來被視為是不可攻克的英國海軍基地，即遠東的另一個直布羅陀。一九四二年日本攻占了菲律賓、馬來亞，以及荷屬東印度。他們又進犯新幾內亞，威脅澳大利亞，甚至及於阿留申群島。他們的軍隊源源開進印度洋，占領了緬甸，似乎馬上就要入侵印度。他們所到之處無不能從歐洲帝國主義的敵人當中找到現成的合作者。他們提出在日本領導下實行「大東亞共榮圈」的思想，其中很明顯的一點（除了日本人占支配地位外），就是要把歐洲趕走。

如前所述，德國這個時候已經兵臨高加索山並逼近尼羅河。同時，在大西洋上，德國的潛艇不住地擊沉同盟國的船隻，造成空前慘重的損失。地中海無法使用了。對於蘇聯和西方盟國說來，一九四二年是令人沮喪的一年。儘管同盟國在海戰中取得勝利，一九四二年的夏末和秋季卻是整個戰爭中形勢最嚴峻

的一段時期。美國的參謀長喬治‧C‧馬歇爾將軍在幾年後曾經寫道,很少人
知道德國與日本是怎樣「眼看就要實現世界的統治了」,而同時「同盟國的生
存又是怎樣像一根拉長的懸絲」。德國和日本沒有做出協調他們的戰略和軍事
行動的計畫,是同盟國最後勝利的主要原因之一。

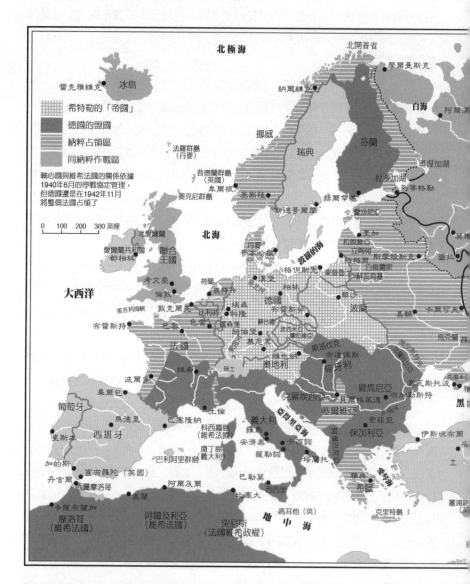

圖21-8 歐洲,一九四二年

這張地圖顯示了第二次世界大戰期間,處於軸心國軍事勝利高潮時的歐洲狀況。奧地利、蘇
臺德、波希米亞─摩拉維亞、波蘭和阿爾薩斯─洛林都併入希特勒的帝國。從法國南部到挪
威北部的大西洋沿岸地區都在德國軍事占領下,俄羅斯情況也一樣。從維希法國到羅馬尼亞
的南歐,亦是被占領或是與德國聯盟。

西方和蘇聯的勝利

計畫與準備，一九四二至一九四三年

至一九四二年一月，包括英美蘇三個強國在內的二十六個國家，代表各個大陸，結成聯盟，一致反對軸心國，羅斯福總統把這種聯盟稱爲聯合國家。每個國家都保證盡自己的一切力量去戰勝軸心國家，並且絕對不單獨媾和。這個反對軸心國侵略者的偉大同盟，在三〇年代是不可能建立的，如今終於圓滿地實現了。

大西洋的兩個民主國家——美國與英國，在聯合參謀長會議的機構領導之下，把它們的人力物力都集中起來了。兩個主權國家建立如此親密的聯合關係是前所未有的事情。與第一次世界大戰時不同，一種全面的戰略在早期就付諸實施了。德國被判定爲主要的敵人，爲反對它，首先必須集中一切力量。太平洋戰爭暫時退居次要地位。澳大利亞成爲對日作戰的主要基地。美國海軍和空軍很快就迫使日本停止向南方的擴張，並且挫敗了日本爲切斷通往澳大利亞的補給線所做的努力。一九四二年春季，在珊瑚海和中途島取得海軍和空軍兩個方面的勝利，這是在當時愁雲密布期唯一教人感到寬慰的事情。當年夏季，美軍在所羅門群島的瓜達卡納爾登陸，於是以不足的兵力開始了「蛙跳式攻占島嶼」漫長而艱苦的歷程。

在歐洲，首先集中力量進行的是空襲德國。蘇聯要求開闢眞正的「第二戰場」，即立即由陸上部隊發動進攻，以便減輕正在蹂躪他們國家的許多德國師的壓力。蘇聯一向懷疑西方國家，認爲不開闢第二戰場正是反蘇情緒的新證明。

可是，不論是美國還是英國，在一九四二年都沒有準備採取陸上行動，直接進攻歐洲堡壘。雖然第二次世界大戰與第一次世界大戰一樣，美國是在歐洲戰爭爆發兩年多以後才參戰的，並且在第二次世界大戰中，美國的軍事準備工作開始得快一些，但是它在一九四二年仍然碰上動員方面的麻煩。它爲本身以及盟國的需要，改組工業，使之轉而生產作戰物資；爲防止出現失去控制的通貨膨脹，設法控制本國的

經濟；同時還忙於對其有著濃厚平民思想的人民施以軍事訓練。結果共有一千兩百萬多人在軍隊中服役，是第一次世界大戰的三倍多。

像其他在進行戰爭的國家社會一樣，美國後方也轉變成戰時經濟。政府謹慎地限定糧食和諸如石油及橡膠這一類緊要物資的銷售數量、發售幾百萬「國防戰時公債」、分發成千上萬的廣告以鼓舞平民的道義精神、蒐集無數噸的廢金屬，並密切發動本國的工業公司生產大量船舶、軍用飛機、坦克和各式各樣的武器及裝備。各種民族群體和種族群體的人們都在不斷擴展的勞動大軍中找到新的工作。然而，總動員也引發種族排斥的新形式，美國黑人在軍隊中遭隔離。西部沿海的十萬多美籍日本人被強迫撤離到拘留營，他們在那裡一直待到戰爭結束。全國總動員也對婦女的社會和經濟地位發生影響。在英國，與第一次世界大戰時相比，更多的婦女在國防工業和其他工業中工作。納粹的思想意識正相反，他們為工廠僱用婦女設置了重重障礙。

在美國參戰一年之後，德國的潛水艇已足以控制大西洋航道，深深威脅美國運輸軍隊和軍需品。德國實際上是把美國軍隊封鎖在美國了。然而美國與英國的海軍仍逐漸地在大西洋上取得作戰勝利；潛水艇的威脅到一九四三年初期才縮小到可以忍受的程度。美國和英國決定以大不列顛為基地，開始從空中攻擊德國，即對其工廠和城市進行大規模、持久的轟炸。由於不分晝夜地對工廠和其他軍事目標準確轟炸非常困難，空襲就變成大面積轟炸。德國許多城市遭到無情的轟炸，平民傷亡慘重。漢堡在一九四三年遭受連著幾天不停的轟炸後，大火猛烈，燒毀了城市的絕大部分。既然不是所有東西同時都能夠運過大西洋，加上美國和英國同時與日本作戰，那麼從陸地上發動攻勢便不得不推遲到一九四四年。而已經投入戰鬥的蘇聯於是懷疑西方盟國到底是否曾經真的想要迎戰德國軍隊。

形勢的轉變，一九四二至一九四三年：史達林格勒、北非、西西里

與此同時，形勢在一九四二年年底開始發生變化。十一月間，一支英美聯軍在德懷特・艾森豪將軍的指揮下，以迄今規模最大的水陸兩棲作戰方式，突然攻入並控制法國占有的阿爾及利亞和摩洛哥。隨後幾個月內，在爭奪法國解放委員會（新成立於阿爾及爾）的領導權鬥爭中，戴高樂將軍輕而易舉地勝過所有的對手，雖然實際上羅斯福總統對他不予理睬，但他卻推進了法國復興計畫。

在北非登陸過後，德國把尚未占領的法國控制在自己手裡，他們儘管想方設法要獲得法國艦隊剩下的艦隻，卻受到了挫敗，因為法國水兵在土倫把艦艇

都鑿沉了。在北非，同盟國的部隊向東打到突尼斯。同時，由蒙哥馬利指揮的英國軍隊，一九四二年六月在阿拉曼擋住德國之後，已經於十月間發起他們第三次（也是最後一次）的反攻。他們這時把德國從埃及逼向西去，迫使大量的德國部隊受到兩支同盟軍隊的夾擊，結果在突尼斯把他們殲滅。到一九四三年五月，非洲的軸心國軍隊被肅清。墨索里尼的非洲帝國美夢破碎了；地中海開放了；對埃及和蘇伊士運河的威脅解除了。

與此同時，一九四二至一九四三年冬季，前往蘇聯的德軍，在偉大的史達林格勒戰役中顯然遭受到災難性的挫折。一九四二年八月，一支超過二十五萬人的德國軍隊，向史達林格勒發起全面攻擊，這裡是窩瓦河下游所有交通的要衝。九月間，德軍已經進入市區。史達林下令不惜一切代價堅守住以他名字命名的這座城市，蘇聯的軍民共同進行頑強的抵抗。希特勒仍然相信會取得大勝，固執地下令定要攻占此城。經過幾週的戰鬥，德軍占領了該城的大半地區，而這時紅軍在朱可夫將軍統率下突然發起大反攻，圍殲德軍，德軍死傷慘重，一九四三年二月，近十萬人投降。蘇聯乘勝發起新的反攻，向西長驅直進，勢如破竹，收復了他們最初在戰爭第一年內丟失的全部土地。史達林格勒戰役過後，蘇聯雖然還曾有過幾次挫折，但在後來的戰爭階段都是採取進攻模式的。史達林格勒（後來改名為伏爾加格勒）不僅在這次大戰的歷史上，而且也在中歐與東歐的歷史上成為一個轉捩點。

這段時期，美國的裝備大量地運抵蘇聯。《租借法案》的條款也慷慨地適用於蘇聯。美國的車輛、衣服、糧食和各種各樣的軍需品，頗費力氣地經由北冰洋和波斯灣絡繹不絕地運往蘇聯。機器和設備運至蘇聯的武器工廠，從而使它們的產量大大增加。英美不斷對德國進行轟炸，使它國內的航空工業日益削弱。同盟國對於蘇聯作戰做出的貢獻是至為必要的，可惜蘇聯的生命損失巨大。蘇聯有兩千萬至兩千五百萬人死於與戰爭有關的各種事因。這些傷亡人數中有三分之二是平民，很多都是被納粹屠殺隊殺死的，這些屠殺隊的任務就是把所謂「不良」分子從德軍占領的地方消滅掉，僅僅這次戰役中死亡的人數就遠超過同盟國在其他戰場上損失的人數。例如，在史達林格勒戰役中死去的蘇聯人數目，比美國在整個戰爭中所有戰場上陣亡人數的總和還要多。

隨著美軍於一九四二年年底取得在所羅門群島與日軍作戰的勝利，同時逐漸壓制住大西洋上德軍的潛水艇，一九四三年開頭，同盟國在各個方面有了新的希望。在一九四三年七至八月的壯觀戰役中，英國、加拿大和美國占領了西西里島。墨索里尼立即垮臺，歷時二十一年之久的法西斯政權宣告結束。墨索里尼在北方建立了一個「義大利社會共和國」，其實不過是德國的傀儡政府而

圖21-9 第二次世界大戰期間，東部戰線城市的毀損和生命的損失，遠遠超過「二戰」其他
　　　　戰場。這幅為保衛史達林格勒展開大規模戰役時該城市的照片表明，這場戰鬥和許
　　　　多軍隊穿過蘇聯各地及整個東歐的大調動，造成了多麼不可思議的荒墟和損失。
　　　　（akg-images）

已。幾個月後，在一九四五年四月間，這位「領袖」企圖逃跑出國，被反法西
斯的義大利人擄獲槍決。當以巴多利奧元帥為首的義大利新政府於一九四三年
八月試圖求和時，德國軍隊跟著占領了義大利。同盟軍從西西里進入義大利本
土後，由南向北推進。十月間，巴多利奧政府向德國宣戰，義大利被同盟國承
認為「共同參戰國」。但是，德軍頑強地阻止同盟軍向羅馬推進，雖然同盟軍
又陸續登陸並建立了灘頭堡。義大利戰役變成長期的、令人失望的相持僵局，
因為西方盟國正把軍隊集中於大不列顛，準備不久後發動跨越海峽的攻勢，他
們再也無法向義大利戰場派出足夠的兵力。

同盟國在歐洲的攻勢，一九四四至一九四五年

　　歐洲堡壘特別是它的西部邊境，即荷蘭、比利時和法國海岸，密布著憑德
國的科學與軍事本領所能設計的各種各樣新穎防禦工事。從海上進攻這些海岸
顯然不同於早些時候對阿爾及利亞、西西里和太平洋島嶼的兩棲攻勢，因為歐
洲的防衛者正好處在歐洲公路與鐵路網最密集的地方，他們能夠迅即把大量的
後備軍一下子運往受攻擊的地點，除非是出現這類情況，即虛假的戰術使他們
摸不清底細，改用空軍摧毀他們的交通，或者蘇聯在東方牽制住他們的大部分
軍隊。精心製作而準確無誤的計畫擬定好了：一萬架飛機負責空中掩護，幾十
艘戰艦炮擊海岸，四千艘船隻運送進攻部隊和他們的補給品越過海峽，在沒有

港口的那些地方建立起人工港等等。

　　一九四四年六月六日黎明之前，發起了對西歐的進攻，地點選在英格蘭正對面的諾曼第海岸。盟軍設計的虛假情報使德軍誤以爲戰役一旦打起來，主攻應在加萊。空前規模的聯合部隊，包括英國、加拿大和美國的陸海空三軍，以集中於大不列顛數量極大的軍需品和後備人員做爲後盾，在艾森豪將軍統一的指揮之下，向法國海岸發起猛攻，建立一個灘頭堡，維持住一條戰線。頭一天，同盟國投入的兵力爲十三萬人，不到一個月，便達到百萬之眾。七月初，在圍繞聖洛這座城市的激烈戰鬥後，德軍的敗退比原來預料的要容易些。到八月間，巴黎獲得解放；九月，盟軍已經越過德國本土的邊界。在法國、義大利和比利時內，於德國占領期間祕密發展起來的抵抗運動，這時公開進行活動，紛紛把德國人和親德的賣國賊趕出去。在德國本土，從未有過根基深厚的抵抗運動，只有少數包括軍民在內的人建立起一個地下組織。一九四四年七月二十日，他們企圖在東普魯士希特勒的司令部裡安置炸彈，把希特勒炸死。希特勒僅僅受了傷，而且在事後進行了可怕的報復。

　　八月間，同盟國採取另一次兩棲行動，在法國的地中海海岸登陸，從法國南部進軍，以便與正遇到頑強抵抗的盟軍會合。在一個地點，盟軍的攻勢甚至受到嚴重的挫敗。一九四四年十二月，根據希特勒親自直接下達的命令，德軍突然向阿登森林比利時段美軍的薄弱防線發起猛攻，使正在前進的部隊中出現一個「凸出部分」，造成嚴重的傷亡和混亂。不過，盟軍重整了陣勢。希特勒的阿登反攻，以及他把大量毀滅性的新武器噴氣飛彈和火箭一齊傾瀉到英國，都無法幫上德軍的忙。這段時間，美國和英國繼續不斷進行大轟炸，摧毀德國許多工業城市，並在一九四五年二月對德雷斯頓的燃燒彈轟炸中炸死了五萬平民。在陸地上，他們繼續向前推進，衝破了築有堅固工事的齊格菲防線。一九四五年三月，盟軍越過最後的一道自然障礙——萊茵河，這多虧美軍碰巧在雷馬根發現了一座未被毀掉的橋梁。他們從橋上越過，建立了一個橋頭堡，這是在拿破崙的軍隊之後，第一次有作戰的軍隊越過萊茵河。後來在更北的地方——在英軍的地段，主力才越過了這條河。很快，盟軍在魯爾流域整批整批地接受了敵軍的投降。

　　與此同時，蘇聯軍隊於一九四四年在烏克蘭、白俄羅斯、波羅的海各國以及波蘭東部肅清了德軍。到八月間，他們進抵華沙郊區。波蘭的地下組織起來反對德國，但是蘇聯因爲決心不讓非共產黨的波蘭領導人解放波蘭而拒絕給予援助，以致這種地下組織被打垮，大量波蘭人喪生。早在一九四三年，德軍就曾在卡廷森林發現幾個波蘭戰俘（主要是軍官）的大墳堆。不管蘇聯當時怎麼

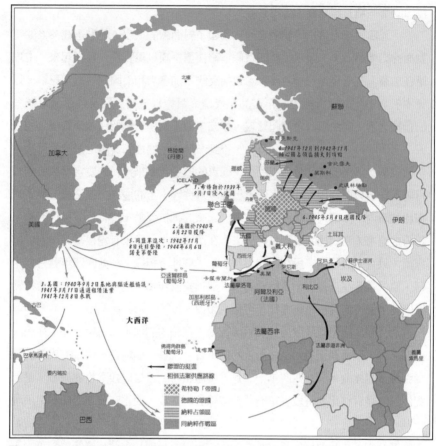

圖21-10　第二次世界大戰

這兩幅地圖表明這次戰爭的全球性，以及相對於新歐洲戰場和太平洋戰場來說美國所處的中心地位。圖中加有數字的各段表述概括了東半球和西半球戰爭的相繼階段。一九四二年，隨著德軍東進遠至埃及和史達林格勒，日本西進遠至緬甸，對於蘇聯—西歐聯盟的一個大危險便是，這兩支力量可能聯合起來，雄踞南亞，控制波斯灣的石油資源，從這個方向阻遏西方供應流向蘇聯。一九四二年後期，蘇聯與西歐在史達林格勒和阿萊曼幾乎同時取得勝利，對摩洛哥—阿爾及利亞和瓜達爾卡納爾島的進攻，證明是戰爭的轉捩點。一九四三年，德國在大西洋的潛艇戰役中被打敗，因此美國可以較自由地把部隊和軍需品運到歐洲。一九四四年六月的諾曼第登陸，加上蘇軍從東線接連不斷施加壓力，遂促使德國在一九四五年五月投降。同時，在太平洋方面，美軍占領了一些島嶼，並收復了菲律賓，為日本隨後被投下兩顆原子彈後於一九四五年八月的投降鋪平了道路。

否認，後來解密的蘇聯檔案透露，一九四〇年蘇聯與德國聯合瓜分波蘭後，史達林曾下令槍殺這些戰俘。蘇聯的戰線太長，他們在波蘭遭德國阻擋了幾個月，於是向南進軍，攻入羅馬尼亞和保加利亞，這兩個國家轉到同盟國陣線，向德國宣戰。一九四五年初期，蘇聯重新發起攻勢，強行推進到東普魯士和西里西亞。二月，他們抵達奧得河，相去柏林四十英哩，朱可夫在此地暫停下

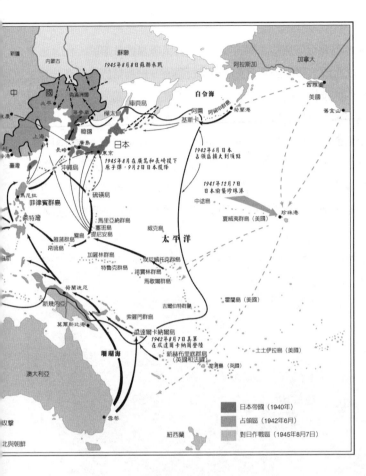

來，整頓部隊。三月和四月，蘇軍占領了布達佩斯和維也納。

對德國最後的大規模猛攻開始了。希特勒把軍隊從崩潰的西方戰線調過來增援奧得河，保衛他的首都。四月，美軍到達易北河，距離柏林六十英哩，前面幾乎沒有任何障礙，但他們按照艾森豪的決定停了下來。美軍的補給線已經拉得太長，需要與蘇聯有一條明確的界限；他同時也認為需要調些軍隊南下，以對付德軍可能在阿爾卑斯山進行的最後抵抗。但是，艾森豪的決定主要還是對蘇聯表示友好，應由他們拿下柏林，以補償他們為共同事業做出的巨大犧牲，並在取得最後勝利之前維持西方與蘇聯的聯盟關係。同樣，南下的美國軍隊沒有攻打布拉格，亦讓蘇聯拿下了這座捷克的首都。戰爭結束時，蘇聯因此控制了中歐和東歐所有的主要首府——這是一個含有重大政治後果的軍事形勢。

西方盟國和蘇聯既沒有向希特勒，也沒有向任何德國人提出條件。他們要求的是無條件投降，因而德軍即使退到柏林街巷中，仍一直負隅頑抗。四月的最後的一天，希特勒在把他的某些最親近的黨內下屬痛罵為叛徒之後，站在首都的一片廢墟之中，親手結束了自己的生命。海軍上將德尼斯被希特勒指定為繼承人，於一九四五年五月八日履行了投降的手續。義大利前線的戰事早在此前幾天就已經停止下來，至此歐洲的戰事全部結束了。

大屠殺

　　曾從小被教育不要相信那些虛構的第一次世界大戰暴虐故事的一代，後來痛苦地發覺第二次世界大戰中德國眞正的恐怖行爲——把拘禁的人趕在一起進行掃射以報復他們的反抗；捷克斯洛伐克的利迪斯和法國格蘭河上的奧拉都爾這些村莊被夷爲平地，村民被殺或被驅逐；達肖和布痕瓦爾德這些集中營，囚犯常因食物少得可憐而勞累至死，盟軍在那裡只發現一些可憐的、瘦骨嶙峋的倖存者；尤其是奧斯維辛、特里布林卡、貝爾澤克、索比博爾以及其他地方備有煤氣室和焚燒爐的死亡集中營，納粹可以把他們認爲是「低劣」的民族有步驟地消滅掉。奧斯維辛集中營最多時一天可以將一萬兩千人送進煤氣室處死。

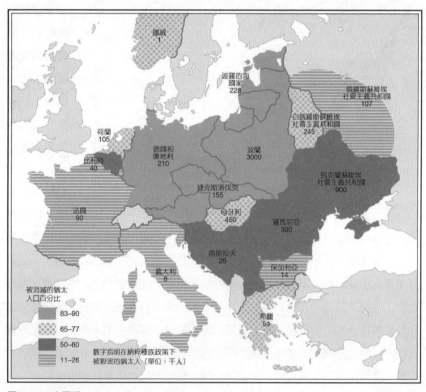

圖21-11　大屠殺

這幅地圖顯示納粹所謂的「最後解決」——即他們有步驟地消滅猶太人和猶太教的計畫，所造成的生命喪失。在第二次世界大戰前，大多數歐洲猶太人居住在波蘭和蘇聯鄰接地區。戰時德軍占領了所有地區，大多數死亡事件就發生在這些地方。這幅地圖既說明各國被殺害的人數，也表明成爲這種精心策劃的種族滅絕的受害者猶太人口的百分比。被殺害的人數加起來約有六百萬男人、女人和兒童，估計是全部歐洲猶太人人口的三分之二。儘管這種種族滅絕政策的消息透過梵蒂岡和其他方式傳到外界，但同盟國的領導人們最初並不相信這些傳聞，而隨後，他們優先考慮他們的軍事目標，沒有採取任何行動來制止這種有步驟的屠殺。

　　在東歐的納粹統治地區，納粹最初使用專門的射擊隊和活動的煤氣車來殺害那些「討厭的人」，但是這種在鄉村暫時的或臨時想出的殺人方法不能實現希特勒的兇惡野心。隨著戰爭持續進行，這種非正式且無組織的大規模殺害被有系統組織起來的歐洲體系所取代，他們把人聚攏集中，把數百萬男人、女人和兒童裝進鐵路上運輸牲口的車廂，運到死亡集中營。在那裡，有些人勞累而死，另一些人被立即處死。被殺害的猶太人約有六百萬，是最大的部分，但波蘭人、俄羅斯人、斯拉夫人、吉普賽人等等，也有幾百萬人慘遭殺害——或是在死亡營，或是在遍及歐洲的各種不同屠殺場地。

　　後來在戰後被稱爲「大屠殺」這場令人難忘的有步驟消滅猶太人的許多計畫，是於一九四二年一月納粹高層會議上決定的。按諸如海因里希‧希姆萊這些納粹策劃者的種族滅絕觀點，這些政策會提供戰時「最後解決」所謂「猶太人問題」的辦法，這是希特勒多年來曾以種族主義瘋狂煽動要解決的問題。有計畫、有步驟地毀滅整個民族，是納粹犯下最大的反人類罪行。雖然在人類歷史上其他地方和時代也曾發生過大規模屠殺行爲，但對歐洲猶太人實施的種族滅絕具有無可比擬的現代規模和科學的組織，這可以部分說明爲什麼它會對後來的世代產生痛苦的記憶和許多問題。這種殘忍的行爲怎麼會發生在現代歐洲

圖21-12　同盟國軍隊進入了納粹在整個德國和中歐建立的一些死亡營和集中營，發現了令人毛骨悚然的大屠殺證據。這些瘦骨嶙峋的倖存者是從布痕瓦爾德集中營解放出來的，他們在那裡被強迫像奴隸般地勞動，有四千人死在那裡。照片中這群人中包括有伊利‧維澤爾（第二層左起第七人，靠近直柱梁），他後來寫出了關於集中營和大屠殺的描述，深深烙在人類記憶裡。（The Art Archive/National Archives, Washington, D.C.）

的文明中心？大屠殺是由一些普通人和官僚所執行，這個事實使人提出一些尖銳的問題，如關於個人和集體對於致命的政府政策應負什麼責任，關於濫用現代技術的危險問題，關於種族主義思想意識的毀滅性後果的問題。

倖存者曾描述納粹死亡營中一些囚犯勇敢和人類意志的行為，但大屠殺已成為現代世界關於有步驟屠殺和人類殘暴的最恐怖事例和記憶。儘管人們很容易把大屠殺歸罪於希特勒和納粹其他殘暴的領袖們，但對這些大規模屠殺暴行最令人難忘的部分，也許源於有這麼多的無名追隨者毫無反抗地參與此事。這個問題在後來對大屠殺所做的歷史上的、道德上的和政治上的反思中不斷再現。奧斯維辛集中營少數倖存

圖21-13　這張攝於一九四五年五月初，一個在德國城市奧赫爾德魯夫附近的集中營照片，顯示了遭納粹殘暴罪行的人們的遭遇。圖中美國士兵正開進集中營，納粹在這裡迫使波蘭的、捷克的、德國的猶太人從事強迫性勞動，然後把那些不再能勞動的被囚禁者槍殺或鞭撻至死。
（Bettmann/Corbis）

者之一，義大利猶太作家普里莫·萊維對這個問題做了總結，並揭示為什麼此事件在世界現代史中值得被記憶：「我們必須記住，這些忠實的追隨者，其中包括接受毫無人性命令的勤懇執行者，並不是生來就是虐待狂，並不是（除少數例外）窮凶極惡的人，他們是普通人。窮凶極惡的人是存在的，但他們人數太少而不會成為真正有危險的人。更危險的是那些普通的人們，那些輕易相信並機械執行的人。」

太平洋戰爭的最後階段：一九四四至一九四五年

在太平洋，因受首先集中力量打擊德國的戰略決策影響，對日本人的作戰拖延了三年時間。美國軍隊（起初人數很少）從印尼群島最東邊的所羅門群島幾個據點出發，逐步朝著西北方向遙遠的日本推進。途中依次為奪取瓜達爾卡

納爾島、新幾內亞島，以及收復菲律賓群島而進行戰鬥，每次都遭到據守日軍的頑強抵抗，付出重大代價。他們不得不為奪取中太平洋日本的島嶼（第一次大戰中日本從德國手裡奪得，後來改建成強大的海軍基地）——吉伯特群島、馬紹爾群島、加羅林群島以及馬利安那群島而戰。一九四四年十月，美國海軍在萊特灣取得一次戰勝日本的大勝利。一九四五年三月，他們奪取了只有八平方英哩卻具有戰略意義的硫磺島，戰鬥傷亡慘重。末了，一九四五年春季，在一次持續超過兩個半月的冗長流血戰役中，他們拿下了沖繩島，相去日本本土只有三百英哩路程了。此時正當德國在歐洲崩潰的時候。盟軍從新奪得的基地出發，即從馬里亞群島的塞班島、硫磺島、沖繩島以及航空母艦出發，對日本展開了大規模的轟炸攻勢，摧毀日本工業，破壞它的海軍殘餘力量，迫使日本政府認真考慮求和的問題。同盟國領導人並不認為日本的防務已經崩潰，或是日本已經準備談判，因而美國軍隊打算把自己的戰鬥部隊由歐洲戰場調往亞洲。全面大舉進攻日本本土的階段就要開始。

　　跟著，一九四五年八月六日，由歐洲逃亡者和美國科學家在極端祕密的情況下研製出的原子彈被投到了有二十萬居民的廣島。僅僅這一次爆炸，便毀掉了整座城市，約有十萬人喪生。兩天以後，曾經保證在德國投降後三個月內參加東方作戰的蘇聯對日宣了戰，並出兵滿洲。八月九日，在長崎又投下第二枚原子彈，約有六萬多人被炸死。兩枚原子彈和蘇軍空戰逼使日本立即求和。一九四五年九月二日，雙方簽署正式的投降書，允許天皇繼續做日本的元首，但是日本由美國占領軍加以管制。

　　同時，原子彈像大屠殺的死亡營一樣，成為另一個揮之不去的記憶，新形式的暴力和大規模破壞的象徵，這是耗資驚人的全球戰爭留給人類的遺產。美國領導人在當時和回顧時都堅持認為，對美國來說，原子彈是使對日戰爭迅速和勝利結束，耗費最少的方式（指從美國人的生命來說）。這可能不錯，但是使用這種巨大破壞力的武器也對人類生存構成了空前的新威脅，而一個無限的危險自此籠罩在現代世界上頭。

　　二十世紀的第二次世界戰爭結束了，這是人類歷史上最大的衝突。統計數字同樣無情地顯示：第一次世界大戰時，死亡人數是一千萬，而這一次卻有約一千五百萬軍人戰死沙場。而且，與第一次世界大戰不同，這一次有兩倍以上數目的老百姓喪命。蘇聯軍人的死亡數目，估計超過六百萬；德國，三百五十萬；中國，兩百二十萬；日本，一百三十萬；波蘭七十萬；英國和英聯邦，四十多萬；美國，約三十萬；法國，約二十萬。有兩百五十多萬人在戰爭中受傷。多虧新發明的磺胺藥物、盤尼西林以及輸血的方法，才使每兩個重傷員中

圖21-14 投在廣島的原子彈是悠長的戰爭史上最具破壞性的武器。這張照片顯示，在美國投
　　　　下一顆原子彈後，這個城市的許多建築物變成成堆的瓦礫、十萬人被炸死的情景。
　　　　原子彈有助於在日本結束第二次世界大戰，但也對人類文明的前途形成一個新的和
　　　　持久的原子彈威脅。（Associated Press, U.S. SIGNAL CORPS）

有一個能被救活，不然的話，死亡的數字還會大大增加。所有的軍事統計數字
都不能說是接近於真實情況，沒有人能估計這次大戰中全部死亡人數究竟是多
少，有遭同盟國和軸心國轟炸死亡的，有納粹在大屠殺中集中殺死的猶太人和
所有德國占領國家的其他人民，有因納粹和蘇聯驅逐政策而致死的，還有戰後
因饑餓和瘟疫而死亡的。有的統計包括男人、女人和孩子在內，總數達到六千
萬，對於這種數字，人類的頭腦已經不夠用了，他們的情感也變得遲鈍了。

1935至1945年大事年表	
1935年	墨索里尼的義大利軍隊開始入侵並占領埃塞俄比亞
1936年6月	德軍開進萊茵地區；法國與英國沒有干涉
1936年7月	西班牙法西斯集團在佛朗哥將軍領導下發起反對共和國的叛亂；在三年內戰後，佛朗哥奪取了政權
1938年3月	希特勒將奧地利併入納粹德國
1938年9月	法國與英國領導人與希特勒在慕尼黑會晤並同意德國人併吞捷克斯洛伐克的蘇臺德地區

1935至1945年大事年表	
1939年8月	《蘇德互不侵犯條約》簽訂，其中包括瓜分波蘭的計畫
1939年9月	納粹入侵波蘭，第二次世界大戰開始
1940年5至6月	納粹征服荷蘭、比利時和法國
1940年7月	法國賣國賊在維琪建立新法西斯政權
1940年9月	德國空襲英國，在「不列顛之戰」中被擊退
1941年6月	德國開始大規模入侵蘇聯
1941年12月	日本襲擊美國在珍珠港的太平洋艦隊，將美國拖入對日戰爭及隨後的對德戰爭
1942年1月	納粹頭頭們開始了建立死亡集中營以對歐洲猶太人和其他國人民進行種族屠殺
1943年2月	蘇軍在史達林格勒的決定性戰役中打敗德軍
1944年6月	同盟國軍隊在登陸諾曼第後在法國開闢了「西部戰線」
1945年2月	邱吉爾、羅斯福和史達林在雅爾達會議上通過對戰後的安排
1945年5月	希特勒在柏林自殺後，德國投降
1945年9月	在美國投下兩顆原子彈和蘇聯對日宣戰後，日本投降

和平的基礎

　　第一次世界大戰在敵對行動停止後的幾個月，便召開了和平會議，從而宣告戰爭結束，而第二次世界大戰的結束卻沒有來得這樣乾淨俐落。一九四五年德國戰敗以後，沒有締結像一九一九年《凡爾賽條約》那樣的協議。和平條款是分段產生的，起先是在戰時，由戰勝國舉行了一系列的會議，繼而在一九四五年以後的若干年內，又做出了一系列實質上的安排。

　　人們認為，當時為討論作戰戰略本身舉行的若干會議，也已為戰後和平的世界打下了基礎。早在一九四一年八月，美國參戰之前，羅斯福與邱吉爾在紐芬蘭附近的海上會晤，就起草了《大西洋憲章》。一九四三年舉行過幾次會議，即卡薩布蘭加會議、開羅會議和德黑蘭會議（離蘇聯很近，以便史達林參加）。戰爭末期，一九四五年二月又舉行了雅爾達（蘇聯克里米亞休養地）會議，七月在殘破不堪的柏林郊區舉行了波茨坦會議。

　　羅斯福與邱吉爾在舉行第一次會議後聯合發表的《大西洋憲章》，在精神

上類似伍德羅‧威爾遜的「十四點」計畫。憲章保證，凡是曾被剝奪自主權利和自治政府的國家，都應該把這些權利歸還給他們；所有的國家都會有平等參加世界貿易和利用世界資源的機會；所有的民族應該共同努力，以求達到改善生活和獲得經濟保障的目的。憲章又做出保證，戰後和平應該使各國人民獲得免於恐懼與匱乏的自由，應該在國際事務中結束武力和侵略。在這裡，以及在羅斯福總統早些時候闡明的四項自由裡，都已經公開說明了和平的思想基礎。在一九四三年舉行的幾次會議上，以及透過其他的會商，同盟國努力使他們的軍事計畫協調一致。在一九四三年一月的卡薩布蘭加會議上，他們決定只接受軸心國家的「無條件投降」。這個籠統的方案最初是美國提出的，通過時多少帶有點滿不在乎的味道，並沒有認真考慮到可能產生的政治影響，其主要目的在於防止重新出現像一九一八年有關停戰那類模稜兩可的東西。當時德國民族主義分子抱怨說，德國並沒有在戰場上被打敗，而是被分崩離析的大後方在背後捅了一刀。

　　一九四三年十二月在德黑蘭會議上，羅斯福和邱吉爾在這兩次戰時會議的頭一次會上與史達林會晤。他們討論占領德國和使之非軍事化的問題，還曾制定出建立戰後國際組織的計畫，並討論了戰爭取得勝利的戰略。在整個戰爭期間，羅斯福為了不使西方與蘇聯在世界鬥爭中（美國也參加了這場鬥爭）所結合的聯盟受到干擾，採取把有爭議的領土與政治問題留待勝利後再去解決的方針。邱吉爾則更為擔心，按照根深柢固的傳統均勢政治觀念，他意識到，如不事先經過討價還價就做出政治上的安排，那麼，在戰勝納粹之後，就有可能使蘇聯在整個中東歐地區取得支配地位。德黑蘭會議上，他建議在地中海開戰和進攻巴爾幹，都是基於政治理由和出於對越過海峽進攻會造成重大傷亡的顧慮，然羅斯福卻勸他另做考慮。會議同意，要在一九四四年春季發動登陸法國的攻勢，曾應允史達林的第二戰場終於要開闢了。史達林保證他會同時在東部戰線發動進攻。

　　要在之後十八個月內取得戰爭勝利的戰略是在德黑蘭通過的，但是那個戰略缺乏事先的政治協議，簡直是保證蘇聯對東歐的控制。一九四四年十月，當蘇軍向西方進軍時，邱吉爾訪問史達林，大體確定了西方國家與蘇聯在巴爾幹各國勢力範圍的畫分問題（蘇聯在羅馬尼亞與保加利亞占優勢，西方在希臘占優勢，而在匈牙利與南斯拉夫，雙方則平分勢力）。蘇聯對波羅的海各國的控制在早些時候已經得到英國的承認。不過，羅斯福不同意這類協定，他認為那是過時的東西，是把一九一四年以前外交中最糟糕的貨色很危險地重新又端了出來。

後來，有兩次會議做出
了最重要的政治決定，即
一九四五年的雅爾達會議與波
茨坦會議。一九四五年正當同
盟國快要獲得最後勝利的時
候，二月間舉行了雅爾達會
議。根據後來披露的事實，勝
利的到來比那時人們預感的還
要快一些。三個同盟國的政治
家在黑海岸邊，過去沙皇的克
里米亞避暑勝地舉行了會晤，
他們為共同的勝利乾杯，同時
也彼此互相揣度。凡是涉及歐
洲問題的時候，羅斯福都把自
己當做邱吉爾與史達林之間的
調停人。他頗費苦心地設法不
讓史達林產生這種印象，即他
和邱吉爾兩個人不管怎樣都是
聯合起來對付史達林的。而事
實上，羅斯福對於邱吉爾熱心
於帝國與殖民地事業倒是有所
懷疑，在羅斯福看來，那一切

圖21-15　一九四五年二月在克里米亞避暑勝地雅爾
達，羅斯福、邱吉爾和史達林舉行了最後
一次會晤。羅斯福坐在其他兩位領導人中
間暗示了他在會議中的調解斡旋地位。在
雅爾達達成的協定確定了東歐的戰後組織
安排，為聯合國奠下基礎，並終於使蘇聯
對日本開戰，但有些西方批評者後來抱怨
《雅爾達協定》對史達林做出太多的讓
步，並為蘇聯在中歐的擴張開了路。

對於戰後的世界已是不合時宜的了。儘管存在著分歧，三巨頭至少在形式上還
是就這些問題達成了協定，包括波蘭與東歐問題、德國的前途問題、亞洲的戰
爭問題，以及計畫成立戰後的國際組織，即聯合國的問題。

在波蘭與東歐問題上出現了最大的困難。史達林的軍隊已經把納粹軍隊趕
到距離柏林四十英哩以內的地區，他們控制了波蘭和將近整個東歐與中歐地
區。蘇聯沒有忘記這些地方都是反蘇的，特別是波蘭曾經在一九二○年充當侵
占蘇聯領土的行兇者，史達林已經採取步驟，在波蘭建立一個「友好的」政
府，即聽命於蘇聯的政府。不論是羅斯福還是邱吉爾，他們所以與納粹作戰，
並不是為了讓蘇聯變成整個東歐地區不容爭辯的主人，並且把蘇聯式的政治制
度強加給這個廣大的地區。在雅爾達，羅斯福和邱吉爾迫使史達林就他所控制
的這些地區許下了若干諾言。根據《大西洋憲章》，應允許被解放的國家建立

「由居民中一切民主分子的廣泛代表」所組成的臨時政府,即不僅僅包括屈從於蘇聯的那些權力機構,就像已經建立的波蘭臨時政府。他們還迫使史達林保證「盡早透過自由選舉成立符合人民意志的政府」。這種保證只是口頭的,絲毫無損於這位蘇聯領導人。而關於對選舉實行國際監督的建議,他卻是一口回絕了。《關於被解放的歐洲的宣言》雖然允許有最高的民主自決權,但那只是一種虛偽的協議罷了。在蘇聯控制下的東歐,根本沒有自由選舉。

若干領土的變動也得到承認,但直到戰後和平會議召開時才得到最後解決。大家一致同意,蘇波邊境應該大體確定在所謂的「寇松線」上,即一九一九年協約國在波蘭征服東部的領土之前所定下的邊界。波蘭在北部和西部應從德國得到補償(見圖22-8)。關於這個問題以及其他涉及德國的問題,都頗為容易地取得一致意見,因為三國都對德國的納粹主義與軍國主義懷有仇恨。德國的武裝應予解除,把它分成四個占領區,分別由三大國和法國管理。之所以包括法國在內,是由於邱吉爾堅持的結果。在雅爾達和早些時候,關於肢解德國,肅清俾斯麥政治痕跡的會談是不明確的,但是各方都了解這樣做的確有困難,這個提議最終放棄了。美國和英國認為蘇聯提出的賠款要求———以實物償付兩百億美元,半數歸蘇聯———太過分了,未予接受。然而,大家還是一致同意,賠款應屬於那些在戰爭中負起重擔同時遭受最大損失的國家。蘇聯應獲得所確定的賠款總數的一半。

與會各方對於戰後建立一個擬稱做聯合國的國際組織這個問題取得了一致意見,大家都為此感到滿意。在羅斯福看來,能夠說服蘇聯接受國際組織的思想是至關重要的。他深信,在聯合國的框架之內,只要幾個大國實行合作,產生國際員警的作用,便能夠維護日後世界的和平與安全。他和史達林、邱吉爾一樣,也強調大國在新國際組織中的重要地位,不過他同時承認小國也具有應予尊重的作用。各方一致同意,每一個大國,即新組織的安全理事會常任理事國在重大決策方面享有否決權。蘇聯硬要在新組織的全體大會中獲得十六個投票權,他們爭辯說,蘇聯的憲法給予蘇聯各個共和國以自主權利,而且英國的自治領也都各占有一個席位。為了求得和諧起見,按照邱吉爾的指示決定給予蘇聯三個席位。

關於遠東方面,也達成了重要的協議。在這裡,政治決定與軍事決定難免聯繫在一起。蘇聯在太平洋戰爭中一直嚴守中立,儘管他們在遠東地區一向有著利害關係。蘇聯在歐洲戰場上投入了巨大的力量,因而沒有誰硬要他們早些參加太平洋戰爭。曾經達成協定,即至少等到德國接近失敗的時候再說。在雅爾達會議期間,史達林同意參加對日作戰,不過他說,蘇聯「輿論」將會要

求得到補償。後來說定，蘇聯在德國投降後的「兩到三個月內」參加對日作戰。做為交換條件，蘇聯應恢復四十年以前，即一九〇四至一九〇五年俄日戰爭中日本從沙俄手中奪去的領土與權利（參見圖16-18），此外還有原來並不屬於蘇聯的千島群島。

羅斯福在雅爾達之所以做出有爭議的讓步，是因為他認為在對日作戰的最後階段，他需要得到蘇聯的支援；他還希望把西方與蘇聯的同盟關係一直保持到最後勝利在握的時候。他認為，戰時的合作會帶來戰後的和諧。邱吉爾對於未來不那麼樂觀，對於「友誼外交」也不那麼有信心，他寧可得到坦率畫分的勢力範圍。但這些想法被當做舊時代的思想拋開了。然而與美國總統的思想十分吻合的《大西洋憲章》的精神，即保證所有民族享有至高無上的自決權利，在雅爾達被違反了。

德國垮臺之後，三大國於一九四五年七月在波茨坦又重聚在一起。代表美國的是新總統哈里·S·杜魯門，羅斯福總統在勝利前夕於四月病故。邱吉爾在會議的中途被克萊門特·艾德禮代替，他是在工黨獲得競選勝利後新上任的英國首相。蘇聯的代表依然是史達林。這個時候，西方盟國和蘇聯的分歧加深了，不僅是在蘇聯控制波蘭、東歐和巴爾幹各國的問題上，而且也在德國賠款以及其他問題上。不過，西方的領袖們仍舊打算讓步，以期能夠建立和諧的關係。關於戰後對德國的處理、德國解除武裝、實行非軍事化、「非納粹化」，以及懲辦戰犯等問題，都公布了所達成的協定。會上同意，每個國家從自己的占領區內取得實物賠償，蘇聯則另外再從西方國家占領區取得大量的貨物，從而實際湊足他們原來所要求的一百億美元。

在最後的和平條約制定以前，奧得河和尼斯河以東的德國領土交由波蘭管理。這項決定的細節問題早些時候曾經拖延未決，而這時波德邊界確定在西尼斯河，比原來設想的還要偏西。如此，波蘭就把自己的邊境向西擴展大約一百英哩做為一種補償，因為蘇聯向西擴展使波蘭吃了虧。德國的東普魯士同樣由蘇聯和波蘭瓜分，前者占有北部，後者占有南部。條頓騎士們創建的哥尼斯堡，多少世紀以來一直是普魯士國王們舉行加冕典禮的城市，現在變成了蘇聯的加里寧格勒。德國的古城斯德丁和布雷斯勞變成為波蘭的什切青和弗羅茲瓦夫，但澤變成格但斯克。對這些地區事實上的管理已經成為永久性的統治了。這些東部地區的德國居民轉移問題，本應以一種有秩序的、人道的方式來進行，然而幾百萬德國人在幾個月內卻被趕出家園或被迫逃亡他處。對於這些人（以及被從捷克斯洛伐克驅逐出蘇臺德的德意志人）來說，這就是希特勒發動這場戰爭的最後成果。

　　在波茨坦會議上，與會各國同意，只要條件許可，便立即與德國原來的衛星國簽訂條約。有關這方面的準備工作委託給美國、英國、法國、蘇聯和中國五國的外長理事會議辦理。隨後的幾個月內，在倫敦、巴黎、紐約舉行的外長理事會爭吵不休的會議上，以及在一九四六年於巴黎召開的和平會議（與會的二十一個國家都是在打敗軸心國過程中派出大量軍隊者）上，蘇聯與西方國家之間不斷加深的分歧完全暴露了出來。在波茨坦會議之後的一年半，即一九四七年二月，與義大利、羅馬尼亞、匈牙利、保加利亞以及芬蘭分別簽訂了條約。這些國家都拿出了賠款並且同意做出一定的領土調整。一九五一年與日本簽訂了和平條約，但蘇聯未參加，他們是一九五六年單獨締約的。時間一年一年地過去，卻一直未和德國簽訂最後的和約，德國已經分成兩個國家。戰時西方和蘇聯結成的聯盟關係破裂，因而人們追求持久和平的夢想與熱望也隨之破滅了。人們在第二次世界大戰中打敗了侵略與極權主義，取得了輝煌的勝利，而跟著卻又看到自己面臨著一個新的危機時代。

第二十二章

冷戰和第二次世界大戰後的重建

每一個時代都有社會衝突、經濟問題、政治動盪、戰爭和文化變遷，但是二十世紀上半葉必定會被列入有史以來最為殘酷、慘烈和混亂、迷惘的時期之一。這幾十年不過就是一個人過一輩子的時間，卻經歷了一九一四到一九一八年的世界大戰，經歷了一場全球性大流感（導致至少五千萬人死亡），經歷了歐洲和中東幾個歷史悠久的王朝垮臺、俄國革命、一場席捲全世界的經濟危機、侵略性的法西斯和納粹獨裁政權的興起、第二次世界大戰（戰火從歐洲和北非蔓延到東亞和東南亞全境）、納粹占領下歐洲的大屠殺、原子彈的首次爆炸、中華人民共和國的興起、鄂圖曼帝國和歐洲幾個大帝國分崩離析，並為東地中海和南亞的新興國家所取代的過程。

這些事件給個人生活帶來巨大的傷害，導致無法精確統計千千萬萬人的死亡，使全球政治和經濟體系發生廣泛深遠的變化，這其中包括美國在國際舞臺上的迅速崛起，以及歐洲以往對非歐洲世界廣大地區的人民和經濟所施加的控制力持續衰退。簡言之，二十世紀前期的大動盪深刻地改變了現代世界歷史的進程。然而世界各地的人們像他們經歷了大動盪的先祖們一樣，從災難中解脫後繼續前行，開始重建他們自己的生活、社會、政治制度和經濟活動。歷史當然沒有終結。人類和人類的文化自古以來就有強大的復原能力，而在第二次世界大戰後的數十年裡，這種能力再一次展現出來了。

對歷史學家和經歷了「二戰」的人們而言，這場巨大戰爭的結束標誌著一個轉變，因為一九四五年或者一九五○年以後的數十年，是歷史學家們所經常說的「當代史」的開端。儘管戰後時期距離我們今天越來越遠了，但「二戰」以來的許多事件和變化所引發的歷史性後果仍然在繼續向前演進著，而且仍然是我們當代世界的組成部分。當代史激發了強烈的情感，導致了當代世界的許多衝突，直接塑造了現今還活在世上大多數人們的經歷和態度。對歷史學家而言，當代史的諸般複雜性比以往時代的複雜性具有更大的挑戰性，這或者是因為許多歷史資料還無法為他們所得到，或者是因為現今的衝突扭曲了看待歷史的角度，或者又是因為近期事件的後續影響還不為人們所知。在本章及其後各章中，我們要考察當代世界還沒有結局的事件和趨勢，而當代史中獨特延伸到未來的各個方面會在這裡浮現出來。這些事件和趨勢繼續向前演進，其速度之快，變化之繁複，是任何具有長時段分析視野的歷史敘述所無法道盡的。

冷戰展開的十年，一九四五至一九五五年

以往困擾著人類長達一個世紀的一些問題，在二十世紀下半葉變得複雜、

更加緊迫了。在此可以列出的三個問題是：科學的問題、工業社會的組織問題，以及國家主權的問題。

原子彈鮮明地體現了科學方面的新問題。全世界都對廣島在一瞬間的毀滅不寒而慄。人們看到戰後為了製造更精密的核武器而展開激烈競賽，由此更認識到第三次世界大戰是不可想像的。人類現在獲得了一種不僅能毀滅文明，而且能滅絕地球上全部人類的能力。對於一個將科學的發展設定為最高價值的世界而言，這種認識尤其令人震驚。

科學及其伴生的技術發明改變了工業，也改變了戰爭，這種情形已經有很長一段時間了。科學征服了世界上很多致命的瘟疫和疾病，人們早已認識到，科學可以用建設性的方式加以利用，也可以產生破壞性的後果。新近出現的破壞性後果之可能性是如此巨大，如今使得有識之士不禁憂心忡忡。在第一次原子彈爆炸之後，科學家自己也認定有必要尋求價值重建。他們堅持認為，科學是中立的，不應該為廣島和長崎的恐怖事件負責，問題不出在科學上，而是出在利用科學知識的方式之上。

一九四五年之後，工業社會的組織問題沒有得到最終解決。在理論上存在著兩個相反的典型社會形態，其中一端最好的體現者是蘇維埃社會主義共和國聯盟（直到一九九一年解體為止），所有的資本都由國家擁有，按照需要提供給管理者和工人，所有的生產和交換都由公共權力機構預先制定計畫。在蘇聯式社會主義中，政府的角色是無所不包的。它在外界被稱為共產主義，因為這種社會主義透過革命而產生，並且藉由專政加以維持。另一端是由美國代表，這種體制之下的經濟交換透過市場機制進行，資本由私人所有，由私人所有者自己選擇投資管道並決定工作機會的提供。在實踐上，社會主義和資本主義體制都不是純粹的，即使在資本主義國家，混合經濟也是通則，只不過政府干預的程度有所不同。蘇聯體制的主要缺陷是政治和經濟自由的缺乏，以及對個體主動性的抑制；美國體制的主要缺陷則是其週期性的經濟危機，以及勞動者個人經濟安全所面對的威脅。在「二戰」後的年代裡，美國力圖糾正其缺乏經濟安全的問題，其努力遠遠超過蘇聯在糾正其缺乏自由的問題上所付出的努力。

戰後的另一個問題在於現代世界的整體性。世界經濟各部分是緊密聯繫、相互依賴的，而政治事件和環境變遷也都在全球範圍內產生影響，世界上不同文化和宗教之間的交互影響也是前所未有的，就此而言，無疑大家都同處於一個世界，但這個世界又非同質性的。大家都讚美汽輪機，也都害怕核裂變，但是在物質層面之外，價值理念上卻歧異叢生。誰也不想屈居他人之下，誰也不想服從於一個國際組織，甚至不想在整齊劃一的全球文明中喪失自己的生活方

式。

與第一次世界大戰後一樣，第二次世界大戰後亦建立起一個旨在防止未來戰爭的國際組織。一九四五年，全部反軸心國國家在舊金山召開會議，建立了聯合國，並擬定《聯合國憲章》。這個新的國際組織的目標是維護國際和平與安全，並推動以合作方式解決國際問題。儘管大家都知道和平首先取決於大國，但所有國家無論大小都要有代表權。居於中心地位的是兩個機構：聯合國大會是一個協商機構，所有國家無論大小都有平等的表決權。而安全理事會的首要職責是維護和平，由常任理事國的五個大國和十個選舉出來任期兩年的非常任理事國所組成。在一九四五年，除了兩個超級大國美國和蘇聯之外，很難說究竟還有哪個國家是大國，但是常任理事國席位被授予美國、蘇聯、英國、法國和中國【1】。

每個常任理事國都有否決權，因此只有五大國一致時，安理會才可能就重要事項採取行動。儘管受到廣泛批評，否決權還是被認為不可缺少。在發生重大危機時，大國之間的協定對維護世界和平是必要的。蘇聯固然最直截了當地要求實行否決權，但是如果沒有這個保障，美國也不會加入。無論大小，沒有一個國家願意放棄自己的獨立或者使自己屈從於一個有制止暴力的權威國際組織之下，但是當時人們的確普遍希望甚至相信聯合國的權威和威望將會與時俱增。

聯合國有五十一個創始成員國。為了彰顯美國的重大義務（與此形成對照的是，當初美國曾拒絕加入國際聯盟），聯合國總部被設在紐約。《聯合國憲章》規定要對新成員國予以准入，包括接納前軸心國及其附庸國，以使之成為真正國際性的組織。從一九四七年到一九五五年，陸續有其他國家加入進來；在一九五五年，新增十六個成員國。其後數十年間經過非殖民化和其他各種變化，這個組織繼續擴張，到二〇〇五年，其成員國超過一百九十席。在一九四八年時，很大程度上是因為美國代表羅斯福的說服力，聯合國採納了一個廣泛的《世界人權宣言》，但對實施這個宣言的方法卻沒有明示。

由於美國領導的西方國家和蘇聯之間的緊張關係，聯合國和安理會未能夠扮演戰後初期被賦予的角色。儘管聯合國還是可供美蘇兩國當面爭論的少數幾個場合之一，但它卻無力制止這兩個超級大國之間漸行漸遠的趨勢。另一方面，聯合國從一開始就幫助調解地區衝突，並承擔了維和的職責。隨著後來聯合國的擴張，第三世界（一個用以指稱多數是前殖民地，不同於西方或者蘇聯陣營直接結盟的開發中國家名詞）被包含進來，聯合國大會成了一個爭論的論壇，對西方富國持批評態度的開發中國家在此痛陳其在社會和經濟上的怨憤之情。

圖22-1　聯合國的成立是為了解決國際衝突和增進各國之間的和平交流，但是聯合國也通過了《世界人權宣言》。圖為聯合國早期的一次會議照片，菲律賓代表佩德羅・洛佩茲正在號召世界各國確立和保護新聞自由。（Hulton-Deutsch Collection/Corbis）

冷戰：起源和性質

　　第二次世界大戰後，只有美國和蘇聯尚有餘力雄踞於當世。美國本土沒有受到戰爭破壞，經濟上更是前所未有地強大。雖然美國對其絕大部分的戰時軍事力量實施了復員，但最初只有它擁有原子彈。蘇聯在戰爭中遭受了極大摧殘，有兩千多萬人喪生，但它仍然是一個令人生畏的軍事強國，擁有四百萬人的軍隊，在中歐和東歐所控制的人口和地域遠遠超過了一九三九年以前的邊界。人們開始普遍地把這兩個國家稱為超級大國——也就是巨型大陸領土國家，掌握著龐大的資源，使包括歐洲老牌大國在內的其他所有國家都相形見絀。

　　第二次世界大戰後浮現出這兩個超級大國並存的國際體系，其中一個會很容易把另一個確認為唯一的危險敵國。在這種局面下，外交上的平衡很難維繫，因為一個超級大國會視另一個超級大國的任何行動為可能的侵略和挑釁；而不了解對方力量的情況下，其中一方會誇大對方的力量和危險性。一九四五年以後，美蘇之間的關係就處於這種令人不愉快的境地。更有甚者，自一九一七年布爾什維克革命以來，資本主義民主政治和馬克思列寧主義的共

產體制之間就形成了根深柢固的意識形態敵對。這種不斷擴大的外交、地緣政治和意識形態上的利益衝突，最終被冠以「冷戰」之名，這是因爲儘管敵意和對抗尖銳激烈，卻從未導致兩個超級大國之間發生公開和直接的軍事衝突。

「二戰」結束時，任何人都不可能了解，獨斷的史達林，還有他在克里姆林宮裡的扈從到底相信什麼，想得到什麼。或許他們認爲，蘇聯和西方資本主義國家之間的衝突一定會在未來的某個時刻到來。或許他們對在東歐和世界其他地方尋求市場的美國資本主義野心勃勃之目標憂心忡忡，又或者因美國壟斷了原子彈而焦慮不已。無疑的，他們自己看到了一個機會，可以來鞏固於戰爭中獲得（也可以說是收復，因爲這些領土中有一些是新生的蘇維埃國家在「一戰」結束時喪失掉的）的領土控制，並且爲蘇聯的國家安全建立一個周邊緩衝帶。無疑的，他們也在第二次世界大戰後的局面中看到了推進國際共產主義事業的機會。

先不論蘇聯採取的行動是爲了保護國家安全，還是爲了實現共產黨統治之前的俄羅斯古老野心，抑或是以全世界爲目標推進共產主義，反正杜魯門總統及其幕僚，以及絕大多數美國人都相信，蘇聯篤定要牢牢控制中東歐，進而要在全世界發起進攻。美國政府由此制定了一套全球性的「遏制」戰略，美國及其盟國可藉以「遏制」來自蘇聯的新的侵略。儘管美國政府主要是針對蘇聯的擴張和擴張威脅採取直接的軍事步驟，但在美國還是有許多人把地球上幾乎所有的複雜社會和政治動盪歸咎於克里姆林宮首先發起的行動。

在歐洲，大戰臨近結束時，蘇聯軍隊占領了東歐和德國，向西最遠至易北河。美國、英國和法國軍隊占據了德國的其餘部分、奧地利的大部分和義大利的全部。戰爭期間，哪個國家的軍隊占領此地區，就由這個國家行使政治權力。以這種方式，由於紅軍橫掃中東歐大片土地，因此蘇聯就在這些地區施加了政治控制，有一億人被置於蘇聯的支

圖22-2　在盟軍取得對納粹德國的勝利後不久，歐洲就出現了新的相互猜疑和衝突。蘇聯控制了共產黨衛星國，造成了溫斯頓・邱吉爾所說的針對西方自由制度和思想的「鐵幕」。圖爲邱吉爾於一九四六年三月在密蘇里州富爾頓發表其著名的「鐵幕」演說。邱吉爾最先在這裡描述了東歐落下的鐵幕。（Associated Press, AP）

配之下。美國卻也在對義大利的占領中把蘇聯排除在外，使之無從承擔積極角色（在亞洲的對日占領中亦復如此）。就蘇聯而言，對一國的占領就意味著要全面控制該國的政治、經濟和社會制度，意味著它有權按照自己的樣子塑造被占領國。在另一方面，西方各國卻曾經希望建立多元和民主的社會，而這些社會卻要對西方的貿易和影響敞開大門。戰爭期間，美國和英國本來已經做出讓步，承認蘇聯在它從納粹手中解放的東歐支配地位，但是沒有多久他們就對波蘭和其他東歐國家淪為蘇聯支配下的共產國家感到憎恨。

　　然而對史達林而言，這種轉變卻是確保邊界線上「友好政權」的唯一途徑。早在一九四五年的波次坦會議上，杜魯門就開始譴責蘇聯違背了在東歐國家舉行自由選舉的承諾，同時在德國的聯合占領問題上不合作。美國的外交官們開始相信，蘇聯對東歐的控制與德國納粹和義大利法西斯在二十世紀三○年代的侵略是一樣的，而杜魯門本人也經常將此二者相提並論。史達林本來盡可以像一個致力於保護蘇聯國家利益的民族主義者那樣行事，而不必讓自己看上去是在急著推動世界共產主義革命。但是史達林頑固強硬，對資本主義的包圍過度疑慮，對世界輿論又缺乏顧忌，使得西方難以和他在冷戰中打交道，也無從判斷究竟哪些屬於蘇聯合法的安全需要，哪些又屬於蘇聯共產主義擴張的狂熱使命感。

　　蘇聯的一系列行動似乎又佐證了西方的擔心，即史達林的野心並不止步於東歐。在亞洲，按照在雅爾達會議上做出的承諾，蘇聯在一九四五年八月遂已對日宣戰，並舉兵挺進中國東北，從而處於有利地位並可以幫助中國共產黨。在朝鮮，日本戰敗之後，蘇聯立即根據協定占領了該國北半部，同時更採取步驟將他們的占領區加以鞏固，從而建立了一個共產黨政府。伊朗是另外一個麻煩地點。戰爭期間，美國、英國和俄國為防止納粹奪取伊朗而對該國實施了聯合占領，但是蘇聯拒絕在約定時間撤軍，以此施加壓力以求在石油問題上獲取英美的讓步（比如英美已經享有的那些權利）。

　　蘇聯還尋求對義大利在北非的前殖民地實行託管，從而可以逼近蘇伊士運河。他們還在和土耳其的邊界沿線集結軍隊，向土方施加壓力，以取得對黑海海峽的共管權，並使其海軍有權通過達達尼爾海峽進入地中海──這正是老沙皇所追求的目標。英國雖然在財政上捉襟見肘，但還是像以往一樣，承擔起其做為地中海和中東的「西方」保護者的角色，出面支持土耳其的防衛。希臘在一九四六年到一九四九年間爆發內戰，共產黨游擊隊與英國支持的保王派（亦即民族主義者）軍隊大打出手。史達林也許承認他在戰時與邱吉爾達成的關於希臘要留在西方勢力範圍之中的協議，所以沒有向希臘共產黨提供多少援助。

但是鐵托在南斯拉夫新建立起來的共產黨政權，卻出面幫助共產黨游擊隊。共產黨向土耳其、希臘和伊朗施加的壓力引起了英美的不安，它們擔心蘇聯對於東地中海和中東的石油資源有其一整套戰略圖謀。

戰後的緊張局勢，在一項關於對核武器實行國際監督的計畫造成了損害。美國知道蘇聯（以及其他國家）製造出原子彈只不過是時間上的問題，因為原子彈的科學基礎別國也了解（當時只有英國與美國分享核武器的祕密）。美國在一九四六年提出由國際權威機構來控制原子能，而原子能的事業則只限於和平目的。這樣一個國際機構將有權向任何國家派遣核查人員以檢查違規行為並施行制裁，而不受制於安理會否決權。蘇聯對此表示反對，而且不願意放棄他們手裡的否決權。外國人進入他們的社會進行不受限制的檢查，這對他們來說不啻是種冒犯。他們質疑美國居心何在，因為在擬議中的國際權威機構成立之前，美國將不會銷毀其核武器，也不會停止進一步的核武器試驗和生產（而且許多美國人還反對將他們自己的核軍備置於國際控制之下）。至於英國，他們擔心美國退回孤立主義中，於是開始著手把自己造就成一個核武大國。國際核能控制的計畫，就這樣，在相互之間的猜忌和疑慮中垮塌了。蘇聯著手加緊推進自己的原子研究（以及有效的間諜活動），其成功之日來得比預想的更快。一九四九年，蘇聯成功地試爆了一顆原子彈，一場給全世界帶來恐懼的核武軍備競賽就此揭幕。

同時，政治衝突在一九四六年和一九四七年這兩年裡也加劇了。美國國會規劃出來的遏制政策做出如下假定：蘇聯的勢力將擴展到每一個出現權力真空的地方。遏制戰略的倡導者們指出，西方應該同時展現耐心和決心，蘇聯社會自身最終可能會發生變化。但同時西方一定要保持其軍事力量，並使用經濟和其他力量來抗衡蘇聯。做為美國政策的基石，「遏制」最終被從更嚴格的軍事意義上加以解釋，而這就偏離了其最初倡導者的本意。與此同時，邱吉爾在一九四六年三月發表了一個盛勢凌人的演說，其間他描述了「鐵幕」在東歐和西歐之間——「從波羅的海的斯德丁到亞得里亞海的的里雅斯特」——落下的情形。當年春季，美國拒絕了蘇聯提出的一筆待決的重建貸款申請，因為國會已決定《租借法案》須隨戰爭結束而終止，同時美國還終止從德國的美國占領區向蘇聯運送戰爭賠償物資。

一九四七年，財政吃緊的英國被迫削減其在地中海地區承擔的義務，向華盛頓通報說，其已無力援助希臘的反共武裝力量，同時也無法繼續對抵禦蘇聯壓力的土耳其予以支持，美國迅速採取行動來填補這個權力真空。杜魯門不僅同意在地中海地區提供必要的援助，同時還在一九四七年三月制定了一項廣泛

的國家政策，以期在世界上任何地方遏制共產主義——「援助那些自由人民，他們正在抵禦少數武裝力量或者外部壓力試圖強加給他們的征服」。杜魯門主義使美國承擔了前所未有的義務，深深捲入全球性軍事和經濟事務之中。一九四七年春季，馬歇爾計畫宣布實施，該計畫旨在加速歐洲的經濟復興，並以此來遏制共產主義的擴張。

美國的國家安全體系開始成型。國家安全委員會被設立起來，就國家安全事務向總統提供諮詢。中央情報局（CIA）建立，目的是協調情報的蒐集工作。中央情報局很快就得到授權來安排祕密行動，行政部門處置對外政策事務的權威得以加強。一九四八年，美國首次採行和平時期義務兵役制。

蘇聯則譴責美國資本主義和帝國主義是「戰爭販子」。美國武裝希臘和土耳其，在中東建立了空軍基地，美國軍隊占領日本、沖繩和南朝鮮，美國擁有原子彈，凡此諸端，都使蘇聯感到自己處在威脅之下、包圍之中。蘇聯的猜疑在一九四七年後越積越多，同時他們還不時追溯起歷史舊帳，包括一九一七至一九二〇年間俄國革命和內戰時西方的干涉，蘇聯被排除在《慕尼黑協定》之外，「二戰」期間遲遲不開闢第二戰場，此外還有戰爭結束時終止《租借法案》，回絕戰後貸款的請求等等。

一九四七年，蘇聯斷定他們必須重新對世界各國的共產黨施加更嚴密的控制。為此，他們以新的形式重建了做為戰時友好合作的姿態，而在一九四三年被解散的老共產國際（即第三國際），更名為共產黨和工人黨情報局。蘇聯還在中東歐取消了共產黨員曾經在其中分享權力的聯合政府，而代之以共產黨支配下的政權。比如在捷克斯洛伐克，貝奈斯總統的民主聯盟以往曾經被視為東西方之間可能的橋梁，而如今，在預定舉行的大選中將面臨失敗的共產黨，在一九四八年二月奪取了政權。到此時為止，美蘇之間戰後形成的猜疑和衝突已經使它們相互把對方視為永久性的威脅，而雙方又都用自己不乏武斷的政治和軍事行動去抗拒這種威脅。由此，越來越嚴酷的冷戰擴散為地區性衝突和政治對抗，而在歐洲、亞洲，乃至於在地球上的各個地方，這些衝突和對抗一刻不停地發展演變著。

德國：柏林封鎖和空運，一九四八至一九四九年

歐洲重建的關鍵是德國，蘇聯和西方的爭奪最緊要的地區也是德國。根據盟國的協定，德國被畫分為四個區域，分別由美國、蘇聯、英國和法國占領。雖然四大國對德國實行分區占領，但盟國之間早先已達成協議，要對戰後德國採取協同政策。柏林也被分割為四個不同的盟軍占領區，同時為整個城市設立

一個聯合行政機構。各大國都同意德國應該付出戰爭賠償，其形式包括固定設備和新增產品。賠償主要是支付給蘇聯，因爲它在戰爭中受到德國軍事破壞最爲嚴重。各大國還一致同意對德國的生產能力設定限制。

　　戰爭結束時，美國卻很快有了新的主張，希望推動德國的經濟重建，以此加速歐洲的復興，並削減歐洲對美國財政援助的依賴，英國對此也予以支持。位於西方占領區的魯爾仍是歐洲在工業上的心臟地帶。另一方面，蘇聯卻打定主意要利用德國的資源來修復他們自己國家所受到的破壞。他們在自己的占領區運出大批食品，並將機器設備工廠整體搬遷。西方盟國拒絕對他們自己占領區內的工廠進行拆解，並堅持認爲蘇聯只應該從他們自己的占領區內提取新增產品的份額。一九四六年五月，對德聯合行政機構瀕臨崩潰的邊緣。一九四七年初，美國和英國合併了它們各自的占領區。法國克服了他們最初不願意看到德國復興的情緒之後，很快也把他們的占領區合併進來。西方大國鼓勵德國各州政府重建，並召集制憲會議以建立聯邦共和國，蘇聯則在他們自己的占領區中採取步驟，欲建立一個共產黨支配的政府，兩個德國由此浮現。

圖22-3　蘇聯關閉了通往柏林的鐵路和公路，導致了冷戰早期最具戲劇性的事件之一──柏林空運。在近一年的時間裡（一九四八至一九四九年），美國及其西方盟友向這個孤城運輸物資。圖中所顯示的是空運中使用的其中一種飛機。空運的景象成為冷戰中為爭取國際輿論支持的鬥爭的一部分，也成為西柏林和西方盟國紐帶的持久象徵。（Hulton-Deutsch Collection/Corbis）

西方國家認識到有必要推行激進的貨幣改革以對付通貨膨脹問題，並促進西部德國的經濟復興，於是在一九四八年六月突然廢除已嚴重貶值的舊德國馬克，按一比十發行新的德國馬克。事前沒有就此得到徵詢的蘇聯予以反對，因為如此違反了戰時達成的將德國當做一個單一經濟體的協議。做為報復手段，他們封鎖了所有通往柏林的公路和鐵路，柏林深入到當時蘇占區境內一百英哩處。這種封鎖對西方是尖銳挑戰，也是對其意志的嚴酷測試。如果西方放棄了柏林，它就會在整個歐洲威風掃地，同時為蘇聯向西的擴張乃至於向其他地方的擴張敞開大門。西方盟國知道，它們不能訴諸軍事措施與強大得多的蘇聯地面部隊為敵，遂以大規模空運來回應。在近一年的時間裡，美國和西方用飛機向盟國占領軍和西柏林的三百萬居民輸送數以千噸計的食品和其他物資。蘇聯對空運飛機予以攔阻，但須避免直接的對抗，最後在一九四九年五月撤銷了封鎖。

雙方都開始在自己控制的區域裡著手建立德國政府。德意志聯邦共和國在一九四九年九月建立，定都於萊因蘭地區的一個小城波恩。一個月後，德意志民主共和國成立，定都於柏林東部。至此，兩個德國的局面終告形成，歐洲也沿著一條僵硬的政治邊界被生生地劈為兩半。

大西洋聯盟

一九四八年，英國、法國、比利時、荷蘭和盧森堡組建了旨在集體自衛的西歐聯盟，但是這個組織的軍事資源極為有限。一九四九年美國帶頭創立了一個範圍更大的軍事聯盟和集體安全體系。美國、加拿大和十個歐洲國家在華盛頓召開會議，就西歐的集體共同防禦達成多項軍事協議。大西洋協定是一個無限期且範圍廣泛的軍事同盟：「對一個和數個成員國的武裝攻擊」將被視為「對全體成員國的攻擊」。美國正式地承擔了保障西歐安全的義務，同意向歐洲的重新武裝提供資金和設備，這是美國歷史上首次加入這種類型的軍事聯盟。

北大西洋公約組織（NATO）出現的同時，伴隨著一系列的軍事安排和一個由艾森豪將軍領導的指揮體系。因為西德仍然是蘇聯擴張最脆弱的目標，所以大批美國部隊（最終達到三十萬人以上）被部署於此，充當北約武裝力量的核心。但是蘇聯在地面部隊方面具壓倒性優勢，所以北約的防務戰略主要基於美國的空中力量，而不是單獨依靠地面部隊。《北大西洋公約》鄭重承諾美國絕不放棄歐洲大陸。在後來若干年間，西歐人有時會對接受美國的領導心有不甘，有時又會擔心美國撤離歐洲，但是北約始終是抵禦蘇聯侵略的盾牌。杜魯

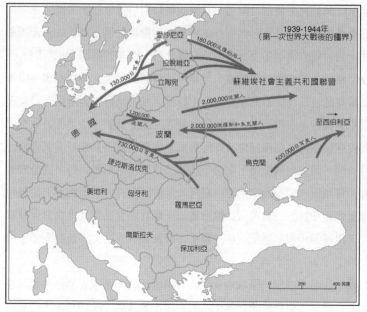

圖22-4　大規模驅逐和移民，一九三九至一九五〇年

在一九三九至一九五〇年間，長久以來形成的中歐和東歐各民族的分布狀況發生了急劇的改變。大約六百萬猶太人在大屠殺中喪生；到一九五〇年，三十多萬猶太倖存者移民到以色列，數以百萬計的德國人、波蘭人和其他國家的人民被驅離家園。

上圖：第一階段是始於一九三九年的《蘇德條約》，此後德國人占據了波蘭西部，而蘇聯人則兼併了波蘭東部和三個波羅的海共和國。被德國驅逐出來的波蘭人到了波蘭西部，而波蘭東部約有兩百萬波蘭人被驅往西伯利亞，大約同樣數量的俄羅斯人和烏克蘭人進占波蘭東部。許多愛沙尼亞人、立陶宛人和拉脫維亞人被送到蘇聯的其他各個地區。數以千計的德意志人從波羅的海三國以及羅馬尼亞等其他地區長期以來形成的德意志人飛地「返回」德國。蘇聯南部的「伏爾加德意志人」、韃靼人和其他民族被送往西伯利亞。

下圖：第二階段的大規模移民始於蘇聯的勝利和希特勒第三帝國的垮臺。德國和波蘭的邊界如今向西推移至奧得河。數百萬德國人從奧得河以東，另有數百萬德意志人從捷克斯洛伐克的蘇臺德地區、匈牙利、羅馬尼亞等地，被充塞到德國剩餘的領土內，其中大多數人逃往西德。波蘭人湧進曾經屬於德國的奧得河以東地區，還有人從烏克蘭來到波蘭。俄羅斯人則湧入曾經屬於波蘭東部和波羅的海三國的地區。烏克蘭人和其他非俄羅斯少數民族被送往西伯利亞。一些波羅的海國家的人逃往西方，還有一些波羅的海國家的人則被送往蘇聯境內各地。

在這些移民運動中，除了猶太人實際上從東歐消失之外，最顯著的莫過於德意志人從東歐被排除出去，以及波蘭人和俄羅斯人向西的移動。

門主義、馬歇爾計畫和北大西洋公約組織是美國和西方應對蘇聯潛在威脅的三大利器。

　　同時西歐國家在馬歇爾計畫的援助之下重振經濟，相互之間展開密切合作（馬歇爾計畫將在本章下一節予以討論）。當然不能指望蘇聯會對西歐的復興及其不斷加強的一體化持樂見其成的態度。在西歐人看來，美國的財政和軍

事援助、北約以及遏制政策都屬於防禦性質，是因蘇聯擴張主義而引發的，但站在蘇聯的立場上，這些卻都是充滿敵意的行動。蘇聯把它的衛星國或者附屬國（被稱爲人民共和國或者人民民主國家）拴得更緊了。它在一九四九年建立了經濟互助委員會，以此使經濟關係制度化。幾年後，於一九五五年建立了華沙公約組織，以便對已有的軍事聯盟關係體系加以協調。蘇聯不斷強化其陸、空力量，並繼續推進其核武器的研製。

至一九四九年，史達林在戰後的擴張看起來是被遏制住了，杜魯門宣稱他的政策取得成功了。蘇聯已經放棄了他們對土耳其的要求，而且也從伊朗撤離了。在西歐，由共產黨發動的罷工騷動也失敗了。而在義大利一九四八年的選舉中，梵蒂岡和美國強烈支持反共陣營，共產黨贏得權力的企圖落空了。鐵托元帥在一九四八年脫離了共產黨和工人黨情報局，使南斯拉夫走上獨立的共產主義道路。在希臘，美國和英國支持的保王派於一九四九年取得對共產黨游擊隊的勝利。蘇聯對柏林的包圍也沒有能夠將西方驅離這個城市。

這樣，至大約一九五〇年時，雙方在歐洲的對抗進入僵持局面。蘇聯對西歐的威脅被削弱了。歐洲大陸分裂爲東西兩個部分，德國也一分爲二，柏林也被分割爲東柏林和西柏林。在蘇聯對柏林的封鎖失敗以後，歐洲再也沒有發生類似的公開衝突。對柏林的威脅固然一再出現，但雙方都認識到了對方的力量和安全關切，於是有人就生出這世界好歹會實現和平——儘管這和平並不能讓人輕鬆——的想法。但是在一九五〇年六月，這種想法卻破滅了。西方和蘇聯的鬥爭轉移到了亞洲。

日本的復興

戰後的幾年間，亞洲也發生了一連串大事，新的衝突不斷出現。中國共產黨打敗了國民黨，毛澤東於一九四九年宣布中華人民共和國成立。從一九四五年到一九五二年間，美國在日本利用軍事占領培育議會制度，並復興了日本經濟。

　　美國拒絕了蘇聯關於參加對日占領的要求，並在徵得英國和法國同意的情況下，授予駐日盟軍最高統帥道格拉斯·麥克阿瑟全部統治權。部分做為對新的冷戰緊張局勢的反應，美國在對日占領中鼓勵經濟復興和政治重建，而放棄了懲罰性措施，被災難性失敗打懵了的日本人心甘情願地合作。日本天皇為了息事寧人接受了所規定的特殊地位，被庇護起來，免於審判，甚至不受批評。一九四六年日本頒布了一部新憲法，結束了神權統治，將主權由天皇轉移到人民手中，建立了代議制政府，賦予婦女選舉權，並鼓勵地方自治。這部憲法「永久性」地放棄使用戰爭和武力威脅做為解決國際衝突的手段，其小規模的武裝力量僅限於防衛性目的。儘管對日本戰爭罪犯進行了審判，卻沒有進行廣泛的清洗。日本對曾經是其征服行動受害者的亞洲國家支付了賠償，但是甚至在多年以後也沒有完全承認與這些征服行動相始終的野蠻殘暴。

　　在占領狀態下推行的社會和經濟改革，實際上並不像最初所設計的那樣廣泛深入。重工業和銀行領域裡的大家族資產被解散了，隨即不久新形式的經濟集中接踵而來。工會被重建起來，然其權力已大打折扣。占領當局啟動了一項土地重新分配計畫，其中包括對大土地所有權予以限制，小農無力購買提供給他們的土地。儘管一個溫和的社會主義政黨建立了起來，後來一些年裡，好鬥的激進分子也不斷地進行示威抗議，但政治權力仍始終牢牢把持在社會上層的保守派手中。在對日占領終止時，自由民主黨（一個保守政黨）支配了政府，並長期維持了這種一黨獨大的局面。

　　在保守派主導的政治共識之下，經濟恢復和增長被置於突出的優先地位。和西歐一樣，日本也迅速地恢復了。一九四五年時，日本曾處於一片殘破衰敗之中，其四分之一的住房被毀，農業和工業產出縮減到只有戰前一半的水準，航運業和財政儲備化為烏有。在占領體制、美國人的幫助下，日本經濟得以迅速恢復和擴張。到一九五四年時，其國民生產總值已達到戰前水準。儘管有數百萬人從中國東北、朝鮮和亞洲其他地方被遣返回來，又有大批農村勞動力加入勞動大軍，但日本仍然出現了勞動力短缺。對此做出的反應是高度的自動化。日本成為先進的高端技術方面領先者，而技術創新又使其經濟增長得以持續。很快的，日本生產的消費品進入世界經濟，形成了足以與美國和歐洲產品相抗衡的出口產品的洪流。由於日本被禁止建立大規模的軍隊，所以以往會被投入軍事領域的支出如今都被用做工業投資。到二十世紀五○年代，日本再次成為一個主要的經濟大國，一個強固的社會穩定地帶，同時也成為全球經濟中一個重大的新要素。美國把日本置於自己的庇護下促使其復興，把這樣一個日本視為在亞洲抗拒蘇聯影響和阻止革命蔓延的堡壘。而對蘇聯而言，這樣的日

本不啻是另外一個威脅。

在亞洲的遏制：朝鮮戰爭

　　朝鮮曾經是日本和沙皇俄國兩大帝國主義爭奪的目標，但自一九一〇年以來淪於日本的統治之下。西方盟國和蘇聯在「二戰」期間曾達成協議規定——擊敗日本後，朝鮮將獲得自由和獨立。一九四五年，美國出於軍事上的方便考慮，提議蘇聯軍隊臨時占領該國南抵北緯三十八度線的北半部，美國軍隊臨時占領南半部。但是戰後為朝鮮統一而進行的談判陷入僵局。蘇聯在其占領區成立了一個以共產黨領導人金日成為首的衛星政府，並建立北朝鮮的武裝力量。美國則在南部建立了它自己的附庸國，並提供經濟和軍事援助。一九四七年，一個聯合國委員會試圖主持朝鮮全境範圍內的選舉，但是蘇聯不允許在北部對選舉進行監督。在南部舉行的選舉於一九四八年五月將李承晚送上總統大位，而此人徒有民主的外表，實則實行個人獨裁統治。大選之後，美國將其占領軍撤出，但繼續提供軍事和經濟援助。蘇聯也將其占領軍撤走，留下一支訓練有素、裝備精良的北朝鮮軍隊。就這樣，兩個朝鮮出現了，與最初的意願大相逕庭。

　　正如前文所述，到一九五〇年時，東亞的局面已經發生了顯著變化。美國透過其戰後對日占領造就了一個穩定的日本，而這個日本對西方友好，經濟也走向繁榮。再者，中國共產黨雖然只得到蘇聯有限和勉強的支持，但在一場曠日持久的內戰中戰勝了國民黨，而於一九四九年宣布成立中華人民共和國。中蘇兩國都對日本的復興和美國在東亞的影響力增長感到擔憂，於是它們在一九五〇年二月簽訂了一個共同防禦條約，同時蘇聯發動了在聯合國賦予中華人民共和國以合法席位的運動。這場運動失敗了，蘇聯就以抵制安理會會議來表示抗議。

　　雖然南北朝鮮之間不斷發生邊境衝突，但北朝鮮對南方的全面進攻卻是突然降臨的。在西方，此舉被視為公開的軍事侵略行動，是冷戰中首次赤裸裸的軍事侵略。北朝鮮人憑藉其計畫的大膽性和武力優勢，希望一舉取得勝利。他們把賭注下在這樣的判斷之上，即美國不會干預，而外部世界除了道義上的抗議之外也不會有所行動，這樣共產黨便可以獲得對整個朝鮮半島的控制權。

　　到底是什麼因素促使朝鮮人發動攻擊，這個問題至今還不十分清楚。北朝鮮人對於南方公開宣稱要按照西方式的條件來統一國家而感到擔心，他們似乎是獨立地發動攻擊。然而眾所周知的是，史達林也清楚地了解北朝鮮的意圖，甚至允許蘇聯軍方對進攻的計畫事項給予幫助，這裡他指望的是速戰速勝，而

且國際方面只做出很有限的反應。然而進攻的時間似乎讓蘇聯人也吃了一驚，因為正如前文所述，他們正在抵制安理會，所以當安理會譴責這次侵略並授權採取軍事應對措施時，他們無法行使其否決權。中國人正從內戰中走出，元氣未足，而且仍然面臨著在臺灣國民黨的挑戰，所以似乎不大可能發起這場戰爭。無論如何，即便進攻是在北朝鮮的共產黨盟友多少有些不夠警覺的情況下發生的，北朝鮮最初勢如破竹的勝利還是給蘇聯和中國提供了一個機會，以制止美國在日本和東亞的勢力繼續擴張。蘇聯悄悄地向北朝鮮提供援助，譴責美國干涉亞洲事務，而且就在蘇聯和中華人民共和國的家門口。

　　對美國政府和大多數美國人來說，很難相信這次進攻不是莫斯科密謀策劃的，也很難相信北朝鮮有能力發動單獨行動。美國認為蘇聯會像在其他地方一樣，在亞洲尋找可以突破的薄弱地點，而他們現在就在朝鮮找到了這樣的一個點，對此必須加以制止，否則朝鮮就會變得和柏林一樣，成為另一個測試美國和西方意志的地點。杜魯門當時已經在為「丟失中國」（他政治上的批評者當時正是用這個說法來指稱中共在一九四九年的勝利）而煩擾，他把北朝鮮的進攻看成是對「自由世界捍衛自由的決心」的考驗。這次進攻對於為制止蘇聯共產主義而建立起來的整個集體安全和遏制體系提出了挑戰。他說，蘇聯已經「不限於使用顛覆手段」，而直接訴諸「武裝入侵和戰爭」。杜魯門按照聯合國安理會決議，下令美國作戰部隊開赴朝鮮，並要求在三十八度線以南進行空中轟炸。杜魯門沒有要求美國正式宣戰，因為他所採取的行動被認為是「員警行動」。戰時太平洋戰場上的英雄，成功地主持了對日占領的麥克阿瑟將軍被任命為聯合國多國部隊（美國人在其中占主要部分）的司令官。

　　在一九五○年夏季進行的最初戰鬥中，以美國為首的聯合國軍隊一直被驅趕到朝鮮半島南端的海岸，似乎即將要被趕出朝鮮半島。但是至九月，麥克阿瑟在朝鮮半島西海岸組織了一次出色的兩棲登陸，把北朝鮮人驅趕回三十八度線，然後迅速繼續向北推進到做為朝鮮和中國邊界的鴨綠江。毛澤東被聯合國軍隊到達中國邊境所激怒，就採取行動來宣示中國的國際意義。十月末，一支龐大的中國志願軍部隊突然出現在朝鮮境內，並在兩個星期內將聯合國軍隊逐回三十八度線以南。於是一場全新的戰爭開始了，因為中國現在參戰了。美國的歐洲盟國最初對美國顯示的決心感到滿意，但現在卻越來越擔心戰爭可能升級為一場全球性衝突，甚至至核武大戰。

圖22-5　朝鮮戰爭是對哈里‧杜魯門總統遏制共產主義政策一次至關重要的考驗。然而，和
　　　　所有的現代戰爭一樣，這場戰爭也擾亂了數以百萬計的老百姓的生活，其中包括那
　　　　些對引發戰爭的政治問題毫無所知的人。這張朝鮮小姑娘背著她年幼弟弟的照片拍
　　　　攝於一九五一年夏天，他們身後是一輛美軍坦克。他們的表情傳達出的資訊是，在
　　　　政府之間和世界大國之間發生的暴力衝突中，當地人民總是要掙扎著活下去的。
　　　　（Time Life Picture/Getty Images）

　　與此同時，前線的戰鬥呈現出拉鋸狀態。麥克阿瑟迫使中國和北朝鮮軍隊
再一次退回三十八度線以北，並要求無條件投降。他提出封鎖中國沿海地區，
轟炸中國城市，並鼓勵中國國民黨進攻中國大陸，甚至用放射性廢料製造一個
隔離帶，把朝鮮和中國隔開。然而杜魯門認為，麥克阿瑟的威脅將導致與中國
的全面戰爭，導致蘇聯的干涉，導致一場使美國失去歐洲盟國全面支援、規模
更大的戰爭。當這位將軍對總統的權威加以公然輕慢時，杜魯門用另一位司令
官取代了他，並尋求達成停火。

　　一九五一年七月，雙方達成停火協議，從而使大規模交戰告一段落，但是
停戰談判曠日持久地拖延著，在對不願意返回的北朝鮮戰俘實施遣返的問題上
陷入僵局。一九五三年初，艾森豪將軍接任總統，當年七月終於簽署了停火協
定，雙方的分界線大體上劃在三年前戰爭打響時那條線（也就是三十八度線）
上，還規定了一個非軍事化的緩衝區。這樣臨時的分割被固定為另一例永久性
的分裂。北朝鮮建立了共產黨政權，南朝鮮在李承晚及其數個繼任者統治下長
期不能實現政治民主，但發展出了有活力的資本主義經濟，在經濟力量上遠勝
於北朝鮮。數十年後，二十一世紀來臨時，美國軍隊仍然有四萬多人駐紮在韓
國，而朝鮮政權一直試圖建造一個小型的核武器庫。多次談判舉行，開始緩和
兩個朝鮮南北雙方的緊張局勢。

　　朝鮮戰爭使各方都付出沉重代價。美國在由十五個國家組成的聯合國軍隊中占據了地面部隊的一半和幾乎全部的海、空軍部隊，在這場未經宣戰的戰爭中損失超過五萬四千條生命，接近其在第一次世界大戰中戰亡人數的一半；而戰爭中負傷人員總數估計超過十萬人。但是南朝鮮方面死傷和失蹤人數總計超過一百萬，北朝鮮和中國各自的傷亡人數也都達到這個數字。這場戰爭中，總共有大約三、四百萬人喪失了生命。

　　戰爭也影響了全球經濟。美國自己耗資一百五十億美元，但是美國經濟本身還不能完全滿足其軍事需要。所以戰爭又刺激了西歐和日本的經濟增長，而且強化了德國重新武裝的必要性。在美國人的眼中，這些代價是必要的，因為一場不可容忍的侵略行動被制止住了，全球遏制戰略在亞洲取得了成功。大多數西歐人，甚至包括那些擔心麥克阿瑟草率莽撞的人，都因看到美國對共產黨軍事侵略做出堅決反應而感到放心。

　　然而，在共產黨世界看來，甚至在印度或者印尼那樣亞洲不結盟國家看來，朝鮮戰爭阻止了美國這個強大的資本主義國家在東方重新確立西方帝國主義的統治。美國曾努力在亞洲建立一系列地區安全協定，但是在這個過程中，它發現較大的非共產黨國家都對此毫無熱情，因為這些國家固然不喜歡共產主義，但也不信任西方。儘管十九世紀時美國在各大國中最少涉足亞洲領土兼併的帝國主義活動，但由於其新近充當了西方世界的領袖，遂成為西方壓迫的一個象徵。美國的這副形象又被人們的一種疑慮所強化——美國關於自由世界的言辭不過是個幌子，用以遮掩美國資本主義開拓世界市場的衝動。

　　另一方面，美國成功地以武力手段阻止了北朝鮮的進攻行動，強化了美國人的一種信念，即認為依靠武力和決心便可以在世界上任何地方制止共產主義擴張，遏止可達全球性。朝鮮戰爭開啓了一個美國深深介入亞洲的時代，同時也預示了一場歷時更久、代價更大的衝突，即此後在越南的戰爭。

　　朝鮮戰爭的政治影響也波及到歐洲。儘管法國和其他歐洲國家對德國軍事力量的復興感到憂慮，但美國還是著力於推動西德的重新武裝。當法國對關於建立一體化的歐洲防務（包括一支「歐洲軍隊」，德國人在其中充當「歐洲士兵」）的提議，一九五四年在法國議會被否決時，西德被授權建立自己的軍隊，並被置於北約的總體指揮下，對德國軍國主義復興的擔憂正在逐漸消退。西德憲法規定對軍隊實行文官控制，而一場強烈的反軍國主義運動也已在這個國家本身出現。一九五五年，德意志聯邦共和國成為北約的正式成員。

　　同時，朝鮮戰爭加速了對日正式簽訂和平條約的過程。一九五一年，五十個國家在蘇聯缺席的情況下，於舊金山共同簽署和平條約。條約規定不要求總

體的戰爭賠償，但是各國可以分別與日本達成賠償協議。在一個單獨的安全協定中，美國保留了在日本的軍事權利，並占據日本附近的一些島嶼。根據協定，美國將視和平與安全期的需要而決定保有這些島嶼的時間。一年後，美國對日占領正式結束。蘇聯沒有採取任何歸還其自「二戰」結束以來占領的千島群島的舉動。而美國還簽署了與奧地利、紐西蘭、菲律賓的安全協定，以強化其全球義務。

其後數十年間，冷戰早期形成的國際關係始終不能擺脫麻煩，不斷造成新的衝突和危機，包括在柏林、古巴、越南、中東和非洲等地，而這些只是其中最醒目的幾次。更有甚者，兩個超級大國之間的核軍備競賽不斷加劇，雙方都集聚了有史以來最為可怕的武器庫。一九五二年末，美國成功地試爆了第一顆熱核炸彈（即氫彈），其當量比投在廣島的原子彈大數百倍，核軍備競賽由此達到一個至為殘酷的階段。幾乎同時，蘇聯在一九五三年也製成一顆氫彈。雙方都積極開發戰略運載系統，以確保在冷戰演進的過程中，任何一方都不能獲得決定性的軍事優勢。但是在繼續講述冷戰之前，在本章和下一章我們必須先對這些年裡其他事態發展予以交代，包括西歐經濟的顯著恢復和政治重建、全球經濟的重組、共產黨國家組成的世界，以及從西方老殖民帝國中興起的新興國家。

西歐：經濟重建

第二次世界大戰使歐洲陷入一派殘破，其境況更甚於「一戰」之後。戰爭毀壞了世界上一大工業地區，導致其經濟體系的崩潰。即使在當地最嚴重的經濟破壞得到初步修復之後，痛苦和憂慮仍不能休止。歐洲已不再有能力為其所需的進口做出支付。戰爭期間，歐洲人，特別是英國人，已經耗盡了他們的海外投資，又喪失了他們曾經擁有的航運能力一大部分。海外各國已經建立了他們自己的工業，不再像以往那樣依賴歐洲的工業產品，而美國占領了以往在歐洲人手中的市場。

與此同時，對西歐不可加以漠視。西歐的人口總數比兩個超級大國都多。雖然遭到嚴重破壞，它還是世界上最主要的工業地區之一，而且仍然擁有修復和運轉其工業設施的技術儲備。西歐人不希望被任何一個超級大國所拯救。大多數西歐人拒絕共產主義，視之為現代形式的奴役制度。然而他們也擔心過分地依賴美國。他們對一九二九年的股市崩潰、美國資本撤走後的經濟垮臺和大蕭條記憶猶新，對美國資本主義疑慮重重。

馬歇爾計畫和歐洲復興

對非共產黨世界而言，戰後初年的經濟現實中最重要的一點，就是美國經濟體系所達到的生產力高度。美國經濟在戰爭中有了巨大擴張，到戰爭結束時，美國已經占據了世界工業生產量的三分之二，擁有世界黃金的三分之二。它的國民生產總值比一九三九年增加了兩倍半，出口則增加了三倍。雖然有人預言戰後會發生經濟崩潰，但是在二十世紀五〇年代和六〇年代，其經濟仍以前所未有的速度發展著。

戰後，美國終止實施《租借法案》，同時向西歐輸送了價值數十億美元的救濟物資，並向各國（特別是英國）提供貸款。但是歐洲人很快就自己著手重建經濟。在不到兩年的時間裡，到一九四七年，西歐各經濟體就已經接近各自戰前的生產水準。然而美國的援助仍然是必需的，因為西歐只有靠美援才能繼續購買所需的食品、燃料、原物料，以及恢復經濟所需的工業設備。到了一九四七年春季，經濟恢復面臨了重大風險，西歐人擔心他們將遭遇一個世紀以來最嚴重的農業歉收。隨著冷戰緊張局勢的加劇，法國和義大利的共產黨偏離了最初在戰後重建採取合作態度的路線，發動了一系列罷工。蘇聯也許是因為認識到西方不會容忍在這裡發生公開的革命，而沒有積極推動西歐的革命。但即便如此，美國也十分擔心歐洲的穩定。就兩個超級大國來說，蘇聯會從西歐的大亂中獲利，而美國則會在西歐的重建中獲益。

但到此時為止，美國的援助仍是臨時和無系統的。一九四七年六月，國務卿喬治·馬歇爾利用其在哈佛大學畢業典禮上發表講話的機會，向歐洲國家發出邀請以共同制定一個廣泛的經濟復興計畫的藍圖，而美國將為這個計畫提供財政支持。馬歇爾稱，這個計畫「不是針對哪個國家，也不是針對哪一派信仰原則，而是針對饑餓、貧窮、絕望和混亂」。為了凸顯這個計畫的非政治特性，美國向所有歐洲國家，包括蘇聯和東歐國家都發出了邀請。蘇聯拒絕了美國的提議，並禁止東歐衛星國加入該計畫，將其斥為「美帝國主義新的冒險」。

西歐國家則做出熱烈響應。在馬歇爾計畫（美國國會立法通過時名為「歐洲復興計畫」）之下，美國的援助要和各個國家的實際需要相協調，又要優先符合歐洲共同利益最大化的要求。在與美國密切合作的同時，設在巴黎的歐洲經濟合作委員會則負責確定專案、協調計畫和分配資金的工作。

馬歇爾計畫所取得的成果遠遠超過其美國倡導者的預計。西歐人利用他們自己的技術和管理技能提高交通設施，推動基礎設施的現代化，並擴大生產能力。他們削減相互之間的貿易壁壘，並透過建立一個支付同盟[2]來促進貿易

的順暢化，從而紓解了西歐各國政府的財政壓力，使各國不必再實行進一步的緊縮政策。馬歇爾計畫使已經開啓的復興加速進行，掃除了復興道路上的障礙，並促進了歐洲國家相互之間的經濟合作。

　　美國固然是在利用它自己的經濟資源幫助其競爭對手實現復興，但在此同時，馬歇爾計畫也藉由世界市場而服務於美國人自己的利益，故美國可以說是世界市場主要的受益者。藉由爲美國出口開闢海外市場，馬歇爾計畫亦有助於促進美國本土的經濟繁榮。美國實現了他們自己的人道主義動機，同時又滿足了自己的經濟需求，削弱了歐洲人倒向蘇聯的趨勢。同時馬歇爾計畫也加劇了蘇聯集團和西方之間的分裂。

西歐的經濟增長

　　對西德來說，一九四八年的貨幣改革、馬歇爾計畫和朝鮮戰爭帶來的經濟機遇，共同開啓了其經濟復興和擴張的進程，其驚人成就可以用「經濟奇蹟」相譽之。到一九五〇年，德意志聯邦共和國已經超過戰前德國的生產水準；到一九五八年，它更是成爲西歐頭號工業國。法國、義大利和其他西歐國家也經歷了「經濟奇蹟」。從一九四八年到一九七四年全球衰退開始的二十五年間，西歐經濟經歷了前所未有的不間斷增長。西歐人享受著繁榮和不斷提高的生活水準。歐洲人後來把這段時期稱爲「白銀的五〇年代」和「黃金的六〇年代」；法國也有所謂「光輝的三十年」的說法。英國經濟受老工業部門和喪失海外市場的拖累，因而落在其他國家後面，但它的增長速度也快過兩次世界大戰間的年代。

　　西歐的繁榮來源於競爭性的、資本主義的、自由市場的和私營企業制度的經濟。但是幾乎在所有國家，這段時期的繁榮均不同程度上伴隨著廣泛的經濟計畫、系統的政府干預，以及用以克服競爭性資本主義和商業週期的不穩定的社會服務體系。在任何地方都沒有人願意重新經歷大蕭條時期的艱難和痛苦。凱恩斯的理論最初是在二十世紀三〇年代提出的，當時沒有多少信奉者，但戰後卻大行其道，在五〇年代和六〇年代主導著各國政府的政策，即使在保守派執掌政府時也是如此。各國政府將經濟置於嚴密監控之下，利用財政和貨幣方面的權力來促進投資、生產和就業，並控制通貨膨脹。各國政府採取「反週期」措施，也就是說，在商業週期運動顯現出衰退跡象時擴大政府支出。充分就業成爲所追求的目標，透過提高統計技術和經濟預測的水準（儘管還遠非完善的工具），經濟計畫和「微調」就能被加以切實可行的操作。然而，這樣的計畫採取的是引導和指導的形式，而不是強迫的形式，這與蘇聯和蘇聯集團施

行的嚴格、細緻與教條的中央計畫有顯著不同。

在英國、法國和義大利（在較小程度上還有經歷過納粹統治的西德），戰後歷屆政府均對一些關鍵經濟部門實施國有化，使之置於政府控制之下。但即使在這些混合型經濟體中，私人資本主義部門仍占據了經濟活動的主要部分。在所有的西歐國家中，經濟增長實際成為一種社會性的執著觀念，因為無論是政府還是人民都期望實現遠遠超過以往的增長率。

當持續的經濟增長導致勞動力短缺時，西德和其他國家開始引進外國勞工加入本國的勞動大軍。土耳其人、希臘人、南斯拉夫人、西班牙人、葡萄牙人和義大利人（多數來自義大利南部）被當作「客籍工人」請進來。僅聯邦德國就來了四百五十萬名工人，其中約有半數是土耳其人，他們不再返回祖國，而是經常形成大片的、不接受同化的聚居區。戰後歐洲殖民帝國紛紛瓦解，亞洲、非洲和加勒比海地區前歐洲殖民地的移民也大批湧入。從二十世紀五〇年代開始，一支穩定的移民潮從印度、巴基斯坦、西印度群島和非洲流向英國；法國則吸收了來自其前北非殖民地，特別是阿爾及利亞的大批移民；荷蘭成為許多印尼人的家園，而政治難民也從越南和亞洲其他地區來到歐洲。新歐洲人往往混合了不同的文化、宗教、種族和膚色：清真寺成為歐洲城市的尋常景觀；客籍工人和移民以百萬計湧進歐洲，導致了新的社會衝突和社會不滿，在經濟狀況欠佳時尤其如此。大型移民社群越來越多，導致新的、經常具有種族因素的社會摩擦，考驗著種族和文化上日益多元化的歐洲社會適應性和寬容度。

戰後的嬰兒潮以及至少一千三百萬的移民和難民流入，在一九四五年至一九七〇年間使西歐的人口增加了百分之二十五。但是到二十世紀六〇年代，西歐的出生率開始趨於穩定，人口也開始顯示出長期下降的趨勢。

就在戰後的這些年裡，福利國家迅速擴張，其速度遠遠超過一九一四年之前的發展萌芽期，也遠遠超過兩次世界大戰期間的擴張

圖22-6　二十世紀五〇年代和六〇年代歐洲的「經濟奇蹟」給歐洲各地的工人們帶來新的工作機會和財富。在這張關於一九五七年的英國工人照片上，婦女們正在組裝電視機電路板，而電視機是對「二戰」後的經濟和社會生活具有重要意義的新消費品之一。

（Getty Images）

速度。戰後各國政府紛紛把社會目標置於高度優先的地位，將法國抵抗運動綱領[3]上所說的「更公正的社會秩序」置於高度優先的地位。所謂「更公正的社會秩序」包括：獲得適當工作機會的權利；政府在失業和喪失勞動能力的情況下提供補償救濟；對老年人提供社會安全保障；免費或者有補貼的醫療；透過累進稅實行財富和收入的再分配。福利國家旨在提供普遍性的保護，而不像早先時代那樣局限於窮人和弱勢群體。政府、管理單位和勞工在投資和增長的問題上有共識，三者之間的有益互動，使得社會政策目標在二十世紀五〇年代和六〇年代能夠成功實現。直到多年以後，七〇年代末開始，另一種觀點才開始形成聲勢：所有這些社會福利方面的權利變得過多，對經濟增長和競爭力構成損害。

西歐：政治重建

　　戰爭結束時，西歐也面臨著政治重建的巨大挑戰。英國在經濟上筋疲力竭，其帝國已然走上終結的道路；法國在經歷了一九四〇年的崩潰、德國的占領和戰時維琪政權後尚在恢復之中，卻又在印度支那和阿爾及利亞投入耗費巨大的殖民戰爭；義大利在經歷了二十多年的法西斯主義之後，不得不更新其政治生活；德國在納粹戰敗之後被加以分割，處於軍事占領之下。儘管如此，政治重建仍被推展開來。英國修復其做為世界上最古老的議會民主政體的地位，法國和義大利頒行了新憲法；一九四九年從德國的西方占領區中出現了德意志聯邦共和國。

　　西歐的小國也修復了它們的議會民主制度。只有西班牙和葡萄牙仍然處在戰前的獨裁統治之下，直到二十世紀七〇年代中期，這兩個獨裁政權才壽終正寢。參與政治生活的權利在整個西歐得到擴大。戰爭結束時，法國和義大利的婦女獲得了選舉權，瑞士婦女在一九七一年獲得選舉權。極少為人注意到，在二十世紀七〇年代進行的另一輪投票權改革中，大多數國家的法定選舉年齡悄悄地降到了十八歲。

　　戰後初年進行的選舉顯示出，人們對社會改革的熱切願望正轉化成政治力量。戰時抵抗運動曾經號召實現歐洲聯合以防止未來戰爭，並強調在實現政治自由的同時必須擴大經濟和社會權利。因此戰後各國人民要求政府提供保護，使人們免受因年邁、殘疾、疾病和失業而來的風險。在一九四五年後最初幾年裡，這樣的理念塑造了政治討論的議題和社會改革的內容，但不久之後，政治生活中的討價還價和折中安協故態復萌。

　　福利國家的理念與建立一體化的歐洲強烈意願一樣持續存在著，但是現實政治卻變得具有更多的實用主義，更少意識形態化。社會主義者依照斯堪的那維亞模式而成為社會民主黨改革派，他們接受資本主義，堅持認為他們能夠比自由派、中間派和保守派更有效地管理資本主義經濟。在法國和義大利有龐大的共產黨存在，它們在戰後幾年中強烈支持蘇聯，因而使事態複雜化。在德意志聯邦共和國、義大利和法國，從羅馬天主教的宗教和倫理觀念中汲取思想資源的基督教民主黨人，在新體制的形成和運作中扮演了關鍵角色。他們接受福利國家，但逐漸遠離了社會主義者的平等主義，隨著時間流逝，他們最終趨向於代表保守派和工商業界的利益。

英國：工黨和保守黨

　　在英國十年來首次舉行的議會選舉中，溫斯頓・邱吉爾和以保守黨為首的戰時聯盟下臺，由工黨政府取而代之。工黨在歷史上首次占據了多數派地位。在一九四五至一九五一年間工黨執掌政權，由克萊門特・艾德禮擔任首相。在這段時期，工黨將英國推向議會社會主義和現代福利國家的新階段。

　　工黨政府堅信國家的基礎產業部門不能被置於資本主義無計畫、無秩序的狀態下，為此對英格蘭銀行、煤礦、電力和燃氣、鋼鐵以及其他經濟部門實施國有化。由於全部產業的五分之四仍然為私人所有，所以國有化後出現的是一個混合型經濟體。與此同時，工黨對一九〇六年至一九一四年間自由黨改革遺留下來的社會保障計畫予以大幅度擴充和修復。早在「二戰」中的一九四二年，英國經濟學家威廉・亨利・貝佛里奇就起草了一份政府報告，提出要保證「自由社會中的充分就業」，並為所有人提供「從搖籃到墳墓」的社會安全保障。如今根據貝佛里奇的報告主張，工黨將社會保障覆蓋到失業、老年和其他臨時情況，啟動了一項全面的全國性醫療服務計畫，並提高了收入和遺產稅。

　　在一九五一年的選舉中，工黨失去了議會多數地位，保守黨重新上臺，在其後十三年間，多位保守黨首相相繼執政。一九六四年之後兩黨輪流執政。兩黨在選舉中的支持率因時間而消長，其根源在於國內民意對福利國家的態度不時變化，對經濟表現的滿意度上下浮動，又或者是對英國全球地位的衰落感到失望。

　　保守黨在其執政的歲月裡使一些先前國有化的產業重新回到私人手中，但除此之外也做不了別的去撼動福利國家。但是兩黨都認識到，只有使經濟保持繁榮，福利國家的社會改革才可能被消化吸收。但英國在經濟上有長期困擾著它的問題：「二戰」的軍費開支造成的投資銳減、海外市場的喪失、航運和其

他服務業收入的銳減，這些問題都嚴重影響英國的收支平衡，並削弱了英鎊的地位。隨著美國財政援助的到來，英國大力推動出口，並實施緊縮政策以削減入口，減少軍事負擔和維持英帝國而承擔的義務，從而使經濟有所提升，終於迎來一個有限的繁榮。但在同一時期，英國沒有像其英吉利海峽對岸的西歐鄰國那樣有效地重建其陳舊不堪的生產設備和基礎設施。

諸如此類的問題阻礙了英國經濟的增長，使得英國工人無力面對效率更高的外國產業競爭。當二十世紀六〇年代末英國出現通貨膨脹，並在七〇年代加劇時，工會就要求提高工資以應付物價上漲。罷工和曠日持久的停工折磨著英國經濟，並造成英國社會的分裂。直到七〇年代末一個新的時代來臨時，擺在英國人面前的問題仍然是，到底是工黨還是保守黨才能更好地應對——而不是終止——英國不可避免的衰落。

與此同時，北愛爾蘭依舊麻煩不斷。如前文所述，在英國和愛爾蘭於一九二二年分治後，北愛爾蘭新教徒人口占大多數的六個郡仍然留在英國治理下。占該地區人口三分之一的天主教少數派發起武裝抵抗，認為他們受到政治和經濟的歧視，要求合併到愛爾蘭共和國去。一九六九年爆發了公開的暴力衝突，這是由愛爾蘭共和軍和新教極端分子兩方面共同激起。在隨後發生的教派衝突中，有超過三千人喪生。

法國：第四共和國和第五共和國

法國解放後，抵抗運動的象徵性人物夏爾·戴高樂將軍成為臨時總統，選舉產生了制憲會議。由於沒有人希望重新建立信譽掃地的第三共和國，遂法國人開始締造新的共和國政府的進程。各右翼政黨因其在維琪政權中扮演的角色而失去人們的信任，而左派卻在戰爭中獲得了新的力量和威望。共產黨、社會黨，以及一個類似於歐洲大陸其他地方的基督教民主黨或天主教進步主義黨派即人民共和黨，組成了臨時政府。左派強烈要求系統地清洗戰時的通敵人員，儘管在確定罪行的程度上有困難。抵抗運動軍隊一返回法國領土，清洗就開始了，最初採取的形式是群情激奮的臨時審判和就地正法。隨後的清洗過程被置於更有序的司法程序之下。即使是這樣，對貝當元帥和皮埃爾·賴伐爾的審判還是變成一場情緒化的公共演出。在其後幾十年間，關於通敵行為和對通敵者的審判爭議持續進行，造成法國人在這個問題上的意見分化，這有一部分是因為針對法國猶太人和其他人群的一些惡劣暴力行為出自法國維琪政府，而不是納粹占領者。

第四共和國的政府機器僅有一些細部不同於第三共和國。與第三共和國一

樣，總統仍然只是一個禮節性的職位，總理和內閣向權力廣泛的國民議會負責。戴高樂毫不掩飾他對新憲法造成的黨派對立和立法機構權力過大之局面的厭惡，認為這些都與他所期望那個致力於恢復世界領導地位的法國相牴觸。他於一九四六年十二月以辭職相抗議。共產黨、社會黨和人民共和黨組成以社會黨為首的三黨聯盟，直到共產黨在冷戰緊張局勢加劇的情況下挑起一系列罷工，於是在一九四七年五月被驅逐出內閣。

議會的分裂和政府不穩定日益加劇。戴高樂不時返回政治舞臺，領導著一個他稱之為「超黨派──法蘭西人民聯盟」的運動。除了一九五四年至一九五五年皮埃爾・孟戴斯─佛朗斯的短暫改革內閣，在內憂外患中政府缺乏效率，引起公眾的懷疑譏評和敵意。

然而，雖然第四共和國創下了政治不穩定的歷史紀錄──從一九四六年到一九五八年共換了二十五個內閣，但它頒布了具有重要意義的法律。臨時政府曾對幾個關鍵的產業部門實行國有化，逐漸形成和英國一樣的混合經濟。已有的社會安全立法被擴大。由尚・莫內──一個有遠見的經濟學家兼官員，後來在歐洲經濟共同體的創建中發揮了重要作用──起草的經濟計畫，使法國的經濟基礎部門得到擴充和更新，為產業發展掃清了障礙。由莫內首倡的一種靈活經濟計畫形式得到推廣，成為法國經濟生活中一個不可分割的部分，其中政府、企業管理者和勞工形成互補的關係。到一九五二年，法國的生產水準達到一九三八年的一倍半，工業產出的年均增長率達到百分之五。從一九四六年到一九六六年，總產值增加了兩倍（從一八八九年到一九四○年的半個世紀裡，總產值只增加了不到一倍）。這個國家至少在一段時間內也展現了人口增殖方面的活力，這使長久以來為法國的低出生率感到擔憂的悲觀論調不攻自破。

法國人為維持法蘭西殖民帝國而費盡心力，而這是最終導致第四共和國崩潰的原因。在所有大國當中，只有法國在長達十五年的時間裡幾乎連續不斷地處於戰爭狀態，多次發動殖民戰爭。德國、義大利和日本在第二次世界大戰中戰敗，因此不必再去費力對付不馴服的殖民地了，相形之下，法國幾乎該去嫉妒它們的好運氣。一九四六年的法國新憲法授予其殖民地在巴黎的代表資格，但是這樣的改革無法滿足為獨立而奮鬥的民族主義者。從一九四六年到一九五四年，法國軍隊對印度支那的獨立運動作戰，卻不能取勝且被迫撤出。時隔數月，阿爾及利亞興起了阿拉伯人爭取獨立的運動，另外一場反殖民主義戰爭打響，進一步損耗著法國的物質資源、政治勇氣和國民信心。在阿爾及利亞的歐洲裔居民和軍隊將領固執地反對法國撤出，並於一九五八年五月在阿爾及爾發動一場叛亂。在內戰的危險來臨之際，這個國家求助於一個被認為能夠

拯救危局者──夏爾・戴高樂，當時他正在自我退隱中過著安靜的生活。軍隊將領、阿爾及利亞的法裔居民和右翼各黨派都相信，鑑於戴高樂對軍隊和法蘭西國家榮譽深深的關切，他一定會維護法國對阿爾及利亞的控制。戴高樂接受了召喚，一九五八年六月，國民會議授予他總理一職，並賦予他為期六個月的處置緊急事態的權力，包括授權他起草一部新憲法。

就這樣，在阿爾及利亞的危機中，在戴高樂的政治計畫中，第五共和國出現了。一九五八年秋天舉行公民投票，新憲法以壓倒性多數獲准通過。正如戴高樂多年來一直主張的，總統職位成為權力的主軸，總統是外交和國防事務上的最高權威。總統任命總理，也有權解散國民會議、舉行新的選舉、就重要問題舉行全民公決，並有權宣布緊急狀態。所有這些權力，戴高樂在總統任內都行使了。政治不穩定消失了，在第五共和國的前十五年裡，只出現過三個內閣。

戴高樂以他自己的方式解決了阿爾及利亞危機。他敏銳地看到席捲整個殖民地世界的革命浪潮，最終認識到法國必須採取承認阿爾及利亞獨立的政策。在一九六二年七月的全民公投中，這個國家終於接受了這樣的政策。在此之前，他已經允准撒哈拉以南非洲的所有法國殖民地取得獨立。由於有了和平、政府穩定和經濟繁榮，法國人也就接受了失去法蘭西帝國的現實，並在戴高樂的率領下尋求新的方式去扮演世界舞臺上的領導角色。二十世紀六〇年代，法國成為世界第五大工業國，僅次於美國、蘇聯、西德和日本。一九六〇年，法國成為繼美國、蘇聯、英國之後，第四個開發出核武器的國家。戴高樂甚至創建了一支獨立的核打擊力量，但是法國也成為西歐最大用於和平能源需要的核能生產國。

在阿爾及利亞危機解決之後，戴高樂建立了國民投票型的民主，直接訴諸選民。雖然公民自由得到保護，自由選舉也被維持，但以往的民主狂躁症候不見了。技術專家運轉著國家的日常事務，而戴高樂這位無冕的共和君主充當國家的最高主宰者。

國家又變得不平靜了。對於戴高樂的技術官僚型的政府體系，以及其在世界事務中過於高調的行事方式，人們有越來越多的疑慮。一九六八年五月，擁擠大學裡的不滿突然爆發成一場造反，成千上萬的學生舉行示威遊行，繼而引發一千萬工人罷工，使得經濟癱瘓，並直接威脅著戴高樂政權。戴高樂度過了騷亂，但也僅僅是靠軍隊支持的保證才能繼續執政。他強調共產主義和內部混亂帶來的威脅，由此在新的選舉中為他的政黨贏得壓倒性支持。儘管在法國社會中對制度改革有廣泛的支持，但這個國家在整體上還是不接受這種激進政治

騷動的大爆發。在一九六八年，學生和年輕人的造反是全球性現象，法國只是類似情形之一。教育改革和其他方面的變革被推行，但是罷工和一九六八年社會失序傷害了法國經濟。一九六九年，戴高樂決定就多項憲法和地區改革舉行公民投票，將其視爲對其本人的信任投票。當他所提出的改革以微弱少數被否決時，他決定辭職，到田宅中過退休生活。一年之後他去世了。做爲一個威嚴正大、英勇無畏、樸素嚴謹而又總是不乏爭議的人物，戴高樂以其在戰爭與和平時期的豐功偉績而永垂法國史冊。

圖22-7　一九六八年五月，遊行示威和罷工蔓延到整個法國，使人們聯想到十九世紀革命年代巴黎街頭的戰鬥，不過，戴高樂總統比以往法國的國王們更成功地彈壓了示威人群和抗議者。然而，正如這張照片所示，在戴高樂及其追隨者透過贏得新的全國大選而鞏固了權力之前的幾個星期裡，員警和示威學生之間的衝突在法國社會各群體中引發了強烈的反應。（Sipa Press）

德意志聯邦共和國

　　爲了向德國人民和全世界昭告納粹犯下的巨大罪行，戰時四大盟國於一九四五年至一九四六年在紐倫堡舉行國際審判。希特勒、希姆萊和戈培爾已死亡，但其餘二十二名納粹領導人和主要的納粹組織被判犯有反和平罪（預謀和發動侵略戰爭的罪行）、戰爭罪（違反已廣爲接受的戰爭法律和公約的罪行）和反人類罪（即大規模謀殺和大屠殺行爲）。這些罪行罄竹難書，不容辯

駁，被記錄在許多卷的證詞中，留給子孫後代。儘管審判的道德目標無疑是高尚的，並且在審判中也力求對被告施以公正的司法程序，但一些持批評意見的人還是質疑審判的正當性，特別是對一個戰敗的主權國家領導人因其策劃和發動戰爭而加以審判，或者是對德國總參謀部那樣的機構予以起訴。又有一些人質疑蘇聯沒有資格坐在審判納粹的法官席位上。這些批評者指出，這些蘇聯人自身就有罪，因爲他們的行爲曾助長戰爭的爆發，又合謀瓜分波蘭，而且將波羅的海諸國併入蘇聯。還有一些人將審判斥爲勝利者的正義。儘管如此，紐倫堡審判以一種獨特的方式加強了人類文明的國際行爲準則。法庭對被告中的十二人宣判死刑，另有七人處以包括無期徒刑在內的刑期不等的徒刑，而有三人被宣告無罪釋放。

四大國占領當局還推行「非納粹化」計畫，這導致了複雜的後果。由於許多德國專業人員曾經加入過納粹組織，所以只要還想施以恢復政府的正常運作，就很難將這些人排除在公共生活之外。某些罪大惡極分子逃離了德國，卻始終處於被追捕的行列中，並在戰爭結束多年以後被德國人自己或者被法國和以色列的法庭加以審判。但是那些從納粹集中營裡倖存下來的人和納粹受害者的家庭成員，到二十世紀末才得到一些經濟賠償。

被分裂的德國（以及被分裂的柏林）成爲了冷戰的中心舞臺。德意志民主共和國成爲蘇聯最忠實的僕從國之一。德意志聯邦共和國成爲一個繁榮的議會民主國家，成爲享有完整夥伴身分的西方國家。它勇敢地面對並努力修復納粹政權造成的傷害。

西德政府鼓勵私人產業部門和競爭性資本主義經濟的發展，但是它也形成了一些總體性經濟政策，並提供廣泛的社會服務，由此使西德經濟成爲所謂「社會市場經濟」。西德的社會福利水準最終超過了西歐其他主要工業化國家。聯邦德國在各國中率先增進勞資合作：工會接受了其做爲經濟擴張中的社會夥伴的角色，將其工資要求置於適度水準以避免通貨膨脹。一項「共同決策」法律使得工人在較大企業的董事會中據有席位。

在占領當局的鼓勵下，西德的各州建立了獨立的州政府以後，一九四八年至一九四九年，代表德國十個州的制憲會議在波恩舉行。制憲會議頒布了《基本法》，正式成立德意志聯邦共和國。《基本法》是臨時性的，有意地不稱爲憲法，其有效期至未來兩個德國重新統一的那一天。一個廣泛的權利法案是其最突出的特點之一。在聯邦體制下實行權利分散。

聯邦德國的奠基者一開始就有意避免魏瑪共和國的缺點。總統經非直接選舉而不是普選產生，是一個政治權力有限的禮儀性職位。然而，若干年後人們

圖22-8　德國及其疆界，一九一九至一九九〇年

上圖：《凡爾賽條約》之後確立的德國邊界。注意但澤自由市和波蘭走廊。

中圖：一九四二年第二次世界大戰高潮時期德國的邊界。到此時爲止，第三帝國兼併了（1）盧森堡；（2）阿爾薩斯和洛林，從法國；（3）卡尼奧拉，從南斯拉夫；（4）奧地利；（5）蘇臺德地區和波希米亞—摩拉維亞公國，從捷克斯洛伐克；（6）但澤自由市；（7）波蘭。

下圖：希特勒被擊敗後的德國。東普魯士被劃歸波蘭和蘇聯；波蘭向東擴展，幾乎到達柏林。共產黨的東德（德意志民主共和國）和民主的西德（德意志聯邦共和國）分別從蘇聯和西方的占領區演變而來。在東德的共產黨政權倒臺之後，德國於一九九〇年重新統一。

發現，一個有威望的總統能夠施加不可忽視的道德權威。政府首腦或者說實際
上的行政負責人是總理，其與內閣共同向經普選產生的下議院，即聯邦議院的
多數黨負責。為避免政治不穩定，只有在聯邦議會形成新的多數派並且有馬上
可以就任的替代人選時，總理職位才可予以更迭。按比例分配的代表資格確保
了每個政黨都有與普遍選舉中所獲票數的份額相匹配的席位。但是為了防止小
黨叢生和政治分裂，一個政黨只有在全國性選舉中獲得百分之五以上的選票，
才有資格在立法機構據有席位。基督教民主聯盟和社會民主黨成為兩個主要的
政黨，兩者都占據了普選票中很大的份額。

　　從一九四九年到一九六九年間，基督教民主聯盟連續執政達二十年。做為
對納粹野蠻行徑的反應，它力求向政治生活注入道德理想主義和倫理目標。它
並不是單一教派的政黨，而是同時訴諸西德人數大致相等的新教徒和天主教
徒，同時它也得到工商界和大批中產階級人群的強大支持。戰後幾年中，主
導這個政黨和政府的人物是基民盟
領導人康拉德・阿登納。他在帝國
時代的一九一四年就開始了其政治
生涯，有一種家長式的、意志堅定
的性格，心懷恢復德國的尊嚴和國
際威望的雄心。他於一九四九年以
七十三歲高齡擔任總理（僅以微弱
多數當選），此後執政長達十四年
之久。他的反對者批評這個「老頭
子」創造了一種「總理制民主」。
但是阿登納以其有決斷的領導、穩
定和連續性，為二十世紀五〇年代
出色的經濟增長和西德完全恢復主
權提供了條件。

　　阿登納加強與法國的聯繫，在
歐洲經濟一體化運動中採取合作態
度，並盡力爭取美國和其他西方大
國的支持與信任，從而成功地將聯
邦德國整合到西歐新興的一體化政
治、經濟和軍事體系當中。在一場
災難性的軍事失敗，使整個國家淪

圖22-9　戰後歐洲新的國際合作精神體現在法
　　　　國總統夏爾・戴高樂和德國總理康拉
　　　　德・阿登納（戴高樂身邊向群眾揮手
　　　　致意者）兩人的合作上。兩位領導人
　　　　經常會面，創造了一種做為新歐洲
　　　　的基礎夥伴關係。七十五年裡，在歐
　　　　洲心臟地帶打了三次重大戰爭之後，
　　　　德國和法國建立了和平的同盟關係，
　　　　給歐洲大陸帶來穩定，消除了兩個宿
　　　　敵之間傳統的戰爭問題。（Dalmas/
　　　　Sipa Press）

入殘破不堪的境地和被占領狀態僅僅十年之後，西德已赫然成爲一個經濟大國、西方陣營中熱情的盟友，以及北大西洋公約組織內一個平等的成員國。主要的反對黨社會民主黨（其前身是十九世紀七〇年代建立的社會民主黨）批評阿登納與美國的關係過於緊密，而且忽略了國家重新統一的問題。但是社會民主黨員在一九五九年的黨代表大會上放棄了他們的馬克思主義意識形態，並將爭取選民的對象擴大到各中產階級群體和年輕人。

一九六五年，已經軟化了其對外政策上中立主義立場的社會民主黨，與基督教民主聯盟和自由民主黨（一個較小的自由主義中間黨派）共同組成「大聯盟」。社會民主黨員、前西柏林市長威利・勃蘭特成爲外交部長，啓動了他的「新東方政策」，即一項旨在加強與蘇聯以及包括東德在內的東歐交往政策。一九六九年，勃蘭特在自由民主黨的支持下成爲一個新政黨聯盟推舉出的總理，終結了基督教民主聯盟長達二十年的執政期。勃蘭特與蘇聯和波蘭於一九七三年談判簽約，正式接受了以奧得河和西尼斯河一線做爲德國的東部邊界。他的政府也正式承認了德意志民主共和國，並與民主德國和其他東歐國家建立更緊密的經濟聯繫。一九七四年，勃蘭特本人的隨從暴出間諜醜聞，使他的總理任期提前結束，與之同屬社會民主黨的赫爾穆特・施密特接任總理，繼續執行前任的政策。不過，在二十世紀八〇年代早期，與東德重新統一似乎仍然是不可能的，只被認爲是遙遠的將來才有可能發生的事。

義大利共和國

在一九四三年墨索里尼垮臺後展開將德國軍隊驅逐出義大利半島的鬥爭中，被法西斯主義壓制了二十多年的義大利各政黨恢復了生機。所有政黨均支持歷屆臨時政府開展戰後重建，也都投身於民主改造。一九四六年，這個國家舉行全民公決，以微弱多數廢黜了薩伏依王朝。這個王朝向來談不上尊貴顯赫，如今卻又因曾與法西斯政權合作而玷汙了名聲。新生的義大利憲法規定設立一個禮儀性的總統和內閣政府，又確立了立法機構的主導地位。議會席次按比例分配給各大小政黨，保證了各政黨擁有平等的代表權。

天主教民主黨很快就成爲居於重大地位的政黨。它聲稱代表義大利社會各階級、各部門，成功地爭取到民衆對民主政治原則、用溫和手段加以規制的自由企業經濟，以及天主教社會主義的勞動原則的支援。儘管該黨保持了相對於羅馬天主教會的獨立，卻與教士集團關係密切。在阿爾希德・德・加斯佩里身上，天主教民主黨看到了一位有效的領導人特質。加斯佩里曾做爲梵蒂岡的圖書館員，而在法西斯統治的歲月裡倖存下來。在一九四六年至一九五三年的初

創年代裡，加斯佩里曾主持了連續幾屆的聯合政府，而正是這幾屆政府為戰後經濟重建和擴張創造了條件。在冷戰中，義大利堅定地站在西方陣營裡。與法國的情況類似，義大利共產黨由於在反法西斯主義的鬥爭中所扮演的角色，而在戰後政治中占據了重要地位。共產黨最初在內閣中占有席位，並且在經濟重建中也採取合作態度。但是由於他們在一九四七年發起一系列有政治背景的罷工，加斯佩里就把他們從政府中驅逐出去。在冷戰初期的一九四八年，美國在其歷史上首次公開干預一個歐洲國家的選舉，在背後支持天主教民主黨以挫敗共產黨。由此，天主教民主黨首次，也是唯一一次贏得議會中的絕對多數席位。共產黨儘管繼續保持其在議會中的實力，並且得到占全部選民的四分之一到三分之一的人支持，卻始終被排除在內閣之外。

在加斯佩里退出政治舞臺之後，天主教民主黨陸續與一些較小的中間派政黨組成短命的聯合內閣，繼續執政。隨著時間流逝，天主教民主黨內派系林立，裙帶風盛行，喪失了對改革的熱情。他們丟棄了最初的理想主義，一味迎合狹隘的富人利益集團，許多人因為和工商業界的瓜葛而致富。二十世紀六〇年代初，社會黨加入執政聯盟，但這種「向左派開放」的做法並未能扭轉政治上的僵化，整個國家也對天主教民主黨連續不斷的執政感到越來越不耐煩。

共產黨在二十世紀六〇年代積聚了新的力量。他們削弱了與莫斯科的關係，放棄正統馬克思列寧主義中的有些原則（如無產階級專政），降低了抨擊宗教的聲調。他們和法國共產黨一起成為後來所謂的「歐洲共產主義」的設計師，宣稱每個國家都不應服從莫斯科，必須透過議會民主和全國共識來探索通向新社會的道路。義大利共產黨成為西方世界最強大的共產黨，在其高峰時擁有一百八十萬黨員，贏得了全部選民中百分之三十五的支援，包括羅馬在內的許多城市都是由共產黨的市長和市議會來主政，但是天主教民主黨繼續對共產黨加入中央政府的企圖予以阻截。

不穩定的政治局面並沒有干擾前所未有的經濟增長和繁榮。義大利北部由熱那亞、米蘭和都靈構成的工業化三角地帶，成為經濟恢復和擴張的中心。一個繁榮的經濟出現了。到一九四九年，工業生產已經恢復到一九三九年的水準，而到二十世紀五〇年代初，義大利的工業增長率已與西德和法國不相上下。它由「二戰」前一個以農業為主的國家變成世界上最重要的工業國之一。經濟革命顯著地提升了大多數義大利人的生活水準。只有不夠發達的南部在經濟上一直是個有麻煩的地區，即使在景氣大行時也是如此。然而，在總體上，義大利和其他西歐國家一樣，從第二次世界大戰的災難性事件中迅速實現了政治上和經濟上的恢復。

世界經濟的重塑

早在戰事結束之前，美國就開始在英國的支持下發起一項大膽的計畫，以重塑戰後世界經濟。戰後世界經濟的規劃者決心避免兩次世界大戰之間的經濟民族主義、貿易限制和貨幣不穩定，力求恢復一九一四年前的貿易自由流動和通貨穩定。美國在新罕布夏的布雷頓森林召集四十四個國家參加國際會議，各與會國承諾削減貿易壁壘，並為戰後世界的通貨穩定而共同努力。

建立一個正式的世界性貿易組織以對國際商業進行監管的努力並不順利，但是另一項替代性的戰略後來卻被證明是成功的。早先美國曾與一些國家針對在互惠的基礎上削減關稅談判，並簽署了一系列雙邊貿易協定，其中每一個協定中都列入了所謂「最惠國待遇」條款，而這個條款使得對其中一個國家的優惠待遇被賦予所有國家。這些分別簽署的協定在一九四八年被轉化成一項更廣泛的安排，即關稅和貿易總協定（GATT），體現了上述「最惠國待遇」的談判原則。關貿總協定最初有二十三個國家簽署，成為戰後全球性商業的基礎。

關貿總協定制定了防止國際貿易中的歧視規則，確立了處理貿易糾紛的程序，並建立了一個框架性安排，使各國透過旨在降低關稅和消除非關稅壁壘的曠日持久且討價還價會議期（即所謂「回合」）繼續進行談判。到二十世紀九○年代，有超過一百個國家參加了談判。關貿總協定只是正式的國際貿易組織的局部性替代，但是它對始於二十世紀五○年代的世界貿易大擴張助益良多。到一九九五年，世界貿易組織（WTO）終於正式建立，它在調解談判和處理貿易爭端上的權力擴大。當然，當世界貿易組織試圖在全球化經濟中應對各國的不同訴求時，它也遇到了自己的新問題，而且針對它的爭議不斷發生。

在戰後初年，所謂「世界經濟」指的是世界上的非共產黨國家或者自由市場經濟。其戰略中

圖22-10 日本對戰後全球經濟新的強大影響力來源於在二十世紀五○年代實現技術創新的意願和能力。圖為一九六四年在東京和大阪之間投入超級高速列車正駛過富士山。這種高速列車成為現代日本社會的著名象徵之一，它運行時速達一百五十英哩，為後來歐洲的高速列車樹立了樣板。（George Gester/Photo Researchers）

心是北美和西歐，此外還有日本，在一九五一年至一九六〇年間，其在世界貿易中的份額增加了一倍。拉丁美洲、亞洲、中東、澳大利亞和非洲也被整合進入世界經濟當中，因此可以說這的確是一個具有全球性的經濟。蘇聯沒有參加任何戰後貿易談判，它的國際商業活動主要限於其東歐衛星國集團。在二十世紀六〇年代末，蘇聯和東歐國家開始開放其與西方的貿易和經濟關係，但是直到八〇年代末期以前，它們並沒有想要整合到全球經濟當中去。

貨幣穩定：確立「黃金—美元本位制」

　　戰時布雷頓森林會議的第一個目標是推行貿易自由化，第二個目標是穩定世界各國貨幣。兩次世界大戰期間各國相繼放棄金本位，爭相實行貨幣貶值以取得貿易優勢，那種混亂局面各國仍記憶猶新。一九一四年前的金本位制提供一套固定的匯率，所有國家的貨幣都可以兌換成黃金或者當時黃金的等價物英鎊，而布雷頓森林會議正試圖重建類似的機制。

　　然而，貨幣穩定在實際過程中卻比預想的要困難得多。在一九五八年底以前，不同的貨幣按照固定匯率兌換成黃金或者美元的構想一直沒有實現。過十多年，到一九七一年，各主要貨幣才確定了相對於黃金和美元的比價。在這段不長的時間裡，美元像一九一四年前的英鎊一樣，被接受爲黃金的等價物。但是戰後的經濟格局很快發生了變化，「黃金—美元本位制」壽數不久，取而代之的是一個由「浮動通貨」和波動匯率構成的體系。

　　與此同時，戰後設立的兩個重要機構也在國際經濟安排中發揮作用。國際貨幣基金組織（IMF）向各國政府提供貸款，以幫助解決各國的短期財政收支平衡問題以及貨幣貶值問題。國際復興和開發銀行（又稱世界銀行）向相對貧窮的國家政府提供用於經濟發展的長期貸款。比起戰後初年，這兩個機構在後來的歲月裡都扮演了更主要的角色，同時也引發了爭議，因爲有批評者指出，這兩個機構的政策實際上並沒有使世界上貧窮的國家和人們受惠。這兩個機構都設在華盛頓，其大部分資金由美國提供。世界的經濟重心和世界的政治重心和軍事中心一樣，在一九四五年以後均位於大西洋的美國一側。

歐洲的整合：從共同市場到歐洲共同體

　　西歐在經濟上擴張的同時，它在一個整合程度更高的經濟體系中之聯繫也更加緊密了。在兩次世界大戰期間，曾經有過無數關於歐洲聯合的提議。第二次世界大戰、戰時抵抗運動、馬歇爾計畫、歐洲各國透過相互合作實現復興的努力、冷戰中來自蘇聯的威脅，所有這些因素都強化了一個理念，即西歐的

未來在於一體化。有一些歐洲領導人曾經強烈呼籲建立一個「歐洲合衆國」。一九四九年，來自十個國家的國會代表在史特拉斯堡建立了一個歐洲理事會，希望它成爲聯合起來的歐洲立法機構。儘管歐洲理事會的成員國數目逐年增加，並繼續支持歐洲聯合的思想，但它從來沒有成爲一支重要的政治力量。它將自己的活動局限於人道主義、文化和社會事務。一九五八年，歐洲理事會建立了歐洲人權法院，用以保護其成員國個體公民的權利不受專斷的政府行爲侵害。它禁止學校裡的體罰行爲，並宣布因認定有罪而判處死刑爲非法。

歐洲整合本身採取了一條不同的道路，一開始是在經濟領域。一九四八年，比利時、荷蘭、盧森堡組建了一個關稅同盟，被稱爲比荷盧三國經濟聯盟，使三個小國可從一個相當大的自由貿易區中獲益。與此同時，曾經參與戰後法國經濟重組、富有想像力但又不乏現實精神的法國官員尙·莫內認知到，通往更大程度歐洲統一的最初步驟，必須要採用適度的經濟方針，而且要從具體的目標開始。

一九五二年，根據莫內設計的一個計畫，六個西歐國家——法國、德意志聯邦共和國、義大利以及比荷盧三國——將其煤炭和鋼鐵兩個產業部門置於一種形式的超國家機構掌控之下。它們建立了歐洲煤鋼共同體，其總部設在盧森堡。六國不僅同意取消進口稅，對煤炭和鋼鐵生產實行配額，而且將生產置於一個擁有決策權力的共同高級公署掌管之下。一個部長理事會代表六個國家的政府，但是高級公署承擔主要的管理職能。

莫內是歐洲煤鋼共同體的首任主席，而煤鋼共同體所開闢的歐洲經濟一體化道路，將遠遠超越歐洲經濟中的一個部門。具有重大意義的第二個步驟是：一九五七年三月，這六個國家簽訂了《羅馬條約》，創建了一個廣大的自由貿易區（或者說關稅同盟），即歐洲經濟共同體（亦即共同市場），其總部設在布魯塞爾，目標在於最終實現全面的經濟一體化，甚至是政治一體化。六國共同承諾掃除關稅壁壘，制定針對外部世界的共同關稅，協調社會和經濟政策，並努力推進資本和勞動力的自由流動。在另外一部條約中，六國還同意就其在歐洲原子能共同體內進行非軍事性原子能研究和技術開發進行協調。

六國共同市場在一九五八年擁有一億七千五百萬人口，很快就成爲正在擴張的世界經濟一個繁榮的經濟集團。到一九六八年，最後一項內部關稅被取消（這比預計的時間提前），六國之間貿易量的增長速度超過六國與其他國家貿易量的一倍。共同市場的影響擴展到前歐洲殖民地國家，它們與六國分別談判簽署了優惠貿易協定。透過共同市場，西歐得以在新的世界格局的構造中扮演一個關鍵角色，而自一九四五年以來，世界事務一向是由美蘇兩個超級大國所

主導。共同市場還有助於進一步將復興的民主西德吸納進西歐，有助於法國和德國的和解，終結二十世紀上半葉曾破壞歐洲大陸兩國之間的惡鬥。

一九六七年，三個「共同體」合併為今人所指的歐洲共同體。三個組織的高級委員會組合成歐洲委員會，其議事會成為歐洲議會，歐洲議會根據所屬政黨而不是國別分配議席。一九七九年，歐洲議會成員首次經由全歐洲範圍內的選舉產生，而不再由各國政府選派。歐洲議會僅有有限的立法權威，但是它有權監督預算和歐洲委員會的工作，而且始終秉持歐洲統一的理念。最終的決策權仍然由代表各成員國的部長理事會掌握，其對重要事項的決定必須獲得一致通過。

英國最初拒絕加入共同市場。由於其與英聯邦的經濟聯繫、對廉價進口食品的依賴，以及不願接受超國家權威的心態，所以無論是工黨還是保守黨政府都不加入共同市場。但是英國的經濟增長持續地落後於其他歐洲大國之後，促使英國政府在一九六三年尋求加入共同市場。然而英國的請求遭到法國總統戴高樂的否決，因為英國本身及其公認的與美國的「特殊關係」，對法國在歐洲大陸的領導權構成了威脅。直到一九六九年戴高樂退出政壇，英國才獲准加入。

如果說一九五八年至一九六八年十年間在經濟一體化上取得了顯著的成果，那麼邁向政治一體化的步伐則要慢許多。戴高樂雖然理解共同市場對西歐經濟的繁榮大有助益，也預見到強大的西歐將會對兩個「霸權主義超級大國」構成制衡，但是他反對為共同體設置政治的或者超國家的權威。歐洲必須成為主權國家的歐洲，或者說「祖國的歐洲」。更執著的歐洲主義者對此感到失望。然而，歐洲共同體已經擁有超國家的經濟和政治機器，歐洲各國的公職人員和官僚日復一日地在布魯塞爾和史特拉斯堡合作共事（他們理所當然地被稱為「歐洲官僚」），各國官員就共同關心的問題密切磋商，所有這些都顯示出政治一體化不可避免，更不必說在北約之下的軍事和防務聯繫早已將西歐國家緊緊地連在一起了。法德之間的友好關係由戴高樂和阿登納所確立，繼而又為他們的繼任者所加強，這依然是共同體內部的合作關係關鍵。

歐洲人絕不急於放棄他們的國家主權和獨立，但是歐洲共同體造就了一種共同命運的強烈感受，一種對民主制度和市場經濟的共同信念，以及一種對人權和社會需要的共同關切。它不僅對西歐的經濟和政治力量的增強做出了無法估量的貢獻，而且幫助西歐完成自身重建，以使之在世界事務中發揮更大的作用。二十一世紀來臨之際，歐洲共同體正在規劃自己的跨國軍事力量。

二十世紀六○年代，西歐在世界經濟中占據了全部進口的四分之一和全部

出口的五分之一。它的出口曾一度與美日兩國的出口總計不相上下。世界上最大的跨國公司———亦即將生產和銷售的附屬機構設在本國以外的公司———內有三分之一屬於歐洲。倫敦、法蘭克福和巴黎再度成爲金融中心。一九七一年，西歐的鋼產量超過美國。歐洲（以及日本）的汽車大舉進入美國汽車的國內和國外市場。西歐的食品能夠實現自給自足，同時也成爲世界最大的乳製品出口產地。在六〇年代，聯邦德國的國民生產總值僅次於美國和蘇聯，而其人口僅爲這兩國的四分之一，它占據了共同市場國民生產總值的三分之一。西歐和日本正在削弱美國於生產和貿易上的領先地位，同時也正在將美元優勢地位的時代推向終結。

黃金—美元本位的終結，一九七一年

新的貿易狀況產生了貨幣上的問題。由於美國的出口不再大於進口，其貿易轉向了不利的收支平衡狀況。美國在海外的花費要比它在海外賺取的多。戰後其他國家的美元短缺讓位於「美元過量」。歐洲聚積了大量的美元儲備（即「歐洲美元」），至一九七一年已達五百億美元；阿拉伯產油國則持有大量「石油美元」，海外持有的美元超過了美國的黃金儲備。

圖22-11　二十世紀七〇年代的全球經濟，以及各國貨幣的「浮動」，使得世界上主要的證券交易市場和金融市場日益重要。世界各國的政府發現，他們的貨幣、債務和經濟穩定會受到有勢力的投資商和金融交易商的投機活動和判斷的顯著影響。圖為一九七九年的紐約證券交易所，此中展現了現代金融體系的規模，以及一個正常的交易日的繁忙場景。（Bettmann/Corbis）

美國經濟地位的這種變化削弱了人們對美元的信心，如今已有許多人認爲美元幣值被高估了。戴高樂一向憎恨美國的政治和經濟權力，曾要求終止黃金一美元本位，返回金本位。一九六五年，法國將其持有的數以億計的美元兌換爲黃金。歐洲其他國家和日本的中央銀行沒有循此而行，但是私人投資者紛紛拋售美元。美國的黃金和外匯儲備急劇下降。

一九七一年，尼克森總統單方面宣布停止黃金兌換，因而造成了美元貶值，一九七三年又發生了第二次美元貶值。布雷頓森林會議上規劃的全球貨幣體系就此告終。儘管有各種建議被提出，卻沒有任何系統性的改革。相反的，出現了一種逐日臨時處置的方式，而且相當成功，世界上的主要貨幣被允許進行「浮動」，也就是對一種貨幣在世界市場上相對於其他貨幣和美元的價格逐日予以上下調整。黃金本身的價格實行自由波動，對黃金的官方定價被取消。儘管美元仍然是世界上最主要的儲備貨幣，但西德馬克和日元也在美元之外占據了關鍵貨幣的地位。

戰後貨幣體制的解體並沒有嚴重影響世界經濟。各國貨幣並沒有因爲失去與美元的可兌換性而崩潰。全世界都學會了依靠國際協商和迅速交流資訊而實現貨幣穩定，但是各國政府也發現，在跨越國界的全球金融體系面前，他們的貨幣和經濟政策是脆弱的。

共產主義世界：蘇聯和東歐

戰後年代的史達林主義

一九五三年三月，二十世紀俄羅斯的彼得大帝去世了。與他十八世紀的那位沙皇先輩一樣，史達林在其三十年的統治終結時擁有巨大的影響力。正是在他的統治下，蘇聯經歷了二十世紀三〇年代的工業化、偉大衛國戰爭中全國力量的聚合、蘇聯邊界的擴張、東歐各國共產黨政權的鞏固，以及蘇聯做爲一個核武大國的興起。但是史達林主義在改變這個國家的同時，也付出了沉重的人道成本。三〇年代史達林推行的強制性農村集體化，使數以百萬計的人民受害，而他發動的大清洗後果又造成數百萬人喪命。西方和蘇聯學者都估計史達林的受害者總數高達兩千萬人，而這還不算在第二次世界大戰中失去生命的數以百萬計的人。由於列寧時期的內戰和戰時共產主義奪去了數百萬人的生命，所以蘇聯的政治經濟模式被列爲有史以來代價最爲高昂的社會工程試驗之一。

史達林主義的恐怖在戰爭期間也沒有停止。克里米亞的韃靼人和窩瓦地區的德意志人等少數民族因被懷疑與納粹合作，而被全部向東遷往西伯利亞。而

在一九四〇年被正式兼併的波羅的海三國，即愛沙尼亞、拉脫維亞和立陶宛，也發生了大規模的驅逐流放。戰爭結束時，那些曾經在戰爭中被俘的蘇聯士兵以及被送到歐洲為納粹服勞役的平民們返回祖國，卻又被蘇聯當局送到勞改營，因為他們和西方有過接觸，從而成為不被信任的人。祕密政治員警〔內務人民委員會，即後來的克格勃（KGB）〕的權力毫不受限，而且繼續擴大，實行強迫勞動的集中營體系規模仍在增加。意識形態控制更加嚴密。史達林個人的猜疑心隨著年齡的增長有增無減，使得與他最親密的助手也驚恐萬狀。在後來的歲月中，由於有了更自由的氣氛，全國上下都在爭論：史達林的獨裁究竟是不是布爾什維克革命本身合乎邏輯的結果？它到底是根源於列寧的許多政策還是由於史達林自己對列寧的歪曲？

　　戰後蘇聯對精神生活的控制有激烈的民族主義和排外色彩。在經濟學、音樂、遺傳學、歷史學和語言學各領域，只要偏離史達林的「路線」就會被禁止。官方發起用反對猶太復國主義略微加以遮掩的排猶運動，指斥猶太知識分子是「無根的世界主義者」。與此同時，政治員警羅織構陷，為恐怖政策提供理由。在一九五三年公布的所謂「醫生陰謀」的假案中，約有二十名醫生因被控密謀毒殺史達林和其他克里姆林宮領導人而被捕。一個月後史達林殞命，他的繼任者撤銷了所有的指控，並釋放了被關押的醫生們。

赫魯雪夫：流產的改革努力

　　史達林死後，蘇共領導人決心實行集體領導，斷言不應該再由一個領導人凌駕於黨和政府之上。然而在權力鬥爭中，大權逐漸落入尼基塔・S・赫魯雪夫一人之手。此人外表歡快熱情，但實際上是個強硬冷酷的共產黨員，曾經為史達林在烏克蘭推行清洗，長期擔任蘇共中央委員和政治局委員。但是他也有足夠的精明敏銳，認知到有必要推動變革。

　　部分原因是為了爭取到政治上的同盟者來共同對付黨內那些反對變革的人，赫魯雪夫鼓勵擴大文化和思想自由，即所謂「解凍」。他對政治員警依舊令人恐懼的權力加以限制。他對史達林的劣跡予以抨擊，使許多人感到震驚。在一九五六年蘇共第二十次代表大會上他做了一個報告，正式公布或者說確認了「史達林時代的罪行」。其對史達林主義恐怖的揭露雖則只是局部性的，但已足夠令人震驚。史達林一手主持了二十世紀三〇年代的清洗和處決，數以百萬計的受害者竟然未被告知自己的罪名；他最親密的同事也時刻有性命不保之虞。赫魯雪夫還揭露，一九四一年六月當德國發動進攻時，史達林起初喪膽失魄，以致無力履行職責。

　　儘管赫魯雪夫批判了史達林，但蘇聯社會的解凍從來都不是深入全面的。一九五八年，鮑里斯·帕斯捷爾奈克被禁止前去接受諾貝爾文學獎，因為他在其小說《齊瓦哥醫生》中通過謳歌個人自由而含蓄地譴責了蘇聯社會的壓制性特徵。但是在一九六二年，亞歷山大·索忍尼辛獲准發表其作品《伊凡·傑尼索維奇的一天》，這部小說描寫了勞改集中營裡的人所遭受的苦難。赫魯雪夫繼續推進非史達林化運動。以史達林命名的許多城市又被更名，最著名的是史達林格勒，被換成伏爾加格勒。史達林的遺體被移出紅場上與列寧遺體相鄰的陵墓，葬在克里姆林宮城牆下。

　　在經濟上，赫魯雪夫推行非集中化。為此，他建立了地區經濟委員會，給工廠管理者賦予更大程度的自主權，並激勵他們提高效率和利潤，以求放鬆集中化的經濟管制。與此同時，蘇聯成功地試爆了氫彈，在一九五七年發射了第一顆衛星「史普尼克號」，並建造了首批洲際彈道導彈。就國民生產總值而論，蘇聯經濟僅次於美國。赫魯雪夫在六〇年代初誇口說，蘇聯經濟將在十年內超過美國。然而，對重工業和軍事支出的偏重必然意味著一般公民的物質匱乏持續存在，而重量輕質的做法掩蓋了其經濟體系在整體上的深刻缺陷。

圖22-12　在約瑟夫·史達林死後，冷戰並未就此終結。但是新的蘇聯領導人尼基塔·赫魯雪夫開始討論與西方國家「和平相處」，並前往美國訪問。一九五九年，赫魯雪夫佩戴著蘇聯勳章，面帶友好的表情，與美國總統德懷特·艾森豪和副總統理查·尼克森在白宮會晤。（RIA-Novosti/SOVFOTO）

自史達林的強迫性農業集體化以來,農業一直是蘇聯經濟中最薄弱的部門,而赫魯雪夫最具雄心的努力正是在農業方面。他試圖將哈薩克斯坦等蘇聯中亞地區的「處女地」變為良田,但作物歉收使他的試驗受挫。他在改變史達林時期遺留下來的官僚化的集體農莊和國營農場體系方面幾乎無所作為,也無從激勵集體農莊裡的農民去提高產量。對於黨本身,他曾試圖確立黨內重要職務的固定任期制度,但沒有成功。對黨和政府的官僚即所謂「機關幹部」來說,赫魯雪夫的各項改革幾乎都是難以接受的,他們認為自己的特權地位受到威脅,進而糾合起來反對赫氏「輕率的」改革計畫。

赫魯雪夫採取激烈的對外政策。他宣布與美國和其他資本主義國家的戰爭不是不可避免,大談「和平共處」,所以在一段時間內蘇聯與西方的關係有所改善。但是在一九六〇年,他破壞了前戰時四大盟國領導人的高峰會議,一九六二年又把手伸得過長,在古巴導彈危機中與美國發生尖銳對抗(此事將在後文中詳述)。他還與中華人民共和國發生公開衝突。他的誇誇其談和魯莽冒失、在古巴導彈危機中的退卻、在農業和其他方面經濟政策的失敗,以及試圖推行對黨本身的改革,所有一切最後促成了他的倒臺。一九六四年,黨的領導階層將其趕下臺。他在莫斯科平靜地度過餘生,於一九七一年去世。在史達林之後的時代,一個改革者倒是不必擔心自己會死於非命,但是黨和官僚機構對改革的確有著所能容忍的明確限度。曾參與推倒赫魯雪夫的列昂尼德·I·布里茲涅夫很快便成為了新的蘇聯領導人。

東歐:數十年的專制

第二次世界大戰之後,歐洲並沒有爆發一九一七年俄國革命那樣的大事。但是,透過蘇聯紅軍的軍事存在和給予各國共產黨領導人的支持,共產主義還是在中歐和東歐有了重大推進。有十一個歐洲國家和一億人口被置於共產黨政府的統治之下。一九一九年時,協約國決策者曾考慮將這些地區做為防止布林什維主義的緩衝區。

根據《蘇德互不侵犯條約》,波羅的海三國(即愛沙尼亞、拉脫維亞和立陶宛)被劃歸蘇聯控制之下,一九四〇年此三國以蘇維埃社會主義共和國名義加入到蘇聯之中。後來,在「二戰」最後幾個月橫掃中東歐的軍事行動中,波蘭、匈牙利、羅馬尼亞、保加利亞和捷克斯洛伐克落入蘇聯的勢力範圍。東德起初是盟軍對德聯合占領區的一部分,最後被塑造為蘇聯的第六個衛星國,即德意志民主共和國。南斯拉夫和阿爾巴尼亞是被本國游擊隊領導人而不是蘇聯紅軍所解放的,雖也是共產黨統治,但與蘇聯的關係較不緊密,並很快就與蘇

聯決裂。芬蘭在一九四○年蘇芬戰爭中被擊敗，但終於擺脫了蘇聯的控制。它接受了戰爭中的領土損失，又透過在對外政策上小心翼翼地保持中立以及謹慎，而恰當地處理對蘇關係，從而維持了自己的獨立。奧地利在四大盟國聯合占領十年之後，於一九五五年以中立國家之姿贏得獨立。

共產黨控制的鞏固

　　蘇聯用了步驟鞏固對東歐的控制。蘇聯的軍事占領使得這些國家的共產黨領導人有可能主導各國的左翼聯合政府，這些領導人中有不少是剛剛結束了在莫斯科的流亡而返回各自的國家的。在各國早期的聯合政府中，共產黨只是分享而不是獨占權力，但是他們把持了一些關鍵的部門，如內政、宣傳、司法等，並控制了員警、軍隊和法院。那些受指控曾充當「法西斯分子」或者與納粹合作的人被禁止擔任公職或參加選舉，但是「法西斯分子」和「反動派」的界定十分模糊，實際上已把一些僅僅是反共的人士打入另冊。在波蘭和其他國家，最初的選舉中發生了清洗和褫奪公民權利的情形，使得史達林在雅爾達會議上做出關於在東歐舉行「自由和不受干擾的選舉」的承諾成為一椿笑柄。美國和英國提出抗議，但這也不過使蘇聯的立場更趨強硬而已。

　　新政權對大地產予以徵收和重新分配，並對荒地予以開墾利用，由此使得三百萬農民家庭獲得了大約六百萬公頃的土地。土地改革對曾經統治著東歐的土地貴族構成最後的打擊。各國還對其經濟實行國有化。在各國致力於戰後重建的時候，美國在一九四七年向它們發出參加馬歇爾計畫的邀請，對此它們頗感興趣。當然史達林不會允許東歐國家滑向西方的經濟軌道上。一九四七年夏季以後，在各個非共產黨力量仍然強大的國家，共產黨將他們的政治對手驅趕出政府，要嘛禁止所有非共政黨，要嘛讓這些政黨形同虛設。在捷克斯洛伐克，聯合政府比其他國家持續得更長一些，但最終也在一九四八年的一場共產黨政變中垮臺。

　　隨著共產黨的掌權，反對派政黨的領導人若不是被迫潛逃或者被捕入獄，就是以其他方式被禁聲。各國（特別是波蘭和匈牙利）的新政權還與羅馬天主教會發生衝突，一些高級教士被施以公開審判和囚禁，教會的財產也被沒收，共產黨領導人自己亦很快成為史達林的受害者。從一九四九年到一九五三年，做為對發生在蘇聯鎮壓的一種反應，清洗、逮捕、審判、供認和處決在各國共產黨的高層中屢屢出現。一些領導人或被指責叛國，或被指責與思想獨立的南斯拉夫領導人鐵托密謀勾結。

　　新的「人民民主國家」開始推行農業集體化。在最為馴順的衛星國保加利

亞，全部可耕地的半數以上被集體化。在抵制最為激烈的波蘭，集體化在推行了一個短暫時期後被終止。東歐各國的農業與蘇聯一樣，是經濟中最薄弱的部分。農民可以在屬於自己的小塊土地上辛勤耕作，卻不願在大集體中勞動。所有東歐國家也都跨入新的工業化階段，但是由於其採取偏重重工業而忽視消費品工業的做法，並被迫適應蘇聯經濟的需要，嚴重地限制了東歐各國生活水準的提高。

蘇聯透過經濟互助委員會使其與東歐的經濟關係制度化，但是這個建立於一九四九年的經互會從來不是以平等合作的方式運作。蘇聯提供低成本的原物料和石油，並向東歐產品提供廣大的市場，而不計這些產品的質量如何。但是經濟合作關係主要是使蘇聯從中獲益。在軍事上，《華沙條約》於一九五五年簽訂，將東歐六國納入一個共同防禦聯盟，同時大批蘇聯軍隊駐紮在東歐。

南斯拉夫是由其本國游擊隊武裝從納粹手中解放的，此後更是不同尋常地顯示了對蘇聯的抵制。南斯拉夫共產黨領導人鐵托元帥對這個多民族國家施加嚴密的控制，但對經濟卻施行了鬆散的集中化管理，並放棄農業集體化。他採取獨立的外交政策，公開違抗莫斯科，並支持亞洲和非洲的中立主義不結盟國家。鐵托是第一個公開宣布獨立於莫斯科的共產黨領導人，為其他國家的共產黨及其領導人樹立了追求國家獨立的典範。

東德、波蘭和匈牙利的騷亂與鎮壓，一九五三至一九五六年

蘇聯在史達林去世後發生的變化直接影響到蘇聯的衛星國。農業集體化、強制性工業化、嚴加緊縮的生活水準、對蘇聯人的俯首貼耳，以及史達林消失後仍然掌權多年的史達林式領導人的嚴酷統治，所有這些都使東歐人如芒刺在背，積怨甚深。最初的爆發是一九五三年六月柏林的騷亂，它很快就被鎮壓了。然而，在赫魯雪夫譴責了史達林獨裁的殘暴性質並為了爭取南斯拉夫而正式宣布「不同的社會主義道路」有其可能性之後，新的騷動浮出表面。赫魯雪夫的這次讓步及其在一九五六年的非史達林化宣告開啓潘朵拉魔盒，對史達林絕對正確的否定也是對蘇聯社會的絕對優越性的否定。

一九五六年，公開的反抗在波蘭和匈牙利爆發，領頭的正是東歐共產黨領導人自己。在波蘭，民族主義情緒和對教會的歸屬感有深厚的基礎，爭取國內自由和對蘇聯的獨立之強烈願望導致了暴動和示威。共產黨領導人瓦迪斯瓦夫·哥穆爾卡放鬆了政治和經濟控制，停止了集體化，與教會改善關係，並採取減少莫斯科對波蘭的束縛的步驟。波蘭全國上下都歡迎取消蘇聯的直接控制。赫魯雪夫威脅要採取軍事行動，但又被迫退卻。在最初幾年裡，哥穆爾卡

抑制員警恐怖，營造了更加自由的氣氛，但是改革時代不能持久，在整個二十世紀六〇年代，哥穆爾卡政權以越來越多的鎮壓控制波蘭。

　　在匈牙利，一九五六年的事件中發生了悲劇性的逆轉。當哥穆爾卡在波蘭取得成功的消息傳來，布達佩斯爆發了示威遊行，年輕的抗議者甚至推倒了史達林的塑像。此前從總理職位上被趕下臺且具有改革思想的共產黨領導人伊姆雷・納吉重新掌權。他制定改革計畫，釋放政治犯，不僅激發了對民主化和代議制政府的熱切願望，也引發了與蘇聯斷絕聯繫的強烈要求。對事態感到驚恐的蘇聯向匈牙利領導集團施壓，解除了納吉的權力，並以更順從的亞諾什・卡達爾接替他，而卡達爾接受了蘇聯的干涉。赫魯雪夫派遣軍隊、坦克和大炮前去鎮壓「反革命」，並強行恢復了共產黨統治，繼而進行了殘酷的報復。納吉被捕，繼而被施以審判和絞殺，其遺體被拋入亂墳。在後續的鎮壓中，有二十萬人逃亡出境（主

圖22-13　一九五六年秋季，要求改革的呼聲迅速擴大。由於受到共產黨波蘭的變化和匈牙利改革家伊姆雷・納吉的政策的鼓舞，布達佩斯人民抗議蘇聯的壓制政策，搗毀共產黨領導人的塑像，並焚燒約瑟夫・史達林的畫像（如圖）。蘇聯人以壓倒性的軍事力量實行干預。納吉被處決，新的蘇聯支持的匈牙利政權鎮壓了各種類型的反共異議分子。（Hulton-Deutsch Collection/Corbis）

要是流向美國），是自一八四八至一八四九年歐洲革命被鎮壓以來最大的海外流亡人數。蘇聯坦克橫行於布達佩斯，打破了人們對史達林繼任者的自由主義的幻想，激起了國際譴責，也驅使西歐和世界其他地區的許多共產黨員宣布放棄其黨員身分。

共產主義世界：毛澤東和中華人民共和國

內戰

　　毛澤東與中國共產黨在一九四九年十月一日宣布成立中華人民共和國。這是一九四五年以來，對世界影響最爲深遠的事件之一。

　　從一九二七年開始，國民黨與共產黨便斷斷續續打一場漫長的內戰，大半個中國都慘遭戰禍。一九三七年，國民黨與共產黨爲了聯手抗日，不得不勉強結盟。毛澤東同意將人民解放軍交由蔣介石與國民黨指揮，卻又在他所控制的北方根據地對日本發動游擊戰。他也在此地成立共產政權，藉由土地改革贏得農民的支持。國民黨受到日本軍隊截擊，撤出中國東部的幾個大城市，經濟陷入一片混亂，通膨嚴重失控。國民黨高層則是日益腐敗、獨裁，對人民的壓迫一天比一天嚴重。

　　一九四五年抗日戰爭勝利，新一輪的國共內戰即將開打。國民黨軍隊在美國的幫助下重回中國東部。共產黨則是傾巢而出，占據北方各省，並在東北九省與蘇聯接觸。國民黨要求毛澤東交出北方各省，解散軍隊，承認國民黨政府，毛澤東一概拒絕，內戰烽火就此重燃。在美國的斡旋之下，國共一度短暫休兵。後來蘇聯在一九四六年春季撤離東北（撤軍之前還先把東北的工業資產當作賠償品運走），國共又爲了爭奪東北開戰。

　　在一九四六年至一九四九年之間，國民黨雖有美國大力支持，在戰場上還是節節敗退。到了一九四九年秋季，共產黨徹底擊潰毫無鬥志的國民黨軍隊。蔣介石率領殘存的軍隊轉進臺灣，建立了中華民國，版圖雖然不大，經濟卻突飛猛進。中華人民共和國政府始終宣稱握有臺灣的主權，臺灣的前途也一直都是國際爭議的焦點。一九七一年，中華民國不得不將聯合國的會員國席位讓給中華人民共和國，也同時讓出聯合國安理會常任理事國的席位。

毛澤東時代，一九四九至一九七六年

　　毛澤東從一九四九年開始，一直到一九七六年去世，都是中國共產黨的最高領導人，在黨內無人可敵，一手主導中國的命運。現在的人對他的了解遠超過當時的人。他在掌權之初，對黨內同志以及受他管轄的人民實行鐵腕統治。在漫長的國共內戰期間，他不時清算黨內對手，剷除異己毫不手軟。後來他終於成爲全中國的最高領導人，決心要全面改革一百多年來飽受外國干預、侵略，如今相當落後的中國農業社會。毛澤東想要打造輝煌的新中國，將地主奴役農民，農民服務地主的社會秩序顚倒過來，要創造一個工業化、現代化的中國，一個受到全世界尊敬的中國。中國在十九世紀曾經受到西方帝國主義欺

辱、瓜分，毛澤東在很多方面代表中國人對西方帝國主義的憎恨。他決定不惜一切代價，將中國推向現代化的道路。

一九四九年，中國有了號令全國的中央政府，這是一九一一年辛亥革命以來的第一個中央政府，即使在辛亥革命爆發之前，中國也已經多年沒有中央政府。這個中央政府有權指揮、動員世界上人口最多的國家。毛澤東的頭銜是「毛主席」，這個頭銜看似謙遜，其實早在中國共產黨建立政權之前，毛澤東就以中國古代皇帝的接班人自居。他從一九二〇年開始將馬克思主義的世界觀奉為解放中國的工具。中國四千年歷史的帝制傳統，至高無上的皇帝率領學者百官一同治國，在毛澤東眼裡，馬克思主義的世界觀與古老的中國帝制有相通之處。古代的皇帝肩負著天命，必須秉持儒家的道德觀治國。皇帝身旁的學者大臣也要向皇帝闡述儒家的道德觀。學者大臣有針砭皇帝施政的義務，但是如果批評過了頭，下場可能會十分悲慘，在古代甚至會被活埋。毛澤東的新政權也承襲了中國自古以來在東亞世界的霸主地位。中國幾十年來歷經了革命、內戰和抗日戰爭，傳統的生活方式分崩瓦解。毛澤東的共產主義也可以說是儒家傳統價值在現代中國的重現。

毛澤東大量參考蘇聯的經驗。中國共產黨嚴格控制監督各級政府機關，掌控所有的資訊流通與政治教育的管道，同時設置勞改營，進行「思想控制」與「改造」，展開恐怖統治。根據毛澤東自己的估計，一九五〇年上半年，約有七十萬名被打成「反動派」的「鄉紳惡霸」喪生。在那之後的兩年，也就是一九五〇年至一九五二年，「地主階級」遭到鬥爭，大約有五十萬名男性、女性以及兒童，不是被送進勞改營，過著悲慘的生活，就是失去性命。後來鬥爭的方向變了。一九五六年，毛澤東似乎突然很想開創多元與包容的風氣，公開宣示：「百花齊放，百家爭鳴。」反對派才剛有機會表達意見，毛澤東立刻又展開「反右派運動」，鎮壓異議人士，超過五十萬名「右派份子」、「階級敵人」被送進監牢，不然就是下放到勞改營，很多人再也無法回家。

毛澤東不斷動員全國人民一起重建被戰爭摧殘的經濟，接著還要將中國改造成工業強國。中國共產黨廢除了鄉村的舊土地制度，開辦農業合作社，為日後的農業集體化鋪路。中國在一九五三年推出第一個五年計畫，以發展重工業為首要目標。當時中國與蘇聯的友好關係才剛開始，蘇聯也提供了經濟與技術援助，協助中國推動五年計畫。雖然所有的目標最後都沒有實現，但這個計畫還是頗有成效。而在農業方面，幾百年來不斷上演的旱災、水災，不肯服從政府號令，照樣肆虐。

毛澤東認為社會改革進展太慢，頗為不耐，在一九五七年推出「大躍

進」，意在加快工業與農業改革的腳步。共產黨宣稱中國實施「大躍進」，幾年之內即可「超英」。農村合作社合併成爲大型的「人民公社」。人民公社是一種仿效軍隊組織的生產大隊，負責執行機械化的農業生產，發展鄉村工業。有了公社食堂、公社托兒所、公社學堂，婦女不必整日忙於家務，在田裡還有工廠都能跟男人平起平坐。共產黨師法史達林惡名昭彰的試驗，命令農民放棄傳統耕作，到處種植穀類與稻米，不管土壤適不適合耕種，還要培育混種作物。政府還鼓勵農民在自家後院架設煉鋼爐，要他們學著煉鋼。

「大躍進」演變成一場災難。毛澤東刻意打造「農民捍衛者」的形象，卻錯估了農民抗拒改變的決心。農民堅決抵制，作物嚴重歉收，政府又推出更千奇百怪的試驗，終於釀成一場大飢荒。「大躍進」可說是人類史上最悲慘的農業試驗，將近三千萬人活活餓死。當時中國以外的國家並不清楚實情，中國官員刻意不讓遊客看見大飢荒的景象，後世學者稱之爲「毛澤東的祕密飢荒」。到最後黨內的溫和派出手壓制毛澤東過分狂熱的行爲。雖然土地集中化的制度被保留下來，共產黨還是停辦了人民公社試驗中比較苛刻的項目，甚至允許農民將一部分的收成拿去販賣或交換。

圖22-14　中國的「文化大革命」由上百萬名「紅衛兵」青年充當先鋒，他們在毛澤東的鼓勵下試圖重新激發共產主義革命的熱情，並破壞或者顛覆中國社會中的官僚主義秩序。圖爲一九六七年初的「文革」高潮中，上海青年在一次典型的紅衛兵集會上表達他們誓死捍衛毛主席的決心。（Bettmann/Corbis）

不過中國在工業發展方面還是有所斬獲。在中華人民共和國建國之前的那幾年，中國的鋼鐵年產量向來不到一百萬噸，到了一九六〇年卻超過一千八百萬噸。中國的工業生產量在一九六〇年排名全球前十，中國的工廠也爲日後的

產量擴張奠定了基礎。為了迎接科技新時代，中國政府特別提拔國內科技人才，並在一九六四年成功試爆原子彈，一九六七年成功試爆氫彈，一九七〇年代數次成功發射太空衛星。

共產政權改變了現代中國人生活的許多層面。公路、鐵路、航空運輸串連全國各地。政府將公共衛生與公共健康列為重點施政項目，動員民工按部就班地抽乾蝸牛聚居的渠道，再進行引水，防範血吸蟲病之類的疾病擴散。中國在掃除文盲方面也頗有成效，政府將中文文字予以改造簡化，鼓勵人民少說方言，只說普通話，同時也採用全新的「漢語拼音」系統，以拉丁字母拼讀姓名與漢字。政府也鼓勵女性打破傳統儒家「三從四德」的束縛，女性在法律上和男性平等，雖然能在政界擔任要職的女性仍是少數，現在的中國女性仍然擁有前所未有的發展機會。法律明文禁止童婚、納妾之類的舊社會陋習，裹小腳的習俗在二十世紀早些時候已經絕跡了。比起俄國的革命，中國的革命更是徹底改造了億萬人民的習俗與特質，影響層面甚至擴及幾百年來與世隔絕的偏遠村莊。在不到一個世代的時間裡，半封建的農業中國就漸漸成為工業化的現代中國。毛澤東改革的成效逐漸浮現，但是中國卻也扎扎實實付出了慘痛的代價。

毛澤東在一九六六年突然掀起「文化大革命」，全國上下頓時陷入動盪。毛澤東擔心自己有生之年看不到革命成功，也擔心革命到後來會變質，於是號召黨內同志清算黨政高層，拔除那些沉溺於官僚作風，缺乏貫徹社會革命的熱誠的官員。他也動員了幾百萬名十幾歲的學生和年輕人，成立武裝突擊組織「紅衛兵」。這些紅衛兵聚集在北京等城市，批判資產階級路線，抨擊西方帝國主義文化，以殘暴的手段批鬥黨政官員以及文化界、教育界的精英。知識分子是文革期間受害最深的一群人。很多知識份子不分男女，不論背景，悉數遭到逮捕，被迫戴著高帽遊街示眾，毆打成殘。

毛澤東崇尚鄉村，所以白領勞工、教師、學生和黨的幹部都被強行送往農村，下田勞動，體驗農村生活。中國的經濟與整個教育體系分崩離析。眼看狂熱的暴民就要把中國送上覆滅的道路，軍方高層終於出手干預，毛澤東也授權軍方恢復社會秩序。到了一九六九年，文革最慘烈的階段結束之時，數十萬人已經喪生。三百萬人被送往勞改營，或是被下放到農田勞動。數千名黨政高層被鬥倒，包括中國共產黨中央委員會三分之二的委員。中國籠罩在獨裁的陰影之中，文化大革命的衝擊仍未散盡。毛澤東本人則在一九七一年之後引退，在北京過著與世隔絕的放縱生活。

周恩來是一位務實的溫和派，無力阻止毛澤東較為激進的試驗。他在擔任國務院總理以及外交部長期間，多年來始終對毛澤東忠心耿耿。他要是比毛澤

東活得久，很有可能會成爲毛澤東的接班人。他在一九七六年初去世，後來毛澤東也在這一年去世。很多人哀悼毛澤東這位五十多年來屹立不搖的「革命之父」與「偉大舵手」，這位中國歷史上一代巨人的辭世。他創建了革命政黨與革命軍隊，在戰場上對抗日本，擊敗國民黨，又一手主導一場革命，創造統一復興的現代中國。他所主張的「對抗帝國主義」、「農民做前鋒」的理論思想，還有他在游擊戰的成功經驗，影響了全球各地的革命分子。他最知名的格言「槍桿子裡出政權」激盪著全球各地革命分子的熱情。他的論述收錄在名爲《毛主席語錄》的紅色小冊子裡，很多人引用、研讀。毛澤東的革命帶給了中國自尊、自信、工業化、科技發展、團結與榮耀。

但是毛澤東一再推動激進試驗，多次縱容暴力行爲，也造成無可彌補的傷害。他的社會工程試驗與史達林的試驗相比，在某些方面是有過之而無不及，可以說是人類史上代價最高昂的試驗。而在幾年之後，他的接班人提起他也不再盡是溢美之詞，仍然歌頌他領導革命的豐功偉業，卻也批評他的「嚴重錯誤」。

1945至1967年大事年表	
1945年	舊金山會議上建立聯合國
1947年	國務卿馬歇爾宣布美國對歐洲重建予以援助的計畫
1948至1949年	美國在蘇聯封鎖西柏林期間對該城市空運給養
1949年	蘇聯成功試爆第一顆原子彈
1949年	美國和西歐建立北約
1949年	中華人民共和國成立
1950至1953年	朝鮮戰爭顯示美國「遏制」共產主義的新政策
1953年	史達林之死開啓蘇聯和東歐歷史的新時代
1956年	波蘭和匈牙利發生反對蘇聯控制的起義並以失敗告終
1957年	六個西歐國家建立新的貿易共同市場
1957年	「大躍進」；中國發生大饑荒
1958年	法國建立第五共和國，戴高樂任總統
1962年	法國和阿爾及利亞的戰爭結束，法國承認阿爾及利亞獨立
1966至1967年	「文化大革命」在全中國各地導致混亂

對外關係

中國這個全球第二大共產國家的崛起，削弱了蘇聯在共產世界的霸主地位。史達林有自己的算盤，對於忙於國共內戰的中國共產黨，也並非總是全心全意支持。根據《雅爾達協定》，蘇聯在中國東北九省享有某些權益，然在中國共產黨建國之後，蘇聯立刻放棄了這些權益。一九五○年代，中國得到蘇聯的軍事援助、貸款以及技術援助。後來韓戰爆發，中國軍隊對抗入侵邊境的美國軍隊，一時之間又拉近了中國與蘇聯的距離。西方國家領袖也因此更加堅信全球的共產運動是鐵板一塊。美國扶植臺灣政權，二十多年來又一再阻撓中華人民共和國加入聯合國，引發中國共產黨強烈不滿。

中華人民共和國對外一再宣示和平，卻又採取侵略色彩的外交政策。一九五○年，中國再度提出擁有西藏的宗主權，假借「將西藏從神權（藏傳佛教）暴政中解放出來」的名義，出兵占領西藏，多年來以武力統治當地，強行關閉寺院。西藏政教領袖達賴喇嘛被迫流亡。大批中國老百姓移居西藏。中國與西藏之間懸而未決的緊張關係，也持續影響西藏人民的生活，擾亂西藏邊境的安寧。印度從一開始就是中國的革命最堅定的支持者，然而在一九六二年，中國與印度卻因為印度東北部的邊界爭議而爆發戰爭。

一九六○年代，中國與蘇聯的關係開始緊繃，互相攻訐，爭奪的不只是共產世界的霸主地位，還有蘇聯在沙俄時代占據的中國腹地。毛澤東毫不畏懼核武威脅，指責赫魯雪夫在一九六二年古巴飛彈危機的表現過於懦弱。一九七二年，中蘇為了爭奪中國東北地區和俄羅斯沿海各省之間的邊境地區，再次爆發衝突，在其他地區也不時派出重兵較量。中蘇兩國在越戰中都是北越的盟友，越戰結束之後，越南有蘇聯撐腰，開始干涉柬埔寨內政，卻遭到中國反對。一直到一九八○年代，中蘇才恢復友好關係，約定裁減中蘇邊境的軍隊。

中美關係多年來也漸有改善。一九七一年，美國不再反對中華人民共和國加入聯合國，中華人民共和國於是取代了中華民國，成為聯合國的會員國。隔年美國總統尼克森踏上眾所矚目的訪中之旅，毛澤東親自接待。外交管道從此開啓，美中關係也得以正常化。美國同意臺灣終將回歸中國，臺灣仍可保有獨特的社會制度與經濟制度，卻也公開宣示堅決反對中國武力併吞臺灣的立場。

中華人民共和國具有成為全球權力中心的潛力。一九七六年，在毛澤東的接班人的領導下，中國即將邁入和平現代化的耀眼新時代。

在此同時，毛澤東與中國的這一段「反帝國主義」革命的歷史，在戰後殖民地的很多地方都引起許多關注。我們下一章的討論重點就是戰後殖民地。在廣大的殖民地世界當中，大部分的殖民地在二次世界大戰都進入了民族主義

的動盪時期。這波動盪在亞洲、非洲與中東催生了新國家。這些新國家旋即被
捲入冷戰引爆的全球衝突，也被捲入動盪的全球經濟在世界各地快速流動的狂
潮。

第二十三章

亞洲和拉丁美洲的
後殖民國家

現代世界歷史上影響到億萬人口的一切政治變革中，沒有比第二次世界大戰後幾十年內歐洲海外殖民帝國的終結更有革命性、更具戲劇性，或者可能更令人感到意外的了。一九四五年，英國、法國、荷蘭、比利時和葡萄牙依然統治著世界上很大一部分人口，然而，此後三十年時間裡，所有的殖民帝國均消失了。歐洲的世界霸權走到了盡頭。

第二次世界大戰激發了民族主義者追求獨立和自由的熱情。以自決和民主的名義、通常以殖民地國家為盟友進行戰爭，要想不在被統治的人民中激起自由的思想，是很難的。日本對亞洲的征服也削弱了歐洲國家不可戰勝的形象。戰爭結束後，經濟上筋疲力盡的歐洲人認知到，他們只能以高昂的軍事代價，在與自己公開宣稱的自治政府理想相衝突的困窘中維持對殖民地的統治。

一些情況下，殖民勢力在殖民地要求獨立的激情面前急流勇退，沒有動用軍事力量，從殖民地和平地撤出，一九四七年英國從印度次大陸的撤退就是如此。而在其他地區，歐洲國家經過長期的流血戰爭後才被迫從殖民地撤出，例如荷蘭在印尼、法國在印度支那和阿爾及利亞、葡萄牙在安哥拉和莫三比克。在這個大轉變過程中，美國扮演了一定的角色。它給予菲律賓獨立地位，賦予波多黎各自由邦地位 [1]，接受阿拉斯加和夏威夷為聯邦合眾國的平等成員，並交出了在巴拿馬運河的特權。隨著一九九七年英國將香港移交中國，一九九九年葡萄牙將澳門交還中國，歐洲在亞洲帝國最後的明顯遺跡被一掃而光。二十世紀的後半葉見證了整個歷史上規模最大的殖民地人民的解放和政權的交接。

殖民帝國的終結和一百多個新興國家的誕生必須被列入兩次世界大戰，尤其是第二次世界大戰帶來的最為深遠影響的後果之中。但是，這些新興國家中，很多僅屬於有限意義上的國家。現在，它們是獨立自主的領土實體，擁有確定的邊界，得到國際承認，在聯合國擁有席位，但是很多國家缺乏內部的凝聚力和傳統意義上的國家共同經歷。國家地位在很大程度上也沒有隨之帶來民主、公民權利或者法治原則，沒有消除根深柢固的社會和經濟問題，即使在拉丁美洲（在這裡，絕大多數國家早在十九世紀就已獲得政治獨立）。

帝國主義殖民歷史造就了這些世界上經濟未開發的地區。藉由一種不平等的交換關係，它們在資本、技術、製造品方面依賴於工業化國家，反過來，它們向工業化國家提供原物料、食品、礦產、石油，以及其他初級產品。在工業發達國家的幫助下，它們開始了現代化的進程——克服了很多障礙，帶來了多種多樣的後果。亞洲和非洲政治獨立的獲得、獨立後民主自治政府的複雜記錄、分享地球上先進技術和金融資源的努力，以及為協調舊的文化價值觀與現

代化而進行的爭鬥，這一切都直接導致了一九四五年後被稱爲「開發中國家」的傳奇經歷。在各個地區，後殖民國家的產生還受到國內人口迅速增長、殖民遺產和地區衝突、發展現代競爭性經濟的努力以及冷戰帶來的國際衝突的影響。所有後殖民的事務不僅影響到亞洲、非洲和中東的新興獨立國家，也繼續影響到拉丁美洲，因而，拉丁美洲國家通常被包括在廣義而言的「開發中國家」之列。

　　在冷戰時期，所謂開發中國家也被稱做「第三世界」，此稱謂成爲一個普遍使用的術語，以區分經濟和社會上未開發的地區與另外兩個「工業化世界」：美國領導的資本主義國家陣營和蘇聯領導的社會主義陣營。然而，除了這種經濟上的涵義之外，「第三世界」這個術語在冷戰時期通常帶有政治上的內涵。很多前殖民地國家在努力確立自身獨立國家和民族文化的鬥爭中，既不與美國領導的陣營，也不與蘇聯領導的陣營建立結盟關係。雖然「第三世界」的特定政治內涵在一九九一年蘇聯共產主義崩潰後消失了，但是這個術語（在其經濟涵義上）依然存在，並可能成爲當今全球經濟中貧窮國家的同義語。

　　本章考察亞洲新興國家現代獨立之後半個世紀的歷史，同時也將討論一九四五年後拉丁美洲的政治和經濟變革。該時期冷戰的敵對狀態經常影響到這兩個大陸區域的政治和經濟衝突。下一章將看看非洲和中東後殖民時期的變革歷史（在這兩個地區，冷戰同樣帶來了重要的後果），然後再回到影響世界所有地區後殖民和貧困國家的經濟發展的普遍性問題。從不同殖民帝國的廢墟上產生的國家，在爭取獨立的鬥爭、獨立後的政治體制、在它們的文化傳統上普遍存在著差異，但是它們在尋求建立穩定的、現代的民族國家的過程中，又經常面臨著同樣的後殖民經濟和政治的挑戰。

南亞獨立國家的產生

英國統治的終結

　　一九四七年，英國在印度統治的終結，具有劃時代的意義。印度是所有被歐洲人統治的殖民地中面積最大、人口最多的。不幸的是，這種終結加速了印度次大陸種族和宗教爭端的爆發。兩次世界大戰期間，在甘地和尼赫魯的領導下，成立於一八八五年的印度國大黨的力量獲得增強。國大黨領導人要求獨立，但同時希望在這個多種族的國家中避免發生社會革命。他們認爲，自己與英國訓練的印度文職人員一塊，已做好了統治這個獨立國家的充分準備。但是，在穆罕默德‧阿里‧眞納的領導下，一九〇六年成立的穆斯林聯盟代表幾百萬穆斯林宣稱，他們不願意生活在由印度教徒和國大黨控制的印度。穆斯林

堅持成立自己的、以伊斯蘭教爲基礎的民族國家。相反，國大黨領導人堅決要求建立一個統一的、世俗的印度，主張政教分離、宗教信仰自由。

第二次世界大戰中，印度支持英國，但同時國大黨和穆斯林聯盟發起了一場「退出印度」運動。爲了維持印度在戰爭中的支持，同時反擊日本反西方的宣傳，英國保證給予印度獨立。戰爭結束時，工黨領導下的英國政府準備信守諾言，但是，在成立一個獨立的印度國家計畫實施過程中，國大黨和穆斯林聯盟之間一直存在著無法調和的分歧。爲打破僵局，英國決定對印度實行分治。一九四七年，英國准予成立兩個獨立國家：一個是印度，主要由印度教徒組成，當時擁有人口三億五千萬，後來成爲印度共和國；另一個是巴基斯坦，主要由穆斯林組成，七千五百萬人口，後來成爲巴基斯坦穆斯林共和國。大量穆斯林人口集中在英屬前印度帝國內兩個分開的地區，因而巴基斯坦做爲一個國家成立時，是由兩個互不相連的部分所組成，東巴基斯坦和西巴基斯坦，相隔一千英哩，中間是印度領土。另有六千萬穆斯林被留在印度，從而使印度成爲一個甘地和尼赫魯所希望的多種族世俗國家。南亞的錫蘭（後改名爲斯里蘭卡）和緬甸此時也從英國統治下獲得獨立。

過於倉促和考慮不周的分治立即引發了暴力和社會大動盪。隨著一九四七年八月獨立而來的是印度教徒和穆斯林群體之間可怕的公共騷亂，在大約幾週的時間內，導致至少一百萬人喪生；另有大約一千七百萬印度教徒和穆斯林被集體驅趕，在動盪不安中逃離家園。悲劇的高潮是，在北部省分旁遮普處，印度教和錫克教的極端分子伏擊並屠殺了向西逃往巴基斯坦的整列火車內穆斯林難民，同時，穆斯林狂熱分子對向東遷居印度的印度教徒和錫克教施以同樣的回報。一九四八年，甘地在爲公民和平進行祈禱過程中，被一名對其宗教寬容計畫不滿的印度教極端分子刺殺。只有在宗教衝突的醜惡面貌消退之後，國家治理的任務方才開始。

憑藉占統治地位的國大黨，尼赫魯從一九四七年開始，直到一九六四年去世爲止，任總理一直統治著印度，使國家走上了英國特色的議會民主制，甚至是某種費邊社會主義的道路。因不存在有效的反對派，尼赫魯的綱領與其學說是民主式的，倒不如說是家長式作風。民眾指望他解決國家的貧困、迅速增長的人口，以及種族、宗教和語言差異等巨大問題。除了印地語和英語外，另外十六種語言得到官方認可。在經濟事務上，做爲一個溫和的社會主義者，尼赫魯明白私人資本主義企業的必要性，但他相信，經濟計畫、政府控制和事關國計民生的工業部門國有化也是必需的。在他的領導下，混合經濟體制下的現代工業化印度開始成型，並在此後的年代裡，在很多方面取得了引人注目的增

長。

與此同時，印度和巴基斯坦之間陷入了持續不斷的衝突之中，部分集中在位於喜馬拉雅山脈的前喀什米爾土邦（官方稱爲查漠和喀什米爾）。雖然這塊地區有四分之三的人口爲穆斯林，但是印度教的王公在延遲之後選擇將喀什米爾併入印度。一九四八年，印度和巴基斯坦圍繞喀什米爾問題爆發公開戰爭，從此以後，緊張的關係和斷斷續續的衝突延續至今。一九六五至一九六六年，圍繞喀什米爾問題，兩國再度訴諸武力，最終好不容易才實現休戰。一九七一年，印度再次與巴基斯坦發生戰爭，但這一次是爲了支持孟加拉從巴基斯坦分離出來的流血衝突。

至於國際事務，尼赫魯在冷戰中主張中立主義和不結盟，在一九五五年亞非國家於印尼的萬隆舉行的劃時代會議上，尼赫魯有力地闡明了這個立場，在第三世界的許多地區得到回應。雖然堅定地致力於民主制度，但尼赫魯對西方帝國主義一直保持著敵對立場，此立場更加強了他在冷戰中的中立主義。

尼赫魯的繼任者

一九六六年，尼赫魯的直接繼任者死於任內，國大黨領導人推選尼赫魯的女兒英迪拉·甘地就任總理。甘地這個名字來源於婚姻關係，並非由於她與印度民族主義的著名奠基人存在血緣關係。歷史證明，她雖然本身是一名意志堅定的政治領導人，但是她將父親一些更加理想主義的原則從屬於政治機會主義。與尼赫魯相比，她更加求助於民眾的支持，民眾崇拜她，因爲她精心宣揚根除貧困的決心。爲了在選舉中獲得持久的支持率，她與印度教民族主義者、穆斯林教徒、錫克教徒達成交易。早已普遍存在的腐敗變得更加根深柢固。

一九七五年，英迪拉·甘地因擔心在即將到來的選舉中失利，宣布緊急狀態法，中止憲政政府，將幾百名反對派逮捕入獄。這種對基本民主原則的違反激起了強烈的反對，大約兩年後，被激怒的議會將她趕下了臺。但是，英迪拉·甘地保持著足夠的政治支持率，使其在一九八〇年再次登上總理寶座，並以憲政方式進行統治。面對旁遮普的錫克分離主義運動，她被誤導，派軍隊侵入他們位於阿姆利則的神聖金廟。一九八四年，她被自己私人保鏢中的錫克士兵刺殺了。

國大黨轉向了她的長子、此前對政治不聞不問的拉吉夫·甘地。此後五年，一九八四至一九八九年，拉吉夫·甘地的統治缺乏力度，而且他對國家緊迫的問題幾乎毫無觸及。到此，統治印度已久的國大黨陷於衰弱之中，一九八九年，它失去了議會中的多數。

圖23-1　英國南亞殖民帝國分割為絕大多數人口為穆斯林的巴基斯坦和主要由印度教徒組成
的印度，導致混亂的大規模移民和驅趕，人們朝各個方向穿越新的邊界。在印度的
阿姆利則，這些火車上坐滿了一九四七年十月從西巴基斯坦逃出，試圖前往另一印
度城市的難民。（Bettmann/Corbis）

　　寬容的世俗印度的概念本身被處於圍困之中。一個強有力的印度教復興運
動在二十世紀九〇年代力量獲得增強，該運動鼓吹「印度教價值觀」，發誓使
印度回到穆斯林征服和英國殖民統治以前的「黃金時代」。一個右翼政黨，印
度人民黨，利用這次運動為自身的政治目標服務，並以此使印度教復興主義進
入印度政治的主流，結果造成了敵對、猜疑以及針對印度國內一億兩千萬穆斯
林的公然暴力。

　　印度人民黨成功地利用對國大黨的普遍不滿，繼續增強實力。然而，
一九九一年，拉吉夫·甘地在競選集會上被刺後，一股強烈的同情情緒幫助國
大黨贏得了新的選舉。

　　此後五年，從一九九一至一九九六年，國大黨再次執政，但是，尼赫魯—
甘地「王朝」已經走到了盡頭。老牌的、具有改革思想的黨領導人 V·納拉辛
哈·拉奧採取措施，對國大黨進行改革，削減官僚，消除普遍存在的腐敗。拉
奧還放鬆對經濟的控制——在這個主要的經濟大國中，控制過嚴已成為經濟增
長的障礙——並將一些國有化的工業恢復成私人所有制。他鼓勵外國投資，降
低或消除過分保護主義的壁壘。二十世紀九〇年代，印度開始崛起成全球新的
電腦技術發展領先者，印度經濟穩步地融入全世界的跨國商業體系。

在經濟增長引人注目的同時，政治領域卻麻煩日增。一九九二年十二月，印度教極端分子與穆斯林圍繞著伊斯蘭教神聖的宗教地點問題發生衝突，主要城市爆發騷亂。國大黨因內部紛爭和新的腐敗醜聞遭到削弱，失去了民眾支持，在一九九六年的選舉中遭到慘敗。隨後出現了一系列不穩定的多黨聯合政府，直到堅持印度教復興主義的印度人民黨最終在一九九九年獲得明顯的議會多數。人民黨領袖阿塔爾·比哈里·瓦傑帕伊成為總理，並試圖在經濟和軍事實力上加強印度在全球的地位。

然而，對激進的民族主義國內方針的擔心逐漸消失了，瓦傑帕伊並未倡導印度人民黨活躍分子更極端的綱領。同時，國大黨在二〇〇四年的選舉中對自身進行了改組，並（有些令人吃驚地）能夠重新掌權。新政府不得不對二〇〇四年一場特大海嘯帶來災難性的後果，這場海嘯導致印度海岸約一萬人喪生。政府還面臨著與巴基斯坦的關係這個持續不斷的問題。但二〇〇五年兩國關係得到緩慢改善，即使存在喀什米爾這個爭議地區，兩國仍在繼續發展核武器。

雖然尼赫魯盡力使印度成為一個無核國家，但是其繼任者選擇了不同的道路。一九七四年五月，在拒絕簽署不擴散或者全面禁止核子試驗條約之後，印度進行了地下核實驗，成為世界上第六個擁有核武器的國家。二十年後，一九九八年，巴基斯坦引爆核炸彈，顯示了其核武的威力，而印度則進行了自己的核子試驗來做為回應。印度和巴基斯坦之間的武裝衝突因此上升到核威脅的程度，圍繞喀什米爾的舊爭端在二十一世紀初引起了舉世關注。雖然二〇〇四年後印巴之間關係取得了令人歡迎的改進，但南亞依然是世界上最有威脅的麻煩點之一，也是一個繼續存在宗教和民族主義衝突的場所。

獨立的五十年

一九九七年，印度慶祝獨立五十週年。經過半個多世紀後，印度依然是一塊充滿矛盾的土地。它以擁有強大、受過良好教育、從不斷增長的現代經濟中受益且雄心勃勃的中產階級而自豪。雖然官方規定傳統的種姓制度違反法律，但是其影響在許多地方一直存在，特別是在較大城市以外的地區。然而，很多出生於下級種姓的人已進入實業和專業人員世界的主流。一九九七年，印度選舉產生了第一位出身於「不可接觸者」的總統 V. R. 納拉亞南。

由於醫療的進步、良好的營養以及嬰兒死亡率的下降，印度的死亡率下降了，人口在五十年內幾乎增長了三倍，到二十一世紀初已超過了十億。然而，經濟增長和一些階級消費水準的提高幾乎沒有幫助到印度的農村──絕大多數人口生活的地方。貧困、文盲、疾病和營養不良依然十分普遍。全國一半以上

的人口是文盲，對女人和女孩來說，文盲的比例更高，而且她們的工作也處於傳統受歧視的狀態下。兩億多人口喝不到安全的飲用水，六億五千萬人口享受不到基本的衛生設施。人口增長繼續威脅著經濟的進步。零星而效率低下的生育計畫依然受到普遍的抵制。雖然在過去五十年內貧困下降了，但根據國際認可的標準，仍有百分之四十以上的人口依然生活在貧困之中。城市擁擠，充斥著貧民窟，千百萬離開農村尋求工作的人使城市擁擠不堪。雖然經濟和技術取得了很大的進步，但印度依然是個第三世界國家，分成不同的社會集團，在教育、財富水準以及獲得全球經濟產品上大相逕庭。

在提高婦女的地位方面要做的事情依然很多。舊式的歧視依然存在，有時伴隨嫁妝、離婚、遺產繼承等問題上公然的暴力。為了生存，寡婦不得不被丈夫的家庭隨意擺布，命運悲慘。在印度和其他南亞國家，婦女在政治高層的引人注目，掩蓋了她們在整體上地位低下的狀態。在印度，正如在巴基斯坦、緬甸、印尼、孟加拉、斯里蘭卡、菲律賓以及其他地方一樣，婦女當了總統、總理或反對派領導人，但她們幾乎總是像尼赫魯—甘地「王朝」一樣，是因為在政治上有領導作用的家族之女兒或遺孀，才步入政壇的。

獨立後掌權多年的國大黨，無疑為這個多樣化的土地作為一個統一的國家而存在提供了必要的穩定。議會制民主、法律原則、新聞自由以及有效的司法制度獲得成功，到二十世紀結束時，六億人行使他們的投票權（由於普遍的文盲，選舉依然帶有政黨的標記）。然而，行賄、受賄、腐敗依然充斥於各級政府，全國「看不見的大多數」——貧困的千百萬人——仍然被忽視。獨立時尼赫魯提出的「與命運的約會」仍遙遙無期。而且，持續不斷的種族和宗教緊張問題，在二十一世紀初繼續使印度社會處於混亂之中，時常危及印度的民主制度，損毀印度的創建者們最初設想的多宗教寬容的理想。

圖23-2　到二十一世紀初，印度成為電腦軟體和其他技術研究的領先國家。雖然絕大多數印度人仍處於貧困之中，但在這樣的電腦培訓中心中的技術人員正在當今全球經濟中日益壯大。（Associated Dress, AP）

巴基斯坦伊斯蘭共和國

巴基斯坦獨立領導人穆罕默德・阿里・眞納，一位在英國接受過教育的律師，絕非一名伊斯蘭極端主義者，他本可在這個國家的歷史上產生重大的影響，可是，他在國家獨立後不久即離開人世，他的繼任者也遭暗殺。儘管保留了議會民主制的機構，但是巴基斯坦伊斯蘭共和國很快就屈服於軍人統治，多年來在軍人統治和恢復議會民主制政府之間搖擺，通常是在文人統治的失敗後恢復到軍人獨裁。到二十世紀結束時，這個國家獨立後一半以上的時期處於軍人獨裁者的統治之下。農業依然占支配地位，這個國家仍在亞洲最貧窮、最不發達的國家之列。

將遙遙分離的穆斯林南亞人口統一到一個單一國家之內的殖民安排，在暴力中土崩瓦解了。一九四七年倉促的分治過程中，從印度古老的孟加拉土邦脫胎而來的東巴基斯坦，絕大多數人口生活在擁擠、貧困的環境之中，這種狀態激發了當地對於控制巴基斯坦政府的西巴基斯坦領導人政治和社會怨恨。一九七一年，這些怨恨終於爆發爲分離戰爭，東巴基斯坦宣布成爲新的孟加拉而獨立。巴基斯坦政府激烈反對這場分離運動，派出大批軍隊鎮壓叛亂，幾十萬人在這場殘忍、力量對比懸殊的內戰中被殺。然而此時，印度派重兵進行了干預，強迫巴基斯坦承認孟加拉獨立。孟加拉成爲世界上人口最多的、主要由穆斯林組成的國家之一（到二〇〇五年，人口增長到一億四千五百萬），但高密度的人口也加劇了經濟問題。它仍是世界上最貧困的國家之一，遭受著洪水、乾旱、饑饉，以及循環發生的政治暴力和軍事政變。

孟加拉戰爭後，巴基斯坦恢復了爲期不久的文官統治，但在一九七七

圖23-3　印度人口的穩步增長——到二十一世紀初已達十億——繼續影響著婦女的地位和該國貧困階級的經濟狀況。爲了降低人口增長率，印度政府發起了一場計畫生育運動。位於新德里的這個碩大招牌畫著兩個女人，但是提出的問題看上去是面向男女兩性的：你想生兩個孩子享受快樂和舒適，還是生四個孩子忍受貧窮？（Francois Lochon/Liaison Agency）

年，熟悉的巴基斯坦政治模式再度延續。軍人接管了政權，處死了阿里·布托
總統，甚至在文官統治恢復以後，軍隊仍嚴密注視著政治局面。一九八八年，
貝娜齊爾·布托，這位接受過西方教育的前總統女兒，結束流亡回國，並在新
的大選中成爲這個主要的伊斯蘭國家第一位女總理。她許諾推行自由化和改
革，由此引起了穆斯林武裝集團和軍隊成員的反對，他們利用腐敗的證據攻擊
她的領導能力，最終迫使她離職。同時，伊斯蘭宗教運動擴大，更加好鬥，並
得到了一九七九年蘇聯入侵後逃離阿富汗的穆斯林難民和游擊隊戰士的支持。
穆斯林極端主義繼續增長，到二十世紀九〇年代初，政府規定，伊斯蘭法律高
於憲法。

圖23-4　印度次大陸，二〇〇〇年

該地圖表明了南亞英帝國解體後產生的國家。東巴基斯坦是巴基斯坦的一部分，直到
一九七一年其分離戰爭導致一個獨立的孟加拉建立，巴基斯坦和孟加拉主要以穆斯林爲主。
印度主要以印度教徒爲主，但是也有大量的穆斯林和錫克教徒在那裡生活。二十世紀九〇年
代，印度教民族主義黨在政治上取得的優勢改變了印度多元化的政治文化，同時也修改了一
些長期以來爲人所熟知的城市名稱，如孟買、加爾各答和馬德拉斯（孟買由原來的 Bombay
改爲當地語言的拼寫 Mumbai，加爾各答由原來的 Calcutta 改爲當地語言拼寫的 Kolkata，馬
德拉斯由 Madras 改爲當地泰米爾語的 Chennai）的名稱。政治運動還改變了該地區其他殖民
地時代的名稱，包括現在稱爲緬甸（Myanmar）的國家的名稱，在整個英國統治時期和獨立
後早期一直被稱爲緬甸（Burma）。過去曾被稱爲錫蘭的島嶼現在被稱爲斯里蘭卡。印度與
巴基斯坦圍繞查漠和喀什米爾地位問題的爭議尚未解決。這一爭議領土的衝突因印度和巴
斯坦兩國核武器的發展而加劇了，加上斯里蘭卡和緬甸的國內衝突，使得二十一世紀初的南
亞成爲世界上最不穩定的地區之一。

一九七九年蘇聯入侵阿富汗後，巴基斯坦被捲入超級大國的冷戰對抗之中。美國利用巴基斯坦做為與蘇聯作戰的穆斯林游擊隊供應武器之管道，超過兩百萬穆斯林難民逃到巴基斯坦，直到一九八九年蘇聯從阿富汗撤軍（在日後二十世紀九〇年代的衝突時期，很多人又回到巴基斯坦）。激進的伊斯蘭阿富汗政權塔利班的興起，促進巴基斯坦國內好戰的伊斯蘭運動的進一步發展，巴基斯坦政府成為世界上僅有的幾個與塔利班政權建立起關係的國家之一。

一九九七年，貝娜齊爾·布托的後繼者和主要的反對派對議會、司法系統和省立法機構權威削弱地如此徹底，以至於整個國家處於政治混亂和財政困窘之中。正如我們已經看到的，與印度的關係也惡化了。一九九九年，當軍隊越過邊界進入喀什米爾的印度領土時，遭到了一次失敗的羞辱。這一年稍晚，隨著經濟狀況的惡化和再度出現的政治不穩定，軍隊領導人穆沙拉夫將軍發動了一場軍事政變。新政府包括了幾名文人領導人，並許諾在將來舉行選舉。政變並非不受歡迎，因為巴基斯坦人民在絕望中渴求變革，但是國家軍人統治的政治紀錄也引起了對於是否能夠恢復文官政府的懷疑，更不用說對議會民主制的懷疑了。

二〇〇一年後，巴基斯坦進入了一個與美國合作的新時期，穆沙拉夫的軍人政權面臨民眾的普遍反對。二〇〇一年九月，伊斯蘭極端主義者針對美國的恐怖襲擊後，穆沙拉夫支持美國推翻塔利班政府的軍事行動，後者曾為針對美國襲擊的恐怖主義策劃者「基地」組織提供藏身之處。雖然與美國的合作為穆沙拉夫在國際事務中帶來了新的突出地位和外國支持的新來源，但是他面臨著來自伊斯蘭武裝的持續批評，其中有人曾兩度試圖暗殺他。其他巴基斯坦人對他拒不舉行新的選舉、以非法手段控制總統職位非常不滿，激進派還對他與印度改善關係的努力感到不快。

印度和巴基斯坦關係的逐步改善，為南亞取得更加穩定的政治帶來了一定的希望。然而，與此同時，巴基斯坦軍人政權不確定的前景、社會中外國伊斯蘭激進派的存在、核武器的發展、伊斯蘭教和印度教激進分子持續爭鬥，這一切又預示著一個更加動盪和更多宗教衝突的南亞。塔利班政權被推翻後，阿富汗的暴力仍揮之不去，使巴基斯坦在美國的全球政治和軍事戰略中占據了關鍵的（雖然是難以預測的）地位。

東南亞獨立國家的出現

緬甸聯邦

緬甸，印度的東部鄰國，一九四八年獲得獨立後開始走上孤立和鎮壓的道路。一八八五年，英國將這個國家併入其印度帝國，此後半個世紀內，英國逐漸建立起一個鐵路網，開發這個國家的礦業和森林資源，鼓勵種植稻米。緬甸一度成爲世界上最大的稻米出口國。在兩次世界大戰之間的年代裡，英國鼓勵成立有限自治的政府，卻同時監禁像翁山那樣要求立即獨立的民族主義領導人。第二次世界大戰中，日本占領緬甸，民族主義領導人拿起武器，抗擊日本侵略，但同時也憑藉日本的占領推進緬甸脫離英國獨立事業。

戰爭結束後，英國承認了緬甸的獨立，但是成爲總理的翁山被暗殺，他的副手吳努，一個虔誠的佛教徒和有些教條的社會主義者，成爲第一總理。對國家的新領導人來說，反對帝國主義意味著反對資本主義，新政府決心在國家迅速實現社會主義。然而，由於缺乏資金，很難進口機器設備和培訓工人，所謂的「通向社會主義的緬甸道路」不可能實現。除了經濟混亂外，緬甸還面臨著來自少數派分離主義者的武裝叛亂【1】。少數民族占國家人口的大約三分之一。很多少數民族因吳努將佛教定爲官方國教的計畫而被激怒。

儘管官方的政治體制是多黨議會民主制，但是軍人與文官政府行使著同等的權力。一九六二年，隨著種族騷亂的威脅性增大，軍隊首領奈溫將軍發動了軍人政變。此後二十六年內，在這個一黨制的國家控制政權，雖然仍致力推行「通向社會主義的緬甸道路」，但實際上是一個軍人政權。

隨著經濟困難和種族騷亂穩步惡化，這個國家退回到更深的孤立之中。到二十世紀七〇年代初，叛亂集團控制了國家三分之一。民眾的不滿加劇，在二十世紀八〇年代出現一個新的反對黨民主民族聯盟，以爲國殉難的國家奠基人之女兒翁山蘇姬爲首。翁山蘇姬在印度接受教育後，於牛津大學學習度過了二十年，並與一位牛津的指導老師結婚。她是一名極受歡迎、充滿魅力的人物，將佛教傳統的非暴力與西方民主價值觀融於一身。一九八八年，軍人獨裁者辭職時，她向大批支持的人群發表演講，宣布緬甸「第二次爭取獨立的鬥爭」正在進行。但最終，鎮壓性的軍人集團接管了政權，將她軟禁於家中。同一期間，一九八九年，軍人政府強調與國家的前殖民地和民族歷史決裂，把國名改爲緬甸（Myanmar）。

一九九〇年，面對持續的民眾抗議，軍人同意舉行選舉，這是三十年來的首次選舉。但是，當民主的反對派贏得百分之九十的選票和超過五分之四的

議會席位時，受到驚嚇的軍人宣布選舉結果無效，並對反對黨的領導人實行報復。翁山蘇姬依然被嚴密監視，她的行動和拜訪者受到嚴格限制。但是，她在國際上成為了民主渴望的象徵，一九九一年，她獲得了諾貝爾和平獎。軍人的鎮壓阻礙了民眾對民主自治政府和文人統治的希望，在二十世紀九〇年代的多數時期和新世紀頭幾年裡，民主運動的領導人實際上仍處於被監禁之中。雖然國際人權組織抗議政府的鎮壓政策，並幫助一些難民逃到國外，但軍人依然維持著對緬甸政治和公共生活等各個方面的嚴密控制。在這個國家擺脫英國獲得獨立近六十年後，翁山蘇姬的堅定領導所代表的爭取民主改革的運動，依然不能實現其政治目標。

圖23-5　翁山蘇姬成為充滿魅力的、堅定的緬甸領導人和民主運動的象徵。一九八九年，她在一次政治集會上被拍下了這幅照片，緬甸鎮壓性的軍政權將其長期軟禁於家中，而諾貝爾委員會授予她諾貝爾和平獎。（Time Life Picture/Getty Images）

馬來西亞

　　在馬來半島，第二次世界大戰後英國讓與殖民地獨立的計畫，由於居人口多數的穆斯林馬來人和占人口少但絕對數量可觀的華人及印度人之間的緊張狀態而延遲了。這些龐大的少數派人口自十九世紀以來即生活在馬來西亞，當時，英國從中國和印度進口勞工於錫礦和橡膠園工作。華人逐漸在經濟中充當了決定性的角色。同時出現了一個具有戰鬥精神的共產主義運動，在幾年的時間裡，英國集中對付這一運動。一九五七年，當運動基本上被鎮壓之後，英國給予殖民地獨立。五年後，馬來亞、新加坡以及其他前英屬地一起組成了馬來西亞聯邦。

　　一九六五年，新加坡退出聯邦成為一個小島國，擁有繁榮的現代經濟和高水準生活，但是被李光耀領導之下的一個半威權的家長制政權所統治。因而，新加坡雖像臺灣和韓國等其他東亞國家和地區一樣，取得迅速的經濟增長，但沒有建立成熟的民主制度。沒有絕對的鎮壓，也沒有真正的民主。在或多或少的威權體制下，統治者或統治集團將所有政黨置於「民族統一」的保護傘下，阻撓具有戰鬥性的反對派或公開的不同意見出現。直到二十世紀末葉，民主制才在臺灣地區和韓國取得進展。新加坡的政治生活也開始發生變化，儘管李光

耀依然在政府事務中發揮指導性的作用，而他的兒子於二○○四年成為總理。

一九六九年，馬來西亞突然爆發種族衝突，騷亂導致議會民主制中斷兩年。度過困難時期後，雖然馬來人的政治控制權依然顯而易見，但是多種族的聯合逐漸幫助緩解緊張局勢。馬來西亞早已由於錫、石油、橡膠和木材資源而繁榮起來，二十世紀八○年代，又發展高新技術工業，成為亞洲經濟增長最快的國家之一，並吸引了大量外資。長期擔任總理的馬哈地‧穆罕默德提出了雄心勃勃的經濟綱領，包括大規模的建設計畫。到了二十世紀九○年代，馬來西亞已脫離原來的「第三世界」經濟地位，但是在世紀末，一系列的金融和貨幣危機削弱了國家的財政地位。激進的

圖23-6 馬來西亞首都吉隆坡高聳入雲的現代辦公大樓，反映了這個國家在全球經濟中日益提高的地位。本圖中高達一千五百英尺、傲視其他辦公樓的雙子星塔是二十一世紀初世界上最高的建築物。（© John Dakers; Eye Ubiquitous/Corbis）

伊斯蘭集團活躍於國家大量的穆斯林人口中，經濟問題導致大量外國勞工被驅逐。然而，馬來西亞依然是從二十世紀英帝國解體中產生的最繁榮和穩定的亞洲國家之一。

在第二次世界大戰結束後大約十年的時間內，英國放棄了除個別小前哨之外的整個龐大帝國。然而，絕大多數前英國亞洲殖民地（非洲、加勒比和太平洋殖民地也一樣）都同意在英聯邦內與大不列顛以及相互之間保持一種自願的聯繫。例如，馬來西亞和新加坡都成為英聯邦的成員，英聯邦成員增加到五十多個獨立國家。英聯邦不強求其成員國在國際事務中採取一致立場，並且幫助促進曾生活在遼闊的英帝國之內的多種多樣人民之間有價值的相互交流。

印尼

東南亞的另一個大帝國荷屬東印度也走向了終結。如同在印度一樣，印尼爭取獨立的運動可追溯到一九一四年以前，但是一九二七年成立的印尼民族主義黨和不斷擴大的共產黨，在兩次世界大戰之間並未取得成功。第二次世界大戰期間，正如在亞洲其他地區一樣，日本利用了印尼反西方的情緒，在軍事占

領期間與印尼的民族主義領導人進行合作。與此同時，出現了一場廣泛的抵抗運動，共產黨在其中發揮了主要作用。一九四五年八月，戰爭結束，日本人被趕走，在荷蘭人回來之前，印尼民族主義領導人蘇卡諾（印尼人在公共生活中經常僅使用他們的姓）宣布國家獨立。荷蘭頑固地與民族主義運動作戰長達四年之久，最終於一九四九年同意印尼獨立。

到二十一世紀初，印尼的人口超過兩億四千萬，成為世界上第四人口大國。由幾千個島嶼沿赤道綿延三千英哩連貫在一起所組成，富有石油、天然氣、木材等資源。採用的官方語言是馬來語的一種變種形式，但是印尼人民使用的語言和方言有三百多種。印尼人口大約有百分之八十八是穆斯林，是世界上穆斯林人口最多的國家。首要的、目前仍未完成的任務，是在如此巨大且多種族的國家，確立並維持一種民族身分。

蘇卡諾一開始以源於反對荷蘭的鬥爭中所產生之議會憲政綱領和民主意識形態而統治，但是民主制的階段未能持久。一九五九年，他解散國會，此後幾年，以一種他稱之為「有指導的民主」民粹主義獨裁方式進行統治。不久，他堅決要求自己被選為「終身總統」，在冷戰外交中，試圖扮演一個突出的、獨立的角色。

蘇卡諾成為亞洲和非洲開發中國家的主要發言人之一。一九五五年，他做為東道主舉辦了萬隆會議，會上有二十九個新興國家的領導人慶祝他們新的主權，譴責西方帝國主義和資本主義剝削，在冷戰中保證堅持中立和不結盟的立場。蘇卡諾利用與蘇聯和中國的友誼，放鬆了與西方的經濟聯繫。同時，在中華人民共和國的支持下，印尼共產黨靜悄悄地發展為世界第三大共產黨，擁有大約兩百萬名黨員。

蘇卡諾一度試圖與龐大的共產黨合作並對其加以控制，但是一九六五年左派陸軍軍官試圖發動政變。一個相對不知名的軍隊領導人蘇哈托將軍很快著手鎮壓所謂的共產主義運動，但他同時也廢黜了蘇卡諾。隨之發生的

圖23-7　印尼總統蘇卡諾成為非殖民化時代世界上新的、發展中國家的領導人。這是一九五五年他在萬隆舉行的國際會議上發表演講，會上，不結盟國家的代表申明他們的獨立地位，宣布在冷戰中保持中立，譴責西方帝國主義的遺產。

（Time Life Pictures/Getty Images）

是，軍隊袖手旁觀，伊斯蘭武裝人員對幾十萬共產主義者和左派進行了可怕的大屠殺，可列入二十世紀最殘酷的暴行之一。五十萬共產黨員和左派嫌疑犯被殺，兩百萬人被逮捕，幾千人被關進監獄。暴行還轉向種族仇恨，很多華人成為犧牲品。這場鎮壓使得印尼共產黨毀於一旦。

此後三十二年裡，蘇哈托將軍控制著政權，在一種對選舉進行控制的體制下，每隔五年，他都被恭順地再次選為總統，在首都雅加達管理著他的島嶼帝國。他在國內外的支持者宣稱，為了維持印尼的統一和阻止共產主義的復興或伊斯蘭極端主義的擴散，他的威權方式是必要的。自獨立以來就隱現於印尼政治的軍方存在，變得更加普遍深入。一個單一的官方政黨以沒有競爭的權力進行統治。

在冷戰中，蘇哈托的反共標籤為他帶來了西方的支持，並為國家吸引外國投資。他主持著引人注目的經濟，年增長率成為開發中國家的另一個成功故事。三十年的時間裡，經濟規模成長六倍，印尼躋身於世界十強新興市場之列。新的建築物改變了國家，特別是首都的面貌。一些印尼人成為巨富，中產階級的人數和生活舒適度提高，整個國家的貧困度普遍下降。

與此同時，也有一種腐敗文化在滋生。蘇哈托、他的家族、政治隨從，以及一個由銀行家、實業界領導人和技術官僚組成的核心集團使自己獲得巨額財富，而統治精英之外的人怨恨情緒不斷增強。蘇哈托在其他方面也激起了反對的聲浪。一九七五年，當葡萄牙從它長期統治、接近印尼領土的東帝汶撤出後，蘇哈托立即進攻並吞併了這塊地區。東帝汶人口差不多一百萬，很多人是基督教徒，他們要求獨立，反對印尼的野蠻吞併。有系統的暴力鎮壓造成了將近十萬人喪生，並使蘇哈托遭到了舉世譴責。印尼繼續鎮壓東帝汶的獨立運動，直到二十世紀結束時，聯合國派出維和部隊，並保證了最終於二〇〇二年建立獨立國家東帝汶的政治進程。

印尼經濟的成功在很大程度上依賴於外國貸款，其外債劇增，然而，信貸的過分擴張卻威脅到國家的財政穩定。一九九七年下半年，一場金融恐慌席捲印尼（以及其他東南亞國家）。一九九七至一九九八年，貨幣貶值了五分之四，貧困人口增長了三倍。

經濟危機導致了蘇哈托的下臺。當他堅持第七次當選為總統並得到溫順的議會批准後，騷亂和示威爆發了。一九九八年五月，蘇哈托被迫放棄權力，提名副總統和受他提攜的 H. J. 哈比比為繼任者。國家處於經濟混亂和政治動盪之中，新聞獲得了自由，政黨重新出現了，並組織了新的選舉，一九九九年，新的總統阿卜杜拉赫曼·瓦希德就職，並且為了表示對反對派的讓步，讓國家

獨立運動領導人兼第一任總統蘇卡諾的女兒梅嘉娃蒂‧蘇卡諾普特麗成爲副總統。兩年後，立法部門要瓦希德下臺，梅嘉娃蒂繼任總統。梅嘉娃蒂總統爲印尼政府帶來了新的穩定，經濟也開始復甦。然而，極端派伊斯蘭組織時而訴諸恐怖主義，政府與亞齊省和巴布亞省尋求自治權或獨立的叛亂者發生了軍事摩擦。與世界很多地方出現的模式一樣，宗教和地方自主權的倡導者，對政府將國家與全球經濟、政治制度一體化的政策提出了挑戰。

不斷增長的政治混亂於二〇〇四年導致第一位直接選舉的印尼總統產生——這是證明印尼民主繼續發展的一個政治變革。但新政府面臨著持續的經濟和國內政治挑戰，以及二〇〇四年十二月襲擊東南亞的災難性海嘯的後果。印尼是一個在亞洲事務和穆斯林主義全球復興運動中，具有關鍵重要性的迅速增長和變革的大國。

印度支那的獨立運動

法屬殖民帝國也瓦解了，然而，只是在經歷了長期的戰爭之後。戰後法國的首次殖民戰爭，正如上一章中提到的，是爲了印度支那展開的。第二次世界大戰結束時，法國給予了印度支那在法聯邦之內的自治權，柬埔寨和老撾表示接受，但越南（交趾支那、東京、安南合起來的稱呼）要求完全獨立。一九四六年，爆發了公開的戰爭，法國軍隊和共產黨領導的越南武裝之間打了七年多。

領導越南獨立運動的共產黨領袖胡志明早年在倫敦、巴黎（在這裡，凡爾賽和會期間，他最早要求印度支那「自決」，並見證了一九二〇年法國共產黨的成立）、莫斯科度過多年歲月。一九四一年，他返回越南，組織了越南獨立同盟會，並動員游擊武裝與日本作戰。戰爭結束時，他宣布越南獨立。法國企圖透過利用安南一個無能的前皇帝做爲傀儡，恢復對越南的控制。談判失敗後，胡志明的軍隊把槍口轉向法國。由於共產黨領導了獨立運動，法國可以聲稱它是爲阻止世界共產主義潮流而戰，而非爲保護十九世紀的殖民特權。然而，在這裡，正如在亞洲經常出現的一樣，共產主義是與民族主義、反對殖民主義、反對西方主義以及眞正的民眾不滿密切相連的。

艾森豪政府領導下的美國雖然反對殖民主義，但是在冷戰中願意支持反共的事業，因而向法國提供了財政援助，但避免公然的軍事干預。戰爭耗盡了法國的士氣和資源。一九五四年春，在日內瓦舉行國際會議安排解決印度支那問題期間，經歷了長期且耗費巨大的圍攻之後，法國軍隊在奠邊府戰役中遭受了慘重的失敗。在法國的同意下，會議承認越南、老撾和柬埔寨獨立。法國印度

支那殖民帝國宣告終結。

在舉行全國性選舉之前，以北緯十七度線爲界，越南被臨時畫分爲北、南兩個部分，但是，選舉從未舉行。無論胡志明還是西方支持的南部政權都對一九五四年的安排不滿意，很快，不斷加劇的內戰開始了。正如我們即將看到的，到二十世紀六〇年代初，美國深深地捲入了這場戰爭，它將越南的戰爭看做全球共產主義挑釁的一部分，必須對其加以控制。越南戰爭成爲整個冷戰時期延續最久的衝突之一，我們將在第二十五章考察一九六〇年後美蘇對峙更廣泛的背景時再回到這場戰爭。與此同時，到二十世紀五〇年代中期，法國在印度支那的整個殖民帝國，讓位於新的民族國家。

美國和菲律賓

美國也直接參與了亞洲殖民帝國的終結。十九世紀晚期，在菲律賓出現了一個強有力的獨立運動，反對日漸衰弱的西班牙帝國。當一八九八年美西戰爭爆發時，在艾米利歐·阿奎那多的領導下，革命已在進行之中。在美國的鼓勵下，阿奎那多加入了反對西班牙的戰爭，並單方面宣布獨立，公布了亞洲第一個民主、共和的憲法。但是，當戰爭結束後，西班牙將菲律賓群島轉交給美國時，菲律賓的民族主義者受到了挫折。阿奎那多和他的追隨者拿起武器打擊美國。此後三年中，美國鎮壓菲律賓獨立運動花費的金錢和犧牲的人數超過了對西班牙的戰爭。

二十世紀二〇年代的半軍事統治政府提出向自治和最終獨立轉變的目標之後，無論在菲律賓群島還是在美國，獨立一直是個緊迫的問題。一九三四年，美國國會通過法案，授予菲律賓成立自治政府，並保證在不遠的將來允許菲律賓完全獨立。被第二次世界大戰所推遲的獨立，最終於一九四六年七月獲得。

獨立後早年，一個接一個的政府均未能向貧困的農民提供幫助，甚至不能維持政治秩序。要求土地再分配的共產黨領導的游擊隊運動加劇了不穩定局勢。一九六五年當選總統的費迪南·E·馬可仕在一九七二年宣布軍法管制，並做爲獨裁者統治這個國家，直到二十世紀八〇年代。美國與馬可仕政權合作，因爲他推行堅定的反共主義，但是貧困和政府腐化穩步加劇，馬可仕及其家族越來越富，花錢如流水。

一九八三年，深得人心的反對派領導人班尼格諾·艾奎諾流亡歸來被刺之後，他的遺孀柯拉蓉·艾奎諾充當了反對派的先鋒，並在一九八六年舉行的總統選舉中向馬可仕挑戰。雖然存在明顯的舞弊證據，但馬可仕仍企圖宣布自己是選舉獲勝者，整個國家堅決地走到了他的對立面，甚至美國也放棄了對他的

支持。隨後發生的民眾抗議迫使他流亡國外。

圖23-8　一九八六年，費迪南・馬可仕的反對派集會支持艾奎諾，在經過幾乎二十年的獨裁
　　　統治後舉行的競選中，她向菲律賓總統提出了挑戰。這是選舉獲勝前夕，艾奎諾出
　　　現在熱情的支持者中間，而馬可仕企圖推翻選舉結果，最終爆發的人民運動迫使他
　　　逃離菲律賓。（AEP/Getty Images）

　　艾奎諾總統面對著來自左右兩方面的持續壓力，但她恢復了民主選舉和公民權利。她還逐漸開始推行土地改革和其他改革，為其繼任者創立了先例。二十世紀九〇年代初，菲律賓議會反對美國軍事基地租約延續，美國同意撤軍。西方帝國主義的另一章宣告完結，此後各屆政府致力於發展菲律賓經濟，鎮壓南方島嶼的穆斯林分離集團，克服對腐敗和選舉舞弊的持續指控。二〇〇一年，後來的一位總統因腐敗醜聞被最高法院迫使離職，其繼任者格洛麗亞・馬卡帕加爾—雅羅育也同樣因選舉舞弊行為而遭到普遍懷疑。國家的普通民眾和政治精英皆對各屆政府失去了信心，菲律賓的政治生活仍不確定。

　　在南亞和東南亞，從殖民主義向後殖民政治和社會體制的轉變提出了複雜的歷史挑戰，甚至在經過半個多世紀持續的政治和經濟變革之後仍然如此。所有亞洲社會的人民都歡迎民族獨立，為西方帝國的壽終正寢而慶賀，但是，在每個地方，爭取獨立的奮鬥皆讓位於爭取政治穩定、民主體制、經濟發展和國家統一的奮鬥。在每個新獨立的民族國家中，由於冷戰的國際衝突、世界經濟的全球壓力對後殖民國家的影響（這種影響在這些地區從歐洲帝國體系中取得政治自由後甚至更加深刻），國內複雜的變化因而更加複雜化。更廣而言之，向獨立的轉變，刺激了關於文化、宗教、國家身分的無休止爭論，二十一世紀

初，在每個後殖民的亞洲社會，這些爭論依然在促生新的政治運動和衝突。

變革的拉丁美洲

與第二次世界大戰後亞洲出現的新興國家不同，到一九四五年，絕大多數拉丁美洲國家獲得獨立已經超過一個世紀了。然而，與其他第三世界地區一樣，殖民主義的遺產也使得該地區經濟發展不平衡，嚴重依賴於外部世界，背負著尚未解決的政治、社會和經濟問題的包袱。

拉丁美洲的面積爲七百萬平方英哩，從格蘭德河延伸到阿根廷和智利的南端，包括墨西哥、中美洲、南美洲和加勒比諸島。這一塊主要是西班牙語言和文化區，但葡萄牙語是本大陸面積最大、人口最多的國家 —— 巴西的官方語言。加勒比某些島嶼使用英語和法語，海地使用法語的一個變種。很多土著印第安人語言和方言雖然在很多農村地區被廣泛使用，但是整體上淹沒在主流文化之中，然而，最近幾十年，在拉丁美洲的很多地區，土著人口也再次宣布和捍衛他們的文化特性。

這是一塊存在著巨大的種族多樣性和種族融合的地區。在阿根廷，由於十九世紀的移民洪流，歐洲人口占壓倒性的優勢，但是在玻利維亞，一半以上的人口出身於土著印第安人。在巴西，人口包含有歐洲人、土著印第安人、黑人，並且以混血種人爲主。由於一度繁榮的奴隸貿易和奴隸制，巴西近一半人口是西非人的血統。然而，幾乎在所有地方，通常是歐洲白人和梅斯蒂索人（歐洲人血統和印第安人血統的混血）占社會統治地位。由於增長率很高，一九四五年後拉丁美洲的人口幾乎增加了三倍，從一九五〇年的一億六千萬上升到二十世紀末的五億。二十一世紀初，拉丁美洲兩個最大的城市墨西哥城和巴西的聖保羅，躋身於世界十大人口最多的都市之列。

殖民地經歷和獨立戰爭

西班牙三個世紀的殖民統治留下了難以抹去的痕跡。在西班牙人發現大量印第安人的地方，例如在墨西哥和當時稱爲祕魯的地區，他們將印第安人納入其殖民體制，將母國等級制的社會結構強加到印第安人身上。王室向從西班牙派往新世界的貴族授予（或「委託」）大地產，以鼓勵殖民定居。

在很多地方，歐洲人的到來導致了人口上的災難。第一代歐洲人帶來的新疾病致使土著印第安人大批死亡。在南美洲低地和整個加勒比地區，爲了向甘蔗種植園提供勞動力，歐洲人從非洲引進了黑人奴隸勞工，總數以百萬計。到十九世紀五〇年代，奴隸制在絕大多數地區被正式廢除了（雖然在巴西一直延

續到一八八八年），但是，或多或少僞裝的奴隸狀態，例如勞役償債制度，依然持續下來了。印第安人和黑人仍處於社會經濟體制的底層，控制這個社會體系的是在美洲出生的歐洲殖民者和移民的後代，即克里奧爾人（土生白人）。

在殖民地時期，一種延續持久的經濟交換模式發展起來了。礦產財富和其他商品從殖民地流到母國，西班牙反過來向殖民地提供必需的製成品，或者安排將其他歐洲國家的製成品用船運往殖民地。雖然西班牙無論在殖民地還是在母國皆未發展強大的商人階級，但農牧業和礦業成爲殖民地大規模的經濟活動，湧現出了一系列商業企業。

多年之後，美洲出生的克里奧爾人精英掌握的財富日增，並對歐洲的控制產生不滿。當拿破崙占領西班牙和葡萄牙，並取代兩家王室時，他們看到了擺脫母國的機會，但是克里奧爾人領導者也被法國革命中的人民暴力嚇破了膽。他們想對爭取獨立的鬥爭加以控制，保護他們的社會特權地位和土地財富。從一八〇八到一八二六年，他們爲爭取獨立進行了戰鬥，並在一連串對抗激烈的戰役中取得了勝利。在巴西，葡萄牙王室家族的成員和平地將國家引向了獨立。參與戰鬥的下層階級地位極少因獨立戰爭而提高，獨立也沒有爲流動性更強的社會掃清道路。實際上，獨立的後果主要是使得當地精英得以行使與他們財富相當的政治權力。從獨立戰爭和隨後新興共和國之間的衝突中，拉丁美洲出現了一個大的軍事組織、一個強有力的軍人階級，以及一系列考迪羅（即產生於軍隊的獨裁者）。

西班牙和葡萄牙的撤出，變更了拉丁美洲的政治精英，但是經濟交換和依附的傳統模式並未消失。然而，貿易夥伴網絡發生了變化，因爲工業革命的先行者英國現在能夠普遍地進入拉丁美洲的市場。由於克里奧爾人地主需要廉價的製成品進口，英國製造的商品極少遇到抵制或競爭。英國資本還爲基礎設施、碼頭、道路，最後還爲鐵路的建設提供資金，以支持貿易的擴展。英國（很快又有了美國）的經濟滲透代表了一種殖民主義的新形式，或新殖民主義，這是一種不需要獲得領土的經濟控制。十九世紀晚期，歐洲和美國的投資、歐洲移民的浪潮，將拉丁美洲與外部世界更緊密地連在一起。

北方巨人

獨立後，本地區在政治上四分五裂、動盪不安，很多新的共和國陷入內戰和民族戰爭之中。如果不是由於美國（在英國的支持下）提出的「門羅主義」，歐洲很可能會恢復對拉丁美洲的政治控制，門羅主義強烈反對歐洲大陸干涉新興國家的獨立。該世紀後半，美國還明確提出，在西半球任何地方發生

國內混亂的情況下,不允許歐洲國家爲恢復穩定、保護投資或要求償還債務而進行干預,而這恰是擴張的歐洲帝國主義時代的慣例。根據所謂的「門羅主義的推論」,一九〇四年,西奧多‧羅斯福總統宣布,美國將獨自承擔起出於此種目的進行干預的責任。在此後四分之一個世紀裡,美國推行了一種積極的武裝干預或「金援外交」的政策,主要是在中美洲和加勒比地區,直到二十世紀三〇年代中期,其公然的干預主義才逐漸改變。

二十世紀開始,美國做爲拉丁美洲占支配地位的貿易夥伴,與英國展開了競爭——出口製成品,購買該地區很多初級農礦產品。第一次世界大戰後,美國逐漸取代英國,成爲向拉丁美洲提供貸款和資本投資的主要來源。雖然拉丁美洲也出現了製造業中心,但是工業仍然不夠發達,部分是由於它對工業化世界的依附,部分是由於其貧困的民衆不能爲工業的發展提供強有力的消費基礎。同時,本地區農礦產品的價格越來越受世界市場的制約。

經濟增長及其問題

在令人沮喪的二十世紀三〇年代大蕭條時期,拉丁美洲因出口商品價格狂跌而損失慘重,來自國外的投資也消失了。經濟危機促使拉丁美洲人轉向自身的資源,力圖實現工業化,例如在一九三〇至一九四五年民衆主義獨裁者熱圖里奧‧瓦加斯統治下的巴西,就是這樣行。第二次世界大戰期間,本地區外國消費品的傳統來源被切斷,進一步刺激了工業化。

一九四五年後,整個地區的經濟結構開始發生重大轉變。對原物料和農產品不斷增長的需求、外國投資的流入使其受益匪淺。二十世紀六〇年代初美國甘迺迪政府發起並贊助的「爭取進步聯盟」,標誌著北美人願爲本地區的經濟發展承擔新的義務,儘管拉丁美洲人仍不斷抱怨與開發中國家的其他地區相比,他們受到忽視。從一九四五到一九七五年的三十年裡,拉丁美洲經濟以令人刮目相看的速度穩步增長,鋼產量增長了二十倍,電力、金屬、機械增長了十倍。

墨西哥、阿根廷、巴西和智利,儘管存在著很多內部問題,但已足夠被劃入世界新興工業化國家之列。拉丁美洲生產了比以往任何時候還多的工業產品,不再嚴重依賴從國外進口來滿足其工業品的需要。美國和歐洲跨國公司的出現,進一步刺激了拉丁美洲的經濟進步。然而,這種新的工業化在很大程度上是在保護關稅、補貼和國營企業的環境中發展。而且,先進技術在本地區才剛剛開始得到利用,民衆購買力低下繼續制約著工業的增長,只有社會精英享受到經濟擴展的好處,貧富之間的差距擴大。

　　二十世紀七〇年代，為支持經濟發展，主要的拉丁美洲政府從西方（主要是美國）銀行和國際信貸機構大舉借債，從而成為世界上負債最嚴重的地區，很多國家的外債增加了四倍。到八〇年代，由於無力償還債務，國際債權人受到了嚴重的財政威脅，外國銀行和信貸機構採取措施減輕利息支付的負擔。然而，被信貸機構強加的經濟緊縮措施，給已經下跌的生活水準帶來了進一步下降的威脅。即使在境況較好的年分，很多拉美國家的政府也沒有將對學校、醫院、道路、公共健康設施的開支放在優先考慮的位置。龐大的軍事組織和官僚機構消耗了大量緊缺的資源。在發展雄心的驅動以及其他開支的負擔之下，很多政府只是簡單地增發貨幣，從而導致貨幣貶值，促使物價飛漲。在二十世紀八〇年代，幾個國家的年通貨膨脹率超過一千個百分比。

圖23-9　一九四五年後幾十年裡，絕大多數拉丁美洲國家穩步邁向工業化。本圖中，巴西聖保羅一家大眾汽車工廠的工人正在組裝轎車。這類工廠表明了拉丁美洲城市在全球經濟中日益提高的地位，以及當代世界大工業公司的跨國運作。（Camera Tres/Black Star）

　　不穩定的經濟帶來的社會困難，因二十世紀八〇年代惡性通貨膨脹中農產品價格的下跌而進一步加劇。拉丁美洲的經濟增長減緩到百分之一以下，甚至有時出現負增長。正如其他發展中地區一樣，二十世紀八〇年代在許多方面是「失去的十年」。一九八九年的人均產值低於一九八〇年。但是，隨著很多拉丁美洲國家放棄了國家管制，鼓勵自由市場經濟，推行了更合理的公共財政，

抑制了通貨膨脹，經濟增長開始緩慢恢復。對本地區的經濟前景再次獲得信心的外國銀行家和投資者，重新為拉丁美洲的公司和政府提供資金。

　　儘管經濟取得了進步，人口增長依然是不安之源。與開發中國家的其他地區一樣，在二十世紀的最後幾十年，死亡率急劇下降，人口迅速增長。在拉丁美洲，對付人口增長的難度更大，因為天主教會禁止人為地節制生育，儘管此類禁令被上層和中層階級避開或忽視。在很多年分，人口以百分之三的速度增長，從二十世紀五〇年代到九〇年代成長了三倍。人口的增長幾乎抵消了人民群眾的經濟和社會收益。從積極的方面看，在較發達的拉丁美洲國家，人口開始趨於穩定。

　　很多年來，無地的農業工人離開拉丁美洲各地的貧困鄉村，定居於擁擠、汙染的城市貧民窟。享有特權的少數上層階級將他們的金融資產大部分安全地存在外國，但是壟斷國內的土地和財富。在所有拉丁美洲國家，平均收入依然大大低於最富有的工業化社會的收入。到二十一世紀初，最繁榮的拉美國家，如巴西、墨西哥和智利，平均收入大約是德國、日本、法國或美國的三分之一。雖然拉丁美洲的經濟精英已成為全球經濟的富有參與者，但像海地和宏都拉斯這樣的國家，仍處於世界上最貧窮的國家之列。玻利維亞的礦產財富曾一度養肥了印加帝國和西班牙，但是今天在所有南美國家中，它的平均收入是最低的。二十世紀六〇年代開始，很多牧師和修女以自己的方式對拉丁美洲的經濟不平等做出反應，鼓吹「解放神學」或「窮人的教會」。雖然遭到梵蒂岡的反對，但他們仍投身於提高貧困者境況的努力中，其他的改革者對土著人口的經濟問題和文化傳統也表示出新的興趣。

美帝國主義的終結？

　　二十世紀後半葉，拉丁美洲與北方巨人的經濟關係發生變化了嗎？透過二十世紀三〇年代「睦鄰政策」的推行，美國似乎朝著放棄干預特權的方向邁出了重要的一步。一九三三年前，美國對墨西哥、尼加拉瓜、巴拿馬、古巴、多明尼加共和國和海地的軍事干涉形成了激起整個拉丁美洲怨恨的歷史模式。但是，甚至在一九四五年後，美國軍艦和部隊繼續在拉丁美洲登陸，特別是在中美洲和加勒比地區，例如一九五四年在瓜地馬拉、一九六五至一九六六年在多明尼加共和國、一九八三年在格瑞那達、一九八九年在巴拿馬。有時，美國的干預與冷戰的「遏制」政策聯繫在一起，旨在反對世界各地的共產主義。

　　第二次世界大戰後，一九四八年，美國帶著善意的態度促進了美洲國家組織的建立，在美洲國家組織內部，西半球有三十五個國家，包括美國和加拿大

在內，聯合起來爲解決各共和國之間的爭端提供了一個機制。美洲國家組織爲傳統的北美干預主義提供了一個更體面的替代物。做爲新時代標誌的另一步驟是，一九七七年，美國同意將巴拿馬運河交還給巴拿馬，一九九九年具體落實。

經濟上的相互依賴也成爲西半球變革的標誌。美國自身的經濟，需要有穩定繁榮的拉丁美洲。一九九四年，在美國的提議下，美國、加拿大和墨西哥簽署了《北美自由貿易協定》，規定在一段時期內三國將廢除所有貿易壁壘，此後將擴大到其他國家。與此同時，來自墨西哥、加勒比和拉丁美洲其他地方的大批移民湧向北部，正改變著美國的種族構成，擴大著這個地區人民之間的聯繫。

政治體制和拉丁美洲社會的衝突

政治上，二十世紀的大部分時間裡，拉丁美洲主要是這樣一部歷史紀錄：不穩定的憲政體制和鎮壓性的軍人獨裁、內戰和社會革命、種族緊張和勞工騷亂、政變和反政變，反對外國（主要是美國）利益的激情。也有群衆普遍支持的具有廣泛基礎的民粹主義者獨裁之插曲，例如上面提到的瓦加斯時期的巴西、一九四六至一九五五年胡安・裴隆掌權時期的阿根廷（裴隆主義在此後的年代裡發揮著持久的影響）。改革與鎮壓令人沮喪地循環交替。中美洲更加不穩，從二十世紀五〇年代到八〇年代，冷戰中美國的反共事業和美國對中美洲，尤其是尼加拉瓜和薩爾瓦多右派勢力的支持，加劇了不穩定的局面。

那些年裡，在拉丁美洲，當左翼政權通常在美國的非官方幫助下被推翻，像一九五四年在瓜地馬拉、一九六四年在巴西、一九七三年在智利和烏拉圭、一九七六年在阿根廷、一九八〇年在薩爾瓦多，隨之而來的通常是嚴酷的鎮壓。政治反對派簡單地「失蹤」了事——他們被監禁、拷打，並經常被處決，正如後來的紀錄所顯示的。兩個最極端的例子發生在阿根廷和智利。一九七六至一九八三年，在阿根廷，針對左派的「骯髒戰爭」奪去了三萬人的生命。即使在後來的民主政府時期，對此負責的肇事者長期未受到懲罰，儘管他們的罪行已得到了公開的認可。軍人鎮壓的另一顯著例子發生在智利，一九七〇年，一個左翼聯盟透過選舉掌權，致力於土地改革和對美國擁有的銅礦實行國有化，三年後，在美國的參與下，該政權被軍事政變顛覆。該國民選出的左派總統薩爾瓦多・阿連德及其幾千名支持者喪生，在此後多年內以奧古斯托・皮諾切特將軍爲首的軍政權統治下，野蠻的鎮壓隨之而來。與很多獨裁統治不同，皮諾切特時代留下了經濟增長的良好紀錄，但也帶來了痛苦的回憶和分裂的國

家。晚年住在國外被捕的皮諾切特，勉強逃脫了因侵犯人權的指控在歐洲受
審，但仍面臨著在智利接受審訊的命運【2】。

　　二十世紀後半葉拉丁美洲最徹底的革命發生在古巴。一九三三年，古巴落
入富爾亨西奧・巴蒂斯塔嚴厲的鎮壓性獨裁統治之下。一九五九年，流亡歸來
的菲德爾・卡斯楚和一小支左派游擊隊（其中有卡斯楚的首要副手厄內斯托・
切・格瓦拉）成功地推翻了巴蒂斯塔的獨裁統治。卡斯楚保證實行土地改革，
結束了經濟上對美國的依賴。當他的政府沒收美國公司的投資和地產時，美國
以貿易禁運實行報復。卡斯楚，最初不是一個莫斯科導向的共產主義者，這時
卻轉向了蘇聯的軌道。一九六二年在冷戰的背景下，圍繞著古巴而產生的緊張
局面，正如我們將在第二十五章中看到的，將美國和蘇聯推向了核武戰爭的邊
緣。

圖23-10　在菲德爾・卡斯楚的新政府堅定地與美國斷絕關係，推行激進的社會變革，並建立
　　　　　一個一黨制的共產主義政權後，古巴革命成為冷戰中的重大事件。這是一九五九年
　　　　　一月卡斯楚在革命性的「進軍哈瓦那」過程中向群眾發表演說，在此之後，他宣布
　　　　　自己是共產主義者，並與蘇聯建立緊密的關係。（© Bettmann/CORBIS）

　　古巴成為西半球唯一公開承認的馬克思主義國家。卡斯楚向全世界宣告支
持反帝主義，援助玻利維亞和中美洲的左派運動，更派出軍隊跨越大西洋支持
非洲的反殖民主義游擊隊。在國內，他建立了先進的社會服務網絡，促進公共

健康和掃盲，改善農村群眾的生活，但是經濟上的失敗和集權高壓使這些成績黯然失色。他日益依賴蘇聯集團的經濟援助，獲得出口蔗糖和進口石油的優惠條件。軍事化體制和全球冒險主義，使他在拉丁美洲和其他地方具有改革思想的人當中喪失了支持。當一九八九至一九九一年蘇聯共產主義崩潰後，卡斯楚喪失了他所依賴的經濟支持，在某種意義上成為國際事務中被孤立的人物。然而，菲德爾主義曾被看做對美國的威脅和共產主義在西半球打開的一個缺口。二十一世紀初，卡斯楚本人繼續在古巴領導著自一九五九年席捲該國的革命後已掌權將近五十年的政權。

二十一世紀初的墨西哥和巴西

在這個地區兩個人口最多的國家——墨西哥和巴西——可以看到後殖民時期拉丁美洲爭取經濟發展，長期鬥爭的政治涵義。二十一世紀初，在墨西哥一億多人口中，有相當大的部分生活在生存貧困線上，正如絕大多數拉美國家一樣，財富仍然高度集中在社會上層階級手裡。然而，墨西哥已經歷過從一九一〇年開始的社會革命的插曲，在此過程中，教會和軍隊的力量被削弱，土地改革計畫也被提出來。

墨西哥占統治地位的政治組織革命制度黨（PRI），一九一〇年革命的繼承者，長期以來僅僅在名義上是革命性質的。反對黨雖然存在，但革命制度黨和一小撮實業界精英仍維護著他們的特權和利益。政府倡導工業化，但是忽視社會需要、裙帶關係和腐敗盛行。和別的地方一樣，忽視社會問題給人民帶來的代價是除少數社會精英之外，其他人都面臨著營養不良、疾病、嬰兒死亡、學校不足、文盲、預期壽命低等問題。一九九四年，在南部貧困的恰帕斯州，由印第安人領導的農民運動武裝起義，戲劇性地展示了墨西哥最貧困人口廣泛的社會和經濟問題。革命制度黨藉由補貼和扶貧金等方式保持著窮人的忠誠，但是聲名狼藉的腐敗和多年來利用控制選舉對政權緊抓不放，已導致絕大多數墨西哥人對所有政治家失去了信任。儘管工業化不斷發展，國際貿易也穩步擴張，富人和窮人之間、北方和南方之間的經濟鴻溝仍在二十世紀九〇年代擴大了。

在二〇〇〇年的總統選舉中，革命制度黨候選人首次被中間派的實業界領導人比森特·福克斯擊敗，他的獲勝使得更加保守的國家行動黨掌握了政權，結束了革命制度黨七十一年的統治。福克斯總統許諾進行重大經濟和社會改革，但是他在墨西哥議會內面對著強有力的反對，無力推行他要提出的絕大多數改革。與美國簽訂的自由貿易協定於一九九四年生效，沒有明顯地改善絕大

多數墨西哥窮人的經濟狀況，導致許多人移居美國尋找工作。經濟問題繼續影響著墨西哥政治，有助於提高左派政治領導人——如墨西哥城市長——的聲望，他將反對派團結起來，組成了一個政治運動，在國家的下層階級中得到了廣泛的支援。

反對傳統經濟政治精英的民粹主義反對派也出現在巴西，前金屬工人工會領袖盧拉·達·席爾瓦，在二〇〇二年被選為總統。盧拉（正如他被這樣稱呼的）是在二十世紀六〇年代初以來由選舉產生的總統之間，首次成功地實現政權交接之後擔任總統的，他的就職喚起了民眾對於改善巴西最貧困人口經濟狀況和民主政治體制的期望。然而，新政府的政策不如曾經被預期的那樣激進，盧拉在努力解決失業問題和對付其自身政治盟友內部腐敗醜聞的過程中，支持率下降了。但不論如何，巴西的經濟呈現出穩步的增長，使這個南美最大的國家在國際經濟體系中的地位日益突出。健康的巴西經濟和政治體制，已成為整個大陸穩定和發展必不可少的要素。

1946至2000年大事年表	
1946年	美國准予菲律賓獨立
1947年	英國結束其在南亞的帝國統治，將該地區畫分為印度和巴基斯坦兩個國家
1949年	印尼脫離荷蘭贏得獨立
1954年	法國從印度支那撤軍，越南北部和南部出現兩個政府
1955年	二十九個「新興國家」的領導人在印尼的萬隆開會，確立在冷戰中的「不結盟立場」
1959至1961年	菲德爾·卡斯楚在古巴建立共產主義政權
1965年	蘇哈托將軍推翻蘇加諾；開始對印尼三十二年的統治
1970至1973年	智利左派政權；被政變推翻和皮諾切特獨裁
1971年	印度幫助孟加拉脫離巴基斯坦獨立
1974年	印度發展核武器
1976至1983年	阿根廷獨裁政權鎮壓左翼反對派
1979年	蘇聯入侵阿富汗，開始與穆斯林游擊隊的戰爭
1989年	蘇聯從阿富汗撤軍，激進穆斯林（塔利班）政權建立
1994年	美加墨自由貿易協定（NAFTA）生效

1946至2000年大事年表	
1996至1999年	印度人民黨（BJP）力量增強，在印度鼓勵以印度教爲基礎的民族主義
1998年	巴基斯坦引爆一顆原子彈
1998年	在印尼，蘇哈托將軍被趕下臺
2000年	比森特・福克斯當選墨西哥總統，結束革命制度黨七十一年的統治

拉丁美洲民主制的進步

　　二十一世紀初，拉丁美洲在經濟上和政治上依然是一塊多樣化的地區。很多拉美國家正朝著建立更加穩定的憲政政府、努力淡化意識形態衝突，以及放鬆國家對經濟的嚴格控制方向前進。然而，通貨膨脹、沉重的債務、貨幣危機、人口增長，依然使得滿足本地區貧困的下層階級的基本社會需要困難重重。

　　憲政民主制依然時常脆弱不堪。二十世紀九○年代，阿根廷、厄瓜多爾、委內瑞拉都發生過軍人暴亂，祕魯的民選總統踐踏憲法，最終被迫下臺。在哥倫比亞，大規模的毒品交易使政府秩序陷於混亂，左翼游擊隊的起義造成了一輪又一輪的政治暴力。在中美洲，軍人聲稱爲了保護公共秩序免遭不斷上升的犯罪或貧困社會集團的騷亂威脅，經常試圖奪取或控制政權。貧困和根深柢固的不平等依然是本地區歷史的遺產。

　　因而，在整個拉丁美洲，民主制依然在消長，發展依然不平衡。一九六○年，實際上南美洲每一個國家都由民選產生的文人領導人掌權，但到一九七六年，除了中美洲和南美洲少數幾個國家外，其他國家都落入軍人或右翼獨裁者的統治之下。然而，從二十世紀八○年代到九○年代，潮流再次轉向民主制。在九○年代的大多數時間裡，沒有民選產生的文人總統被軍人推翻，但是，因不稱職和腐敗的民主政黨無法有效地處理經濟和社會問題，使選民常常感到沮喪和憤怒。

　　委內瑞拉尤其成爲政治不滿的顯著例證。一九五八年以來，該國就由實行民主制的文人領導者和有序的政府掌權。四十多年來，兩大政黨分享權力和政治利益，然而，儘管該國有豐富的石油財富，貧困和社會不平等卻一點也沒有得到緩解。一九九八年，烏戈・查韋斯當選總統，引起了兩大傳統政黨的驚慌。查韋斯，前陸軍上校和傘兵，一九九二年曾領導了一次流血的軍事政變，但沒有成功。他在選舉中獲得了壓倒性勝利，倡導實行「和平的社會革命」，

召集會議起草新憲法，十八個月後，二○○○年夏天，他在選舉中獲得連任。很快，國民大會授權查韋斯可通過法令制定法律。隨後幾年裡，他對委內瑞拉的國家石油公司實行了新的控制，抵擋住了石油工業的長期罷工，並設法在一次試圖將其趕下臺的公民投票中獲得了勝利。批評者嚴厲地指責查韋斯，說他使拉丁美洲過去的政治煽動和鎮壓體制最壞的習慣死而復活了，但是，他在社會下層階級中擁有很高的支持率，他熱情支持古巴的卡斯楚，並透過警告美國干涉委內瑞拉內政的危險來動員民族感情。做為自己與該國革命的過去和十九世紀的解放者西蒙·玻利瓦爾聯繫的象徵性證明，他將國名改爲委內瑞拉玻利瓦爾共和國。

　　二十一世紀初，拉丁美洲歷史早期的政治實踐在一些地方仍然出現。然而，在新世紀之初，絕大多數拉美國家已在追隨其他工業化國家，朝著私有化、自由貿易、開放市場和全球化的方向邁進。儘管不時出現挫折，但民主制正成長爲普遍的政府模式。但是，在絕大多數拉美國家，與世界經濟的一體化並未帶來繁榮或更加均衡的財富分配。本地區還遭受了嚴重的金融危機，例如發生在一九九四年的墨西哥和一九九八年的巴西的本國貨幣動盪。

圖23-11　雖然所有拉丁美洲國家與現代國際貿易體系的經濟聯繫日益密切，但這塊大陸很多人依然生活和勞動在根深柢固的農業村社中。與他們的上輩人一樣，二十世紀九○年代，在厄瓜多爾的農村中，這些人正在收割大麥，他們的經濟生活也與從根本上影響著他們的作物價格和工資價值的全球經濟聯繫在一起。（© Pablo Corral V/Corbis）

　　二十一世紀初，出現了一批新的左派政府——委內瑞拉的烏戈・查韋斯，巴西的盧拉・達・席爾瓦，拉丁美洲第一位當選的印第安人總統玻利維亞的埃沃・莫拉萊斯，該洲主要國家第一位當選女總統和社會主義者、智利的蜜雪兒・巴切萊特。這些人以及舊式的左派運動依然使人們感覺到他們的存在，而且正在興起的年輕一代活動家強烈地批評全球自由市場經濟（美國是首要支持者）僅使少數富國收益，置貧困國家的需要於不顧。

　　因而，一九四五年後，亞洲後殖民國家面臨很多經濟和政治的挑戰，在絕大多數拉丁美洲國家也能看到：例如與工業化程度更高的國家之間不平等之經濟交換，例如持續的政治衝突，將本大陸早期歷史上不同的民族和地區文化造成的左、右兩派政治暴力延續下來。不管怎樣，很明顯，到二十一世紀初，拉丁美洲國家與亞洲、非洲和中東的現代國家一樣，都不可逆轉地朝著融入全球經濟和當代國際事務的主流方向前進。

第二十四章

從帝國到民族國家：「二戰」後的非洲與中東

　　一九四五年以後，歐洲殖民帝國的終結使整個非洲和中東建立了新的國家，但這個重大的變化在冷戰時期也產生了無數新的地區紛爭。這些新地區、種族和宗教的衝突一直持續到二十世紀八○年代後期美蘇爭霸格局消失之後。鑑於非洲和中東的地理位置接近歐洲，這片廣闊的土地和各族人民長期受到歐洲擴張的影響──從中世紀的十字軍東征到十九世紀歐洲列強的擴張，再到一九一九年後國聯將「委任」領地分配給英國和法國。然而，到了二十世紀中葉，到處興起了反對這種外來干涉的民族主義運動（如同在亞洲發生的）。面對這種抵抗並受到兩次世界大戰的削弱，歐洲逐漸喪失在非洲殖民地和中東委任統治維持其殖民統治的政治意志和資源。歐洲是在一戰後，從解體的鄂圖曼土耳其帝國獲得對中東的控制權。

　　儘管法國壓制阿爾及利亞民族主義的高漲，英國鎮壓肯亞的反殖民地武裝，葡萄牙為維持其安哥拉和莫三比克殖民地而戰，但獨立浪潮的目標是要把每一個非洲國家從歐洲的控制中解放出來。然而，殖民政權把講不同語言的民族納入一個人為構築的政治邊界線，這一歷史事實使新獨立的國家呈現複雜性。這個殖民地管理的遺留問題經常導致種族衝突，從而使非洲的政治體系不穩定或產生獨裁政府。

　　與此同時，北非和中東的阿拉伯國家陷入了與猶太人新國家──以色列的長期衝突。以色列是在一九四八年，英國從其占領的巴勒斯坦委任統治地撤退後所建立，它的建立標誌著猶太復國主義運動的勝利。該運動自十九世紀後期起逐步發展，在納粹大屠殺之後贏得新的支持，但也造成大批生活在巴勒斯坦的阿拉伯人遷徙、一系列的地區戰爭、伊斯蘭和阿拉伯宗教熱情的重新高漲，以及一個使世界主要強國捲入的棘手國際問題。在冷戰時期和全球競爭的年代，非洲和中東發生的經常性衝突也交織著對主要自然資源（如石油和礦產）的爭奪，由此使更廣泛的全球政治和經濟體系的穩定，在很大程度上受到這些地區動盪的影響。

　　我們將在本章的開始部分論述非洲和中東後殖民時期的歷史，然後用在前面亞洲和拉美現代史中已經提到過的、關於第三世界經濟發展更為普遍的問題來進行總結。全球經濟的當代分析經常把焦點放在商品的生產、勞動力成本、貨幣的兌換或貨物和服務的分配；但是，非洲和中東的現代史表明，經濟史不能輕易脫離宗教、民族主義和種族的動向，而且始終圍繞著石油、農產品、貨幣和先進技術的全球貿易。

非洲的革命

非洲大陸比北美和中美洲合起來還要大。一九五〇年估計有兩億兩千萬人口，二〇〇〇年將近九億。儘管自二十世紀八〇年代以來致命的愛滋病已經奪取了很多人的生命，但非洲仍是世界上人口增長最快的地區之一。我們也許應當區分北非和撒哈拉以南非洲。北非是從茅利塔尼亞、摩洛哥至埃及，主要為穆斯林和阿拉伯人，在種族構成、文化、地理和歷史方面更多屬於地中海世界（甚至是伊斯蘭中東）。撒哈拉以南非洲是指撒哈拉沙漠以南地區，生活在那裡的人口超過六億。我們發現那裡有伊斯蘭教、基督教和傳統的非洲精靈崇拜，而且居民主要是黑膚色的。一張非洲的種族和語言地圖表明，有數百種不同的種族團體和約八百種的語言在其中，其中約五十種語言由五十萬以上的人口使用。很多非洲人從殖民地時代亦開始講英語或法語。不只如此，那裡還有許多歐洲人的後裔、南亞的定居民和移民，主要分布在南非。

一九四五年的非洲地圖與一九一四年的幾乎沒有什麼變化。除了埃及、賴比瑞亞和衣索比亞（後者是在第二次世界大戰中從義大利獲得獨立的），整個非洲是由歐洲控制著。可是到二十世紀六〇年代初，已經有三十五個獨立國家，而且非洲的絕大多數不是已經獨立就是即將取得獨立。到二十一世紀初有五十三個非洲獨立國家，占四分之一以上的聯合國成員國。在五十三個國家中，除了埃及、利比亞、突尼斯、阿爾及利亞和摩洛哥外，其餘四十八個均分布在撒哈拉以南。

這些新國家在許多方面與過去的國家不同。非洲國家領土的邊界，正如我們已經知道的，是在十九世紀後期歐洲帝國擴張時隨意畫分的。新的國家通常包含了講不同語言的族群。這些族群往往缺乏有助於形成「民族國家」概念所包含的「民族」凝聚力，而同一族人往往被畫分在兩個或甚至更多的國家內。當非洲獨立國家獲得完全的主權時，與歐洲和亞洲的古老國家相比，這些新國家的人民缺少一種民族統一的歷史傳統，新的非洲政府面臨著將其不同的族群融合成國家的艱鉅挑戰。帝國主義給非洲國家留下的爛攤子是經濟上未開發、依賴世界市場、幾乎沒有自我管理的經驗。迅速走向獨立，反而增加了非洲國家的困難。種族紛爭或內戰，以及地區衝突，是許多非洲國家獨立後第一個五十年的標誌。下面對後殖民時期非洲發展的研究，只是勾勒出這些年非洲歷史的大致輪廓。

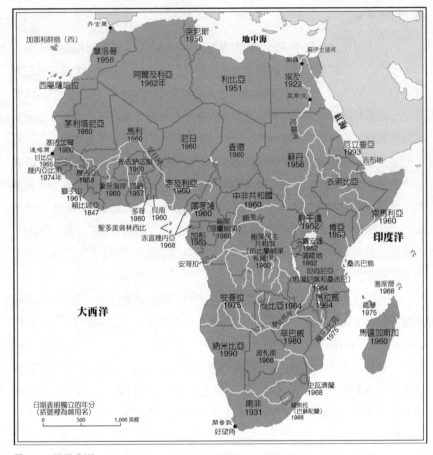

圖24-1　當代非洲

這張地圖表明非洲獨立國家的興起。它可以與早期的地圖相比較：前殖民地時期的非洲（圖16-10）和一九一四年處於歐洲帝國主義顛峰期的非洲（圖16-13）。迦納是撒哈拉以南的第一個新國家，它於一九五七年從英國獲得獨立，取名於中世紀靠近北方的非洲王國。較晚建立的國家包括南部非洲的辛巴威（一九八〇年）和納米比亞（一九九〇年），以及東北非的厄立垂亞（一九九三年）。到二十世紀末，歐洲殖民帝國全部消失，南非由白人統治的種族隔離制度已經讓位給沒有種族差別和民主的政治制度。

法屬北非

在第二次世界大戰期間，盟軍領導人已經做出了自決的各種承諾。一九五一年，隨著義大利的敗北（和衣索比亞的解放），戰時盟國保證義大利的前殖民地——利比亞獲得獨立，英國也決定結束其在埃及保留的特殊地位。這些事件刺激了法屬北非，那裡通常是在法國接受教育的阿拉伯民族主義領導人，他們從二十世紀二〇年代開始要求獨立。在摩洛哥、突尼斯和阿爾及利亞

——通常以「馬格里布」來稱呼這些西北非的阿拉伯國家，民族主義者開展了激烈的戰鬥。摩洛哥和突尼斯不完全是殖民地，而是法國的保護領，它們由本國傳統的統治者領導，即摩洛哥的蘇丹和突尼斯的貝伊。一九五六年，法國給予這兩個國家獨立。摩洛哥蘇丹成了君主立憲的國王，但專制王權在往後數年得到了增強。突尼斯成了共和國，最初三十年由哈比・布林吉巴領導，他進行了許多民主改革（包括婦女的離婚權），被任命為終身總統。這兩個國家中，來自西方的現代化和自由主義與來自穆斯林傳統主義的對抗，在獨立後持續了很長一段時間。

　　阿爾及利亞的歷史則非常不同。十九世紀早期法國人進入了阿爾及利亞，部分原因是鄂圖曼帝國的衰落。經過幾次血腥的戰鬥之後，阿爾及利亞在十九世紀中葉完全淪為法國控制的殖民地。到十九世紀後期，許多法國人和其他歐洲人移居阿爾及利亞，建立大規模的移民組織，控制了阿爾及利亞的政治經濟生活。法國承諾，當阿爾及利亞完全與法國人和歐洲人同化時，法國會做出更多的讓步。但法國政府提供給阿爾及利亞人的自治程度和代表名額非常有限。只在兩次世界大戰期間做出了一些額外的政治讓步，一九四五年後，阿爾及利亞民族主義者要求完全獨立。儘管阿爾及利亞在巴黎的法蘭西立法機構中有代表，但在阿爾及利亞的選舉嚴重地偏向歐洲居民，明顯不利於阿拉伯人多數。在九百萬左右的居民中，有一百萬是歐洲人。歐洲居民或僑民主要是法國人，他們已經在那裡生活了幾代，如同法國作家阿爾伯特・加繆的家庭。歐洲人因為控制經濟、經營土地和產業，遂擔心阿爾及利亞與法國的聯繫一旦被放鬆，他們的政治和經濟特權就會被剝奪，並受制於阿拉伯穆斯林多數的控制，後者正因多年的不公平待遇而憤慨。法國軍隊鎮壓了戰後最初的起義，但民族主義運動不斷成長。一九五四年秋，民族解放陣線與法國軍隊展開了激烈的游擊戰。

　　法國－阿爾及利亞戰爭持續了七年半，在戰況最激烈時捲入了五十萬法軍，並在法國國內引起尖銳的政治分歧。阿爾及利亞軍隊從埃及和其他阿拉伯國家接受援助，酷刑和虐殺變成了雙方的共同經歷。一九五八年春，法蘭西內閣危機時期，在阿爾及利亞的歐洲人擔心達成獨立的協定，因此軍隊領導人和頑固分子發起暴動，卻導致巴黎的政局變動和戴高樂重新執政。可是，令軍隊領導人失望的是，戴高樂出乎預料地安排了停火，而且很快就提出阿爾及利亞人的自治和自決。一九六二年，在全民投票中，戴高樂因完全獨立的主張而贏得法國選民的支持。軍隊領導人於是發動政變，一些以前協助戴高樂的親信，幫助組織恐怖分子的祕密軍隊，他們放炸彈、殺人，甚至想暗殺戴高樂。儘管

圖24-2　從法國獨立的阿爾及利亞戰爭是非殖民化進程中最痛苦、最漫長的戰爭之一，部分
　　　　原因是大量法國人在阿爾及利亞生活了幾個世代。法國有五十萬士兵在阿爾及利
　　　　亞，包括在奧朗城的軍隊，但是法國軍隊不能打敗阿爾及利亞的民族解放陣線或重
　　　　新控制阿爾及利亞的鄉村地區。阿爾及利亞於一九六二年成為一個獨立的國家。
　　　　（Getty Images）

如此，戴高樂仍堅持要求就阿爾及利亞的獨立進行談判。一九六二年，法國的
統治結束了。這場曠日持久而殘酷的戰爭使一萬名法國士兵和十萬名阿爾及利
亞戰士，以及成千上萬阿爾及利亞平民付出了生命。

　　阿爾及利亞獨立後，大批歐洲人離去，但絕大多數的法國人和阿爾及利亞
人對戴高樂結束這場殘酷的戰爭是心懷感激的。法國接受了喪失阿爾及利亞及
非洲大帝國的其他部分。二十世紀六〇年代的經濟繁榮，使法國把注意力轉向
其他事務。阿爾及利亞人雖然忠誠於反西方的立場，但還是接受了法國用於開
發當地大規模的石油和天然氣資源的技術援助。

　　在後來的三十年中，民族解放陣線在軍隊支配的一黨制下執政並管理國
家。該黨變得日益腐敗，對國有計畫經濟管理不善，這種經濟只是靠國家的石
油和天然氣收入倖存著。到了八〇年代，約四分之三的阿爾及利亞青年沒有工
作，許多人成為無家可歸者。另外有兩百萬阿爾及利亞移民去國外找工作，主
要是去法國，但在那裡他們並非總是受歡迎。一九八八年，對阿爾及利亞政治
經濟形勢總體的不滿，最終爆發為城市的暴動。

　　阿爾及利亞軍方領袖為了鞏固與其他阿拉伯國家的聯繫，而允許伊斯蘭原
教旨主義者宣教和擴大其政治影響力，由此出現了伊斯蘭拯救陣線這個極端主
義政黨。它把自己組織成一個群眾性的政治運動、自願為民族解放陣線的代言

者，並贏得了廣泛的支持。它激烈反對西方式的世俗化（即將婦女從伊斯蘭教穿著和其他方面的教規束縛中解放出來），而且要求重新實施原教旨主義的穿著和行爲準則。一九九一年，伊斯蘭教政黨贏得該國前所未有的多黨議會選舉之多數，但軍隊領導人武斷地取消了選舉結果，並宣布伊斯蘭教政黨爲非法。

一九九二年以後，阿爾及利亞的社會政治步入了暴力階段。伊斯蘭教極端主義分子的軍事行動變成控制不住的恐怖行動，他們襲擊村莊和居住區，使溫和的伊斯蘭教領導人感到非常無奈。軍方以野蠻恐怖造成超過十萬人死於暴徒的襲擊以及隨後軍政府的鎮壓。在伊斯蘭教激進派宣布停火和政府於二〇〇〇年宣布對反叛者實行大赦之後，暴力終於得到控制。但大量的下層階級仍然面臨經濟困難的壓力，阿拉伯人和柏柏爾少數民族之間的關係依然緊張，他們是穆斯林但不是阿拉伯人。阿爾及利亞由此受到地方種族主義言論和伊斯蘭教政治運動的強大力量影響，結束了爲擺脫法國統治爭取獨立而進行的長年戰爭後，幾乎過了半個世紀，它仍在爲維持一個穩定和民主的國家而奮鬥著。

英國在西非統治的終結

北非的民族主義獨立運動或許在兩次世界大戰之間便已經在進行，故而人們早已預料到；但撒哈拉以南非洲的解放運動還遠未有進展。這裡的黑非洲人仍然生活在殖民帝國裡。歐洲人或者是在十五世紀開啓的殖民時代，或者是在一八八五年以後有一半歐洲帝國主義國家參與的「爭奪非洲」短暫十年中，形成了這個殖民帝國。

儘管一九四五年以前幾乎不存在獨立運動，但之後很快就出現了。英國起初壓制高漲的民族主義勢力，把民族主義領導人抓入監獄或流放海外。但到了二十世紀五〇年代，英國很快地認知到了解放運動的力量，加上戰後來自本國的經濟壓力，遂決定改變政策。英國於是迅速地賦予殖民地自治。這些殖民地很快就成爲自治領，然後宣布成爲獨立的共和國。

獨立後的共和國有許多年受制於獨裁政府的統治，獨裁者更關心的是如何維持自己的權力，而不是發展民主國家。儘管在二十世紀九〇年代民主化趨勢貫穿非洲大陸的許多部分，但到處仍充滿嚴峻的經濟挑戰。非洲的經濟仍然缺少工業化，因此在全球經濟中高度依賴國際發展援助，並受到商品價格波動的影響。

黃金海岸（很快就改稱爲迦納）是第一個贏得獨立的英國殖民地，後來的歷史顯示許多非洲前殖民地將出現一種後殖民經濟和政治模式。英國開始時拒絕由民族主義領導人恩克魯瑪所帶導的激進公民抵抗運動，甚至將他逮捕

入獄。但在一九五一年，他們釋放了恩克魯瑪並允許成立自治政府。恩克魯瑪領導的政黨隨後贏得壓倒性的選票，他因此成為政府總理。一九五七年殖民地以自治領的身分贏得完全獨立。一九六〇年，恩克魯瑪把它轉變為共和國，自任總統。國家獨立後拋棄了黃金海岸名稱，因為它與幾個世紀的殖民剝削和奴隸貿易過於密切。新國家取名迦納，使人回想起早在六至十一世紀北部一個昌盛的非洲王國。恩克魯瑪迅速擴大自己掌握的政權，禁止反對黨，實行獨裁統治並宣布自己為終身總統。迦納早期的後殖民歷史顯示出一種模式：魅力型的民族主義領導人領導獨立鬥爭，一旦贏得獨立即成為了獨裁者，而且獨立運動的政黨往往變成一黨制政府的根基。這種模式日後在非洲（和亞洲）得到了重現。

圖24-3　迦納是在二十世紀五〇年代第一個從大不列顛贏得獨立的非洲國家。新國家的總統恩克魯瑪出現在這張照片上，他在一九五七年國慶典禮上向支持者揮手致意。恩克魯瑪為獨立而戰，成為泛非運動的主要人物，但他的專制統治手段和過激行為引起了一場軍事政變，一九六六年的這場軍事政變推翻了他的權力。
（Bettmann/Corbis）

恩克魯瑪採取反西方的立場，在冷戰時期擁護不結盟政策，尋求在泛非運動中擔任領導角色，一九五八年在迦納首都阿克拉召集第一屆全非人民代表大會。他建立與蘇聯和中國的密切聯繫，倡導「非洲社會主義」計畫。他的繼任者也繼續實行這項計畫，將經濟置於嚴格的國家控制之下。在亞洲、非洲和中東出現的這些社會主義新形式中，國家管理經濟，統治精英積累權力和財富，卻很少有傳統社會主義教條和理論中提出的平等主義。獨立後，迦納的經濟一度繁榮，主要因為迦納是世界上最大的可可生產者和世界第十大黃金資源產地。但二十世紀六〇年代經濟狀況開始下滑，部分是因為不夠周全的發展方案，使迦納對外國貸款的依賴變得更加嚴重。

一九六六年，軍隊領導人因厭倦了恩克魯瑪的專橫、肆無忌憚的過激行為和個人崇拜而推翻了他的政權。隨後的一系列軍事政變只是做零星的努力來恢

復憲法和文官的統治。最後是在一九七九年，一位年輕的空軍軍官羅林斯中尉掌握了政權。他倡導自給自足、勤儉節約，並抑制了一些國營部門的經濟。此外，他從世界銀行得到資金援助並實行市場經濟改革，二十世紀八○年代後期，經濟開始呈現大幅度增長。到一九九○年代初，羅林斯承諾提供一個更加自由的政治制度，包括自由的多黨選舉。在新世紀開啓之際，羅林斯經歷二十年執政後，按照九○年代初憲法規定的任期，主動交出了總統職位。他選用的繼任者庫福爾在二○○四年底經過民主選舉蟬聯總統，由此見證了迦納正在繼續朝著更加穩定和開放的政治制度前進。迦納獨立後，歷史的每一個階段——尤其是從獨裁統治到二十一世紀初逐漸轉向較爲民主的政府進程——代表了許多後殖民地非洲國家出現的一個普遍趨勢。迦納的民主化成爲一場更廣泛的非洲政治改革運動的一部分。

奈及利亞

　　英國在非洲的最大殖民地奈及利亞，是後殖民地非洲人口最多的國家，二十一世紀初有一億兩千五百萬人口，兩百五十多個民族。北部的豪薩和富拉尼人，南部的約魯巴和伊博人是最大的四個民族，占全國三分之二的人口。每一個民族在前殖民地時期已經擁有鮮明的文化特徵、商品經濟和城市國家組織。英國在十九世紀中葉藉由軍事占領和訂立條約已經獲得對整個國家的控制，透過當地傳統的統治者對奈及利亞實行「間接」統治。不過，在高層自治政府中排除讓任何奈及利亞人擔任要職。

　　接受過西方教育的奈及利亞人早在二十世紀二○年代，便要求獲得政治代表權，他們在第二次世界大戰後對英國施加壓力。一九六○年奈及利亞獲得獨立，一九六三年成立共和國，由受人尊敬的民族主義領袖阿茲科維任首任總統。爲了應付國家族群的多樣性，憲法設立了三個大的地理區域和二十一個聯邦州。奈及利亞共和國履行承諾，即有一部憲法、民主的機制、聯邦的結構、多黨制和保障公民權，以此做爲非洲大陸其他地區的民主模式。

　　不幸的是，地區和民族間的緊張、內戰和軍事政變的相繼發生，使其承諾無法實現，獨立後僅六年就爆發了血腥的內戰。由於北方控制了政府，南方受過教育、經濟相對發達的伊博人被排除在國家權力機構之外，他們絕大多數是基督教徒。一九六六年，伊博族軍官們發動政變，但豪薩人領導的軍隊馬上又控制了政權，並開始大規模屠殺伊博人。大批伊博人逃到東部地區，於一九六七年宣布成立獨立的比夫拉共和國。一場可怕的內戰和封鎖持續了兩年半，從一九六七年至一九七○年，導致近一百萬人死於封鎖和饑餓。伊博人建

立的國家崩潰了。戰後,聯邦政府實行民族和解政策,將伊博人重新納入奈及利亞,並設法克服地區和民族的差別,也取得了一定程度的成功。

　　儘管發生了多起政變和暗殺,軍隊仍然控制著政權。一九七九年,奧巴桑喬將軍經過三年的軍政府統治之後重建文官政府,但是一九八五年新的軍事政變又回到了軍政府統治。八年之後他們才實踐諾言,恢復了自由選舉。

　　二十世紀七〇年代早期有一段時間,奈及利亞由於大量的石油資源而經濟繁榮,它是世界第六大石油生產國。奈及利亞的首都拉哥斯的規模擴大了四倍,但是財富並未能促進經濟進一步發展,反而產生了嚴重的腐敗。嚴重的旱災和人口的增長迫使奈及利亞依賴糧食進口,從而導致通貨膨脹和債務。

　　二十世紀九〇年代發生了重要的政治變化。軍政權最終宣布於一九九三年舉行總統大選,著名的反對派領導人阿比奧拉取勝,但執政的將軍宣布結果無效,並將阿比奧拉逮捕入獄。後者據稱五年後死於監獄,由此成為引發了全國性抗議的導火線,最終恢復了民選政府。一九九九年大選,選民轉向了奧巴桑喬將軍,他在二十年前是第一個自願將軍政權還給民選政府者。二〇〇三年他再次當選為總統。

圖24-4　自二十世紀七〇年代以來,奈及利亞成為世界最重要的原油生產國和出口國之一。這個位於尼日河三角洲的油井即是蓬勃發展的石油工業組成部分。石油產業占奈及利亞國際貿易收入相當大的部分,但也可以因石油價格迅速的、全球性的波動使經濟變得脆弱。（Liaison Agency）

　　奈及利亞初期承諾的議會民主制，在過去四十年中多次受到挫折，現正在顯示恢復的明確跡象。然而，政府腐敗和貧困依然存在，即便油價的上漲爲奈及利亞絕大多數人帶來的直接經濟利益，也是微乎其微的。新民族衝突的緊張局勢依然存在，北部奈及利亞基督徒和穆斯林之間的暴力循環已經造成無數人死亡。儘管存在這些內部問題，但該國的石油產量和龐大的人口規模使奈及利亞在非洲事務中發揮了重要作用，包括派遣奈及利亞士兵在各地衝突中充當維和人員。

英國在東非統治的終結：肯亞、坦尙尼亞、烏干達

　　在東非，尤其是在肯亞，一九四五年以後的獨立運動遇到了阻礙，但是經過爭取獨立的政治步驟，建立新國家的鬥爭而得到了推進。在二十世紀初，有相當數量的歐洲移民到達東非，並控制了當地的政治和經濟生活。他們趕走了吉庫尤和馬薩伊人，在最好的土地上建立起大型的咖啡和茶葉種植園。還有許多印度商人和貿易商從南亞來到了東非。非洲人，主要是限於生產基本生活物資的小農、農業勞動者和城市的非技術工人，對其二等的社會經濟地位感到憤怒。

　　二十世紀二〇年代，一些年輕的民族主義者要求土地改革以及政府中應有非洲人代表。他們當中有許多人在海外學習，譬如肯亞塔。第二次世界大戰後，肯亞塔及其政黨獲得領導獨立運動的契機。當歐洲移民頑固地壓制獨立運動時，非洲好戰分子用暴力和恐怖行動來回應。歐洲移民進行了報復，由此使暴力升溫。英國宣布處於緊急狀態，把許多民族主義領導人逮捕入獄或趕出事發地區。一九六三年結束了緊急狀態，釋放了肯亞塔，肯亞獲得獨立。五萬五千多歐洲人離開了肯亞。

　　一九六四年肯亞成爲共和國，肯亞塔任首任總統，直至十四年後去世。他跟隨所有類似的獨立領導人，獨立後轉變成獨裁者，完全控制著國家的政治生活。像其他新的非洲領導人一樣，在冷戰時期，他擁護泛非主義和中立主義。

　　一九七八年，肯亞塔在任期內去世，時任副總統的莫伊接管了政權，實行同樣的一黨專制，抵制自由化的壓力。國家的經濟受到破壞，失業率增加。但國際借貸機構要求實行改革，否則拒絕提供援助。二十世紀九〇年代終於實行民主選舉，莫伊於二〇〇二年離開總統職位。但反對派領導人無法結束國家的政治動盪，憲法的修改和長期的腐敗問題出現了新的爭論。在肯亞政治生活方面還有另外的問題，包括土地所有權和長期租用的爭議，仍然受到英國殖民主義遺留的影響，所以後殖民地的轉型在二十一世紀初仍影響著肯亞。

　　東非其他主要國家，坦尙尼亞和烏干達，在二十世紀六〇年代早期贏得獨

立後也經歷了一系列的政治變革。坦尚尼亞是經過革命運動後、在一九六四年英屬坦噶尼喀和桑吉巴合併的基礎上成立的。民族主義領袖尼雷爾主導著坦尚尼亞的政治生活，他在位二十五年期間不允許成立反對黨或自由選舉。尼雷爾由此阻礙了民主化政治的發展，但他進行了許多有益的改革。

他運用對斯瓦希里語的掃盲，把斯瓦希里語與英語一起規定為官方語言，有助於團結國內不同的民族和語言的群體。他的經濟政策不太成功，國家依然非常貧困。他是「非洲社會主義」的擁護者，大力實行國有化經濟，包括農業。在冷戰時期，尼雷爾曾接近蘇聯和中國。他的繼任者尋求結束過於僵硬的經濟制度，政府對許多國營工業實行了非國有化，使集體農場回到家庭種植。一九九五年，坦尚尼亞舉行了第一次多黨選舉，出現了又一位長期擔任總統的穆卡巴。由於鄰國有成千上萬難民因內戰逃到坦尚尼亞境內，再加上致命的愛滋病毒，坦尚尼亞的經濟迅速惡化。但是，穆卡巴始終維持了穩定的政府，遂贏得了二○○二年的選舉。

烏干達因其自然美，曾被邱吉爾譽為「非洲的珍珠」，它在一九六二年贏得獨立。烏干達也有許多民族，它們在十九世紀九○年代被英國保護領組合在一起。烏干達也是諸多傳教士活動的場所，英國的新教和羅馬的天主教傳教士都在此吸收了許多信徒，以致該國有三分之二的人成為基督徒。一些歐洲永久移民在這裡建立大型的種植園，非洲農民則在其小塊耕地上種植棉花、茶和咖啡，南亞人到這裡扮演了重要的商人角色。一九二一年，英國設立了一個立法會，但到一九四五年才第一次允許非洲人擔任議員。數年之後，非洲人才獲得大量議席。不過，英國一直面臨著這地獨立的壓力。

隨著獨立的臨近，政黨出現了，民族對立加劇了，傳統的烏干達中央王國要求單獨成立一個國家。那些反對烏干達的政治組織聯合成為執政黨，其領導人密爾頓‧奧博特擔任政府總理。一九六三年憲法把烏干達轉變成共和國。做為妥協，烏干達國王卡巴卡被選為國家名譽主席。一九六六年，奧博特一意孤行地集權，迫使卡巴卡逃離烏干達。奧博特把越來越多的權力攬在自己的手裡，後來五年多的時間更疏遠了許多原來的親信。一九七一年，一位膽大、冷酷的士兵阿敏成為指揮軍隊的將軍，進而奪取了國家政權。他用處決、虐殺和折磨的手段對烏干達進行了八年的殘酷統治，震驚了非洲和世界。大概有三十萬烏干達人失去了生命，有些種族甚至被整個毀滅；一度靠咖啡、茶和棉花出口而繁榮的農業經濟陷於崩潰的境地；專業人士和知識分子都逃亡國外。一九七二年，阿敏驅逐了六萬亞洲人，主要是在烏干達的工商業中勢力強大的印度人。一九七六年，阿敏宣布自己為烏干達的終生總統。一九七九年，因邊

境爭端，阿敏侵入了坦尚尼亞北部地區。最後，烏干達的流亡者和坦尚尼亞軍隊聯合進入烏干達，推翻了這個獨裁者。

前總統奧博特與坦尚尼亞軍隊回到烏干達，重新獲得政權，並鎮壓了所有的反對力量。又有成千上萬人失去生命或流亡到鄰國，最後在穆塞韋尼的領導下建立了一支游擊隊。穆塞韋尼發動過對阿敏的游擊戰爭，現在又來幫助推翻奧博特政權。一九八六年，穆塞韋尼上臺，開始恢復憲政，他還採取了一系列措施來恢復這個遭到破壞的國家。一九八九年烏干達的經濟生產只有剛獨立時的五分之一，但穩定政治、接受國際資金的援助和吸引外國投資的措施，使經濟再次有了增長的可能。政治氛圍變得自由了。烏干達政府在非洲率先採取了積極步驟，來檢查正在損害國家的愛滋病毒傳播情況。

二十一世紀初，烏干達仍然面臨發生在農村地區的游擊戰。它是由一位狂熱、自封為基督教領袖的人所領導，其軍事戰術包括誘拐大量年幼的孩子，然後把他們用於奴隸勞動或武裝成士兵；穆塞韋尼也捲入了複雜而動盪的剛果局勢；暴力由此成為烏干達的嚴重問題；國家還沒有建立起開放、民主的政治文化。當穆塞韋尼不顧憲法，更新其總統任期時，令許多支持者感到失望，但烏干達已經擺脫了二十世紀六〇年代和七〇年代的過度殘酷和民族鎮壓。

南部非洲

在南部非洲，二十世紀六〇年代初，英國將權力和平地移交給黑人占絕大多數的尚比亞（前北羅德西亞）、馬拉威和波札那的政府。但在這裡的其他地區，白人殖民地少數民族拒絕向黑人讓出權力，甚至連分享權力都不行。

在南羅德西亞（今天的辛巴威）獲得獨立之前，倫敦的英國政府試圖與黑人多數達成政治權利的協議，但少數白人集團反對，而且於一九六五年單方面宣布自英國獨立。隨後十五年游擊戰爭的擴大，加上國際社會的政治和經濟壓力，迫使白人領導做出讓步。一九八〇年，南羅德西亞變成了辛巴威，組成了黑人占多數的政府。幾年之內，獨立領導人穆加貝將總統和總理職位合二為一，創建了一黨制國家，他對辛巴威的統治超過了二十五年。穆加貝領導的政府因國家持續的經濟困難而招致不滿，他允許甚至鼓勵武裝的非洲人奪取長期以來由辛巴威白人把持的土地。暴力在全國各地發生，國家陷於無政府狀態，但反對派政治組織無法透過公平自由的競選獲得議會的席位，所以無力影響政府的政策。穆加貝是一個正在被孤立的「強人」，因為他同時失去了國際社會和許多同胞的支援，後者曾經支持他為國家獨立而戰的領導作用；但他在新世紀的最初幾年裡依舊牢牢控制著政權。

南非聯盟

在非洲大陸的最南端，南非聯盟展開了其特殊的一幕。二十世紀八〇年代後期，在恰好超過四千萬的人口中，約六百萬白人不安地與三千萬黑人、三百萬混合人種（稱「有色人種」）和一百萬亞洲人生活在一起。白人雖然是少數，但遠比撒哈拉以南非洲的任何地區多，而且已經在那裡生活了很長一段時間。他們足以構成一個歐洲文明的社會和文化的前哨陣地，並發展出一種擴張的、繁榮的經濟，但他們在人數上畢竟是少數，許多白人害怕失去他們的統治地位。大約有一半的白人是阿非利加人，主要是荷蘭喀爾文教移民的後裔，早在一六五二年他們就建立了開普敦殖民地。另一半白人是自二十世紀二〇年代起從英國來的移民。這兩半部不容易組合在一起。阿非利加人與歐洲長期分離，發展他們自己的新語言——阿非利加語，是從荷蘭語衍生出來的。他們對英國擴張留有不愉快的記憶，特別是十九世紀後期的布林戰爭。

一九四八年由阿非利加人控制的國民黨第一次上臺，其競選綱領是種族分離和維護一個白人占主導地位的社會。它制定了種族隔離法（apartheid，阿非利加語，是「分離」或「隔離」的意思）。新法律將黑人排除出政治生活，而且在居住、公共交通、土地所有權和僱傭勞動方面強制實行各種形式的、赤裸裸的種族歧視。從一九五〇年至一九八〇年，一百萬以上生活在城市的非白人被強迫遷出白人居民區。只有工廠需要工人時，黑人才能獲得到城市工作的許可。在「分別發展」計畫的指導下，針對不同的黑人民族，政府還建立了四個自治家園（稱爲班圖斯坦，其計畫建立十個）。但這些家園並不受歡迎也不被外界所接受。這些家園的土地貧瘠，而從「家園」到南非其他地區的流動又受到嚴格的控制。種族隔離制的實施和種族主義法律的執行受到了國際社會的譴責。南非政府發現自己在世界上變得越來越孤立，於是在一九六一年割斷了與英國和英聯邦的所有官方聯繫，宣布自己爲南非共和國。

反對法律限制的黑人和白人遭到了員警的暴行、折磨和預防性拘留。非洲國民大會的黑人領導人曼德拉就曾被判終身監禁。雖然曼德拉和其他領導人受到長期拘留，但非洲國民大會發起了一場爭取種族平等的決定性抗爭，包括遊行示威、罷工和武裝鬥爭。南非當局用軍隊鎮壓黑人運動，由此引發了一九六〇年在沙普韋爾、一九七六年在索韋托的慘案，使數百名黑人示威者喪生。到二十世紀七〇年代，反對種族隔離的白人人數增加，聯合國也對南非採取了制裁措施。美國經過二十世紀六〇年代的民權運動之後，開始參與對南非的經濟制裁，並鼓勵商人從南非撤退或撤資。

圖24-5 南非的種族隔離法使隔離制度得以長期實行。在此期間，黑人抗議者經常與員警發生衝突。這張圖片反映的是一九七六年在索韋托發生的衝突，那裡有許多遊行示威者被殘酷鎮壓，數百人最後被殺。（Hulton-Deutsch Collection/Corbis）

圖24-6 在南非，爭取平等的公民權利和政治權利的長期鬥爭，最終促成了一九九四年民主的、沒有種族差別的選舉。曼德拉做為國際知名的爭取人權鬥爭的一個象徵，經歷了二十七年多的監獄生活後，成為這個國家的首任黑人總統。圖中他正在宣誓就職，領導第一次由全體南非人民自由選舉產生的政府。（Associated Press, AP）

　　國際政治和經濟壓力開始對南非的種族隔離制度產生影響。國民黨中較明智的一翼試圖調整種族隔離法，但初期的改革受到了阿非利加頑固派的反對。一九八九年，德克勒克總統對一觸即發的緊張局勢憂心忡忡，他出於對國際輿論的敏感和經濟惡化的威脅，著手推行改革方案。一九九〇年南非政府釋放了曼德拉，後者經過二十七年多的監獄生活，成了國際知名的英雄和鬥士。一九九一年南非政府廢除了所有的種族隔離法案，結束了半個多世紀的種族隔離制。在一年後的全民投票中，白人選民以壓倒性多數終結了白人少數統治。用曼德拉的話來說，「民主倒數計時」已經開始了。

　　一九九四年首次舉行了不分種族的民主選舉，有兩千兩百萬人參加了投票，曼德拉和非洲國民大會上臺，規定在過渡期成立一個多黨的民族團結政府。一九九六年南非通過了一部憲法，是世界上迄今為止能找到、擁有最廣泛人權的憲法。它不僅保證政治自由，而且保障應當享受的社會和經濟權利，包括得到充足的食品、住屋、教育和醫療保健。與此同時，真相與和解委員會舉行了聽證會，揭露前政府一整套殘酷的虐待和暴力行為。大赦是對前來認錯的所有人的保證，這在許多人看來是其他後獨裁體制值得仿效的一種模式。

　　雖然有許多挑戰，但南非經過長期的陣痛之後，終於有機會建立了非種族歧視的民主政治制度。在第一個五年，政府給數百萬人民帶來了電和乾淨的水。一九九九年，在取消種族隔離制後的第二次選舉中，非洲國民大會因許多工作沒有完成而遭到嚴厲的批評，但它還是贏得了勝利，姆貝基代替曼德拉成為國家的總統。曼德拉主動退休。二〇〇四年，姆貝基開始第二任期，尋求改善占南非人口多數的黑人經濟生活，但他缺乏曼德拉的能力，而且固執地拒絕承認愛滋病流行的真實情況及其引發的原因。南非仍然面臨貧困、失業和高犯罪率，這些問題都因愛滋病的不斷蔓延而變得更加嚴重。土地所有權主要掌握在白人手裡，百分之八十五的黑人只擁有百分之二十的土地。據估計，南非白人的生活水準居世界第二十四位；而黑人的生活水準居世界第一百二十六位。但為最基本的社會政治權利而進行的鬥爭，已經取得了勝利。

　　南非的政治轉型對整個南部非洲地區產生了影響，因為早期的白人政權曾反對並干預其他非洲國家黑人領導的獨立運動。與此同時，南非白人政府拒絕交出原德屬西南非洲這塊國際託管地。那裡的黑人領導人在聯合國的支持下尋求獨立，建立新國家納米比亞。不過它在一九九〇年獲得正式承認之前，也經歷了長期的游擊戰爭。

法屬撒哈拉以南的帝國

法屬撒哈拉沙漠以南的大片殖民帝國的和平瓦解，在很大程度上是阿爾及利亞血腥戰爭的結果。第二次世界大戰後，法國人希望那些接受法國教育的、已經同化的非洲精英，會在鬆散的法蘭西共同體內維持與法國的聯繫。他們給非洲殖民地在法國議會的代表權，答應成立自治機構，但控制權仍集中在巴黎。到一九五〇年代中期，非洲殖民地受到其他地區民族主義運動的激勵而要求獨立。戴高樂認清了勢不可擋的獨立壓力，便向撒哈拉以南殖民地提供自由的選擇。到一九六〇年，法屬十五個殖民地均選擇了獨立。

然而，許多獨立後的非洲國家仍維持著與法國的密切聯繫，包括經濟援助和文化合作。法國在非洲法語國家仍具強大的影響力（在非洲大陸，法國其實是所有西方國家中最具影響力的），它訓練新國家的軍隊，提供借貸資金援助，在經濟發展中具有領導作用[1]。一九六〇年以後，法國多次軍事介入非洲。譬如，一九七九年，他們幫助推翻了中非共和國的血腥獨裁者[2]，後者自一九六六年攫取政權後自命為中非帝國首腦，在位十三年。在查德，當北部由利比亞支持的叛軍威脅要推翻政府時，法國出兵進行了干預。二〇〇四年法國因其維和士兵在內戰中被殺而介入象牙海岸，這場內戰出乎預料地在獨立後一直保持和平的國家裡突然爆發。

法國為此自認為其在非洲事務中是一支重要的國際力量。法國組織了非洲金融共同體來幫助穩定非洲的貨幣，而且成為非洲大陸最大的援助者。一些非洲領導人將此行為視為新殖民主義，另一些則更願意把它當成夥伴，而不是入侵者。如同在非洲其他地區一樣，即使壓制的程度有所不同，在前法屬非洲承諾的民主政府還是轉變成了文官或軍事獨裁。同樣，這裡的獨立黨經常變成法定的唯一執政黨。總統們包攬大權，而且經常執政二十年以上。

比屬剛果：從薩伊到剛果民主共和國

比屬剛果是十九世紀後期歐洲帝國主義者殘酷剝削的代名詞。雖然糾正了一九一四年以前最粗暴的行為，但布魯塞爾仍掌握著政治控制權，而且幾乎沒打算讓這個大殖民地（面積是比利時的八十倍）自治。一九六〇年，當鄰國法屬剛果（其首都是布拉薩市）贏得獨立時，比屬剛果的獨立要求高漲。

面對獨立的壓力，起初建議三十年過渡期的比利時政府決定結束漸進主義，一九六〇年宣布六個月內撤離。隨之而來的是「混亂」。兩位主要民族主義領導人彼此不和，其中之一是左派領導人盧蒙巴。種族和地區的對立進一步加深，沒有人準備履行政府的職責。軍隊發生反叛，士兵轉向攻擊其歐洲軍

官。與此同時，銅礦生產省沙巴（當時叫加丹加）企圖分離。比利時傘兵迅速飛回，聯合國派出國際軍隊來恢復秩序。當一九六一年盧蒙巴被暗殺時（有證據證明美國共謀），蘇聯和西方對抗的威脅，使原本就困擾的形勢變得更加捉摸不定。蘇聯指控歐洲人與他們的美國支持者故意製造混亂，歐洲人應當返回去。

沙巴的分離被制止了，但由比利時和美國支持的剛果政府繼續與左派反政府武裝作戰。最後是蒙博托上校於一九六五年建立了一個持續三十二年的專制政權，他立即把大型礦業公司和其他經濟部門收歸國有。為標誌一個新時代的到來，所有的地名和人名都被非洲化。他將自己的名字改為蒙博托・塞塞・塞科，國名變成薩伊，如同其著名的河流。首都利奧波德維爾和第二大城市斯坦利維爾，都是令人想起歐洲帝國主義的名字，現改稱金沙薩和基桑加尼；阿爾伯特湖改名蒙博托湖。

薩伊是非洲面積第三大國家（僅次於蘇丹和阿爾及利亞），其城市相隔遙遠，道路過密但路況差，擁有大量銅、鑽石、鈷和其他礦產資源。雖然有潛在的財富，它卻仍是未開發國家，加上蒙博托多年的揮霍使國家瀕臨經濟崩潰的邊緣。在他執政的最後幾年，國家背負嚴重的債務，糧食依靠進口，政治日益腐敗。美國為了防止共產主義勢力的擴張，對其提供資金援助，並把薩伊當成對抗鄰國的基地，如安哥拉，那裡的左派力量正在為建立自己的政權而戰。

一九八七年，當蒙博托不再有美國的支持，立刻遇到了國內反對派的挑戰。後者因主張實行多黨選舉而勢力上升，但蒙博托並不在意這個結果，而且在隨後幾年中繼續他的獨裁統治。與此同時，主要由朗・卡比拉領導的一支游擊隊得到鄰國盧安達和烏干達的支援，正在聚集力量，一九九六年開始起兵，他用七個月的時間，幾乎沒有遇到什麼抵抗就橫掃了全國。一九九七年，卡比拉的軍隊控制了首都，迫使蒙博托逃離剛果。薩伊正式變成了剛果民主共和國。後殖民地非洲鎮壓最嚴酷、最腐敗和最殘忍的專制政權得到了如此不光彩的結局，數月之後，蒙博托在流亡中去世。

然而，剛果問題並沒有結束。當卡比拉成為一個獨裁者，除了自己的政黨外禁止所有的政黨，逮捕反對派領導人，不准聯合國贊助的人權組織對其軍隊的鎮壓行為進行調查時，人們對其推翻蒙博托的滿意就消失了。卡比拉沒有努力建立自己國家的軍隊，只是依靠鄰國的軍隊，所以許多剛果人把他視為鄰國支持的傀儡，這些鄰國渴望掠奪剛果的大量資源。卡比拉因受其前聯盟軍隊的干擾而削弱了控制政權的能力，盧安達和烏干達開始了推翻他的軍事行動，很快就控制了半壁江山。到二〇〇〇年，在剛果有五個分裂的國家軍隊，或支持

或反對卡比拉，而盧安達和烏干達正在相互打仗。翌年，卡比拉被殺，爲了穩定局勢，很快做出決定讓他的兒子成爲繼任者，宣誓就職。外國軍隊逐漸退出剛果，但內戰繼續，直到二○○三年聯合國維和部隊和脆弱的停火協議使暴力衝突得以結束。約瑟夫・卡比拉保有政權，選舉被推遲。如同二十世紀六○年代從歐洲帝國中湧現出的許多其他非洲國家，剛果民主共和國在二十一世紀初仍然遠離民主化或和平的實現。

蒲隆地和盧安達

　　比利時除了直接統治剛果殖民地，還管理由國聯委任統治和聯合國託管、一九一四年以前屬於德屬東非的兩塊小領土。一九六二年，這兩塊領土成爲蒲隆地和盧安達兩個獨立國家。兩者都是基督教國家，分別信奉羅馬天主教和英國國教（聖公會）。雖然這是兩個獨立的國家，但有許多相似之處。占據統治地位的圖西族少數與不滿胡圖族多數之間的緊張局勢長期存在，部分是由於殖民政策的遺留，導致多年的權力鬥爭和自相殘殺，但這些都比不上發生在二十世紀九○年代中期的悲劇。

　　這兩個國家最早的移民是胡圖族，屬於班圖人，是從事農業的農民。十五世紀後期，圖西族（或瓦圖西）可能從衣索比亞來到這裡。他們是牧民，身材高大，到來後統治了占多數的胡圖人。後者爲圖西人耕種土地，類似一種半封建的人身關係。德國及其後來的比利時殖民政府喜歡圖西人，把他們當成精英集團，而且任用他們在政府中當助手。但第二次世界大戰後，新一代比利時行政官員爲了調整平衡而轉向有利於使胡圖人多數的政策。當獨立到來之際，圖西人仍然控制著軍隊和政府，而胡圖人看到了爲自己多年被征服而進行報復的機會。

　　在蒲隆地，圖西人控制的軍隊與胡圖人反叛者之間的系列衝突，導致二十世紀七○年代和八○年代早期的種族暴力，使數千圖西族和胡圖族人喪生。然圖西人軍政權仍得以繼續。一九八七年，該政權承諾爲民族和解而工作。一九九三年允許總統選舉，一位胡圖人首次當選爲國家總統。他致力於組成一個穩定、種族平衡的政府，可結果證明是困難的。在盧安達，類似的和解努力選舉選出了一位胡圖人總統，他接著任命圖西族人擔任內閣部長，表現出一定的誠意。一九九四年發生了意想不到的事故，一架載著蒲隆地和盧安達胡圖人總統的飛機從開會地返回時神祕墜落，兩位總統同時喪生。

　　在盧安達，總統去世引發了胡圖族極端主義分子的瘋狂報復。他們透過電臺廣播呼籲對圖西族人進行大屠殺。就在幾個星期的時間內，五十多萬圖西族人和拒絕同行的胡圖族溫和派被殺。大屠殺與所有的暴行相伴，當時羅馬天主

教和英國聖公會的胡圖族神職人員與屠殺者共謀，查獲並殺害了那些在教堂尋求避難的男女和兒童。而國際社會袖手旁觀，任憑屠殺無節制地進行。當圖西族武裝流亡者（其中有許多人生活在烏干達）打回盧安達境內時，他們制服了胡圖族極端分子，從而結束了最慘烈的大屠殺，並重建一個承諾開展某種形式和解的政府。

圖24-7　一九九四年，盧安達狂暴的胡圖族極端分子的暴行使大批難民湧入中部非洲的鄰國。成千上萬的圖西族人和數千胡圖族溫和派人士被殺害。圖西族和胡圖族家庭逃離本國的暴行，與當地的其他難民結合，聚集在類似照片上這種在剛果城市戈馬的臨時性「營地」。這一群體的人主要是胡圖族，但是這樣的暴行和遷徙對盧安達每一個人的影響都是悲劇性的。（Mark Peters/Sipa Press）

但是，有很多武裝的胡圖族極端分子逃到鄰國剛果的東部邊界，使盧安達陷入了剛果內戰，這場內戰也轉變成地區性的多國戰爭。所有這些事件對國際社會造成了麻煩。國際社會不能在內戰的情況下為阻止人權暴行而進行干預，但一九九四年在盧安達發生足以被稱為種族滅絕的種族主義暴行和大屠殺期間，它還是可以在國際干預和完全不採取行動之間找到一些達成廣泛一致的中間地帶。盧安達的政治形勢開始穩定。二〇〇三年，圖西族領導人卡加梅當選為總統；二〇〇五年，胡圖族最大的反對派武裝（其中有許多是在剛果民主共和國）決定終止反政府的武裝鬥爭。但是二十世紀九〇年代中期發生的大屠殺對整個世界仍是一種難忘的記憶，而且對盧安達本國內部的充分和解仍是一個障礙。

葡萄牙殖民帝國的終結

　　在所有殖民列強中，葡萄牙，這個直到一九七四年才結束國內獨裁政治的國度，在其殖民地堅持的時間最長，開始於達‧伽馬探險和早期的歐洲人擴張。爲了保持西南非洲海岸的安哥拉和東南的莫三比克，葡萄牙獨裁者頑固地鎮壓了一九六一年爆發的反殖民地起義。安哥拉和莫三比克曾在一段時間內都是奴隸貿易的中心，而且受葡萄牙統治超過四百年。正是在對政府不滿的鬥爭中，軍隊中那些經過長期的殖民戰爭而變得激進的士兵發生倒戈，一九七四年推翻了葡萄牙獨裁政權。第二年，葡萄牙給予安哥拉、莫三比克和其他小塊非洲殖民地獨立。成千上萬的葡萄牙人逃離了非洲。

　　在安哥拉，獨立引發了各種群體互相爭奪政權的鬥爭，以蘇聯和古巴爲一方、以美國和當時仍處於種族隔離制的南非爲另一方的外界勢力，對此進行了干預。蘇聯陣營向馬克思主義派系提供武器和軍事顧問，而自封爲馬列主義和世界各地被壓迫的殖民地人民捍衛者，古巴領導人卡斯楚向安哥拉派出了五萬軍隊。雖然左派集團獲勝，一九七六年宣布成立「人民共和國」，但由美國和南非支持的反共產主義武裝分子仍繼續戰鬥。延續不斷的戰爭使成千上萬人付出了生命。直到二十世紀九〇年代初，外部勢力才撤退，安哥拉開始經濟重建的艱巨任務，舉行了由聯合國監督的選舉。但暴力衝突仍在進行中，直到二〇〇二年一名主要反對派領導人去世，反政府武裝最後同意停火。

　　莫三比克也是「人民共和國」，陷入與武裝叛亂的右派分子鬥爭長達十六年。持續的戰爭和自然災害，諸如旱災和饑荒，奪走了五十萬人的生命，造成了一百五十萬難民。安哥拉和莫三比克因迫切需要經濟援助而轉向了西方，兩國都逐漸放棄了馬克思主義，放鬆了對經濟的控制。即便到了二十一世紀頭十年，兩國仍在爲恢復各自內部戰爭造成的創傷而努力奮鬥。

衣索比亞、厄立垂亞、索馬利亞和蘇丹

　　在東北非，後殖民地斷斷續續爲建立穩定的政府而進行了歷時多年的鬥爭。衣索比亞、厄立垂亞和索馬利亞以前都是義大利短暫的東非帝國組成部分。一九三六年，墨索里尼派兵侵占衣索比亞，義大利軍隊由此成爲第二次世界大戰的開路先鋒。海爾‧塞拉西回來做皇帝，一九七四年被軍事政變推翻，從此衣索比亞在冷戰衝突的時代中成爲蘇聯的屬國。可是，親蘇聯政權不能擊敗厄立垂亞分裂主義運動。一九九三年，新衣索比亞政府同意承認其東北邊境的厄立垂亞獨立。儘管如此，二十世紀九〇年代兩國邊境衝突仍然持續著。在二十一世紀，兩國還得與乾旱、難民運動以及經常危及和平與民主化政治進程

的威脅進行抗爭。

政治不穩定和內部衝突也困擾著鄰國索馬利亞的後殖民地歷史。它在一九一四年以前有一部分處於義大利的統治之下，在一九六〇年成為獨立國家之前，是聯合國的託管地。在衣索比亞和蘇聯結盟時期，索馬利亞政府派軍隊進入衣索比亞（試圖控制一個有許多索馬利亞人生活的地區【3】），但這項干預失敗了。後來「軍閥」中不斷升級的敵對行動破壞了索馬利亞，這些「軍閥」既抵制一個強大的中央集權政府，又拒絕建立民主制度。雖然索馬利亞因伊斯蘭教激進分子和其他反西方組織而被視為危險的通道，但二十世紀九〇年代美國軍隊和聯合國維和部隊的干預都未能建立政治秩序。地方軍閥在二十一世紀頭幾年將繼續控制著索馬利亞。美國在索馬利亞的挫折，使美國人有一段時間不願再介入其他麻煩地區，包括盧安達。

蘇丹是非洲最大的國家，它自二十世紀五〇年代後期從英埃聯合政府獲得獨立後，就進入了內部紛爭的時代。蘇丹南部的黑人主要是基督徒或傳統的萬物有靈論者，他們起來反抗北部的阿拉伯政府，因後者試圖將伊斯蘭法強加於整個國家上。貫穿於二十世紀後期大部分時間的宗教和種族暴力，主導著蘇丹人的生活，這是由於南部和西部人民抵抗伊斯蘭教政權，加上與中央政府聯合的民兵組織在開展行動過程中出現暴力、強姦和濫用土地的情況。二〇〇五年初，雖然南部蘇丹的反政府組織與政府簽署了和平協定，但隨著南方的一名主要領導人在一次事件中被殺，形勢又顯出不安了。與此同時，在西蘇丹達爾富爾地區的非阿拉伯黑人受到來自阿拉伯民兵的普遍攻擊。二〇〇四至二〇〇五年間，阿拉伯民兵對達爾富爾地區整個村莊的殘酷破壞，連同蘇丹政府的明顯鼓勵，受到了國際社會的廣泛譴責。

經常性的戰爭、政府的鎮壓、饑荒和旱災，使大多數衣索比亞、厄立垂亞、索馬利亞和蘇丹人民處於脆弱和極其貧困的境地。這種混亂也變成了一股難民潮，排除了支持一個更加穩定的政治制度所需要的、可持續的經濟發展出現之可能。

非洲的革命

上述後殖民地時期非洲歷史的概要，強調在前歐洲殖民地發生的種種政治和社會衝突。但如果假設非洲革命只是一場暴力和失望的歷史，那將是錯誤的。獨立提供了自尊的深厚源泉。「烏乎盧」這個詞是自由的意思，它在非殖民化高漲的日子裡傳遍了整個大陸。桑戈爾是前法屬殖民地塞內加爾獨立後的總統兼詩人，他提出的「黑人性」思想是一種基於古代文化、有著深遠影響力

的黑人自我意識和驕傲感。這種驕傲感超越了非洲大陸，進而在南、北美洲大陸的黑人後代中引起強烈共鳴。他們的祖先是帶著鎖鏈、從那些現在已經是獨立國家的地方被帶到這裡。一九八六年，當奈及利亞戲劇家、詩人和小說家索因卡獲得諾貝爾文學獎時，黑非洲感到無比的驕傲。索因卡在他的寫作中融合了約魯巴人和西方的傳統。而阿奇貝的小說《崩潰》（一九五九年）描述的是歐洲殖民主義早期的奈及利亞，它進入了世界文學的典範之列。

非洲革命結束了西方殖民主義，進入了一個獨立和國家主權的新時代。但是，民主政府、公民權和人權、消除種族和地區對立（其中有些是歐洲殖民政策和恣意畫分邊界的殘存物），或者是改善人民生活的質量，這些並不是因獨立就能自動產生的。在許多農村，人們對種族的忠誠經常超過了對國家的忠誠。自然災害，諸如旱災和水災、土壤腐蝕和疾病，增加了大陸的苦難。非洲大陸的痛苦還來自世界市場的價格波動，它仍制約著非洲的農業和其他經濟活動。

社會和經濟經常處於可怕的危險境地。在二十世紀即將結束時，撒哈拉以南六億人口中有一半生活在每天消費不到一美元的貧困狀態。整個非洲大陸的債務負擔達到了兩千億美元。世界上較早的傳染病仍在非洲流行，如瘧疾和許多兒童病；愛滋病的死亡人數和感染愛滋病毒的人口比例是毀滅性的。在世界上攜帶 HIV（即引起愛滋病的病毒）的三千六百萬人中，有三分之二是在撒哈拉以南非洲。那裡已經有約一千五百萬人死於愛滋病，留下一百一十萬孤兒。科學家和其他人士一致認為，愛滋病是人類有紀錄的歷史上最嚴重的傳染病

圖24-8　到二十世紀末，後殖民地時期的非洲面臨許多挑戰，包括愛滋病的傳播和生產更多糧食的需求。這是在博茲瓦納，人們正在對收穫的高粱進行脫粒。高粱在許多以商品經濟為基礎的非洲國家已經成為主要農產品之一。（Peter Essick/Aurora Photos）

毒。對非洲來說，愛滋病被形容成是自奴隸貿易以後最大的社會災難。廣泛開展控制愛滋病的抗爭在二十一世紀初贏得了國際社會的支援——部分是因為人類苦難的擴大，還有部分是因為得之不易的發展成果、經濟增長和生活質量處於逆轉的危險。

新國家的獨立始於憲法、選舉的議會、獨立的司法以及公民自由的正式保障。但是在種族衝突、經濟負擔和政治不穩定的壓力下，立憲政府的機制很快就屈服於獨裁制，通常是軍人獨裁制。在一個又一個國家，將軍、大將、上校、少校甚至級別更低些的軍官，將文官統治者棄置一邊，經常有一套自己法律的軍人階層成為新統治者壓制人民的幫兇和工具。奈及利亞在一九六六至一九八五年期間發生了六起軍事政變，但它至少還在努力維持憲政（和多種族國家的聯邦制）。在獨立最初三十年的一百五十多名非洲國家領導人中，只有六名自願放棄他們的職位，而絕大多數領導著高壓、腐敗和暴虐的政府。直到二十世紀八〇年代後期，很少有自由選舉、多黨制、政治多元化、政府有序的變化或公民自由的例子。

可是，在二十世紀八〇年代後期和九〇年代，非洲趕上了世界範圍的民主化潮流。到一九九九年，五十三個非洲國家中有三十二個進行了有一定公信力的自由選舉。這個趨勢繼續進入了新的世紀。南非有秩序地選舉、曼德拉總統的任職，以及向他繼任者的過渡保證了南非的民主化進程。在奈及利亞，文官政府得到恢復，從而結束了多年暴虐和腐敗的軍政權。新一代領導人增加了對健康、教育以及婦女權利和需求的關注。在二十世紀九〇年代，三十多個撒哈拉以南國家進行了經濟改革，包括實行自由貿易和投資、穩定貨幣、對那些累贅和浪費的國有企業進行私有化。一些國家的經濟增長率超過百分之六。非洲國家統一組織承諾，用經濟制裁來懲罰任何透過軍事政變獲得權力的國家。

然而，談到非洲的復興，我們不可能忽視其持續的社會和經濟危機。二十一世紀初，撒哈拉以南國家仍然處於全球經濟增長的底部。不到一半的非洲孩子上學，非洲與世界其他地區的經濟差距逐漸拉大。

沒有什麼簡單的理論可以解釋非洲的難題。一些人指出，其根源是十九世紀歐洲帝國主義的統治和剝削。殖民統治雖然只持續了幾個世代，但已經長到足以破壞非洲的社會和制度，或者阻礙自生新生活方式的發展。總之，它不可否認地腐蝕了非洲人的自信和建立自治機構的經驗。另一方面，後殖民地的失敗在很大程度上看來是一種政治領導的失敗。當歐洲殖民統治者離開，他們留下的是少數缺乏政治經驗的精英掌握著高度中央集權的國家。歐洲人建立如比屬剛果之類的殖民地，使它們適合被殖民者剝削而從中獲利，後來的非洲繼任

者往往並未改變這樣的狀況。新統治者把民族獨立政黨轉變成唯一的或支配性的黨，表面上雖然反對民族分裂主義，但實際上政治領導人經常操縱種族之爭來增強他們自己的權力。西方和蘇聯因爲爭奪勢力範圍而支持非洲的獨裁者，所以冷戰也使非洲的民主遭受挫折。美國政策的目的是在和共產主義的鬥爭中取得勝利，並保留住可靠的盟國，他們在給予經濟援助之前沒有提出民主的試金石。譬如，在二十世紀八〇年代，接受美國經濟援助最多的是賴比瑞亞、索馬利亞、薩伊的右翼獨裁者，以及在安哥拉的反共產主義叛軍領導人。

就多數非洲大陸而言，主要問題是如何預測並阻止正在導向戰爭的危機。這個目標要求制度上的保障，即確保軍人對文人政權仍然是輔助的和向其負責的。就外部世界而言，問題是如何提供經濟援助，使其得到建設性的運用，並提高所有人的生活質量。

一些非洲人主張，在反擊民族和地區分裂主義力量、解決經濟未開發，以及爲國家的統一提供必要的凝聚力方面，建立強大的一黨制政府比多黨民主制更加有效。穆塞韋尼總統在克服烏干達獨立初期的混亂和痛苦方面曾經有過很大的成就，他在二〇〇〇年公民投票時提出了「無黨民主」。投票者接受了他的建議，即他所稱的「烏干達全國抵抗運動」是唯一的執政黨。在文盲率或患病率高、中產階級數量較少，以及擁有酋長和國王終身制等的文化傳統社會裡，西方式的民主很難得到培育。但另一些非洲人拒絕這樣的論點，堅持應該有權選擇和控制他們的統治者，並認爲他們所生活的國家政府有一天將會這麼做。

有一段時間，許多非洲國家自稱社會主義。他們談論「非洲社會主義」，稱其制度爲「人民民主共和國」。在莫三比克，主要街道是用列寧和毛澤東命名的；在布拉薩市飄揚的剛果人民共和國（殖民地時期的法屬剛果）國旗上，印著錘子和鐮刀。這些國家不實行市場經濟，因爲後者被視同西方殖民主義的牟利、剝削及其帶來的民族屈辱。他們期待政府、公有制和中央計畫監督新的經濟結構。後者將加速發展，並提供一個更爲平等的社會。這些社會主義國家對工業實行國有化，對農業實行集體化。在冷戰年代，這類國家多數接受來自蘇聯、蘇維埃集團和中國的技術和物資援助。但是，國家的嚴格控制和過分集中，就像在共產主義國家一樣，導致了經濟停滯和腐敗。

曾經是糧食自足的非洲，從一九六四年開始成爲糧食進口者。戰爭和備戰的成本如此之高，以致武器支出經常超過收到用於經濟發展的國際援助資金。儘管在改善生活質量方面的進展令人痛心地緩慢，但獨立後第一代非洲人感覺到了掌握自己命運的新意義。他們不希望將自己置於西方民主化的圖象中，或簡單地跟隨西方的經濟模式，但全球化可能限制或排除其他選擇。儘管如此，

經濟增長以及政治的穩定與和平，是人類生存和生活改進的必要前提。獨立後將近半個世紀了，非洲國家仍在邁向這些往往是難以企及的目標。

中東的動盪

伊斯蘭教和阿拉伯世界

殖民統治在伊斯蘭或者說穆斯林世界結束了，那裡出現了一種強大的新認同感。大部分伊斯蘭世界分享現代化和物質的進步，但許多穆斯林想發展或改革他們的社會，使之不同化於西方的文化模式。伊斯蘭宗教和文化傳統放慢了現代化的步驟，或者影響了正在出現的新制度。社會的精英組織、爭取婦女完全平等的傳統阻力，以及大量文盲，表明了社會變革存在著巨大障礙。伊斯蘭國家大約有四十個，包括阿拉伯，它們彼此差異如此之大，以致伊斯蘭世界的認同感不是單一的。遜尼派和什葉派穆斯林經常衝突，甚至有時以暴力相待。雖然轉型的步伐並不一致，但舊的生活方式正到處受到破壞。在許多場合，伊斯蘭保守主義者抗拒世俗化的變遷，並因此加劇了緊張局勢的發展。土耳其齊心協力保護其締造者凱末爾建立的世俗社會；但在沙烏地阿拉伯、伊朗、阿富汗、蘇丹和其他國家，伊斯蘭原教旨主義則建立了神權性質的國家。

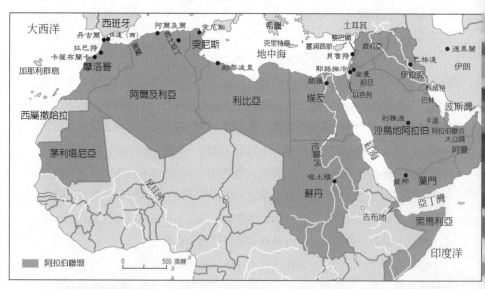

圖24-9　現代阿拉伯世界

阿拉伯語區從大西洋延伸到波斯灣，是世界上最廣闊的地區之一。一九四五年阿拉伯國家聯盟剛建立時有二十二個成員。聯盟是相當鬆散的，而且各成員國的意見經常不一致。但是一九四八年以後，所有阿拉伯國家對插在阿拉伯世界中間的以色列國家表達了不同程度的疑慮和敵對。

　　伊斯蘭教的中心地帶是阿拉伯人世界和阿拉伯半島，穆罕默德於西元七世紀在阿拉伯半島創立穆斯林的宗教。但在哈里發統治時，伊斯蘭教已經從阿拉伯半島席捲到了非阿拉伯領土。哈里發是穆罕默德的後繼者，同時掌握了宗教和世俗政權。那些皈依了伊斯蘭教的土耳其人和其他非阿拉伯人則繼續擴大伊斯蘭教的傳播。在十六世紀的鼎盛期，由鄂圖曼土耳其人建立的鄂圖曼帝國統治著阿拉伯人和非阿拉伯人，包括擁有猶太教、基督教和伊斯蘭教共同的聖地巴勒斯坦。當鄂圖曼帝國在現代逐漸解體之際，歐洲人正在中東擴大其經濟和政治影響力。現代穆斯林世界中的許多阿拉伯人和非阿拉伯人國家從鄂圖曼帝國裡崛起，起初是成為國際託管地和委任統治地，然後是獨立國家。

　　「中東」本身是個不太精確、但被廣泛使用的術語。對於新創這個術語的歐洲人而言，它是指位於歐洲和東亞中間的地理位置。但「中東」在這裡是用來指世界的一部分，即伊斯蘭宗教和文化占主導、從北非伸展到西亞的國家。非阿拉伯人穆斯林國家主要有印尼（擁有世界最多的穆斯林）、馬來西亞、巴基斯坦、孟加拉、阿富汗和伊朗（唯一什葉派國家，而不是伊斯蘭世界盛行的遜尼派）【4】。伊斯蘭世界也包括中亞前蘇聯的六個國家。另外，還有數百萬阿拉伯人和非阿拉伯人穆斯林生活在印度、巴爾幹半島，在西歐和美國的穆斯林人數也在增加。二十一世紀初，大約有十一億穆斯林，接近世界人口的五分之一，僅次於包括所有分支在內的基督徒數量。

　　世界穆斯林人口的五分之一（約兩億）是阿拉伯人，他們主要使用阿拉伯語。因為用於指導穆斯林宗教實踐的《可蘭經》是用阿拉伯語寫的，所以對非阿拉伯人穆斯林而言，阿拉伯語是第二語言。阿拉伯國家從北非大西洋海岸一直延伸到波斯灣，從摩洛哥到土耳其【5】。中東地區蘊藏著世界工業經濟所依賴的大量石油，這個地區已經成為世界最麻煩的地區之一。

　　第一次世界大戰後鄂圖曼帝國瓦解，從那裡興起的阿拉伯國家成了國聯的委任統治地，它們處於英國和法國的委任統治下，希望有一天能夠獲得獨立。一九二二年，埃及名義上成了獨立國家，一九三二年是伊拉克；但直到一九四五年，英國對兩國都保持了條約特權。當英國和法國結束其委任統治時，另一些阿拉伯國家在第二次世界大戰期間或戰後獲得了獨立。一九四五年，埃及、伊拉克、黎巴嫩、沙烏地阿拉伯、敘利亞和約旦組成了有影響力的阿拉伯國家聯盟，一九五一年利比亞獨立後也成為其中的一員；在隨後的幾十年，新獨立的阿拉伯國家和巴勒斯坦民族權力機構加入，到二十世紀末，阿拉伯國家聯盟增加到了二十二個成員國。

　　阿拉伯世界的聯盟比想像的還要脆弱。分化對立一直持續著。由埃及納賽

爾在二十世紀五〇年代和利比亞卡扎菲在二十世紀八〇年代提出的泛阿拉伯主義，沒有得到有力的長久支持。一九五八年埃及和敘利亞成立的阿拉伯聯合共和國只是曇花一現。但第二次世界大戰後，阿拉伯國家發現他們的共同事業是反對以色列國家。以色列是一九四八年在中東地區出現的新主權國家。阿拉伯國家將以色列視為由西方支持的、阿拉伯人領地的侵入者，其結果是一連串持續緊張的局勢和衝突，而這些緊張的局勢和衝突經常把更廣泛的國際力量帶到中東這個舞臺。

以色列的出現

十九世紀後期，針對歐洲的反猶太政策，猶太復國主義興起，並逐漸演變成在巴勒斯坦建立（或重新建立）猶太人家園的一場運動。巴勒斯坦當時還是鄂圖曼帝國的一部分。一九一四年以前，少數猶太人先驅從俄羅斯和東歐來到了巴勒斯坦。第一次世界大戰期間，正當與鄂圖曼作戰之際，英國透過一九一七年的《貝爾福宣言》來聲援「在巴勒斯坦的猶太民族之家」，但同時又以另一種方式支援阿拉伯民族主義的興起。一九二三年，鄂圖曼帝國瓦解之後，國聯授權英國委任統治巴勒斯坦，二十世紀二〇年代和三〇年代猶太人來此定居的數量不斷增加。

第二次世界大戰結束時，納粹大屠殺滅絕了中歐和東歐的猶太人，那些無家可歸的倖存者將巴勒斯坦當成了避難所，整個巴勒斯坦問題再次出現。但為了順從阿拉伯人的抗議，英國限制了猶太移民人數並遣返了整船的難民。猶太領導人向聯合國和美國政界的同情者提出了訴訟，並抗議英國的限制措施。一九四七年，美國和蘇聯都投票贊成聯合國提出的——將巴勒斯坦分成猶太人和阿拉伯人兩個部分，由國際社會控制耶路撒冷周圍地區的方案。

阿拉伯人排斥聯合國的決議，拒絕將巴勒斯坦一分為二，抱怨他們正在成為歐洲迫害猶太人的犧牲品。猶太人和阿拉伯人雙方都在準備即將發生的武裝衝突。一九四八年五月十四日，當猶太復國主義領導人宣布以色列共和國成立時，五個阿拉伯鄰國——敘利亞、黎巴嫩、約旦、埃及和伊拉克——都拒絕承認並軍事入侵了新國家。以色列人（做為新共和國的公民對他們自己的稱呼）不僅自衛，而且進行反擊。在這場戰爭中，至少有六十萬巴勒斯坦阿拉伯人逃離，或被以色列人驅逐到約旦、黎巴嫩、敘利亞和其他阿拉伯國家。戰爭期間，約旦接管了約旦河西岸和耶路撒冷的一部分地區，埃及得到了加薩地帶，但以色列獲得了其餘的領土。

圖24-10　一九四八年以色列國家的建立，標誌著在中東地區一個長期發展、為建立一個獨立
　　　　　的猶太人國家的勝利鬥爭。這張照片是以色列第一任總理大衛·班－古里安簽署成
　　　　　立以色列新國家的獨立宣言，由此打開了以色列歷史的新的一頁，導致了與周圍阿
　　　　　拉伯國家長期的衝突。（Associated Press, AP）

　　到一九四九年戰爭結束時，以色列比其原有的領土已經增加了一半。耶路撒冷原定由國際社會控制的計畫遭到了遺棄，現處於分治的狀態：約旦控制著東耶路撒冷，而以色列控制著西耶路撒冷。阿拉伯國家不願締結和平協議，或者承認以色列做為一個主權國家而存在，也很少做出努力來吸收逃到它們那裡的巴勒斯坦難民。後者幾十年來一直生活在擁擠的、惡劣的難民營中。

以色列新國家

　　納粹大屠殺之後，以色列人覺得有必要建立猶太人國家，這樣如果再發生猶太人受迫害的情況，他們就不至於沒有避難之地。根據猶太移民回歸法，從其他任何地方回歸以色列的猶太人就能自動獲得公民身分。這個國家世俗觀念的締造者，如班－古里安，不太注意界定宗教的作用。宗教自由和觀念自由在以色列同樣受到保護，但有許多事情，諸如結婚、離婚、猶太人的定義和遵行安息日等，是由猶太教權威所把持。結果是極端正統的猶太人所施加的影響力遠遠超過了其人口比例，而且他們為自己創造了一個比原先設想更大的政治發言權。

　　獨立後，以色列用幾年時間建設了一個現代的、西方式的城市和工業社會，伴隨一個民主選舉的議會，即以色列議會和一種鮮明的政治文化。溫和的社會主義勞工黨執政多年；國家賦予工會和農業合作社（著名的如集體農莊奇布茲）很大的作用，提供廣泛的健康和教育服務，支持科學與技術的研究；國

家控制的經濟大約占一半，直到後來才轉向私有化。

經濟發展迅速起飛。以色列人運用巧妙的灌溉工程開墾了大面積的內蓋夫沙漠，耕地總面積由此增加了一倍。一九四八年，以色列僅生產其三分之一的糧食；到二十世紀七〇年代初，它生產的糧食不僅可以滿足全體人民的需求，而且開始出口。工業壯大了，以色列很快就開始出口電子產品、精密儀器和軍火。大量的外國投資，特別是來自美國的投資，進一步推動了經濟的發展。生活水準超過了中東的其他國家，可以與西歐的一些國家相媲美。

一九四八年後數十年內，有兩百多萬移民相繼到來。許多猶太人來自北非的阿拉伯國家以及亞洲的阿拉伯人或非阿拉伯人穆斯林國家。猶太人家庭在那裡已經生活了幾個世紀，但現在受到了迫害，他們被迫離開了世代居住的社區。一九八九至一九九二年，約四十萬蘇聯猶太人因終於得到蘇聯政府批准移民而到達了以色列。以色列人口從一九四八年的八十七萬上升到二十一世紀初的五百七十五萬。在二十世紀九〇年代，失業、房屋短缺和缺乏技術職位的問題浮上了表面，特別是對前蘇聯猶太人而言。以色列在財政緊縮、但仍受益於美國外援的情況下，也發展起強大的現代軍事和空中實力。他們建核反應爐用於發電，而且悄悄地創建了核武軍事能力。

獨立後的阿以戰爭

一九四八至一九四九年以後又發生了四次以阿戰爭，分別是在一九五六年、一九六七年、一九七三年和一九八二年，每個十年裡都發生一次。一九五六年，當埃及將蘇伊士運河收歸國有並試圖封鎖以色列航運時，後者與英、法聯合向埃及開戰。一九六七年，當埃及靠近以色列的阿卡巴灣時，因這有可能扼殺以色列的經濟，以色列遂發動了針對埃及、敘利亞和約旦的六天戰爭。一九六七年這場短暫戰爭的結果卻是意義重大。在打敗了三個阿拉伯國家後，以色列從約旦奪得約旦河西岸和東耶路撒冷，從敘利亞奪得戈蘭高地（敘利亞過去能夠從這裡炮擊以色列居民），從埃及奪得西奈半島和加沙地帶。以色列崛起，領土擴大到最初的四倍，人口迅速增長，有一百多萬阿拉伯人處於以色列的統治之下。以色列人占領了阿拉伯城鎮，然後把這些城鎮發展成以色列人的定居點，由此推動了巴勒斯坦民族主義的進一步發展。後者提出了建立巴勒斯坦獨立國家的新要求。新出現的巴勒斯坦激進組織開始對以色列採用恐怖主義襲擊。

圖24-11　以色列的建立和相繼發生的一九四八至一九四九年以阿戰爭把六十萬巴勒斯坦阿拉伯人趕到了鄰國和難民營。一九五六年，這些巴勒斯坦難民生活在約旦河西岸的難民營。該地區在一九六七年六天戰爭後處於以色列的控制之下，從此成為雙方衝突的根源，因為巴勒斯坦人後來尋求在這塊領土上建立一個獨立國家。（Getty Images）

　　一九七三年，埃及和敘利亞軍隊在猶太教贖罪日攻打以色列，以阿戰爭再次爆發。以色列從遭到突襲的驚恐中恢復過來後，不僅打敗了敘利亞軍隊，而且把埃及軍隊圍困在西奈半島。就在以色列接近勝利並控制更多的阿拉伯領土時，阿拉伯國家聯盟突然採取了一種新的戰略武器用以支持埃及和敘利亞，即石油禁運。雖然禁運在幾個月後就取消了，但一九七四年初石油生產國已將石油的價格提高了兩倍，這對全球經濟產生的作用遠遠超過了在中東發生的衝突。與此同時，戰爭因美國人的調停而結束。以色列撤出了蘇伊士運河的西岸，但繼續占據大部分的西奈半島。

　　一九八二年，以色列入侵飽受戰爭蹂躪的黎巴嫩，那裡的派系紛爭已使國家實際上陷於無政府狀態。巴勒斯坦解放組織和伊斯蘭國家的武裝游擊隊，多次從黎巴嫩境內發起對以色列的襲擊。伊斯蘭國家包括敘利亞、伊拉克和伊朗。以色列軍隊逼近黎巴嫩北部的貝魯特，迫使巴勒斯坦解放組織撤出，然後撤軍，但多年來以色列繼續占領著黎巴嫩南部的一小塊安全地帶。沒有什麼簡短的總結可以傳達每次戰爭給以色列人、巴勒斯坦人和阿拉伯鄰國的人民帶來的傷痛。

圖24-12　在中東經常出現的一次週期性暴力中，以色列於一九八二年派軍隊到黎巴嫩北部的貝魯特，回擊從那裡的游擊據點發動襲擊。在驅逐巴勒斯坦解放組織出黎巴嫩的軍事行動期間，這些以色列部隊在黎巴嫩首都的穆斯林居住區街上進行巡邏。雖然以色列軍隊不久就撤到黎巴嫩南部，但直到二〇〇〇年仍控制著黎巴嫩領土上的一小塊「安全區」。

（Nackstrand/Sipa Press）

中東還成為冷戰對抗的一個戰區。美國原先不贊成英、法、以於一九五六年入侵蘇伊士運河，但蘇伊士運河危機發生後，美國不僅支援以色列，而且提供了大量經濟援助。法國一開始就是以色列的堅定盟友，只有當戴高樂在二十世紀六〇年代決定在中東地區支援阿拉伯國家，幫助恢復那裡的力量平衡時，法國才有一段時間轉而反對以色列。蘇聯曾經是猶太國家的最初靠山之一，但它現在改變了立場，並把軍火送至埃及和其他阿拉伯國家。美國奉行其遏制的冷戰戰略，仍決心阻止蘇聯勢力在中東的擴張。承諾支持中東國家抵制共產主義的艾森豪主義受到以色列的歡迎，許多阿拉伯國家對此表示反感。後者雖然不喜歡共產主義在他們自己的國家傳播，但還是尋求蘇聯的支持。

巴勒斯坦阿拉伯人變得更加好戰，他們開展游擊戰抗擊以色列，在以色列境內和世界其他地區從事恐怖主義活動。一九六四年，阿拉法特領導的巴勒斯坦解放組織不僅成為阿拉伯國家聯盟的正式成員，而且做為巴勒斯坦阿拉伯國家的流亡政府，在許多地區得到了承認。巴勒斯坦解放組織聲明自己是為所有的巴勒斯坦人說話，不僅包括以色列統治下的一百五十萬巴勒斯坦人，還包括三百萬逃到其他國家的難民。巴勒斯坦解放組織要求以色列讓出一九六七年以後占領的所有領土，並呼籲在約旦河西岸和加沙地帶建立一個主權獨立的巴勒斯坦國家，但以色列繼續他們的占領。

與此同時，阿拉伯國家拒絕了商討一項全面和平協定的建議，譴責以色列一九六七年以來的軍事占領，甚至拒絕承認以色列做為一個國家而存在。一九七五年，阿拉伯國家勸說聯合國大會（在這裡，亞洲和非洲前殖民地國家現在已占多數）通過一項決議，譴責猶太復國主義是種族主義的一種形式。儘管

猶太復國主義最初是針對反猶主義而進行的自衛,以色列國家的建立部分是出於對納粹大屠殺的反應,但這項決議還是生效了,直到一九九二年才被廢止。

在以色列境內和其他地區的巴勒斯坦恐怖主義襲擊改變了以色列國內的政治情勢。一九七七年,以色列工黨第一次失去了政權,讓位於由宗教團體建立的、相對保守和中間偏右的民族主義政黨利庫德。利庫德集團只能透過聯合政府來領導國家,但它因接受宗教政黨的支持而在國會占據多數。以色列人對巴勒斯坦人的姿態變得更加頑固。利庫德首相貝京鼓勵以色列人在約旦河西岸和加薩地帶建立永久性的定居點。他甚至用聖經上的人名裘蒂亞和撒馬利亞來稱呼約旦河西岸,而且拒絕與巴勒斯坦解放組織對話。一九八〇年,以色列政府單方面吞併了自一九六七年就占領的東耶路撒冷,由此統一了以色列的首都。

即使沒有新的定居點,自一九六七年以來以色列占領的阿拉伯人領土的處置、巴勒斯坦阿拉伯人建立一個獨立國家的要求、對巴勒斯坦阿拉伯難民的幫助,以及對以色列的合法性及其安全的承認和保證,這些問題隨時都可能會爆發新的,甚至是致命的衝突。一九七八年埃及總統薩達特訪問以色列,他在耶路撒冷的以色列國會發表演講,表示看到了這個僵局,他渴望收復失去的埃及領土,便打破抗擊以色列的阿拉伯聯合陣線。一九七九年,由美國出面斡旋,貝京和薩達特在卡特總統出席的華盛頓簽署了和平協定。以色列同意從西奈半島撤軍,但保留了加薩地帶,而且得到自由出入蘇伊士運河的保證。出於對薩達特承認以色列做為一個主權國家的合法性之憤怒,其他阿拉伯國家把埃及趕出了阿拉伯國家聯盟。薩達特後來被他軍隊中的伊斯蘭極端分子所暗殺。他的繼任者穆巴拉克總統對以色列持謹慎的友好態度,約旦的侯賽因國王也如此。敘利亞、黎巴嫩和伊拉克則頑固拒絕任何廣泛的解決議案。為了挫敗伊拉克的核威脅能力,一九八二年以色列採取大膽步驟轟炸巴格達附近的核設施,與此同時,也繼續建設自己尚未公開的核軍事能力。

以色列、被占領土與和談

在二十世紀八〇年代,有一百五十萬巴勒斯坦的阿拉伯人,生活在以色列從一九六七年開始占領的約旦河西岸和加薩地帶。一九八七年底,由年輕的巴勒斯坦人發起民族主義運動轉變成持續不斷的起義,阿拉伯語稱之為「印提伐大」(intifada)。他們向以色列軍隊投擲石塊、引爆炸藥,並進行武裝抵抗,從而使傷亡人數不斷攀升。鎮壓巴勒斯坦人的反抗致使以色列出現了政治上的兩極分化、經濟受損、民主面臨威脅和破壞。巴勒斯坦解放組織利用民眾的反抗,強烈要求承認一個獨立的巴勒斯坦國家。

　　二十世紀八〇年代後期，隨著冷戰的消失，阿拉伯國家不能再確信得到蘇
聯的支持，而美國則繼續鼓勵和談。要解決巴以問題就不得不圍繞「土地換和
平」的公式：即以色列放棄一九六七年以來占領的部分或全部領土，以換取阿
拉伯承認以色列國家的合法存在。巴勒斯坦人的地位問題應當以某種形式的自
治或獨立國家來解決。以色列持續不斷的不安全根源在於一個事實，即少數人
生活在充滿敵意的中東地區。在政治上出現分歧的以色列依然困擾於大屠殺的
記憶，擔心國家的安危和公民的人身安全。對一些人來說，領土的擴張就是解

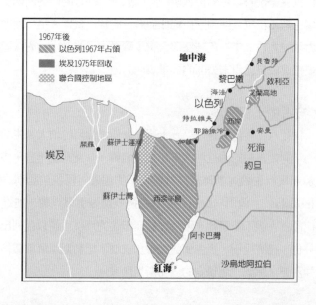

決這種擔心的一個答案。所以，貝京的繼任者們繼續執行利庫德黨所支持的在被占領土增加猶太人居民點的政策。而其他以色列人承認巴勒斯坦阿拉伯人的不滿是有理由的，而且正在接受這樣一個事實：猶太人和阿拉伯人應該在狹小的領土上找到共同生活的途徑。

　　一九九二年，工黨聯合組成了以拉賓和佩雷斯為首的新政府，恢復了與阿拉伯人和談的可能性。拉賓停止了在約旦河西岸新建移民居住點，重啟和平談判。雖然正式的談判在繼續，但同時在挪威首都奧斯陸舉行以色列和巴勒斯坦

圖24-13　以色列和毗鄰地區

「巴勒斯坦」這個名詞是歐洲人長期以來用以指地中海東海岸地區，主要是阿拉伯人的一小塊區域。第一次世界大戰結束之前，該地區屬於鄂圖曼帝國。一九二二年，國聯將它給英國委任統治。自從十九世紀猶太復國主義興起之後，歐洲的猶太人開始移入巴勒斯坦。英國針對阿拉伯人的不滿，很快就採取措施來限制歐洲猶太人移民。在第二次世界大戰期間，數百萬猶太人死於大屠殺之後，猶太復國主義者渴望建立一個獨立的猶太人國家，贏得了國際社會的支持。一九四七年，聯合國提出巴勒斯坦領土分治以建立一個新的猶太人國家，耶路撒冷城則畫分成一個獨立的區域。阿拉伯人拒絕這一計畫，但在一九四八年的阿以戰爭中，以色列贏得了比最初提出的更廣闊的邊界。阿拉伯國家仍然拒絕承認以色列。在一九六七年的六天戰爭中，以色列人控制了追加的領土，如第四幅圖所示就是一九六七年以後的情況。在一九七三年的贖罪日戰爭中，埃及和敘利亞為重新獲得他們失去的領土而戰，但以色列打敗了他們。雖然結果是獲得對蘇伊士運河東岸的控制，但以色列繼續占領西奈半島和其他領土。一九七九年，根據以色列和埃及簽署的和平協議，以色列將西奈半島還給了埃及，但仍占有一小塊加薩地帶。一九九三年，以色列同意開始從占領地區撤軍，並允許巴勒斯坦人邁向自治的第一步。一個新的巴勒斯坦政府出來領導巴勒斯坦人的自治地區，但後來一連串的衝突與談判導致到二十一世紀初仍沒有實現最後的和平解決，也沒有出現一個獨立的巴勒斯坦國家。不過，二〇〇五年，以色列從加沙地帶撤走了全部猶太人定居點和它的軍隊。

的祕密會談，即在原有的外交管道之外談判，由此使拉賓總理和阿拉法特在一九九三年達成了一項非同尋常的協定。該協議是在華盛頓簽署的，柯林頓總統主持了簽署儀式。根據《奧斯陸協定》，以色列承認巴勒斯坦解放組織是巴勒斯坦人民的代表，同意第一步是實行巴勒斯坦自治政府，包括建立它自己的安全部隊。巴勒斯坦解放組織反過來承認以色列做為一個主權國家的合法存在，並同意放棄暴力抵抗。儘管還有許多未解決的問題，阿以關係看來是在與巴勒斯坦解放組織和談中取得進展，而其他阿拉伯國家最終可能加入巴以和解進程。按照協定，以色列從大部分加薩地帶、從約旦河西岸的傑里科撤走其軍隊，並允許約旦河西岸和加薩地帶在「巴勒斯坦民族權力機構」領導下實行巴勒斯坦自治。

圖24-14 一九九三年九月，以色列總理拉賓和巴勒斯坦解放組織主席阿拉法特在華盛頓簽署《奧斯陸協議》。這一外交事件標誌著以色列和巴勒斯坦之間簽署的第一份正式協定，它設定了今後的議程，即貫穿於二十世紀九〇年代沒有結論的談判。但雙方的激進分子譴責《奧斯陸協議》的條款，而且很快轉變成了暴力。拉賓成了犧牲品，他在一九九五年被一名猶太極端分子殺害。如圖所示：阿拉法特站在柯林頓總統的旁邊，兩人在觀看以色列總理拉賓簽署協定。（Time Life Pictures/Getty Images）

然而，雙方的頑固派開始破壞脆弱的協議。暴力事件再次發生，一九九五年一名狂熱的猶太極端分子殺害了拉賓總理。一九九六年，佩雷斯和工黨聯合在選舉中敗給強硬派利庫德領袖內塔尼亞胡。後者立即解除了在約旦河西岸和加薩地帶凍結的猶太人居民點。儘管如此，內塔尼亞胡還是屈服於美國的壓力，一九九八年與阿拉法特會見，同意履行奧斯陸協議，即要求分階段地交還占領的約旦河西岸。內塔尼亞胡雖然只是做出了這些溫和的讓步，但他還是失去了保守派和右翼人士的支持。巴拉克在新一輪選舉中擊敗了內塔尼亞胡，他是軍人和前行政首腦，代表工黨、中間派和宗教政黨，承諾進一步推進和談。以色列開始從西岸撤軍。而巴拉克正如他已經許諾的，使以色列軍隊撤出黎巴嫩南部的安全地區。

巴拉克還向敘利亞歸還了以色列把持的全部或部分戈蘭高地，為阿以和解開了先河。他的讓步使很多以色列人感到震驚，也使他因此失去了議會中的多數席位。但他堅信自己考慮的是代表民眾的和平願望。二〇〇〇年七月，巴拉克在華盛頓再次會見了阿拉法特，但新的會談失敗了，主要是關於耶路撒冷的地位。儘管阿拉法特得到了以色列所提供的諸多承諾，但他堅持其對整個阿拉伯和穆斯林世界的義務。他宣告對東耶路撒冷及其穆斯林聖地擁有主權，並使之成為巴勒斯坦國家的首都。暴力衝突再次爆發。阿拉法特因無法控制局勢而遭到以色列人的抗議。強硬派人士沙龍對東耶路撒冷的穆斯林聖地進行了未經宣布的訪問，巴勒斯坦人在耶路撒冷的街市爆發起義，並很快蔓延開來。沙龍在以前的阿以戰爭中擔任過軍隊最高指揮官，堅決反對巴拉克的讓步，試圖取代他。隨著巴勒斯坦武裝起義的升級，公眾輿論開始轉向反對巴拉克。二〇〇一年初，沙龍贏得普選成為政府總理。許多以色列人仍然受到困擾。一些人願意支持歸還巴勒斯坦阿拉伯人的被占領土，並以色列定居點和其他問題達成妥協。但更多的人認為讓步已經太多；他們也希望和平，但要求更加堅實的安全保障做後盾。

這個動亂地區陷入了新一輪的恐怖主義襲擊和以色列人的報復，雙方的人員傷亡攀升，似乎失去了以《奧斯陸協議》為基礎的和平解決的機會。以色列和巴勒斯坦領導人沙龍和阿拉法特仍頑固不化，但二〇〇四年阿拉法特的去世開始打破僵局。巴勒斯坦民族權力機構選舉了一名相對溫和的領導人阿巴斯，使巴以和解有可能獲得進展。美國採取了更積極的行動來參與制定進一步通向和平的「路線圖」；沙龍從加薩地帶撤走了以色列人定居點和軍隊，從而結束了三十八年來對這塊狹小且擁擠之地的占領。但與此同時，沙龍政府沿以色列和巴勒斯坦領土（合併了巴勒斯坦以前的一些土地）邊境築起了一道有爭議的

新牆，並繼續支持在巴勒斯坦民族權力機構統轄的約旦河西岸擴大猶太人定居點。與此同時，新巴勒斯坦領導人無法控制激進的哈馬斯政黨（該黨在二○○六年贏得了議會選舉），以及巴勒斯坦極端分子在以色列境內實行恐怖主義襲擊所造成的死亡和破壞。「土地換和平」的想法仍然不能達成一項完整的和平協定。巴勒斯坦渴望一個完全獨立的、穩定的國家尚未成為政治現實。雖然雙方的極端分子不願意妥協，但大多數以色列人和巴勒斯坦人贊成以某種方式解決這種衝突，因為五十多年來它在整個中東地區已經造成無數人的死亡，擾亂了經濟生活，扭曲了政治文化。儘管和談受挫，暴力依然存在，但以色列的新政治路線提供了通向和平的新承諾。可是，「路線圖」並不能直接或迅速導向一個由雙方接受並執行的全面的和平計畫。

利比亞和敘利亞

利比亞和敘利亞兩國也增加了中東地區的動盪。一九五九年利比亞發現油田，由此使一個擁有四百萬人口的國家成為主要石油生產國。一九六九年，卡扎菲推翻了現行的君主立憲制，建立了個人獨裁政權，提倡極端的阿拉伯民族主義。他把自己當成泛阿拉伯主義的代言人，渴望在非洲事務中發揮領導作用，利用國家的石油財富來換取政治目標的達成。利比亞由此成為在歐洲和其他地區製造恐怖活動的總部。無論是經濟制裁，還是軍事報復，都制止不了卡扎菲。一九九七年，美國將利比亞正式列入一份積極贊助國際恐怖主義的國家的名單。到了二十一世紀，卡扎菲繼續把持著獨裁政權，但改變了早期的民族激進主義，放棄了國際恐怖主義，停止了發展和儲存化學武器的努力。

敘利亞阿拉伯共和國成立初期的標誌是極端的政治不穩定和接連不斷的軍事政變。一九六三年的一次軍事政變使泛阿拉伯復興黨掌握政權，而且導致了新的一黨制政府。在一九七一年第十次政變中，前國防部長阿薩德取得政權，直至二○○○年去世，阿薩德進行了將近三十年的獨裁統治。他殘酷鎮壓一切反對派，包括一九八二年穆斯林兄弟會的暴動，他的空軍在這次鎮壓中殺死了成千上萬人。

阿薩德還是以色列最強硬的敵人之一，有意恢復自一九六七年失去的所有阿拉伯領土，特別是敘利亞具有戰略意義的戈蘭高地。在黎巴嫩內戰混亂期間，支持激進的阿拉伯武裝派別，派出三萬五千人充當「維和部隊」。最後，令許多黎巴嫩人不滿的是，他實際控制了黎巴嫩。阿薩德去世後，經過周密的事先安排，他兒子很快就被任命為新總統。新總統沿用了他父親的大多數政策，但屈服於民眾的暴動和國際社會的壓力，結果是從黎巴嫩撤回了敘利亞軍

隊。二〇〇三年以來，即便在其鄰國伊拉克發生的戰爭曾蔓延到敘利亞邊界的威脅，復興黨卻仍在敘利亞牢固地把持著政權。

波斯灣的革命和戰爭

伊朗革命

在中東變化迅速的地區，傳統主義者顯然對西方的現代經濟和文化力的影響經常感到憤怒。他們反對世俗主義，反對分裂古老的宗教和文化，認為這是西方的顛覆活動。一九七九年爆發的強烈反西方主義的伊斯蘭運動不是在阿拉伯國家，而是在伊朗，那裡的主要語言是波斯語（或法爾希）。伊朗是一個什葉派國家，而百分之九十的伊斯蘭世界信奉伊斯蘭教的遜尼派。但伊朗的什葉派革命領導人在伊斯蘭世界所有地區助長了一種新的宗教復興運動。

幾個世紀以來，波斯（或伊朗，一九三五年後為人所知）經歷了外國的長期統治。在二十世紀初，英國和俄羅斯覬覦那裡發現的石油資源而畫分了各自的勢力範圍。第一次世界大戰後，英國試圖保留對它的控制。但一九二一年，有一名叫禮薩・汗的軍官奪取了政權，一九二五年以沙（即世襲統治者）的名義開啟了現代化的計畫。一九四一年第二次世界大戰期間，當他的一些計畫有靠近軸心國的危險時，英國和俄羅斯占領了這個國家，並迫使他將權力交給他的兒子禮薩・巴列維。這位年輕的沙是認同於西方的。

第二次世界大戰後，美國成了主導這個國家的勢力。二十世紀五〇年代初，總理莫薩德和左派國會提出國有化和控制石油產業的動議時，沙得到來自美國中央情報局的祕密支持，推翻了莫薩德，阻止了他的企圖。依靠石油財富和美國大量的軍事、經濟援助，沙開始了一項雄心勃勃的發展計畫。他打破了長期由封建地主和伊斯蘭教神職人員控制不動產的局面，重建軍事力量，派大批學生到國外學習。世俗化和現代化改革的速度和廣度，使城市的商業和企業得益，卻忽略了其他經濟部門，特別是在農村地區。而且，沙的政權變得越來越獨裁，他用祕密員警鎮壓反對派和持不同政見者。他個人的巨大財產也不能不令人注意。伊朗做為美國戰略的重要組成部分，美國對其反蘇盟友的現代化感到高興，但忽視了伊朗國內正在增長的不安定因素。一九七八年，全國爆發了受宗教鼓舞的抗議、罷工和暴動等反對黨的聯合行動。一九七九年一月，遊行示威的浪潮迫使沙逃離了伊朗。

同年二月，宗教團體的高齡領袖阿亞圖拉何梅尼（阿亞圖拉是什葉派階層中位置最高的）從巴黎流亡回國。過去的十五年中，他在巴黎一直聲討沙的親

西方政策和非宗教政權。他回國後很快就承擔了革命的領導任務，宣布成立
「伊斯蘭共和國」。他新成立的革命衛隊打敗了沙的軍隊。阿亞圖拉和他的憲
法監護委員會掌握最高控制權。憲法監護委員會是爲了保證新政權對伊斯蘭教
的嚴格承諾，確保透過清眞寺網絡來控制這場革命。

　　革命的權力機構強力地恢復了傳統伊斯蘭教的生活方式：要求婦女穿戴披
巾，即傳統的可以從頭到腳蓋住她們的長黑色連衣裙；取締了男人的領帶，還
鼓勵他們蓄鬍子。執政當局從電臺到電視一律禁止播放西方的古典音樂和流行
音樂，而且禁止喝酒。規定由神職人員翻譯的伊斯蘭教法律優先於世俗的法
律。不久，革命的司法部門就用擊槌審判的形式公開處決了數千名宗教、道德
和政治罪犯。阿亞圖拉神權政治把溫和的領導人，甚至是那些歡迎推翻國王的
人擱置一邊。第一任總統就被迫流亡國外，外交大臣則被處決。新的政體對經
濟施加嚴格的國家控制，對許多工業實行國有化。在局勢混亂期間，石油的產
量和收入都下降了。

圖24-15　伊朗革命掀起了一股好戰的、反西方示威遊行的浪潮。這些伊朗婦女穿戴著黑色的
　　　　　長披巾以擁護其強烈的伊斯蘭教價值觀，顯示了她們靠使用強大且現代化的武器堅
　　　　　定支持伊斯蘭教傳統和新的政治秩序。（Christine Spengler/Sygma/Corbis）

　　阿亞圖拉公然譴責美國是「大撒旦」，這激起了革命鬥士（其中有許多是
大學生）的狂熱，他們親手對美國採取了行動。一九七九年九月，由於允許患
病的沙去美國，革命衛隊和學生奪取了美國駐德黑蘭的大使館，而且扣押了

五十名美國人質，以此做爲報復。他們將美國人質關押長達近十五個月，要求美國把沙和他的財產還給伊朗。人質危機削弱了卡特政府，計畫不周的營救人質行動的失敗更增加了美國的屈辱。

兩伊戰爭

伊朗並沒有掩飾在穆斯林世界確立它的領導地位，並爲其他國家樹立其什葉派神權政治模式的想法。一九八〇年，當它西部的阿拉伯鄰國伊拉克對伊朗領土發動攻擊時，兩伊戰爭爆發了。伊拉克富有石油，在以薩達姆·侯賽因爲首的世俗軍政權領導下，是一個具有攻擊性的民族主義阿拉伯國家。薩達姆·侯賽因是伊拉克的獨裁者，其政黨是阿拉伯復興黨，致力於阿拉伯的復興事業。阿拉伯復興運動有一個強大的分支統治著敘利亞。但對侯賽因來說，意識形態不如在國內獨裁、在國外用軍事力量達到目的那麼重要。

阿亞圖拉何梅尼公開譴責伊拉克迫害其什葉派團體和拋棄伊斯蘭教原則。什葉派穆斯林占伊拉克人口的大部分，但遜尼派少數掌握著絕對權力。在伊拉克薩達姆政權統治下，什葉派和數量可觀的庫爾德集團遭到殘酷的虐待和血腥的鎮壓。戰爭的導火線是長期摩擦的邊界爭端，它涉及一條水路，是伊拉克通向波斯灣的重要出口。雖然這條水路由一個國際委員會裁定給伊拉克，但它卻落入了伊朗的控制。伊拉克利用伊朗革命造成的混亂乘機進行了一次賭博式的快速勝利，一九八〇年轟炸伊朗油田、侵入伊朗並占領了有爭議的領土。伊朗從遭到首次入侵中恢復過來後，一九八二年驅逐了占領其邊境的伊拉克軍隊，深入推進到伊拉克，試圖推翻侯賽因及其政權。當伊拉克加強其防衛時，伊朗派出新招募的士兵對伊拉克形成不斷攻擊的波浪，使人回想起第一次世界大戰期間的戰事。自兩伊戰爭爆發後，有個罕見的例子之一是雙方都在戰場上使用了毒氣。伊拉克也用它來對付庫爾德少數民族，指控後者與伊朗協同作戰。

隨著戰爭的拖延，它波及了一個更大的國際範圍。在波斯灣的地面戰場變成了一場坦克戰。由於依賴與西方的貿易，以及對伊朗什葉派原教旨主義沒有好感，沙烏地阿拉伯、科威特和其他阿拉伯海灣國家捲入了這場戰爭。爲防止運輸武器，伊朗和伊拉克都襲擊了在波斯灣的中立船隻。當這些攻擊威脅到石油運輸時，美國得到英國和法國支持，加強了在波斯灣地區的駐軍。西方海軍保持了石油運輸的暢通，強化了在波斯灣保持西方影響力這個延續至今的戰略目標。

伊朗的反攻到一九八七年失敗了。一九八八年八月伊朗接受停火。八年戰爭使雙方犧牲了成千上萬的生命。伊朗經濟陷入混亂、兵力枯竭。阿亞圖拉呼

籲的聖戰已被其他穆斯林國家忽視，而且與波斯灣的阿拉伯國家關係惡化。但他在伊朗仍然得到支持，並繼續在伊斯蘭世界尋求其權威。他呼籲伊斯蘭教信徒殺害小說家拉什迪，震驚了國際社會，後者據稱在他的一部小說中褻瀆了穆罕默德。一九八九年，何梅尼去世後，伊斯蘭政府內出現了溫和與務實的因素，主張經濟重建和恢復與外部世界的國家關係。一九九二年，新總統以溫和的經濟和外交政策贏得了議會的多數。拉夫桑賈尼總統雖然能夠抑制這種過度激進的革命，但伊朗現在有了一個新的宗教領袖阿亞圖拉哈梅內伊，他保留著至高無上的權力。

二十世紀九〇年代，伊朗成了充滿矛盾和悖論的地區。雙重權力結構的存在使伊朗不再像革命的十年那樣，是完全封閉的社會或神權政治。中產階級是經濟生活的積極因素，那裡出現了對神權的直率批評。一九九七年，當宗教權力機構允許選民自由選舉總統候選人時，百分之七十的選民（選舉年齡是十五歲）選擇了一位更具改革理念的總統哈塔米。哈塔米本人是宗教人士，是宗教領導人的後代，但他見多識廣，對西方政治哲學有過研究和著述。哈塔米承諾進行政治和經濟改革、建立公民社會、依法治國、創造一個包括新聞自由在內更加自由的政治空間。雖然他必須在經過革命建立起來的宗教體制內工作，但他和他的同伴們相信，伊斯蘭教和民主並不是水火不相容的。伊朗的宗教權力機構控制著軍隊、員警、法庭和許多媒體，甚至對政府的候選人資格擁有否決權。當總統呼籲與外部世界對話時，宗教領導人則保持對西方、美國和以色列的譴責。所以，總統只能謹慎地推進改革和發表公開講話。

與此同時，新一代自由觀念的神職人員放鬆了他們的束縛。嚴格的著裝和行為準則放寬了。全球化發揮了它的作用。西方的消費品成了人們的需求，飲酒變得普遍了，現在可以聽到來自外部世界的音樂了。儘管婦女們在公共場合仍需圍著頭巾和斗篷，但在私人社交圈，她們可以穿自己想穿的衣服。哈塔米總統和他的改革計畫得到了廣泛的支持，二〇〇一年他輕鬆地贏得了第二任期的選舉。許多伊朗人，特別是年輕人認識到，沒有改革，國家只能面臨經濟停滯和政治孤立；而且對自己所受的社會和道德的束縛感到不滿。伊朗的神學家們自認為伊斯蘭教信徒的私人生活不應該受制於外部的壓力。

雖然對伊斯蘭教更加自由解釋的支持在不斷上升，但伊朗的保守派神職人員仍在國內保有勢力強大的信徒，而且行使著重要的政治權力，包括控制選舉中的候選人。許多人想重新實施十年革命時期的伊斯蘭教正統。哈塔米總統似乎越來越無能為力了。當他譴責美國在伊拉克的干預時，他在伊朗表達了一種超越所有意識形態的情感。二〇〇五年的伊朗總統選舉，雖然選舉結果有點出

乎意料，但它並沒有爲選民提供更廣泛的選擇。較溫和的候選人敗給了保守的、年輕的德黑蘭市長艾哈邁迪—內賈德。後者因民粹主義經濟計畫贏得支持，也因其嚴格遵循保守的神權主義價值觀和保持對一九七九年伊斯蘭革命的信念而當選。二○○三年，美國領導的部隊入侵伊拉克後，民衆對保守派的支持似乎進一步增強。具有諷刺意義的是，美國在伊拉克戰爭的同時，完成了伊朗長期尋求的兩個國際目標——推翻薩達姆・侯賽因，以及確立伊拉克什葉派多數的政治優勢。

二十世紀九○年代，伊朗人在很大程度上羨慕外部世界的經濟增長和繁榮，越來越要求放鬆政治秩序。教育在一九七九年以前只有城市的富人才可能獲得，現在得到了普及，而且包括給婦女廣泛的教育機會。在二十世紀九○年代，年輕女子進入大學並接受現代技術培訓的人數是原來的三倍。有政府的鼓勵，伊朗人口從一九七六年的三千四百萬，增加到二○○五年的六千八百萬以上。

伊朗革命提出的較大問題是，在伊斯蘭革命十年中硬性強迫的傳統伊斯蘭教價值觀，是否能夠包容現代化、民主和多元社會。伊朗革命動搖了整個伊斯蘭世界，但如果伊朗繼續追隨一個較爲溫和的路線，它或許也會激起其他穆斯林國家的伊斯蘭極端主義。但新總統將時鐘回撥，加強了神權對伊朗社會的控制。他極力主張伊朗擁有核武器的權利，並譴責美國人帶頭反對伊朗擁有這些權利。

伊拉克和波斯灣戰爭

兩伊戰爭使伊拉克有一支慣於作戰但沒有取得過眞正勝利的軍事力量，並陷入經濟困境。薩達姆・侯賽因需要解決自己國家的經濟難題。他因爲不能勸說其他石油生產國（特別是科威特）限制生產和提高油價，所以轉而譴責其南部的小阿拉伯鄰國，對後者提出了領土要求（這就回到鄂圖曼帝國和英國保護領時的狀況）。一九九○年八月，伊拉克入侵並吞併了科威特。西方國家有許多人擔心它下一個目標可能是打擊沙烏地阿拉伯，擴大在波斯灣的勢力，控制世界的石油資源。

布希總統贏得國際社會（其中包括幾個阿拉伯國家）和聯合國安理會的支持，率先對伊拉克採取了經濟制裁，而且必要時可以採用軍事手段。在之後的幾個月中，美國得到西方多國和阿拉伯聯盟的支持，在沙烏地阿拉伯的沙漠地帶興建軍事基地。一九九一年初，當伊拉克拒絕從科威特撤軍時，美國和他們的盟友發動了一場大規模的空襲，緊接著是地面攻擊，很快就迫使伊拉克撤

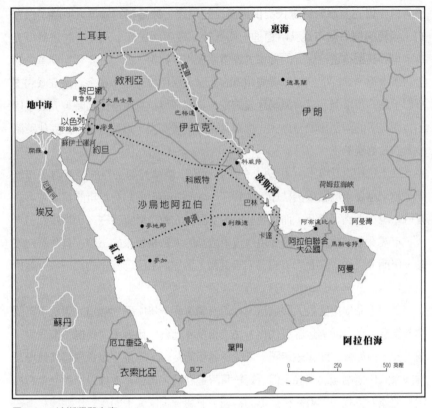

圖24-16　波斯灣和中東

這張地圖顯示的是橫跨世界上這一具有重要戰略意義的地區的主要輸油管道。石油是從波斯灣經由阿拉伯海輸出，也可以通過連接石油生產中心和地中海以及紅海的輸油管道出口。為了保護這一重要商品的流通，西方石油消費國在一九八〇至一九八八年兩伊戰爭期間派海軍駐紮在波斯灣。一九九一年，它們又對伊拉克攻擊其鄰國做出回應，把伊拉克軍隊趕出了科威特。

軍。「沙漠風暴」行動明顯地勝利了，但沒有繼續努力把侯賽因趕下臺。停火期間，伊拉克在接下去的幾年中，看起來是對聯合國禁止製造核武器、化學武器和其他大規模殺傷性武器的規定提出了挑戰，而且阻撓國際檢查。西方政府確信伊拉克那時正在發展這樣的武器，而且有一天會發揮它們的作用。

要在充滿對抗和利益競爭的中東地區維持穩定，不僅對波斯灣的國家、阿拉伯國家和以色列，而且對國際社會來說依然是嚴峻的。一九九一年海灣戰爭後，美軍在沙烏地阿拉伯駐軍導致了一個新的、激進的伊斯蘭恐怖主義的組織出現，即所謂的基地組織。它是由一名流亡的沙烏地阿拉伯富翁奧薩瑪·賓拉登所領導，他先是在蘇丹，後來在阿富汗的山區建立其祕密指揮部。基地組織聲稱其暴力行為旨在驅逐美國離開伊斯蘭教「聖地」——坐落在麥加和其他

穆斯林聖地的區域。中東仍然是一個非常不安、充滿宗教和政治緊張局勢的地區，這個新的恐怖主義組織還把它延伸到了世界其他地區。與此同時，西方有些人要求伊拉克的薩達姆・侯賽因下臺；另一些人則擔心他下臺會造成權力真空，從而導致進一步的動盪。戰後對伊拉克施加的制裁，為伊拉克人民帶來的困難已經超過了獨裁者對他們造成的困難。美國後來推翻伊拉克政權的重大決定，導致一場新的戰爭在二〇〇三年爆發——我們將在第二十七章回到這場衝突。

1948至2005年大事年表	
1948年	以色列建立；阿以戰爭
1948年	阿非利卡國民黨在南非通過「種族隔離」法律，擴大僵化的種族隔離制
1954至1962年	阿爾及利亞民族主義者發起脫離法國的獨立戰爭
1956年	埃及把蘇伊士運河收歸國有後，英國、法國和以色列攻打埃及
1957年	迦納是英國在非洲的殖民地中第一個贏得獨立的國家
1967年6月	六天戰爭導致以色列軍事占領約旦河西岸和加薩地帶等巴勒斯坦領土
1967至1970年	在奈及利亞，伊博族分裂運動比亞夫拉被鎮壓
1971至1972年	伊迪・阿敏在烏干達上臺並開始驅逐亞洲人
1973年	贖罪日戰爭：埃及和敘利亞與以色列的一場新的戰爭；衝突導致阿拉伯國家採取石油禁運，以此做為一項戰略性的地緣政治的武器
1979年	阿亞圖拉・何梅尼在伊朗領導伊斯蘭革命
1982年	以色列侵入黎巴嫩鎮壓巴勒斯坦游擊組織
1993年	巴勒斯坦和以色列簽署《奧斯陸協議》；承認以色列存在的權利和一個新的巴勒斯坦民族權力機構
1991年	美國採取軍事行動，把伊拉克的薩達姆趕出了科威特
1994年	南非首次舉行了無種族差別的和民主的選舉；尼爾遜・曼德拉當選總統
1994年	盧安達胡圖族攻打圖西族人，殺害了五十多萬人
2000至2001年	巴勒斯坦反抗以色列的起義爆發，以色列和巴勒斯坦的和談受挫
2004至2005年	巴勒斯坦領導人阿拉法特去世；以色列從加薩地帶撤軍

中東的變化

　　處在傳統社會及其宗教信仰和現代經濟與文化變遷夾縫之中的中東伊斯蘭世界，正處於變化之中。一九七九年開始的伊朗革命，推進了宗教激進主義浪潮在整個地區的迅速發展。伊斯蘭原教旨主義者拒絕接受政教分離的思想，向世俗主義提出了挑戰。許多人尋求伊斯蘭教的神權，婦女經常成為他們的主要目標。表面上是要保護她們避免現代世界的各種危險，實際上宗教激進派是要把她們隔離起來，並剝奪她們接受教育和就業的機會。譬如，在二十世紀九〇年代，阿富汗成了極端的塔利班運動犧牲品。塔利班運動得到美國支持，反對蘇聯，它經過長期作戰後起來控制了國家。塔利班政府實行最嚴格形式的統治，剝奪了婦女上學和在外面工作的權利，並執行嚴格的著裝規定。對全體人民，他們希望根據伊斯蘭教教法予以懲罰，這個法律已有數百年的歷史。雖然幾乎所有的國家和政府領導人都不承認塔利班，但塔利班控制的阿富汗社會卻成為伊斯蘭激進派重要的集會地點。這些激進派企圖將嚴格的伊斯蘭教法律引進他們自己的國家。

　　在埃及，政府靠取締穆斯林兄弟會來對付宗教極端主義。該組織對多起暗殺事件和其他暴力行為負責。但伊斯蘭教領導人在開羅能夠聚集起數千名年輕人，來迫使世俗政府放棄贊助那些被認為是褻瀆伊斯蘭教的書籍。在土耳其，軍隊是土耳其世俗政權的保護者，它採取措施打擊任何企圖損害其世俗傳統的行為。在阿爾及利亞，正如我們已經看到的，一九九一年的投票結果是伊斯蘭政黨獲勝，但被軍隊廢止了，由此形成了武裝的激進團體，使一部分人成了大屠殺的犧牲品。在蘇丹，北方的伊斯蘭教政權繼續用軍事手段在整個國家實施。

　　文化的變遷也改變了許多伊斯蘭教國家，譬如伊朗。許多穆斯林擁護社會有一個伊斯蘭框架，但不是嚴厲的伊斯蘭國家。由於情況不同，人們對古老的《可蘭經》法律的解釋是相當靈活的。在沙烏地阿拉伯，婦女不能駕車或在有男人的公共場合獨自吃飯；該地的當權者執行古代的懲罰手段，如對盜竊犯進行截肢、對更嚴重的罪犯進行斬首，可是新一代要求改變這些做法。二〇〇〇年，當埃及開始實行穆斯林世界走得最遠的一步——家庭法——時，對婦女來說是一個顯著的突破。根據埃及這個新法律，婦女可以自由地與丈夫離婚，而不論其丈夫同意還是不同意。改革者成功地闡述了應當把這些改革視為由《可蘭經》授予婦女的平等權利在現代的更新。在科威特，當埃米爾頒布婦女有投票和競選資格的法律時，法庭和立法議會起初是封鎖這條法律的，但科威特國會最後改變了路線，在二〇〇五年投票贊成給予婦女政治權利。許多在法律和

社會形態方面的文化變遷，發生在一些像科威特那樣較小的阿拉伯國家。

中東的國家經常缺乏獨立的政黨和信得過的議會，該地區仍然是一個專制主義的堡壘。雖然舉行了選舉，但選舉結果一般是可預見的。中東的國家如果接觸更多外部世界，就會造成社會和政治方面更大的不同。衛星電視、網路、電子通訊以及與其他世界聯繫密切的商業往來，都具有強大的衝擊力。全球化新時代正在打開人們的視野，伊斯蘭教世界從其中心的阿拉伯國家到邊遠的非洲和亞洲，正不斷地朝著一個新的、多樣化的方向發展。

圖24-17　吉達城，紅海上的一個繁榮港口，是當代沙烏地阿拉伯迅速發展的城市中心之一。這些男人沿著一條城市繁忙的街道，停下來做伊斯蘭教規定的每日祈禱。周圍是高層公寓、汽車和現代交通等問題，他們表現了在伊斯蘭社會，人們是如何把重要的宗教傳統融入當代的社會生活方式。

（Liaison Agency）

發展中的世界

二十世紀初，甚至在一九四五年，反殖民地革命的徹底性和廣度超出所有人的預料之外。西方殖民帝國的領導人最多是希望他們的殖民地緩慢地走向自治。所以，殖民體系迅速和完全消失令人感到震驚。帝國主義時代伴隨著剝削、殘暴和破壞，它爲全球受壓迫者留下了一道持久的疤痕。然而，矛盾的是西方帝國主義也是西方許多科學、物質、智力和人文成就傳播到世界其他地區的工具。西方從此在政治上不再控制這些地區了，但它的文化、技術和制度對其產生了長遠的影響。工業、科學、世俗化、社會流動、法治、個人自由的觀念，以及其他新的價值觀或制度，在許多非殖民化國家造成了混亂和緊張的局勢。在某些情況下引起了對西方文化的不滿情緒，如伊朗的伊斯蘭革命和其他地區激進的伊斯蘭教或宗教運動；但多數還是希望能將現代化和傳統價值觀融合成一體。

在國家獨立初期，很少有前殖民地實行西方式的自由和民主制度。從經濟上看，無論是新近獨立的國家，還是國際援助計畫，都不能明顯地提高國民生產毛額、工農業生產水準；文盲和疾病持續著，生活水準仍然落後於工業化國

家的生活水準。獨立帶來了一種新的尊嚴感，但它不能自動地帶來自由、自治政府、人權和人類生活條件的改善。在世界許多地區，為政治和經濟的自由化所做的努力，直到二十世紀八〇年代才開始有所顯現。

發展的經驗

一九四五年後，美國在資金和技術援助開發中國家方面起了帶頭作用。但其他工業國，當它們從第二次世界大戰中恢復後，也承諾增加其國民生產總值（GNP）的份額用做發展援助（到二十一世紀初，按國民生產總值的百分比排列，前十位國際援助捐款全在歐洲；美國仍是給錢最多的國家，但它所占的國民生產總值的百分比排在第二十位）。國際機構提供額外的資金和技術，依靠現代科學、技術和資金援助，人們確信開發中國家可以期待現代化、經濟增長和社會進步。許多後殖民地國家的領導人相信，中央計畫、國有化經濟和政府控制將更快地完成這些目標。尼赫魯在印度實施的溫和社會主義和經濟計畫，提供了一種發展模式；另一些轉向蘇聯或中國的共產主義模式；此外，還有追隨日本的範例，即私人資本與政府結成合作夥伴。亞洲的韓國、臺灣、新加坡和香港就是採納日本模式，人民生活水準提高了，實現了工業化，創造了成功的出口型經濟。

戰後數十年，國際機構提供資金幫助農業、工業、醫療衛生和教育項目。二十世紀六〇年代是發展的十年。甘迺迪總統說為貧窮和饑餓升起「希望的旗幟」。水壩和水井、灌溉計畫、水電專案、工廠和加工廠以及所有層次的教育，成了發展計畫的組成部分。工業化使人確信可以結束或減少對進口的過度依賴。在農業領域，美國的農業科學家首創「綠色革命」，包括使用化肥、新的高產量雜交種、現代的種植和收割技術，使農戶們提高勞動生產率。發展的初步結果是人們所期待的。許多開發中國家經歷了重大的進步，實現了年增長率為百分之五至百分之六的目標，國民生產毛額增加，嬰兒死亡率下降。二十世紀六〇年代可以說是「一場期望值不斷提高的革命」。

然而，在較為貧困的國家，這些進展並沒有給它們在全球經濟中的地位帶來多少變化。從比例上看，它們在工業化國家戰後經濟擴張中沒有分享到應得的利益，經濟擴張使較富有國家的平均收入增長了兩倍。富國與窮國之間的差距是拉大而不是縮小了。開發中國家以聯合國和其他國際組織為論壇，在二十世紀六〇年代後期提出了重塑國際經濟，即「國際經濟新秩序」，要求為它們提供更多機會以獲得西方的投資基金、技術和市場；把西方控制的國際金融機構，譬如世界銀行，轉變成由更廣泛的國際社會控制的金融機構。

在冷戰局勢緊張時，開發中國家組成了中立集團，即不結盟國家。第三世界集團在一九六一年開始的時候是二十五個國家，其後數量穩步增加。雖然它是不結盟的，但它對較富裕的西方之批評總是多於對蘇聯的批評。因為這些國家主要位於南方的東、西兩個半球，它們對最富裕的國家提出挑戰，所以又被設想成一種「南北」競爭的態勢。

一九七四年開始的經濟蕭條，造成國際貿易下降和國際援助資金的緊縮。二十世紀八〇年代，開發中國家陷於沉重的債務。這些債務是在先前樂觀的年代欠下的，尤其是石油生產國，因對持續上漲的石油價格之依賴而使自己過度背負債務，但石油價格在二十世紀八〇年代大部分時間不是下跌就是停滯。來自私人商業銀行的債務飆升，阿根廷、巴西、墨西哥和委內瑞拉四個拉美國家背負了其中三分之一的債務。

經過五十年的發展，最貧困國家的人民平均收入並沒有提高。在幾乎所有的國家中，和工業相比，農業都沒有得到優先發展。農業生產即便是增長了，也經常趕不上爆炸性的人口增長。為了資助發展工業基礎設施便需要外匯，政府鼓勵生產出口作物而忽視為其人民自己生產的糧食作物。農業經濟被看成是一種下等的標識。雖然開發中國家開始建立它們自己的工業，但它們的許多產品都無法在國內或國際市場的競爭中取勝。許多經濟援助和外國投資用於首都或其他城市的工業專案，有時只是些非生產性的、純屬浪費的展覽品而已。

在急速的發展中，政府控制經常導致臃腫的官僚機構、奢侈浪費和腐敗。許多政府用發展基金來提高國家的威望和自豪感，而不去改善人民的經濟條件。沒有足夠的援助可以幫助鄉村的貧困者，使他們陷於更深的貧困。與此同時，數百萬人為城市生活所吸引而逃離了鄉村，但到了城市後，他們只能面對失業，生活在狹窄的棚戶區或貧民窟裡，呼吸汙濁的空氣。第三世界實行的一些工業專案付出了巨大的環境成本。

變化中的世界和持續存在的問題

二十世紀八〇年代經濟增長衰微，有四十三個開發中國家以國民平均實際收入下降結束了這個十年。世界人口生活在貧困中的百分比在二十世紀八〇年代早期慢慢減少，但後來又增長了。由於人口的增長，貧困的人數大大超過了以前。當二十世紀即將結束時，有十億多人口生活在極度貧困之中，主要在撒哈拉以南非洲、亞洲、拉丁美洲和中東。成千上萬人遭受著疾病和營養不良。

當然，開發中國家遠不是同質的。中國以自己的方式繼續工業化和現代化。東亞「小龍」建立起強大的出口型經濟，提高了生活水準。韓國的平均收

入從一九七〇年的兩百七十美元上升到一九九〇年的五千四百美元。印度、印尼、馬來西亞和泰國,以及阿根廷、巴西、智利和墨西哥都正處在工業化和現代化之中。這些國家,或至少這些國家中的大多數人正在脫離第三世界,而且正在形成「新興工業化國家」這樣一個中間類型。中東和其他地區盛產石油的國家,如果它們選擇將自己國家的財富轉變成經濟和社會的進一步現代化,它們擁有一定的發展潛力。與此同時,位於經濟發展規模底層的是「未開發國家」,其中包括很多的撒哈拉以南非洲國家、南亞的孟加拉和西半球的海地。它們共同組成了「第四世界」,由十億人組成的貧困群體,缺少最低限度的生活必需品。

取得成功發展的國家自稱是在市場經濟框架內取得的,但有關政府對經濟發展的刺激作用仍在爭論中。甚至在成功的市場經濟中,政府也扮演了重要的支持角色;還有,政府所支持的學校、交通和基礎設施,對所有的經濟發展仍然是至關重要的。可是,在許多較為貧困的開發中國家,國家的至高影響力、政府的所有權和控制、官僚機構的干預以及隨意的財政政策,則阻礙了增長和進步。

財富的分配不均在一些國家尤其突出。那些國家既缺少用來分配的商品和服務設施,在精英和貧困的百姓之間分配又極不平等,而那些精英造成了奢侈的較高標準和大眾的赤貧。儘管有一些成功的故事,但對第三世界的許多人來說,戰後初期不斷上升的期待和希望變成了比以往任何時候都更深刻的挫折感。實際上,在二十一世紀到來之際,沒有第三世界,只有兩個世界:一個是相對富裕的,另一個是貧困的。在不斷變化的全球經濟中,這些世界之間的關係仍然是極為重要的。

圖24-18 到二十一世紀初,在亞洲、非洲和拉美的開發中國家都已進入了全球經濟,但他們繼續與失業、人口快速增長、密集混雜的城市和環境問題進行抗爭。這是在印尼萬隆的交通堵塞,充分體現了在每一個開發中國家常見的正在流經擁擠的城市街道的人流與車流。(Joanna B. Pinneo/Aurora Photos)

重新評估發展

　　二十世紀即將結束時，在發展學術圈和國際債權機構中出現了一場圍繞發展援助的性質和方向的爭論。這些討論和批評引起了廣泛的注目，而且有時成了街頭對抗性示威遊行的導火線。主要國際債權機構承認了在削減貧困方面的進展令人失望，並接受他們應當承擔的責任。世界上生活在每天一美元最貧困線的人口數量只是輕微下降，即從一九九〇年的十三億降至二十世紀九〇年代末的十二億。在撒哈拉以南非洲幾乎沒有變化。

　　兩大主要的國際金融機構，即世界銀行和國際貨幣基金組織（IMF），都是在新的領導團隊下，認識到需要用一種更加清晰的「減少貧困」承諾來取代「增長和發展」。多年來，世界銀行慷慨地投資建設道路、水壩、橋梁和發電廠，但只是按照數量來判斷其是否成功。例如，只是問一個項目產生了多少新的發電量，而不問它怎麼改善人民的生活、減少貧困或影響當地的文化。不合實際的項目很多，有些甚至是不可思議的失誤，譬如電器設備可能運到哪些沒有供電機會的村落，接受舊衣服的地區傷害了當地的紡織工人，糧食運到一些國家對當地的種植者引起了相反的作用。從歷史上來看，國外援助是先到中央政府，但現在看來，地方政府和團體起了比以前更大的作用。應制定合理的人類發展指標，不能僅僅聚焦於平均收入，還應關注識字率、平均壽命、健康、營養以及婦女和兒童的狀況。與此同時，債權國同意對非洲、亞洲和拉美的許多世界最貧困國家取消債務，幫助第三世界國家更自由地進入工業

圖24-19　非洲和亞洲的後殖民地國家尋求發展對現代經濟和文化生活來說至關重要的新技術和通訊設施，部分是因為「數位差距」的發展有擴大富國和窮國之間的其他經濟差別的威脅。圖片上的男子正在處理電腦問題。他們是在電腦技術出現較早的奈及利亞伊巴丹大學，但他們聚精會神和困惑的表情反映了在現代社會中，世界各地都在努力理解和掌握這種新的資訊技術。（Marc & Evelyne Bernheim/Woodfin Camp & Assoiates）

世界的市場。

　　國際貨幣基金組織受到嚴厲的批評。多年來，它干預了許多貨幣危機，通常是強迫政府削減支出，並強加過於苛刻的緊縮措施，而不顧這個國家的社會需求。它超出起初規定的職能，重新定位其受援國家的發展政策，確定它認為有經濟上需要的方向，卻根本沒有認識到可能引起的社會或政治的後果。改革後的協定是國際貨幣基金組織應局限於解決貨幣和其他短期的金融危機（這個任務本身已經不小了），而把發展政策留給世界銀行。

　　另一個大且持續的問題是全球經濟一體化的衝擊。最極端的批評認為，全球貿易體系和金融市場增加了貧困，加劇了社會分化，損害了環境，剝削了當地的勞動人民，無恥地利用童工，以及將人民生活置於跨國公司和利潤追求的控制之下。雖然經濟事實證明，全球化在緩解貧困和不公平方面，成果與預計差別很大，但另一些人堅持自由貿易和資訊技術促進了經濟的增長，在二十一世紀的數十年中可以幫助窮人改善他們的生活。

　　有關發展政策的激烈辯論可能形成未來政府和國際發展援助優先考慮的新方向。一個相關的爭論探討了在多大程度上開發中國家可能被新的資訊技術甩在後面。電腦和網路世界如同其他技術革新，進一步拉大了富國與窮國之間的距離，提出了新的問題：如何更進一步地減少正在日益擴大的數字差距。所有這些有關發展經驗的爭論，反映了以下幾個方面的有機聯繫，即前殖民帝國留下的歷史問題、非殖民化的迅速進展、全球性的經濟擴張，以及二十世紀後半葉出現的世界前所未有的大批民族國家的獨立。

第二十五章

共存、對抗和新的全球經濟

現在，我們對世界上新生的和崛起中的國家講述──講述中，我們被屢屢帶入二十一世紀──要告一段落，轉向討論戰後幾十年間國際政治的緊張事態，以及全球經濟的波動起伏。到二十世紀五○年代末，西歐和日本靠美國的援助和它們自己的技術能力，重建遭受戰爭破壞的城市和工廠。做為對兩極世界的新挑戰和兩個對立的超級大國的全球野心的回應，西歐在經濟上透過不斷演進的歐洲共同體而更加緊密地聯合起來，並消除了它們之間的很多宿怨。在曾經是歐洲殖民帝國各部分的那些地區，廣泛興起了追求獨立的聲浪。中國成為另外一個主要的社會主義大國。全球經濟日益相互依賴，經濟擴張和衰退的波動在全世界產生影響。曾經涇渭分明的界線現在變得模糊不清了。由於日本的崛起，難以再視工業和金融力量為西方所獨有；而蘇聯也擴大了它和非共產黨世界的貿易與金融上的交往。

然而，冷戰繼續進行，突出表現為不斷升級的核軍備競賽和世界上兩個超級大國的對抗。兩個超級大國都力圖阻止對方贏得優勢。核武器越造越多，而且精密的遠端運載系統不斷發展，導致歷史上未曾有過的破壞力累積。核武器被假定是為了威懾而不是為了使用而建造，一種新的維持和平的均勢由此出現。儘管如此，全世界都處於可能發生的核災難威脅之下，無論是經濟生活還是知識生活，都不可能完全擺脫冷戰在全球投下的陰影。

隨著時間的流逝，「兩極體制」的現象，或者說美國和蘇聯兩個超級大國的宰制，逐步讓位於新的全球格局。然而，在緊張氣氛持續存在的同時，世界被迫一次次地面對危機，儘管其間也有緩和的時期。直到一九八五年，也沒人能夠預見到冷戰將如何終結、將在何時終結。

對抗與緩和，一九五五至一九七五年

一九五三年以後接替史達林的蘇聯領導人有時會顯得較容易合作一些，願意承認在核武時代有必要進行軍備控制和相互合作。一個兼有和平共處和兩大世界體系相互競爭的新局面之來臨勢在必然，甚至出現了幾個明顯的緩和或者正式舒緩緊張均勢的時期。但是危險的對抗仍一再出現，核軍備競賽也不斷以新的形式、在新的方面繼續進行，後來的幾十年間，雙方關係就在緩和與危機之間跌宕起伏。

至一九五五年冷戰格局已趨於穩定。在亞洲，朝鮮戰爭已告結束。在歐洲，為西德的武裝力量所加強了的北大西洋公約組織面對著華沙條約各成員國。鐵幕仍然分割著歐洲，但是直接軍事對抗的威脅消退了。西歐各國和蘇聯

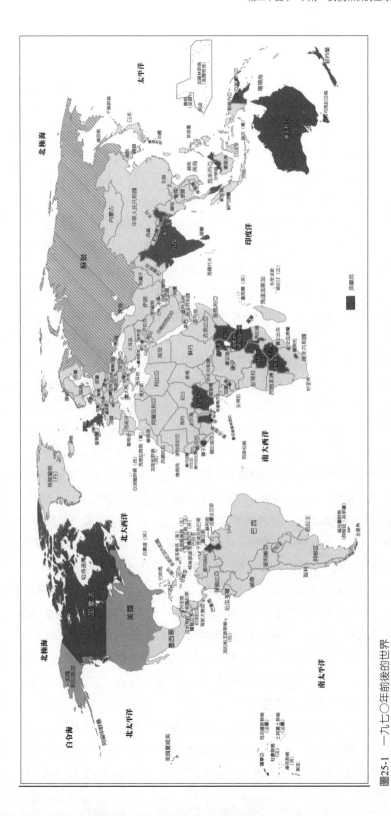

圖25-1　一九七○年前後的世界

圖為一九七○年前後的世界政治地圖。該圖顯示了「二戰」結束後的一些重要變化：歐洲在亞洲和非洲的殖民帝國的瓦解；非洲出現了大約五十個獨立的國家；亞洲也建立了幾個新的國家；中華人民共和國的出現；以及蘇聯向周邊地區的擴張。

之間甚至能夠就對奧地利的和約達成協議，結束了盟國對奧占領，賦予奧地利以獨立和中立的地位。

我們已經了解了赫魯雪夫是如何成爲蘇聯的頭號領導人。此人言辭尖酸、情緒多變、語調誇張，他宣布只有當「蝦米學會吹口哨」時，蘇聯人才會放棄他們的革命原則，並發誓要「埋葬」西方資本主義。儘管如此，他也不認爲戰爭是不可避免的，強調「和平的可能性和必要性」。於一九五二年至一九六一年在任的艾森豪總統繼續推行遏制政策和美國的軍備建設。艾森豪的國務卿約翰·福斯特·杜勒斯以一種近乎啓示錄式的觀點，將冷戰視爲善惡之間不共戴天的爭鬥，曾在一個場合要求蘇聯勢力「滾回去」。但儘管杜勒斯言辭激烈，儘管美國在中美洲、亞洲、非洲和其他地方積極地在軍事上支持反共力量，其政策仍限於遏制的範圍。兩個超級大國都認識到在核武時代必須共存。

一九五五年，艾森豪總統與英國、法國和蘇聯領導人在日內瓦會晤，其氣氛之友好，自「二戰」以來未曾有過。儘管他們沒有達成任何新的協議，美國領導人還是談論「和解與合作的新精神」。但是在柏林問題上，緊張正不斷增加。蘇聯對東德人民大批逃往西柏林，然後轉往德意志聯邦共和國之事惱怒不已，要求西方大國停止對西柏林的占領，但艾森豪斷然拒絕了對方的最後通牒，危機就這樣度過了。一九五九年，赫魯雪夫在艾森豪總統週末休假時造訪大衛營，兩人談到和平共處，甚至共同削減軍備。

在巴黎舉行的第二次高峰會議上，兩個超級大國繼續承認雙方在維護穩定與和平上有共同利益。但是此時赫魯雪夫已經因爲對西方過於妥協而受到國內和中國毛澤東的批評，他拿出無可辯駁的證據說明美國對蘇聯領土進行的偵察飛行，由此導致會談破裂。到一九六〇年夏，「日內瓦精神」和「大衛營精神」已經消失了。在聯合國發表的一次談話中，赫魯雪夫吹噓蘇聯的軍備生產能力，又抨擊美國。柏林和其他地方的危機遠沒有得到解決。

美國維護西歐防禦上的決心毫不動搖，但也接受了蘇聯在鐵幕以東的霸權。一九五三年蘇聯鎮壓了東柏林的反政府騷亂，一九五六年蘇聯向波蘭施加壓力終止其改革運動，同年甚至派軍隊和坦克鎮壓了匈牙利的起義，後來在一九六八年也以同樣手段處置捷克的起義，在這幾起事件中，美國在抗議之外也都沒有干涉。對所有這些東歐國家持不同政見的組織，美國除了道義上的鼓勵之外也幾乎沒有任何別的支持。

同時，世界上許多地區一個接著一個地被納入美國的戰略防禦體系。在一九五六年的蘇伊士運河危機（與匈牙利的動亂同時出現）中，美國阻止英國、法國和以色列針對埃及採取軍事行動，之所以如此，至少有部分因爲這會

招致蘇聯的干涉。這雖使英、法、以三國深有挫敗之感，但終歸避免了蘇聯的捲入。「艾森豪主義」宣稱，美國在中東的防衛上居於首要地位，承諾要保護該地區任何國家的政府抵禦「國際共產主義」。在這樣的政策之下，當一九五八年約旦和黎巴嫩的親西方政府受到威脅時，艾森豪向這兩個國家派遣了海軍陸戰隊。在西半球，美國和拉丁美洲各共和國聯合起來抵制「國際共產主義」對其中任何一國的操縱和控制。冷戰中美國的政策基於這樣一個假設：各大陸的動亂都是由蘇聯鼓動起來的。這樣的假設有時會妨礙美國人理解一個事實——世界各地的地區性衝突各有其複雜的當地原因。

軍備競賽持續進行中。一九五七年十月，蘇聯成功地發射了第一顆在外太空軌道運行的人造衛星——「史普尼克號」，由此顯示了其在火箭技術的新時代裡所擁有的巨大能力，震驚了全世界。幾個月後美國也發射了自己的衛星「探索者一號」。空間時代由此揭幕，空間火箭的軍事意義顯露無遺。同樣的火箭推進原理既可用於衛星，也可用於遠端導彈。一九五八年蘇聯研製出第一枚可以將核彈頭打到幾千英哩之外的北美和其他地方的洲際彈道導彈（ICBM）。美國也造出自己的洲際彈道導彈，並著手建造遠遠超過蘇聯的核武器庫。

一種建立在「相互威懾」基礎上的新軍備競賽出現了；這種情況下談論「大規模報復」已經毫無意義。既然美國的城市也無從逃脫核武器的毀滅，西歐人逐開始擔心美國不會再願意保護自己。法國總統戴高樂在二十世紀六〇年代一直抱怨，並呼籲西歐人要有更加獨立的角色。戴高樂拒斥僵硬的兩極化冷戰格局，同時把戰後國際關係看成是強權之間的傳統性鬥爭，而不是不同意識形態的衝突。他公開主張要像以往那樣承認有更多國家利益的存在，並呼籲實現歐洲「從大西洋到烏拉爾山」的重新統一。至於對外政策，他拒絕在歐洲和其他地方追隨美國的領導。儘管他仍舊使法國留在大西洋聯盟中，但他在一九六六年將法國撤出歐洲的一體化軍事指揮體系，又迫使北約將其司令部撤離法國領土，以此來顯示其獨立性。他熱中在國際舞臺上擔當領導角色，使很多歐洲人感到麻煩，但無論如何，他的確表達出了歐洲人對美國在世界事務中凌駕於歐洲之上的不滿。

甘迺迪時代，一九六一至一九六三年

最嚴重的美蘇對抗出現在甘迺迪的總統任期內。約翰·甘迺迪總統高調宣講冷戰言辭，稱美國「必須不惜任何代價，承擔任何義務，面對任何困難，支持任何朋友並反對任何敵人，以確保自由的成功和存續」。他採取步驟去縮小

他所說的「導彈差距」。他爲蘇聯在空間技術上的成功而感到驚恐，發誓要使美國在十年內登上月球，主張美國向空間探索投入大批資金。同時甘迺迪增加了對開發中國家的援助，並創辦了和平隊，將美國青年送往拉丁美洲、亞洲和非洲，參與旨在提高生活水準、削弱共產主義吸引力的社會和經濟發展計畫。對憎恨歐洲以往經濟掠奪的拉丁美洲，甘迺迪組建了爭取進步聯盟，以鼓勵投資和增長。

在古巴，甘迺迪從前人那裡接手的是一種爆炸性的局面。在美國和其他地方，很多人曾把菲德爾‧卡斯楚視爲一位進步的領導人，認爲他傾向於民主，致力於一個長期以來被獨裁政權所榨取和壓迫的國家推行急需改革。但卡斯楚並不是一個簡單的改革者，他發起一項徹底的農業計畫，沒收了美國大公司的地產，並對政治反對派予以囚禁和處決。在甘迺迪就任之前對付卡斯楚左翼政權的艾森豪總統，對共產黨在西半球的威脅感到震驚，對來自古巴的進口實行了嚴格的禁運。卡斯楚一方卻由此與蘇聯走近了。在很短的時間裡，古巴與蘇聯和東歐的貿易就占古巴貿易總量的五分之四。美國中斷了與古巴的外交關係，中央情報局祕密地訓練了一小群古巴流亡者，準備武裝入侵這個島國。

甘迺迪繼承了全盤的計畫，在沒有認眞評估情勢的情況下，決心消除距美洲大陸九十英哩的共產主義威脅。一九六一年四月對豬灣發動的進攻由於沒有空中掩護，而變成一場大失敗，一千五百名入侵者中大部分被俘。卡斯楚現在又高調宣稱自己是馬克思列寧主義者，確認了他的國家和蘇聯的關係，並充當整個拉丁美洲和其他地方國際革命事業的先鋒。美國加強了它對古巴的禁運。

蘇聯領導人赫魯雪夫當年在維也納與甘迺迪舉行了會晤，其間他向西方國家提出了一項最後通牒，要求它們離開柏林。正爲豬灣慘敗而痛悔不已的甘迺迪重申西方留在柏林不走的決心。他要求國會擴充美國軍事力量，啓動一項民防計畫，並制定了修建防輻射掩體的計畫，爲核戰爭做準備。他獲得了整個大西洋聯盟的支持。緊迫的危機過去了。但是在一九六一年夏，對東柏林的大規模潛逃（此前已有三百多萬人出逃）感到忍無可忍的蘇聯修建了柏林圍牆，這是一條長達二十八英哩的水泥牆，架設了鐵絲網，還布有武裝崗哨。這堵牆冷冰冰地矗立在那裡，實實在在地提醒人們什麼是冷戰；這是上千名試圖穿越這個障礙，逃往西柏林的東德人之鬼門關。蘇聯也取消了爲期三年的核子試驗暫停，美蘇兩國都恢復了地下和大氣層核子試驗。

古巴導彈危機，一九六二年

西方和蘇聯最危險的對抗發生在古巴而不是柏林。正是在古巴，赫魯雪夫才在一九六二年表現出令人意想不到的魯莽。他宣布要保衛古巴免遭美國的第二次入侵（的確有這樣的計畫），於是將蘇聯軍人和技術人員派往該島修建導彈基地，將美國大陸置於導彈射程之內。對美國來說，蘇聯居然進了美國的家門口，這將不可逆轉地改變兩個超級大國之間的核武器平衡，後果不堪設想。

在十月的十三個驚心動魄的日夜裡，甘迺迪總統和他的顧問們決心不採取任何草率的軍事行動，但是要堅定地反對蘇聯在古巴的軍事存在。他們清楚地知道，攤牌將可能導致核戰爭。甘迺迪對這個島嶼施以封鎖（或者說隔離），禁止蘇聯繼續向這個島嶼運送武器和設備。他又清楚地表明，從古巴發射的任何核導彈都將導致「對蘇聯的全面報復性反應」。在最危急時，攜帶核彈的美國飛機升空飛行。儘管赫魯雪夫叫嚷封鎖是非法的，但他退卻了。十月二十四日，兩艘蘇聯貨船及為其護航的一艘潛艇掉頭返航。在一封照會中，赫魯雪夫同意撤除導彈基地，做為交換要美國承諾不進攻古巴。緊接著在第二封照會中，赫魯雪夫語氣變得更強硬了，要求美國撤出在土耳其的導彈。甘迺迪只對第一封信予以回應，但是私底下也告知對方，美國最終將撤走其在土耳其的導彈。到十月二十八日，冷戰中最危險的危機——按照美國國務卿迪安·魯斯克的說法，是「眼瞪眼」的對抗——終於過去了。

赫魯雪夫顏面大失，他在國內的地位被進一步削弱。一九六四年，因為古巴導彈危機和其他的原因，他被趕下了臺。此後緊張局勢再一次被緩和了，而且蘇聯領導人再也沒有顯示出如此這般的魯莽，但古巴的危機還是對軍備競賽產生了直接的影響。蘇聯和美國都開始著手擴大他們的核武庫，在赫魯雪夫的繼

圖25-2　灰暗堅固的柏林圍牆是冷戰中歐洲分裂的實物表現形式，也是這種令人苦澀狀況的象徵符號。圖為蘇聯於一九六一年開始興建的柏林圍牆在著名的布蘭登堡門附近的一部分。儘管柏林圍牆達到了蘇聯短期的政治目標，即阻止東德人的外逃，但它也證實了蘇聯控制下的東歐國家的壓制性本質。（Sipa Press）

任者領導下，蘇聯人決心一定要實現核均衡。

美國和越南戰爭

　　遏制共產主義的決心使得美國深深捲入東南亞不斷加深的敵對衝突中。前文已經述及，在越南，共產黨領導人胡志明領導了一場長達八年之久（一九四六至一九五四年）的反對法國殖民主義的戰爭。法國接受了其軍事失敗之後，於一九五四年在日內瓦召開的國際會議上正式承認了越南的獨立（暫時將其分割爲南北兩個部分），同時也承認老撾和柬埔寨的獨立。這兩國也屬於前法屬印度支那。

　　但是，越南的共產黨和反共分子開始在這個分裂的國家相互對抗。在北方，胡志明鞏固了他領導下的共產黨政權，定都於河內。西方支持以吳廷琰爲首的政權則統治著南方，建都於西貢。兩個政權都不接受國家分裂，但是日內瓦會議規定，越南以北緯十七度線爲界暫行分治，至一九五六年舉行有關國家統一的大選。在此期間的過渡期內，兩個敵對政權的軍隊須撤到所劃定的邊界己方一側，而邊界兩側的人們可以自由流動。其後的幾個月裡，近一百萬人從北方逃往南方。南越在一九五五年舉行了公民投票，建立了一個獨立的共和國。

　　南越政府已清楚地了解，在對日本和法國的戰爭中，共產黨已經獲得廣大民眾的支持，因而拒絕參加預定舉行的全國性選舉。自共產黨主力部隊根據一九五四年《日內瓦協定》撤退後，被稱爲「越共」的共產黨游擊隊一直留在南方，並發動攻勢打擊南越政府。越南南方民族解放陣線迅速成爲一個敵對性的地方政權。來自北方的正規軍部隊很快地加強了南方共產黨游擊隊武裝的力量。胡志明雖然從來不犧牲他自己的政治獨立，卻使他的政權接受了來自蘇聯和中國的慷慨援助。南越政權雖得到美國的技術顧問和支持，但困難重重，變得越來越依賴美國的援助。

　　從艾森豪總統以來，美國認爲有必要填補法國撤出後留下的權力眞空，也必須制止共產黨在印度支那的擴張。爲了防止其他東南亞國家一個接一個地倒下——按照艾森豪本人的說法，就是「像一排多米諾骨牌那樣倒下」——艾森豪提供了有限的援助和軍事顧問，但是甘迺迪追加了軍事顧問、財政援助和武器以扶植吳廷琰政權。美國如此行動背後的一個假設是，這不是一場越南人之間的內戰，而是兩個獨立國家的戰爭——其中一個是反共的，因而必須加以支持；另外一個則是共產黨國家，受到蘇聯等共產主義國家的援助和支持。越南被看成是共產主義和資本主義在全球鬥爭的一個組成部分。雖然北方政權的鎮

壓性特徵是毫無疑問的，但南方政權的威權主義作法、腐敗和壓迫行為，特別是對廣大佛教徒的壓迫，越來越將其美國保護人置於難堪的境地。

美國的干涉不斷加深，跨越了五位總統的任期，包括艾森豪、甘迺迪、詹森、尼克森和福特。艾森豪政府時期，在越南有幾百名軍事顧問，軍事和經濟援助也開始了。早在一九五九年，在一次對西貢以北地區的進攻中，有兩名美國軍事顧問被殺。甘迺迪時期的一九六一年，更多的軍事顧問和美國支援部隊抵達越南，一年後美國駐越南的軍事人員達到四千人，美國人員的戰鬥死亡報告也首次出現。甘迺迪政府還透過中央情報局干涉南越的政治。美國最初支持吳廷琰政府，但在一九六三年他們參與推翻了這個越來越具有鎮壓性的政權，在這個過程中吳廷琰及其弟被殺。

甘迺迪於一九六三年十一月被刺身亡後，林登·詹森繼任總統，美國在越南的軍事干涉進一步擴大了。一九六四年，有報告稱北越在東京灣的魚雷艇攻擊了美國巡洋艦（後來證實這個報告是沒有根據的），詹森政府遂以此為根據下令立即對北越發動空襲，並從國會得到支持，通過了一項兩院聯合決議案，授權他採取「一切必要的措施」來保衛美國及其盟國。《東京灣決議》是唯一一次國會明確表態支持擴大美國在越南的干預。一九六五年，美國海軍陸戰隊抵達越南。一九六五年以後，美國對北越的後勤基地和南越共產黨控制地區的猛烈空襲幾乎成了家常便飯。美國轟炸機的空襲甚至向北推進到河內。

為了在農村根除神出鬼沒的越共，美國士兵在南越村民中開展了「搜查和搗毀」行動，美國飛機空投燃燒彈和落葉劑，燒毀了整個村落，使數十萬英畝土地上的植物變得枝枯葉黃，將這些土地上的倖存者變為難民。空中轟炸和美國地面部隊的作戰任務越來越多，傷亡也越來越多。一九六六年，美國在越南的駐軍有近二十萬人；到一九六九年最高點時約五十五萬人。從一九六五年到一九六九年的大規模轟炸中，美國投下的爆炸物當量超過「二戰」期間對軸心國作戰所用炸彈的總和。

大規模的干涉無法征服受到蘇聯援助的北越人意志。蘇聯從未以地面部隊直接干預，僅提供了其他形式的支援。美軍不斷發布關於鄉村「平定」和敵軍傷亡數字（屍體統計）的報告，但是一九六八年初共產黨發動的春節攻勢戳穿了這些報告。儘管並不成功，共產黨進攻的規模還是動搖了美國對戰爭結果的信心。對很多人來說，顯而易見的是，談判解決是必要的。

美國的西歐盟國對其不斷擴大干涉持批評態度。戴高樂一向在符合自己的需要時就會擺出一副道德說教者的樣子，如今把越南戰爭稱為「一個偉大國家蹂躪一個小國」的「可憎」戰爭。在美國，越戰成為大學校園和許多城市裡混

亂和抗議的根源。對美國政策的批評，同於在一九六八年全世界的學生示威上澆油。民意中的很大部分轉而反對戰爭。有些反戰人士提出了更大的問題。他們提出質疑：美國雖然有巨大的力量，但它是不是就應該承擔，或甚至有能力承擔反對共產主義擴張的世界員警責任？美國在越南的存在難道不是不爲當地人民所接受的、令他們回想起西方在帝國主義時代侵略的那種干涉嗎？南越政權是否能夠實現穩定和民主化，以使得所有的犧牲不付諸東流？難道空中轟炸和持續的作戰不會給這個不幸的國家帶來災難性的破壞嗎？一些了解亞洲歷史的批評者指出，越南人自己有維護獨立的漫長歷史，即使越南在共產黨統治下實現了統一，它也不會成爲哪個國家的僕從，況且越南與他們在歷史上就不乏宿怨。

贏得戰爭成了詹森總統無法割捨的目標。和他的前任一樣，他相信在東南亞遏制共產主義關乎美國的核心利益；如果不這樣做，共產黨就會「到達夏威夷，而他們的下一站就是舊金山」。而且和他的前任一樣，他也不想重複他所認爲的二十世紀三〇年代綏靖主義的錯誤。最重要的是，他不能眼看著在自己的領導下，美國第一次在一場戰爭中失敗，即使這場戰爭已經危及他那絕對重要的國內改革計畫。但是隨著勝利越來越遠，以及對戰爭的憎恨越演越烈，他決定不再尋求一九六八年的連任，並宣布停止對北越的轟炸，推動和談。至一九六八年十一月前，所有的轟炸都止息了，不過只是暫時的。

和平談判終於在巴黎開始了，雖然戰鬥還在繼續。詹森的繼任者尼克森總統承諾要盡早結束戰爭，對戰爭實行「越南化」，也就是說轉由南越承擔保衛自己的主要責任，從而使美國軍隊能夠開始撤出。然而在其後三年間，美國在某些方面卻捲入得更深了。做爲對陷入僵局的和談以及共產黨持續推進的反應，尼克森和他的國家安全事務顧問（以及後來的國務卿）季辛吉下令恢復大規模轟炸，並入侵東埔寨以切斷北越的補給線，由此進一步使戰爭擴大。戰爭也擴展到了老撾。

美國擴大這場不受歡迎的戰爭導致反戰的抗議聲浪更加高漲。同時季辛吉開始與北越代表舉行祕密談判，終於在一九七三年一月達成一項停火協定。協議終止了美國一方的直接軍事介入，由此結束了這場美國歷史上歷時最長的戰爭——同時和朝鮮戰爭一樣，也是一場不宣而戰的戰爭。從美國第一支海軍陸戰隊分遣隊於一九六五年抵達越南，到一九七三年三月底最後一支美國部隊撤出，中間經歷了八年有餘；如果從一九六一年開始捲入算起，則爲十二年。

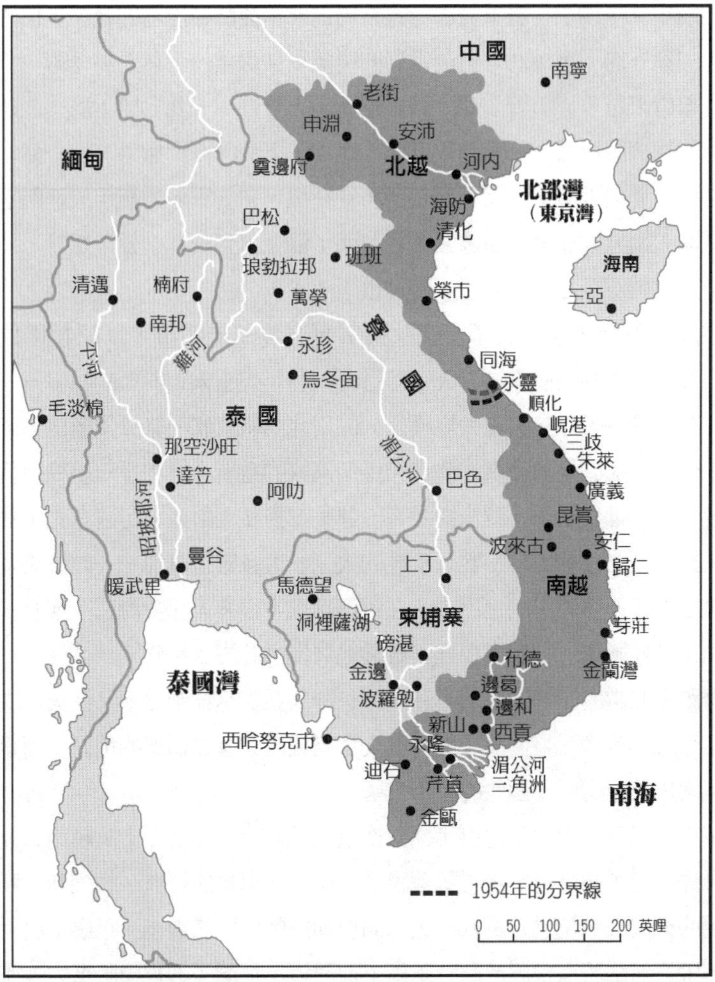

圖25-3　一九七〇年前後的越南及其鄰國

法國在第二次世界大戰前的六十年間，在印度支那建立了它的殖民帝國，控制著古老的亞洲國家柬埔寨、老撾和越南的領土。法國的殖民統治在「二戰」期間因日本對該地區的占領而受到動搖，戰後也不能擊敗越南人的獨立運動，而這個運動的力量也來源於其與共產主義運動的深刻聯繫。法國人在一九五四年撤離越南，當時的《日內瓦協議》規定越南實行分治，直至經由全國性選舉實現重新統一。但是選舉始終未得以舉行。由於北方已處於共產黨統治之下，所以美國就對南越的反共政權提供經濟和軍事支援。隨著二十世紀六〇年代越南南北雙方的衝突演變成大規模的戰爭，美國對越南的干涉不斷加深。美國在越南動用了超過五十萬軍隊和重型轟炸機，但是美國軍隊（像他們之前的法國人一樣）無法擊敗越南共產黨。美國部隊在七〇年代初逐步從越南撤出，北越最終贏得了戰爭。一九七五年，共產黨政權控制了業已統一的越南以及老撾和柬埔寨，戰爭終於結束。

　　美國軍隊撤出南越之後，南北之間的衝突繼續進行，因為雙方都想在最後的協議達成之前占據更多的領土。雙方都違背了停火協定，大規模的戰爭在

一九七四年又恢復了。儘管美國行政當局仍要承擔防衛南越的義務，但國會卻拒絕追加額外的軍事援助。南越當局的腐敗更加嚴重，士氣更加低落，軍隊叛離的現象越來越多。儘管如此，結局還是出人意外。一九七四年底，北越攻占了南越的幾個關鍵城市。南越政府膽氣喪盡，下令向海岸撤退，但一個本來有計畫的撤退變成大潰退。北越此時已勝券在握，它的軍隊如潮水般地跨過非軍事化區湧入南方，擁擠的南逃難民更增添了混亂。到一九七五年四月，北越軍隊控制了南越四分之三的面積，西貢也陷落了。

北越軍隊進入南越首都西貢，將其更名為胡志明市，以紀念這位已於一九六九年去世的共產黨領導人。經過三十多年幾乎未曾間斷的戰爭——對日戰爭、對法戰爭，以及美國大規模介入的南北內戰，和平終於降臨這個國家，與和平一道來臨的是共產黨的勝利。這個國家的重新合併和重新組織進行得非常迅速。新政權發動了「政治再教育」運動，對私人財產實行國有化，並強迫大批人口從城市遷往鄉村。數以千計的人——大多數是華裔——試圖乘臨時拼湊起來且擁擠不堪的小船逃出去，在這個過程中很多人葬身海底；還有很多人最終到了某些國家，卻發現那裡不會為他們提供庇護。

緊跟著北越的勝利，柬埔寨和老撾也歸入共產黨控制之下。在第二次世界大戰結束三十年後，整個前法屬印度支那均成為共產黨領導的地區，而重新統一的越南成為東南亞一個新的軍事強國。

越南人民為越南戰爭付出了極為慘重的代價，有一百三十萬越南人死於戰鬥和轟炸。對美國來說，這場戰爭也是一個充滿傷痛的經歷。戰鬥死亡和與戰鬥相關的死亡人數超過五萬八千人，高於朝鮮戰爭中的數字。軍事支出對國內的影響因為無法將徵稅置於戰時基礎上而放大，加劇了通貨膨脹壓力。戰爭的政治和道德代價也是巨大的。戰爭在美國造成對總統權力——所謂「帝王式總統權」——的不信任。一九七三年國會通過立法，對可能導致未來發生像越南戰爭這樣的事件的總統特權進行限制。戰爭給美國人留下的一系列痛苦圖景和記憶長期困擾著他們：毀滅性的轟炸、首次在電視上詳加報導的可怖戰鬥場景、被揭露出來的美國軍隊犯下的暴行和戰爭罪行（如一九六八年的美萊大屠殺，該事件首先被揭露出來，並成為公共調查和審判的對象），還有越戰老兵的痛苦迷惘——他們認為他們在一場不受歡迎的戰爭中做出的犧牲沒有得到任何承認。美國巨大的工業和軍事能力並沒有帶來勝利。事實證明，裝備和空中力量上的絕對優勢並不足以戰勝一個擅長游擊戰、充滿革命熱情的敵人。

圖25-4　圖為驚恐的兒童們從南越受轟炸的村莊中逃出的情景。這張照片告訴我們，關於越
　　　　南戰爭令人不安的照片和電視圖象何以促使人們提出令人痛心的道德質疑，又何以
　　　　在美國造成強大的反戰運動的興起。（Associated Press, AP）

　　東南亞的苦難並沒有結束。在戰爭中，北越曾滲透到柬埔寨邊境地區，並
幫助柬埔寨的叛亂武裝紅色高棉，後者在經過長期的內戰之後推翻了柬埔寨政
府。一九七五年，柬埔寨共產黨領導人波爾布特將柬埔寨置於野蠻的恐怖統治
之下，在一九七五至一九七八年間持續發生大規模處決、強迫勞動和饑荒，導
致這個佛教小國的死亡人數至少達到兩百萬（沒有精確數字）。

布里茲涅夫：布拉格之春

　　在赫魯雪夫於一九六四年下臺之後，列昂尼德・I・布里茲涅夫成為蘇聯
的頭號領導人，並最終掌握了黨和國家的大權。他執意加強蘇聯的軍事力量和
海軍力量，以對抗美國，卻絲毫不考慮這樣做會付出什麼樣的經濟代價。然
而，他避免直接的對抗，認為緩和緊張局勢和進行軍備談判在政治上和經濟上
對蘇聯有利。與中華人民共和國的公開分裂更使得與西方的緩和具有重要意
義。但是兩個超級大國繼續為在中東、非洲和世界上其他戰略性地區建立自己
的影響力而競爭。蘇聯也鞏固了他們對東歐的控制。

　　儘管一九五六年匈牙利的起義以失敗告終，但東歐對自由和獨立的嚮往卻
無法泯滅。一九六八年，當亞歷山大‧杜布切克的改革威脅到捷克斯洛伐克的
一黨專制體制時，布里茲涅夫和蘇共領導集團無情地鎮壓了「布拉格之春」。
他們派遣二十五萬人的軍隊，其中包括起象徵性作用的波蘭、匈牙利和東德
部隊，鎮壓了萌芽狀態的革命，將杜布切克及其改革同盟趕下臺。當年提出的
「布里茲涅夫主義」宣稱，蘇聯有權以「無產階級國際主義」的名義對所有共
產黨國家進行干預，以保護「社會主義」免遭「內外勢力」的破壞，並防止
「資本主義制度復辟」。這實際上是杜魯門主義的一個鏡中影像。捷克斯洛伐
克又回到與莫斯科關係密切的黨的頭目嚴密專制統治之下。美國對蘇聯武裝干
涉捷克斯洛伐克只是提出抗議，此外別無動作，這再一次顯示它不會向蘇聯對
東歐的控制發起公開挑戰，因為這裡已被美國默認是蘇聯的勢力範圍。但是和
一九五六年對匈牙利起義的鎮壓一樣，蘇聯入侵捷克斯洛伐克也造成世界上很
多地方的共產黨和它離心離德，削弱了蘇聯對西歐各國共產黨的領導權，後者
對蘇聯的軍事干預予以強烈譴責。

圖25-5　一九六八年夏季，布拉格市民對該城中的蘇聯軍隊極其憤怒，但他們對二十五萬裝
　　　　備精良的士兵無能為力。圖中年輕人正在慶祝他們摧毀了一輛蘇聯坦克。但是當時
　　　　在布拉格的其他地方，蘇聯人正在摧毀亞歷山大‧杜布切克的改革派政府，並鎮壓
　　　　試圖在捷克斯洛伐克建立更民主的政治體制的運動。（Getty Images）

布里茲涅夫和尼克森

　　儘管一九六九年就職的尼克森總統繼續推行甚至加劇了在越南的戰爭，但他也使美國的遏制政策更具靈活性，並尋求在冷戰中實現全面緩和的政策。他和季辛吉一樣（在某種程度上也和戴高樂類似），相信早期時代的均勢外交，認爲美國的長期國家利益和地緣政治關切都應該被賦予比意識形態更重要的意義；中華人民共和國日益增長的重要性必須得到承認；美國不能完全制止蘇聯的擴張，但是它能夠透過提供經濟上和其他方面的好處而引導蘇聯致力於合作與和平。

　　按照尼克森和季辛吉的政策，美國把西方的技術、貿易和對蘇聯的投資，與蘇聯在國際事務中的合作掛起鉤來。由於蘇聯在經濟上的困難爲其日益增長的軍備負擔所加劇，所以經濟上的誘導可以發揮重要作用。赫魯雪夫早先曾稱蘇聯要在經濟上超過西方，這已經落空了。蘇聯迫切需要西方的技術和貸款資金，而且由於其持續的農業危機，也亟需西方的糧食。在新的氣氛中，美國和西歐的私人銀行向東歐國家提供了大筆貸款，而這些國家因緩和而獲得的好處甚至超過了蘇聯。兩個德國的經濟關係更加緊密了，同時在外交上也相互承認，最終在一九七三年以兩個獨立的主權國家姿態加入聯合國。

　　尼克森和季辛吉的政策來源於對全球局勢的重新評估。與一九四五年時只有兩個超級大國的兩極格局不同，如今興起了其他的權力中心，其中最重要的是中華人民共和國。一九七一年，美國改變了其拒絕中國重返聯合國的政策，並願意爲雙方在未來某個時候以「一國兩制」實現和平統一而努力。在一次未經宣布的行動中，經過細緻的祕密準備，曾經以反共爲其政治生涯基礎的尼克森採取了戲劇性的步驟，前往北京會見毛澤東，開始了與中國的外交和經濟關係。

　　美國打開對華關係的大門，增加了蘇聯的壓力，迫使其尋求緩和。在布里茲涅夫主持下，蘇聯軍備建設使蘇聯人逐漸達到與美國的核武器平衡，美國和蘇聯都認爲進行削減軍備的談判符合自己的利益。詹森時期開始的限制戰略武器談判如今重新恢復。一九七二年，尼克森和蘇聯領導人重申了「和平共處」的目標，並簽署了第一階段限制戰略武器談判條約。兩國同意削減其反導彈防禦系統，從而爲雙方進一步談判達成進攻性武器的對等創造了條件，兩國還同意在爲期五年的時間裡將進攻性武器限制在固定數目上。這個條約並沒有終止軍備競賽，但是它減輕了雙方對對方發動先發制人打擊的擔心，承諾繼續進行談判。一九七四年尼克森在水門事件發生後辭去總統職務，吉羅德・福特接任，緩和得以持續。

緩和也提供了一個機會來解決或者逐步消除一些第二次世界大戰遺留的問題。一九七五年，在「二戰」結束三十年後，舉行了一次類似歐洲和平會議的國際會議。共有三十五個國家——十六個北約成員國、七個華沙條約國家和十二個兩大聯盟正式成員之外的國家——在赫爾辛基參加為期超過兩年的歐洲和平與安全會議。他們承諾要努力爭取和平、開展經濟和文化合作、保護人權。《赫爾辛基協議》儘管並不是一個正式的條約，但它認可了第二次世界大戰後確定的歐洲各國之間的邊界，並建立了「赫爾辛基觀察委員會」，以對參加簽署協議的各國的人權狀況進行監督。蘇聯把承擔人權義務看成是為獲得緩和的經濟和其他方面的好處而付出的小小代價，它仍舊希望保持對國內和東歐衛星國不同政見的嚴密控制。但是它沒有預見到《赫爾辛基協議》對鼓勵持不同政見者反抗壓迫起了多大作用。赫爾辛基會議是冷戰中的緩和高潮。此後不久，在一九七九年，美蘇關係就開始新的一輪下滑。但是我們現在必須先轉向討論世界經濟的變化，而蘇聯和東歐集團與世界經濟的聯繫比以往任何時候都更加緊密。

全球經濟的崩潰和復興：二十世紀七〇年代和八〇年代

相互依賴是依賴的一種形式。第二次世界大戰後全球經濟的擴張，使得每一個國家很難不受到距離遙遠的地方所發生的事件影響。在經歷了二十五年顯著的經濟增長之後，一九七四年西方經濟繁榮突然陷入停頓。經濟減速的跡象和通貨膨脹的壓力在二十世紀六〇年代末就已經出現，衰退本來是可能在任何時候都發生的，但是引發危機的是一九七三年秋天阿拉伯和以色列之間的戰爭所導致的石油禁運。

石油早已取代煤炭成為最主要的能源。石油價格低廉，大部分來自中東的巨大產油區，可以由油輪經波斯灣和蘇伊士運河的航線以便利而經濟的方式運輸。長期以來，大國際石油公司（大多數屬於美國）控制著石油的價格和生產，石油的購買者則以美元為支付手段。西方各國、日本以及其他亞洲國家形成了對廉價石油的依賴。一九六〇年，中東、非洲和拉美的十四個石油出口國組成石油輸出國組織（OPEC），旨在抑制外國公司素來享有的壟斷特權，並對石油的生產和價格施加更大的發言權。

在 OPEC 內部，中東的阿拉伯國家態度最為強硬。一九七三年十月的阿以戰爭中，阿拉伯產油國對被指支持以色列的國家實施禁運，石油成為一個極具政治意義的問題。OPEC 這個卡特爾組織削減石油產量，使油價提高了兩倍。

在西歐和日本，特別是在需要以海外石油補充國內生產不足的美國，這都引起深切的憂慮。從來沒有一種關鍵商品的價格上升得如此之快，全球性工業複合體似乎因此而變得脆弱不堪。石油短缺和油價攀升繼一九七一至一九七三年間的國際貨幣危機和美元貶值之後接踵而來，使所有石油輸入國的貿易赤字迅速上升，導致貨幣貶值，加劇了此前已經開始的通貨膨脹，嚴重破壞了西歐各國經濟的增長。

由石油禁運直接導致的恐慌過去了，但是石油價格仍然保持在高位。過了幾年，一九七九年伊朗發生革命，其間它停止了石油出口，而 OPEC 再次將油價提高了一倍，導致第二次石油危機。二十世紀八〇年代，兩伊戰爭又一次導致全球石油供給下降，而且使油輪在波斯灣海域的自由航行中受到威脅，促使美國和其他西方國家採取派遣海軍的行動。然而，事實最終證明這個石油卡特爾並不像西方最初擔心的那麼團結一心，以及那麼具有威脅性。額外的能源來源被找到，在北海發現石油之後，英國和挪威成為石油出口國；荷蘭和其他國家轉向使用天然氣；法國則轉向核能。許多國家開始制定能源儲備措施。二十世紀八〇年代，由於需求下降，石油的價格也下跌了，而此時奈及利亞和墨西哥等產油國則深深陷入債務之中，因為它們在前一時期已經使它們的經濟生活和政府支出與出售高價石油密切地連繫在一起了。石油收入的銳減導致阿拉伯國家焦慮不安，而後來中東發生的諸多事件表明，石油和石油價格在國際事務中仍然扮演重要的角色。

衰退：經濟停滯和通貨膨脹

一九七四年開始的經濟衰退是嚴重的，儘管它從來沒有達到二十世紀三〇年代大蕭條那種程度。這次衰退不同於以往歷次經濟蕭條，它與通貨膨脹相伴隨，而在各主要工業化國家，通貨膨脹都競相以兩位數的年均速度攀升。

在一些歐洲國家，年均通貨膨脹率達到百分之二十以上；英國在一九七五年甚至達到百分之二十七；美國的物價在十年之內成長了一倍。在一段時期內，西歐的經濟增長完全陷入停頓。到二十世紀七〇年代晚期，衰退成為世界性的。好幾個國家廣泛出現破產；生產下降；經濟增長放緩甚至停止。美國和西歐的勞動大軍中有超過百分之十的人失業。美國的失業率由一九六九年最低的百分之三點四上升到一九八〇年的百分之十點八。美國工廠的開工率只有三分之二。失業再次成為工業資本主義的禍害。

在工業化國家，經濟上的麻煩在某種程度上還能有所緩釋。工會依然很活躍，儘管其成員人數和影響力都有所下降；同時福利保障比二十世紀三〇年代

時提高了很多。埃森、都靈、利物浦和底特律這些城市的工人們都可以依靠解僱費、工會補助和政府失業賠償，這些收益遠遠高於他們的前輩所得到的福利補償和救濟金。這些賠償減少了人們所受到的困難，也防止了消費者購買力的過度下降。然而，衰退還是加劇了「結構性失業」的問題。由於自動化、高技術和舊的低效率產業部門（如採礦、造船及其他所謂「煙囪工業」，即傳統製造工業）地位的下降，許多工人無法再回到以前的工作崗位上，也無法再以其老技術爲人所用。

經濟停滯和通貨膨脹相結合（被記者們稱爲「滯脹」），給政府帶來前所未有的問題。凱恩斯的理論在戰後廣受擁戴，他主張在經濟增長緩慢時擴大政府支出和實行赤字財政，以提升需求並穩定就業狀況。但是在通貨膨脹廣爲蔓延的情況下，這些措施是否可行，就是個問題了。這個兩難處境的關鍵在於，到底是以克制通貨膨脹優先，還是以削減失業率爲要。如果要透過從緊的貨幣政策和高利率來抵禦通貨膨脹，則會使投資受到抑制，加劇商業活動的蕭條，進而使失業率高居不下。如果政府擴大支出以促進經濟活動，或者削減利率以促進私人信貸，則又無異於對通貨膨脹火上澆油。

在美國經濟陷入麻煩的情況下，西歐工業化國家都希望聯邦德國以其強大的經濟和貿易盈餘，在擴大投資和生產方面起領頭作用。然而，德國對二十世紀二〇年代的惡性通貨膨脹心存餘悸，將控制通貨膨脹置於最爲優先的地位，它保持高利率，並拒絕擴張性政策，其他國家也遵循同樣的路線。到八〇年代初，通貨膨脹在美國和西歐得到控制，但在歐洲，失業率仍保持著戰後最初一、二十年間從未有過的水準。高失業率對政府預算造成新的壓力，而在工業化世界的所有「福利國家」裡，政府預算此前持續穩定上升。

從二十世紀五〇年代到七〇年代初，工業化國家在社會福利方面的開支占國民生產總值的比重已經成長了超過一倍，導致稅收和政府支出大幅度上揚的局面。這種情況受到越來越多的批評，被認爲對經濟增長構成阻礙。

已被廣泛接受的凱恩斯經濟學信條，現在受到前所未有的挑戰。英國保守黨領導人瑪格麗特・柴契爾在一九七九年成爲首相，她發起了反對福利國家的運動。而在一九八一至一九八九年擔任美國總統的隆納德・雷根很快也加入進來。兩位領導人都抨擊福利國家，認爲這是一種昂貴、浪費、家長制和官僚主義的制度，破壞了個人的主動性和責任感。在實行國有化的國家，國有產業部門也受到了批評。

儘管各國保守派政府繼續保持高額國防開支，但它們都削減了在社會福利方面的支出。同時爲了刺激生產，它們向私人企業施以各種鼓勵措施，包括減

稅和減少管制，以及對干擾技術創新的工會加以限制。這些思想被貼上「供給面經濟學」的標籤，而這種經濟學強調的是增加生產，反對此前一直流行的那種認為增加消費者需求對經濟增長最重要的觀念。經濟增長的成果會透過「涓滴」效應使每個人都受益，同時要為真正的弱勢群體保留一個安全保障的網絡。

各國逐漸恢復繁榮，特別是美國從大約一九八二年後經濟持續上揚，強化了對自由市場經濟的信念，雖然商業週期中繼續存在的波動起伏還是在製造麻煩。保守派經濟學理論和政策似乎為全世界走向市場經濟、擺脫中央計畫的運動所證實，而採取嚴格的馬克思主義形式的中央計畫經濟，在蘇聯和東歐已經顯著地失敗了。然而，福利國家的捍衛者仍然強調，以政府的直接干預行動補充市場經濟，對滿足個人和社會的需求有著重要意義。福利國家，或者說干預主義的國家，仍然承擔著重要的社會功能，似乎注定會得以存續，雖然其形式發生一些變化。新一代的自由派、勞工和社會主義領袖開始鼓吹「新中間道路」的好處，而這種思想流派一方面強調市場經濟是經濟增長的關鍵，另一方面也堅持認為政府在抗禦現代的社會和經濟問題方面所具有的特殊作用。

西歐的經濟和政治變化

英國在二十世紀七○年代的衰退中受到的打擊尤為沉重。在所有的工業化國家中，英國的通貨膨脹率是最高的。失業率也急速攀升，英鎊在全球金融市場上的地位跌落到新的低點。工會拒絕承擔犧牲，即便是工會自己的工黨也認為這對恢復經濟是必要的。煤炭和交通運輸行業的破壞性罷工，使得這個國家很多地方的情形更趨惡化。工黨中的激進派強烈要求擴大工業部門的國有化，並在冷戰中採取不結盟立場。選民們對自一九七四年來一直執政的工黨政府日益不滿，指責其要為經濟混亂和道德權威淪喪負責，最終在一九七九年重新把票投給保守黨。

瑪格麗特‧柴契爾是西方大國首位女性首相，她領導下的保守黨政府決心改弦易轍。她一上任就大幅度削減政府開支，減少進口，並抵制工會的工資要求。政策的中心轉向投資、生產率和經濟增長。通貨膨脹被抑制住了，但失業率卻上升了。柴契爾政府在執政最初幾年裡似乎總是遇到政治麻煩。但是在一九八二年她派遣一支小型艦隊到八千英哩之外的南美洲沿海地區，以制止阿根廷奪取福克蘭（亦稱馬爾維納斯）群島的企圖，由此喚起英國上下傳統的愛國主義激情和帝國舊夢。次年，保守黨在議會選舉中大獲全勝。

在二十世紀八○年代的一段時間內，柴契爾的政策成效卓著。她的政府削

弱了工會的權力，將三分之一的國有化產業部門交回私人企業手中，並使得商業和家庭購買者更容易獲得信貸。英國似乎很快就達到所有歐洲國家中最高的經濟增長率，它提高了生產率，實現了低通貨膨脹，使大多數人的生活水準有所提高，而且擁有房屋的人增多了，國民的自信也高揚起來。然而，失業率仍舊很高，財政緊縮傷害了教育，特別是大學教育。一些地方仍然受到蕭條的沉重影響，特別是在英格蘭北部以及蘇格蘭和威爾斯的一些地方，諸如煤炭和造船等傳統產業因在新的全球經濟中遭遇競爭而困難重重。南部和東南部，特別是倫敦和劍橋周圍的高技術產業，則是一派興旺發達的景象，同時倫敦強化了其世界金融中心的地位，英國再一次成為位居世界前列的債權國，幾十年來經濟衰落和信心淪喪的局面似乎已經得以扭轉。反對黨力量分散，步調不一。在一九八七年的選舉中，工黨的支持率下降到幾十年來的最低點，同時工會的會員人數也大大下降。

　　但是隨著私有化和解除管制的刺激作用消退，經濟增長速度又下降了。這時柴契爾開始採取一些新的財政措施，卻導致其在一九九○年的下臺。接任首相的約翰・梅傑不得不勉力對付一九九○年以後出現的新一輪衰退，以及英鎊地位削弱和失業等問題。同時，工黨在新的領導階層帶領下放棄了舊的階級鬥爭觀念，在中產階級中吸引到了廣泛的支持，繼續對保守黨構成挑戰。工黨指出，柴契爾時代偏護富人，孕育了一個更不公平的社會。最終，在東尼・布萊爾溫和的「新工黨」團隊領導下，工黨在一九九七年贏得議會選舉，自一九七七年以來首次取得執政地位。布萊爾和越來越溫和的工黨

圖25-6　在二十世紀八○年代，保守派控制了美國和英國的中央政府，此後他們謀求廢除或削弱現代福利國家的社會保障計畫。圖為瑪格麗特・柴契爾首相和隆納德・雷根總統於一九八四年出席一次西方政府領導人會議。此二人在這些年裡成為關係密切的政治同盟和朋友。他們共同推動保守主義政策的施行，削減政府對經濟生活的參與。但同時此二人也增加國防開支，相信他們的政府應該在國際事務中扮演強大而積極的角色。（Getty Images）

在二〇〇五年連續第三次取得選舉勝利，將在二十一世紀最初的十年掌握政權。

在法國，二十世紀八〇年代的政治向左偏轉。保守政黨在七〇年代施行緊縮計畫以克制通貨膨脹，但很不受歡迎。在戴高樂的繼承者領導下，政府有一種超然事外的態度和高高在上的精英主義，對社會問題似乎漠不關心，使得社會黨領導的反對派實力大增。一九八一年，弗朗索瓦・密特朗實現了他為自己和社會黨所設定的目標。密特朗一生經歷複雜，其中有些方面直至晚年才為人所知，包括他在二十世紀三〇年代初和右翼多有瓜葛，「二戰」時在加入抵抗運動前曾效力於維琪政府。他素有溫和社會主義者之名，其社會主義更多是來自自由派理想主義，而不是馬克思主義。做為一個手段高超的政治人物，他復興了社會黨，並聯合了許多對戴高樂主義者和保守派在社會問題上漠不關心感到氣憤的人。他的競選口號是「Changer la vie」，即「改變每個人的生活」。他不僅贏得了總統之位，而且他的社會黨也成功地贏得了國民議會中的絕對多數。

勞動改革迅速得以推行。每週工作時間由四十小時減為三十九小時，每年的帶薪休假由四個星期增加為五個星期。密特朗追隨一九四五年的國有化運動，對沒有國有化的大銀行和幾個主要的工業公司予以國有化。他是在二十世紀八〇年代仍篤信凱恩斯主義的少數幾個歐洲領導人之一，希望政府擴大投資，實行勞動改革以增加購買力和刺激經濟，並以此來吸納福利國家擴張造成的成本。但是勞動力成本的上升削弱了法國在海外的競爭力，而且私人投資也枯竭了。直接的後果是經濟增長緩慢、貿易赤字、通貨膨脹、失業率上升，以及法郎走弱。但兩年之內，密特朗突然改弦更張。他停止了進一步的國有化和其他方面的改革，持續推行縮減開支和財政緊縮以處置通貨膨脹，並大力推行現代化。他還削減了對衰落產業部門的補貼，並將政府的支持轉向高技術產業。他的新政策鼓勵了經濟增長，但在減少失業方面幾乎沒有什麼成效。他在社會黨內的追隨者深感失望和沮喪。然而，其他法國人卻因此大大的鬆了一口氣，因為終於看到他從此致力於強化法國經濟，而不再固守黨派政治。

然而，重新出現的經濟問題使得社會黨失去了群眾的支持。社會黨在一九八六年失去了議會多數，密特朗被迫與保守派總理聯合執政。「左右共治」這個詞進入政治語言，表示經公眾選舉產生的總統要和代表議會中的反對派多數的總理聯合執政。這是一種戴高樂無論如何也想不到的新現象。但是做為一種慣例，這種情形又在未來年代裡多次出現，成為體現了第五共和國的靈活性的密特朗遺產。然而，依據戴高樂傳統，總統仍然決定國防和外交政策。

一九八八年密特朗再次當選總統，社會黨也再次在國民議會中獲得微弱多數。但是由於失業率居高不下，社會黨多位部長涉入醜聞，環境團體和其他集團發起攻擊，致使社會黨在一九九三年的選舉中大敗，法國又回到保守派占據議會多數席位的局面。「共治」又恢復了，由保守的戴高樂派人士雅克‧席哈克任總理。席哈克先後在一九九五年和二○○二年的選舉中兩次當選總統，而席哈克政府也延續了法國政治中左右擺動的模式。

圖25-7 法國和所有歐洲主要工業國一樣，越來越多從戰後幾十年間迅速增加的移民社群中吸收勞動力。圖為一九八二年工人正在抗議法國汽車工廠裡的工作條件，他們某種程度上代表了當代法國勞動大軍中種族和文化來源的多樣化。（Richiard Melloul/Sygma/Corbis）

二十世紀九○年代法國經濟顯著提升，但失業率高的問題（特別是年輕人的高失業率）仍然沒有得到解決。社會黨總理若斯潘採取的一個措施是將每週工作時間由三十九小時縮減為三十五小時，以創造更多的就業崗位，但是遭遇到大多數雇主的強烈反對。在這些年裡，婦女在法國政府和公共機構裡發揮的作用遠超過以往任何時候，占據了關鍵部長職位，還在商業和專業領域擔任高階職位。國家開始分階段實施一項新的法律，規定婦女將以與男性均等的人數參加競選立法機構的席位。一些女性作家和學者甚至進入法國科學院，而這個機構自一六三五年以來就一直是男性的領地。

這些年裡，在西歐執政的社會黨和社會民主黨將現代化、市場經濟和經濟增長奉為通向美好社會的途徑，它們的政策贏得了廣泛的支持。溫和實用主義即使沒有完全取代，至少也壓倒了老的意識形態。一九七四至一九八二年間，在西德執政的社會民主黨總理赫爾穆特‧施密特就是最顯著的例子。在義大利，貝尼托‧克拉克西和社會黨聯盟在一九八三年終止了自一九四五年來連續執掌四十屆內閣的天主教民主黨的長期執政。義大利社會黨前所未有地連續四年執政，但是其政策和做法與長期形成的天主教民主黨權力集團幾乎難以區別。在西班牙，受歡迎的社會黨領袖菲力浦‧岡薩雷斯在一九八二年開始領導自二十世紀三○年代西班牙內戰以來的第一個左翼政府，一直延續到九○年代中期。在葡萄牙，經歷了一九七四年的革命動盪之後，社會黨和社會民主黨以

溫和的方式相互競爭。

　　在西德，赫爾穆特・施密特的社會民主黨運用節約開支和財政保守主義政策，最終控制了通貨膨脹，但是二十世紀七○年代的工業發展減速，導致該國產生失業問題，而本來這個國家長期以來只有勞動力短缺的問題。即使經過了恢復以後，失業率仍有約百分之八。曾經對外來勞工敞開的大門現在又關上了。政府還向那些願意返回祖國的外籍勞工發放補助。激進的右翼組織誇張渲染移民問題，煽動並利用這個國家的反移民和排外情緒（英國、法國和奧地利也是如此）。一九八二年，基督教民主黨重新執政，由赫爾穆特・科爾擔任總理，他的總理任期此後延續了十六年。經濟增長恢復了，儘管速度有所放慢；馬克保持了其做為世界上最強的貨幣之一的地位。德意志聯邦共和國仍然是西歐生產力水準最高的國家，其產出占據了歐洲共同體的三分之一。但是，高工資和高福利導致了勞動力成本居高不下，對經濟造成沉重壓力，又削弱了其在世界市場上的競爭力。同時，兩個德國重新統一的前景，在八○年代似乎仍遙不可及。用威利・勃蘭特的話說，德國顯然仍將保持「一個民族，兩個國家」的狀況。

美國經濟

　　美國比西歐更快也更徹底地從一九七四年後的經濟衰退中恢復過來。從一九七四至一九八二年，美國經濟經受到商業活動銳減和嚴重的通貨膨脹所影響。但是隨著通貨膨脹得到控制，經濟在二十世紀八○年代迅速開始增長。雷根和喬治・布希兩位總統在其任期內推行對產業部門減少管制的政策，加上公司體系的合理化改造或者公司重組（也被稱為「緊縮開支」），導致利潤增加和經濟增長速度加快。而剛開始啓動的電腦革命也起到同樣的作用。聯邦儲備委員會透過上下調整利率而持續的對經濟加以干預，對克服通貨膨脹起了很大作用。證券市場開始上揚，地產價值也迅速飆升。二十世紀八○年代，失業率下降到百分之六以下。在歐洲失業問題難以消除的同時，美國的就業人數卻不斷增加，美國的新增就業人數中有許多是在低工資的服務業。經濟上還出現過一些挫折，包括一九八七年股票價格劇烈而短暫的下跌，以及那些信貸過度擴張的存貸款銀行的破產。一九八九年後再次發生了一場波及範圍更廣的經濟衰退，失業率上升到百分之七點八。民主黨總統候選人比爾・柯林頓以經濟的不良表現為競選議題，在一九九二年的大選中戰勝布希總統。當時很少有人認識到，到一九九一年春，經濟已經開始步入新一輪的大幅度擴張，而這一輪景氣局面將延續十年之久，直到新世紀來臨。

　　二十世紀八〇年代，人們在經濟上還有許多令人憂慮的方面。美國的貿易實力加重了它的一些經濟問題。七〇年代的石油危機最終促使美元走強（因為石油利潤是以美元投資），八〇年代初美元價格持續上揚，導致全球市場上美國商品的價格上升。美國的出口還面臨來自西歐和日本的強有力競爭，甚至也面臨來自幾個亞洲新興工業化小國的競爭——其低勞動力成本和新的高度機械化設備，使其具有競爭優勢。強勢的美元使得美國很難將其產品售出，加重了其本來已經很嚴重的貿易赤字。美國因而在一九八五年試圖使美元貶值。此後二十年間，美元相對於外國貨幣的價格幾乎下降了一半，降至一九四五年來的最低點，而這又對美國經濟構成新的挑戰。日本、西歐、加拿大、阿拉伯和其他國家的人都抓住這個機會購進美國公司、銀行、經紀公司和房地產。到二十世紀八〇年代末，外國人在美國擁有的資產總額達一萬億美元。

　　與此同時，日本經濟達到巨大的規模，諸如富士銀行和豐田公司之類的日本企業，是最大美國公司的市場價值五到十倍。東京的野村證券公司成為當時世界上最大的經紀公司。二十世紀八〇年代世界上最大的十家銀行中，沒有一家屬於美國。從一九八五年開始，美國成為債務國，而這是一九一四年以來所未曾有過的。外國在美國擁有的資產超過了美國在海外擁有的資產，這意味著利潤、股息和租金的持續外流。即使在美國出口仍擴張時，進口也在增長，貿易仍處於入超狀態。每年的預算赤字都居高不下，國債由一九八一年不到一萬億美元迅速攀升至一九九〇年的四萬億美元。外國資本購買美國國債，並從美國債券中獲取利益。

　　即使在美國經濟處於恢復中時，人們對美國經濟的種種問題也感到擔憂：出口的疲軟、貿易收支赤字、國防開支的負擔、不斷增長的國債、龐大的年度預算赤字，以及外國對美國資產的收購。分析家指出，美國的儲蓄和投資不足，二十世紀六〇年代以來生產力提高的速度相對緩慢，產業研發滯後，而美國教育在競爭日趨激烈的世界上也暴露出諸多弱點。美國的經濟仍然是世界上最大的，在二十世紀九〇年代初，其國內生產總值達五萬億美元以上，遠超過日本和德國。但是相對於其他主要工業化國家，美國經濟已經顯現出相對的衰落。美國國內持續存在著充滿貧困和種族衝突的地方。當時圍繞這樣的問題發生了爭論：美國雖然仍舊是世界上首屈一指的政治、經濟和軍事大國，但它是不是會像幾個世紀以來的西班牙、荷蘭、法國和英國一樣，因為經濟上的虛弱而失去其霸權地位？

　　二十世紀八〇年代末冷戰消退的跡象已經浮現，由此可以在某種程度上擺脫軍費開支的壓力，這使得美國的優勢地位得到某種新的保障。同時，日本經

濟此前已經開始越來越靠過度膨脹的股票市場和地產價格，在一九八九年開始陷入長期的困難境地，持續十多年。不久以後，美國的生產率、經濟增長、技術創新和國際競爭力在九〇年代全面回升，顯示出此前的大多數悲觀預言是空洞和短視的。

金融的世界

　　世界上最大的股票交易所和金融市場都集中在紐約。二十世紀八〇年代的解除管制運動，導致了金融業收購和兼併的急劇增長。新的期權和期貨貿易形式，以及小投資者的參與擴大，強化了證券市場的增長和波動。如同二十世紀二〇年代時的情況，投機和投資兩種行爲之間的界限又一次變得模糊起來。一九八七年十月，紐約股票交易所的市值在一天之內縮水近四分之一，導致美國市場和世界市場的廣泛震盪。這不禁使人們聯想起一九二九年十月的股市崩潰和隨之而來的大蕭條。但是市場很快得以恢復，而且在其後十年間多次達到新的高點，當然也經歷了多次極不穩定的階段。一九八七年的這段插曲清楚地顯示了世界各國金融市場相互依賴的關係。一九八七年紐約發生的震盪，在倫敦、法蘭克福、東京、香港、新加坡、臺北、雪梨和其他地方立即感受到。金融市場和外匯市場一樣是非集中化的，但是相互之間的確比以往更加緊密地相互聯繫在一起。隨著新的遠端電子通訊系統和其他先進的電子電腦技術的發展，單一的金融市場在世界各地一刻不停地運行著。

　　人們越來越廣泛地感受到全球經濟中的相互依賴。美國、西歐和日本認識到各自的繁榮要依賴於全球經濟的順利運行。幾個最大的工業和市場經濟國家（所謂「七國集團」，包括美國、英國、法國、德意志聯邦共和國、義大利、加拿大和日本）的首腦從二十世紀七〇年代開始就在每年一度的經濟高峰會上相聚，就經濟形勢進行磋商。各主要國家的中央銀行共同努力以穩定利率和匯率。經濟合作與發展組織（OECD）將全世界二十四個先進工業國家召集在一起，而關貿總協定則繼續舉行多個「回合」的貿易談判以削減關稅。蘇聯和東歐與世界經濟的整合進程也在七〇年代第一階段的緩和中啓動；八〇年代末，這些國家發生了迅速的政治變動，爲其國際經濟合作提供了新的機會。然而，開發中國家在某種程度上仍然處於經濟邊緣，沉重的債務負擔和緩慢的經濟增長速度使它們越發依賴於工業化世界。它們仍對全球化——全球化似乎忽視或者說沒有足夠地重視它們的需求——持批評態度。

圖25-8　日本的金融市場發展成為國際經濟的一個主要組成部分，吸引了來自世界各地的投資。圖為二十世紀九〇年代初東京證券交易所的交易員。他們使用先進的技術管理股票交易，跟蹤瞬息萬變的資訊，這些資訊來自股票市場以及由股票市場支撐的國際經濟網絡。（Sipa Press）

擴大的歐洲共同體：問題和機遇

在戴高樂於一九六九年從政治舞臺上退出之後，由六個國家組成的歐洲共同體擴展的道路就被打開了。一九七三年，英國、丹麥和愛爾蘭被接受為成員國，成員國數由六個增加為九個。此後十年間，隨著希臘在一九八一年的加入，西班牙和葡萄牙在一九八六年的加入，由九個增加為十二個。一九九五年，隨著奧地利、芬蘭、瑞典的加入，成員國數增加到十五個。由於一九八九年以後東歐發生的巨變和蘇聯共產主義的垮臺，最大規模的擴張成為可能；在二十一世紀初的二〇〇四年，當東歐和南歐的十多個國家（從愛沙尼亞到馬爾他）加入已經更名的歐洲聯盟，這種可能性最終變為現實。

擴大帶來了新的問題，而這些問題為二十世紀七〇年代經濟發展速度的減緩所加劇，後來更因富國和相對貧窮的國家之間工資水準的差距而更加嚴重。英國是食品進口國，它反對一九六八年達成協議的「共同農業政策」；而法國和義大利等國的農民則接受了大量補貼，他們的產品被隔離於開放市場之外，以很高的費用貯存起來以保持人為的高價格。工業較不發達的南歐地中海國家在八〇年代加入進來（以及二十一世紀初東歐國家的加入），致使出現嚴重的地區差距問題。共同體最初做出團結為一體的承諾，而且的確也在這方面取得成就，但是自由貿易區仍然未達到完整的程度。各國仍對農產品施以進口配

額，法國則完全不讓義大利酒類進入。邊界線上繁瑣的管理規章仍在持續。

除了在一些歐洲主義者的小圈子當中，人們對更緊密的政治整合熱情似乎已經趨於低落。隨著共同體的擴大和其內部多樣化的增加，歐共體變得具有越來越多的政府間性質，而越來越少超國家性質。英國總是不願意支持授予共同體更多的超國家權威。在經濟增長減緩和貨幣不穩定的時期，各國政府不得不靠自己來對付出現的問題。一九七三年，各國領導人開始定期舉行理事會會議，主席職務由各成員國輪換。一九七九年舉行的第一次歐洲議會選舉，更多是象徵性的而不是實質性的，歐洲議會做為立法機構的作用也未得以顯著提升。雖然更為遠大的歐洲合眾國夢想落空了，雖然歐共體還有各種各樣的問題，但它仍是一個為未來進一步發展奠定了基礎的重要制度。

走向「單一的歐洲」：歐洲聯盟

即使在繁榮的二十世紀六〇年代，歐洲經濟也不是在所有領域都保持了增長勢頭。但是在七〇年代，全世界都進入一個工業主義的新階段，即所謂「第三次工業革命」，其標誌是自動化、電子電腦和其他形式的先進技術引入。進步不再以煤鋼或者輪船和紡織品來加以衡量，而是體現為核反應爐、微電子、電訊、電腦、機器人和空間技術。在這個「後工業」時代，資料處理、資訊的存儲和檢索，以及越來越複雜的通訊技術，成為競爭力的關鍵。一九七七年，第一臺個人電腦被生產出來，它面向著一個巨大的市場，在速度和容量上迅速提高。服務業部門比老的基礎工業部門雇用更多的人員，服務業的增長速度既高於農業也高於工業。人們廣泛認識到，全球經濟正侵蝕民族國家在經濟和政治上的獨立性。工業化世界的跨國公司利用新的技術擴展對外投資，將工廠建在世界各地，其觸角越過了所有國與國之間的邊界。

歐洲人發現，在某一段時間裡，他們的新技術被美國人和日本人超過。美國的跨國公司控制了歐洲大部分新技術產業，此後還有日本人也來到這裡加入競爭。來自日本和環太平洋地區迅速發展的新興工業化國家的貿易競爭顯著加劇。一九七四年後的衰退使得歐洲人無力推動研發。西歐於一九七四年以後在經濟復甦上落在世界其他地區的後面，即使對付通貨膨脹也是如此。

歐洲共同體在二十世紀八〇年代開始著手振興自身。儘管內部關稅已經消失，但非關稅壁壘仍對貿易的流動構成阻滯。各國獨自頒布生產和質量的標準，因而標準不一是普遍的情況。一九八七年，歐共體十二個成員國簽署了《單一歐洲文件》，一致同意制定共同的生產標準，消除資本流動的障礙，尋求統一的稅率，相互承認別國頒發的專業和商業執照，遵守共同的勞動權利憲

章。各國將共同創造一個一體化的《單一歐洲文件》，一個「沒有國界的歐洲」。它們制定計畫將在九〇年代末實行統一的歐洲貨幣和統一的中央銀行體系，甚至對共同的國防和外交政策做了遠景規劃。於一九九一年底在荷蘭的馬斯垂克簽署的歐洲聯盟條約中，上述安排得到確認。各成員國的議會和候選人在一九九二年底前就此展開曠日持久的辯論之後，該條約最終獲得批准。有幾個國家的反對者痛責在如此多的領域裡喪失國家控制權，但條約最終還是被批准了。歐洲共同體變成了歐洲聯盟，通向更緊密的一體化的道路被打開了。

歐洲聯盟意味著一個擁有三億四千五百萬人口的大市場（比美國的市場大出三分之一），在二十世紀九〇年代初，它是世界經濟中最大的貿易集團，占據了全球國際貿易總額的百分之四十。隨著一體化的新進展，以及後來歐盟成員國的增加，歐洲人希望能夠擴大投資、發展高技術、激勵生產率的提高、終止歐洲經濟增長緩慢的情況，並削減仍然居高不下的失業率。對全世界而言，向貿易保護主義的回歸始終是一個難以消除的危險。在大多數工業化國家都有呼籲對進口商品提高關稅的人，而工業化國家有可能分裂成幾個大的地區性貿易集團。自由貿易對一九四五年以後的繁榮貢獻是如此之大，而新的競爭壁壘正有可能對自由貿易構成干擾。

冷戰再起

現在我們必須回頭去討論國際事務的發展演變。一九七四年夏，尼克森辭去總統職務，以避免因為在「水門事件」中扮演的角色而被彈劾。他的副總統吉羅德・福特繼任總統。但是在其後的大選中，民主黨候選人吉米・卡特獲勝，於一九七七年入主白宮。卡特總統試圖將道德理想主義注入美國的對外政策。他宣稱，人權必須成為「我們對外政策的靈魂」；與蘇聯的緩和如今比以往更緊密地與對人權的尊重聯繫在一起；蘇聯人只有讓持不同政見者恢復自由，使蘇聯的猶太人和其他人得到移民的權利，停止在波蘭的壓迫，才能得到經濟援助。蘇聯人自然不會受這些公開壓力的擺布，雙方同時也都加強其軍事力量和核力量。

另一方面，兩國都繼續進行戰略武器談判，在經過艱苦的談判後，於一九七九年一月簽署了第二個戰略武器條約。它們同意在戰略性武器（即遠端核武器）上保持均衡。儘管威力巨大的導彈數量仍然很多，而且新的尖端武器的開發也絕不會停下來，但是這項協議本來確實有可能成為武器控制上的一個重大突破。但是就在參議院批准這項條約之前，蘇聯向其鄰國阿富汗派軍，以

維持該國的親蘇左翼政權。這是蘇聯第一次對東歐以外的國家進行這類軍事干涉。

卡特指斥這個侵略是蘇聯對外擴張的新階段，威脅了整個中東，是「蘇聯對世界石油供應一大部分可能施加控制的一個跳板」。他警告說，任何外部勢力控制這個地區的企圖都將被視為「對美國關鍵利益的侵犯」，將會遭到「包括武力在內的任何必要手段」的回擊。他將條約從參議院撤回，禁止向蘇聯出售糧食和高技術，採取措施增加軍事預算，並在國內啓動擴大兵役的程序。

卡特告訴蘇聯，對阿富汗的入侵是自一九四五年以來對世界和平最嚴重的威脅。但歐洲盟國卻不這麼認為。一些國家指出，阿富汗的插曲是一個地區性事件，蘇聯的行動是為了防止邊境地區的不穩定，緩和應該繼續進行。歐洲國家不願意使它們與蘇聯和東歐國家的商業關係受到破壞，拒絕支援經濟禁運，因為這將導致諸多後果，其中之一是影響蘇聯向西歐輸送天然氣管道的建設。隨著事態的發展，阿富汗最終成為了蘇聯的越南。至一九八九年不光彩地從阿富汗撤軍，大約有十萬蘇聯軍人在這裡苦戰達八年半之久。和在越南的美國人一樣，蘇聯人並不能以其占壓倒性優勢的軍事力量擊敗穆斯林游擊隊，後者裝備著美國武器，得到巴基斯坦的支持，他們在阿富汗山區的據點頑強作戰。

就在蘇聯干涉阿富汗的同時，美國卻陷入伊朗人質危機——伊朗革命激進分子在德黑蘭扣押了美國人質。這對美國的威望是一個沉重打擊，更不幸的是霉運罩頭的解救人質行動也失敗了。使卡特再次顏面掃地的是，在他的繼任者共和黨人隆納德·雷根就任總統的當天，人質被釋放了。

雷根年代：從再度興起的冷戰到新的緩和

毫無疑問，新總統不遺餘力貫徹的是一條強硬的冷戰路線。雷根在一九八三年宣稱，蘇聯「彙聚了現代世界的邪惡」，是懷著「陰暗目的」的「邪惡帝國」。儘管其經濟承受著巨大壓力，但蘇聯在二十世紀七〇年代還是建立了強大的軍事力量，使其常規作戰力量現代化，造就了一支強大的海軍，並最終達成和美國的核均衡。在國會的支持下，雷根大幅度提高了國防撥款，制定了美國歷史上最大的和平時期軍事開支，在世界各地都對共產主義採取對抗立場。他加大了對阿富汗穆斯林游擊隊的武器輸送，並向支持阿富汗反抗者的巴基斯坦予以援助。一九八一年波蘭共產黨政府在蘇聯的壓力下實施戒嚴以鎮壓團結工會運動時，雷根對其動用經濟制裁手段。他還強化了對蘇聯和東歐的高技術禁運，但是由於美國農民的反對，對糧食貿易的禁運被取消了。

在中美洲和加勒比海地區，雷根指責蘇聯利用古巴的卡斯楚政權和尼加拉

瓜左翼的桑地諾政權充當代理人，在西半球擴張共產主義。美國向尼加拉瓜的反共叛亂分子提供軍事裝備，並加強該國周邊及拉美其他地區的反共軍事獨裁政權。一九八三年，美國軍隊侵入加勒比海地區的小島國格瑞那達，推翻了允許古巴人在該國修建具有潛在軍事用途機場的左翼政府。

雷根及其對外政策顧問比其前任更支持鎮壓性的威權主義政權，只要這些政權是反共的。他們的理論是，這些政權有朝一日還有可能被自由化，但是共產黨政府卻會不可逆轉地改變當地社會。但在另一方面，持批評意見的人卻指出，拉丁美洲和其他地區的革命運動並不是源於冷戰，而是對特權和剝削制度的反抗。這些人反對軍事干預手段和對壓制性政權的支持，認為這是對外部事態的不適當反應。

在利比亞，雷根政府展示了美國是願意採取單方面軍事行動的。美國為報復被認為是利比亞主使的恐怖主義活動，而派飛機轟炸其軍事設施。對於掙扎在內戰中的黎巴嫩，美國於一九八二年組織了一支多國維和部隊。美國艦隊運送海軍陸戰隊登陸，而伊斯蘭恐怖分子做出報復，爆炸襲擊了美國大使館以及美國和法國的指揮中心，殺死數百名美國海軍陸戰隊員和法國士兵。維和部隊因此而撤出。

在爆發於一九八〇年的兩伊戰爭期間，由於對波斯灣的油輪襲擊威脅了自海灣阿拉伯國家的石油運輸，美國對懸掛美國國旗的一些油船實施有選擇的護航。美國有意以此宣示美國在世界事務中的領導權，並表明它將在任何有可能的情況下將蘇聯排除出中東地區。

核軍備控制

雖然一九四五年以後核武器沒有在任何一次衝突中被使用，但每一次危機都籠罩在引發核衝突的終極威脅之下。我們已經講述過下列過程：在只有美國一國擁有核武器的情況下，最早的核裁軍談判在一九四七年破裂；蘇聯在一九四九年成功試爆了他們的第一顆原子彈，終結了美國的核壟斷；美國在一九五二年，蘇聯在稍後時相繼研製成功熱核武器，即氫彈，而氫彈連鎖反應產生的爆炸當量比只有兩萬噸級的廣島原子彈大出許多。到一九六〇年，兩個超級大國都在建造戰略性遠端導彈，即能夠將核彈頭精確、快速地載入對方本土上的洲際彈道導彈。這些導彈可以從陸上（固定發射點或者從流動發射點）、海上（軍艦和潛艇）或者空中的轟炸機上發射。導彈成為現代的關鍵戰略武器。由於核武器的巨大破壞力，所以對它的使用不可能不造成難以言狀的災難。各方都認識到，核武器是一種不同於常規武器的特殊武器；軍備專家堅

持認爲，建造核武器不是爲了使用，而是爲了威懾。

　　因爲核子試驗會汙染地球大氣，甚至有可能會破壞當今和未來幾個世代的遺傳特性，所以對其施加控制就具有緊迫的必要性。一九六三年，儘管存在冷戰緊張局勢，美國和蘇聯還是發起了部分禁止核子試驗條約，禁止大氣層核子試驗，而只允許地下核子試驗。對核武器擴散的擔憂促使兩個超級大國提出一項核不擴散條約，在一九六八年得到聯合國大會的批准，最終有一百三十多個國家予以簽署。然而這個條約缺乏約束力，那些執意發展核武器的國家對之並不多加顧忌。

　　美國最早開始研製核武器，英國也從一開始就與美國攜手合作。蘇聯稍後開展這方面的工作。法國在一九六〇年成爲第四個核國家。中國在一九六四年成爲第五個核國家。印度在一九七四年成爲第六個。到二十一世紀初，擁有核能力的國家名單上還包括以色列、巴基斯坦，可能還包括北朝鮮；伊朗等國也被懷疑正在試圖發展核武器。對那些公然無視國際法的國家和恐怖組織最終會獲得核物質的可能性，人們的憂懼更甚於以往。

　　只要鼓勵核能的和平利用，就很難阻止核擴散。那些從工業化國家購買核電站的國家，表面上是將其用於和平目的，實際上卻可能從核廢料中提取鈽並用於製造核彈。印度就是如此爲了尋找替代性能源以取代石油，許多國家建造了核電站，而這可以被轉化到非和平用途上。一九七九年賓夕法尼亞三哩島的核電站事故，以及更嚴重的一九八六年烏克蘭車諾比核電站事故是最爲著名的兩起事故，但這並沒有阻礙新核電站的建造，只是使人們更加重視提高安全水準。來自車諾比的放射性物質在大氣層中飄至西歐地方。

　　自二十世紀六〇年代以後，美國一直持續進行著關於導彈差距的爭論，關於美蘇兩國在陸上、海上和空中各自部署了多少導彈的爭論，以及關於美國陸基導彈的脆弱性爭論。蘇聯在一九六二年古巴導彈危機之後一直大量製造導彈，由此兩個超級大國在七〇年代大體上達成均衡。儘管雙方都認識到所謂導彈優勢是個難以確定的目標，但無論如何它們誰也不會停止建造越來越多的戰略武器。雙方的戰略家都支持擴充核武庫，他們利用先進的電腦程式，以百萬死亡（即 megadeaths）人數爲單位，來計算兩個超級大國之間的核戰爭將可能造成的傷亡，並評估威懾、反威懾以及「第一次打擊」和「反擊」會對其中一國發動和承受核戰爭的能力造成什麼樣的影響。力量的均衡被說成是「恐怖的均衡」；專家們在談論著「相互確保摧毀」（具有諷刺意味的是，這個術語的縮略語正是「瘋狂」[1]）。威懾是被接受的方案。

　　每一方都囤積了爲數巨大的武器，能夠以所謂的「過度殺戮」將對方毀滅

多次。兩個超級大國也被置於持續的壓
力之下，不得不競相改進其武器系統，
而這要付出超高的代價。蘇聯開發了防
禦系統（即反彈道導彈），對美國的威
懾造成削弱，而美國的反應是建造自己
的防禦系統和威力更大的進攻性武器，
比如 MIRV，即「多彈頭分導重返大氣
層運載系統」──這是一種能夠攜帶多
達十枚核彈頭的運載工具，其中每一枚
核彈頭都可單獨制導，攻擊不同的目
標，而其中每一枚彈頭的爆炸當量都超
過廣島原子彈很多倍。蘇聯也開發了他
們自己的多彈頭系統。所有這些都導致
了更高的武備水準和更大的不確定性。
雙方都有衛星偵察系統，但在一段時間
裡雙方也不能斷定對方核彈頭的數量，
從而也無從準確地知道對方的實力。第
一次限制戰略武器談判條約於一九七二
年簽署後，雙方都在受限武器種類之外
開發新的武器。美國致力於發展巡航導
彈，其設計目標是透過貼地飛行而躲避
對方的防禦系統；蘇聯則大力主攻超音
速轟炸機。第二個限制戰略武器談判條
約於一九七九年簽訂（但隨後沒有得到
批准），就戰略性遠端武器的總數量均
等達成意向性協定，但是雙方的爭論仍
在曠日持久地進行著。

　　二十世紀八○年代末，兩個超級大

圖25-9　洲際彈道導彈在二十世紀六○
　　　　年代迅速發展，最終導致「恐
　　　　怖的均衡」，即一個被稱為
　　　　「相互確保摧毀」的威懾體制
　　　　的形成。這種理論認為，由於
　　　　各國都預先知道發動核攻擊將
　　　　招致毀滅本國人民和城市的報
　　　　復性打擊，所以每個國家都不
　　　　會率先動用核武器。圖為美國
　　　　在冷戰的軍備競賽中開始在地
　　　　下發射井內部署的大力神洲際
　　　　彈道導彈。從六○年代開始，
　　　　做為戰略威懾計畫的一部分，
　　　　裝載核彈頭的導彈被置於臨戰
　　　　發射狀態。（Getty Images）

國各自擁有大約兩萬五千件核武器，其中又各有一萬兩千件是戰略性武器，即
遠端導彈或者洲際導彈。兩國核武庫的爆炸當量總計超過五十萬兆噸，遠遠超
過此前歷史上所有戰爭的爆炸物總和。這些核武器中如果僅有一小部分落到目
標上，則兩國可以摧毀對方的主要城市和鄉村，並在爆炸的當時和其後的放射
性效應中殺死數以百萬計的人，不僅如此，放射性效益還將擴展到周圍地區。

在隨後的「核冬天」裡，人類本身的存在將受到威脅。事故、誤判和溝通失靈的可能性總是令人恐懼地存在著。人類的頭頂上高高懸掛著核武器的達摩克利斯之劍，所以直接的通訊聯繫及「熱線」就在於一九六三年古巴導彈危機後，在克里姆林宮和白宮之間架設起來，並在此後數十年內不斷予以更新和改善。熱線的目的是避免因為政治誤解、人的失誤和機器的故障而意外地爆發核戰爭。在核時代，國家領導人之間的直接溝通是必要的。可能只有二十分鐘的預警時間。

冷戰中參加對安全問題的爭論者並不限於國防戰略家。過程中，許多人指出，靠建造巨大的核武庫來防止核戰爭，是危險的、荒唐的，甚至是不道德的。西方甚至有人呼籲繼續單方面解除軍備。另外有人卻指出，一個國家如果沒有高水準的軍備，就可能屈服於別國的核訛詐之下。他們認為，兩個敵對陣營之間的核平衡以及威懾的原則能夠保護和平。當然，每個人都認為有必要減少引發軍備競賽的政治緊張和不安全。然而在二十世紀八〇年代初再度興起的冷戰緊張局勢中，對這個困境似乎並沒有解決的辦法。世界只好無可奈何地接受現存的「恐怖均衡」的狀態，只不過就限制軍備進行一些零敲碎打的談判。只有在蘇聯發生了出人意料的變化──也就是它的解體──並引發冷戰的終結之後，核裁軍才獲得了前所未有的機會。但是變化的形勢會產生新的危險，而核擴散的威脅依然存在，仍然需要對全球安全不斷做出重新評估。

毛澤東之後的中國

毛澤東在一九七六年逝世之後，中國共產黨的溫和派與激進派競逐黨魁大位。毛澤東的遺孀江青是文化大革命的始作俑者之一。她和一小群信仰毛澤東主義的激進派打算掌控中國共產黨，清算黨內的溫和派，最後以失敗收場。她和另外三位同夥，也就是所謂的「四人幫」，遭到逮捕與監禁。溫和派的領袖鄧小平在一九七七年從幕後躍居幕前，成為中國最高領導人。鄧小平是中國共產黨的資深領導，一九五六至一九五七年受到毛澤東冷落。文化大革命期間，鄧小平於一九六七年又因為追求「資本主義路線」遭到清算與羞辱，一九七六年第三度被信奉毛澤東主義的激進派清算。鄧小平不搞毛澤東式的個人崇拜，多年來始終不願意在政府與黨內出任領導，反而是給他的親信安插要職，不過誰都知道真正的當家人是誰。

鄧小平的改革

　　到了一九七八年年底，鄧小平獲得黨內支持，展開鋪天蓋地的改革，終結文化大革命時期的激進且不切實際的作為，淡化毛澤東思想與階級鬥爭，致力追求經濟成長與現代化。鄧小平意欲改革毛澤東效法蘇聯的種種政策，如中央規畫經濟、企業國有化以及農業集中化。鄧小平批准了許多資本主義的作法，鼓勵民營企業、營利生產，以及市場競爭，一開始先在特定地區試行，後來擴及全國。不過鄧小平並沒有捨棄社會主義的終極目標，他要求國營企業必須具備獲利能力，也要權責分明。他說：「新的制度就像規畫經濟與市場經濟的結合。」集中化的農地與公社一度重創中國農業。鄧小平廢除了農地與公社集中化，允許個體戶農民以及他們的家人耕種農地，同時也開放外國投資，引進西方的科學、科技與管理方法。鄧小平開始重視消費商品生產，卻並未忽視重工業。以前製造軍用設備的工廠，這時開始生產電冰箱、洗衣機、腳踏車以及機車。

　　鄧小平的改革讓中國社會改頭換面，最明顯的成效出現在農村地區，當地的農民將大多數的農產品銷售到公開市場。不到十年，農產品的產量成長一倍，城市地區的食物供給量增加，就連出口量也隨之增加。而在經濟的其他領域，零售商店與修理廠之類的小型企業均由私人經營。中國政府在南方沿海地區設置經濟特區，吸引外商與外資，其中外資多半來自香港。大量的外資湧入，證券交易所也應運而生。在毛澤東時代，中國的國內生產總值（GDP）年成長率從未超過百分之二至百分之三，一九八〇年代的平均年成長率卻高達百分之九，後來甚至更高。根據國際機構統計，中國的經濟產值已經高居全球第三大。很多新興企業家（以及一些農民）躋身富豪之林。大都市呈現出消費社會的面貌。政府設置了社會服務制度，也就是俗稱的「鐵飯碗」，緩解暫時失業的衝擊。全國上下的生活水準創下新高。人民解放軍歷經了縮編與現代化的洗禮，專業程度更上層樓。政府的官僚機構也全面精簡。絕大多數的經濟生產還是來自國營企業，但在沿海地區，民營企業日漸茁壯，也是中國經濟最強勁的生力軍。

　　中國仍然維持一黨專政，也就是官方所稱的「人民民主專政」，人民的人權（尤其是宗教信仰自由）經常遭到侵犯，不過如今的文化與知識氛圍較為開放，管制不如以往嚴格。老百姓可以收聽、收看國外的廣播與電視節目。學生也可出國遊歷與留學，許多西方的書籍都有中文譯本。自從一九四九年中華人民共和國政府成立以來，中國人民從來不像現在這樣，可以自由吸收外面的世界的思想。大批外國觀光客前來拜訪新中國，孫中山之類的愛國革命先賢的夢

想，毛澤東也曾努力追求，卻因為文化大革命的暴行而功敗垂成，如今在鄧小平手裡似乎正在實現。意識形態敵不過物質生活的發展，也敵不過「富強中國」的理想。

鄧小平希望新一代的領導人能夠平順接班，因此拔除了幾位上一代的老臣（這些老臣很多都跟他一樣，是一九三四年至一九三五年共軍長征的倖存者）。這些老臣死守舊時代的毛澤東思想，抗拒西方的政治與經濟思想，還想阻撓改革。守舊派在中國政壇仍然具有影響力，全國也將鄧小平奉為最高領導人，對其馬首是瞻，不過年輕一輩的領導人已經開始浮上檯面。

在這十年來，鄧小平的改革計畫雖然成效卓越，卻也顯露嚴重的缺陷。經濟急速成長，導致通貨膨脹加遽（一九八〇年代末的年度通貨膨脹率高達百分之二十至三十）。不斷攀升的消費也導致資源吃緊。中國政府宣示要將獲利不佳的國營企業（其中五分之一是虧損）賣掉變現，卻始終沒有落實。朝令夕改的價格管制成為黑市的溫床，就連農業生產成長也開始趨緩。鼓勵消費的社會助長了奢侈、炫耀式消費以及浪費的風氣；中國向來就有貪腐的問題，許多黨

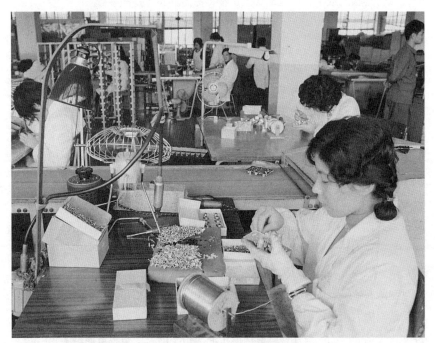

圖25-10　中華人民共和國在一九七六年開始經濟改革，開啓了該國迅速的經濟擴張，並使中國的低工資產業部門在全球貿易中的地位不斷提高。圖為二十世紀八〇年代初上海一家工廠的工人正在組裝電視機零件。電視機成為中國向全世界的消費品市場出口的許多產品之一。（Richard Melloul/Sygma/Corbis）

政要員跟國營企業以及民營企業關係密切，貪腐之風更是擴及全國。理想主義者大表不滿，抨擊貪腐問題，也對於社會主義中國日益惡化的不平等感到痛心。眼看問題不斷累積，鄧小平在一九八八年下令節約，並且暫停後續的改革。

當時的中國經濟面臨過渡時期，其實只要耐心等待，小心謹慎，應該就能順利克服經濟的難題。鄧小平可圈可點的十年改革之所以未竟全功，原因在於中國當局不願意順應經濟變革，進行政治改革與民主化。鄧小平等黨政高層認為中國社會雖然歷經了長足的進步，並沒有做好實行民主政治的準備。他們也認為民主政治只會帶來混亂與動亂，文化大革命就是明證，還會破壞經濟成長與現代化不可或缺的社會秩序與穩定。中國共產黨是古代中國皇朝的繼承人，他們不會允許任何事情削弱中國共產黨對於中國未來命運的控制。

鄧小平開創了較為自由的風氣，中國知識分子領袖和年輕一代的人，也就是注定成為中國未來領袖的這群人，紛紛開始呼籲共產黨放鬆對政治的控制，要求更自由的媒體，也爭取批評政府貪腐與施政缺失的權利。其他國家在一九八○年代的政治自由化與民主進步，更是助長了這股呼聲。

「民主運動」

一九八六年年底，高齡八十二歲的鄧小平欽定接班人，中共中央總書記胡耀邦默許人民享有更大幅度的政治自由。不少學生走上街頭示威遊行表示認同。胡耀邦遲遲不肯下令鎮壓示威學生，最後黨內決議將他解職。兩年之後，醞釀已久的民主浪潮即將爆發。胡耀邦在一九八九年四月逝世，引發了一連串的學生示威遊行，在北京巨大的中央廣場「天安門廣場」登場。示威學生要求民主化。中國其他地區的學生紛紛前來響應，示威遊行演變成「民主運動」，尋常老百姓也來助陣。示威活動越演越烈，還有人抬出自由女神像（神像本身以及女神頭戴的弗里吉亞帽讓人想起美國革命與法國大革命）。整整七個禮拜，首都等地一切停擺。在示威活動的最高潮，高達一百萬人聚集在天安門廣場一帶。

中國共產黨一度表露出願意讓步的跡象。接替胡耀邦成為中共中央總書記的趙紫陽極力主張安撫示威群眾。鄧小平卻是跟強硬派站在同一陣線，絕不容許文化大革命時期的無序與動亂再度上演，也不能忍受黨政軍繼續蒙羞出醜。政府頒布戒嚴令，示威學生雖然人數有所下滑，仍然不願撤離廣場。六月四日的黎明時分，軍隊開著坦克、貨車、裝甲車進入廣場，向示威學生開火，造成數百人死傷。也許世界上沒有一個政府能容忍這種藐視法律、破壞秩序、重創

政府威信的行徑，但是政府其實只要稍做讓步，稍微拿出一點耐心，等示威學生耗盡力氣，事件應該就能和平收場。如今中國軍隊與鄧小平政權的雙手沾滿了人民的鮮血，鄧小平原本頗高的支持度也因而重挫。

六四事件之後，中國一片風聲鶴唳。鄧小平與中國共產黨將六四事件定調為「反動分子」反叛，歸咎於「西方煽動的陰謀」。趙紫陽也因為主張安撫示威學生而遭到罷黜。新一代的黨政領導人延續鄧小平的基調，指控反動分子「意欲將資本主義引進中國，讓中國仰賴某些外國的鼻息」。中國仍然迫切需要西方的科技與外資，也希望繼續發展「社會主義市場經濟」，但是共產黨的領導階層卻公開宣示要嚴格監督民營企業，加強馬克思主義與政治教育，控制改革的進程與時間表。中國目前仍有數千名政治犯遭到監禁，對於各國要求釋放政治犯的呼聲，當局一律充耳不聞。

在古代中國，專門事奉皇帝的儒家學者承認皇帝獨裁統治的權利，卻也不吝批評皇帝的苛政與無能。君主不能單憑武力治國，也要以道德表率、操守與正直統御人民，否則恐怕會失去「天命」。六四民運對於中國共產黨實行獨裁統治的正當性提出質疑，尤其是獨裁統治在許多國家皆已式微。六四民運也證

圖25-11　一九八九年四月，大批群眾聚集北京天安門廣場，要求中國政府實施民主改革。這場「民主運動」吸引了來自中國各地的學生與民眾，也造就了新形態的政治發表與民間象徵，照片中的自由女神像就是一例。自由女神像讓人聯想到歷史上幾場政治革命，也成為這場民主運動的鮮明象徵。中國政府最後以宣布戒嚴，驅離示威群眾的手段予以鎮壓，派出軍隊向示威群眾開火，造成多人傷亡（Peter Turnley/ Corbis）。

明了自由主義的價值觀，也就是中共當局譴責的「資產階級自由主義」，已經深植民心，凸顯了人民要求政治改革的呼聲有多強烈。即使在獨裁統治的國家，只要持續推動經濟現代化，政治自由化的理想也許會有實現的一天。從鄧小平政治生涯的大起大落，就可看出在中國，命運變幻莫測，人生起伏難料。溫和派勢力可能會再度崛起，鄧小平這一批年邁的領導人辭世之後，新一代的領導人準備接班。

病魔纏身的鄧小平在一九九七年逝世，用他自己的話來說，他是「去見馬克思了」。繼任的江澤民在某些方面是出乎意料地溫和。江澤民曾經擔任上海市長，因此並未捲入一九八九年的風暴。他比鄧小平更積極追求現代化，尋求與西方國家和解，希望中國能進一步融入全球經濟。江澤民一直擔任中國共產黨的最高領導，直到二〇〇二年卸任。他致力發展中國經濟，強化中國對於國際貿易的影響力。中國在二〇〇一年成為世界貿易組織（World Trade Organization）會員國。江澤民也安排中國的大企業家在黨內擔任要職。中國的工廠（利用廉價勞力的相對優勢）是成衣、高科技產品、機械、家具等眾多產品的最大出口商，外銷全球消費市場。活力充沛的企業家階級也在日漸繁榮興盛的中國城市崛起。

胡錦濤接任共產黨最高領導，並於二〇〇三年出任中華人民共和國主席，延續江澤民的經濟政策。中國有蓬勃的經濟，又有十三億人口，在二十一世紀的全球經濟與政治秩序扮演越來越關鍵的角色，然而中國政府違反人權，不時對臺灣武力恫嚇，又無法建立更開放、更民主的政治制度，因而屢遭批評。

中國的人口成長

中國還面臨一個比較不引人注目的問題（潛藏在單純的「事件」之下），那就是日益膨脹的人口始終對經濟形成巨大壓力。中文的「人口」的「口」就是嘴巴的意思，想想也是不無道理。不過在全世界主要的開發中國家裡，中國的人口成長應變對策最為成功。中央政府與地方政府合力控制人口成長，甚至不惜採取西方社會無法接受的強制手段，實行一胎化政策（一個家庭只能生一個孩子），全面推動節育課程，又訴諸社會壓力，導致生育率大幅下降。從鄧小平開始的幾位領導人任內，中國經濟相對繁榮，然政府很難確實落實一胎化政策，因為不管是在鄉村還是在都市，富裕的家庭甘願冒著罰款的風險，也要多生孩子。老百姓也不見得能拿到最新、最有效的避孕用品。不過整體而言，一胎化政策頗有成效。

中國人口在一九八二年突破十億大關，在二十一世紀初，每年又增加

一千五百萬人，在二〇〇五年達到十三億。中國面臨如此龐大的吃、穿、住的需求，消費又不斷上升，經濟再怎麼現代化，都很難供應如此巨大的需求，天然資源也相當吃緊。

　　中國的國際貿易與經濟生產大幅成長，足以證明國際之間的敵對與衝突，已經超越了在一九四五年之後的幾十年內，影響全球政治與全球經濟的兩極對立。在此同時，西方國家在一九四〇年代到一九八〇年代之間憂心忡忡，唯恐冷戰會導致共產主義坐大。後來在一九八九年，一連串的變革席捲東歐，掀起一場意想不到的劇變，吹響了蘇聯瓦解的號角，西方國家的擔憂也在短短幾年間煙消雲散。

第二十六章

對蘇聯式共產主義的
國際反叛

二十世紀八〇年代中期，全世界驚訝地看到，從一九一七年俄國革命發展而來的蘇聯共產主義之某些基本結構開始瓦解。一九八九年，中歐和東歐發生的一系列非凡事件，同樣讓全世界感到驚訝，那裡執政的共產主義政權實際上在沒有暴力的情況下接二連三地瓦解並被取代。在一九九一年更加劃時代的事件中，前蘇聯的共產主義政府本身在執政七十四年之後壽終正寢，蘇維埃社會主義共和國聯盟解體成為俄羅斯和獨立國家國協其他成員國。

從嚴格的意義上來說，一九八九至一九九一年間並沒發生真正的革命，而且這樣一場廣泛的變革發生沒有伴隨什麼武裝鬥爭，這實在是件令人滿意和驚奇的事。先前舊政權的消失，與其說是透過外部壓力，不如說是經由內爆的過程，即從內部瓦解。因為沒有面對強有力的內部抵抗或外部干涉的威脅，「革命」可能是和平的。但是所引起的社會動盪是革命性的，因為這些動盪瓦解了現存的政府，並引起急劇的、突如其來的改變。這些巨大社會變革重申了那些如今被稱為人權和公民社會的理念，而這些理念在被一七七六年的美國、一七八九年的法國、一八四八年的歐洲和一九一九年、一九四五年的西方宣稱的時候，是具有革命性的。這些理念被寫進了美國《獨立宣言》和法國的《人權宣言》，並在現代世界的大部分地區都成了民主指導思想。民主意味著人民代表、憲法政府以及自由競爭的選舉制，同時，自由和獨立意味著不受自己政府壓迫或外國專制統治的保障。

伴隨著一九八九年革命，中歐和東歐的人民可以決定他們自己的命運。隨著蘇聯的垮臺，自從一九四五年以來統治世界事務的兩個超級大國之中的一個消失了。儘管俄羅斯仍然是一個重要的大國，但是全世界所認識的冷戰走到了盡頭。一個新的全球政治時代開始了，雖然還有新的挑戰和挫折，但是人們可以期待更加和平的國際秩序。

蘇聯危機

如果沒有蘇聯在一九八五年開始的變化，中歐、東歐或蘇聯的變革或許都不會發生。至於改革派的蘇聯領導人米哈伊爾·戈巴契夫怎樣從蘇聯體制內部晉升到最高權力位置，這一點很難解釋，只能說國家處於困境，黨的領導本身感到絕望。戈巴契夫年輕時在莫斯科大學和斯塔夫羅波爾的農學院學習。他接受了一個本地區黨內專職職位，並得到了尤里·安德洛波夫（即將成為黨的總書記）和莫斯科其他領導的注意。一九七八年，他被任命為蘇聯專門負責農業的黨書記，這個職位給了他審視這個國家根深柢固經濟問題的獨特視角。

一九八○年，他成了政治局委員。一九八四年，安德洛波夫刻意培養他擔任黨的最高領袖職務。由於此前年老體弱的布里茲涅夫把持權力不放，他的兩個後繼者安德洛波夫和康斯坦丁・契爾年科上任不久即死在任中。這些令人沮喪的經歷促使政治局在一九八五年三月決定：應該有一個更強有力、更年輕的領袖。五十四歲的戈巴契夫當時絕對是最年輕的政治局委員。多年擔任蘇聯外交部長的安德列・葛羅米柯最後認可了戈巴契夫。據說他曾安慰那些存有疑心的人說：「他帶著溫和的微笑，但他長著鐵的牙齒。」

戈巴契夫馬上就表現出近來蘇聯領導人所沒有的魄力和銳氣。他的第一個任務是說服黨和國家相信，要想克服經濟停滯，就必須從根本上對經濟進行重新整合，即他所稱的改革。他所說的改革是對從史達林那裡繼承來的、至今只有微小改變的中央計畫經濟進行大刀闊斧的修改。不管這個舊制度對國家工業化的貢獻多大，儘管它經受了第二次世界大戰和戰後重建的檢驗，但它不適合現代工業世界。工業和農業急需擺脫各種限制以便發揮創造力，刺激生產力，提高質量，滿足消費者需求。戈巴契夫提出的建議是下放權力，工農業自主管理，結束黨和政府強加的僵硬管理並刺激生產力。他小心謹慎地推動改革措施，因為他相信規勸和緊迫感會帶來成效，然而他的呼籲和最初溫和的改革與盤根錯節的官僚既得利益發生了衝突。

為了經濟改革的成功，戈巴契夫必須得到全國人民的支持，並希望透過政治變革得到這些支持。於是，他呼籲公開，他把公開性和經濟改革聯繫起來。他的公開性意味著呼喚變革的權利，批評現行制度的自由，甚至重新審查過去的錯誤和惡行。儘管開始時只有比較有限的目標，但是不久就一發不可收拾。公開性導致了蘇聯社會前所未有的自由化，更大的出版自由，結束了數十年對政治、文化和知識生活的控制。赫魯雪夫「解凍」之後所壓抑的酵母又發酵了。報紙、戲劇、藝術以及政治言論史無前例地開放起來。二十世紀六○年代或之前寫的，但從來沒有得到准許出版或演出的書籍和劇本出版發行了，其中包括帕斯捷爾奈克的《齊瓦哥醫生》，甚至最終還有索忍尼辛的《古拉格群島》，即讓史達林的勞改營體系昭著於世。戈巴契夫允許物理學家安德列・薩哈羅夫，一個反對政府和持不同政見的主要人物，從流放地返回莫斯科，並積極參與政治生活。先前得不到准許出國的蘇聯猶太人，現在被准許大批向國外移民。整個氣氛有了明顯的改變。人民有了更多的自由，更少的恐懼。法典進行了修改，包含了一定程度的公民自由，准許自由表達，減少了員警違法行為。克格勃自身也置於公眾和法律的監督之下，戈巴契夫甚至談到了良心自由和宗教寬容，同時與東正教會就恢復關係進行談判。

　　一九八七年，在紀念布爾什維克革命七十週年時，戈巴契夫公開提到「史達林不可寬恕的滔天罪行」。當時計畫建立一座紀念史達林受害者的紀念碑，媒體還公開地討論受害者的總數，顯然有數千萬人之多。新歷史教科書以及重新改寫的黨史都在醞釀之中；戈巴契夫告訴人民不應該有任何「歷史或文學中被忘記的名字或空白點」。

　　雖然戈巴契夫沒有對共產黨做為蘇聯社會指導者的角色提出挑戰，但他顯然開始了一些限制權力壟斷的變革。由於記得赫魯雪夫如何在執政沒多少年之後就被趕下了臺，戈巴契夫開始為自己培植廣泛的群眾基礎。改革不能簡單地自上而下強行推動，他說：「人民需要的不僅是一個『好沙皇』。」一九八八年的憲法改革創立了國家立法機構，差額選舉將取代傳統的黨內定候選人制度。開始時著眼於建立更有效的經濟體制專家治國論，此時正把國家引向一場蘇維埃生活和社會的廣泛變革。

　　在更加自由的氣氛中，政府公布了長期以來扣押不報的可憐糧食收成，低效的國有企業和一九八六年車諾比災難之前發生的核事故資訊。在黨的會議上以及在新的人民代表大會上，公眾首次聽到對蘇聯社會的直率批評：關於貧困、腐敗、犯罪、酗酒和毒品的描述，對於醫療、衛生和房屋方面的嚴重不足，還有環境的惡化。數千萬──也許達到總人口的五分之一──的人口生活在貧困中。

　　戈巴契夫不久就認識到這個國家的經濟問題比他預想的更難以駕馭，但他還是堅持著漸進式改革計畫。私有企業和國有工業將來總要融入市場經濟，與外部世界接軌；外國貿易、投資資本以及與外國公司的合資企業將受到歡迎；蘇聯的管理者將得到鼓勵，走出去學習先進的（其中有些只是基礎的）商業和會計經驗。但是這些計畫有許多只停留在紙上談兵的階段，同時黨的官員和政府官僚們是上有政策，下有對策，使其他計畫有令不行，舊的經濟體制實際上沒有改變。戈巴契夫不敢更加迅速地轉向市場的競爭經濟，對於短期痛苦的混亂和政治動盪的憂慮，加強進行改革而不是全盤放棄舊體制的決心。

　　戈巴契夫在農業方面的改革也沒有滿足需要。由於他接受現存的國有農莊和集體農莊體制，他所做的只不過是允許更大管理上的自主權。生產並沒有增長。儘管有些姍姍來遲，他還是提出了更廣泛的農業改革政策，農民和農民家庭將得到允許以穀物繳租的形式，和國有農莊以及集體農莊合作，也可以耕種自己的土地；他們可以終生租借土地，甚至可以死後把土地使用權傳給孩子，只不過國家仍然是土地的合法主人。儘管戈巴契夫對獨立小農戶做了許諾，也只有百分之一的土地轉到私人手中。

　　但是他發動的憲法和政治變革大大地放鬆了黨的專斷控制。公開競爭的差額選舉於一九八九年三月舉行，這是自一九一七年以來的第一次，儘管大部分席位保留給了共產黨和各種國有單位。選舉人選出人民代表大會，人代會再挑選一個較小的、能經常開會的常任立法機構。兩者都有權提出立法建議和自由辯論的議題。一九九〇年，在另一次憲法改革中，人民代表大會模仿美國和法國樣本，創立了一個掌有廣泛執法權力的總統職位，並選舉戈巴契夫為總統。

　　戈巴契夫帶來了令人讚歎的政治變革，這是自從十月革命以來史無前例的。在大蕭條時期，西方的政治領袖們曾尋求透過改革來拯救資本主義道路，戈巴契夫也同樣專注於透過改革來拯救共產主義制度。然而這個國家仍然不團結，迷失了方向。兩種力量在分裂這個國家，一種力量是舊制度的衛道士，他們抵制戈巴契夫的改革；另一種力量是在中央立法機構中，以及各個動盪的加盟共和國新選舉出的議會中，新興的民主改革派，他們認為戈巴契夫的改革路走得還不夠遠，不管是在政治上還是在經濟上。隨著時間的推移，對他政策的讚揚被批評所取代，批評針對持續令人沮喪的經濟業績。他在發展市場經濟方面所採取的措施不夠果斷，有時甚至相互矛盾，不願意對集體化農業體制進行改革。他似乎決心鎮壓民族騷亂，拒絕各加盟共和國擺脫中央控制、尋求更大自由的要求。軍隊、工業官僚和黨仍然控制著局勢。

　　放寬中央專制控制，使這個國家長期以來被壓制的緊張民族關係凸顯出來。阿塞拜然和亞美尼亞為了爭奪阿塞拜然境內一塊以亞美尼亞居民為主的飛地而開戰；格魯吉亞和其他地方也爆發了暴力事件；蘇聯十五個加盟共和國全部提出了獨立要求。拉脫維亞、立陶宛和愛沙尼亞人都記得他們在兩次世界大戰之間那二十年獨立的美好時光，記得他們如何成了一九三九年蘇德條約的犧牲品，他們三分之一的人口如何在戰爭和戰後期間被殺害，或被驅逐出境，或被迫流亡。在「公開性」的更自由氣氛下，認為自己被迫困在蘇維埃帝國裡的各個加盟共和國，要求能夠擺脫蘇聯的控制。從戈巴契夫的立場來看，他當然願意創立一個聯盟顧問委員會就各共和國問題提出意見，但不會冒由於走得太遠而得罪舊制度衛道士的風險。

戈巴契夫和西方

　　隨著新時期的發展，共產主義意識形態和看待世界的觀點（後者導致並延長了冷戰）也轉變了，戈巴契夫放棄了意識形態鬥爭，引用科學和技術進步來說明需要「通向未來的一條不同的路」。在這個被核子、生態和經濟危險困擾的相互依賴的地球上，最值得關注的必須是「全人類的利益」和「普世人

權」。由於馬克思和列寧教育他們的追隨者抵制「普世」理想,這種反其道而行是令人驚訝的。

　　戈巴契夫改變了蘇聯是軍事威脅和世界革命推動者的形象。他在西方國家首都成了人們熟悉喜愛的人物,他的形象是談判家、外交家,常常是西方風格的政治家。他用行動履行著自己所說關於緩和的話。他從東歐撤走了軍隊和武器,與美國談判削減核武器的協定,結束了阿富汗戰爭,幫助解決了冷戰時期的地區衝突。他接受,甚至鼓勵東歐的改革,即使無法預見到這些改革將走多遠。他爲人權大聲疾呼,讚揚《赫爾辛基條約》所體現的準則,號召建立「共同的歐洲家園」。一九四五年後的冷戰是由於蘇聯革命意識形態和擴張主義而產生且加劇的,而蘇聯的做法又導致了美國的遏制政策和反討伐,現在人們看到了結束的希望。對戈巴契夫來說,做爲政策問題,緩和與削減軍備得以緩解軍事造成蘇聯經濟的負擔,緩和與國內改革同時進行。蘇美關係在一九八五年後,從二十世紀八〇年代初期的低谷一下就轉變了。一種新的、眞正的緩和精神出現了,使人們有了一九四五年以來從沒有見過對和平與裁軍的高度期望。

圖26-1　米哈伊爾・戈巴契夫在莫斯科附近會見種馬鈴薯的農民。米哈伊爾・戈巴契夫提
　　　　出經濟和文化改革,後稱爲「公開性」和「改革」。戈巴契夫期望改革能給蘇維
　　　　埃經濟的農業和工業領域帶來好處,他在工人和農民中推廣他的計畫。照片上是
　　　　一九八七年他(左邊微笑的人)在莫斯科附近和種馬鈴薯的農民見面。與農村的人
　　　　們接觸證明了他的開放精神,但是國有企業的改革走得不夠遠,沒有帶來農業生產
　　　　的增長。(TASS/SOVFOTO)

　　一九八一年，即雷根政府初期，蘇美之間關於限制戰略武器的談判恢復了，但是談判是在一種互不信任、猜忌、不停的軍備競賽氣氛中所進行的。尤其令人擔憂的是，二十世紀七〇年代末蘇聯在東歐部署了能夠擊中直徑為六百英哩到一千五百英哩範圍內目標的新中程核導彈。美國與它的歐洲盟國一起，也用同樣現代的美國核導彈在西歐加強了現存的防禦系統，並同時施壓蘇聯施壓，要求削減或撤走它們的核武器。美國導彈基地的建造在西歐引發了大規模的群眾抗議示威，但是西歐各國政府仍然堅定地支持這種做法。雷根在他的第一個任職期內沒有會見過年老多病的布里茲涅夫或他兩個身體欠安的繼任者。但是一九八五年，戈巴契夫出現之後，限制軍備的可能性出現了。與其前任不同的是，戈巴契夫把緩和看做幫助解決蘇聯病態經濟問題的手段，以及避免核時代災難的主要外交過程。從雷根方面來說，他對重建的美國軍事力量具有自信，在隨後的兩年半時間裡和戈巴契夫舉行了四次高峰會談。

　　一九八七年十二月，在華盛頓舉行的第三次會議上，美蘇總統取得了巨大突破，雙方同意把各自在歐洲部署的中程導彈撤走，戈巴契夫還同意減少中程核導彈的數量；蘇聯願意銷毀導彈的數量相當於美國銷毀的四倍多。更史無前例的是，蘇聯還允許美國核查武器銷毀過程，而且是現場核查，這一直是阻礙軍備削減的一個絆腳石。最後，兩國領導人同意繼續就削減戰略或遠端核武器進行會談。

　　在莫斯科和華盛頓的高峰會談上，兩國的總統與對方國家的人民都比以前有更親密的接觸。戈巴契夫曾在華盛頓擁擠的街道上進入人群中間；雷根站在莫斯科列寧墓的陰影裡公開談論蘇聯對持不同政見者的鎮壓，拒絕允許猶太人移居國外，宗教迫害和正在阿富汗進行的戰爭。戈巴契夫保證蘇聯從阿富汗撤軍，他稱這是一個「正在流血的傷口」，同時，戈巴契夫鼓勵東歐正在進行的大變革。一九九〇年，戈巴契夫和雷根的繼任者喬治·布希總統一起歡呼冷戰的結束。一九九一年，他們簽署了戰略核武器條約，保證各自國家把自己的遠端核導彈武庫削減大約三分之一。

中東歐共產主義的垮臺

　　與此同時，在二十世紀八〇年代中期，中東歐仍處在史達林式的黨閥統治之下，其中有些已經在位三十多年，對改革壓力採取專橫壓制態度。甚至在蘇聯的戈巴契夫改革之前，縫隙和裂痕就出現了。先前幾年的緩和，已經讓東歐國家能夠接受西方貸款和投資，以及與對方更緊密接觸。不同政見者呼籲承認

一九七五年《赫爾辛基條約》所保障的人權，蘇聯和東歐陣營國家都簽署過該條約。他們撰文談論結束一黨專政制度，以及總有一天要恢復人們可以不受國家擺布地「公民社會」的生活。

就像在蘇聯一樣，東歐的人們也在討論著自從二十世紀七〇年代以來一直停滯不前的中央計畫經濟的弊病。人們的積極性和生產力被窒息了，大筆資金維持著沒有競爭、沒有效率的國有壟斷企業。舊的工廠和工業基礎設施都在老化，環境在惡化；投資資本的匱乏阻止了新產業的成長。只有匈牙利有些下放權力的改革，採取了一些面向市場經濟的試探性措施。在東德這個中央計畫經濟的宣傳窗口，經濟增長減慢了，消費品匱乏。假設國有計畫經濟要繼續實行，許多人都提出新的市場競爭機制，刺激企業家和工人，鼓勵與外部資本主義世界合資。

波蘭：團結工聯運動

在二十世紀七〇年代和八〇年代，幾乎每一個地方都出現對經濟改革和政治自由化的要求，但是，以波蘭提出的最強烈。一九五六年後一直掌管波蘭大權十四年的瓦迪斯瓦夫·哥莫爾卡令改革者感到失望。他用軍隊鎮壓罷工，迫害教會領袖，在一九六八年准許了一場反猶太運動，對仍生活在波蘭的少數猶太人進行迫害。一九七〇年反對食品價格的騷亂之後，黨用有改革願望的愛德華·吉瑞克取代了他。吉瑞克開始依賴大量向西方借貸的雄心勃勃經濟發展計畫。開始時成果喜人，但是為了償還不斷增長的貸款，波蘭以損害國內消費為代價，擴大對外出口，經濟情況不斷惡化。

一九八〇年，食品價格上漲引起了廣泛的罷工潮，罷工從格但斯克的列寧造船廠開始並迅速蔓延。比較自由的政治氣氛使工人們能夠創建一個具有進攻性的獨立工會聯盟，即團結工聯，這類工聯在任何一個共產主義國家都是首創。它的領袖是鬥爭性很強的，做為民族抗議運動象徵的萊赫·華勒沙。很快的，團結工聯成為號稱有一千萬工農業工人會員的組織。得到教會的支持，工聯領導要求自由選舉，要求團結工聯在政府中占有一席之地，仍然處在布里茲涅夫時代的蘇聯人再次看到一個社會主義政府受到威脅。蘇聯給波蘭政府和共產黨施加巨大壓力，要求他們限制團結工聯，驅逐吉瑞克，把他們認為可靠、意志更堅強的雅魯澤爾斯基將軍推到領袖和總理的位置上。隨著罷工和示威的繼續，蘇聯軍事干涉的可能性增加了，雅魯澤爾斯基在一九八一年宣布軍事管制，取締了團結工聯並逮捕其領導人。

但是一旦團結工聯的力量受到限制，蘇聯干涉的威脅沒有了，雅魯澤爾斯

基卻選擇了不同的路線。爲了安撫工人，他解除軍事管制，發動了他自己的改革計畫；國際壓力對自由化也發揮了作用。約翰·保羅二世，即羅馬天主教會的第一個波蘭教皇，在一九七八年被選爲教皇訪問波蘭時，鼓舞了大規模的示威遊行。而華勒沙在一九八三年榮獲諾貝爾和平獎。

圖26-2　獨立的波蘭工會運動——團結工聯，在二十世紀八〇年代初期獲得了數百萬人的支持。團結工聯組織罷工和示威，要求提高工人工資和共產主義政治制度的大改革。這些示威者於一九八〇年十一月在華沙法院大廈外面集會支持團結工聯。團結工聯在次年軍事管制後被鎮壓了，但是波蘭共產黨永遠也不能摧毀這個運動的民眾支持。團結工聯最終在二十世紀八〇年代末進行的自由選舉中控制了波蘭第一個新政府。（Getty Images）

雅魯澤爾斯基的努力並沒有改進經濟和平息廣泛的不滿情緒。同時在二十世紀八〇年代後期，戈巴契夫在蘇聯的自由化改革鼓舞波蘭進一步改革，也表明蘇聯不會干涉和限制東歐的自由化。人們越來越認識到「布里茲涅夫信條」已經死了，這甚至鼓勵了波蘭共產黨內的一場改革運動。

一九八九年，雅魯澤爾斯基和黨的領導批准了議會選舉，雖然在選舉中必須保證共產黨得到固定數量的席位，但是團結工聯和其他群體可以自由地提出候選人。在波蘭四十年來的第一次公開選舉中，團結工聯在所有競爭的席位中獲得了壓倒性的勝利。一個由團結工聯領導的聯合政府內閣成立了，共產黨只是少數派。共產黨採取措施把自己轉變成西方式的社會主義黨，但是很多黨員退黨了。

　　新政府立刻行動，沿著自由市場路線改革經濟體制。一九九〇年當選的總統華勒沙和他過去的戰友之間出現了深刻的分歧，從前的共產黨員也重新在政治上冷靜下來，然波蘭從此把自己的命運掌握在自己手中。

匈牙利：改革變成革命

　　在匈牙利，一九五六年由共產黨自己發動的改革嘗試得到粗暴的干涉，蘇聯派出了軍隊和坦克鎮壓了這場「反革命」。黨的領袖伊姆雷‧納吉和叛亂的其他領導人被絞死。後來的三十二年裡，強硬保守派亞諾什‧卡達爾掌管國家。但即使在卡達爾領導下，雖然沒有放鬆黨對政治控制的壟斷，也有偏離僵硬的中央計畫經濟的傾向，鼓勵一定程度的私有企業並轉向西方需求資本投資。有一段時間，經濟擴大了，生活水準提高了，但是有限的經濟改革沒有造成根本上的變化。一九八五年後，隨著蘇聯戈巴契夫改革（其中有一部分是效仿匈牙利的樣本推行的），匈牙利又出現了一種新的政治和社會變革的動力。

　　一九八八年，匈牙利共產黨急切希望鼓勵變革而又欲要把持權力，把卡達爾擠下臺。新領導對反對黨和多黨選舉採取開放態度，並開始著手黨─國家機器的解體工作。新領導解散了共產黨，並按照社會主義黨和社會民主黨方式對它進行重組，同時各種各樣的獨立政治群體均湧現出來。共產黨自己發動的改革變成革命，而且是不流血的革命。新領導把一九五六年的叛亂重新評價爲進步運動，並莊嚴地譴責那些要求蘇聯干涉的人。納吉的遺體被人從一個很普通的墳墓裡挖出來，又當成英雄重新下葬。掃清一九五六年的屈辱之後，匈牙利重新堅持民族獨立，恢復自治政府和公民自由，爲面向市場的經濟和多元化民主開闢了道路。

　　匈牙利的發展態勢加速了更大事件的到來。新匈牙利在面向西方的同時，象徵性地拆毀了與奧地利邊界上的一段鐵絲網牆。幾個月之後，即一九八九年九月，大批在匈牙利度假的東德人尋求到西方避難時，匈牙利開放了與奧地利的邊界，允許東德人出境。自一九六一年以來，東德人第一次找到了離開他們國家的安全出路。

德意志民主共和國：革命和重新統一

　　由於戈巴契夫對改革的肯定態度，東歐的變化會加速，這是可以理解的，但是他和任何人可能都沒有料到東歐變化的規模會有多大。在德意志民主共和國、捷克、保加利亞和羅馬尼亞這四個國家裡，一九八九年春天還看不到任何與共產黨分享權力的可能性，革命性轉變的可能就更不用想了。然而，就在那

一年底，這幾個國家裡所有的共產主義政府都垮臺了。

在德意志民主共和國中，從一九六一年以來在位的埃里希‧昂納克採取了反對改革的頑固態度。雖然東德能夠宣稱擁有最強勁的經濟和東歐最高人民平均收入，但東德公民所能享受的舒適條件遠遠不能和西德公民相比。一九六一年修建的柏林圍牆仍然阻擋著東德人大批逃亡到西方。雖然昂納克在一九七〇年後同意維利‧勃蘭特於一九六九年東方政策所提倡的與西德更緊密的經濟和政治關係，但是他拒絕在國內放寬控制。東德人激動地注視著在蘇聯的改革和在波蘭及匈牙利發生的事件。當一九八九年秋匈牙利開放了讓他們出國的通道後，數千人趕緊抓住了這個機會。棄國出走的涓涓細流很快匯成了逃亡的洪流。東德人，特別是技術工人和專業人士，逃離德意志民主共和國的政治壓迫和枯燥的生活，而奔向德意志聯邦共和國，那裡的法律允許他們做為德國人獲得公民權，並得到房屋和就業方面的財政幫助。截至一九八九年底，一千七百萬東德人中已經有三十五萬人逃離，而更多的人在一九九〇年最初幾個月逃出這個國家。

反對東德政府的示威高漲時，戈巴契夫明確告訴昂納克不要指望蘇聯派兵東德去拯救這個政府，他甚至警告不要用武力阻止改革。在萊比錫，十多萬示威者在教堂集會，遊行隊伍舉著點燃的蠟燭，莊嚴地穿過街道，高呼黨和政府領導辭職，以及結束員警國家的統治。共產黨迫使昂納克辭職。

新領導提出選舉的許諾，並肯定了不受限制的自由旅行的權利。一九八九年十一月九日，當政府開放柏林圍牆這個人們深惡痛絕的限制自由象徵時，這個障礙物兩側激動的柏林人把它推倒了。朝向西德的大規模逃亡仍在繼續著。這個時候，就算是新的遷徙自由、終止新聞檢查制度、新議會對國家保安部隊的監督和對自由選舉的保證都不能令人滿足。多年來，在東德普通老百姓受苦受難的同時，昂納克和共產黨的高級領導人享受著糜爛的、紙醉金迷的生活。看到對腐敗資訊的公開報導，東德人義憤填膺，怒火中燒。現在，整個黨的結構垮了。政治局和中央委員會都提出了辭職，昂納克和其他人被逮捕，並受到腐敗和貪汙的指控，更年輕的改革者們接管了權力。來自各種反對組織的代表對這個「溫良恭儉讓」的革命感到欣喜若狂，和前共產黨改革派代表會見，共同監督新制憲政府。許多人仍然憧憬著一個社會主義的民主新政府。

德意志民主共和國一旦不再是共產主義東德了，要求德國重新統一的壓力便開始增長。西德的基督教民主黨總理赫爾穆特‧科爾採取主動行動，爭取統一兩個德國。對很多戰時盟國來說，統一的德國的前景——大約八千萬人口，世界上最強大的經濟體之一——能激起對過去魔影的回憶。「德國問題」又

圖26-3 　一九八九年十一月拆毀柏林圍牆，為東歐共產主義政權的垮臺提供了物質和象徵性
　　　　證明。狂歡的青年拆毀柏林圍牆，以發洩他們長期壓抑的政治憤怒，標誌著東德非
　　　　暴力革命的高峰。不出一年時間，兩個戰後的德國聯合在一個新的、擴大了的德意
　　　　志聯邦共和國裡。西德面臨著把兩個不同社會融合進一體化的國家政治制度裡的社
　　　　會和經濟挑戰。（Robert Wallis/Sipa Press）

重新浮出水面，整個戰後問題解決的格局都成了問題。由於從來沒有簽署過最
後的和平協議，統一問題必須得到第二次世界大戰的四大盟國的批准。猶豫是
肯定有的，特別是法國和英國，但是像美國所聲稱的，在結束戰爭四十五年後
要否定德國人民的自決權是很困難的。再說，德意志聯邦共和國已經保證了民
主制度。可以有信心地說，重新統一的德國能夠把東德融合進來，並依然保持
成為民主西歐和歐洲共同體的一部分。儘管納粹時期犯下了難以言狀的罪行，
堅持對一個民族的特性一成不變的成見，或由於過去的暴行而懲罰後代的做
法，是沒有道理的。

　　德國的統一進展迅速。四大盟國，包括蘇聯，批准了德國的統一並放棄了
他們的占領權。德國批准了先前把東部領土劃給蘇聯和波蘭的割讓，並保證德

國和波蘭邊界不可侵犯。兩個德國合併了它們的經濟，西德馬克成了共同的流通貨幣。一九九〇年十月三日，兩德正式統一，成為擴大了的德意志聯邦共和國，擬將幾年後定都柏林。第一次全國選舉，在德國統一中發揮關鍵作用的科爾總理和他的基督教民主黨贏得了壓倒性的勝利。雖然大選後的振奮很快就被如何將徹底腐朽了的東德經濟吸收並現代化這個巨大的問題抵消，但是德國已經在民主的框架下重新統一了。

捷克：「89是顛倒了的68」

在捷克斯洛伐克，於一九六八年蘇聯軍隊無情地鎮壓的「布拉格之春」之後，上臺執政的頑固派領導人不同意戈巴契夫在蘇聯的改革，並在國內壓制不同意見。但是持不同政見人士越來越多，而且影響越來越大。一九七五年的《赫爾辛基條約》形成的一個「七七憲章」知識分子組織，成為從事反獨裁鬥爭的聚會場所。捷克的公眾帶著極大的興趣關注著波蘭、匈牙利和東德共產主義政權的解體。一九八九年示威遊行爆發的時候，政府逮捕了持不同政見的領袖，但是布拉格數千名示威者高呼釋放被監禁的異見人士，並要求政府辭職。改革者們以鬆散聯盟的形式聚在一起，持不同政見的作家瓦斯拉夫・哈韋爾成了他們善於鼓動的領袖。哈韋爾是一個公開反對政府的人，先前曾由於觀點不同而屢遭迫害和監禁。

示威越來越厲害。當三十五萬示威者於十一月四日在布拉格憤怒地要求結束一黨專政，準備全國總罷工並要全國停產的時候，政府和黨的領導立刻都辭職。亞歷山大・杜布切克，一九六八年的英雄，和一個新的銳意改革的共產黨總理戲劇性地出現在陽臺上，他們任命反對黨領袖進入內閣，採取了保證自由出版和自由選舉、解散祕密員警等措施，廢除了大學裡的馬克思列寧主義必修課。共產黨四十一年的權力壟斷結束了。哈韋爾擔任臨時總統，領導一個新的內閣。戈巴契夫採取措施，撤退了自從一九六八年就駐紮在那裡的七萬五千名蘇聯軍人。有人在激動中注意到：「89是顛倒了的68」。人民在這場「天鵝絨」革命中沒有流血就控制了這個國家。

在前東歐集團的所有國家中，捷克具有最強的民主傳統。儘管有長期的民族關係的緊張，捷克在兩次大戰期間的歲月中仍發展了真正的議會民主，在「二戰」後是東歐國家中最後一個歸於共產黨領導的國家。儘管它有著前東歐集團最強的經濟，但仍遠遠落在西方後面，並需要注入大量資本來使其舊技術現代化。捷克迅速朝著市場經濟和多元化民主社會發展，即現在新當選的共和國總統哈韋爾和其他人所努力爭取的公民社會。但是在三年裡就發生了一個難

以預料的政治過程。當斯洛伐克的政治領袖為斯洛伐克獨立而施加壓力的時候，這個國家分裂了。有些斯洛伐克人自一九一八年以來就一直在尋求獨立。經過討價還價，一個和平分裂國家的解決辦法在一九九三年一月達成，捷克斯洛伐克分成了捷克和斯洛伐克兩個獨立的主權國家。

保加利亞的宮廷革命；羅馬尼亞的流血

即使溫順如保加利亞這個國家，也受到了新革命蔓延的影響。索非亞發生大規模示威遊行，來自黨內的壓力迫使統治國家三十五年的黨魁辭了職。取代他的前外交部長保證進行議會選舉和經濟改革。新政治群體出現了，雖然沒有凝聚力，但對改革也能施加足夠強大的壓力。

保加利亞的革命基本上是黨內的宮廷革命，但也是對民眾不滿情緒做出的反應。問題是，有改革願望的前共產黨領導人是否能與新出現的反對派攜手創建真正的民主。這樣的前共產黨員像其他地方的其他人一樣，把自己重新叫做社會主義者。

只有在羅馬尼亞，事態於一九八九年轉向了暴力。事情一開始的時候，革命似乎不可能到達布加勒斯特。自從一九六五年以來，羅馬尼亞最高領導人尼古拉·齊奧塞斯庫一直緊緊地控制著黨和政府，在他妻子和家族的幫助下統治國家，並圍繞他本人建立起了個人崇拜。他憑藉人數眾多的私人保安維持等級森嚴的寡頭統治，此外偏愛保安部隊超過了正規軍。他的史達林式的野心是把一個落後的農業國家轉變成現代工業社會，不管付出多少人的代價。為了實現他的現代化計畫，他向西方大筆借貸，但是為了不受外界的干涉，他堅持認為國家要定期地償還債務的沉重利息。他用國家的資源修建了巨大的總統府，所有異見人士都置於嚴密的監視和控制之下。齊奧塞斯庫的特別之處在於他和莫斯科分道揚鑣，以及在外交和軍事事務方面的獨立態度。與華約組織的其他成員不同的是，他在阿以戰爭中支持以色列，並且在一九六八年拒絕參加對捷克的入侵。

整個一九八九年的革命之秋，齊奧塞斯庫無視中歐和東歐的動盪。但是，十二月在一個大省的省會蒂米什瓦拉爆發了抗議活動。軍隊拒絕向示威者開火，齊奧塞斯庫的保安部隊取代了軍隊，殺死數百人。消息傳開，點燃了新的抗議活動。當保安部隊試圖鎮壓布加勒斯特的示威時，憤怒的人群迫使他逃離了首都。

保安部隊和支持革命者的正規軍之間戰鬥持續了好幾天，直到保安部隊被消滅。齊奧塞斯庫和他的妻子在外省被逮捕，並被行刑隊槍決。由齊奧塞斯庫

政府從前的官員和新反對派領袖組成的民族救國陣線接管了權力。

中東歐的一九八九年革命

　　除了羅馬尼亞以外，人民不是用槍桿子，而是舉著標語和蠟燭進行革命。波蘭團結工聯早期的鬥爭和蘇聯戈巴契夫的自由化，使中歐和東歐的革命變化成為可能。鬱積的不滿瞬間爆發，突如其來的程度讓最細心的觀察家都感到意外。由於許諾為了蘇聯的經濟而縮減經濟和軍事的義務，戈巴契夫接受了東歐各國共產主義政府終結這個事實。

　　在緩和的年代裡與西方不斷增長的經濟聯繫和接觸、《赫爾辛基條約》、團結工聯的挑戰，還有持不同政見人士的勇氣，都為這次改變鋪平了道路。但主要是戈巴契夫發出的蘇聯不會對其邊界以外的事務進行干涉的明確信號，才讓一系列令人目瞪口呆的事件成為可能。東德人的大逃亡象徵著所有東歐人民從「鐵幕」後面逃離的願望。如果任何一個前東歐政府選擇使用軍隊和員警全力進行鎮壓的話，那麼，只由一個道義的事業武裝起來的革命者們很難看到成功的可能。東歐的上層統治者，由於沒有了蘇聯給他們打氣，屈服了。他們乾脆就沒有在一個失去合法性和可信性的制度下繼續統治的意志，即使在控制著這種制度的那些人中也是如此。

蘇聯的垮臺

　　在東歐令人眼花繚亂的發展被人們完全搞明白之前，一個更加劃時代的事件發生了。一場幾乎是不流血的革命，在一九九一年，在世界共產主義的心臟發生了，毀滅了一九一七年十月革命的成果，結束了共產黨四分之三個世紀的統治。蘇維埃社會主義共和國聯盟，這個過去沙俄帝國的繼承者，解體成為它的加盟共和國。俄羅斯重新出現在世人面前。

　　這個具有強大的軍事和員警機器、似乎堅不可摧的政權怎麼會垮臺呢？我們已經看到，一九八五年之後幾年裡，戈巴契夫怎樣開放了蘇聯社會以便振興這個制度，同時又避免採取可能結束共產黨專政的更大舉措。戈巴契夫在改革派和強硬保守派之間來回搖擺。戈巴契夫是個優秀的政治策略家，沒有任何一個人可以像他那樣改變黨和國家到這種程度，然而，人們對他的印象是，他似乎不知道他最終要允許多大程度的轉變。舊制度的衛道士們看到蘇聯失去對東歐的控制而感到更加氣惱。同時，經濟情況惡化了，到一九九〇年時，生產大大下降了。戈巴契夫嘗試了一個又一個的計畫，但是經濟結構實際上仍然沒有轉變。再者，正如人們預料的，不僅幾個波羅的海共和國，就連俄羅斯本身和

蘇聯的其他加盟共和國都在為了得到主權而施壓，尋求自治政府和控制他們自己的政治與經濟命運。

「悄悄的政變」

一九九○年秋，戈巴契夫再一次運用策略，他任用守舊派的官員取代了改革派部長和其他重要官員，這和他的改革計畫是不一致的。他迅速地放棄了旨在放開價格、迅速轉向市場經濟的重要「五百天」經濟計畫。這個計畫還可能限制軍事撥款，並給予各共和國更廣泛的經濟權力。現在他似乎要部署軍隊阻止波羅的海共和國的分裂主義，因為這幾個共和國先前在一九九○年春天就宣告了獨立。一九九一年一月，蘇聯軍隊顯然在沒有事先得到戈巴契夫批准的情況下擅自用武力鎮壓了立陶宛示威者，造成人員傷亡，人們憂慮軍隊下一步會做出什麼舉動。

民主改革派對事態的變化越來越警覺。有些人談到「改革共產主義浪費的六年」和一場「悄悄的政變」。他們得到的結論是，不搞垮整個中央計畫體制就不能解決國家的經濟問題；每一個共和國必須被准許決定自己的命運。對改革派來說，戈巴契夫是進一步改革的障礙；反過來說，他也對改革派越來越敵視，並相信只有他知道改革的恰當速度。

改革派轉向了一個政治人物，這個人表面上似乎不可能被他們選為領袖。伯里斯・葉爾欽，言談舉止生硬而直率，絕不像一個知識分子。他的個人風格，與態度平和、和藹可親、溫文爾雅的戈巴契夫有強烈的反差。但是葉爾欽很了解共產黨及其所有的祕密，他曾是莫斯科的黨書記和政治局委員。一九八七年，他公開抨擊特權、巧取豪奪和黨官員明顯的鳩占鵲巢現象。他曾被解職、在報紙上受過批判，並被派到毫無晉升希望的政治職位上。由於受到戈巴契夫和黨的羞辱，他在民主改革派中找到了盟友，他們也把他看做親民的人物，可以透過他來聚集公眾的支持。改革派幫助葉爾欽去掉稜角，修飾邊幅，對他進行政治上的再教育，把他轉變成了一個有聲望的反對派領袖。

一九八九年三月，葉爾欽被選進蘇聯的立法機構，並發揮了反對派的關鍵角色。但是，在他的政治盟友鼓勵下，他轉向了新的、似乎沒有前途的權力基礎——俄羅斯議會，即俄羅斯共和國的立法機構。葉爾欽在一九九○年選入俄羅斯議會後，成了議會主席，並利用這個職位加緊了對戈巴契夫、蘇共和中央政府的批評。然後，利用戈巴契夫的一個讓步，即允許各加盟共和國透過民眾直選總統，他在一九九一年六月以壓倒性多數戰勝他的共產黨對手，榮任俄羅斯共和國總統，成了俄羅斯歷史上第一位大眾投票選舉的總統。這是一個巨大

榮譽，連戈巴契夫，這個只由蘇維埃代表大會選舉的蘇聯總統，都無權享有這個榮譽。（在葉爾欽當選的同時，俄羅斯第二大城市投票把列寧格勒的名稱又改成聖彼得堡，這是該城市在一九一四年以前的稱呼。）葉爾欽從他新的、強大的權力位置上提出要求，要求立刻批准三個波羅的海共和國獨立，以及俄羅斯和其他蘇聯加盟共和國的自治。

由於戈巴契夫致力於國家和聯盟的完整，立刻與各共和國總統開始了談判。他同意讓步並給予十五個加盟共和國更多的自治權，包括莫斯科一直緊緊抓住不放、許多對經濟和財政資源的控制權。三個波羅的海國家堅持要求完全獨立，拒絕參加談判，政治陷於內部動盪的格魯吉亞也沒有參加。但是，一九九一年八月，俄羅斯共和國和另外八個共和國同意在戈巴契夫的「聯盟條約」上簽字。該條約創立了一個框架，允許各加盟共和國在一個新的政治聯盟中分享權力。

流產的八月政變

在黨內、軍內和祕密員警內的守舊強硬派看來，這個條約是搞垮蘇維埃政權的最後一擊，即一九一七年革命和隨後的內戰結束以後，列寧最初在一九二二年締造的聯盟終結。儘管蘇聯憲法規定了各加盟共和國的主權和聯盟體制，但實際上是口惠而實不至，蘇聯從一開始就是俄羅斯統治的中央集權國家，實際上是沙俄帝國的繼承人，經過史達林時代更是如此。放棄聯盟是許多守舊派所不能容忍的。在簽署條約的前一天，有八個保守派分子組成的一個小集團採取奪權行動。他們由黨和政府的高級官員組成，其中有克格勃的頭頭和蘇聯陸軍司令。所有的關鍵人物都是戈巴契夫任命的。幾個搞陰謀的人，其中有戈巴契夫私人內閣的頭頭，來到戈巴契夫在克里米亞的避暑別墅，可能想要把他說服到他們那一邊。在軟禁的情況下，他拒絕合作或屈服於壓力，這一群人便宣布了一個國家緊急狀態委員會，取代戈巴契夫。

發動政變的叛亂派指望政變一舉成功。他們相信，只要簡單地炫耀一下武力，國內的反對聲浪就可以平息。但是，他們打錯了算盤，低估了國內活躍的新生政治力量。戈巴契夫拒絕承認這群搞陰謀的人。在莫斯科，葉爾欽召集蘇聯議會為戈巴契夫辯護，警告支持政變者的嚴重罪行必將受到法律指控，號召民眾支持，反對炫耀武力。這時候他的聲望大增。但是沒有開槍。至少一個克格勃分隊拒絕服從攻擊的命令，其他坦克隊伍也是慢吞吞地前進。街道上出現了一些零星的戰鬥，死了三個市民。四天之內政變就失敗了。陰謀團夥原來只是些不中用、優柔寡斷、笨手笨腳的傢伙。在這次事件過程中，黨的中央委員

會沒有大聲疾呼，沉默似乎就是對流產政變的默許。

戈巴契夫大難不死，回到莫斯科。他以勇氣證明了他是不受保守派控制的，現在他要走得更遠。由於蘇共在這次事件中成了政變同謀，他辭去了蘇共總書記職務。但是，他依然沒有明白事態已經走遠了。他相信只要讓人取代這些叛徒並「重振改革大業」就足夠了。他再次辯護說，「社會主義」是「一九一七年所做的選擇」，並強調必須保持蘇聯的統一，以使國家不會瓦解。

葉爾欽選擇了一條截然不同的路線，並迅速、堅決地採取行動。他以俄羅斯共和國總統的身分發布了一系列命令。在俄羅斯全國暫時禁止共產黨活動的同時，把共產黨的大筆財產和黨的檔案和文件轉交給國家。不久在莫斯科召開蘇聯全國代表大會，批准將在全國範圍內適用這些命令，然後又投票批准解散蘇聯。從多種角度說，流產政變後所發生的事件是戈巴契夫六年改革時代的高潮。但是這個一黨專政政府在葉爾欽手下的解體是一場革命。

先前的政體所遺留下來的，只剩下一個由戈巴契夫主持、各共和國總統組成的聯邦議會。它立刻承認了三個波羅的海國家的獨立。對於蘇聯整個國家，戈巴契夫仍然希望能夠挽救他原來的想法，即一個既准予各加盟共和國自治又保留中央權威的「獨立國家的聯盟」。但是各共和國施壓要求完全獨立，在那次笨拙的政變之後，人們對中央權威的敵視態度增加了。正是那些曾經親自鎮壓過分裂運動的共產黨領導人，現在都變成了民族獨立運動的領袖，比如烏克蘭蘇維埃社會主義共和國的情況就是這樣。

八月政變之後，烏克蘭蘇維埃社會主義共和國立即宣布獨立，國名為烏克蘭（英文名前面不再有定冠詞）。十二月，葉爾欽宣布，沒有了烏克蘭，俄羅斯也不能留在聯盟內。所以，三個斯拉夫語國家──俄羅斯、烏克蘭和白俄羅斯，這三個在一九二二年十二月最初創立蘇維埃社會主義共和國聯盟的先驅解散了蘇聯。戈巴契夫辭去總統職務，葉爾欽立刻進駐了他在克里姆林宮的辦公室。

蘇聯的其他加盟共和國也同意蘇聯的解體。一個叫做獨立國家國協的鬆散組織誕生了，它是由俄羅斯及其他十個共和國組成的[1]。波羅的海國家先前已經走上了自己的路，仍然處在動盪中的格魯吉亞直到幾年後才加入獨立國家國協。蘇維埃社會主義共和國聯盟，這個在將近七十年中都是世界上最大的多民族國家，橫跨地球表面六分之一和十一個時區，擁有大約三億人口，第二次世界大戰後的四十多年中的兩大超級大國之一，做為一個地理實體乾脆就消失了。俄羅斯仍然是全世界面積最大的國家，也是一個多民族的國家，繼承了蘇

聯在聯合國安理會的永久席位。

　　戈巴契夫回到了私人生活，宣布完成了他一生的「一件大事」。他必須被視爲歷史上最偉大的改革家之一。人們所說的「戈巴契夫因素」的影響不可估量；他的悲劇在於他沒能建立一個新的制度去代替他所破壞的共產主義制度；他刮起了最終難以控制、不可駕馭的強大改革狂風；他大大地改變了原來的體制，而又拒絕承認必須讓整個體制解體；最後，他成了舊制序的危險、新秩序的障礙。對過去強大對手的倒臺，葉爾欽毫不掩飾自己的滿足。他這樣評價戈巴契夫：「像全世界一樣，我們尊重他所做的一切，特別是一九八五年和一九八六年開始提出改革的最初幾年裡所做的。」那以後，他說道，「錯誤」開始了。美國著名外交家、歷史學家兼蘇聯問題專家喬治・肯南預言，最終俄羅斯將會把戈巴契夫看做「使它擺脫枷鎖的人」，即使「他不能到達希望之鄉」。然而，現在還不到蓋棺論定的時候。對於這個曾經叫「蘇聯」的廣袤大地和眾多人民來說，對於一九九一年的俄羅斯和葉爾欽本人來說，未來還有許多不確定因素，這個未來與全世界的利益息息相關。

圖26-4　一九九一年八月，伯里斯・葉爾欽對共產黨守舊派發動的反米哈伊爾・戈巴契夫政府未遂政變的堅決反對，鞏固了葉爾欽當時做爲最受公衆愛戴的政治人物地位。照片上他正向聚集在議會大廈外面支持蘇聯政治改革的一大群人揮手。（Reuters/CORBIS）

蘇聯和東歐之後

二十一世紀初，在世界上人口最多的國家中華人民共和國，以及北朝鮮、越南和古巴等小國裡，馬克思列寧主義意識形態仍然被堅持著。阿爾巴尼亞，這個歐洲最後的共產主義政權和最貧困的國家，在一九九一年結束了共產主義。我們將要看到，南斯拉夫在結束了共產主義之後的解體是單獨發展的。在西歐，特別是在法國、義大利、西班牙和葡萄牙，曾經強大的共產黨重新認識了他們的信仰，有的放棄了黨的名字，以便適應變化了的形勢。馬克思主義是在十九世紀中期為反映工業資本主義的不穩定和不平等而誕生，它將做為一個學術分析工具，在全世界範圍存在下去。

革命帶來的變化，使創造民主多元化的社會成為可能，在這種社會裡，公民能夠透過責任政府決定自己的政治和經濟的未來，但是不保證它的實現。通向民主和自由經濟的路是不平坦的，如果民主政府不能扎根，新的專制政黨和壓迫的政府還會捲土重來。革命變化公開了很多見不得人的醜聞，這預示著陰暗的未來——反猶主義、異族恐懼症、民族沙文主義和復國主義，所有這些，在人們由於不滿而尋找發洩情緒的代罪羔羊時，很容易就會動員起來。

俄羅斯、其他前蘇聯的加盟共和國，以及中歐和東歐的國家進入了舉步維艱的過渡期。原則上，他們把政治制度過渡到代議民主制，把中央計畫經濟轉變成競爭性市場經濟。但是舊秩序的官僚和管理人員仍然常常在新的名義下繼續控制，特別是在俄羅斯，很多人利用他們在舊制度裡的特權地位積累知識和關係網，在新的私營企業裡撈取錢財。儘管有了國際援助，新政權還是得努力應付自由市場、資本主義經濟、新技術和全球金融系統提出的令人不知所措的挑戰。

市場經濟可能有很多種形式。在中東歐，國家一直發揮很大的作用，新政權不太可能轉到對私營企業不加干涉的、純粹的放任模式上去，這即使在最資本主義的西方經濟中，實際上都是不存在的。政府依然要積極參與，努力保障保護性的社會服務網絡。至於社會主義，儘管在美國很不得人心，民主社會主義和社會民主在歐洲還是很有吸引力的。蘇聯的經驗玷汙甚至毒化了社會主義的形象，但是它的平均主義涵義，與歐洲各種社會主義黨和社會民主黨提出的尊重民主和個人權利聯繫起來時，仍然具有吸引力。同時，所有西方或其他地方具有資本主義市場經濟和民主政治制度的國家，都受到同樣的挑戰，即創造能夠克服經濟不穩定、個人不安全、失業，以及經濟不公正的社會。民主和市場經濟提供了達到令人滿意目標的手段，而不是最後終極目的本身。然而，人

們普遍認爲，繁榮和高產量在克服社會不平等方面的貢獻，要比根本實現不了的烏托邦大得多。

一九九一年後的俄羅斯

一九九一年底，克里姆林宮上空的俄羅斯國旗取代了蘇聯的鐮刀斧頭旗。從一九九二年一月一日起，蘇維埃社會主義共和國聯盟不復存在。十五個蘇維埃共和國成爲獨立國家。從前蘇聯基礎上脫穎而出的俄羅斯正式成爲俄羅斯聯邦，它包括二十一個「聯邦共和國」和爲數眾多的少數民族聚居地區。俄羅斯的面積相當於美國的兩倍，人口接近一億五千萬，儘管處在絕望的經濟困境中，但仍然是一個重要的世界強國。

圖26-5　俄羅斯聯邦，二○○○年

地圖顯示俄羅斯聯邦的領土，一九九一年前蘇聯解體後出現最大、最重要的加盟共和國。斜線表示前蘇聯的其他共和國，它們集中在俄羅斯聯邦的南部和西部。俄羅斯聯邦本身包括二十一個「加盟共和國」，其中包括車臣，俄羅斯人在車臣進行了鎮壓車臣獨立運動的軍事行動。俄羅斯聯邦有廣袤的土地，是世界上最大的國家。然而，大部分土地上人口稀少，俄羅斯人口一直在下降。聯邦擁有一億四千四百萬人口，在二○○五年列世界人口第八大國。

國際上最爲關注的緊迫問題是前蘇聯的核武器。葉爾欽先前曾與其他共和國達成一項協定，根據協定，只有俄羅斯將保留核武器。雖然五分之四的核武

器部署在俄羅斯領土上,但烏克蘭、哈薩克和白俄羅斯也擁有核武器。美國透過斡旋達成了一項協議,這三個國家同意拆毀他們的核武器,且將得到財政援助以做為報答。俄羅斯不久就根據一九九一年與美國達成的削減武器條約,開始拆除巨大核武庫的第一階段的工作。

新俄羅斯像晚年的蘇聯一樣,面臨分裂主義的威脅。幾個「聯邦共和國」採納了自己的憲法、國旗和國歌,而且不久後就享有了擺脫莫斯科的實際上獨立。只有在南部的車臣共和國,分裂主義威脅成了現實,不久,俄羅斯就捲入了一場阻止車臣分離的消耗戰爭。同時,一直居住在前蘇聯其他地方的兩千五百萬俄羅斯人,在居住地被視為外國人,有時還會遭受如敵人一樣的對待。

在國內事務中,葉爾欽面臨嚴重的經濟問題。他和他接二連三任命的政府總理在市場經濟過渡方面都沒有取得成效。在葉爾欽就任總統的前四年裡,生產力減少了,盧布貶值了,生活水準也下降了。生活有時對普通公民來說比共產主義倒臺之前更加艱難。大區政府和地方政府常常不聽莫斯科的指揮,甚至連賦稅都不願上交。在俄羅斯全國各地,政府權威的衰敗造成了廣泛的腐敗和犯罪。

儘管美國和國際借貸機構投入了大量資本,俄羅斯經濟和金融機構仍然混亂不堪。在開始應付一段時間之後,葉爾欽轉向任命一位精通西方經濟的經濟學家擔任他的主要顧問和經濟部長,他相信迅速過渡到市場經濟將會是最不痛苦的方式。從一九九一年末開始發出的一系列命令,取消對價格的調節,結束或削減對國有企業的補助,並著手私有化進程。但是,到了一九九二年春,大部分俄羅斯人的生活水準大大下降了,而私有化讓那些以極低價格購買前國有企業的人致富。由「強盜大王」組成的工業和金融寡頭集團發展了一種裙帶資本主義制度,同時,透過遊走於法律邊緣的方式,一個由類似販毒集團掌控的地下經濟出現了。

經濟的失敗加劇了葉爾欽與議會的鬥爭。議會裡有一群包括共產黨員和民族主義者組成的人,他們拒絕緊縮計畫,並攻擊讓價格上漲的「精英理論家」。一九九三年春,受到挫折的葉爾欽呼籲全國支持一部新的、規定「一個強有力總統負責的共和國」憲法。同年九月,葉爾欽解散了議會,要求舉行新的選舉和就他提出的新憲法舉行全民公決。有兩個星期的時間裡,立法者們譴責他解散議會的做法是「一場政變」,拒絕離開議會大廈。示威者在議會領袖們的鼓動下,威脅說要準備起義。葉爾欽認為必須行動了。十月四日,坦克向議會大廈開火,大廈起火。議員們被疏散,議會領袖被逮捕。衝突中,有一百

多人喪生，更多的人受傷。事實上，雙方對這場衝突都有責任，但是這場暴力說明俄羅斯仍然在經歷著革命。

一九九三年批准的新憲法給了總統廣泛的政治權力，包括解散議會的權力。民眾選舉出的下院取代了先前的全國人民代表大會，叫做國家杜馬；這個名稱是有意取的，就是為了蘇維埃之前的根。新杜馬的選舉對改革派的候選人來說是個倒退，因為低估了人民的不滿情緒。俄共及其政治盟友們贏得了不少席位。得票最多的是個極端民族主義者，名叫弗拉基米爾・日里諾夫斯基，他用煽動性的言詞公開講話，鼓動重振舊俄羅斯帝國和復興俄羅斯軍事雄風。

新杜馬最初通過的法案之一，就是給予十月分逮捕的議會領袖和一九九一年八月流產的反戈巴契夫政變的強硬派策劃者特赦，這對葉爾欽是個辛辣的諷刺。由於缺乏必要的政治支持，葉爾欽的部長們放棄了很多項經濟改革，恢復了政府對工資、價格和利潤的控制。葉爾欽自己現在掌有擴大了的執法權，但是權威卻越來越小。他的身體和精神都顯得極度疲憊。他反覆無常，性情衝動，健康每況愈下，在他總統任期剩餘的幾年裡，常常不在克里姆林宮辦公室裡，有時甚至乾脆從公眾視野中消失。

與此同時，葉爾欽的政治麻煩在車臣共和國。位於盛產石油的高加索地區的車臣，大部分人信仰伊斯蘭教，並且具有反叛和頑強抵抗俄羅斯統治的悠久傳統。一九九一年蘇聯垮臺時，車臣人曾經要求過獨立，或至少與俄羅斯平等的夥伴關係。現在，游擊隊力量宣告獨立，但是俄羅斯的目光集中在南部邊疆地區、與中亞地區的聯繫，以及對戰略石油資源和輸油管的控制。分裂會給其他聯邦共和國樹立一個先例，這個威脅也是受關注的問題。

三年內，葉爾欽除了一件事之外什麼也沒有做，就是支持祕密推翻叛亂政府。快到一九九四年底的時候，他周圍的人看到一個可以利用的迅速取勝機會。在他們的鼓動下，葉爾欽突然下令軍隊進入車臣。因為軍事情報的大錯誤，入侵導致災難性結果。在將近兩年的時間裡，俄羅斯軍隊陷入了令人沮喪的游擊戰，因為招募來的士兵缺乏準備和裝備。軍隊拿不下首都格羅茲尼，最後決定採取轟炸和發射火箭，殺死數千平民。一九九六年四月，葉爾欽承認車臣的軍事行動是他第一個總統任期中「最大的錯誤」，撤退了軍隊。車臣的城鎮和鄉村都被摧毀了，大約二到四萬俄羅斯的車臣平民死亡。這場戰爭受到國內外廣泛的批評，然而車臣的獨立鬥爭還沒有結束。

一九九六年六月的總統選舉中，工於心計的政治家葉爾欽是在被迫進入與俄共候選人最後的決勝一輪，才成功再次當選。車臣戰爭使葉爾欽失去一些支持，但是疲軟的經濟形勢才是他的致命之處。經濟停滯和漸漸枯竭的預算赤字

的情況，持續到了他的第二個任期。一九九八年三月，葉爾欽任命一個由年輕改革派組成的內閣，他們接著也遇到了反對。經濟困難是巨大的：盧布急劇下滑，通貨貶值，拖欠國家外債。國際貨幣基金組織和西方銀行採取介入措施，防止完全破產。

圖26-6　在車臣城市格羅茲尼，人們被迫逃離暴力。二十世紀九〇年代俄羅斯鎮壓車臣共和國分裂主義運動的軍事行動，導致了對車臣游擊隊進行的艱苦卓絕的戰爭。直到轟炸殺死數千位平民後，俄羅斯軍隊才最終重新控制了車臣的城鎮和首都格羅茲尼。圖中格羅茲尼的這個婦女被迫逃離家園和被炸毀的街區。（Thomas Dworzak/ Magnum Photos）

　　惡化的經濟導致進一步的政治不穩定。葉爾欽任命了一系列短命的內閣，在十八個月裡五次撤換他的總理。最後在一九九九年四月，他才任命曾經駐在東德的前情報官、而後又任聯邦安全總局，即重組克格勃的頭頭弗拉基米爾・普京為他的政府總理。顯然，葉爾欽在挑選參加二〇〇〇年總統競選的接班人。

　　車臣的戰火突然重燃。車臣的游擊隊跨過相鄰的達格斯坦共和國，鼓動群眾以便獲得支援，但是沒有達到目的。一九九九年秋，莫斯科和附近城市的神祕爆炸讓大約三百平民喪生。普京總理立刻指責車臣恐怖主義分子製造了事端，政府採取了嚴厲措施。為了避免俄羅斯在前一次戰爭中付出高昂代價的錯誤，軍隊對車臣城市和鄉村發動了大規模的空襲和炮擊。結果車臣人口死傷巨

大，俄羅斯軍隊的損失極小；據說大約四千人死亡，兩萬難民被迫棄家逃亡，車臣首都被摧毀。美國及其同盟國譴責俄羅斯做出的反應，但是政府的進攻在俄羅斯得到廣泛支持，普京的決斷提高了他的政治聲望。

　　一九九九年十二月的最後一天，葉爾欽戲劇性地宣布辭職，並根據憲法任命普京爲代理總統。總統選舉日期被提前了三個月。葉爾欽找到了接班人。在二○○○年春舉行的大選中，普京輕鬆獲勝。

　　葉爾欽身後留下了正反兩面的紀錄。他並不像一九八五年時的戈巴契夫一樣是蘇聯改革的先驅，但是當他一被驅逐出黨的核心時，他就與改革派結盟；他是當時還屬於蘇聯一部分的俄羅斯共和國的第一個民選總統，並且支持其他蘇維埃共和國的獨立運動；他把全國團結起來抵制強硬保守派的反戈巴契夫政變，因而成了解散蘇聯的主要設計師；他採取的西方式市場經濟只獲得了有限的成功；他支援了一九九四年到一九九六年發生的對車臣的災難性干涉，而那次干涉暴露了軍隊的無能，受到了國際輿論的譴責；他也支持幾年之後再次對車臣的進攻。在他第二次任職期間，似乎改革可以打一場經濟翻身仗，但是沒幾年，他的經濟計畫就變得一團糟。葉爾欽喜歡抓權，卻又對政府管理的細節不感興趣，國家權力轉到了和克里姆林宮圈內人士結盟的一小撮工業巨頭手中。他當總統的兩個任期，讓同情他的西方人感到失望，也讓俄羅斯的民主改革派人士感到失望。然而，他身後留下了完整的憲政制度，使民主扎根的道路依然開闊。

　　葉爾欽的歷史遺產部分取決於他繼承人的政策和民主責任。普京新的威望主要建立在對車臣戰爭的強有力領導上。然而，他知道如何保證民主，尊重二十世紀八○年代的改革派，把保護私有財產當做「文明標誌」之一加以歡呼。但是在有些人看來，他所宣稱的建立一個「強大國家」的口號引起了人們的憂慮，而且普京的政府管理辦法在他第一個任職過程中和二○○四年再次贏得總統選舉後越來越專斷。部分是爲了回應不斷繼續的車臣恐怖主義問題（包括對莫斯科的一所大劇院和一個小城鎮的公立學校恐怖主義襲擊），普京主張集中國家權力，並壓制在政府裡、新聞界和上層商業界的反對派。在國際事務中，普京一直尋求形成更獨立的、更強有力的俄羅斯外交政策，公開反對二○○三年美國出兵伊拉克，並不斷改善與中國的關係。漸漸加強俄羅斯經濟，使普京能夠更有力地推動俄羅斯所感興趣的國際問題，但是這個國家在發展中的全球經濟和在國際政治秩序中的未來角色依然是不確定的。

　　在蘇聯垮臺將近二十年後，先前的列寧主義─史達林主義式的共產主義消失了，誰也不指望俄羅斯再回到指令性經濟體制和毫無靈活性的中央計畫體

制，或再把沙皇俄羅斯帝國或蘇維埃崩潰了的碎片再拼湊起來。

民族主義的復活：南斯拉夫的瓦解

在一九八九年蘇東劇變之後，歐洲所有爆炸性的問題裡，最難以解決的就是少數民族的民族主義。經過幾十年的政治壓迫之後，民族主義的強烈情緒重新浮上表面。正如我們所看到的，在斯洛伐克的壓力下，捷克斯洛伐克在一九九三年和平分裂。但是，南斯拉夫這個一九一九年在凡爾賽所創立的多民族大聯盟國家裡，有政治野心的領袖們蓄意挑起舊有民族的，甚至是宗教的緊張關係，使國家分裂，並使歐洲和國際社會面對暴力、武裝戰鬥、暴行、難民潮，和第二次世界大戰以來歐洲所沒有見過的大眾苦難。

南斯拉夫所發生的事情深深地扎根於歷史仇恨中。在東歐共產主義垮臺之後，民族主義的政治領袖們為了自私的政治目的，喚起並利用這些歷史遺留下來的仇恨。如果追溯歷史，巴爾幹半島曾在十四世紀被鄂圖曼帝國征服。塞爾維亞，這個附屬於東正教會、曾強大一時的中世紀王國，在一三八九年陷落於鄂圖曼帝國之手達五百多年之久。一八七八年，它擺脫了鄂圖曼帝國，在歐洲強國的支持下，重新獲得了獨立王國的地位。它的鄰國克羅地亞和斯洛凡尼亞也曾被鄂圖曼統治過，但是，克羅地亞和斯洛凡尼亞在十七世紀末重新加入了奧地利哈布斯堡帝國，並重申了它們和羅馬天主教會及中歐的關係。波士尼亞（精確地說是波士尼亞和赫塞哥維納）長期以來具有種族混雜的人口，包括塞爾維亞人、克羅埃西亞人和穆斯林，很多斯拉夫血統的波士尼亞人在漫長的土耳其統治期間接受了伊斯蘭教。波士尼亞也在一八七八年擺脫了鄂圖曼帝國統治，但是被哈布斯堡帝國接管了。

當奧地利和鄂圖曼帝國在第一次世界大戰結束垮臺的時候，塞爾維亞和其他南斯拉夫民族在一九一八年宣告建立一個「斯拉夫人、克羅地亞人和斯洛凡尼亞人的王國」。在一九一九年的巴黎和會上，它得到允許吞併波士尼亞、黑山（主要居民也是塞爾維亞人）和先前鄂圖曼帝國占領的其他領土。當時所有群體都共處在塞爾維亞君主制下的一個多民族聯盟裡。在君主專制制度下的許多年裡，不同民族以貌合神離的聯邦形式凝聚在一起。一九二九年，亞歷山大國王在一次旨在加強團結的象徵性努力中，把國家的名字改成南斯拉夫（南部斯拉夫人的國家）。克羅埃西亞分離主義仍然活躍，一個克羅埃西亞民族主義者在一九三四年刺殺了亞歷山大國王。但是，很多人把自己稱為南斯拉夫人，並把貝爾格勒當做他們的首都，外部世界也接受了南斯拉夫的民族身分。

第二次世界大戰期間，納粹一九四一年侵略南斯拉夫之後，在這個塞爾維

亞人統治的國家裡，內部緊張關係重新顯現出來。克羅埃西亞宣告了獨立，有一段時期做為納粹的附庸國。一個克羅埃西亞法西斯組織「烏斯塔希」與納粹合作，追捕並野蠻對待塞爾維亞人、猶太人和其他人。做為整個國家來說，南斯拉夫對希特勒的軍事抵抗不是統一的，最後並發展成保皇派（主要是塞爾維亞人）軍隊和由戰前共產黨領袖鐵托元帥領導的游擊隊（主要是非塞爾維亞人）之間的內戰。由於有效地打擊了納粹，鐵托贏得邱吉爾和羅斯福的支持，並在內戰中獲勝。

　　戰爭導致了大約兩百萬人死亡。戰後，以鐵托為首的共產黨政府領導之南斯拉夫出現了。鐵托不久就與莫斯科關係破裂了；一九四六年，他建立了一個由六個共和國組成的聯邦共和國（塞爾維亞、克羅埃西亞、斯洛凡尼亞、波士尼亞、黑山和馬其頓），同時還有兩個「自治省」，其中之一就是科索沃。雖然鐵托是克羅埃西亞人，他仍用鐵腕鎮壓了所有的分離主義運動，但是允許每一個共和國一定程度的自治權。在波士尼亞，他承認波士尼亞穆斯林是一個特殊的「民族群體」，並給予他們與塞爾維亞和克羅埃西亞人平等的地位。在鐵托生前，南斯拉夫保持了民族團結和國家地位；當他在一九八〇年去世時，潛伏著分離主義運動出現了。接下來的幾年裡，他的繼任者在與困難的經濟狀況奮鬥的同時，嘗試了各種各樣的解決辦法，包括聯邦總統輪流主事等，但都不怎麼成功。一九八九年整個東歐共產主義垮臺時，南斯拉夫政府也垮臺了。南斯拉夫的改革共產黨員（現在自稱社會主義黨員）放寬了對國家的控制，勇敢面對民族問題，就國家的未來舉行公開選舉。只有塞爾維亞和黑山（這兩個塞爾維亞人為主的共和國一直是盟友）投票贊同保留聯邦共和國，克羅埃西亞、斯洛維尼亞、馬其頓和波士尼亞都投了那些致力於獨立的黨派的票。

　　像塞爾維亞的斯洛伯丹·米洛舍維奇和克羅埃西亞的弗拉尼奧·圖季曼般的前共產黨領袖漸漸失去權力，仍領導對民族主義的討伐。塞爾維亞總統米洛舍維奇只要看到國家分裂發生，就聯合波士尼亞的塞爾維亞人、克羅埃西亞和斯洛維尼亞的塞爾維亞人為保持塞爾維亞人的控制而戰鬥，他激烈的講演和策略卻事與願違。出於對塞爾維亞人好戰情緒的恐慌，克羅埃西亞和斯洛凡尼亞都舉行了一次全民公決，並在一九九一年宣告獨立。他們立刻受到了國際社會的承認，因為國際上認為迅速承認將預先制止塞爾維亞的軍事行動。

　　波士尼亞的形勢更為複雜一些。那裡的塞爾維亞人和克羅埃西亞人構成超過一半的人口，但是穆斯林這個最大的單一民族群體控制著政府，勢力大於塞爾維亞人和克羅埃西亞人組成的反對派，所以穆斯林的民族領袖們宣告了波士尼亞獨立。克羅埃西亞、斯洛維尼亞和波士尼亞的分裂以及他們立刻就得到了

國際承認，這使米洛舍維奇怒髮衝冠。他現在只是統治著前南斯拉夫分裂後剩下的、由塞爾維亞和黑山組成的殘餘國家。

公開的戰鬥在一九九一年中打響。當地的塞爾維亞準民兵部隊在貝爾格勒派來的部隊支援下，開始從分離出去的國家裡占領一些塞爾維亞人聚居的地區，並把非塞爾維亞人趕走。在克羅埃西亞和斯洛凡尼亞的戰鬥中，塞爾維亞部隊繼續奪取領土，直到達成臨時停火。

圖26-7　南斯拉夫在一九九一年瓦解後，塞爾維亞人和克羅埃西亞人都在波士尼亞把穆斯林人口驅逐出他們居住了好幾個世紀的土地，並建立他們自己人控制的民族飛地。在「種族清洗」的暴力過程中，塞爾維亞人對穆斯林進行大屠殺，如在斯雷布雷尼察和塞拉耶佛。圖片顯示那裡的人們正在一個穆斯林公墓裡，在受害者的墓上做標記。（Abbas/Magnum Photos）

弗拉尼奧·圖季曼慫恿克羅地亞民族主義者行動起來。當塞爾維亞人和克羅埃西亞人都試圖在波士尼亞建立自己人的飛地時，發生了最激烈的衝突。儘管存在民族和宗教差異，多民族混居的人們多年來和平相處，並相互通婚。在隨後的戰爭中，塞爾維亞軍隊殘暴對待穆斯林，被稱做「種族清洗」的野蠻行徑包括大規模驅逐、對平民的集體屠殺、掠奪和強姦。對塞拉耶佛的長期圍困發生了。在波士尼亞東部的斯雷布雷尼察，塞爾維亞民兵處死了大約八千穆斯林男子，並把他們集體掩埋。震驚了世界，幾乎不敢相信這樣的事情能夠在二十世紀末的文明歐洲發生。

但是國際社會對於怎樣應付這種情況無法達成一致的意見，聯合國派出的分隊甚至不能發放食品和醫療用品。基於巴爾幹問題的歷史複雜性和對從前激烈衝突的記憶，人們本來有可能期望歐洲強國會帶頭干涉，但是歐洲國家和美

國都不願意進行較大的干涉。此外，安理會對前南斯拉夫（正如我們看到的，現在只包括塞爾維亞及其歷史上的盟友黑山）實施了制裁、武器禁運和準備在海牙進行戰爭罪行審判。

　　一九九四年，為了結束對塞拉耶佛的圍困，聯合國、美國和北大西洋公約組織為停火進行斡旋，並對違反停火的行動以空中打擊相威脅；為波士尼亞制定了一個部分外交解決方案；克羅埃西亞人和穆斯林同意在塞爾維亞征服之後所剩下的波士尼亞領土上，創建一個克羅埃西亞—穆斯林聯邦；塞爾維亞人現在占領了三分之二的波士尼亞領土和三分之一的克羅埃西亞領土，根本不想交出已經奪取的好處。到一九九四年時，有二十萬人死亡或失蹤，主要發生在一九九一年以來的波士尼亞戰鬥中，還造成了四百四十萬人流離失所，而且戰爭還在持續。一九九五年，克羅地亞軍隊驅逐了塞爾維亞民兵，並收復了四年前被塞爾維亞人占領的大部分領土。克羅地亞人開始了他們自己的「種族清洗」計畫，驅逐了二十萬塞爾維亞人。在波士尼亞，塞爾維亞人的進攻也失敗了。最後在一九九六年，塞爾維亞於俄亥俄州代頓舉行的會議上答應了美國斡旋提出的條件，接受了克羅埃西亞和波士尼亞的新邊界線，並同意聯合國維和部隊在波士尼亞監督協議的實施。

　　不久，又出現了一個麻煩。這次是在塞爾維亞本土的科索沃省，那裡興起的分離主義運動使塞爾維亞感到驚恐不安。早在一九八九年，米洛舍維奇作為最初在整個南斯拉夫進行的親塞爾維亞鼓動的一部分，撤銷了科索沃的自治權；信奉伊斯蘭教的阿爾巴尼亞少數民族長期以來居住在科索沃。由於來自阿爾巴尼亞的移民，並且有較大的家庭，他們的人數增長迅速，現在占兩百萬人口中的百分之九十，科索沃人認為自己在宗教、語言和文化方面和阿爾巴尼亞的同胞有親緣關係。塞爾維亞人對此非常關注，因為他們自己把科索沃看成聖地，他們的祖先曾經在一三八九年著名的科索沃戰鬥中敗給了鄂圖曼土耳其人。

　　分離主義運動最初由溫和的領導人領導，但是科索沃人不久便轉而依靠為數不多、但戰鬥性很強的解放軍。一九九八年，米洛舍維奇發動了旨在消滅科索沃軍隊的軍事進攻。塞爾維亞軍隊和員警部隊摧毀城鎮和村莊，試圖殲滅叛亂者，同時也造成男女老少平民的死亡。國際上斡旋的努力失敗了。一九九八年，美國和北大西洋公約組織採取了行動，不僅是因為對人權的蓄意違反，也因為對大巴爾幹地區穩定的威脅。他們警告米洛舍維奇，絕不允許塞爾維亞幾年前在波士尼亞所做的事在科索沃重演。然而米洛舍維奇繼續進行大規模進攻，授權進行目的在於摧毀科索沃人或驅趕他們流亡的「種族清洗」。那時，

八十多萬科索沃人已經被迫逃亡，至少有一萬人喪生。

一九九九年三月，北大西洋公約組織在它五十年的歷史中第一次發動軍事進攻，對塞爾維亞進行大規模的空襲。美國領導的轟炸持續了七十八天，在貝爾格勒和其他地方造成嚴重破壞。此後，米洛舍維奇屈服了。肯定地說，這是對一個沒有進行對外侵略的歐洲主權國家所進行的攻擊，違反了國家主權的基本原則。新國際法正被制定中。

在空襲中，美國領導人沒有像某些歐洲盟國催促的那樣，許諾派出地面部隊，或甚至宣布有可能派出地面部隊，這可能延長了轟炸持續的時間，但是這使美國總統在國內容易保持政治支持。最後，米洛舍維奇不得不屈服，被迫接受在那裡部署五千名北約部隊做為維和人員，不過一份有俄羅斯支持的聯合國安理會決議肯定了南斯拉夫對科索沃的主權。

圖26-8　經濟制裁、軍事挫折和塞爾維亞在歐洲社會的孤立，促進了對塞爾維亞總統斯洛伯丹·米洛舍維奇日益增長的反對。貝爾格勒街道上的人群是大規模抗議運動的一部分，他們在二○○○年秋天，米洛舍維奇競選失敗後要求他辭職。抗議者們強迫米洛舍維奇接受他的對手科什圖尼察在大選中獲勝。這再一次表明在中歐和東歐前共產主義國家中大眾動員的巨大影響力。（Spasa Dakic/Sipa Press）

那年夏天，科索沃回到國際保護之下。聯合國部隊面臨救濟、重建和為科索沃人和塞爾維亞人雙方都提供保護的艱難任務。海牙國際法庭做為戰犯引渡米洛舍維奇和他在國際上的孤立使他更加不得人心，但是他沒有放棄權力，直

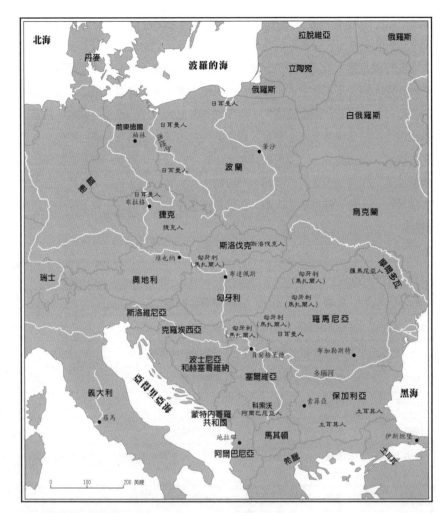

圖26-9　中歐和東歐的民族

本地圖顯示在二十世紀末國家邊界和各個民族的聚居地。東德和德國的其他部分重新統一，捷克斯洛伐克變成了捷克共和國和斯洛伐克共和國。南斯拉夫失去了對斯洛維尼亞、克羅埃西亞、波士尼亞和馬其頓的控制，所有這些都成了獨立共和國。二〇〇六年六月三十日，黑山也正式成為一個獨立主權國家。為數眾多的塞爾維亞人仍然居住在波士尼亞，和克羅埃西亞人以及大量說斯拉夫語的穆斯林共同生活在一起。馬其頓的人口包括很多阿爾巴尼亞人。科索沃地區雖然是塞爾維亞正式的一部分，但其人口主要由阿爾巴尼亞人組成。它在一九九九年巴爾幹戰爭後被置於北大西洋公約組織軍隊控制之下。在匈牙利的鄰國裡有不少匈牙利人，大約一百萬土耳其人居住在保加利亞。莫爾達瓦自從一九九一年以來一直是獨立國家（一九四〇至一九九一年，它是蘇聯的一部分），但是它的人口中有很多人說羅馬尼亞語。雖然這個地區的多種民族群體在歷史上長期以來和平共處，但由於現代民族主義強調文化差異和文化認同，時常在政治領袖們的煽動下，引起強烈的民族仇恨和周而復始的暴力。

到二〇〇〇年秋天他意外地在競選中失敗，並在反對者大規模施威後被迫辭職。他的反對派是一直對政府持蔑視態度、深受人們尊敬的法學教授沃伊斯拉夫‧科什圖尼察，就職時他得到廣泛的民眾和國際支持，但是他面臨著巨大的經濟問題和科索沃不確定的未來。在國際壓力下，米洛舍維奇於二〇〇一年被轉交給了海牙戰犯法庭面臨審判，對他的審判直到二〇〇五年才開始。同時，塞爾維亞的政治局勢仍然不穩定，頑固的民族主義者繼續反對與西歐建立更緊密的經濟、政治關係。在塞爾維亞和黑山於二〇〇三年建立一個新的聯邦後，南斯拉夫，這個二十世紀的名稱，不再使用。到了二〇〇五年，新總統努力地在國家政治和經濟機構開始改革。在聯合國管理下的科索沃，緊張關係有增無減。

1980至2001年大事年表	
1980至1981年	波蘭「團結工聯」工人運動領導改革運動
1985年	米哈伊爾‧戈巴契夫擔任蘇聯領導
1986年	烏克蘭車諾比核事故擴散危險的放射性物質
1987年	美國和蘇聯同意從歐洲撤走中程導彈
1989年	蘇聯從阿富汗撤軍
1989年	柏林圍牆倒塌；東德共產主義政府垮臺
1989年	波蘭、捷克斯洛伐克、保加利亞、匈牙利和羅馬尼亞的共產主義政權解體
1990年	德國重新統一，建立擴大了的德意志聯邦共和國
1991年	伯里斯‧葉爾欽當選為俄羅斯總統，並領導抵制了共產黨反改革派試圖進行的政變
1991至1996年	南斯拉夫分裂，塞爾維亞和克羅埃西亞軍隊在波士尼亞和克羅埃西亞進行「種族清洗」
1992年	蘇維埃社會主義共和國聯盟正式解體
1994至1996年	俄羅斯進行反車臣分裂主義運動的軍事行動
1999年	北大西洋公約組織軍隊空襲塞爾維亞，以便阻止塞爾維亞在科索沃省對穆斯林的屠殺
2000年	弗拉基米爾‧普京繼承葉爾欽任俄羅斯聯邦總統
2000至2001年	在塞爾維亞，斯洛伯丹‧米洛舍維奇被迫交出權力，並被送到海牙戰犯法庭受審

一九八九年後的中歐和東歐

　　但是我們必須再回到中東歐，那裡的發展比南斯拉夫平靜些。一九八九年革命變革後，歐洲不再分成東方和西方。前共產主義國家正朝著民主、法治和自由經濟的方向發展。由於經歷了過渡時期的精神創傷和艱難歲月，曾經以各種名義和不同程度的改革幫助重塑他們黨派的前共產黨員在公開選舉中獲勝。但是我們必須說，新的改革派共產黨學會了容忍民主黨派亦與民主黨派合作。實際上，在前蘇聯集團中的每一個國家裡，都有一段時間曾由過去的共產黨領導人擔任國家元首或政府首腦。波蘭在一九九三年有第一個由前共產黨員擔任的總理，在一九九五年，又有了一個由前共產黨員擔任的總統。許多後共產主義社會經歷了西方早期資本主義的貪得無厭和巧取豪奪，正如在俄羅斯，從前的統治和管理階層的精英借助最近私有化的國有企業為自己撈取油水，積累了經濟力量和財富。

　　一些觀察家對一九八九年的「革命」給予尖刻的評價，他們的觀點是：儘管在推翻僵化的體制和拋棄外國統治方面有重要意義，但新政權主要關注的是竭力效仿西方在物質上的成功。由一個民主的公民社會對組織嚴密的國家進行補充這個目的似乎漸漸消失了，黨派政治和玩弄手腕成了主流。有的人認為，因為革命是和平進行的，因此可能缺乏一種革命的情感宣洩。

　　然而，在對過去進行清算方面做出了部分努力。前德意志民主共和國進行了審判和清洗，公開了前東德國家安全部「斯塔西」的檔案，揭露了一個巨大的眼線網，輿論譁然。捷克試圖禁止被指控為前政府擔當告密者和合作者的男男女女在規定期限內參加政治生活，但是這種做法由於被擴大化而放棄了。波蘭起初打算在過去和現在之間劃一條他們所說的「很粗的界線」，但是後來他們也進行了清洗，並公開了員警檔案。有人認為，歐洲本來也可以從學習、借鑑拉丁美洲和南非建立「坦白委員會」的做法並從中受益。拉丁美洲或南非就建立過這樣的委員會，目的是讓那些犯過反人權罪行的人前來承認自己的罪過，同時又不一定能指望得到寬恕。

　　波蘭、匈牙利和捷克共和國率先向民主自由、市場經濟、法治和多元化社會過渡，後面緊緊跟著的是愛沙尼亞、拉脫維亞和立陶宛這三個波羅的海國家。這些國家都盼望加入歐盟，而這個願望最終在二〇〇四年實現了。從一九九五年起，中東歐的經濟增長了。最繁榮的國家是那些儘管起初經歷了社會陣痛，仍然採取最得力的經濟改革措施的國家。波蘭就是從這種「休克療法」中受益的國家之最好樣本，並且從二十世紀九〇年代中期起一直享有強勁發展的經濟。儘管仍存在難以解決的問題，整個中東歐整體的經濟狀況是進步

的。一九八九年的革命動盪及其後果將長期銘刻在人民心中，二十世紀後半個世紀的冷戰中發生的最後那些事件過去了，新時代的衝突又取而代之。

第二十七章

變動中的現代世界

　　在一些觀察者眼裡，一九八九至一九九一年後歐洲的蘇聯式共產主義政權紛紛解體，預示著從此以後的世界現代史將只有一個發展方向。按照他們的理論觀點，所有的現代社會，事實上都已經走向自由民主制和自由市場經濟，儘管通往這個普遍性體系的道路千奇百怪，各不相同。然而，這樣一種想像出的「歷史終結」絕非歷史可能發展的唯一方向，這一點很快就變得很明顯了。新的運動紛紛出現，向全球資本主義、西方政治理論霸權、現代文化世俗主義以及美國的強權控制——冷戰當中形成的唯一世界霸權——提出了挑戰。

　　全球經濟當中出現了新的持續性衝突，發生在相互競爭的宗教、族群之間和爲權力及商業利益而競爭的國家之間。當軍事化的、極端主義的組織越來越多以濫殺無辜的恐怖主義爆炸來凸顯其怨恨或者發動暴力政治運動時，戰爭本身也變形了。面對這樣的對手，那些最強大國家的政府發現，入侵、敵國政府投降、軍事占領等傳統的國際戰爭方式，都不再能夠達到過去結束戰爭時，現代民族國家所希望的決定性政治和軍事結局。

　　冷戰剛剛成爲歷史記憶，圍繞自然資源、經濟利益和文化價值的全球爭奪開始形成爲一系列新的國際衝突和戰爭。到二十一世紀初，美國和其他西方國家已經越來越深地捲進中東由來已久的衝突，備受恐怖主義的威脅，纏身於曠日持久的打擊阿富汗和伊拉克伊斯蘭組織的軍事行動。在新一輪的軍事干預、陰暗的情報活動和致命的恐怖主義襲擊中，眾人期盼的後冷戰「和平紅利」幾乎瞬間消失。

　　然而，在這新一輪的暴力和衝突當中，移民、全球經濟交往、技術創新、跨國文化互動、社會習俗觀念變化等方面更廣泛、更深刻的歷史模式，繼續在世界所有地方出現。電腦技術和通訊系統正以瞬間的速度在全球傳送訊息；全球性的「文化產業」向全世界傳播著同一種音樂、電影、食品和時尚；知識概念和科學研究的進步，像改造了藝術家創造力一樣，改變了知識界論爭的形式；幾乎在每一個現代國家，獲取教育、專門性職業、婦女取得社會政治權利的新機會，都在不斷增加。現代生活的所有領域看起來都在加速變化。「地球村」正在形成，全球化進程將它連接爲一體，同時也把它的各部分分隔開來。

冷戰結束後的西歐

國際新環境下的政治與經濟不確定性

　　在後共產主義時期轉向民主和市場經濟的中東歐國家，一開始都要經歷一番痛苦，這是被普遍預見的。然而，西歐發現自己面臨嚴重的經濟和政治問

題，卻有些出人意料。因為二十世紀五○年代和六○年代的持續繁榮而輕鬆自信的西歐民眾，首先被七○年代經濟停滯與通貨膨脹同時發生的不景氣所震動。到八○年代中期，歐洲民主制度恢復了生氣，儘管增長速度低於從前，失業率之高也讓人不安。

一九八九年以後，德國的經濟形勢因東西德重新統一而變得複雜。吸納東德的巨額花費造成經濟衰退，在平等基礎上將東德馬克轉換為西德馬克的決定使得通脹成為威脅，德國聯邦銀行為消除通漲僅能保持高利率。但是當二十世紀九○年代初經濟發生低迷時，緊縮通貨阻滯了信貸和投資，延緩了德國自身和歐洲鄰國的經濟復甦並導致貨幣貶值和不穩定。德國在政治統一完成後很久，經濟增長仍然緩慢。

經濟儘管復興了，西歐仍然有很多人找不到工作。二十世紀九○年代初的失業率達到「二戰」以後的最高點。歐盟成員國失業總人數高達一千九百萬，超過勞動力總數的百分之十二。長期性的失業帶來令人不安的後果，很多工人再也找不到他們一直熟悉的工作，這些都成為公認的現象。

歐洲人終於緩慢地認識到，那些經濟不景氣還只是被部分察覺的問題，失業並不只是暫時的、僅限於企業圈裡的，而是根深柢固、結構性的問題。高昂的勞動力成本，包括慷慨的福利國家政策，給失業者、傷殘者、退休人員以及眾多帶薪休假者的福利，削弱了西歐的全球競爭能力。許多企業像他們的美國對手般開始重組，大量裁減雇員而引入其他經濟要素。美國和歐洲的跨國公司紛紛將生產製造業務轉移到勞動力廉價、福利也比較低的亞洲和世界其他地區的開發中國家。效仿柴契爾政府樹立的英國榜樣，西歐各國從一九四五年以來第一次採取步驟削減福利國家政策，而福利國家是第二次世界大戰結束以後逐漸被共同認可的制度。

西歐：政治危機與不滿

執政的中派和中左政黨引起普遍的不滿，它們被指責掌權太久，而且似乎提不出什麼關於未來的新政見。在許多大國，令人震驚的醜聞和腐敗，使基督教民主黨和社會主義政黨的形象黯然失色。

對歐洲政治文化日益增長的不滿或許在義大利可以看得最清楚。義大利民眾對統治精英的惱怒成為整個歐洲對政治家任人唯親普遍不滿的表徵。多年來，基督教民主黨一直占據著政治舞臺，二十世紀五○年代跟右翼合作，六○年代與社會主義者和其他政黨合作，組成聯合政府。其民眾支持率在七○年代經濟衰退期間急速下降。八○年代，社會黨取而代之，組閣四年。與此同時，

早已聲明獨立於莫斯科的該國第二大黨——義大利共產黨雖然仍被排斥在中央政府門外,但是贏得眾多市長席位,並且控制了許多市議會。一九八九年,隨著蘇東劇變和冷戰結束,該黨更名為左派民主黨,並開始提出問鼎中央政府的新訴求。

基督教民主黨長期牢牢控制政權和監保人的地位,跟國有企業和私人企業都保持著親密的關係。由於基民黨在很大程度上把自己設定成對抗共產主義的義大利保護者,這樣的形象反過來成為它免遭審查或者批評的保護傘。但是到二十世紀九○年代初,賄賂、回扣、直達政治最高層的政府合約傭金等種種劣跡紛紛暴露。揭露出來的還有接受非法獻金,甚至大量跟有組織犯罪活動共謀,前總理、內閣部長和所有黨派的議會代表與企業最高領導人都被捲入。基民黨汙跡斑斑,不得不改回早先用過的人民黨原名。一九九三年,憤激的選民通過了一項新選舉制度,其要點之一便是廢棄了比例代表制。

在一九九四年的選舉中,基民黨和社會黨雙雙出局。三個新黨勝選,形成中右聯盟。但是新政黨沒有為民眾帶來信心,它們的領導人不能穩定經濟,或者為公民樹立榜樣。所有執政當局都繼承了公共赤字、經濟下滑、失業、社會緊張不安和不間斷的腐敗質詢。一九九八年,人民黨加入左派民主黨組成的內閣,前共產黨領袖馬西莫·達萊馬當選為總理。重建的共產黨承諾致力於金融穩定、私人企業和經濟增長,視之為滿足社會需求的最優手段。然而,這一屆政府也只維持了不長時間。二○○一年,保守派的媒體大亨西爾維奧·貝魯斯科尼領導一個中右聯盟贏得選舉,承諾實現經濟穩定,但野心勃勃的新總理和他那過分自信的義大利力量黨(黨名源自他所擁有的參賽足球隊[1])也引起人們重重的疑慮。然而,貝魯斯科尼在總理位置上比絕大多數前任待的時間都長。躲開了對他的腐敗指控和對他支持美國入侵伊拉克的批評,經過一系列選舉中選票流失的挫折,在高漲的國內反對聲浪面前,他竟然設法保住了權位。二○○五年,他恢復了比例代表制,以此分解他的對手。

歐洲的移民與難民

我們已經看到,二十世紀六○年代以來,數百萬移民和難民的流入如何改變了歐洲社會的性質。從一九八○年到一九九二年,十二年間有一千五百萬新移民來到西歐並定居於此。一些人前來尋求政治庇護,但更多的是來尋找比在其貧困的母國更廣泛的經濟機會。他們常常情願承擔報酬較低、很多歐洲人不願意做的工作。冷戰結束後,東歐湧出大量難民,此外還有眾多來自飽受戰爭苦難的南斯拉夫難民。

　　移民不斷湧入，明顯地改變了歐洲的族裔構成。在德國，土耳其勞工連同其家庭永久居住下來，他們的孩子許多被培養爲穆斯林。在法國，二十世紀九〇年代中期的五千七百萬人口中，有四百萬或百分之七的人口是在外國出生的，多數是來自北非的阿拉伯人以及其他前法屬非洲殖民地的移民，也有來自東南亞的越南人。在英國，五千六百萬人口中至少有兩百五十萬可以列入「少數族裔」，主要來自亞洲、非洲和加勒比海的各個地區。那些曾經長期向全世界所有地方輸送移民的國家現在發現，它們自己正在從國外吸收大量新人口。

圖27-1　由於移民和工人跨國流動以尋求更好的工作、教育機會、文化自由和基本的人權，所有現代國家的人口都已經越來越多樣化。當代倫敦一所小學裡的這些孩子們顯示出生活在當代多元文化國家裡民衆多樣的人種、民族和文化背景。移民正在不斷地改變著現代城市的勞動力、學校、餐飲、音樂和鄰里關係，時而也激起反對移民的政治運動，同時也影響到各國的政治文化。（© Christine Osborne/Corbis）

　　西歐早年曾經喧囂過對外國人的恐懼和敵視之火再次被點燃。在德國，出現了針對土耳其人的暗殺、投擲火焰炸彈以及其他暴虐行爲。德國的新納粹、英國的「光頭黨」（其歷史可以追溯到二十世紀五〇年代）、義大利的新法西斯，以及讓—瑪麗・勒龐的法國國民陣線追隨者，紛紛炒作移民問題，甚至訴諸種族主義的暴力行動。一些政府以法律限制或者取消繼續移民。一九九三年，德國廢除了憲法裡一項給「所有基於政治原因遭受迫害者」庇護的條款，但是，實際上不可能分得清楚，究竟是政治難民還是經濟難民。法國走向「趨於零」的移民政策，放棄了法國大革命以來給任何出生在法國土地上的兒童以公民權的傳統。失業和問題叢生的經濟使社會的緊張不安一觸即發，孳生了各種偏見，包括反猶主義。然而，西歐只是不斷發生的難民和移民問題帶來的全

球危機中的一個前哨而已。

二十世紀九○年代初，西歐似乎陷入了持久的陰暗、悲觀和政治挫折時期。冷戰結束了，和平、繁榮與和諧卻沒有自動顯現。失業，特別是青年的失業問題，損壞了經濟繁榮的景象。在蘇聯式共產主義制度解體後的狂歡中，很少有人預見到在巴爾幹造成流血衝突的爆烈性民族主義的甦醒。聲稱忠於民主制度並擁有軍事實力的西歐，一直害怕捲入干預，直到以美國為首的空中打擊在科索沃展開，才採取決定性行動。政治舞臺上，保守黨和中間勢力的領導人沒有創意，左翼似乎亂成一團。另一方面，許多人仍然相信或者希望西歐能夠走向中東歐，繼續努力以形成一個聯合為一體的歐洲，在世界經濟和國際事務中重新扮演主角。然而，即使是最樂觀的歐洲人也越來越認知到，實現這個目標需要主動採取大膽的、全新的經濟或政治行動。

全球化時代的民族國家與經濟

經濟振興和政治上的「第三條道路」

二十世紀九○年代，美國總統比爾‧柯林頓倡導一種新型民主政治。柯林頓上臺後採取共和黨的親企業家政策，推動一項既要促進經濟增長和提高生產力，又要關注保健、教育、弱勢群體和少數族裔等問題的計畫。他得益於當時上升中的經濟運行週期。一九九二年，美國經濟開始進入一個和平時期的擴張週期，增長速度超過二十世紀六○年代前九年的紀錄。失業率下降到歷史最低，貿易與生產擴展，股市空前高漲。經濟受益於革命性的新計算機工業和資訊經濟的興起與增長，也受益於此前企業削減成本和重組。受美國繁榮的刺激，全球經濟隨之上漲，儘管在亞洲、拉丁美洲等地發生了金融危機。柯林頓仍推行積極外交政策，尤其是在中東阿以衝突中如此。然而，他的第二個總統任期因為不承認跟白宮一個年輕女實習生的性放縱而受挫。眾議院為此而表決彈劾他。參議院聽訊以後的投票，因沒有達到讓他下臺所需的三分之二票數而作罷。

柯林頓在輕鬆優雅的英國工黨領袖托尼‧布萊爾身上發現了跟自己相似的政治熱情。後者也採用了很多保守黨的親企業主政策。布萊爾推動他的黨放棄了殘留的先前社會主義和福利國家綱領。他提出一個「新工黨」設想，使黨的老工聯和左翼堡壘中間化。他為繁榮經濟開出的最優處方是既刺激經濟和工業增長又不鼓勵「純自私的個人主義」，也不忽視社會需要。柴契爾和保守黨被他批評的正是忽視社會需要。市場經濟和私營企業能夠解放生產力，使所有

人受益。在保守黨自一九七九年之後四次贏得大選、連續掌權十八年以後，一九九七年，英國給了工黨自一九四五年以來得票最多的勝利。

英國經濟跟美國一樣轉入景氣局面。布萊爾的政治實力和人氣也使他得以推動一系列憲政改革。很久以來，聯合王國一直有一個高度集權的政府，所有權力都來自位於倫敦西敏寺的國會。工黨利用它在下院擁有的壓倒性多數席位，採取前所未有的措施，將政府權力下放給蘇格蘭的新議會和威爾斯的新立法議會，這項改革意在消弭蘇格蘭強大的分離運動。蘇格蘭和威爾斯都取得了對本地內部事務的廣泛司法權。蘇格蘭選民從一七〇七年的《聯合法令》以來，第一次前往投票站選出自己的議會；威爾斯選民前所未有地選出了一個自己的議會，批評者把下放權力視為「消解英國」和侵蝕國會主權。更多人則承認穩定並不必然意味著對抗變革。沒有人願意重複早些年英國因抵制愛爾蘭自治而引發的持續性暴力、分離和長期衝突的錯誤。

北愛爾蘭事務似乎有了一個更為和平的解決機會。一九九八年，新教徒和天主教徒的政黨達成協定，尋求結束過去三十年間，以三千人的生命為代價的暴力衝突。新協議授權給一個由英國、北愛爾蘭和愛爾蘭共和國的代表所組成的立法會議，各方在一個聯合內閣裡分享權力。北愛爾蘭由此得到一個自治的新機會。但是，由於愛爾蘭共和軍（IRA）和其他準軍事組織抗拒「完全解除它們的武裝」的要求，新的自治機構的建立推遲了。到二〇〇五年，IRA 終於放下了武器。我們有理由相信，北愛爾蘭政治和社會中天主教徒與新教徒之間長期的暴力衝突，終將讓位於一個比較和平的時期。

一九九八年的一個改革議案促成了對傳統的另一項重大斷裂，議案剝奪了世襲貴族在上議院的席位。人們普遍承認，世襲席位顯示了一種時代性錯誤，在現代民主制度中不容其繼續存在。重組的上議院將只包括終身貴族。英國有許多人反對這項改革，但更多人認為這項改革沒有超出不斷擴大參政權和其他民主創制的既有傳統。

德國和法國的政治領袖們也展示了左翼和中左新政治。一九九八年，德國社會民主黨員格哈德‧施羅德取代赫爾穆特‧科爾擔任總理。此前，後者所屬的基督教民主黨已經連續執政十六年。施羅德領導社會民主黨的溫和派戰勝了黨內激進派，承諾擱置造成勞動力成本飆升並使企業難以僱用新工人的戰後福利國家政策的慷慨條款。他也稱自己的計畫為「中間道路」。儘管有連年的失業問題，社會民主黨還是贏得了二〇〇二年的選舉。但是到了二〇〇五年，德國沒有一個大黨取得明顯的多數，在經過漫長的談判以後組成聯合政府。基督教民主黨領袖安吉拉‧梅克爾成為德國第一位女性總理，也是第一個出自前東

德的總理。雖然有半數部長是社會民主黨人，卻創制出一次不同尋常的左右聯合。

在法國，長期擔任社會黨溫和派領袖、希望繼續推行密特朗總統改革政策的丹尼爾・若斯潘，在一九九七年出任總理。一九九五年他競選總統，輸給了保守派戴高樂主義者雅克・席哈克，但社會黨隨即贏得了議會的多數。按照現行的「共處」慣例，總統任命若斯潘擔任總理。儘管仍然果敢地承諾政府要大力應對社會問題，但若斯潘相信中庸和實用主義，傾心於市場經濟，主張國有企業私有化。其時憲法修正案縮小了戴高樂主義者所賦予的法國總統強勢權力，將總統任期從七年減少爲五年。由於不滿若斯潘，社會黨四分五裂，在二〇〇二年總統大選時不能爲若斯潘積聚足夠的選票，甚至不能支持候選人堅持到第二輪選舉。跟席哈克對陣的，正是極右翼候選人讓－瑪麗・勒龐。左翼和其他選民驚慌失措，只好團結起來支持席哈克當選。

雖然在不少國家選舉中出現逆流，直到二十一世紀初，倡導在保守主義和福利國家社會主義之間走「中間」或者「第三條」道路的政治領袖們，仍然堅持推行溫和的改革方案。他們在堅持政府積極參與解決社會和經濟問題的同時，也要求縮小公共支出，主張平衡預算，減少管制，給企業一個有利的機會條件。實用主義和中庸之道看起來戰勝了陳舊的社會主義觀念，以及第二次世界大戰以後一直流行的福利國家意識形態。

二十世紀九〇年代的日本

二十世紀九〇年代是日本經濟和政治的分水嶺。日本經濟從戰後初年以來幾乎保持了不間斷的擴張，七〇和八〇年代工業投資，尤其是先進技術投資增速經常是美國和西歐的兩倍。但是在一九九一年夏季，日本遭遇了嚴重的金融危機，陷入深刻而頑固的衰退。

經濟低迷時期顯示出，問題遠遠超出企業週期性擺動。多年來，國家一直爲失控的國內外投機活動買單；包括不受約束的銀行在內的投資者，在不動產和金融市場上突襲冒險；政府對貨幣政策的掌控鬆懈；股市和不動產價格飛漲造成「泡沫經濟」，跟二〇年代導致大蕭條的美國經濟沒有什麼區別。一九九一年，泡沫價格崩潰，日本銀行業紛紛敗走甚至破產。在持續的低迷中，政府試圖使經濟復甦，但沒有成功，其財政與貨幣政策姍姍來遲，並且毫無效果。日本的外向型經濟使其困難加重，多年來一直推行出口自由而嚴格限制進口，終於遭到各國反抗。低成本製品開始侵入日本市場，與之展開新競爭。日本還被迫應對來自社會的壓力。雖然工資、教育機會和生活水準仍然很

高，但住屋稀缺，房價昂貴，國家基礎設施建設被忽視。

經濟困難期間，一場第二次世界大戰結束以後從未有過的政治危機使全國震驚。大量證據顯示，政府和企業高層捲入賄賂、腐敗和與有組織犯罪活動的牽連。一九九三年，長期統治日本、一直做為日本繁榮與穩定的政治支柱的自由民主黨第一次失去國會多數，丟掉了政權。新面孔和新政黨取代了老衛士，儘管國家的官僚制度照舊。衰退持續經年，一九九八年波及亞洲許多國家的貨幣和金融危機也使復甦受挫。到下一個十年的中期，日本經濟終於表現出重新增長的跡象。失業開始減少，股價恢復上漲，工業投資逐步增加。危機和延續的衰退改變了這個國家，但日本沒有被剔除出世界政治和經濟領先大國之列。政治改革方面的努力刺激了對過去的重新檢視，喚起了對經濟復興、更為民主的未來以及更靈活的社會希望。但是做為戰後工業和金融成功的模式，日本在二十一世紀初的確有點褪色，相反的，卻成了已經崩潰的「泡沫經濟」的樣本，立在那裡讓人警戒。

歐洲聯盟：擴展與深化

西歐六國在二十世紀五〇年代創建了共同市場，從那時起到二十一世紀開始之際，歐洲統一進程成就顯著。一九五七年建立的歐洲經濟共同體，一九六五年成長為歐洲共同體，一九九一年簽署《馬斯垂克條約》後進而發展成歐洲聯盟。二〇〇四年，成員增加到二十五個國家（還有更多國家尋求加入）以後，歐盟已經是經濟超強力量。它擁有四億四千萬人口的世界最大單一經濟市場，並且在許多非經濟領域緊密連接為一體。

如同在《馬斯垂克條約》中達成的一致意見，歐盟在二十世紀九〇年代著手一項雄心勃勃的事業，自願採用一種共同貨幣。二〇〇二年，十二個歐盟成員國開始使用「歐元」這種新貨幣，用於金融交易和日常生活中的現金支付，法郎、馬克、里拉等各個國家使用已久的錢幣都被取代了。在全球金融市場上，歐元價格起伏不定，但很快就成為主要的國際貨幣，跟美元形成強有力的競爭。三個歐洲成員國——英國、瑞典和丹麥——選擇不採用歐元，二〇〇四年，歐盟的十個新成員國家繼續留在歐元區外，視其進一步的國內經濟改革情況再做決定。另一個史無前例的舉措是在法蘭克福設立歐洲中央銀行，授權其為成員國制定貨幣政策。由於各國經濟紛紛走向更為集中的貨幣管理制度，這項貨幣政策對各國社會和經濟政策的影響，成為歐洲政治當中一個引起爭議的新問題。

與此同時，想要被歐盟接納的國家仍然被嚴格要求實行自由的政治經濟模

式。申請國必須聲明它有義務實現「自由、民主、尊重人權和基本的自由權利、推行法治」，還需要一個有效能的自由市場經濟。相比於其早期緩慢的擴大，歐盟現在歡迎達到其規格、要求的所有歐洲國家，並且正在考慮能否接納土耳其。

歐盟也在以補充的方式「深化」自己。《馬斯垂克條約》已提出繼續發展共同的外交與防務政策。歐洲人為自己未能預防或制止二十世紀九〇年代波士尼亞和盧安達流血事件，以及隨後不能阻止塞爾維亞打擊科索沃而深感不安。一九九九年六月，歐盟各國外長議決提高集體軍事行動能力，開始著手創建一支軍隊，做為對北大西洋公約組織的補充而不是取代。大西洋同盟將繼續穩固，但是，新設的「歐洲防務局」將在二〇〇五年後全面開展工作。新的軍事合作顯示出歐洲想要結束長期對美國的依賴，拒絕繼續處於受美國保護的地位。這些既讓美國決策者們高興也使其困惑。他們想要歐洲扮演自主獨立的角色，尤其是在歐洲事務當中，但又不希望看到資源從北約流走。

歐盟的政治與官僚結構並沒有像不斷推出的經濟與防務政策那樣迅速改變。設在布魯塞爾、擁有龐大文職官員的歐盟委員會，做為行政和管理機構行使作用，並有權就立法提出建議；由遍及歐洲各個選區選出的歐洲議會負責監管預算，討論歐盟委員會的建議。這個代表機構從來沒有喚起過人們的熱情，成員國選民在其選舉時出來投票的一直很少。儘管政府首腦按計畫定期舉行會議，仍需一個委員會經常召集各成員國外長會晤，就有關共同利益的問題討論和表決。這些會晤為歐盟提供了參與歐洲以外國際事務的機會。部長會議從來沒有被設想成是最高決策機構，但它以某種方式使歐盟緊靠民主基礎，歐盟委員會卻不曾做到這些。

早期歐盟中超民族主義的衝動消失了，但做為各成員國代表的部長們的緊密合作保留下來，其討論和決策的基礎是半個世紀來的共同價值和經歷，以及透過聯盟法院的司法所體現的法學和法律原則。每個國家都看到，做為聯盟成員加強了自身的穩定、繁榮和安全，並承認各自主權的損失並沒有原來擔心的那麼嚴重。

然而，對於設計中的歐盟憲法存在強大的反對意見，因為憲法將創制一個更緊密的政治聯合體。一些國家支持憲法草案，法國與荷蘭的選民則在二〇〇五年投了否決票，使歐盟怎樣進一步整合的問題明朗化了。很多歐洲人贊成憲法草案，特別是其中廣泛保障社會與經濟權利的條款，但也有許多人擔心歐洲原有的生活水準、社會價值和特殊的國家利益會受到威脅，尤其是在二〇〇四年歐盟增加較多新成員以後。因此，歐盟在最近未來的發展可能不會像它富

於想像力的倡導者預見的那樣。即使如現在這個樣子，也已經成為經濟與政治合作前所未有的範本，歐洲已經為之大變。在經歷了延續幾個世紀的戰爭歲月以後，歐洲大陸已經到達一個歷史的轉捩點，很難想像幾個主要國家之間再有戰爭。

做為歐洲統一成功背後的原動力，法德合作仍然至關重要。兩國中有許多人希望法德結成更緊密的同盟，也有一部分希望將歐盟領導權交給來自東歐的新成員，同時又有一部分希望抵消英國的影響。然而，誰也不能預言，一個可以被視為美國全球政治經濟權力的可能替代者，甚至是潛在敵手已經擴大，此外還在擴展中的歐洲聯盟的未來會如何發展。歐洲舊的來自蘇聯的戰略

圖27-2　歐盟鼓勵成員國之間的政治合作與緊密經濟合作。照片顯示歐盟委員會主席正在設於布魯塞爾的歐洲議會上致辭。歐盟委員會的機構和歐盟外長定期會議，會址均設在布魯塞爾市。（Associated Press, AP）

威脅已成往事，但是現在，許多歐洲人把美國主導的「全球化」看做是對歐洲生活方式的威脅，批評它是一種對大眾消費主義的崇拜，是一種物質主義對社會和文化價值的放棄。在歐洲人，即使那些讚賞美國成就的歐洲人眼裡，歐洲聯盟是對美國在世界事務中霸權的首要制衡力量。

「新經濟」：二十世紀九〇年代及其後

第二次世界大戰以後重現的全球經濟，到二十世紀九〇年代似乎進入一個新階段。全球化是它的關鍵字。它意味著資本和技術在全球各地跨越所有地理和政治界限，更迅速、更有效的流動。美國在全球化和被稱為「新經濟」的發展中居於主導地位，但其他國家的大型跨國公司也已運營到了世界所有地方。

新經濟是一種資訊經濟。它的基礎是電腦革命和網際網路──一個在二十世紀九〇年代初還鮮為人知的名詞，到了九〇年代後期已經進入每個人的辭彙表，被數千萬人在遍布世界的辦公室裡和家裡所使用。它提供所有種類的

及時資訊。它如同一次新工業革命的到來,並以加速度超過先前的工業變革。貿易擴大了;私人投資資本加速從工業國流向開發中國家;跟日益增長的貿易和投資相關聯,世界許多地方的生活水準提高了。有人論證,由牟利動機所推動的全球化,比外援或者政府與國際機構貸款更有利於第三世界國家。

圖27-3 國際商業機器公司(IBM)的辦公室設於土耳其伊斯坦堡的一座清真寺附近,提示出一種新舊之間的文化與經濟的並立,在歐洲的哥德式大教堂和泰國的佛教寺廟旁邊也常有這種情景。現代技術在許多地方已經進入古老的社會。國際經濟現在依靠電腦和數位資訊系統,將人類文化表達最新與最古老的形式連接在一起,也連接起東方與西方。(Courtesty of IBM Archives, Somers, New York)

　　美國是全球新經濟的推動者。美國經濟在一九八二年開始靜悄悄地啓動新的增長與擴張。二十世紀七○年代的通貨膨脹被聯邦儲備銀行以高利率抑制,做爲不受政治干預的國家中央銀行,美聯儲繼續階段性地干預經濟以調節其變化。衰退和短期的不景氣都發生過,但是到一九九二年,美國經濟進入一個不間斷增長時期。失業率下降到百分之四,爲二十世紀六○年代以來最低。國家稅收足夠許多專案目標所用,部分用於減少國債。美國的生產率借助電腦技術而提高。股票和不動產價格飆升,涉及普通消費品的通漲則得到控制。受上升的股價和房價以及信貸普及所鼓勵,消費者的信心和購買力維持在高位。長期

的繁榮最後在新世紀初停止，當時股票市場和經濟增長率雙雙下滑。然而，到這時爲止，美國已經體驗了其歷史上最長的無間斷經濟擴展時期。

但是，工業世界到處都有麻煩不斷的地區。日本仍然深受一九八九年金融崩潰後長期的嚴重衰退之苦。俄羅斯尚未安定的經濟不斷發生危機，一九九八年盧布大幅度貶值。特別嚴重的是，一九九七至一九九八年亞洲多個此前有黃金般價值的經濟體出現貨幣和金融危機。問題開始於發生在泰國的信心喪失和貨幣崩潰，導致外國投資撤離，進而引起馬來西亞、韓國、印尼、香港和新加坡等先前創造了「亞洲奇蹟」的國家和地區貨幣貶值。這些國家的房地產和股票投機曾猖獗一時，不負責任的企業行爲在這裡找到了生息之地。

國際貨幣基金組織提供了數十億美元的貸款來應對亞洲發生的經濟問題，但同時要求採取嚴厲措施，造成了亞洲各國社會苦難、新的經濟不安和調整困難。很多勞工擔心，不斷尋求廉價勞動力和停止對最貧窮階層的幫助，將抵消全球化帶來的經濟機會。爲了提高在全球市場上的競爭力，美國、歐洲和亞洲的大企業紛紛轉向更貧窮國家，雇用那裡的廉價勞動力，並且在國內或者跨國購買其他公司，以求做得更大。跨國公司的數量和規模到處都在擴大，似乎沒有人關心國內公司被外國公司兼併。倫敦做爲給歐洲企業速度空前的合併與兼併提供資金的金融中心，在相當程度上恢復了它的金融聲望和實力。

由於美國股票市場和新興電子電腦技術產業在二十世紀九〇年代一片興旺，一些觀察者重提二〇年代的繁榮和無節制的投機活動，以及一九二九年美國股市的崩潰。儘管有人對這種「不合理的興盛」發出警告，股票價格仍在飛漲。也有人從一九八九年後日本的泡沫中看到預兆。更有人重提歷史上的投機癲狂：十七世紀的鬱金香瘋狂，十八世紀的殖民計畫，十九世紀的運河、黃金和白銀投機等等。

電腦革命和電腦新技術的興起以各種方式創造出一個新經濟，推動經濟透過大幅提高的生產率增長，使全球股市價格飆升。電腦奇才常常在小小年紀就跟經紀人、金融機構執行官、各類企業家一樣暴富。由風險投資支持，籍籍無名的某個人隨便在某個車庫、工作間裡的發明就導致價值數十億美元的公司的設立。微軟董事長比爾・蓋茲成爲全世界最富有的人，其財富以數十億計。

新的全球經濟創造了前所未有的財富，但是巨大的工業生產和金融交換體系面對區域性經濟危機和政治動盪卻脆弱無力。而所有這些危機和動盪現在都能對全球經濟產生影響。樂觀主義的經濟學家爭辯說，這是一個「新經濟」，市場價格將維持在一個新的高平臺上。他們以此回應那些擔心將發生金融崩潰的「卡珊多拉」[2] 們。但也有一些經濟學家提出了類似一九二九年的預警。

確實有根據讓人相信，市場眞實反映了與生產力增長關係緊密的美國與全球經濟的深刻變化。但新世紀之初已有跡象，警示投機已經趨於狂熱。高技術電腦公司的股價已經不成比例地高出其績效，當這些股票在新世紀初大幅下跌、房地產市場也開始疲軟時，整個經濟都因之出現了劇烈的波動。

二十世紀九○年代電腦革命中的兩項最重要發展成就是網際網路和全球資訊網。網際網路起步平凡，做爲一項政府資助的提高通訊水準的計畫，發端於二十世紀六○年代後期的美國。世界各地的電腦科學家擴大了它的規模，使之比較方便地爲個人和公司日常工作所用。一九八○年，全球資訊網在日內瓦附近的一個原子物理學研究中心被首次開發出來，當時，年輕的英國物理學家迪姆‧伯納斯－李開發了一個透過電子集成和連接處理資訊的專案。一段時間裡，這項技術一直被忽視。但是到了九○年代，李和其他人使之重生並完善。依靠網際網路，全球資訊網成爲全世界億萬人每天交往的媒介；使用者還在不斷增多；它爲通訊帶來革命性變化；人們可以互相發送電子郵件、商討金融流動、在網上購物、敲擊鍵盤發送所有各種資訊與教育資源，以及在網上娛樂。很多人將電腦新技術的意義跟十五世紀印刷術的發明相比。新技術的速度、效率、多功能性發展飛快，一種計算機型號剛開始應用，新的、功能更強的型號就出現了。

新世紀開始之際，網際網路使用者幾乎半數在美國，英語則成爲其統治語言。歐洲和亞洲都有人擔心，網際網路顯示出世界不僅向全球化、也朝美國化邁進了一大步。然而，全球競爭仍在繼續。芬蘭的一個公司主導了移動電話市場，印度的電腦專家開發出創新型軟體，臺灣的公司生產出大量最先進的電腦晶片。但是與此同時，在那些有機會有辦法接觸電腦新技術的國家和不能接觸新技術的國家之間，劃開了一條鴻溝。一種「數碼分隔」出現在各國國內和全世界的富國與窮國之間。

對於二十世紀九○年代一片輝煌的美國經濟及其對美國社會的影響，許多人提出過疑問：經濟繁榮將處於經濟階梯底層的人們拋棄了，貧富差距進一步擴大。一九八八到一九九八年間，占全國家庭百分之五的最富裕家庭收入提高了百分之十五，同樣占百分之五的最貧困家庭收入增加不到百分之一。窮人和許多工人，甚至中產階級家庭的收入或者下降，或者停步不動，即使全家人都工作。有能力儲蓄、投資和積累更多財富者跟無此類能力者之間的鴻溝更寬了。一九九九年比之一九六九年，更多美國人生活在貧困線之下。到了新世紀第一個十年，貧富差距還在擴大。對於窮人和那些因爲在全球尋找廉價勞動力而失業的工人，缺少接受新技能教育和培訓的機會成爲一種新挑戰。

圖27-4　二十世紀九〇年代的電腦革命改變了政府管理方式和經濟制度，也改變了現代文化和教育的形式。這些學生正在一所大學的電腦中心獲取「虛擬圖書館」提供的現代世界的知識、資訊、觀點或娛樂專案。（Bill Bachmann/Photoedit）

　　對市場和市場力量的全世界普遍信仰形成另一種挑戰。對某種過分簡單化的自由放任市場經濟的信仰、一種跟宗教信仰沒有差別的「市場原教旨主義」散播到全球。它的支持者聲稱，那隻看不見的手終將使每個人獲益，上漲的潮水將漂起所有的船。它的提倡者宣布，全球化和世界性市場經濟使得政府干預毫無必要。這種觀念到處遇到批評者。在失業率居高不下的法國，有人爭辯說，以所謂「隨心所欲地削減工作崗位」的方式解僱工人，同時掙取大筆利潤，對公司來說是不道德的行為。

　　與此同時，世界貿易的增長導致一個更為正規的世界貿易組織（WTO），在一九九四年取代了從一九四八年開始生效的關稅與貿易總協定（GATT）。GATT 通過非正式談判議程和簽訂協定，非常成功地降低了關稅，擴大了世界貿易。到一九八六年，它已經有九十二個成員國。一九九五年，美國成功地創建了一個永久的、更為正式的組織。WTO 被授權制定協議並監督實行，執行貿易規則，解決有關糾紛。到二〇〇五年，它已經有一百五十個成員國。但是，它在西雅圖舉行的第一次新型的公開談判會議遭到了反對和街頭示威抗議，成為不久以後在各地召開會議時的慣例。抨擊者抗議談判形成的自由貿易協定不關心環境和勞工處境，甚至無視在開發中國家許多地方廣泛存在的剝削童工現象。開發中國家看到自己面臨的風險，它們因勞動

力價格低廉而遭受損失，而廉價勞動力是它們的主要比較優勢之一。它們特別強調本應由工業國家負責的生態損害卻大量讓它們承受。較富裕國家對農業的補貼也對工業不夠發達的國家不利，後者依賴進口或者出口糧食。新國際貿易體系的批評者不接受把自由貿易當做提高所有人生活水準的一種手段之觀點。民眾抗議中的暴力行為多有越軌和冒犯，但喚起了對全世界社會問題的新意識。

圖27-5　同樣的食物和消費品在不同社會和民族文化中日益流行，是全球化或其批評者所稱的「西方化」的一個標誌。這個中國孩子正坐在中國長城上享用一種著名的美國飲料。現存長城的絕大部分可以追溯到十七世紀，一些部分則建於兩千年以前，用來保護中國文化免遭當時的外來侵略。儘管這樣的城牆不再能夠阻擋跨國的文化、時尚和產品流動，不同社會仍然在尋找應用全球經濟所提供的消費品和觀念的特色道路。（Andanson James/Corbis Sygma）

全球化在世界歷史的較早時期已經顯現，到十九、二十世紀尤其突出，到了二十一世紀則似乎成為確定無疑的社會經濟主題。國界雖沒消失，卻越來越多被通訊、工業、文化、旅遊、食品、大眾娛樂甚至服飾的跨界交流和全球交換所超越。對於一些人來說，全球化仍然被認作「西方化」或「美國化」。然而，到二十一世紀初，全球化只是定義了現代化的最近階段，被多出以往任何時候的全世界民眾所分享。巨型跨國公司不再只屬於歐洲或者美國，而是來自

全世界各國，前所未有地依賴跨越傳統的國家邊界流動的資本、商品、經過訓練的員工、技術和理念。

現代文化中的智識與社會轉型

　　智識與文化生活並非都是透過惹人注目的、重塑政治與經濟關係的公共事件或衝突而演進。然而，在我們討論過的所有國際衝突和革命變革年代裡，現代智力生活與社會觀念道德的轉型，改變了現代史的面目。民衆在遠遠超出政治與經濟的活動中，定義自己和他們的文化。他們堅持不懈地開發著知識、哲學、宗教信仰、創造性藝術和社會生活的新形式。所有這些都影響和反映了現代世界的轉型。儘管二十世紀文化大多源自一八七一至一九一四的那些年代，但是科學、哲學、藝術、宗教在二十世紀的歷程中都跨越了新的界限，或者走出了新的方向，並構建起新世紀的舞臺。即使僅僅勾勒這些發展中很少的一部分，都將展示出當今時代的巨大變化。

科學與技術進步

　　科學與技術在第一次世界大戰之前的半個世紀裡已經迅速發展，戰後則進一步加速。一九一九年以後，科學發現的進展速度超過此前人類歷史上的所有時期。許多科學家爲同一件事情而工作。二十世紀開始之際，大約有一萬五千名科學家在探索科學問題，到二十世紀後半葉，從事研究性工作的科學家超過五百萬，人數超出以前所有世紀的總和。到了我們當前這個時代，這些科學家有百分之八十五以上尚在工作。

　　普通人對科學成就的最強烈感受來自醫療和公共保健。以前所有的醫藥發現，都不能跟磺胺類藥劑、抗生素、可的松和其他用來戰勝過去致殘或致死的疾病藥物相比，這些疾病包括肺炎、矽肺病。激素、腎上腺素、胰島素也都被用來保護健康或者解除痛苦。疫苗戰勝了一系列致命的疾病，包括一九五五年以後治癒小兒麻痺症；到一九七五年，天花在全世界絕跡。外科學的顯著成就包括重大器官的移植。除了醫學的進步，民衆也在日常生活的所有方面受益於現代技術。收音機和動畫用於娛樂，第二次世界大戰以後又有了電視；洗衣機、冰箱、冷凍食品、微波爐減輕了家務負擔。一九四七年以後，飛機可以超音速飛行，巨大的飛行器能夠在幾個小時內穿越長距離，到遙遠的地方去旅行成爲很平常的事。一個擁有電子、機器人、火箭和空間技術的世界拉開了帷幕；許多人越來越相信，任何問題都能找到技術解決方案。

　　因此，致命的 AIDS（後天免疫缺乏症候群）在二十世紀八〇年代出現，

到九〇年代成爲全球性流行病，一次毀滅性的經歷。第一例 AIDS 報告出現在一九八一年年中的美國，但該病看來更早起源於別的地方。發病致死者增加了，估計還有數千萬人患有此病或者感染 HIV，即致病的人類免疫缺陷病毒。二十一世紀初，一方面醫學科學家致力於發明一種預防性疫苗，或者設法延長病患的生命，另一方面爲阻止其傳播，展開了以性行爲、靜脈注射藥物、獻血保護等爲焦點的教育。時日遷延，這一自十四世紀黑死病爆發以來威脅最大的病症始終無法治癒，疑惑和苦惱隨著增加。與此同時，新世紀也出現了其他流行疾病的威脅，包括開始流行於亞洲的「禽流感」，類似一九一八年導致致命的全球流行病的流感病毒。

原子物理學

在純理論科學領域，二十世紀物理學的轉型唯十六和十七世紀科學革命可以相媲美。二十世紀初年，科學家發現了一些元素的天然放射性。物理學家如馬克斯·蒲朗克和阿爾伯特·愛因斯坦發展出量子物理學和相對論。愛因斯坦提出了現在已爲人所共知的質能轉換公式（$E=mc^2$）。一九一九年以後的一系列發現，導致對原子的更深入理解。一九三二年，英國科學家在劍橋大學開發出的迴旋加速器，使高速滲透或「轟擊」原子核成爲可能。科學家了解到，組成原子的不僅有質子，還包括其他微粒如中子。一九三八年，德國化學家奧托·漢發現，當他用中子轟擊強放射性元素鈾的原子核時，它變得不穩定並分裂成兩個，這意味著儲存在原子裡的能量可以被釋放出來。其他人包括里澤·梅特納，一個被迫逃離納粹德國的猶太裔德國科學家，協助擴展了這些發現。一九三九年，丹麥物理學家尼爾斯·波爾將這些情況告訴了美國科學家。

理論科學的這項突破意義鮮明。如果一堆鈾原子在一種鏈式反應中分裂，將釋放出巨大的能量。在一九三九年的不平靜氛圍下，其用於軍事目的的可能性被激發了。戰爭一開始，美國科學家，包括一九三四年逃離納粹統治的愛因斯坦，說服美國政府趕在德國人做成之前開發它的軍事用途。一九四二年，美國、英國和從歐陸逃出的科學家，像義大利人恩里克·費米，第一次做成了原子鏈式反應。這項成果進而導致後來在新墨西哥州洛斯·阿拉莫斯爆炸原子彈的祕密準備工作，以及一九四五年八月美國用原子彈在廣島和長崎對付日本。

戰後甚至還有更讓人驚愕的技術發展。一九五二至一九五三年間，美國和蘇聯各自研製出了氫彈或熱核炸彈，它包含核熔解或氫與其他元素在高溫下連接，以原子彈或裂變炸彈爲引信，產生巨大的鏈式反應。太陽的熱能就來自這種熱核熔解。

　　核能從而首先被應用於軍事目的，但它具有用於和平建設的潛能。微量的鈾（或另一種放射元素鈽）可以產生相當於三噸煤的能量。到二十世紀九〇年代，全世界超過百分之十五的電力由核電廠生產，法國核電超過百分之六十五。與此同時，科學家釋放出了可怕的爆炸力量，放射能的危險令人擔憂。核電廠洩露放射性氣體的事故危及周邊的居民和環境，對核電廠設計是否合理以及對與核廢料處理的關注增加了，民眾對建造核電廠的抗議也增加了。

　　在軍事上，一場真正的核衝突可能意味著人類的末日。幫助開發了第一顆原子彈的羅伯特·奧本海默等科學家相信，原子彈是一種極可怕的武器，人們很難想像再經歷一次原子彈爆炸，因而透過這種方式將會阻止未來的大規模戰爭。他們的意見部分正確。一種恐怖平衡形成了，這使得一九四五年八月以後再沒有在戰爭中使用過核武器。但核彈頭成為世界軍火庫存的一部分，對人類生存乃至地球本身都是前所未有的威脅。

　　後來，科學家運用線性加速器，如迴旋加速器甚至更強大的對撞機和超級對撞機來打碎原子，以探索其性質和它內部的亞原子微粒的行為。理論物理學家繼續提出複雜的新概念，例如串理論，堅持探索一種包羅萬象的理論，用來解釋重力、電磁現象和核力量的相互關係，所有這些都要到亞原子世界和整個宇宙裡去發現。

科學與技術的社會涵義

　　正像核子物理學案例所顯示的，科學在當代已經跟技術和探索科學新發現的組織化工作成就緊密結合。政府和工業企業資助了絕大部分科學研究。實驗設備價格昂貴，複雜的調查研究需要大規模合作，單打獨鬥的研究者實際上已經沒有了。用於國家目標的研究資助引起疑慮，人們擔心科學發現會用於政治目的而非滿足緊迫的社會或人類需要。

　　科學一直影響著人對自身及其所處世界的思考。哥白尼革命將地球從宇宙中心的位置移走。達爾文革命指出，智人是進化並生存下來的一個生物種類。人們對當代物理學的哲學涵義的理解還很模糊，但相對論在各個領域都站穩了腳跟。具有諷刺意味的是，正當科學的能量讓一般人感到害怕時，科學家們卻自認他們並沒有掌握通往事物本質狀態的神奇鑰匙。一般說來，他們只是承認自己擁有決定或者猜測事物相互關係的能力，這些關係在原子世界（宇宙中也一樣）仍然是神祕和不確定的。

　　一些有思想的人質疑科學與技術進步，追問現代技術是否已經強大到超出了人類的控制。生物學家指出了對自然資源的消耗和掠奪，以及對環境的威

脅。保護生命的醫療和公共健康事業可能以另一種方式導致人口過剩，或許還會帶來對地球上有限資源難以管理的壓力。開發旨在拯救和延長人的生命的技術，也帶來倫理和法律方面的問題，包括重新定義生存與死亡，以及病人、家庭、醫院和醫師的權利問題。二十世紀七〇年代後期出現的試管嬰兒和其他人工受孕方式，以及稍後使用人胚胎的幹細胞研究都引起質疑。現代技術的批評者讚美前科學和前工業時代的道德，更多的人提請大家高度警惕科學進步帶來的新危險和道德困境。在一個擁有毀滅性武器和環境受到威脅的時代，科學技術發展不再毫無疑義地等同於思想進步。

與此同時，在尋求理解自然的過程中，舊的科學分界被打破，新科學不斷出現。生物化學、細胞與分子生物學、生物物理學、天體物理學、地球物理學等等分支學科興起了，這些新學科均得大量運用數學。在生物學領域，遺傳學進展顯著。在物理學家發現新原子微粒的同時，生物化學家分離所有活細胞基因中發現的有機物──所有遺傳特徵的化學載體。當科學家破解了遺傳密碼並合成了基本遺傳物質（DNA）時，透過轉基因改變植物和動物物種的特徵，在實驗室裡複製或再生一隻帶有預期的遺傳特性之青蛙或綿羊都成為可能的了。其驚人的意義是，將來某一天，甚至複製人也不無可能發生。與此同時，生物技術人員正透過帶來農作物新品種的生物工程使糧食生產革命化，這又引起各方的抗議。醫學科學家也有希望戰勝遺傳性疾病，當研究人員在二〇〇〇年宣布他們揭開了人類染色體──控制人體也造成基因遺傳性疾病的三十多億個 DNA 化學單位──的密碼時，這個目標距離實現更近了。

其他生命科學和社會科學也有重要進展。對人類行為的心理學探索，跟透過精神病學和精神分析治療心智、情緒失常一起迅速擴展。一九一四年以前首次提出其心理分析理論的佛洛伊德，到二十世紀二〇年代已經廣為人知。他對人的性衝動和性壓抑的強調，後來被修正很多次。研究人類行為的許多學者認為，他的貢獻並不是普遍有效的或在科學上是正確的，但反映了一九一四年以前中產階級、男性統治的維也納社會價值觀。擁有不同學說和技術的一系列學派出現了，治療心理沮喪和精神疾病的各種藥物也被開發出來。然而，佛洛伊德開創的對個人和集體無意識行為的研究，仍然是當代思想和文化的一個特點。

人類學家和其他社會科學家越來越強調所有文化的相對性，否認文化優勢說或把文化價值分成等級的觀點，甚至否認歷史進步有客觀標準。他們指出，如果說西方社會在科學技術方面取得了顯著進步，其他文化則在自我修養、個人完善和追求人類幸福等方面貢獻更多。做為「文明的」反義詞，「未開化

的」這個形容詞趨於消失，一種承認並尊重不同於西方傳統價值的文化人道主義出現了。

空間探索

二十世紀後半葉最激動人心的科學技術發展之一是空間探索。做為二十世紀五〇年代冷戰的組成部分，美國和蘇聯在此領域互相競爭，在火箭研究中各有重要成就，都掌握了發射多級火箭的技術。一九五七年蘇聯成功發射了世界第一顆人造衛星，開創了空間時代。一九六一年又第一個將人類——尤里‧加加林——送上了地球軌道飛船。美國也在一九六一年和一九六二年將自己的太空人送上了太空。六〇年代，兩國都發射了自動操作的無人太空船，用於探查月球，隨後又用來探究太陽系的其他行星及其衛星。六〇年代初，甘迺迪總統發誓要讓美國人在六〇年代結束以前登上月球。一九六九年，三個美國太空人按照阿波羅計畫飛越二十五萬英哩到達月球，當尼爾‧阿姆斯壯在月球上邁出第一步時，全球數百萬觀眾從電視上看到了這一幕。此後三年，美國又有五次飛月之行。六〇年代及其以後又有多艘無人太空船被火箭送上遙遠的太空，前往探查太陽系的各個行星。美國太空船登上這些行星或繞之飛行，著陸的儀器設備在若干年裡向地球送回豐富的資料，提供給人類比以往多得多的關於行星和地球本身的物性與起源的資料。後來的空間探險考察了更遙遠的行星。一九七七年發射的「旅行者」二號飛行十二年，航程接近四十五億英哩，在飛出太陽系以前抵達位於最外層的行星。一九九〇年美國將哈伯望遠鏡送上太空，可以觀察到很多光年以外的星系並將發現報回地球。

蘇聯也對月球、火星和哈雷彗星進行了令人難忘的空間探險。其中，哈雷彗星的行蹤早在十七世紀就已經被預測到，一九八六年再次飛回到有利於觀察的最近點。蘇聯還建立了一個永久的太空站，並一再創下檢驗人類在失重的空間持續停留時間的紀錄。

隨著時間的推移，冷戰雙方都不再著重進行空間探險，但用於軍事目的的活動從未完全停止過。美蘇和後來的其他國家發射了間諜衛星用於偵察和蒐集情報。二十世紀八〇年代，美國啟動一項耗費巨大的戰略防衛行動研究，預備在外太空部署鐳射武器（因此而稱之為「星球大戰」），用做防止核彈頭襲擊的護罩。一九九〇年該計畫被廢止，但隨即在熱烈的支持和同樣激烈的批評中恢復。

二十世紀八〇年代的太空事業顯示出國際合作的意願，而不再只是兩個軍事超級大國的事業。法國、日本、中國和其他國家成為宇宙航行國家，紛

紛計畫發射自己的衛星和太空探察器。歐洲太空局採取了自己的行動，一項在二十一世紀某個時候多國遠征火星的計畫進入議程。冷戰結束後，美國和俄羅斯開始空間合作，最引人注目的是對一個俄國空間站的開發和共同使用。另一方面，人類是否需要遠征太空的問題被嚴厲審視。震驚於致命事故（包括二〇〇三年美國飛船「哥倫比亞」號在飛回地球大氣層時解體）的人員傷亡代價，批評者主張無人飛船可以完成更多工且花費更少，也較少生命危險。許多人反對在大量的國內需要尚未滿足的時候用巨額花費進行太空探險，但是支持者辯稱，它是人類跨越新邊疆、擴展地平線、探索未知世界持續努力的一部分。除了恐怖戰爭的破壞以外，二十世紀最終會以人類首次登上月球，以人的智慧發明和引導火箭太空船、開始宇宙探索的世紀而被載入人類記憶。

圖27-6　太空探險標示出圍繞太陽系裡地球和其他行星的現代知識探求進入一個重要的新階段。跟早先歐洲人遠航新大陸那樣的探險不同，當第一個人漫步在月球表面時，數百萬人正在電視上觀看。一九六九年七月，美國太空人尼爾・阿姆斯壯拍下了這幅小愛德華・E・艾爾德林的照片，當時兩人正在第一次「月球漫步」。這是人類探險史上一個著名的、激動人心的里程碑式事件，後來的太空計畫注重於無人空間探險和軌道空間站。（NASA）

哲學：戰後初年的存在主義

　　第二次世界大戰結束後的最初那些年裡，歐洲和北美的一批哲學家新秀發展出一個名為「存在主義」的鬆散思想共同體。存在主義者沒有組成任何學會，也沒有固定一致的原則。既有宗教的存在主義者，也有無神論的存在主義者，但他們分享某些共同的信仰和態度。存在主義反映了一個問題叢生的文明，一個被戰爭和壓迫困擾的世界，一個擁有物質進步而道德不確定的文明，

其中的個人可能會被科學和技術的巨大成就壓碎，人的生活似乎失去了高尚的目標或內在的意義。

存在主義的思想可以追溯到帕斯卡、尼采和其他人，他們都強調人類存在的悲劇因素，強調人的理性力量限度。更爲直接的來源是十九世紀的丹麥宗教哲學家齊克果。然而，第二次世界大戰後，在以一度被大眾廣泛接受的形式書寫之文學和哲學中發展存在主義思想者，正是法國作家，尤其是尚—保羅·沙特。存在主義者主張，在一個相互敵對的世界，人必須自主地做出選擇並爲之承擔義務。他們「被責成做自由人」，並且要爲定義他們眞實存在的選擇和行爲單獨負責。在絕大多數存在主義者看來，人的存在本性由其行爲、而不是由某種更深層的精神本質所定義。因此，眞誠的存在主義者必須走出哲學沉思而在現實世界採取行動，即使他們明明知道人的行爲可能改變不了世界。受存在主義者影響，阿爾貝·卡繆援引了薛弗西斯的神話。薛弗西斯被罰不停地把他的石頭推上山頂，儘管石頭會再滾下來。對薛弗西斯的人性正解是面對無望的、荒謬的任務也要保持勇氣和毅力。存在主義強調人類存在的痛苦、人類理性和制度的脆弱，需要重新宣布和定義人的自由。儘管追隨者減少，沙特本人也失去了早期受衆人崇尙的地位，但存在主義並沒有完全從當代哲學或者宗教當中消失。

哲學：邏輯和語言、文藝批評、歷史

二十世紀專業哲學對解釋同時代問題的貢獻似乎不如從前那樣大。它一直關注於知識的起源和性質，也對形而上學和倫理道德問題感興趣。它在二十世紀初就成爲高度分析性的，尤其將焦點集中在知識的限度和標準上。在正規的邏輯學研究中，數學符號取代了傳統的語言。第一次世界大戰前夕，伯特蘭·羅素和阿弗烈·諾夫·懷海德在他們的不朽著作《數學原理》中探索了邏輯與數學。二十世紀二〇年代，維也納一個有影響力的哲學家和數學家群體在他們所稱的邏輯實證主義當中，嘗試把數學的方法論和精確性整體引入哲學研究。這個群體中有路德維希·維根斯坦。他們拒絕關於道德和價值傳統思考當中的不確定性，離開不可言說的物件——用維根斯坦的表述，即「上帝、死亡、高高在上者」。三〇年代維也納學派解體，但邏輯實證主義仍具影響力。絕大多數專業哲學家繼續強調科學精確性與語言學上的分析，不多但不斷增加的一部分人關注當代倫理問題，獻身給未解決的個人與社會困境。

哲學、語言學分析和符號語言學（即對交往中符號與象徵的研究）的新研究，關注語言與現實之間的複雜關係。哲學家也挑戰西方思想所主張的二元論

裡的許多觀點，二十世紀六〇年代以後，文藝研究中出現了「解構」理論，提出分析和批評的新方法，它的主張者尋求分析或「解構」一部著作或「文本」（它也可以是一幅畫或者其他文化製成品），檢查其隱含的文化設想和文化傳承。任何一部作品的有效涵義都不是單一的，按照倡導者的說法，解構使得揭露隱藏在一部作品語言中的哲學的、階級的、種族的、民族中心主義的或有關性的設想成為可能。它還反對舊的關於文藝品質的等級標準，主張抹平精英文化與大眾文化之間的界限，削弱對真實與虛構的兩分（以及其他二元論的東西），並擴大了文學、史學、法學、宗教和其他學科所研究的文本的既有範圍。

據說批評者的著作比文學或藝術的原作更有創意。解構主義在二十世紀六〇年代後期由法國哲學家雅克‧德希達用多種哲學術語提出，不同學科、國家的作者和學者將它進一步發展，在美國贏得了人數最多的追隨者。反對者認為它拋棄了傳統的文學史，拒絕了自啟蒙運動以來影響現代思想理性的批評標準。

歷史學寫作也經歷了深刻的變化。法國的一群史學家（稱為年鑑學派，名稱來自將他們聯繫在一起的一份雜誌）在第二次世界大戰後獲得廣泛的影響。他們關注歷史變化中的長時段因素，如人口、經濟、氣候、自然資源，將政治降低為次要角色，而避免傳統的「事件」敘述。他們也研究過去普通人的生活，試圖重建社會階級的集體觀點。法國、英國和美國的新社會史還特別關注那些不善於表達的、沒有接受過教育的人，以及所有有著強大的口述傳統的人群，如美國南北戰爭前南方的奴隸、英國工人階級、非洲各民族，重建他們的文化和生活，儘管書面資料極少。史學的另一重心大大擴展了對自古至今的女性研究，其成就之一是導致對所有歷史時代的重估。其他各種社會主題也受到關注：結婚、離異、家庭、兒童、性，甚至各種年齡的精神錯亂和死亡。許多傳統歷史學家過去對這些並不關注，如今已不能無動於衷，他們主動拓寬了敘述範圍，著述中包含了這類社會和文化主題。

創意藝術

在創意藝術中，對舊傳統的革命呈現出一片新天地。自文藝復興以來，視覺藝術一直遵循著固定的表現形式和空間透視法。但二十世紀的很多藝術以非客觀自許，拒絕模仿或複製自然，也拒絕現實主義地或照相般忠實地再現物件。藝術革命起始於一九一四年前的法國，在戰爭年代和一九四五年以後加速發展，似乎反映了當時的政治動盪和對理性主義、樂觀主義的幻滅，還反映了佛洛伊德和心理學其他學派的影響，反映了對無意識和非理性的強調，以及新

物理學的相對論和關於事件、空間、時間的不確定性。

　　當代藝術家繼續一九一四年前在色彩、形狀、材料運用方面的實驗，但走得更遠，以全新的方法觀察周圍的世界。二十世紀後期，越來越多的抽象派藝術實驗追隨較早的藝術家，例如畢卡索——他的立體派繪畫讓物體或人體全面扭曲和變形。把瑪塔·艾科倫[3]的《夜的入侵》跟畢卡索的《亞維農少女》做比較，就可以看出這一點。一些藝術家用幾何圖形來表現自己的想法。其他的人也將眞實拋在腦後，只想表達自己無意識的恐懼或渴望。作品引人入勝但也常常引起困惑，如傑克遜·波拉克[4]的《淡紫色的霧》。第二次世界大戰以後，美國取代了歐洲在視覺藝術上的領先地位，並發展出抽象藝術的新形式。

　　當代藝術導致新穎的、震撼人心的形狀和色彩表達，但自覺的主觀主義進一步擴大了藝術家和公衆之間的距離。藝術家、畫家、雕塑家（以及詩人、音樂家、劇作家、小說家，他們也拒絕舊習慣）都在傳達他們對世界的想像，而非容易被理解的客觀眞實。最大的變革或許是先鋒派逐漸爲困惑於許多當代藝

圖27-7　夜的入侵

作者：羅伯特·塞巴斯蒂安·瑪塔·艾科倫（智利人，曾居法國、美國、義大利，一九一一至二〇〇二年）

這幅作品是現代抽象藝術取向的一個範本，它也顯示了歐洲超現實主義的影響。這位智利藝術家二十世紀三〇年代在歐洲工作，後來主要居住於義大利。本畫創作於一九四一年的紐約，它使人想起第二次世界大戰期間和戰後創新派藝術家常常表達的恐懼和混亂感。畫裡的人物無法辨認，但藝術家運用排列、色彩、形狀傳達一個墮入黑暗的世界的混亂和無序。瑪塔的藝術抽象如同他在三個大陸的漂泊生活，代表了許多二十世紀藝術家作品及其個人經驗的巡迴流動趨勢。〔San Francisco Museum of Modern Art, Bequest of Jacqueline Marie Onslow-Ford (82.50). Photography by Ben Blackwell〕

圖27-8　傑克遜‧波拉克的作品《淡紫色的霧》可謂抽象藝術運動的高潮。波拉克運用形狀
　　　　和色彩，而不是人物或者自然物體的形象，試圖傳達一種馬上給人以困惑和吸引的
　　　　氛圍或感覺。在紐約工作的波拉克和其他藝術家幫助美國在「二戰」以後成為現
　　　　代藝術的領導中心。〔Jackson Pollock (1912至1956), *Lavender Mist: Number 1, 1950.*
　　　　National Gallery of Art, Washington, DC/Bridgeman Art Library © 2007 Artists Rights
　　　　Society (ARS), New York〕

術形式的公眾所接受，視為標準的、正常的藝術，儘管先鋒派有時背離標準。
民主社會理解藝術實驗和創新的需要，極權社會如納粹德國和蘇聯則視之為退
化或者社會危險品而予以反對或禁止。當然，寫真派藝術在任何地方也從未完
全消失，許多藝術家重新肯定它，為當代藝術的多樣化做出貢獻。

　　主觀主義和無意識的關注在文學中也有反映。透過意識流和記憶湧現，重
構失去的時間和展現個人內心的體驗，這在第一次世界大戰之前和戰後不久馬
塞爾‧普魯斯特[5]與詹姆斯‧喬伊斯[6]的著作中已經展現，對於一九四五
年以後的新一代小說家和劇作家仍然很重要。不僅作家，電影攝影師也嘗試以
令人迷惑不解的方式探求無意識。所有這些文化實驗都迥異於媒體製造的大
眾娛樂，尤其是電影，以及電視「肥皂劇」和「情景喜劇」提供的日常文化消
費。

　　在建築學、文學和其他藝術形式中，二十世紀七○年代早期某個時候出現
了後現代主義現象。後現代主義者在所有領域都借用傳統，混合新舊與雅俗，
以適宜自己的品味。跟十九世紀後期以來的現代主義者不同，後現代主義者不
排斥當代文化的商業化和物質化，但以新方式（常常是幽默的方式）來接納和
表現。美國建築師羅伯特‧文丘里跟他的合作者寫了一本書，名為《向拉斯維

加斯學習》（一九七二年）。作曲家將街頭噪音（以及靜音狀態）植入音樂，如同在停車場、商場、電視廣告等商業化世界裡的循環播放那樣重複，被採用爲藝術技巧。藝術家安迪·沃荷畫了一系列可口可樂瓶子和影星瑪麗蓮·夢露。後現代小說混合了眞實與幻想。二〇〇五年諾貝爾文學獎得主哈洛德·品特【7】的一部劇作，以及塞繆爾·貝克特【8】、尤金·艾奧尼斯克【9】都向傳統的劇場慣例提出挑戰。的確，品特的劇作如《返鄉》、貝克特的劇本如《等待戈多》跟後現代主義藝術作品一樣不可理解，而跟莎士比亞、莫里哀、易卜生或蕭伯納的戲劇完全不一樣。後現代派還拒絕關於結構的傳統觀念，認爲文學或者藝術都不需要開頭、中間部分和結尾。後現代主義既是現代主

圖27-9　像在繪畫中那樣，二十世紀雕塑中也流行抽象藝術。這幅名爲《母親與孩子》（一九五九）的作品，出自有影響力的英國雕塑家亨利·摩爾，顯示出古典藝術主題的現代表述如何改變了可以追溯到文藝復興時期甚至古代的西方雕塑傳統。

（Scala/Art Resource, NY©The Henry Moore Foundation.）

義對傳統主義造反的一個階段，也是這一造反的碎片式結局，不過帶有新的氣息。現代主義在哪裡特別尋求傳達藝術家的獨特感受，後現代主義者就在哪裡堅持認爲，作者所表達的一定是他所屬文化的語言和價值，而非與衆不同的個體意識。作者的生活和個人經歷現在被認爲對文學研究並不重要，因此，「作者已死」有可能被隱喻式地說出口了。

現代世界的宗教

　　宗教隨世俗主義的不斷衝擊、科學的挑戰和一九四五年後共產主義在東歐、中國等地的發展而潮漲潮落。有組織的宗教在許多地方遭遇障礙。但是教會在馬克思主義政權下生存下來並保持了活力。對信教人數的統計從來不準確，但二十一世紀開始幾年裡關於信教者最大群體的一些數字是清楚的。伊斯蘭教增長最快，擁有超過十億教徒，在後殖民時代的非洲發展強勁。全世界的印度教徒接近八億，佛教徒接近三億五千萬。但如果將所有教派加在一起，基

督教仍然是最大的宗教，信眾接近二十億，其中超過半數爲羅馬天主教徒，四分之一爲新教徒，四分之一爲東正教徒。

普世教會合一運動是致力於聯合新教所有教派，最後達到聯合所有基督教徒的有組織運動，開始於十九世紀，於第二次世界大戰以後的半個世紀裡有所發展。一九四八年創設了世界基督教協進會。二十世紀末取得歷史性突破，路德派教會宣布跟聖公會達成和解並取得聯合，路德派跟喀爾文派解決了圍繞路德的拯救定義——「因信稱義」而產生的神學分歧。二十世紀六〇年代羅馬教廷放棄了對其在基督教中特權地位的堅持，也鼓勵了普世教會合一主義。所有基督教會都加強了跟世界其他宗教信仰的對話。

宗教內部的現代主義跟原教旨主義仍像十九世紀後期那樣關係緊張。二十世紀的許多新教教會極大地調和了傳統教義跟科學、聖經研究的關係，將其信仰的超自然和教條化部分減到最少，並尋求調適福音教義與當代世界的社會需要。然而，兩次世界大戰以及其他社會文化劇變，打擊了神學現代主義和社會福音與生俱來的樂觀主義。二十世紀二〇年代不僅原教旨主義復活，新教神學家中也出現一種智力反動，強調宗教啓示和信仰的要素。瑞士神學家卡爾·巴特在他寫於一九一九年至六〇年代的著作中，努力引導新教回到宗教改革時期的基本原則。很多人對索倫·齊克果感興趣，他像路德那樣，把解決自己的深刻苦悶寄託於個人對宗教的體驗。第二次世界大戰以後，受巴特、保羅·田立克和其他人的影響，一個強大的新教運動重申它依賴於宗教啓示，否認人的理性可以正確地判斷神意。有些教會作家因不能解釋第二次世界大戰的痛苦經歷和大屠殺而談論「後奧斯維辛神學」和「上帝離開歷史」。新教福音派緊扣福音書，著迷於教士布道；對宗教復興的情感訴求也興盛起來，尤其是在美國；還不斷地發起對學校裡講授達爾文進化論的抨擊。但其他新教徒一般都接受了宗教學術和現代科學知識在學理上的合法性。

羅馬天主教會從二十世紀後半葉開始經歷了它最重要的歷史時期。儘管教會不再積極查禁所有形式的現代主義，但梵蒂岡在戰後初期還是強化了神學院的教規條例課程。一九五〇年，庇護十二世（一九三九至一九五八年）——第二次世界大戰期間做爲教廷首腦，一些方面批評他對納粹反猶太人的恐怖暴行抵制不得力——禮讚聖母升天，這是整個二十世紀羅馬教唯一一次發布的新教條。

約翰二十三世在一九五九年繼承庇護十二世，大選時年齡已屆七十七歲，在位四年直到一九六三年去世。但他致力於推動教會和教義與當代世界更加和諧，證明自己是當代最具革新性的教皇。他強有力的通諭讓全世界重視教會古

老的社會教義，號召富國跟窮國分享資源。第一個同時向天主教徒和非天主教徒發布的教皇通諭是一九六三年的《和平於世》，呼籲和平與人權。他還開創了跟其他宗教信仰的對話，表示支援普世教會合一主義。一九六二年，他不顧身邊神學家的反對，召集了第二次梵蒂岡會議，為一八七○年以來的第一次，後來證明是十六世紀特蘭托會議以來最重要的一次會議，後來被簡稱為「梵二」會議，它重塑了當代天主教教義。

約翰沒有活著看到會議的全部工作完成，但提供了改革的主要精神靈感。他的繼承者保羅六世（一九六三至一九七八年）跟約翰一樣關注社會，鼓勵泛基督教主義，在其他方面則比較保守。一九六五年，會議結束了全部工作。放棄了過去對天主教壟斷宗教原理的堅持，接受了宗教多元論原則。會議肯定了在最近幾個世紀已經衰落的共同掌權原則，即教皇的權威必須讓教會的高級教士們分享，從而加強了各國教會在大量事務上的權威。會議修訂了禮拜儀式和各種教會活動，從此以後可以用本地語言唱彌撒曲，代替幾個世紀以來限定使用的拉丁語。會議放鬆了對牧師和修女著裝的限制。在一個有歷史意義的聲明中明確宣布撤銷對猶太人害死耶穌的指控，這項指控在過去一直培養和助長著反猶主義。會議充分實現了約翰二十三世的目的——復興教會的學說並使之現代化。當然，變革是有限度的。會議重申神職人員的獨身生活，拒絕批准任命女性擔任牧師。同時，保羅六世贊成教皇的至高無上地位，在道德問題上採取強硬的保守姿態，特別是反對用任何人工手段控制生育。

一九七八年保羅六世去世，繼位的約翰·保羅一世於三十四天後死在辦公室裡，約翰·保羅二世，原克拉科夫大主教，繼位為教廷新首領。他是第一位當選的波蘭人教皇，也是四百五十年來第一位非義大利人教皇。他精力充沛，生活樸實、積極、精通多種語言，能迅速理解教皇的威嚴，並知道如何在公眾前表現，給教會帶來了新動力。他不僅支持普世教會合一運動，還向非基督徒伸出手，到亞洲、非洲和拉丁美洲各地巡行。在冷戰年代，他跟蘇聯和東歐共產黨國家進行外交談判以改善當地教會的處境。他對二十世紀八○年代自己母國和東歐的革命性轉型貢獻良多。

在他不知疲倦的全球旅行中，約翰·保羅主持了數百萬羅馬教徒的彌撒。他還對教廷過去的錯誤道歉，一直追溯到十字軍，包括濫施宗教裁判，將宗教裁判所的檔案公開給史學家。他為宗教裁判所對科學家（如伽利略）的處罰道歉。他透過正式的聲明和文件，就猶太人在歷史上遭受的苦難，尤其是大屠殺的痛苦經歷，提出特別道歉。在對耶路撒冷的歷史性訪問期間，他在哭牆前面做了禱告。

圖27-10 教皇約翰・保羅二世將他對羅馬天主教傳統價值觀的捍衛跟最先進的巡遊和溝通方
　　　　式結合在一起。此圖中,他在一架飛機門口出現,此時是他出任教皇的最初幾年。
　　　　約翰・保羅二世比他的所有前任出行範圍都廣,為羅馬天主教會在全世界的發展和
　　　　透明度擴大做出了貢獻。羅馬天主教教徒在亞洲、非洲、拉丁美洲的迅速增加,加
　　　　上歐洲和北美的眾多教徒,使羅馬教廷和教皇擁有的遍及全球的勢力超過歷史上任
　　　　何時候。（Getty Images）

　　約翰・保羅在全球性社會和經濟問題上持進步觀點,尖銳批判不加約束的
資本主義和不負責任的物質主義,但在教會信條和治理方面他傾向保守,贊成
教皇至高無上的主張。他任命保守派出任大主教、主教、紅衣主教和不提反對
意見的神學家,抑制各國教會的獨斷傾向。他不贊成神職人員結婚,也反對任
用婦女做牧師(這是一九九四年英格蘭教會接受的創新),不贊成有離婚(或
離婚者再婚)的權利,不贊成同性戀。
　　約翰・保羅在許多問題上的姿態,造成針對「新羅馬中心主義」的反抗和
教會更全面現代化的失敗,以及對「梵二」會議允諾的共用權威精神之不尊
重。他的擁護者辯稱,他的所作所為是支持傳統、恢復被「梵二」會議提出的
過快變革顛覆的平衡。約翰・保羅晚年健康狀況惡化,顯得虛弱,但直到二〇
〇五年他生命的最後日子裡仍然積極活動,制定教會政策,捍衛他的神學原
則。約翰・保羅去世後,樞機主教們迅速選出曾做為他親密助手的一位七十八
歲高齡的德國神學家做為下一屆教皇。做為闡釋前任政策的著名發言人,新教
皇本篤十六世一進入他的辦公室,就著手捍衛約翰・保羅二世漫長而重要的任
期裡,在梵蒂岡所推動的理念和管理制度。
　　一九四五年後,由於遭受大屠殺的傷害,猶太教多年來都像幽靈一樣遊

蕩。到二十一世紀初，全世界共有大約一千四百萬猶太人，其中五百八十萬居住在美國，四百六十萬在以色列，兩百四十萬在歐洲。早先走向世俗化的趨勢仍繼續，但更為顯著的是所有支派——正統派、保守派、改革派——都充滿活力。世界各地（特別是美國）的猶太人從道義和金錢上支持以色列國，儘管他們當中許多人並不是復國主義者，並且被以色列的戰爭狀態和不妥協態度、被其國內拒絕一個世俗國家的極端保守教派政治活動所困擾。在世界各地而不僅僅是在阿拉伯世界，反猶太復國主義時時成為反猶主義的一層薄薄面紗。在前蘇聯（和在中東一些伊斯蘭國家一樣），猶太人一直被騷擾和迫害，一旦被批准，馬上有大批人移出。東歐的劇變則在這個地區再次激起了舊的反猶太人浪潮。

主要的非西方宗教——伊斯蘭教、印度教、佛教——也都致力於使有千年歷史的古老信條適應當代的世俗化趨勢。但也有強硬拒絕變革的事例，東方各宗教在西方吸收了新成員：伊斯蘭教在歐洲和北美的多文化城市裡吸引了許多新信徒；佛教的靜思教義和實踐在西方大學生、知識分子和其他階層中都有新追隨者。西歐來自非洲和亞洲的大量移民，和美國來自亞洲和西班牙語國家的大量移民，帶來了自己的宗教信仰，改變了現代世界越來越多的多民族國家的宗教和文化生活。

二十世紀後期也見證了好戰的宗教改革運動（常常被外界稱為「原教旨主義者」）的興起和擴散，尤其是在伊斯蘭世界，所有這類運動都拒絕現代世俗主義而求助於古代的經典讀本，用之來指導自己，也強迫他人用做行為準則。一九七九年，伊朗出現的大眾狂熱和對宗教領袖的追捧，在任何地方都沒有如此強烈。但穆斯林在埃及、阿爾及利亞和其他地方也積極活動，企圖推翻世俗政權，實行神權政治，運用國家的力量強化宗教觀念。一九七九年革命後的伊朗和塔利班統治下的阿富汗都被美國列為「最極端國家」之列，在這類國家裡，伊斯蘭教法高於其他所有法律。在一些國家，比如蘇丹，軍人政權還試圖把伊斯蘭教法強加於非信徒之身。

所有的原教旨主義者都要求絕對忠實於神聖的經典，而不考慮變化的時代和條件；要求政治價值和道德價值觀跟宗教同一，飲食、衣著、兩性關係都要有嚴格的道德規範。而所有這些都由救世主般的宗教領袖解釋和執行，他們則靠動員大眾追隨者來實現之。在印度，極端的印度教運動跟穆斯林原教旨主義旗鼓相當，針對國內穆斯林施用暴力並威脅世俗化政權。

在基督教福音派和極端保守的猶太教教派裡，也能發現原教旨主義。排斥異己和分離主義很容易由此孳生，並走向與當代世界文化融合的對抗。在西

方，政教分離已經被廣泛接受，因此，人們常常難以理解新的宗教激情的力量和訴求。

激進主義：二十世紀六○年代的青年造反者

二十世紀後半葉的年輕人有了自己的集體文化和做為同代人的身分認同，過去的青年似乎從未有過這些。諸如青年市場、青年文化、青年運動，現代都有可能被叫出來了。追根溯源，這一現象部分是人口上的，是第二次世界大戰結束後十五年間超常的出生率——「嬰兒潮」的結果。一個巨大的群體，在一個急劇變化的世界成長起來，透過音樂、時尚、電影、廣告上表現的一種新的流行文化，發展出自己的同代人身分特性。青年文化成為現代全球文化的一個關鍵成分。

二十世紀六○年代，一種青年政治激進主義以到處發生的大學生造反為標誌地驚人顯現。一代人到了上大學的年齡，以空前的數量進入高等學校。他們成長在一個發生全球性變革和科學突破的時代，長輩不能提供可依賴的指導。他們受益於這個世界的科學技術和其他成就，也集中感受到其弊端——國內和國家間極為嚴重的貧富矛盾、種族偏見與歧視、殖民主義，缺乏個性的機械化、程序化社會和官僚化機構（包括學院和大學），在不斷發生的戰爭中滅絕人口的暴力，此外還有時存在的核武器毀滅性威脅。反叛傾向跨越傳統的代溝，指向所有既存社會和反覆出現的羅曼蒂克或烏托邦主題，而這些主題從現代史之初就影響著社會的批判。

反叛運動於二十世紀六○年代在世界許多地方爆發。在一九六七至一九六八年間運動顛峰時期，大學生的示威遊行、校園騷動、跟員警開戰的情況遍及全世界。美國、加拿大、墨西哥、西德、法國、義大利、西班牙的許多大學都捲入其中。

法國是風暴的一個中心。一九六八年春季，當一千萬工人部分出於同情學生、部分為了發洩本身的不滿而罷工走上街頭時，那裡的示威程度已經接近革命，威脅要推翻現存政權。但政府最終恢復了秩序，各個擁擠的、缺乏個性的大學裡的不滿，在遍及法國但很快平息的大動盪中，許多幾乎都被完全忘記。

最早和最大的一批政治示威發生在美國，導火線是非洲裔美國人爭取公民權利的抗爭，對美國捲入不得人心的越南戰爭使之升溫，而熱誠的黑人民權運動領袖小馬丁·路德·金和被槍殺的甘迺迪總統之弟弟相繼被暗殺，更是給各階層的憤怒青年火上澆油。

造反的學生常常用搖滾樂、反常的服飾和他們自己的語言，做為他們集體

圖27-11　二十世紀六〇和七〇年代出現了一種全球青年文化，創造了獨特式樣的服飾和流行音樂新形式的國際市場。搖滾樂手，像圖中的英國樂隊「滾石樂隊」巡遊世界，寫出了有助於形成一種超越民族與文化的一代人身分特徵的歌曲。圖為樂隊的主唱歌手米克·賈格爾和吉他手凱什·理查茲在一九七三年洛杉磯的一個演唱會上。（Neal Preston/Corbis）

特徵的身分標識。一些激進主義者還製作了有爭議的革命領袖肖像，做為反對既有西方政治秩序的象徵：菲德爾·卡斯楚和他的烈士中尉切·格瓦拉、胡志明、毛澤東、美國武裝黑人領袖如馬爾克姆·X、殖民地革命的先驅如弗蘭斯·法農（西印度群島人，《全世界受苦的人》作者）等等。他們閱讀新馬克思主義哲學家赫爾伯特·馬爾庫塞的著作，書中警告，資產階級社會的寬容，恰是防止對不公正的真正反抗的陷阱，他們從書中獲知，已經被現存制度吸納的產業工人階級不再是革命力量。「新左派」不再理會蘇聯的舊式革命者，視之為乏味的官僚，而認為能夠領導革命的將是毛澤東領導的中國，或者來自第三世界其他地方。他們攻擊物質主義、富足、舒適和當代社會的權力結構。他們當中許多人相信武裝反抗，這讓人想起過去的無政府主義和虛無主義。他們相互呼籲改變或者打破各種社會的、政治的和文化的傳統，設想他們這一代人能夠取消現代民主社會的社會等級和不公正。

　　集中的大規模造反在二十世紀七〇年代初逐漸退潮。在美國，它促使越戰結束。只有少數極端派分子透過地下恐怖組織進行某種城市游擊戰——德國有巴德爾－邁因霍夫團夥、義大利有紅色旅，和美國有名為「氣象員」的地下組織。一九六八年的造反大部分轉移到了現存社會的各個領域。當許多人為傳統制度和有序的進程遭衝擊而戰慄時，其他人則從他們對社會和種族不平等的心

安理得中驚醒。改革大學管理和提供足夠教學設施的努力做出了。即使在其政治激進主義消退以後，青年運動仍對各年齡段群體語言、服飾和性道德的舊標準鬆弛有持續影響。

女性解放運動

　　女權主義運動或女性解放運動是二十世紀和當代社會紛擾不寧的另一表徵，而且持續下去。正如前面所提到的，從法國大革命起，法國和英國的少數思想家已經提出了婦女的平等權利問題。到十九世紀中期，一個婦女政治運動在美國發展起來。一八四八年，部分受當時歐洲革命的啓發，伊莉莎白・卡蒂・斯丹頓與一群志同道合者發表了一個女性獨立聲明，要求提供女性選舉權、與男性同工同酬的權利、在財產和其他事務方面法律上的平等，以及更多的教育機會。同一世紀稍後，英國的婦女參政權論者在爭取選舉權的積極活動中提出了同樣的要求。婦女在第一次世界大戰以前的美國少數幾個州以及少數幾個較小國家贏得了選舉權；一九一八年以後在美國和英國，以及在一九四五年以後幾乎所有其他國家中都獲得了選舉權。但其他目標則沒有實現。

　　二十世紀女性運動的活躍，始於六〇年代中期的美國，一部分跟非洲裔美國人的民權運動並行。婦女解放運動受諸如西蒙・波娃一九四九年出版於法國的《第二性》、貝蒂・弗里丹於一九六三年在美國出版《女性的奧祕》等著作啓發，主張女性做爲人類的半數甚至更多，卻從來都是並且還在繼續被男性統治的社會壓迫，婦女被制度性地否決了獲得政府工作、領導地位、擁有財產和權力的可能。儘管在比如財產權等事務上，比較惹眼的法律歧視已經或者正在被取消，二十世紀的女權主義者仍要求清除所有影響平等參與經濟與社會事務的障礙。貝蒂・弗里丹頗有影響的著作呼籲女性放棄耗在家庭和家務上的傳統生活，到外面的世界去發揮所受教育和所擁有的技巧和能力。二十世紀七〇年代，大量婦女第一次進入勞動力市場。從一九七〇年到一九九〇年，美國經濟中女性與男性的就業或尋求就業比率從百分之三十七上升到百分之六十二。婦女的新角色提出了在家庭責任方面做出調整的要求，這種調整常常不容易被接受。

　　在較貧困的、未開發的國家，平等權運動號召採用與上述不同的議程，那裡的婦女一般不得與多少世紀以來被壓迫、虐待、無視她們最基本人權的狀況進行抗爭。聯合國建立伊始，就承諾給婦女平等的政治、經濟和教育權利。但在非洲、亞洲、拉丁美洲許多地方，女性成人文盲比率仍然大大高於男性，掃盲速度也慢得多。二〇〇〇年，據估計全世界有一億一千萬失學兒童，其中三

分之二是女童。而在擁有全世界多
數女性的開發中國家，給女性機會
尤其是受教育的機會，將有助於加
速所有人口的進步。

在聯合國資助的大會上，各國
政府代表團和來自非政府組織的代
表們確認了「婦女的普遍權利」，
並堅持在關乎她們生活所有方面的
事務中擁有自由決定免於「強制、
歧視與暴力」的權利。

一九四五年以後，一些女性在
她們各自國家中相繼獲得擁有最高
權力的地位，數量超過以往（此前
只有極少數取得統治權的女王有
可能行使政治權力），這些人是印
度的英迪拉・甘地、以色列的戈爾
達・梅厄、菲律賓的克拉蓉・艾奎
諾、巴基斯坦的貝娜齊爾・布托、
英國的瑪格麗特・柴契爾，以及不
斷增加，在諸如斯里蘭卡、葡萄

圖27-12　一九四七年的法國女作家西蒙・波
　　　　娃。在她被廣泛傳閱的著作《第二
　　　　性》（一九四九年）裡，書寫了女
　　　　性的社會地位，分析了在她所描繪
　　　　的父權制度社會裡對女性造成損害
　　　　的約束和謊言神話，提倡當代社會
　　　　和政治生活中女性的獨立或解放。
　　　　她的著作影響廣泛，推動了二十世
　　　　紀六〇和七〇年代的新國際婦女運
　　　　動。（Hulton-Deutsch Collection/
　　　　Corbis）

牙、挪威、冰島、尼加拉瓜、愛爾蘭、孟加拉、法國、波蘭、土耳其、芬蘭、
加拿大、印尼、德國、賴比瑞亞、智利等性質各異的國家女性總統或總理名
單。女性從而廣泛地進入了現代政治生活，但是，如同女權主義者和其他人繼
續強調指出的，在二十一世紀開始之際，世界絕大多數國家，男性仍然統治著
議會和各個政府機構。

與此同時，先進的避孕技術，特別是二十世紀六〇年代口服避孕藥的開
發，以及越來越多的國家立法支持墮胎，加上墮胎過程更安全，這些都為婦女
提供了新的生理上的自由和自主。社會模式在變化，容忍性自由和婚姻兩性關
係中新的平等形式，也都有利於女性的社會解放。二十一世紀頭一個十年，女
性在高等教育機構和專業學校中占據了比以往任何時候都多的位置。在美國，
學院和大學裡的本科學生中超過半數是女生，法學院和醫學院的情況也與此接
近。由於越來越多的女性成為各層勞動力的一部分，不僅提出了遠未實現的同
工同酬要求，而且要求提高那些過去一直由女性承擔因而給薪很低的工作報

酬。儘管在婦女解放運動內外圍繞的變革方法和速度都有不同意見，但在需要充分利用全球所有地方的人力資源這一點上，意見則廣泛一致。這一點一旦實現，將會進入當代最令人難忘的革命性變化之列。

二十一世紀的國際衝突

冷戰的結束和一九九一年蘇聯解體，改變了一九四五年以來國際關係賴以存在的基礎。美國公共輿論中一直有共識的西方遏制共產主義的活動結束了。美國現在成了唯一的超級大國——全球領先的經濟和軍事強權國家。它在行使這項權力時能否有所節制，對自己盟友和其他國家的意見是否有所考慮，成為關鍵性問題。國際穩定在很大程度上依賴於它如何考慮自己在世界事務中的責任，如何構建自己跟聯合國、歐洲盟國、俄羅斯、中國以及整個開發中國家的關係。一個國際事務的新結構開始出現，但它的輪廓和美國在其中的角色仍不太清晰。和平與安全仍然是最緊迫的世界問題。全世界幾乎每個地區都面臨兩個新的挑戰：比國際衝突更頻繁爆發的國內衝突和恐怖主義的危險。

由於承諾和平與進步，二十世紀曾經在歡呼聲中來臨，卻目睹了兩億人口死於戰火和殘暴的政權。二十世紀最後一個十年裡，有五百萬人直接或間接地因武裝衝突而死亡。很清楚，冷戰的結束沒有為世界帶來和平，舊式民族國家之間的戰爭到二十一世紀初似乎也停止了。新的戰爭變成一國領土內宗教或種族集團之間的衝突，或者游擊隊與高技術裝備的國家武裝力量之間的戰爭。新的戰事可能延續多年，部分由於它們不再是有能力談判停戰或和平解決的敵對國家政府所發動。

某些接近國際事務的分析家認為，世界新秩序或許最好從不同宗教文明、而非民族國家之間的敵對與衝突來理解。這種觀點已經有若干證據。俄羅斯進擊車臣有反伊斯蘭的意味，如同塞爾維亞人和克羅埃西亞人在波士尼亞攻擊穆斯林，以及塞爾維亞人在科索沃針對信仰伊斯蘭的阿爾巴尼亞人的戰爭。接下來，俄羅斯和希臘的東正教領袖譴責西方空襲塞爾維亞。曾經是寬容世俗主義的安全港印度，現在越來越傾向於印度教，圍繞喀什米爾其他事務跟伊斯蘭教巴基斯坦的衝突，因宗教緊張而激化。在中東，以色列和阿拉伯鄰國的衝突，宗教色彩更強烈。阿富汗極端主義穆斯林塔利班的統治者蓄意毀壞古代的佛像，因為佛像冒犯了他們的信仰。美國在二十一世紀初發動針對兩個穆斯林國家，阿富汗和伊拉克的戰爭，也帶有宗教意義，因為有人將這些衝突看做不同宗教與文化傳統和價值觀之間的鬥爭，甚至是中世紀十字軍的復活。

然而，非宗教因素在國際事務中仍然起主要作用。即使各宗教文明內部也有多樣性差異。共同的信仰不能阻止伊朗和伊拉克之間發生一九八〇至一九八八年的血腥戰爭，也不能保護科威特在一九九〇年免遭伊拉克入侵。世界各宗教遠非內部一致，均不同程度地受到世俗主義和全球化的影響。主要宗教不同支派——例如北愛爾蘭的天主教與新教、中東許多地方的什葉派與遜尼派——之間的衝突經久不息。二十世紀的兩次大戰都源於基督教西方民族國家之間的衝突。

只要丟棄那種以向全球肆行擴散其思想價值為天命的西方幻想，就會發現關注傳統、文化和宗教的全球多樣性是非常重要的。西方文明連同其猶太教與基督教共有的遺產，一直倚靠跟其他文明交流互動而豐富自己。它的全球性影響到二十一世紀已經不可否認，但西方人需要承認世界各個地方根深柢固的文化凝聚力，理解文化差異在外交事務、經濟交往和政治衝突中的永久重要性。

聯合國

常用術語「國際社會」不可或缺，卻無法精確定義，最接近的當屬聯合國。安全理事會是其權威機構。安理會的五個永久成員，亦即第二次世界大戰的戰勝國原初名單，在一九七一年做了一次修正，中華人民共和國的席位得以恢復；一九九一年俄羅斯繼承了解體的蘇維埃社會主義共和國聯盟的席位。世界政治和經濟變化引發了給其他大國永久席位的建議，以便他們行使跟其經濟和軍事實力相當的國際責任。五個常任理事國的否決權也開始成為問題。

到二十一世紀第一個十年，聯合國擁有超過一百九十個成員國，最小的新國家也被允許加入。結果是，聯合國的八十個最小成員國僅代表了不到百分之十的世界人口。

新成員主要是在聯合國大會上行使其權利。每個國家不管大小都被賦予同種權利，都有完全平等的表決權。如同我們看到的，聯大常常成為開發中國家針對富裕的工業國家鳴冤訴苦的論壇。聯合國的若干附設機構在應對人口、衛生、社會福利和人權問題上發揮了重要作用。冷戰結束以後，開發中國家的反西方主義有所降溫，但他們仍然要求優先滿足其大量的經濟需求，包括削減債務。

有關人權釋義的辯論在聯合國、歐洲聯盟和其他場合出現。一九四八年，聯合國發表了《世界人權宣言》，重點放在政治和公民權利，強調防範任意的逮捕、囚禁和刑罰。後來，對很大程度上是政治定義的人權適用範圍要求提高了，擴及經濟權，即每一國家必須滿足人的需要，以及各國為此目的而進行國

際開發援助的權利。

一個更複雜的問題困擾了美國、聯合國和其他國際社會：開發中國家時而提出，即使被一般性地描述爲具有普遍性的政治和公民權利，實際上也是西方的標準，因而應當修正，以適合世界其他地方的文化、歷史和宗教。按照這樣的解釋，婦女平等或兒童的權利在那些跟西方文化傳統不同的國家中可以有不同的涵義。但也有許多國家堅持認爲，不管定義如何困難，是否源於西方，人權都代表了應當保護每一個人類個體免受奴役、暴力或歧視的共同價值核心。對文化多元性或地方傳統的尊重，不應當掩蓋任何對人的不尊重或者以其爲藉口。

這些辯論在實踐上有重大意義。許多伊斯蘭國家，女性入學、外出工作、開車或投票的機會很少；蘇丹當局仍然支持奴隸制，強迫非伊斯蘭民眾轉信伊斯蘭教；一夫多妻或一妻多夫仍然廣泛流行，被一些宗教和文化認可；非洲一些民族還在對女性生殖器官實行割禮；世界許多地方的男孩和女孩被游擊隊的軍事小組強迫參與戰鬥；爲了廢除殘酷的、反常的懲罰，許多國家不得不禁止鞭打、損壞或致殘身體等懲罰手段。美國自身有大批犯人並保留著死刑，後者現在已經被歐盟廢止。對兩方國家來說，或許沒有多少人希望管理其他民族的內部事務，但很難對過分破壞人權的行爲視而不見，也難以接受西方價值正在被強加於人的觀點中。

政治上，冷戰結束後基於種族和宗教的惡性民族主義的爆發，使聯合國面臨人道主義援助和干預的新問題。聯合國維持和平行動，逐漸將幫助受破壞的國家和民族重建家園，以及軍事維和。支持擴大聯合國作用者力促在有麻煩的地方爲防止衝突擴大而設置預案。他們建言，一旦發現問題則從成員國抽調分遣隊，迅速配置武裝力量。許多事要靠美國支持，而美國堅持自己在安理會的領導地位，卻拒絕參加聯合國控制的維持和平部隊。美國批評聯合國機構臃腫，要求聯合國進行行政和財政管理改革。

儘管聯合國常常被批評爲不能預防戰爭或者不能就全球社會問題採取決定性的行動，它的廣泛目標依然如一九四五年所明確的：控制和減少戰爭的災難，發展人權，推進平等，保護民族獨立，鼓勵社會進步，提高生活水準，致力於和平與安全。但是，世界各國無論大小都還沒有準備好將各自的國家利益和主權從屬於某個國際組織。因而聯合國沒有自己的武裝部隊，不能防止強大的主權國家尋求戰爭，也不能在這樣的戰爭或其他國內戰爭開始後予以制止。

美國做爲一九九一年以後唯一的超級大國，即使跟其歐洲盟國和其他主要大國協調一致，也在國際事務中扮演了領導角色。然而，它時而發起行動，使

人難以區分是屬美國的單邊主義還是國際行動。安全理事會在一九九○年譴責伊拉克侵略科威特，但是，集結起一支強大的多國部隊（其中有五十多萬美軍）並在一九九一年迫使伊拉克撤出科威特的，是美國。

一九九二年，當第一位布希總統任期將滿之時，美國軍隊第一次被用於加強聯合國在非洲東北部索馬利亞的維持和平力量，那裡相互交戰的民兵造成無法向饑餓的民眾提供食品和其他供給物。接任的柯林頓總統繼續這項政策，提倡一種「肯定性多邊主義」。但是和平沒有實現，而需要採取超出維和的更多行動。一九九三年十月，在一次失敗的軍事任務中，美國人指揮的美國軍隊遭遇索馬利亞準軍事人員的攻擊，十八名美國士兵被殺。屍體在街上被拖拉，電視螢幕公布了畫面，美國國會為之震驚，「肯定性多邊主義」隨即被全部叫停，同樣的干預在一個時期裡遭到限制。

擴大聯合國權威和功能的建議不僅沒有得到支持，看起來甚至對聯合國的維和作用形成威脅。過去四十年左右，聯合國曾經成功地在薩伊（今剛果）、南部黎巴嫩、塞浦勒斯、柬埔寨、安哥拉等地維持和平。維和的新態度部分解釋了聯合國或者美國與其盟友在一九九二至一九九三年間為何於波士尼亞沒有行動，當時，外部干預本來可以制止針對波士尼亞穆斯林的恐怖暴行。同樣的憂慮也體現在聯合國未能及時採取行動去制止一九九四年盧安達針對圖西族大屠殺這個事件的背後。事件中八十萬圖西族人被殺，數十萬人被趕出家園。此外，沒有採取一致行動制止蘇丹伊斯蘭政權在達爾富爾對非伊斯蘭黑人的暴行。

然而，在後來發生的危機中，

圖27-13　轉輪人

作者：恩內斯特·特羅瓦（美國人，一九二七至　）

特羅瓦創造了非人性而尺寸與人相當的銅像，銅像無性別、年齡、種族、文化或環境特徵。它夾在兩輪之間，像是表現了人類成為自己複雜發明的受害者。兩個輪子也可以象徵命運的興衰輪迴。基座上記有時間：一九六五。無面孔的集合體暗示人類進步，文明的輪子其實並沒有將人類帶往如同早先比較樂觀的時代所期望的幸福之地。〔Solomon R. Guggenheim Museum, New York, Gift of John G. Powers Fund, 1965 (65.1777) Photograph by David Heald ©Solomon R. Guggenheim Foundation, New York〕

國際社會採取了行動。正如我們前面提到的，一九九九年，由美國指揮的北約空軍大規模空襲南斯拉夫，儘管沒有使用地面部隊，但爲了在一個主權國家實行跨國「人道主義干預」樹立先例。聯合國沒有參戰，但在戰後科索沃維和中起了主要作用。爲懲罰在盧安達和前南斯拉夫被控犯有戰爭罪和反人類罪的政治和軍事領導人而舉行國際戰爭犯罪審判。東帝汶民衆在聯合國主辦的公民投票中選擇從印尼獨立，隨即遭到印尼準軍事力量的屠殺，國際力量也爲保護那裡的民衆進行了干預。

爲保護受到威脅或虐待的民衆而針對主權國家合法地使用國際力量，做出這樣的決定有巨大的風險。如柯林頓總統所說，從一開始聯合國的使命就是保護世界免遭戰爭的災難。「如果是這樣，」在二〇〇〇年聯合國的一個特別計畫暨慶祝千禧年會議上他宣稱，「我們必須尊重主權和領土完整，也要找到一種像保衛邊界一樣保護民衆的方法。」聯合國祕書長科菲‧安南非常認可他的這項呼籲。

北大西洋公約組織、俄羅斯和新的國際合作

許多美國人贊成在涉及美國利益的時候進行軍事干預，支持美國歷屆政府在中東那樣問題叢生的地區發揮調解、仲裁作用。前總統布希之子、二〇〇〇年末當選的美國新總統喬治‧沃克‧布希重估了「人道主義干預」概念，但當他判斷美國利益遭受危險時，很快發動了其他軍事行動。與此同時，歐洲採取措施加強其獨立的軍事力量和在歐洲聯盟防務中的作用。法國人遵循戴高樂在冷戰年代的先例，呼籲承認一個「多極世界」，歐盟在其中將做爲更平等的夥伴。他們反對（哪怕只是在口頭上反對）「美國超強」的霸權。

在新的世界秩序中，俄羅斯具關鍵的作用，但迄今沒有準確定位。俄羅斯仍然是一個重要大國，在世界事務中並不準備放棄做爲重要角色的意願，在巴爾幹的親塞爾維亞姿態就是證明。如何應對一個擁有數千枚核彈頭的果斷自信俄羅斯，是一個重大挑戰。與此同時，以美國爲首的北大西洋公約組織在一九九九年接納了匈牙利、波蘭和捷克共和國爲正式成員，其他七個前蘇聯控制的中東歐國家則在二〇〇四年加入。中歐和東歐國家不僅希望成爲完全的歐洲夥伴，而且把他們的北約成員身分看做未來安全的最好保障。然而，接納幾個跟俄羅斯交界的國家被許多俄國人視爲挑釁。另一方面，俄羅斯總統成爲現在的 G8──八個主要工業化民主國家的政府首腦──之一；透過一個建立於二〇〇二年的委員會，俄國與北約定期商談，在廣泛的國際問題上推動合作。

核裁軍是後冷戰國際秩序裡的另一重大問題。蘇聯的崩潰標誌著由兩個超

級大國的核軍備導致的「恐怖平衡」的結束。雖然一開始有些阻力，美國和俄羅斯還是達成了自願削減核武器的協定。從二十世紀八〇年代中期到二〇〇〇年，十五年間世界上的核彈頭（絕大部分爲美國和蘇聯擁有）數量減少了。雖然如此，據聯合國監核會官員二〇〇五年年終報告中指出，仍然有兩萬七千個核彈頭存放在世界各地。他宣稱，這可能意味著「在一分鐘內毀滅所有國家」。

核擴散的威脅仍然存在，且是國際議程中一直高度關注的問題。到二十世紀末有一百八十七個國家簽署了一九六八年的《核不擴散條約》。在二〇〇〇年五月召開的檢查條約執行情況的定期會議上，五個核大國——美國、俄羅斯、英國、法國、中國——第一次共同聲明，「毫不含糊地」宣誓他們最終將消除所有核武器。從一九四五年八月以來，沒有核武器實際應用於戰爭，這也讓人感覺滿意和放心。雖然如此，一些國家如北朝鮮和伊朗有可能發展核武器，又引起持續的關注。核武器控制的進展遇到一個重大挫折，是一九九九年下半年美國參議院拒絕批准《全面禁止核子試驗條約》，美國堅持，美國和其他國家的安全需要美國定期測試其核武庫。其他國家幾乎都簽署了這份條約。此外，布希總統建議重啓導彈防衛系統計畫，推動開發名爲「地層核滲透者」的小型核彈，這就有打破現存武器控制政策的危險，後者自一九七二年的《反彈道導彈條約》以來一直將重點放在削減進攻性武器和禁止產生防衛性武器上。

與此同時，世界的注意力轉向了國際恐怖主義帶來的迫切問題，以及在阿富汗和伊拉克的新戰爭。

恐怖主義與二〇〇一年九月十一日後的戰爭

我們已經看到，美國在二十世紀後期怎樣深深地捲入中東——在二十世紀八〇年代的兩伊戰爭、一九九一年的波斯灣戰爭，以及在其他事件中。然而，當二〇〇一年九月十一日極端伊斯蘭恐怖主義者令人震驚地襲擊了美國之後，美國與中東的纏繞在新世紀進入一個擴大的軍事衝突新階段。受名爲基地的極端主義伊斯蘭組織指派，狂熱的中東恐怖分子實施了精心準備的自殺式任務。十九名恐怖分子裡有十五人來自沙烏地阿拉伯。他們已經在美國居留了相當長的時間，好幾個人在美國接受了飛行訓練。恐怖分子劫持了四架滿載乘客的大型美國商用飛機，兩架與紐約世界貿易中心的雙子塔樓相撞，第三架撞到位於維吉尼亞州北部的國防部五角大廈，第四架沒有撞到預設的目標，在賓夕法尼亞州的農田裡墜毀。

劫機者設法在一個繁忙的工作日上午完成其任務，導致裝滿工作人員的世界貿易中心整體崩塌，巨大的五角大廈有一個角嚴重損壞。事件中有三千人死亡，誰也沒有想到會遇上這樣的攻擊。美國歷史甚至全世界全部致命的恐怖主義歷史上，從來沒有發生過這樣形式、如此大規模的恐怖襲擊。美國人經歷的最接近的事件是一九四一年日本襲擊珍珠港，但那次不是發生在美國大陸，而且攻擊的是軍事目標。許多人將二〇〇一年九月的恐怖襲擊視爲美國現代史的轉捩點，部分因爲它打破了長期以來認爲寬闊的大洋可以保護美國免遭外敵攻擊的想法。

布希總統被美國國會授權動用一切必要的資源反擊他所說的「仇恨我們的宗教自由、我們的言論自由、我們的選舉自由……」的敵人。二〇〇一年九月開始的「反恐戰爭」，其命名在某些方面令人想起冷戰中反對蘇聯的語言。在稱爲「愛國法」的新立法之下，總統還獲得了在美國國內應對恐怖主義威脅的廣泛行政權力。然而，新的全球衝突中的國家敵人沒有像蘇聯那樣的明顯軍事對手。美國情報機構一直在追蹤基地組織，後來有證據表明有可能提前獲知這種襲擊的發生，但在當時公衆對此知道得很少。

基地領導人奧薩瑪·賓拉登從阿富汗激進的伊斯蘭塔利班政權獲得熱情的支持，然而他既不控制政府、軍隊，也沒有工業基礎設施可以像在常規軍事行動中那樣受到攻擊。就其自作主張的使命，他發表了一次又一次措辭激烈的演說。基地組織在針對伊拉克的第一次海灣戰爭後已經出現，當時美國軍隊開始在沙烏地阿拉伯永久駐紮，沙特王朝跟美國結成新的緊密同盟。基地的「成立宣言」譴責美國「占據阿拉伯半島伊斯蘭最神聖的地方，搶劫那裡的財富，對那裡的統治者發號施令，羞辱那裡的人民……其軍事基地成了打擊相鄰穆斯林民族的前沿陣地」。基地號召其追隨者發動對美國的攻擊，二十世紀九〇年代開始的這類攻擊包括炸彈襲擊美國在非洲的使館，二〇〇〇年對靠近阿拉伯半島的美國軍艦破壞性攻擊，然後在二〇〇一年九月十一日上升爲災難性的襲擊。

美軍立即對阿富汗發動了大規模的空中打擊，其行動得到北約盟軍的強有力合作與阿富汗反塔利班力量的幫助，很快推翻了喀布爾政權。大批基地軍事成員被抓獲或者被打死，但賓拉登本人逃脫。由卡爾扎伊總統領導的一個阿富汗新政府在美國和其他金融援助機構幫助下開始重建國家，美國針對邊境山地游擊隊戰爭仍在繼續。美國人相信，穩定的喀布爾政權加上在穆沙拉夫總統領導下的相鄰國家巴基斯坦支持，可以阻止伊斯蘭激進分子的下一步行動，並打擊仍然活躍的阿富汗游擊隊。

圖27-14　二〇〇一年九月十一日，跟極端主義伊斯蘭組織基地有聯繫的恐怖分子劫持商用飛機撞擊紐約的世界貿易中心和位於維吉尼亞州北部的五角大廈。這張照片顯示了被飛機第二次撞擊後的世界貿易中心。美國對這些毀滅性襲擊的反應為發動了一場全球「反恐戰爭」，包括以美國為首的推翻阿富汗和伊拉克敵對政權的軍事行動。（Reuters/Corbis）

　　儘管在阿富汗的行動沒有成功地實現抓獲賓拉登和摧毀基地的意圖，布希政府還是認為，伊拉克薩達姆·侯賽因的獨裁政權對美國的威脅同樣嚴重。伊拉克是富裕的石油國家，在整個中東有著重要的戰略地位，現在被指控擁有大規模破壞性化學、生物和核武器。布希政府被勸說，美國在冷戰結束以後享有抑制獨裁和幫助擴大民主的使命，需要的時候甚至可以單獨行動。看起來對於希望在伊拉克推翻薩達姆·侯賽因醞釀已久。反恐戰爭於是擴大，包括了先發制人地打擊伊拉克，儘管眼下並沒有顯現出來自該國的威脅。美國和英國的情報的確顯示伊拉克在發展大規模殺傷性武器，但其他資訊並不那麼確切可信。布希政府還把伊拉克跟伊斯蘭恐怖主義的威脅聯繫在一起，此事似乎沒有明確的證據說明。儘管一些批評者譴責即將採取的打擊伊拉克行動轉移了真正的反恐戰爭，美國國會還是在二〇〇二年十月授權布希總統動用一切必要的力量保衛美國，迫使伊拉克服從武器核查。

　　做為對美國的擔憂反應聯合國安全理事會通過了一項決議，要求允許美

國指定的武器核查小組進入伊拉克，尋找據稱被薩達姆・侯賽因隱藏起來的大規模殺傷性武器。核查人員沒能找到這類武器，但美國和英國政府堅持認為，伊拉克隱瞞了證據，聯合國應該批准採取軍事行動，強迫其服從聯合國決議，而伊拉克一直在公開拒絕接受。英國是安理會裡支持美國的唯一常任理事國，法國、德國、俄羅斯都拒絕支持授權入侵伊拉克的決議。布希總統和布萊爾首相決定不要聯合國決議授權而發動戰爭。另外幾個國家也同意提供有限的協助，勉強可以稱為一支聯合部隊。

美國入侵始於二〇〇三年三月。強大的美軍在英國和少數幾個國家的分遣部隊協助下，從科威特的基地出發，迅速北上，推翻了巴格達的薩達姆・侯賽因政權。武裝抵抗很快消失，薩達姆・侯賽因本人逃逸。儘管發生了戰略家們沒有預見到的大量搶劫和法律秩序的全面瓦解，大規模的戰鬥還是很快就結束了。二〇〇三年五月布希總統宣布任務完成，樂觀的美國規劃者期待伊拉克的石油收入能滿足其大部分重建所需。熟知，暴力叛亂很快便發生了，特別是在巴格達以北和以西的遜尼派阿拉伯人地區，那裡的民眾害怕伊拉克什葉派多數在政治上占據優勢。美國沒有完整考慮該國尖銳的族裔和宗教差別，這些過去都被薩達姆嚴密控制。在薩達姆世俗政權和復興社會黨獨裁統治下，全國總人口兩千七百萬人中僅占五分之一的遜尼派阿拉伯人，殘酷殺害占人口五分之三的什葉派和構成其餘五分之一人口的非阿拉伯穆斯林庫爾德人。

叛亂出乎意料。絕大多數美國戰略家以為伊拉克會把美國當成解放者，而不是看做入侵者或占領者。在幾週內，美國任命了「聯合臨時權力機構」來管理占領事宜。對於美國和他們建立的臨時權力機構來說，解散伊拉克軍隊和員警以防止前復興黨員在國家擔任新職務，似乎是順理成章的事。但是，許多失意的遜尼派和前復興黨員參加了遍及伊拉克的叛亂。除失去從前權力而怨恨的遜尼派是叛亂最積極的參與者之外，許多其他背景的伊拉克人也加入叛亂隊伍，反對美國和西方「異教徒」的入侵。叛亂者的力量因為有從敘利亞和其他伊斯蘭國家滲透進來的伊斯蘭武裝同情者而加強。與此同時，庫爾德人在他們居住的北部地方依靠自己的準軍事力量維護秩序。

日益增加的暴力嚴重打亂了重建伊拉克石油工業和技術基礎設施的計畫。電力和其他必需品逐漸稀缺，絕大多數伊拉克人生活條件困難。與此同時，美國在全國全面的搜查也沒有發現大規模殺傷性武器——斷言其存在曾是入侵的首要和急需的理由。美軍對新的暴力活動做出反應，在農村和主要城市裡發起反叛亂戰鬥，逮捕了許多嫌疑分子，抓獲了薩達姆・侯賽因和他的許多前官員。美軍著手訓練伊拉克人充任國家新的安全和員警隊伍，他們當中有許多人

不久後就成爲暴力叛亂的犧牲品；美國的傷亡人數直線上升。路邊的炸彈炸毀了汽車和坦克，而自殺式爆炸者造成美國士兵和數千名伊拉克公民死亡或傷殘。

在政治領域，美國推動建立一個更爲獨立的伊拉克政府。二〇〇四年，臨時權力機構解散，政權轉移給一個伊拉克過渡政府。下一年，相繼舉行的三次選舉將大批伊拉克人帶到投票站。二〇〇五年一月，第一次選舉選出一個過渡性議會，其主要任務是爲伊拉克制定一部新憲法，但絕大多數的遜尼派阿拉伯人抵制選舉，因而失去了參與起草憲法的機會。憲法在十月舉行的第二次全國投票中被採納，遜尼派再次拒絕投票。

什葉派和庫爾德人對新憲法普遍滿意，因爲它給予南部一個相當大的什葉派集聚地區和北方的庫爾德人實際上的自治權，控制各自地區的石油資源及其收入。遜尼派因政治非集權化和什葉派在新政府裡的影響擴大而受挫。在美國督促下，對下一屆議會修訂憲法並將變化提交另一次公民投票的問題達成一致意見。二〇〇五年十二月伊拉克第三次選舉，投票選出議會的兩百七十五個議席，任期四年。這是一次包括遜尼派在內的全國所有族裔和宗教群體廣泛參加、由各世俗政黨合作的選舉。什葉派的主要宗教政黨贏得新議會的多數席位，庫爾德人得到他們希望獲得在本地區的多數，遜尼派在其占優勢的省分和巴格達部分地區獲勝，也在議會裡得到一些席位。然而，遜尼派和世俗政黨都指責對手選舉作弊，新的一波暴力活動席捲全國。從而，儘管有伊拉克投票者給人深刻印象的、勇敢的表現，以及對一個穩定的、有效率的和更民主的政府之廣泛期盼，但政治形勢繼續動盪不定，深受教派主義和族裔衝突的影響。

布希政府拒絕爲美軍撤出伊拉克制定時間表。隨著美國的死傷人數上升到數千人（伊拉克人死傷達到數萬），美國、英國國內對戰爭的支持下降。世界上其他許多國家也是如此，那裡的公共輿論從一開始就從未真正贊成過美國的入侵。當選舉似乎不能產生預期的穩定民主政治文化，選舉結果引起對武裝的什葉派可能試圖建立一個伊朗式的伊斯蘭神權國家的擔心時，批評意見日益尖銳；也有人擔心美國無論何時撤離都會將族裔和宗教分裂問題留下，結果可能是長期內戰。

當新聞報導配以令人震驚的照片揭露美國士兵羞辱和折磨伊拉克囚犯時，戰爭在美國和其他地方造成額外的沮喪。一些虐待行爲類似薩達姆・侯賽因獨裁政權下常用的野蠻方式。士兵們可能得到希望獲取涉嫌騷亂者口供的上司暗示鼓勵，但只有幾個下級士兵受到審訊和懲治。大量嫌疑人仍然被關押，並明顯地受到伊拉克新員警的拷打。美國參議院接到關於發生在伊拉克的這類行

爲，以及關於設在其他地方的美國祕密拘留中心裡暴虐性審訊技術的報告，於二〇〇五年以壓倒多數通過決議，禁止美國人採用這類折磨囚犯的辦法。

與此同時，基地及其同情者發動的恐怖襲擊繼續在世界各地——從印尼的度假賓館到西班牙和英國的火車與地鐵——造成人員傷亡。對於美國陷入另一個越南式「泥潭」的擔憂，對伊拉克戰爭轉移了反恐戰爭，以及僅靠軍事行動永遠不能消除伊斯蘭恐怖主義威脅的恐懼，都在日益增加。還有人擔心，戰爭正在造成新一波對美國和西方的敵意，將更多不滿的、被激怒的青年穆斯林驅趕到極端主義和恐怖主義陣營。

二〇〇四年贏得連任的布希總統強調，反恐戰爭增強了美國及其盟友的力量。他指出在阿富汗和伊拉克的政治進步，百萬人參加選舉投票，做爲中東新民主文化的證據。然而，許多美國公眾對於總統對戰爭的辯護、對他把總統權力擴大到不遵循既有法律程序而竊聽美國公民的電話等等表示懷疑，儘管他誓言做一個「戰時總統」並反覆提醒國人恐怖威脅尚未結束。

周邊國家事務有可能怎樣發展或者會發生些什麼，仍然不甚清楚，然而長期盼望的冷戰結束並沒有帶來「歷史的終結」或者人類衝突的終結。在二十一世紀開始的幾年裡，世界陷入一系列衝突，反映了當代民族主義、全球經濟競爭和富於戰鬥性的種族和文化身分認同的深層力量，這些衝突到處因執著的宗教信仰和悠久的歷史記憶而強化。

1949至2004年大事年表	
1949年	西蒙·波娃著作《第二性》出版，推動一個提高婦女權利的新國際運動興起
1968年	許多國家發生青年運動，要求變革政治和社會
1969年	美國太空人登陸月球
1978年	約翰·保羅二世成爲第一個波蘭人教皇
1991年	《馬斯垂克條約》建立新的歐洲聯盟
1994年	世界貿易組織建立，以仲裁國際貿易
1997年	金融危機使東亞和東南亞經濟陷入混亂
1997年	英國工黨贏得大選，托尼·布萊爾成爲首相
1998年	北愛爾蘭政治協議，提出了結束新教徒與天主教徒之間暴力衝突的計畫
1998年	德國社會民主黨贏得大選，施羅德成爲總理

1949至2004年大事年表	
2001年	基地組織的恐怖主義者襲擊紐約和華盛頓，美國及其盟國推翻阿富汗塔利班政權
2002年	歐元成爲十二個歐洲國家的共同貨幣
2003年	美、英武裝入侵伊拉克，推翻了薩達姆·侯賽因政府，但陷入反對「叛亂分子」的長期戰爭
2004年	歐洲聯盟成員國擴大到二十五個

二十一世紀的社會挑戰

人口爆炸

　　二十世紀後半葉的社會發展中最爲壯觀的景象之一是世界人口的增長。從一九五〇年前後開始，做爲醫學發明、保健和衛生措施改善、嬰兒死亡率減少，以及更有效的食品生產和配給的結果，人口死亡率急劇下降而出生率急劇上升。例如在印度，二〇〇〇年的死亡率是一九五〇年的一半，人口則從一九五〇年的三億五千萬激增到二十一世紀初的十億。人口統計學家將全球人類數量如此迅速的增長稱爲人口爆炸。一九五〇年當人口起飛開始啓動時，世界人口爲二十五億，世紀結束時超過六十億。此前從來沒有人在自己一生中經歷世界人口加倍。

　　世界花費了幾百萬年時間，在大約兩千年前到達兩億五千萬人口的水準。直到一六五〇年，世界人口才翻倍，達到五億。此後，在一八三〇年前後人口增加到十億，用了不到兩百年的時間翻了一倍。到一九三〇年前後，用了一個世紀又翻了一倍，達到二十億。此後到一九六〇年，三十多年間增長到三十億。十四年後，在一九七四年達到四十億，十三年後的一九八八年爲五十億。僅僅過了十一年，到一九九九年便超過了六十億。世界人口增加十億和增加一倍所需時間都比以前所需時間縮短了。年增長率多次接近百分之二，意味著每年增加八千萬以上人口。

　　儘管預報從來不準確，人口統計學家還是開始尋找增長率下降的跡象。一九六五至一九七〇年間全球增長率似乎達到百分之二的頂峰，隨後開始搖搖晃晃地下降到百分之一點五。然而，由於人口基數巨大，人口統計學家還是把人口達到穩定的時間和預估數量推遲到將來。就是按照下降的增長率，預計世界人口總量在二〇五〇年也會在八十億到一百二十五億之間，有人估計頂峰時

只會超出一百一十億多一些。關於地球「承載力」——地球資源可以支撐的最
大人口數量——的辯論還在繼續。

　　一九六五年前後，由於出生率在工業世界和開發中國家都有減少，人口增
長率開始顯示出下降趨勢。回想起來，二十世紀後半葉的人口增長在很大程度

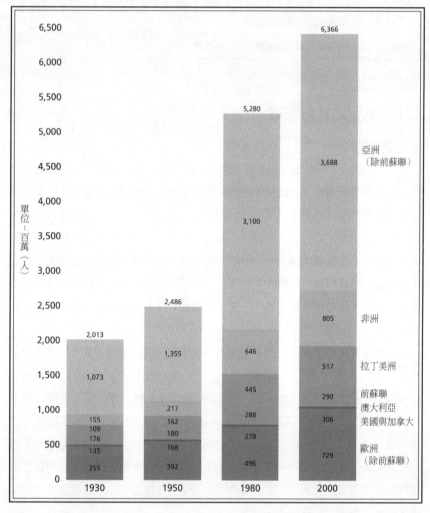

圖27-15　人口爆炸

世界人口自一九三〇年以來增加了兩倍以上，而增長速度最快的是在最近五十年，尤其是在
拉丁美洲、非洲和亞洲。二十世紀以前世界人口從未在半個世紀裡翻倍。所以，最近的增長
確實可以稱為「爆炸」。一九九九年世界人口超出六十億的標記，儘管富裕社會的人口增長
率低於絕大多數貧窮國家，但富裕社會消耗著世界資源的最大份額。預期未來的人口增長主
要發生在全世界工業化不夠發達的地區，但富國和窮國對地球有限資源的需求都將繼續增
長。問題在於人口增長和不斷增長的資源需求能否放慢，以保護地球那負荷日益過度的環
境。（*United Nations Demographic Yearbook*）

上是亞洲、非洲、拉丁美洲開發中國家的現象，那裡居住著世界人口的四分之三，出生率一直是最高的。相比之下，北美和歐洲的出生率很低。工業化、都市生活、教育和小家庭的社會壓力早在十九世紀末就造成出生率下降。西歐許多工業發達國家以及日本、加拿大、澳大利亞等地，增長率都低於二點一個孩子的人口替換率。義大利和西班牙增長率最低，育齡女性每人平均只有一點二個孩子。在今後二十五年，義大利人口有望從五千七百萬減少到五千一百萬，除非有相當數量的移民補充。美國人口仍在增長，很大部分原因是移民和移民家庭進入。跟全球和開發中國家人數劇增相反，歐洲和北美在世界人口中的份額正在急劇減少。

早年西方關於控制家庭規模的呼籲遭到抵制，現在，開發中國家正在接受需要限制人口增長的觀念，這是一個新的社會因素。一九七〇年，未開發國家的婦女平均每人有六個孩子，但僅僅過了三十年，到二十一世紀開始之際，六個就降為四個。下降究竟起因於自願控制家庭規模、有效的家庭計畫諮詢服務，還是由於婦女支配自己生活的權利與接受教育及就業的機會擴大，都還有待繼續討論。

儘管開發中國家的出生率開始下降，其人口增長仍然是抵消經濟進步的威脅。由於人口基數過大，即使出生率很低，每年新生兒總數卻不會明顯減少。避孕技術連同它的一些改進越來越流行，但仍然沒有普及到每個人。據判斷，開發中國家實行家庭計畫的夫婦在最近幾十年間從百分之十提高到百分之六十。但是，估計至少還有一億適齡女性沒有接受生育控制。世界幾個主要宗教繼續禁止人工控制生育的措施，許多社會限制女性的教育和休假機會，世界上有許多地方尤其是最貧困地區的傳統生活方式鼓勵大家庭以供養老人。二十世紀後期全球人口爆炸的影響，在很久以後的未來都會被感覺到。

環境

如同不斷增加的人口對世界資源造成嚴重威脅，這個星球還面臨另外的危險。從一九五〇年到二〇〇〇年，世界工業生產增長超過五倍，煤炭、石油和天然氣的燃燒、各種合成化學品的消耗，都向大氣層釋放出聚集熱量的氣體。儘管對其完整涵義仍有爭論，許多科學家和有覺悟的公民確信，這樣的釋放將腐蝕那個保護著地球使之免於接受過量太陽熱量和有害射線的大氣臭氧層，由此導致的全球氣候變暖將帶來嚴重後果，問題的標誌之一是二十世紀最後十年成為六百年來全球氣溫最高的十年，而且氣溫升高的趨勢在新世紀不見改變。正在進行的爭論促使世界各國政府定期聚會，嘗試就調整性措施達成一致。

　　工業汙染也帶來酸雨，損及各工業國的森林、湖泊與河流。前蘇聯、前蘇集團各國以及中華人民共和國的嚴重環境損壞，證明汙染不限於某個單一經濟體系，中央計畫經濟的制定者在推動發展時很少考慮其生態後果。開發中國家也很少關心其環境。它們在人口增長、高速城市化的壓力之下允許大量砍伐和焚燒熱帶樹林，以開闢牧場、出口木材或安置居住。耕地面積減少了，草原變成了荒漠。從一九五〇年到二〇〇〇年，世界損失了五分之一的地表土壤和五分之一的熱帶雨林；眾多動植物物種瀕臨危險，最嚴重的情況發生在拉丁美洲和非洲。在採取預防措施前，巴西亞馬遜森林的部分消失戲劇性地反映了那裡的破壞程度。

　　二十世紀七〇年代以來，一個新的敏感的世界開始談論可持續增長率，不破壞人類生存環境而可以維持的增長。替代性能源被提出，有的像太陽和風一樣古老，有的則是新的，如核能（當然，需要有適當的安全措施）。工廠和汽車排放開始受到更嚴格的控制。美國一九七一年設立了環境保護署。一九七三年，八十個國家的代表簽署了一項保護瀕危物種的協定。一九八九年，幾個工業國同意停止生產含氯氟烴，它在空調和氣霧劑中被廣泛應用，能向外大氣層釋放有害數量的氯氣。隨後又有別的會議和協議。一九九二年，在里約熱內盧召開的第一次「地球高峰會」上，一百七十八國的代表誓言保護動植物物種，在「聯合國氣候變化框架公約」中提出採取措施阻止全球繼續變暖。一九九七年，一百五十國代表聚會京都，一致同意到二〇一〇年將溫室氣體排放減少百分之五十。

　　隨著對生物性危險的關注的增長，草根型環境組織紛紛湧現，在不少國家還形成了「綠色」政黨。儘管有無數的誓言和措施應對環境惡化的威脅，在一些貧困國家和工業國家都有反對嚴格的環境法規的聲音，包括在中國、印度、澳大利亞、和美國（二〇〇一年美國從《京都議定書》撤出）。與此同時，開發中國家放慢了採用和實施環境立法的速度，認為那會妨礙經濟增長。

　　二十一世紀和千禧年伊始，人口增長和環境受到的威脅進入世人關注的視野。然而，許多最迫切需要關心的並非新東西：如當代科學技術的社會涵義、國家主權、國際和平，以及各國內部對自由、尊嚴和經濟富足的追求。所有這些都是最重要的問題的一部分。關於人類，有人稱為上帝憑其想像所造，有人稱他們都享有生存、自由和幸福等自然權利，還有人稱他們有在一個無意義的世界創造意義的自由。那麼，地球上每一代人──無論其性別、膚色、信仰、宗教、民族或種族背景──怎樣才能和平生活，實現他們的使命，並將他們的傳統交付後代？

　　當代人類歷史的恆常變化和急劇變革，或許可以跟自然世界的大災變相比。一次災變不僅是一場衰敗。高山崩塌，但又有新的山嶺刺破地表；陸地消失，但又有新土地升出海面。我們時代的政治和社會災變與此相同，舊的標誌已經磨損殆盡。帝國消失了，在它們的廢墟上興起了新的民族國家。被征服民族重新獲得了獨立；僵化的意識形態瓦解了；歐洲、西方或歐洲國家的統治不復存在，他們學著跟別人商談而不再是統治別人。社會關係中的流動性更強了；女性和少數族裔為其在社會裡的平等地位而鬥爭。但是社會公正與和平仍然是難以捉摸的目標；富國與窮國之間以及國內貧富之間的差距並不容易克服。老的和新的疾病、自然災害和武裝衝突都要人們付出代價。偏執和仇恨滋養了復活的民族主義。戰爭從來都沒有像現在這樣存在大的潛在破壞性。能毀滅大部分人類文明的核戰爭威脅有所消退了，但從未消失。失去控制的經濟發展危及環境，人口增長壓榨自然資源。保護人權，結束或者預防戰爭，維持地球上的幾十億人口，這都需要國際合作和國際干預。

　　不過，所有問題也越來越引起全世界的重視。用平靜的、滿意的筆觸結束這一段漫長的歷史顯然不適宜，但是以描繪世界末日的筆觸來結束同樣是錯誤的。現代世界的歷史顯示，人的想像力和聰明才智可以達到驚人的程度，有足夠的歷史理由相信，人們將以決斷和創造力繼續應對未來的問題和挑戰。

注釋

第十六章

1 說明書對外文 revolution 做了錯誤的理解，在這裡應是「旋轉」的意思。

2 戈登，英國人（一八三三年至一八八五年），曾經參加鎮壓太平天國起義，之後便以「中國的戈登」知名。

3 指付出極大的代價換來的勝利，源出於古希臘國王比魯斯於公元前二七九年戰勝羅馬軍隊，卻導致自己傷亡慘重。

第十七章

1 一八九七年十二月，德國外交大臣皮洛夫在國會裡說過的話：「我們也要為自己要求陽光下的地盤」。——譯注

2 《再保證條約》是德俄兩國於一八八七年簽訂的祕密條約，是德國免除兩線作戰之危險的一系列措施中首要的一環。——譯注

第十八章

1 十一月革命又稱為十月革命，這來自儒略曆，它在俄國使用到一九一八年。按此曆，那時正是十月。

2 對共產主義者（不是社會主義者）來說，共產主義和社會主義這兩個名詞是可通用的，因為蘇聯的共產主義者把自己的制度看似真正的社會主義，而把所有其他的社會主義都看作為機會主義的、反動的或冒牌的。在蘇聯，共產主義又解釋為未來的社會形態，而社會主義即蘇維埃社會主義是中間階段。

3 布爾什維克拒絕支付沙皇帝國的全部債務。他們在資本主義國家中信用不佳，因此，除了害怕依賴外國貸方之外，他們長期以來從未能借到巨額貸款。

第十九章

1 以羅馬奴隸斯巴達命名，斯巴達在公元前七十二年於義大利南部領導了奴隸起義。

2 出自孫中山《三民主義·民權主義·第二講》。——編注

第二十章

1 瓦爾基里是北歐神話中戰神歐丁的女戰士，這些女戰士騎著飛馬出現在戰場的上空，把陣亡將士的英靈帶到歐丁的英靈殿中。——譯注

第二十二章

1 一九七一年，第二十六屆聯合國大會通過第二七五八號決議，恢復了新中國在聯合國的合法席位。到了二十一世紀初，要求增加亞洲、非洲和拉丁美洲國家代表，擴大安理會常任理事國席位的呼聲越來越強烈。

2 指歐洲支付同盟（European Payments Union），於一九五〇年建立。——譯注

3 一九四四年三月十五日由法國抵抗運動全國委員會頒布。該文件宣布在法蘭西解放後要實行一系列社會和經濟改革。——譯注

第二十三章

1 波多黎各原為印地安人居住地。一五〇九年淪為西班牙殖民地。一八九八年美西戰爭後成為美國殖民地。一九五〇年人民武裝起義，宣布成立波多黎各共和國。一九五二年美國給予波多黎各自由邦的地位，實行自治，但外交、國防、關稅等重要部分仍由美國控制。一九七二年以來，聯合國非殖民化委員會多次重申波多黎各人民享有自決和獨立的不可剝奪權利。——編注

2 皮諾切特已於二〇〇六年十二月十日去世。——編注

第二十四章

1 撒哈拉以南非洲的法語、或講法語的國家，包括一九六〇年從法屬殖民帝國興起的貝寧（一九七五年以前稱為達荷美）、喀麥隆、中非共和國、查德、剛果共和國、加彭、象牙海岸、馬達加斯加、馬利、茅利塔尼亞、尼日、塞內加爾、多哥、布吉納法索。葛摩在一九七五年獨立，吉布地在一九七七年獨

立。在北非，摩洛哥、阿爾及利亞和突尼斯做為前法國保護領，也是法語非洲。前比屬殖民地也必須包括剛果民主共和國、蒲隆地和盧安達（曾是比利時的托管地）。

2　博卡薩。——譯注

3　奧加登。——編注

4　什葉派源於西元六三二年先知穆罕默德去世後發生的一場由誰來繼任的武裝鬥爭。在這場鬥爭中，什葉派支持穆罕默德的女婿阿里，而遜尼派支持另一之繼位派系。什葉派成了永久性的。這兩個重要派別在教義和禮儀方面也有差別。十六世紀，什葉派伊斯蘭教在波斯灣（伊朗）成了國教，在伊朗至今仍占統治地位，在伊拉克、巴基斯坦、葉門和其他地區也有重要的什葉派團體。

5　主要阿拉伯國家是北非的摩洛哥、阿爾及利亞、突尼斯、埃及和利比亞；靠近東地中海的黎巴嫩、敘利亞、約旦和伊拉克；阿拉伯半島上的沙烏地阿拉伯、葉門、阿曼、阿拉伯聯合大公國、卡達、巴林和科威特。

第二十五章

1　「相互確保摧毀」的英文是 mutually assured destruction，取字首字母簡稱為 MAD。——譯注

第二十六章

1　蘇聯解體之後在一九九一年十二月二十五日成立的獨立國家國協所屬的十一個共和國，根據人口數量排列如下：俄羅斯聯邦、烏克蘭、烏茲別克、哈薩克、白俄羅斯、亞塞拜然、塔吉克、摩爾多瓦、吉爾吉斯、土庫曼和亞美尼亞。喬治亞在一九九三年加入。前共產黨領導人在大多數新政府中保持領導權，到二十一世紀初好幾個共和國裡都發生了民主化變革。

第二十七章

1　力量黨的名稱是（Forza Italia）。Forza 在義大利中有加油、力量的意思，義大利球迷為球隊助威時常用此作為口號。——編注

2　卡珊多拉（Cassandra）在英語中寓意為「不為人所信的預言家」。在《荷馬史詩》中，卡珊多拉是特洛依國王的女兒，她曾警告父親勿中木馬計，但是國王仍將木馬帶進特洛伊城。——編注

3　瑪塔・艾科倫（一九一一至二〇〇二年），智利畫家。——譯注

4　傑克遜・波拉克（一九一二至一九五六年），美國畫家。——譯注

5　馬塞爾・普魯斯特（一八七一至一九二二年），法國作家。——譯注

6　詹姆斯・喬伊斯（一八八二至一九四一年），愛爾蘭作家和詩人。——譯注

7　哈洛德・品特（一九三〇至）英國作家，二〇〇五年獲得諾貝爾文學獎。——譯注

8　塞繆爾・貝克特（一九〇六至一九八九年），愛爾蘭裔法國作家。——譯注

9　尤金・艾奧尼斯克（一九〇九至一九九四年），羅馬尼亞裔法國劇作家。——譯注

國家圖書館出版品預行編目(CIP)資料

現代世界史. 後篇：1870 年起 / R. R. Palmer, Joel
Colton, Lloyd Kramer；董正華, 陳少衡, 牛可等譯. --
初版. -- 臺北市：麥格羅希爾, 五南, 2013. 09
　　面；　公分
　譯自：A history of the modern world vol. II, 10th ed.
　ISBN 978-986-157-971-9 (平裝)

　1. 世界史　2. 現代史

712   102007320

現代世界史後篇：一八七〇年起

作　　者　R. R. Palmer, Joel Colton, Lloyd Kramer
譯　　者　董正華、陳少衡、牛可
總　　編　王翠華
主　　編　陳姿穎
責任編輯　邱紫綾、吳如惠
封面設計　井十二設計研究室
合 作 出 版　美商麥格羅希爾國際股份有限公司台灣分公司
暨發行所　台北市中正區 10044 博愛路 53 號 7 樓
　　　　　TEL: (02) 2383-6000　　FAX: (02) 2388-8822
　　　　　五南圖書出版股份有限公司
　　　　　台北市大安區 106 和平東路二段 339 號 4 樓
　　　　　TEL: (02) 2705-5066　　FAX: (02) 2706-6100
　　　　　http://www.wunan.com.tw
　　　　　E-mail：wunan@wunan.com.tw
總 經 銷　五南圖書出版股份有限公司
出版日期　西元 2016 年 11 月 初版二刷
定　　價　新台幣 700 元

ISBN：978-986-157-971-9